Julius Evola / Gruppe von UR

Magie als Wissenschaft vom Ich

Julius Evola / Gruppe von UR

Magie als Wissenschaft vom Ich

Praktische Grundlegung der Initiation

Ansata-Verlag
Paul A. Zemp
Rosenstrasse 24
CH-3800 Interlaken
Schweiz
1985

Aus dem Italienischen übertragen
von Dr. H. T. Hansen

Titel der Originalausgabe:
Introduzione alla Magia
a cura del Gruppo di Ur

Deutsche Ausgabe:

Gesamtherstellung: Zobrist & Hof AG, CH-Liestal
ISBN 3-7157-0072-6

Inhalt

XI

XII

Anmerkungen des Übersetzers

Die vorliegende Übersetzung war nicht immer ganz einfach. Da vielfach von Bewusstseinszuständen die Rede ist, die nicht Allgemeingut sind, fehlen auch die entsprechenden allgemeinen Bezeichnungen dafür. Obwohl sehr viel Mühe darauf verwendet wurde, möglichst klar zu sein, muss der Leser gebeten werden, ebenso mit den Augen des «Herzens» zu lesen. Eine gewisse Freiheit der Übersetzung war daher auch nicht zu umgehen.

Im Gegensatz zum italienischen Original sind alle fremdsprachlichen Einschübe (vor allem lateinische und griechische Textstellen und Ausdrücke) mit übertragen worden, teilweise sogar mit Transkription der griechischen Buchstaben in lateinische, um überhaupt den Sinnhintergrund klarmachen zu können. Die Kenntnis der klassischen Sprachen kann heute ja auf Grund einer rein auf Zweckmässigkeit (?) ausgerichteten Pädagogik nicht mehr als Selbstverständlichkeit angesehen werden.

Auf einen Punkt sollte noch kurz hingewiesen werden: Julius Evola war, als er die Gruppe von UR begründete, erst 29 Jahre alt. Er hatte damals allerdings seine künstlerische Periode (dadaistische Gedichte und Bilder, ein Bild hängt sogar im Museum für Moderne Kunst in Rom) und seinen philosophischen Abschnitt (neben gewichtigen Wälzern, u.a. Veröffentlichungen in der deutschen philosophischen Fachzeitschrift *«Logos»*) schon beendet. Daneben hatte er noch ein technisches Hochschulstudium absolviert und war im Ersten Weltkrieg als Artillerieoffizier eingerückt.

Zürich, den 15. Januar 1985

Dr. H. T. Hansen

EVOLA UND DIE «GRUPPE VON UR»

Historisch-kritisches Vorwort zur deutschen Ausgabe der «Magie als Wissenschaft vom Ich»

Die Zusammenarbeit, die Julius Evola Ende der Zwanzigerjahre mit den interessantesten Gestalten der italienischen Esoterik gesucht hat, um daraus die berühmte «Gruppe von UR» zu bilden, weist, unabhängig vom Wert oder Vorbild, das diese Gruppe für den ernsthaften Esoteriker sicher geliefert hat und noch immer liefert, eine mindest ebenso grosse Bedeutung für die Gesamtheit des evolianischen Schaffens auf. Man braucht nur zu bedenken, dass Evola gerade in dieser Zeit anfing, seine Interessen überhaupt erst auf den tatsächlich echten Bereich der Tradition auszudehnen, und dass mindestens zwei seiner Hauptwerke, nämlich die *Revolte gegen die moderne Welt* und die *Hermetische Tradition im Kern,* in einigen der von «UR» herausgegebenen Monographien enthalten sind. Die damit verbundenen Erfahrungen können also keineswegs vernachlässigt werden, will man die wesentlichen und für das innere Verständnis notwendigen Punkte des Werkes Evolas erforschen, ja man wird sogar auch die Vorgeschichte, die Grenzen und die Erfolge von «UR» untersuchen müssen.

***

Die Voraussetzungen

Als unmittelbare Vorläufer von *«Ur»* können die Zeitschriften *«Atanòr»* (1924) und *«Ignis»* (1925) angesehen werden, die beide von Arturo Reghini geleitet wurden.[1] In den zwei kurzen Jahren ihres Bestehens (*«Ignis»* lebte im Januar 1929 nochmals vorübergehend auf) behandelten die beiden Zeitschrif-

[1] Arturo Reghini aus Florenz (1878–1946) gehört zu den herausragendsten geistigen Gestalten Italiens in der ersten Hälfte dieses Jahrhunderts. Er war einer der bedeutendsten Erneuerer der klassischen Tradition, besonders pythagoreischer Prägung, und Vertreter einer unerbittlich anti-christlichen, «heidnischen» Linie. Sein Einfluss auf Evola war in den Jahren 1924–1930 und vor allem während der Niederschrift des *Heidnischen Imperialismus* überaus stark. In seinem mit anderen Freunden geschaffenen, freimaurerischen *Rito Filosofico Italiano* nahm er 1911 ad honorem auch den «Magier» Aleister Crowley auf.

ten «über initiatische Studien» esoterische Themen und Praktiken mit einer für die «geisteswissenschaftliche» Welt der damaligen Zeit ungewöhnlichen wissenschaftlichen Strenge und Ernsthaftigkeit. Die Themen, die immer von besonderem Interesse waren, reichten vom Pythagorismus zur Tantrik und von der hebräischen Kabbala bis zu Geheimdokumenten des Cagliostro-Prozesses. Dort erschienen auch erstmals in Italien Arbeiten von René Guénon, der die grundsätzlichen Texte von *L'Esoterisme de Dante* und von *Le Roi du Monde* dort veröffentlichte (die Übersetzung war von Reghini). Erst später, nämlich 1925 und 1927, wurden sie dann in Frankreich publiziert.

Unter den anderen Mitarbeitern tauchen auch Namen auf, die wir dann bei der Gruppe von UR wiederfinden: Aniceto Del Massa, «Luce» (Giulio Parise) und, neben Reghini selbst, Julius Evola. Ausser einigen Rezensionen erschien von Evola (der damals 26 Jahre alt war) in *«Atanòr»* eine lange Abhandlung in Fortsetzungen über *Die Macht als metaphysischer Wert* (die dann 1926 in das Werk *L'uomo come potenza* [Der Mensch als Macht] eingearbeitet wurde). In *«Ignis»* veröffentlichte er Beiträge über die Frau, über Steiner und schliesslich einen Vortrag über Dionysos, der dann auch in den kleinen Sammelband *L'individuo e il divenire del mondo* (Das Individuum und das Werden der Welt) (1926) aufgenommen wurde.

Zu jener Zeit hatte Evola ausser den Arbeiten im Bereich der künstlerischen Avantgarde, die uns hier nicht interessieren, schon die umfangreichen *Saggi sull'idealismo magico* (Abhandlungen über den magischen Idealismus) (1925) und viele Beiträge in damaligen geisteswissenschaftlichen und philosophischen Zeitschriften wie *«Ultra»* (Organ der Unabhängigen Theosophischen Loge Roms), *«Bilychnis»* und *«Idealismo realistico»,* aufzuweisen. Einem Brief aus dem Jahre 1925, der auf dem Briefpapier der Zeitschrift *«Ultra»* geschrieben ist, entnehmen wir überdies, dass er damals bereits seit einiger Zeit (wahrscheinlich seit 1924) seine *Teoria dell'Individuo assoluto* (Theorie des absoluten Individuums) fertiggestellt hatte, die dann bei Bocca 1927 und 1930 in zwei Teilen als *Teoria* und als *Fenomenologia dell'Individuo assoluto* herauskam.* Unter den Mitarbeitern von *«Ultra»* finden wir ebenfalls weitere Mitglieder der späteren Gruppe von UR: den Dichter Arturo Onofri und den Anthroposophen Giovanni Colazza.

In einem bekannten Roman von Sibilla Aleramo (1876–1960) *Amo, dunque sono* (Ich liebe, daher bin ich) (Mondadori, Mailand 1927) werden weitere Umrisse dieses Milieus deutlich: Evola, mit dem die Dichterin eine kurze und stürmische Liebesaffäre hatte (um 1925), erscheint in diesem Roman unter dem Namen Bruno Tellegra – die Beziehung war damals schon zu Ende – als eine zwielichtige und beinahe luziferische Gestalt: «Bruno Tellegra war eher geneigt, dem Zauber eines Dämons zu unterliegen als dem eines Engels» (S. 152), «unmenschlich wie er ist, eiskalter Erbauer seiltänzerischer Theorien, eitel, lasterhaft, pervers, ...» (S. 148). Aber vor allem tritt dort «Luciano», der «Luce» (Licht) aus der Gruppe von UR (Giulio Parise), auf, und zwar als heldischer Liebhaber des Romans, der im Jahre 1926 spielt.

* Der berühmte Philosoph Benedetto Croce hatte sich dafür persönlich beim Verleger eingesetzt.

Auch er ist vom Wunsche besessen, «Magier zu werden»: «Deine ganze unendliche Verführungskunst war vonnöten, damit ich nicht flüchtete, als ich erfuhr, dass auch Du der Sekte der Magier angehörst» (S. 21); «Luciano, Luciano, und Du willst Magier werden! Du hast mir ja gesagt, dass Du schon phantastische Dinge vollbracht hast, phantastisch nicht nur zum Erzählen, sondern tatsächlich geschehen» (S. 50). Aus dem Roman erfahren wir auch, dass «Luciano» jenen Sommer zusammen mit einem «Magier» in einem «Turm inmitten des Meeres» verbracht hat. «Ein zerfallener Wachtturm, auf einem verlassenen Felsen» (S. 15). Der «Magier» war Arturo Reghini, und «Luciano» war sein glühender Freund und Schüler. Der Turm war jener von Scalea in Kalabrien und gehörte Amedeo Armentano, dem geheimnisvollen Meister, der Reghini in den Pythagorismus einweihte und der der Anlass für dessen reformerische Mission im Inneren der italienischen Freimaurerei war.

Es ist zwar klar, dass die in Zeitschriften wie *«Ignis»* beschriebenen Themenkreise nicht nur reine Gedankenspekulationen waren – das beweisen ganz deutlich die Abhandlungen von eben diesem Luce über das *Opus magicum (Die Spiegel* und *Die Kräuter)* in der August/September- und in der November/Dezember-Nummer –, aber die Grundlagen für eine echte gemeinsame Arbeit waren noch nicht gegeben.

***

Die Gruppe von UR

Diese ergaben sich aber, als Evola, wahrscheinlich auf Aufforderung von Reghini, die bestehenden Strömungen und Erfordernisse mit einer besonderen Schwerpunktsetzung in Richtung Praxis und Experiment durchzusehen und aufzugreifen begann und mit seiner Person im Mittelpunkt die «Gruppe von UR» begründete.[2]

Ihr Sitz war in Rom, wo die Gruppe anfangs 1927 mit ersten Aktivitäten begann. Sie wurde (wenigstens bis zum September 1928) abwechselnd von den magisch am stärksten begabten Mitgliedern geleitet – darunter eben Arturo Reghini und Julius Evola. Offensichtlich wurden auch Zweigverbände oder «Forschungsgruppen» in anderen Städten gegründet, wie das aus der im II. Band erscheinenden Monographie *Anweisungen für magische Ketten* hervorgeht. Diese bezieht sich eben «auf die Zeit der Ingangsetzung, die bei den einzelnen Gruppen getrennt geschah mit dem Ziel, eine erste feinstoffliche Organisation und Gesamtkonstruktion in die Wege zu leiten». Sicher ist, dass auch in Genua von Ende 1927 bis 1929 eine dieser Gruppen bestand, von der wir zwar wissen, dass sie aus fünf Personen gebildet war, deren Namen wir aber nicht kennen.

[2] «*Ur*» ist auf den Lautwert *u-r* zurückzuführen, der im Chaldäischen und bei den Runen zu finden ist, wo er im ersteren Fall die Bedeutung von «Feuer» und im zweiten Fall die von «Stier» (vergleiche «Uro», den Auerochs) und dann auch «Widder» hatte.

Es wurden also «magische Ketten» begründet, und während einerseits Studien betrieben und auf ihre praktische Verwendung hin verbesserte Deutungen antiker Texte erarbeitet wurden, machte man sich andererseits vor allem an die «Erschaffung» und Herabholung feinstofflicher Kräfte und Einflüsse, die die gemeinschaftliche Aktivität der Gruppe unterstützen sollten.

Aus der gemeinsamen Arbeit entstand eine neue Zeitschrift, *«Ur»,* die jeden Monat die Beiträge veröffentlichte, die von den Mitgliedern der Gruppe nach und nach auf Grund eigener Erfahrungen und Forschungen geschrieben wurden. Diese Beiträge wurden dann am Ende eines jeden Jahres gesammelt und gebunden. Das erste Heft von *«Ur»* erschien Ende Januar 1927. Im Laufe desselben Jahres kamen dann im gesamten zehn Hefte heraus, worunter zwei Doppelnummern waren. In einem redaktionellen Zusatz, der der Nummer 11/12 (dem letzten Heft von 1927) vorangestellt war und die Überschrift *«Ur» im Jahre 1928. An die Leser* trug, wurde festgehalten, dass die Zeitschrift «mit wohlwollender Aufmerksamkeit von den verschiedensten Kreisen beachtet wird: von unbekannt und ganz allein Arbeitenden auf dem Lande bis hin zu bekannten Politikern und Universitätsprofessoren. Wir sind sicher, dass diese Aufmerksamkeit auch im neuen Zyklus erhalten bleiben wird. Was uns anbelangt, werden wir alles geben, was wir geben können. Nicht weniges von dem, was wir gesagt haben, ist tatsächlich das erste Mal so deutlich in der Öffentlichkeit ausgesprochen worden, was uns sogar den verhüllten Vorwurf einiger okkulter Kreise eingebracht hat.» Man schloss mit dem Hinweis, dass «eine Grosse Kraft heute mehr denn je einen Ausweg aus jener *Barbarei* sucht, die man ‹heutige Zivilisation› nennt, und dass, wer uns unterstützt, tatsächlich an einem Werk mitarbeitet, das ganz sicher über unsere Einzelpersönlichkeiten hinausgeht».

1927 bezeichnete sich *«Ur»* als eine «Zeitschrift mit Hinweisen für eine Wissenschaft vom Ich unter der Leitung von J. Evola». Vom ersten Heft Januar/Februar 1928 an definiert sie sich hingegen als eine «Zeitschrift für esoterische Wissenschaften unter der Leitung von J. Evola, P. Negri, G. Parise». Das ist ein erstes Zeichen dafür, dass die Befürworter der pythagoreisch-freimaurerischen Richtung, Reghini («P. Negri») und Parise, den Versuch gestartet hatten, sich der Herrschaft über die Gruppe und die Zeitschrift (deren verantwortlicher Direktor nach wie vor J. Evola war) zu bemächtigen. Im Laufe des Jahres 1928 erschienen schliesslich insgesamt acht Hefte, davon vier Doppelhefte. Von der Juni-Nummer an finden dann auch «Elemente einer ernsthaften und klaren Kritik an allem, was man in der heutigen Kultur mit Esoterik in Zusammenhang bringen kann» Eingang in die Zeitschrift, d.h., alle erhaltenen Publikationen wurden gemeinsam mit einem zusammenfassenden Kommentar aufgelistet, der wegen seiner witzigen Unmittelbarkeit und Frische, besonders im Hinblick auf katholische Kreise, oft sehr wirkungsvoll war. Deshalb, aber auch wegen einer Reihe polemischer Artikel über die Beziehungen zwischen Faschismus und Christentum, die Evola in der zweiten Hälfte 1927 in *«Critica Fascista»* von Bottai und *«Vita Nova»* von Arpinati veröffentlicht hatte, und dann vor allem wegen des im Frühjahr 1928 erschienenen Buches *Imperialismo pagano*[3] war *«Ur»* in dieser Zeit heftigsten kirchlichen Angriffen ausgesetzt. Als Kuriosum ist es sicherlich interessant, dabei auf die Attacken des späteren Papstes Paul VI., Giovanni Battista Montini, hinzuweisen, der in der Zeitschrift *«Studium»* die um Evola versammelten «Magier» des «Missbrauchs von Worten und Gedanken ... rhetorischer Verirrungen, fanatischer Neubeschwörungen und abergläubischer Magie» bezichtigte.[4]

Mitten in dieses Klima, nämlich in den Oktober 1928, fällt dann schliesslich der Versuch jener Leute, die innerhalb der Gruppe von UR besonders enge Beziehungen zur Freimaurerei unterhielten (die ja vom faschistischen Regime im November 1925 offiziell aufgelöst worden war), d.h. von Reghini und Parise, die Führung der Gruppe von UR den Händen Evolas zu entreissen, was zwar fehlschlägt, aber doch der «operativen» Zeit des römischen Magierbundes den Todesstoss versetzt. Auf dem rückseitigen Umschlag der Oktobernummer des Jahres 1928 erschien dann die folgende Klarstellung: «*Hinweis für die Leser.* Um eine absolut einheitliche Ausrichtung unserer Zeitschrift zu gewährleisten, erscheint es uns angebracht, wie schon im vergangenen Jahr allein den Namen unseres Direktors Julius Evola aufzuführen, der als einziger Verantwortlicher, sowohl im rechtlichen als auch im moralischen Sinn, für das anzusehen ist, was in *‹Ur›* geschrieben wird. Wir weisen ebenfalls darauf hin, dass aus demselben Grund Herr Giulio Parise jeder Mitarbeit bei unserer Zeitschrift entbunden worden ist und sich in keiner Weise mehr auf die Redaktion von *‹Ur›* berufen darf.» Darauf folgte eine scharfe Polemik journalistischen Charakters (wobei nicht einmal gegenseitige gerichtliche Klagen wegen Verleumdung und Plagiats fehlten, die allerdings keine weiteren Folgen nach sich zogen) zwischen Evola einerseits und Reghini andererseits, der zu diesem Zwecke die alte Zeitschrift *«Ignis»* wieder aufleben liess, von der aber nur eine einzige Nummer im Januar 1929 erschien.

Aus diesen Gründen änderte die Gruppe im dritten und letzten Jahr des Bestehens ihren Namen in *«Krur»*[5] um: «Die aus J. Evola, P. Negri und

[3] 1933 erschien im Armanenverlag, Leipzig, eine von Evola für die deutschen Länder vollkommen überarbeitete, deutschsprachige Ausgabe unter dem Titel *Heidnischer Imperialismus*. Von da an galt Evola in Deutschland als der Hauptvertreter einer (in Wirklichkeit gar nicht bestehenden) Richtung innerhalb des Faschismus, die als «heidnisches Gibellinentum» bezeichnet wurde.

[4] Nach einem wahren Trommelfeuer aller kirchlichen Organe, einschliesslich des *«Osservatore Romano»*, dem sich dann auch die wesentlichen faschistischen Periodika anschlossen, und vor allem nach der Unterzeichnung des Konkordats mit dem Vatikan im Jahre 1929 schwand jede Hoffnung Evolas und Reghinis, innerhalb der offiziell faschistischen Kreise wirksam zu werden.

[5] *«Krur»* kommt von der sumerischen Wurzel *k-r*, *k-u-r*, mit der Bedeutung «Wohnstätte» («Haus»), «Berg», «Kraft», wozu noch der Lautwert *u-r* kommt. Daraus entwickelte sich die Hieroglyphe auf den Umschlägen von *«Krur»*, die sich aus dem nordisch-atlantischen Zeichen der «Wiederauferstehung», des «Baumes» und des «Menschen» zusammensetzt – *ur* – das über den «Wassern» (das «Haus») – *kr* steht. Zu diesem Symbol, zu dem Evola durch die Lektüre von H. Wirth, *Der Aufgang der Menschheit*, Jena 1928, S. 202, inspiriert wurde, vergleiche «EA» (J. Evola) *Über die Symbolik des Jahres* im III. Band der *Einführung in die Magie*. Auf der

G. Parise gebildete Redaktionsgruppe hat sich aus verschiedenen Gründen aufgelöst. J. Evola wird jedoch gemeinsam mit allen anderen Mitarbeitern, die ihm unmittelbar zur Seite stehen und denen die Pseudonyme *Ea, Abraxas, Iagla, Leo, Tikaipôs, Oso* und *Krur* entsprechen, die Publikation im Jahre 1929 regelmässig weiterführen. Wohl kommen damit auch neue Mitglieder hinzu, aber die Leitlinien bleiben absolut dieselben. Die einzige Änderung besteht darin, dass die Hefte statt des Namens ‹*Ur*› den Namen ‹*Krur*› tragen werden, als Ausdruck der juristischen Bezeichnung einer neuen Zeitschrift, die im ausschliesslichen Besitz unseres Direktors steht.»

***

Von der Esoterik zur traditionalen Tätigkeit

Einige Neuerungen im Programm und in der Tätigkeit werden vorangekündigt: «‹*Krur*› will sich deutlicher an eine breiter gefasste Bewegung anschliessen, die einerseits durch die philosophische Arbeit von J. Evola zum Ausdruck kommt (eine Arbeit, die um unsere Wissenschaften einen Verteidigungswall gegen das kritische und philosophische Denken legt) und die andererseits auf verschiedenen Ebenen für eine Einfügung des jetzigen Dranges nach nationaler Erneuerung in die Werte eines spirituellen und gibellinischen sowie heroischen und antieuropäischen[6] Reichsdenkens tätig wird.»

Von *«Krur»* erschienen acht Hefte, davon vier Doppelhefte und ein dreifaches. In der Nummer vom Dezember 1929, der letzten überhaupt, wird in der Redaktionsmitteilung, *Unsere Tätigkeit im Jahre 1930. An die Leser,* die Einstellung der Aktivitäten der Gruppe angekündigt: «‹*Krur*› wandelt sich. Nach Erfüllung der Aufgaben, die wir uns vor drei Jahren im Rahmen dessen vorgenommen haben, was man als technischen Bereich der Esoterik ansprechen kann, sind wir dem an uns herangetragenen Wunsch entgegengekommen, unsere Tätigkeit in einen weitergefassten Bereich zu verlegen, der sichtbarer und unmittelbarer wirkt: auf die Ebene der abendländischen ‹Kultur› und der Probleme, die in diesem Augenblick der Krise das Gewissen der einzelnen Menschen wie auch der Völker quälen. ‹*Krur*› wird also im Jahre 1930 in anderer Form erscheinen: nicht mehr als ein monatliches Heft, sondern als vierzehntägliches Blatt des Kampfes und der Kritik, der Bejahung und der Verneinung. Den heroisch- magischen Standpunkt, den wir bis jetzt vertraten, werden wir nicht aufgeben: In Tat und Wahrheit wird er überhaupt den einzigen Bezugs- und Rechtfertigungs-

Umschlagseite von *«Ur»* hingegen wurde das Bild von Mithra gezeigt, der den Stier tötet. Die Hieroglyphe von *«Krur»* ist dann von den verschiedenen *Zentren evolianischer Studien*, die sich in Europa in den siebziger Jahren ausgehend vom italienischen *Centro Studi Evoliani* gebildet haben, als Erkennungssymbol erwählt worden.

[6] Evola verstand zu jener Zeit unter «Anti-Europa» eine «Revolte gegen die moderne Welt». Vgl. dazu *Heidnischer Imperialismus* und *Il cammino del cinabro* (Der Weg des Zinnobers).

punkt unserer Arbeit der Kritik und Prüfung dessen bilden, was innerhalb und ausserhalb Italiens an Wesentlichem veröffentlicht wird. Es ist dabei unsere Absicht, ein unangreifbares Bollwerk gegen den allgemeinen Niedergang aller Werte des Lebens aufzurichten. Auf Grund unseres Anspruches, viel weitere Horizonte zu erkennen und aufzuzeigen, als es jene üblichen sind, die sich die Menschen armselig aufgebaut haben; auf Grund unseres Vorsatzes, in den Festungsgräben unverrückbar standzuhalten, bereit zur Verteidigung wie auch zum Angriff, und auf Grund der Tatsache, dass wir eingeschlossen und von jeder Fluchtmöglichkeit abgeschnitten sind – daher also wandeln wir den Titel ‹*Krur*› um in den Titel ‹*La Torre* (Der Turm). Das Blatt unterschiedlichen Ausdrucks, aber einheitlicher Tradition›.»[7]

Auf diese Weise wurde das, was auf der esoterischen Ebene von der operativen Magie erreicht worden war – wegen des besonderen evolianischen Gesichtspunktes quasi zwingend –, in einen existentiell-politischen Rahmen eingefügt und damit zum Vorboten zahlreicher interessanter Entwicklungen im späteren Schaffen Evolas.

Die Hefte, die nach Vorliegen der drei Jahrgänge durch allgemeine und besondere Indizes unter dem Gesamttitel *Einführung in die Magie als Wissenschaft vom Ich* vervollständigt worden waren, wurden nach und nach von den Abonnenten in Bänden gesammelt und stellen damit die Erstausgabe des Werkes dar. Viele Jahre danach, nämlich im August und September 1955, publizierte der römische Verlag Bocca neuerlich die ersten beiden Bände und im Mai 1956 auch den dritten Band. Diese Ausgabe, die von Evola selbst nochmals überarbeitet, verbessert und erweitert worden war, war bald vergriffen und eine von den Liebhabern der esoterischen Wissenschaften auf dem antiquarischen Büchermarkt gesuchte Rarität. Vor nicht allzulanger Zeit, im Jahre 1971, haben dann die Edizioni Mediterranee aus Rom das Werk zum dritten Mal herausgebracht, und zwar wiederum mit Überarbeitungen von Evola (auf dieser Ausgabe beruht die vorliegende deutsche Übersetzung). Daneben wurde noch eine Luxusausgabe von 210 Exemplaren in Halbleder mit Golddruck veranstaltet.

In der ersten Ausgabe 1927 bis 1929 waren in Fortsetzungen einige Abhandlungen Evolas erschienen, die dann das erste Kernstück späterer wichtiger Werke darstellten. So erschien in mehreren Fortsetzungen – von der Nummer Fünf bis zur Nummer Zwölf von *«Krur» – La Tradizione ermetica* (Die hermetische Tradition), an der Evola schon seit dem Jahre davor gearbeitet hatte und die dann 1931 bei Laterza in Bari als Buch erschien. Ebenfalls in *«Krur»*, und zwar in den Nummern Drei und Vier, findet sich *Der Aufgang des Abendlandes* (teilweise auf den Gedankengängen

[7] *«Ur»* und *«Krur»* hatten eine Auflage von ca. 2000 Exemplaren, *«La Torre»* erreichte ca. 5000 Stück. Von *«La Torre»* erschienen nur zehn Nummern, und zwar vom 1. Februar bis 15. Juni 1930. Danach musste die Zeitschrift auf Grund offener Feindschaft gewisser faschistischer Kreise, die schliesslich sogar in körperlichen Gewalttätigkeiten ihren Ausdruck fand, eingestellt werden, da sich in Rom keine Druckerei mehr fand, die bereit gewesen wäre, das Blatt zu drucken.

H. Wirths beruhend). Das wiederum stellt die erste Fassung eines wesentlichen Teiles der *Revolte gegen die Moderne Welt* (deutsche Ausgabe bei Ansata, Interlaken 1982) dar (*Von der arktischen Tradition bis zur Geburt des modernen Abendlandes*). Weitere Aufsätze, die die modernen esoterischen Strömungen einer kritischen Prüfung unterzogen, wurden mit grösster Wahrscheinlichkeit von Evola für sein späteres (1932) Werk *Maschera e volto dello spiritualismo contemporaneo* (Maske und wahres Gesicht des heutigen Spiritualismus) herangezogen und überarbeitet. Alle diese Teile und andere noch, die Evola als unwesentlich oder nicht mehr aktuell beurteilte, fanden dann in der Ausgabe 1955–56 keinen Platz mehr. Dagegen erschienen dort neue Beiträge, wie jene von Evola über *Die Esoterik, das Unbewusste und die Psychoanalyse* und über *Die magischen Vorstellungen von Aleister Crowley*, des weiteren die Schrift von «Agnostus» (René Guénon) *Über zwei hyperboreische Symbole*, diejenige von «Massimo» (Massimo Scaligero) über *Loslösung* sowie der bedeutungsvolle Bericht über *Erfahrungen bei den Arabern* von «Gallus» (Graf Enrico Galli Angelini, ein italienischer Diplomat), die alle in den III. Band aufgenommen wurden.

In der letzten Ausgabe aus dem Jahre 1971 wurde schlussendlich – ebenfalls im III. Band – ein neuer und interessanter (Evola zuzuschreibender) Aufsatz *Über die Drogen und ihre spezielle Anwendung in der Magie* hinzugefügt.

***

Die Persönlichkeiten und «Schulen» der Gruppe von UR

In Übereinstimmung mit der traditionalen Gewohnheit, wie sie jede initiatische Gemeinschaft des Ostens oder Westens, von den Pythagoreern bis zu den mittelalterlichen Gilden und den Rosenkreuzern, beachtete, blieben die Autoren der Monographien von *«Ur»* anonym, da, wie verlautet wurde, «hier *nicht* die jeweilige Person zählt, ist doch das, was sie an Gültigem sagen kann, nicht von ihr geschaffen oder erdacht worden, sondern spiegelt ganz im Gegenteil eine überindividuelle, objektive Lehre wider». Aus diesem Grund gebrauchten die Mitarbeiter einen symbolischen Namen wie «Luce» (=Licht), «Abraxas», «Havismat», «Oso», «Arvo», «Taurulus» etc.

Heute, nach so vielen Jahren und nachdem beinahe alle Hauptakteure aus jener Zeit verstorben sind, ist es sicherlich erlaubt und – nach Forschungen, die nicht ganz einfach waren – auch möglich geworden, etwas Licht auf die Kreise und Schulen zu werfen, die der Gruppe zum Leben verhalfen, sowie die Namen der meisten Mitglieder bekanntzugeben.

Es scheint, dass Evola – dem alle nicht namentlich gekennzeichneten Beiträge (und damit die zahlreichen Anmerkungen, die Vorrede, die Einführung und die endgültige, «formale» Fassung der nicht von ihm stammenden Aufsätze) zugeschrieben werden – ausser die mit «Ea» gekennzeichneten Arbeiten, deren Autorenschaft er ausdrücklich anerkannt hat, ebenso die mit «Agarda» firmierten und wahrscheinlich auch die zahlreichen und interessanten Abhandlungen «Iaglas» verfasst hat. Unter denjenigen, die von damals an bis zur Nachkriegszeit zu den engsten Mitarbeitern und Freunden Evolas zählten, ist vor allem «Havismat», der Katholik (*sui generis*) Guido De Giorgio (gestorben 1957 oder 1959), zu nennen, der auch von Guénon hoch geachtet wurde (De Giorgio arbeitete ebenso für *«Le Voile d'Isis»* und dann die *«Etudes Traditionnelles»*). Evola selbst erklärte, dass De Giorgio einen grossen Einfluss auf ihn ausgeübt hätte, besonders wegen seines aussergewöhnlich energischen und dramatischen Traditionsverständnisses.

Gemeinsam mit De Giorgio ist auf den ebenfalls katholischen Nicola Moscardelli hinzuweisen, seines Zeichens Philosoph und unter dem Namen «Sirius» Autor eines Beitrags im III. Band.

Von der pythagoreischen und gleichzeitig freimaurerisch inspirierten Richtung Reghinis («Pietro Negri») und Parises («Luce») haben wir schon gesprochen: Zu ihr gehörte auch Aniceto Del Massa (1898–1976), Kunstkritiker, äusserst fruchtbarer Schriftsteller und echter Vertreter der traditionalen Wissenschaften, der unter dem Namen «Sagittarius» bei *«Krur»* mitwirkte, obwohl er es nicht unterlassen konnte, gleichzeitig auch für Reghinis *«Ignis»* zu schreiben.

Aber die «Schule», der die Gruppe von UR am meisten Anstösse und Mitarbeiter verdankte, war diejenige, die sich auf Rudolf Steiner beruft und allgemein die «anthroposophische» genannt wird. Zur Ausgestaltung dieser Richtung trugen sicherlich die Zusammenkünfte und Gespräche im Hause der Baronesse Emmelina De Renzis bei, die Originale von Steiner verwahrte und die erste war, die sein Werk in Italien bekannt machte, indem sie den Freunden und Besuchern ihres römischen Salons eine erste Übersetzung dieses Werkes vortrug. Hier begegnen wir einmal zwei Dichtern: Der bekanntere, Arturo Onofri (1885–1928), gehörte zu den wichtigsten vorhermetischen Dichtern Italiens und firmierte seine Monographien in *«Ur»* unter dem Namen «Oso». Der andere, Girolamo Comi (1890–1968), erscheint als «Gic».

Aber der wichtigste der «anthroposophischen» Mitgestalter von *«Ur»* war Giovanni Colazza («Leo»), ein authentischer, wenn auch zurückhaltender Erneuerer des italienischen Okkultismus in der ersten Hälfte dieses Jahrhunderts. Colazzas Beiträge wurden nach seinen Angaben von Evola verfasst, und zwar wegen Colazzas Abneigung, gewisse traditionale Lehren niederzuschreiben und damit einem breiten Kreise zugänglich zu machen. «Anthroposoph» war auch ein bekannter Vertreter der Politik, der (wie es scheint) unter dem Namen «Arvo» bei *«Ur»* mitarbeitete: Herzog Giovanni Colonna di Cesarò, in dessen Zeitschrift *«L'Idea democratica»* auch die erste politische Arbeit Evolas erschien. Emmelina De Renzis war seine gebildete und äusserst aktive Mutter. Jahre später (1938) erscheint dann ein interessantes und wichtiges Werk des Herzogs von Cesarò *Il «mistero» delle origini di Roma* (Das «Geheimnis» der Ursprünge Roms), das ausser dem Einfluss Steiners deutliche Spuren und wohlwollende Anerkenntnis der evolianischen Gedanken aufweist. Ebenfalls «steinerianische», aber noch nicht «identifizierte» *«Ur»*-Mitarbeiter scheinen «Breno» und «Alba» gewesen zu sein.

Eine zwar zahlenmässig nicht bestechende, aber doch höchst qualifizierte Teilkraft war die «kremmerzianische», also die von der initiatischen Schule *Myriam* herkommende und von Giuliano Kremmerz (eigentlich Ciro Formisano aus Portici, 1861–1939) begründete Vereinigung, von der damals in Rom eine Zweiggruppe bestand, die bis 1926 tätig war. Der kremmerzianische Einfluss bei *«Ur»* zeigte sich vor allem in den Beiträgen von Ercole Quadrelli, der Evola das Material zur Verfügung stellte, das dieser dann neu bearbeitete und in *«Ur»* und *«Krur»* unter dem Namen «Abraxas» erscheinen liess: Unmittelbar von Quadrelli, d.h. ohne Überarbeitung, sind die Beiträge, die mit «Tikaipôs» gekennzeichnet sind (darunter der besonders bemerkenswerte Kommentar zu den *Goldenen Versen* des Pythagoras).

Um auf dem Gebiet der Hermetik zu bleiben, soll noch erwähnt werden, dass Evola in direkter, persönlicher Beziehung mit dem indischen Alchimisten C.S. Narayanaswami Aiar Shiyali stand, der ebenfalls eine Monographie beisteuerte, die jetzt im III. Band erfasst wurde und die Überschrift *Umwandlung des Menschen und der Metalle* trägt.

Eine Erfahrung alpinistischer Art, die den Empfindungen Evolas sehr nahekommt, wird von «Rud» in *Erstbesteigung* (III. Band) gebracht. Bei dem Autor handelt es sich um Domenico Rudatis, einen Bergsteiger und Schriftsteller sowie Freund und Mitarbeiter Evolas bei dessen späterer publizistischer Tätigkeit. Schlussendlich möchten wir noch erwähnen, dass das einzige noch lebende Mitglied der Gruppe (zu der er allerdings erst 1929 gestossen war) «Taurulus» ist, der mit bürgerlichem Namen Corallo Reginelli heisst und die *Erfahrungen* im III. Band geschrieben hat.

***

Inhalt und Themenkreis

Die als erstes zu lösende Aufgabe der Gruppe von UR bestand darin, dem Begriff «Magie» einen im besonderen Maße aktiven Ausdruckswert zukommen zu lassen, der, weit entfernt von der im Altertum vor allem Weisheit ausdrückenden Magie, eher dem von Roger Bacon verbreiteten Konzept einer *praktischen Metaphysik* ähnelte. Sich deutlich von den verabscheuten, damals modischen, «spiritualistischen» Praktiken absetzend, d.h. vom vulgären Spiritismus, vom humanitären Theosophismus und anderen Formen eines herabgekommenen Okkultismus, war es die Absicht der Gruppe von UR über die spezifischen Geistesströmungen, die dem einen oder anderen Mitarbeiter nahegestanden haben mögen, hinauszugehen und wiederum eine Verbindung mit den Urquellen der traditionalen initiatischen Lehre zu schaffen, eben in Übereinstimmung mit dem Prinzip von Kremmerz, für den «die Magie in ihrer Gesamtheit eine Aufeinanderfolge von beweisbaren Lehrsätzen und auf konkrete Wirkungen gerichteten Erfahrungen darstellt: Die magischen Wahrheiten, wie abstrakt sie auch sein mögen, beweisen ihre offensichtliche Richtigkeit eben durch ihre

‹Verwirklichung›, genauso wie dies die Wahrheiten abstrakter Mathematik durch ihre mechanische Anwendung tun».[8]

Weiter nach Kremmerz: «Die Magie oder arkane Weisheit ist zweigeteilt, nämlich in die *natürliche* und in die *göttliche* Magie. Die erstere erforscht alle Erscheinungen, die auf die verborgenen Eigenschaften des menschlichen Organismus zurückzuführen sind, wie auch die Art und Weise, wie diese innerhalb der Grenzen des als Mittler dienenden Organismus zu erhalten und wieder hervorzubringen sind. Die letztere ist darauf ausgerichtet, den geistigen Aufstieg des Forschenden so zu gestalten, dass eine Beziehung des Menschen mit den für das gewöhnliche Auge unsichtbaren Höheren Naturen möglich wird.»[9] Indem wir uns dabei vor Augen halten, dass «es sehr schwierig ist, festzustellen, wo die erstere endet und die letztere beginnt, so dass in den meisten Fällen beide *magische Richtungen* nebeneinanderlaufen», erinnern wir daran, dass die Arbeiten der Gruppe von UR ausdrücklich die *Einführung* – bis zur verführerischen, aber schwer erreichbaren Schwelle – zu dieser natürlichen und göttlichen oder «Hohen Magie» sein wollen.

Als Ausgangspunkt für den modernen Menschen wurde dabei die Erfordernis gesetzt, die Nebelschwaden der alltäglichen Wirklichkeit zu vertreiben, um sich so den Weg zu einer neuen existentiellen Dimension zu bahnen. Der neue Mensch muss eine unmittelbare Schau der Wirklichkeit anstreben, «wie in einem totalen Erwachen». Über dieses Streben muss man mit Hilfe einer inneren magischen Ausarbeitung schliesslich zu einem völligen «Zustandswechsel» gelangen, dessen Endpunkt mit dem alchimistischen *opus transformationis* (Werk der Umwandlung) zusammenfällt: «Die Selbstumwandlung ist die unabdingbare Voraussetzung der höheren Erkenntnis. Diese behandelt nicht ‹Probleme›, sondern ‹Aufgaben› und ‹innere Verwirklichungen›.»

Der Inhalt der drei Bände der *Magie* kann in vier gut abgegrenzte Gruppen unterteilt werden: 1) «Esoterische Lehre und Erziehung», bestehend aus der Darlegung von Methoden, Disziplinen und Techniken der Verwirklichung bei besonderer Vertiefung der Symbolkunde; 2) «Praxis», d.h. Berichte von tatsächlich und persönlich erlebten Erfahrungen; 3) «Herausgabe und/oder Übersetzung klassischer oder seltener Texte der Esoterik» mit entsprechendem Kommentar oder einer Erklärung und 4) «Zusammenfassende Klarstellungen der zugrundeliegenden Doktrin», an die sich zusätzlich noch kritische oder polemische Bemerkungen anschliessen konnten.

In diesem Zusammenhang ist darauf hinzuweisen, dass in *«Ur»* und *«Krur»* auch mit einer konstruktiven Kritik gewisser Schriften René Guénons begonnen wurde. Es handelte sich dabei vor allem um jene Werke, die am ehesten Stoff für eine Analyse und Diskussion boten, wie *Die Krisis der Neuzeit,* deren italienische Fassung 1937 eben von Evola herausgegeben wurde, dann *Autorité spirituelle et Pouvoir temporel* (Geistige Autorität und weltliche Macht) und in den späteren Fassungen der *Magie als Wissenschaft vom Ich*

[8] G. Kremmerz: *La scienza dei Magi* (Neudruck) Rom 1974: Band I, S. 132
[9] Ebd. S. 131

auch um *Aperçus sur l'Initiation* (Betrachtungen über die Initiation). Sicherlich weil er – trotz unterschiedlicher Auffassungen – die Ehrlichkeit und die intellektuelle Strenge Evolas schätzte, mit dem er von 1928 bis zu seinem Tode in häufigem Briefwechsel stand, arbeitete Guénon mit Evola auch im *«Diorama filosofico»* (Philosophisches Schaubild) zusammen, der von Evola betreuten Sonderseite innerhalb der Tageszeitung *«Il Regime Fascista»* von Farinacci, wobei er zwischen 1934 und 1940 immerhin 26 Beiträge lieferte.

Eine tiefgehende Untersuchung wäre angebracht, um Licht auf die Bemühungen innerhalb der Gruppe von UR zu werfen, die esoterischen Wurzeln und initiatischen Inhalte der römischen und klassischen Tradition neu zu beleben. In diesem Zusammenhang interessiert vor allem, ausser den Beiträgen von Reghini, Colonna di Cesarò und Evola (besonders seine Arbeit *Über das Sakrale in der Römischen Tradition* im III. Band), der mysteriöse Bericht, der im letzten Kapitel des III. Bandes unter dem Titel *Die «Grosse Fährte»: Die Bühne und die Kulissen* zu finden ist und von einem geheimnisvollen «Ekatlos» firmiert wurde.[10] Darin lassen sich nämlich Spuren des Fortbestehens einer antiken initiatischen Kette im Herzen Latiums feststellen sowie eindeutige Hinweise auf ihren schliesslich fehlgeschlagenen Versuch, von innen her einen berichtigenden Einfluss auf den Faschismus auszuüben, und zwar besonders in der ersten Zeit, in der er gerade zur Macht gekommen war.

Dazu berichtet Evola, dass man in der Gruppe von UR, ausser darauf abzuzielen, «eine höhere Kraft zu wecken, die als zusätzliche Hilfe bei der individuellen Arbeit jedes einzelnen dienen sollte», auch darauf hinarbeitete, «dass man auf die Art psychischen Körpers, den man erschaffen wollte, durch Evokation einen wahren und eigentlichen Einfluss von oben aufpfropfen könne», so dass «man eventuell die Möglichkeit hätte, hinter den Kulissen schlussendlich sogar auf die im allgemeinen Umkreis vorherrschenden Kräfte eine Wirkung auszuüben».[11] Wenn dem Versuch auch nicht der erhoffte Erfolg beschieden war, beinhalten die Monographien der *Magie als Wissenschaft vom Ich* doch unentbehrliches Material für diejenigen, die noch heute die Absicht und Fähigkeit besitzen, die Erfahrungen von «UR» zu wiederholen und möglicherweise sogar die Ergebnisse auf der praktischen und erkenntnisbringenden Ebene zu übertreffen. Nur besteht dabei die in solchen Gruppen oder Konventikeln latent immer noch vorhandene grosse Gefahr, dass unkontrollierte oder unkontrollierbare Kräfte die Oberhand gewinnen, wenn nicht gleichzeitig entsprechende Fähigkeiten vorhanden sind, die in jedem von uns gegebenen feinstofflichen Kräfte zu beherrschen und in positive *Macht* umzuwandeln. Bei der Gruppe von UR – die im übrigen nur zum Teil erreichte, was sie eigentlich erreichen wollte – ka-

[10] «Ekatlos» soll der erlauchte Vertreter einer uralten römischen Patrizierfamilie sein, Bewahrer bestimmter Geheimnisse und vielleicht auch bestimmter sakraler Gegenstände, die mit der römischen Tradition eng zusammenhängen. Manche meinen, er habe auch – auf gleicher, wenn nicht gar übergeordneter Ebene – mit G. Kremmerz in Beziehung gestanden.

[11] J. EVOLA, *Il cammino del cinabro* (Der Weg des Zinnobers), Mailand 1972, S. 88

men solche destruktiven Kräfte zwar nicht zum Zug, aber um so eher könnte das in der heutigen Zeit, in der man so leichthin improvisiert, der Fall sein, sollten sich von neuem Gruppen oder Gemeinschaften bilden, die – wenigstens in ihren Absichten – die Botschaft von UR weiterführen wollen: Und wir wissen auch von solchen negativ ausgegangenen Versuchen, die sich in den letzten zwanzig Jahren in Italien zumindest zweimal ereignet haben.

Als Schlussfolgerung lässt sich also sagen, dass die Abhandlungen der *Magie als Wissenschaft vom Ich* sicherlich nicht für das breite Publikum bestimmt sind, aber dafür sehr wohl für einige wenige geeignete Personen, die schon eine genaue Vorstellung von dem Wissen mitbringen, das von der Gruppe vorgelegt wird. Und diese werden, um mit den Worten von Kremmerz abzuschliessen, «dort neue und reichliche Nahrung für den Geist finden, der der leeren Philosophien und der noch leereren Konventionalismen überdrüssig ist ... aber ebenso werden sie die heitere und redliche Klarheit finden, die – ein sicheres Zeichen für jedes wahre Wissen – eine positive und feste Ausrichtung zu geben imstande ist».

Prof. DDr. Renato del Ponte
Leiter des Centro Studi Evoliani
(Pontremoli MS)

Vorspann

Das Material, das in den vorliegenden Bänden gesammelt wurde, ist ursprünglich in einer Reihe von Heften unter dem Titel «Ur» (1927-28) und «Krur» (im Jahre 1929) veröffentlicht worden. Diese drei Jahrgänge erschienen schon einmal in gebundener Form unter dem Gesamttitel *Einführung in die Magie als Wissenschaft vom Ich,* und die vorliegende Auflage muss als zweite, auf den heutigen Stand gebrachte Neuherausgabe jenes Gemeinschaftswerkes angesehen werden.

Gegenüber dem ursprünglichen Text besteht der wesentliche Unterschied darin, dass wir es für nicht angebracht hielten, Artikel zu wiederholen, die in der Zwischenzeit in Büchern derselben Autoren erweitert und zusammengefasst wurden, denn dabei handelt es sich um Bücher, die leicht zu erkennen und für jedermann zugänglich sind. Darüber hinaus sind einzelne Monographien durch andere, in die gleiche Richtung zielende ersetzt worden, um eine bessere Koordination, Vollständigkeit und innere Zusammengehörigkeit zu erreichen.

Schon von Anfang an sind die einzelnen Artikel nach dem Kriterium der Zusammengehörigkeit und des fortschreitenden Schwierigkeitsgrades zusammengestellt worden. Es handelt sich also nicht um voneinander unabhängige Studien, sondern um Abhandlungen, die sich, wenn sie auch von verschiedenen Autoren stammen, doch gegenseitig ergänzen und erklären, so dass die behandelte Materie Stufe um Stufe erarbeitet werden kann. Diese Charakteristik ist natürlich bei der vorliegenden Neuherausgabe beibehalten worden. Dem Grundsatz gehorchend, dass bei den traditionalen Wissenschaften die Lehre zählt und nicht die Person, die sie darlegt, ist auch bei dieser Neuherausgabe das Kriterium der Anonymität der Mitarbeiter aufrechterhalten geblieben.

Einführung

Im Leben einzelner Menschen gibt es Momente, in denen sie spüren, wie plötzlich alles, was ihnen sicher schien, zu schwanken beginnt, ihre Erkenntnisfähigkeit wie gelähmt ist und auch die Lockrufe ihrer Leidenschaften, Gefühle und was sonst noch ihr Leben antreibt und bewegt, verstummen.

Auf seinen eigenen Wesensmittelpunkt zurückgeführt, steigt dann vor dem Menschen ganz nackt das Problem aller Probleme auf: *Wer bin ich?*

Fast immer wird dann auch klar und deutlich, dass alles, und zwar nicht nur das, was man im täglichen Leben, sondern auch das, was man im kulturellen Bereich tut, schlussendlich nur dazu dient, sich zu *zerstreuen* und sich den Anschein und Vorwand eines «Zieles» zu schaffen, um ja irgend etwas zu haben, was einem gestattet, nicht tief nachdenken zu müssen, und auch einen genügend grossen Schleier schafft, um vor sich selbst das zentrale innere Dunkel zu verbergen und der existentiellen Angst zu entkommen.

In einigen Fällen kann eine solche Krise einen katastrophalen Ausgang nehmen. In anderen reagieren die Menschen, rütteln an sich. Die Macht einer tierischen Kraft, die nicht sterben will, behauptet sich aufs neue, verwischt alles, was in solchen Erfahrungen aufleuchtete, und macht glauben, dass es sich nur um einen Alptraum gehandelt habe, um einen Augenblick, getrübt von Gehirnfieber und nervösem Schwindel. Und so macht man sich daran, ein neues Kompromissgebilde zu schaffen, um zur «Wirklichkeit» zurückzukehren.

Dann gibt es den Menschen, der abspringt. Das existentielle Problem, das er verspürt hat, wird für ihn, der unfähig ist, es in seiner Gesamtheit zu erfassen, zum bloss «philosophischen Problem», und das Spiel beginnt von neuem. Eine neue «Wahrheit» und ein neues «System» werden geboren, man täuscht Licht im Dunkel vor, und da man weitermachen will, gibt man diesem Wunsche neue Köder zum Frasse. Oder eine andere gleichwertige Lösung: Man liefert sich passiv traditionalistischen Strukturen, dogmatischen Formen und stereotypen Autoritäten aus, die, eines lebenden Inhaltes entleert, sich als blasse dogmatische und Hingebung verlangende Gebilde darbieten.

Andere jedoch bleiben fest. Etwas Neues und Unwiderrufliches ist in ihr

Leben eingetreten. Sie wollen den Kreis, der sich fest um sie geschlossen hat, aufbrechen. Sie lösen sich von Glaubensrichtungen, sie lösen sich von Hoffnungen. Sie wollen die Nebel lüften und sich einen Weg bahnen. Die Erkenntnis von sich und an sich, des gewaltigen Seins – das ist es, was sie suchen. Ein Zurückkehren gibt es für sie nicht mehr.

Das ist eine der Möglichkeiten, durch die sich, besonders in der modernen Zeit, einzelne Personen den Disziplinen nähern können, die im allgemeinen als *initiatische* bezeichnet werden. Andere hingegen werden durch eine Art Erinnerung und eine natürliche Auserkorenheit zu diesem Punkt geführt, wobei sie die ganz klare Empfindung haben, dass diese unsere Welt nicht die wahre Welt ist, dass es etwas Höheres gibt als das, was die Sinne wahrnehmen und was rein menschlichen Ursprungs ist. Die unmittelbare Schau der Wirklichkeit *wie in einem totalen Erwachen* – das streben sie an.

Im einen wie im anderen Fall merkt man plötzlich, dass man nicht allein ist. Man fühlt ganz in der Nähe *andere,* die auf anderen Wegen gekommen sind oder vielleicht auch schon immer da waren. Und man erfährt ihre Wahrheit:

Jenseits des vernunftgebundenen Intellekts, jenseits der Glaubensrichtungen, jenseits von all dem, was im allgemeinen als Kultur oder Wissenschaft Geltung hat, gibt es ein höheres Wissen. In ihm erlischt die Angst des Individuums. In ihm wird das Dunkel erhellt, und die Zufälligkeit des menschlichen Daseins nimmt ein Ende; in ihm wird das Problem des Seins gelöst. Dieses Wissen ist transzendent auch im Sinne, dass es einen *völligen Zustandswechsel* voraussetzt. Man kann dieses Wissen nur erlangen, wenn man den einen Seinszustand in einen anderen Seinszustand überführt, indem man also das eigene Bewusstsein völlig umwandelt. Genauso wie es absurd ist, ein glühendes Kohlenstück festzuhalten und zu verlangen, dass der Schmerz des Feuers aufhöre, ohne vorher jene Kohle fallenlassen zu wollen, genauso ist es absurd zu denken, dass sich ein Weg jenseits des fundamentalen Dunkels der Existenz auftue, wenn der Mensch derselbe bleibt, der er ist. Die Selbstumwandlung ist die unabdingbare Voraussetzung der höheren Erkenntnis. Diese behandelt auch nicht «Probleme», sondern *Aufgaben* und *innere Verwirklichungen.*

Diese inneren Verwirklichungen werden als etwas eminent *Positives* verstanden. Als Voraussetzung dazu gilt ein Blick, der fähig ist, nur die konkrete, reale, nackte eigene Beziehung mit sich selbst und der Umwelt gelten zu lassen. Speziell beim modernen Menschen ist diese Beziehung aber genauso bedingtheitsunterworfen, äusserlich und zufällig wie die physische Existenz. Was dabei die Spielarten dessen anbelangt, was man seit geraumer Zeit als «Geist» bezeichnet, so sind sie nur einfache Ergänzungen zur physischen Existenz, so dass der Geist mit all seinen Werten – gut und böse, wahr und falsch, hoch und nieder – niemals das verändern kann, was das Ich, als Mensch, in der Hierarchie der Wesen, darstellt. Eben deshalb ist eine Krisis, eine völlige Umkehr notwendig, und eben deshalb muss man die Kraft haben, *alles* auf die Seite zu räumen, sich von allem zu lösen. Die Änderung der tiefsten Persönlichkeitsstruktur ist das einzige, was zählt, will man zu höherem Wissen gelangen. Dieses Wissen – das gleichzeitig Weisheit und Macht ist – ist aber im Wesenskern «nicht-menschlich», und man erreicht es nur auf einem Weg, der die aktive und objektive Überwindung der menschlichen Bedingtheit und Seinsweise voraussetzt.

Da der Mensch schon seit geraumer Zeit in einer Art magischen Kreis eingeschlossen ist, weiss er heute fast nichts mehr von solchen Möglichkeiten. Nicht nur das, sondern, wie jemand sehr treffend bemerkt hat (J. de Maistre), haben diejenigen, die sich heutzutage mit dem Titel «Wissenschaftler» schmücken, eine echte und eigentliche Verschwörung in Gang gesetzt, indem sie aus der Wissenschaft eine Art Monopol für sich allein gemacht haben, wobei sie absolut nicht wollen, dass man *mehr* weiss als sie oder in einer *anderen* Art weiss als sie.

Das heisst natürlich nicht, dass dieses andere und höhere Wissen nicht tatsächlich *existiert.* Viel eher als der im Abendland vorherrschende Glaube kann das Lehrgut, von dem wir sprechen, sich den Ausspruch zu eigen machen: *quod ubique, quod ab omnibus et quod semper* [was überall, was von allen und was immer (gilt)]. Ihm entspricht eine einheitliche Tradition, die sich unter verschiedenen Ausdrucksformen in den Traditionen aller Völker wiederfindet, teils als Weisheit antiker königlicher oder priesterlicher Eliten, teils als Wissen, verhüllt durch heilige Symbole, Mythen und Riten, deren Anfänge sich in den Urzeiten verlieren, dann wieder in Form allegorischer Schriften, Mysterien und Einweihungen, wie sie Theurgie, Yoga oder Hohe Magie darstellen, und schliesslich in neueren Zeiten als geheimes Wissen verborgener geistiger Strömungen, die hier und da in den Abläufen der europäischen Geschichte auftauchen und bis hin zu den Hermetikern und Rosenkreuzern reichen.

Andererseits entspricht diesem Weg eine *Wissenschaft* – eine präzise, strenge und methodische Wissenschaft, die von Flamme zu Flamme, von Eingeweihtem zu Eingeweihtem in einer ununterbrochenen Kette weitergegeben wurde, auch wenn das dem Aussenstehenden nur selten offenbar wurde; eine Wissenschaft, die, auch wenn sie nichts mit äusseren Dingen und Erscheinungen zu tun hat, sondern sich auf die tiefsten Kräfte des inneren Menschen konzentriert, doch experimentell vorwärtsschreitet und mit denselben Kriterien der Objektivität und Unpersönlichkeit wie die exakten Wissenschaften arbeitet. Sie kann auch begründetermassen die gleichen Wirkungen dort voraussehen, wo die gleichen Bedingungen bestehen und die gleichen Handlungen vollzogen werden, und ist ebenso unabhängig vom Gefühl, von der Moral und der abstrakten Spekulation wie die sogenannten exakten Wissenschaften.

Diese «göttliche Technik», traditional im höheren Sinne, eröffnet allen denjenigen Menschen reale Möglichkeiten, die nach der erwähnten totalen Krise in sich die Kraft und die Ruhe gefunden haben, sie im positiven Sinne zu überwinden und als eine Katharsis – Reinigung – von allem bloss Menschlichen zu leben. Noch einer weiteren Kategorie von Menschen eröffnet sie solche Möglichkeiten: den wenigen, bei denen auf mysteriöse Art und Weise ein weit zurückliegendes Erbe wieder aufgetaucht ist und neu hervortritt, gleich einem Instinkt von einer *anderen Rasse,* die seit Jahrtausenden verschwunden ist.

Alles, was das menschliche Gehirn zu geben vermochte, hat es gegeben. Nun soll der gesamte Körper ein Werkzeug des Bewusstseins werden, das die individuelle Beschränkung überwinden und in die Schichten eindringen soll, wo die verborgenen tiefen Kräfte eines höheren Ichs tätig sind: bis es aufs neue den Zugang zu dem Wege findet, der zum «verschlossenen Palast des Königs» führt.

Die vorliegende Monographiensammlung will Hinweise sowie Anregungen geben und Richtungsweiser für eine solche Geheimwissenschaft sein. Wir haben soweit wie nur möglich versucht, jedes Reden um die Sache *herum* zu vermeiden, um statt dessen den Wesenskern zu vermitteln und alles zu tun, um deutlich verständlich zu sein. Wo noch Unklarheiten bleiben sollten, wird das nicht von unserem Wollen abhängen, sondern in der Natur der Sache selbst begründet sein. Das höhere Wissen ist in allem und aus allem *Erfahrung.* Aber alles, was Erfahrung ist, wird nur unter der Voraussetzung einer analogen Erfahrung verständlich. Jeder geschriebenen und gar noch gedruckten Mitteilung werden deshalb immer Schranken gesetzt sein, die nur von demjenigen weggeräumt werden können, der fähig ist, den «Sitz», der der einen oder anderen Lehre entspricht, selbst einzunehmen.

Unser Material ist beschränkt auf:

1) Darlegungen von Methoden, Disziplinen, Techniken.

2) Berichte von initiatischen Erfahrungen, die tatsächlich erlebt wurden.

3) Wiederveröffentlichungen oder Übersetzungen seltener oder wenig bekannter Texte oder Textstellen aus östlichen und westlichen Traditionen, die sachgemäss erklärt und mit Anmerkungen versehen so dargelegt werden sollen, dass sie eigentliche Kräfte auf den Plan rufen und neue Horizonte erschliessen können.

4) Zusammenfassende Klarstellungen der zugrundeliegenden Doktrin, die geeignet sind, das durch das Vorherrschen der modernen Zivilisation verkrustete Bild vom Menschen, von der Welt und der Geschichte auszuräumen.

Die einzelnen Monographien sind so gestaltet, dass sie sich wechselseitig ergänzen. Grundsätzlich sind sie auch so angeordnet, dass schon vorher alle nötigen Elemente zu ihrem adäquaten Verständnis gegeben sind. Die Mitarbeiter haben somit im grossen und ganzen gesehen organisch zusammengehörende Teile einer einzigen Aufgabe übernommen, indem sie nämlich die Dinge, die schon von den anderen gesagt wurden, nochmals aufnahmen, ergänzten oder in einem anderen Lichte weiter ausbauten.

Dabei folgten sie einem Brauch, der bereits im antiken Indien, aber auch in unseren mittelalterlichen Schulen, bei den Pythagoräern ebenso wie bei den

Hermetikern, bei den mittelalterlichen initiatischen Gilden und bei den Rosenkreuzern, ja schliesslich auch bei gewissen Mönchsautoren und zum Teil selbst bei den Jesuiten anzutreffen ist: Sie hielten es nämlich für angebracht, das Prinzip der Anonymität der Mitarbeiter zu wahren. Das deshalb, weil hier *nicht* die jeweilige Person zählt, ist doch das, was sie an Gültigem sagen kann, nicht von ihr geschaffen oder erdacht worden, sondern spiegelt ganz im Gegenteil eine überindividuelle, objektive Lehre wider. Und es war eine besondere Aufgabe der seinerzeitigen Organisationsleiter dieser Sammlung von Monographien, dafür zu sorgen, dass diese so wenig wie nur möglich von den jeweiligen besonderen Geistesströmungen spüren liessen, die dem einen oder anderen Autor vielleicht näher standen. Die Darlegung soll sich vielmehr auf die «Konstanten» konzentrieren, die in jeder echten initiatischen Disziplin gegenwärtig sind.

Als weitestgehende Konzession an eine Teilströmung kann diejenige genannt werden, die zur Verwendung des Begriffs *«Magie»* im Titel der vorliegenden Bände geführt hat. Dazu sei aber besonders auf Roger Bacon verwiesen, der Magie als «praktische Metaphysik» definierte.

Man wird ebenso sehen, dass die Bezeichnung «Magie» hier viel eher einen übertragenen Sinn angenommen hat und weniger das bezeichnet, was man im Altertum darunter verstanden hat. Hier soll sie eigentlich nur eine besonders aktive Auffassung und Behandlung der traditionalen und initiatischen Disziplinen zum Ausdruck bringen, wie sie ja mehr oder weniger für die gesamte Mitarbeitergruppe typisch war.

Den Mitarbeitern ist auch eine eindeutige Opposition gegen alle Spielarten dessen gemeinsam, was man heute als «Spiritualismus» oder «Geisteswissenschaft» bezeichnet: Das reicht vom vulgären Spiritismus über den englisch-indischen Theosophismus bis hin zum «Okkultismus», zur Anthroposophie und allen anderen ähnlichen Strömungen. In all dem sehen wir Abweichungen, die mit der authentischen, traditionalen, initiatischen Lehre nichts zu tun haben, sondern eine wilde Mischung aus Bruchstücken von antiken Wahrheiten, modernen Geistesverirrungen, visionären Strömen und schlechtester Philosophie darstellen, wozu noch eine passende moralistische und evolutionär-humanitäre Sauce kommt. Die Organisatoren dieser Bände legen grössten Wert darauf, dem Leser das ganz klare Gefühl eines unüberbrückbaren Gegensatzes zu diesen verworrenen und nachgeäfften Formen zu vermitteln, die nur den Sumpf und den Mangel an Prinzipien in unserer Zeit widerspiegeln.

Der Leser des vorliegenden Werkes wird nur äusserst schwer anderswo eine ebenbürtige, gleich erntereife, präzise und klar gehaltene spezialisierte Sammlung initiatischer Lehren finden können. Es bleibt dann aber an ihm zu bestimmen, inwieweit er sich auf die einfache Lektüre zu reinen Informationszwecken beschränken will und inwieweit er wagen, handeln und schweigen will, sollte er in sich eine höhere Berufung entdeckt haben, die ihm vorher nur dunkel gegenwärtig gewesen war. Es ist initiatisches Lehrgut, dass diejenigen, die mit innerstem, glühendem Ernst wagen, nur schwerlich allein gelassen werden. Das mag bedeuten, dass für sie der

Kontakt mit «UR» nur ein erster ist, dem im rechten Augenblick andere mit anderer Tragweite folgen können: Das gilt insbesondere für diejenigen, die nunmehr das eine Ufer verlassen haben und, obwohl sie noch von den «Wassern» gefangen sind, schon nach dem anderen Ufer streben.

Pietro Negri

Sub Specie Interioritatis

(Unter dem Gesichtspunkt der Innerlichkeit)

Coelum, ... , nihil aliud est quam spiritualis interioritas.
(Der Himmel, ..., ist nichts anderes als geistige Innerlichkeit)
(Guibertus –*De Pignoribus Sanctorum,* IV, 8)

Aquila volans per aerem et Buso gradiens per terram est Magisterium. (Der durch die Luft fliegende Adler und die über die Erde kriechende Kröte sind das Werk) (M. Mayer – *Symbola Aureae Mensae duodecim Nationum,* Frankfurt 1617, S. 192)

Viele Jahre sind nunmehr vergangen, seit mir zum ersten Mal die *Immaterialität,* das Freisein von der Stoffgebundenheit, ins Bewusstsein drang. Aber obwohl inzwischen so viel Zeit verflossen ist, war der damit verbundene Eindruck so lebendig und so mächtig, dass er noch immer in meinem Gedächtnis haftet, sofern es überhaupt möglich ist, gewisse transzendente Erfahrungen ins Gedächtnis zu übertragen und dort zu bewahren; und doch werde ich jetzt versuchen, diese Erfahrung *humanis verbis* (in menschlichen Worten) auszudrücken und sie aufs neue aus den innersten Schlupfwinkeln des Bewusstseins hervorzuholen.

Die Empfindung der immateriellen Wirklichkeit blitzte in meinem Bewusstsein ganz plötzlich auf, ohne Vorzeichen, ohne irgendwelche erkennbaren Gründe oder Ursachen. Vor ungefähr vierzehn Jahren war es, als ich eines Tages auf dem Gehsteig des Palazzo Strozzi in Florenz stand und mit einem Freunde sprach; ich erinnere mich nicht mehr, worüber wir uns unterhielten, aber wahrscheinlich betraf es in der einen oder anderen Weise den Bereich der Esoterik; das ist übrigens auch völlig ohne Belang für die Erfahrung, die ich hatte. Es war ganz und gar ein Tag wie alle anderen, und ich befand mich in völliger körperlicher und geistiger Gesundheit, war weder müde noch erregt, auch nicht betrunken sowie frei von Sorgen und quälenden Problemen. Und auf einmal, während ich sprach und zuhörte, da *fühlte* ich anders: Das Leben, die Welt, alles; ich *erkannte* plötzlich meine eigene Unkörperlichkeit und die radikale, selbstverständliche Materielosigkeit des Universums; ich erkannte, dass mein Körper *seinen Standort in mir hatte,* dass alles innerlich, in mir war; dass alles auf *mich* bezogen war, d.h. auf den tiefen, abgrundtiefen und dunklen Mittelpunkt meines Seins. Eine unerwartet plötzliche Verwandlung ins Geistige war eingetreten; das Empfinden der unkörperlichen Wirklichkeit, das im Bewusstseinsbereich erwacht war, aber gleichzeitig auch eng mit dem gewohnten Empfinden der alltäglichen, massiven Wirklichkeit verwoben war, liess mir alles in einem neuen, andersartigen Licht erscheinen. Es war, wie wenn ein Sonnenstrahl, der sich durch das jähe Aufreissen einer dichten Wolkendecke Bahn bricht, das darunterliegende Land oder Meer plötzlich in eine leichte, flüchtige und leuchtende Helligkeit verklärt.

Ich spürte, dass ich ein unsagbar abstrakter, dimensionsloser Punkt war; ich spürte, dass sich in diesem Punkt, in seinem Inneren, alles befand, in einer Art, die überhaupt nichts Räumliches an sich hatte. Es war die vollkommene Umkehrung der gewöhnlichen menschlichen Empfindung: Nicht nur, dass das Ich den Eindruck verloren hatte, im Körper enthalten oder zumindest lokalisiert zu sein; nicht nur, dass es die Wahrnehmung der Unkörperlichkeit des eigenen Körpers erworben hatte, sondern es spürte überdies den eigenen Körper innerhalb seiner selbst, es spürte einfach alles *sub specie interioritatis* (unter dem Gesichtspunkt der Innerlichkeit). Wohlverstanden, man muss hier versuchen, die Worte: innen, innerhalb, innerlich a-geometrisch zu verstehen, einfach als die Worte, die am ehesten geeignet scheinen, das Empfinden der Umkehrung des hierarchischen Ranges oder des Verhältnisses zwischen Körper und Bewusstsein zum Ausdruck zu bringen; es ist natürlich ebenso unsinnig und falsch, von einem Bewusstsein zu sprechen, das in einem Körper enthalten ist, wie von einem Körper, der in einem Bewusstsein enthalten ist, da die beiden Bezugsbegriffe völlig anderen Ebenen angehören.

Es war ein machtvoller, umwälzender, bedrängender, positiver und ursprünglicher Eindruck. Er kam spontan, ohne Übergang, ohne Vorzeichen, *wie ein Dieb des Nachts,* brach sich im Inneren Bahn und verwob sich mit der gewohnten Art und Weise der Wirklichkeitswahrnehmung; blitzschnell erschien er, brach durch und blieb deutlich bestehen, so dass ich ihn intensiv erleben und sicher davon Zeugnis ablegen konnte; und dann verflog er und liess mich völlig betroffen zurück. *«Es war ein Ton des ewigen Gedichts, das ich vernahm ...»;* und wenn ich diesen Ton wieder in mir anklingen lasse, spüre ich noch immer seine priesterliche Feierlichkeit, seine stille und schweigende Macht, seine sternenhafte Klarheit in meinem innersten Bewusstsein schweben.

***

Das war meine erste Erfahrung mit der Unkörperlichkeit.

Bei diesem Bericht habe ich nur versucht, meinen Eindruck getreu wiederzugeben, auch wenn ich damit eventuell den Vorwurf riskiert habe, mich nicht gebührend an die Regeln einer präzisen, philosophischen Terminologie gehalten zu haben. Ich gestehe ja gerne ein, dass meine philosophische Kompetenz dieser spirituellen Erfahrung nicht angemessen war, ja noch immer nicht ist, und ich mag auch zugeben, dass es vom Standpunkt philosophischer Studien wünschenswert wäre, wenn derartige Erfahrungen denjenigen und nur denjenigen Menschen zuteil würden, die sich grosse Verdienste in der Philosophie erworben haben; aber nach Ausdruck dieses Bedauerns muss ebenfalls zugegeben werden, dass der philosophische Standpunkt nicht der einzig zulässige ist und dass *der Geist weht, wo er will,* ohne besonders auf philosophische Fähigkeiten zu achten.

Im spezifischen Fall meiner persönlichen Erfahrung erfolgte der Übergang, ohne dass irgendwelche wissenschaftliche oder philosophische Spekulationen oder fortgesetzte geistige Anstrengungen vorangegangen wären; und ich bin eher geneigt zu glauben, dass dieser «Mangel» nicht zufällig und aussergewöhnlich war. Es scheint tatsächlich so zu sein, dass die vernunftgebundene Spekulation über eine blosse, noch dazu vorwiegend negative Abstrahierung von Begriffen nicht hinausführen kann und unfähig ist, eine unmittelbar erlebte *Erfahrung* sowie eine *Wahrnehmung* der Unkörperlichkeit einzuleiten oder hervorzurufen.

Die gewohnte Lebensweise ist an die Wahrnehmung der materiellen Wirklichkeit, oder wenn man will, an die materielle Wahrnehmung der Wirklichkeit gebunden. Es existiert das, was Widerstand leistet, das Kompakte, das Massive, das Undurchdringbare; die Dinge *sind,* insofern sie existieren, Raum einnehmen – sei das ausserhalb oder auch innerhalb unseres Körpers; sie sind sozusagen in um so grösserem Ausmass wirklich, je fester, undurchdringbarer und unangreifbarer sie sich zeigen. Die erfahrungsmässige und gewöhnliche Auffassung der Materie als eine für sich stehende Sache, die Raum einnimmt, die man berührt und die dem Tastsinn Widerstand leistet, ist eine Funktion des körperlichen Lebens. Die Notwendigkeit des Lebens in einem festen, dichten, schweren Körper, der gewohnt ist, von einer festen und standhaltenden Erde getragen zu werden, schafft die Gewohnheit, auch ganz allgemein die Wahrnehmung der Wirklichkeit mit dieser besonderen, menschentypischen Art und Weise der Wirklichkeitserfassung gleichzusetzen, und lässt die apriorische Überzeugung entstehen, dass sie die einzig mögliche ist, dass es also keine anderen Wahrnehmungsmöglichkeiten gibt, ja gar nicht geben kann.

Nichtsdestoweniger ist es doch wahr, dass diese typischen Eigenschaften der materiellen Wirklichkeit allmählich schwächer werden und verschwinden, wenn man von der festen Materie zur flüssigen, fluidischen und gasförmigen übergeht; und die wissenschaftliche Forschung führt über die aufeinanderfolgenden Stadien der molekularen und atomaren Teilung zu einer Auffassung der Materie, die sehr weit entfernt ist von jener ursprünglichen, auf Erfahrung beruhenden Auffassung, die ein so sicherer und unmittelbarer Ausfluss der Erfahrung schien. Der universellen Entmaterialisierung der Körper entspricht notwendigerweise, wenn man von der Wissenschaft auf die Philosophie übergeht, die Abstrahierung der Begriffe im Idealismus und die Auflösung von allem im Ich; aber das rein begriffliche Anerkennen der universalen Geistigkeit führt noch lange nicht zur tatsächlichen Erlangung oder zum Erwerb der *Wahrnehmung* der geistigen Wirklichkeit, und man kann einer idealistischen Philosophie anhängen und spirituell genauso blind sein wie der ärgste Materialist; man kann sich sogar idealistischer Philosoph nennen und glauben, einfach durch einen mühevollen, rein begrifflichen Sieg den Gipfel des Idealismus erklommen zu haben, und dabei die Möglichkeit einer Wahrnehmung *ex imo* (von ganz unten) überhaupt ausschliessen oder gar nicht in Betracht ziehen; und es ist ebenso möglich, alle «Erscheinungen» des Geistes mit einfachen Denkakten zu verwechseln und diese Verwechslung auch noch für notwendig zu halten.

Natürlich kann man mit ähnlich fixen Vorstellungen im Kopf ein weiteres Stück an den fruchttragenden Bäumen des absoluten Idealismus hochklettern, wobei man aber höchstens einige Äste auf dem Kopf der sich ebenfalls im Aufstieg befindlichen Kollegen abschlagen wird. Es ist wirklich nicht richtig, auf die alten positivistischen Philosophen mit so viel Verachtung herabzublicken, waren sie doch zwar arme, aber wenigstens ehrliche Opfer einer naiven Anerkennung eines auf Erfahrung beruhenden Kriteriums der materiellen Wirklichkeit! Dieser erfahrungsbedingten, materialistischen Wirklichkeitsauffassung nun den Charakter der Einzigartigkeit, der Bestimmtheit und Unersetzlichkeit zu nehmen, bedeutet ja keineswegs, ihr überhaupt jeden Wert abzusprechen, sondern nur, ihren Wert abzugrenzen. Sie behält weiterhin ihr Bürgerrecht im Universum, neben und gemeinsam mit den anderen eventuellen Arten der Wirklichkeitserfassung.

Die Erreichung der begrifflichen Abstraktion im Idealismus ist somit noch kein Grund, Siegeshymnen anzustimmen. Und aus dem Bestehen und Auftauchen der Wahrnehmung der immateriellen Wirklichkeit folgt wohlverstanden auch nicht, dass man nun die Positionen umdrehen soll und der neuen Wirklichkeit und Wahrnehmung die Vorrechte der alten einräumen und sie auf ihre Kosten hochpreisen soll. Die Wahrheit der einen bedingt nicht die Unrichtigkeit der anderen, und das Bestehen der einen schliesst das gleichzeitige Bestehen der anderen ebenfalls nicht aus. Es ist Selbsttäuschung und Willkür, zu glauben, dass es nur eine einzige Art der Wirklichkeitserfassung gibt und geben darf; wenn sich dann auch schlussendlich das auf Erfahrung beruhende Wirklichkeits-Kriterium zwangsläufig als blosse Illusion erweisen muss, existiert diese Art und Weise des auf einer Illusion begründeten Bewusstseins nichtsdestoweniger *ganz real*; und zwar in so weitem Rahmen, dass sich das Leben unzähliger Lebewesen darauf abstützt, auch wenn dieses Kriterium begrifflich und spirituell überholt ist, verschlungen von der plötzlich neu dazugekommenen Wahrnehmung der Immaterialität.

Meine Erfahrung, mag sie auch noch so flüchtig gewesen sein, brachte mir doch den praktischen Beweis dafür, dass beide Wirklichkeitsauffassungen, eben die rein spirituelle und die gewöhnliche körperliche, effektiv und gleichzeitig nebeneinander bestehen können, mag das vom Standpunkt der Vernunft noch so widersprüchlich erscheinen. Ich sage das auf Grund einer ganz einfachen Erfahrung, auf die man sicherlich nicht stolz zu sein braucht; aber trotzdem war es eine grundsätzliche Erfahrung, die an diejenige von Arjuna in der *Bhagavad-gita* und an diejenige von Tat im Pymander erinnert: also eine erste, tatsächliche und unmittelbare Wahrnehmung dessen, was die Kabbalisten den *heiligen inneren Palast,* Philaletha den *verschlossenen Palast des Königs* und die Hl. Theresa das *innere Schloss* nannten. Wie einfach diese Erfahrung auch sein mag, eröffnet sie doch ein neues, doppeltes Leben; der hermetische Drache bekommt Flügel und wird zu einer Amphibie, die sowohl auf der Erde leben als sich auch darüber erheben kann.

Aber warum ist man denn, wird man fragen, normalerweise blind gegenüber dieser Wahrnehmung, und warum hatte ich, der ich hier schreibe, das alles nicht schon vorher bemerkt? Warum entschwand dieses Erlebnis? Und wozu dient es? Ist es vielleicht nicht besser, wenn man von der Existenz derartiger aufwühlender Geheimnisse überhaupt nichts ahnt? Und warum lehrt man nicht, wie man diese Erfahrungen erlangen kann? Und ist es überhaupt gerecht, wenn nur einige wenige ihrer teilhaftig werden und die anderen nicht?

Es ist nicht einfach, auf diese und noch andere Fragen, die man ebenso stellen könnte, eine befriedigende Antwort zu geben. Was die spirituelle Blindheit betrifft, scheint sie mir davon herzurühren oder abzuhängen, dass für gewöhnlich die Aufmerksamkeit des Bewusstseins so stark auf die Wahrnehmung der materiellen Wirklichkeit fixiert ist, dass jede andere Empfindung unbemerkt bleibt. Es ist also eine Frage des Gehörs: Das von den Geigen gespielte musikalische Thema zieht im allgemeinen ganz genauso die gesamte Aufmerksamkeit auf sich, und die tiefe Begleitung der Celli und des Kontrabasses bleibt daneben unbemerkt. Vielleicht ist es auch die Monotonie jener tiefen und tiefgehenden Note, die sie der gewöhnlichen Wahrnehmung entzieht. Ich erinnere mich gut an das Erstaunen, das mich in ähnlicher Weise erfasste, als einmal in den Bergen, auf einer grossen blühenden Wiese, das dumpfe und gleichmässige, von unzähligen Insekten stammende Summen ganz plötzlich mein Ohr traf und ich mir wie zufällig oder besser ganz unvermittelt und ohne erkennbaren Grund dieses Summens bewusst wurde, obwohl es sicherlich schon vor meiner so plötzlichen Wahrnehmung bestanden hatte.

Die Antwort besteht, wie man sieht, nur in einem Vergleich mit ähnlichen Erscheinungen und wird den Leser wahrscheinlich nicht befriedigen. Gleichermassen fürchte ich, dass ich auch auf die anderen Fragen keine befriedigenderen Antworten weiss; und deshalb beschliesse ich diese Niederschrift, wofür ja allein schon aus Taktgefühl die Zeit gekommen ist.

Leo

Wegschranken

Der erste Schritt, den der Mensch tun muss, sucht er Den Weg, besteht darin, das gewohnte Bild von sich zu zerstören. Er kann erst dann *Ich* zu sagen beginnen, wenn diesem magischen Wort auch die innere Vorstellung entspricht, die darauf gegründet ist, dass man sich ganz ohne Raum-, Zeit- und Machtschranken spürt.

Die Menschen müssen erst die Wirklichkeit ihrer selbst wahrnehmen lernen. Jetzt machen sie nichts anderes, als sich zu beschränken und sich abzublocken, da sie sich anders und kleiner fühlen, als sie sind; jeder ihrer Gedanken, jede ihrer Handlungen ist ein Gitterstab mehr zu ihrem Gefängnis, ein Schleier mehr über ihr Gesicht, eine Verneinung mehr ihrer Macht. Sie schliessen sich in die Umgrenzung ihres Körpers ein, sie heften sich an die Erde, die sie trägt: Es ist, als ob ein Adler glaubte, Schlange zu sein, und am Boden entlang kröche, ohne um seine Schwingen zu wissen.

Und der Mensch ist nicht nur ein Ignorant seiner selbst, der sich verunstaltet und verleugnet, sondern er wiederholt auch den antiken Mythos der Medusa und versteinert alles, was ihn umgibt; er beobachtet und berechnet die Natur nur nach Maß und Gewicht; er begrenzt das ihn umgebende Leben in kleinmütigen Gesetzen und schreitet mit dünnen Hypothesen über die Mysterien hinweg; er gefriert das Universum zu einer statischen Einheit und setzt sich an den Rand der Welt, schamvoll, untertänig, wie ein zufälliges Sekret, ohne Macht und ohne Hoffnung.

***

Der Mensch ist der Mittelpunkt des Universums. Alle eisigen und glühenden Materiemassen in den Myriaden von Welten wiegen in der Waage der Werte weniger als die einfachste Veränderung in seinem Bewusstsein. Die Begrenzungen seines Körpers sind nur Wahnvorstellungen; er stützt sich nicht nur auf die Erde, sondern ragt über die Erde hinaus in die kosmischen Räume. Bewegt er einen Gedanken oder einen seiner Arme, bewegt sich eine ganze Welt mit ihm; tausend geheimnisvolle Kräfte werfen sich ihm mit schöpferischer Einladung entgegen, und doch sind alle seine täglichen

Handlungen nur blosse Karikaturen dessen, was ihm göttlicherweise zufliesst.

So muss er sich also umwenden und, was ihn umgibt, von der Versteinerung befreien. Bevor er es wissen kann, muss er sich vorstellen, dass auf der Erde, im Wasser, in der Luft und im Feuer Kräfte bestehen, die wissen, dass sie sind, und weiterhin muss er wissen, dass die sogenannten Naturkräfte nur Arten und Weisen unseres eigenen, nach aussen projizierten Urgrundes darstellen. Nicht die Erde lässt die Pflanzen wachsen, sondern die Kräfte in der Pflanze entreissen der Erde die Elemente für das eigene Leben. In den Sinn für die Schönheit der Dinge muss die Wahrnehmung des Mysteriums der Dinge als eine noch dunkle, aber vorgeahnte Wirklichkeit eingepflanzt werden. Denn nicht nur das, was wir sagen und erkennen können, muss in uns wirken, sondern auch das Unbekannte, das mutig bejaht und in seiner Kraft erspürt wird.

***

Auf die Notwendigkeit einer ganz speziellen Einstellung zu diesem Standpunkt, wie auch gegenüber allen anderen im Bereich der Esoterik, muss aufmerksam gemacht werden. Es geht darum, schon jetzt mit etwas zu beginnen, was dann später auf dem Wege der geistigen Entwicklung sehr häufig dienlich sein wird, nämlich um die Art, sich eine Vorstellung so zu eigen zu machen, dass sie mehr ist als blosses Verstehen oder Erinnern. Man muss sie nämlich *rhythmisieren,* d.h. die einzulernende, spezifische Vorstellung seinem Bewusstsein, das in einer Willenshaltung zupackt, immer und immer wieder periodisch und rhythmisch vorlegen;[1] und zwar nicht nur als Gedanken, sondern auch als Gefühl. Die Vorstellung, dass das eigene Sein und die Welt so sind, wie eben verkündet, bewirkt ein Gefühl und eine Wahrnehmung von Grösse und Macht. Dieses Gefühl nun müssen wir in uns bewahren, bis es uns im Innersten durchdrungen hat.

Mit dieser neuen Schau, die wir zuerst dem Unterbewusstsein einflössen, bis sie sich nach einer gewissen Zeit in immer bestimmterer Art in das erwähnte Gefühl einfügt, wird gleichzeitig der Grundstein zur wahren Verwirklichung gelegt; damit ergibt sich nämlich eine neue Lage, in der das, was früher blosse Vorstellung war, zur *Gegenwärtigkeit einer Kraft* werden kann. Diese wiederum wird zu einem Zustand der Befreiung führen, von dem aus es möglich ist, das neue Leben aufzubauen.

Alle Übungen zur inneren Entwicklung werden blockiert, wenn nicht die begrenzende Schale zerbrochen wird, die das tägliche Leben um den Menschen herum formt, da sie auch bei geänderter intellektueller Anschauung im menschlichen Unbewussten bestehen bleibt.

[1] Dieser fundamentale Punkt, ein Wissen mittels Rhythmus in die eigene körperliche Gesamtheit absinken zu lassen, bis es dort völlig eingeflossen ist, kann das «Warum» der so zahlreichen, verstandesmässig sinnlosen Wiederholungen in den Reden des Buddha klarstellen, wie auch jener Wiederholungen, die sich in Gebeten, magischen Invokationen usw. bis hin zur unterstützenden Anwendung von Atemtechniken im Hatha Yoga finden (*Anm. v.* Ur).

Abraxas

Das Wissen um die Wasser

Das Leben aller Wesen, ohne Ausnahme, wird aus der Tiefe von einer urtümlichen Kraft aufrechterhalten. Das Wesen dieser Kraft ist *Begierde*: ein Hunger, der nie Befriedigung erfährt, ein Sich-Abkämpfen ohne Ende, unwiderstehliche Notwendigkeit und blindes, wildes Verlangen.

Werden, ungeordnete, chaotische Umwandlung, nicht einzudämmender Fluss – Schöpfung-Zerstörung, Anziehung-Abstossung, Furcht-Begierde, Bildung-Auflösung: Alles das in einer feurigen Mischung zusammengeworfen, stellt das innerste Wesen dieser urtümlichen kosmischen Naturkraft dar.

Wie von einem Wunder und wie von einem Schrecken sprechen die Weisen, wenn sie von Ihr berichten. Folgende Namen wurden Ihr gegeben: Universales und lebendiges Feuer, ὕλη (Stoff), Grüner Drache, Quintessenz, Prima Materia, Grosses Magisches Agens. Als Anfang des allumfassenden Werkes ist Sie auch der Anfang des «Grossen Werkes»; denn das Magisterium der Schöpfung und das Magisterium, mit dem sich der Mensch nach den Regeln Der Kunst selbst baut, ist ein und dasselbe.

Diese Unsere Materie ist weder eine Abstrahierung der profanen Philosophie noch eine mythische Idee oder ein Märchen, sondern eine Wirklichkeit, die lebt und mächtig ist: Geist und Urkraft der Erde und des Lebens.

Das menschliche Geschlecht *kennt* Sie nicht. Ein barmherziges Naturgesetz verbirgt Sie vor dem Bewusstsein mit Hilfe des Illusionsschauspieles der materiellen Erscheinungen, der handgreiflichen Wirklichkeit, das dem menschlichen Leben keine Rast und Ruhe gewährt. Und dasselbe Gesetz hat es so eingerichtet, dass dieser Schleier der Unwissenheit erst dann weggezogen und das Auge des Wissens erst dann geöffnet wird, wenn eine Kraft gewachsen und gegenwärtig ist, die sich genügend stark zeigt, die Vision zu ertragen.

Wisse also, dass das Leben Deines Lebens – in Ihr ist.

Halte Ausschau nach Ihr.

Sie zeigt sich z.B. in Augenblicken unvermuteter Gefahr.

Sei es ein auf Dich zurasendes, vom Wege abgekommenes Auto. Sei es das Nachgeben des Erdreiches unter Dir, wenn sich eine Spalte öffnet.

Oder sei es, dass Du unachtsamerweise ein nicht aufflammendes, aber doch glühendes Stück Kohle in die Hand genommen oder dass Du Dich elektrisiert hast.

Da: Als sofortige Reaktion zeigt sich etwas Sprungbereites, Gewaltsames, äusserst Schnelles. Ist das Dein «Wille», Dein «Bewusstsein», Dein «Ich»? Nein. Es ist nicht Dein Wille, Dein Bewusstsein, Dein Ich – die kommen erst später hinzu, wenn schon alles vorbei ist. In *dem* Moment waren sie nicht zugegen, abgeworfen; etwas Tieferes, Schnelleres, Absoluteres als alles das, was Du bist, hat sich gezeigt, sich durchgesetzt und hat gehandelt.

Gib Dich dem Hunger hin, gib Dich furchterregender Angst hin, gib Dich sinnlicher Begierde hin, der Panik und der Qual – und ungezähmt, gewalttätig, dunkel wirst du diese Urkraft wieder schauen. Und wenn derartige Entblössungen Dir einmal eine erste Ahnung von Ihr gegeben haben, kannst Du Sie immer deutlicher auch als unsichtbaren Hintergrund Deines gesamten wachen Lebens erkennen. Die unterirdische Wurzel der Neigungen, Glaubenshaltungen, der Atavismen, der unbesiegbaren und irrationalen Überzeugungen; die Gewohnheiten, der Charakter, alles, was in Dir als Tierhaftigkeit, als biologische Rasse lebt, das gesamte Wollen des Körpers, der blinde, rauschhafte Wille zu leben, der Zeugung, Erhaltung, Fortsetzung in sich herumträgt: Alles das verbindet sich und vermengt sich mit eben diesem Prinzip. Ihm gegenüber hast Du gewöhnlich die Freiheit des Kettenhundes. Du spürst die Kette zwar nicht – und Du glaubst Dich frei –, bis Du an eine bestimmte Grenze gerätst. Aber wenn Du dann weitergehst, spannt sich die Kette und hält Dich zurück. Oder sie spielt Dir einen Streich: Du bewegst Dich im Kreis und merkst es nicht.

Täusche Dich nicht: Auch die «höchsten Dinge» gehorchen diesem Gott. Sei misstrauisch: Gemäss der Magie des Rausches gehorchen sie ihm um so inniger und anhaftender, je unabhängiger und befreiter sie scheinen. Was bedeutet dieser Urkraft die eine oder andere Gestalt, die eine oder andere «Begründung», mit der Du glaubst Dich rechtfertigen zu können, wenn Sie nur ihre tiefste Bestrebung durchsetzen kann! In der Verkleidung verstärkt Sie ihre Fessel.

Schaue diese Kraft und erkenne Sie in der wilden Macht der Imagination und Suggestion. Wiederum ist Sie eine Schnelligkeit, die bestimmt und festkettet – und Du vermagst nichts, wenn Sie ist; je mehr Du gegen Sie «willst», desto mehr nährst Du Sie zu Deinem Schaden. Sie ist der Schrekken, der sich vervielfacht, je mehr Du ihn vertreibst; Sie ist der Schlaf, der sich Dir entzieht, solange Du Dich «bemühst» zu schlafen. Ein Brett über dem Abgrund: Sie ist die Einflüsterung des Fallens; und Du wirst gewiss und ganz sicher fallen, wenn Du Dich zwingst, darüber zu schreiten, wenn Du «willst» gegen Sie.

Sie ist die Flamme der Leidenschaft, die sich um so brennender aufrichtet, je mehr sich Dein «Gewissen» bemüht, sie zu ersticken, und Sie verschwindet nur, um sich nach innen zu richten und Dich ganz zu vergiften!

Hier wiederum ist Sie und bricht Sie durch. Sei Dir bewusst, dass diese Wesenheit, die mit den gefühlsmässigen und irrationalen Kräften verschmilzt, dann nach unten sinkt, um mit der Kraft einszuwerden, die die tiefen Funktionen Deines physischen Lebens aufrechterhält. «Wille», «Denken», «Ich», was vermögen sie im Hinblick auf diese fundamentalen Funktionen? Sie bleiben zu ihnen rein äusserlich. Parasiten ähnlich leben sie davon, ziehen daraus ihre innersten Lebenssäfte, können aber nicht bis zur tiefsten Wurzel hinein- und hinuntersteigen.

Grabe mit schneidender Waffe, ohne Furcht. Sprich also: «Von diesem meinem Körper, *was* kann ich auf *meinen* Willen zurückführen? *Will ich* diesen meinen Atem? Das Feuer der Mischungen, in dem die Nahrung brennt? *Will ich* meine Gestalt, mein Fleisch, diesen Menschen, der so festgelegt ist, so lebt, glücklich oder unglücklich, edel oder gemein? Aber, wenn ich so frage, muss ich dann nicht noch weiterfragen? «Mein» Wille, «mein» Bewusstsein, «mein» Ich, will ich sie – oder *bin* ich sie nur? Denn alles, wovon ich sage, dass ich es will, müsste ich auch nicht wollen können und folglich auch ohne es sein können. Und das Ich, ja, dieses «mein» Ich: Besitze ich es oder *besitzt es etwa mich*?

Du, der Du Dich der «Wissenschaft der Magier» zugewendet hast, sei stark genug für diese Erkenntnis: *Du bist nicht Leben in Dir*. Du existierst nicht. «Mein» kannst Du überhaupt nichts nennen. Das Leben, das besitzt Du nicht – es besitzt vielmehr Dich. Du erleidest es. Und Du unterliegst einem Wahnbild, wenn Du glaubst, dass diese Spiegelung eines «Ichs» bei der Auflösung des Körpers unsterblich weiterbestehen könne, als ob Dir nicht alles bewiese, dass die enge Beziehung mit diesem Körper für das «Ich» von innerster Notwendigkeit ist und dass schon ein einfaches Unwohlsein, ein Trauma oder irgendein Unfall einen deutlichen Einfluss auf alle seine Fähigkeiten ausüben, wie sehr diese auch «spirituell» oder «höhergeordnet» sein mögen!

Und jetzt löse Dich von Dir selbst, steige hinab unter die Schwelle, in Rhythmen von Analogie-Empfindungen, immer tiefer hinab in die dunklen Tiefen der Kraft, die Deinen Körper aufrechterhält.

Hier verliert Sie Namen und Auszeichnung. Und hier wird die Empfindung dieser Kraft noch mehr Raum greifen, «Ich» und «Nicht-Ich» in sich fassen, die gesamte Natur durchdringen, die Zeit mit Substanz erfüllen, Myriaden von Wesenheiten aufwirbeln, als ob sie berauscht oder hypnotisiert wären, und Sie wird sich durchsetzen in tausend Gestalten, unbezwingbar, wild, grenzenlos, getrieben von einer ewigen Ungenügendheit und einem ewigen Mangel.

«Das ist» – so musst Du denken. Wenn dieses Wissen Dich dann wiederum zu Dir selbst zurückführt und Du, vom Frost des Todes zu Eis erstarrt, den offenen Abgrund spürst: «Darin bin ich» – hast Du das *Wissen um die «Wasser»* erlangt.[1]

[1] Im Buddhismus entspricht dieses «Wissen um die Wasser» dem Erkennen des sogenannten «samsarischen Bewusstseins» und der Wahrheit des *anattâ*. Ausser dem Bewusstsein des einen Lebens eines bestimmten Individuums gibt es das Bewusstsein des Stammes (von dem die einzelnen Äste ausgehen und von dem dieses Leben nur ein Teil ist): Und in diesem Bewusstsein wird

Diese «Wasser» werden auch *Humidum Radicale* (Feuchtes Radikal) genannt. Sie führen in unserer Tradition das Zeichen ▽ (nach unten gehende Richtung, Niederschlag, Abscheidung); Du kannst sie ebenso unter der Bezeichnung «irdische Venus» finden oder «Weib» oder auch «kosmische Matrix» (▽ ist in der indischen Tradition das Zeichen der Çakti und der Yoni). Im weiteren findest Du sie als «Urschlange» (jetzt verstehst Du das schlangenhafte Fortbewegen ♒, die astrologische Entsprechung von ▽). Die grundsätzliche demiurgische Kraft ist es, die «Magie» Gottes, die Ursubstanz, die sich abschied, als Gott sagte: «Es werde Licht.»

Und wenn Du weiterschreitest, wirst Du lernen, Sie tatsächlich auch als Licht zu erkennen: ein elementares Licht, das in der Art von Wirbel-Naturen die «Signaturen» aller Dinge in sich birgt; ununterschieden, gleichzeitig Idee, Substanz und Bewegung, physisch und psychisch; unterschiedslos gegenüber Gut und Böse und gegenüber jedweder Form, mit der plastischen Fähigkeit, sich in sie alle zu verwandeln. Blindes Streben, in dem Idee und Wirklichkeit ein einziges bilden, im Nu; «Magie», wie in jenem Abbild dieses Lichtes, wie in jenem «Weg» zu diesem Licht, der da im Menschen Macht der Imagination heisst.

Da alles von dieser Kraft abhängt und durch diese Kraft ist, wisse: Derjenige, dem es gelingt, Sie vollkommen in seine Gewalt zu bringen, kann durch Sie die gesamte Natur beherrschen, Feuer, Erde, Luft, Wasser, das Leben und den Tod, die Fähigkeiten der Himmel und der Höllen, denn Sie fasst sie alle in sich.

Und Dir, der Du Dich Ihr nähern willst, sei klar bewusst, dass die Wissenschaft der Magier *genau das will* und dass alles, was nicht *das ist,* ihrer Verachtung anheimfällt.

Etwas Unverrückbares erschaffen, etwas über alles Erhabenes, Unsterbliches, in Sicherheit Gebrachtes, das ausserhalb der «Wasser» lebt und atmet, frei ist: und darin gefestigt sein, wie ein übermächtiger Mann, der einen rasenden Stier bei den Hörnern gepackt, sich gegen ihn gestemmt und ihn schliesslich langsam, hart unter sich zusammengedrückt hat; in sich jene kosmische Natur beherrschen – das ist das Geheimnis Unserer Kunst, der Kunst Der Sonne und Der Macht, «der aus allen Kräften kraftvollen Kraft». Die hohen Wissenschaften der Kabbala und der Magie versprechen dem Menschen eine unsterbliche Natur und eine reale Macht; sie müssen als leer und lügenhaft angesehen werden, wenn sie ihm diese nicht gewähren (E. Levi).

Höre nicht auf Deinen kleinen Geist: Wenn er jetzt an Wahnsinn denkt, an den prächtigen Traum armseligen Stolzes, kannst Du sicher sein, dass es die Angst ist, die in ihm denkt. Du brauchst nicht zu glauben, im Gegenteil: *Du darfst nicht glauben.* Versuche, wage!

die urgewaltige Kraft dieses Stammes erfahren. So wird auch die Unwirklichkeit des «Ichs» und all dessen, was den Anschein eines «Ichs» hat, klar und deutlich (das ist das *anattâ*). Die *samsara*-Wahrnehmung und das Sich-selbst-im-Samsara-Wahrnehmen ist auch im Buddhismus die Voraussetzung für die Verwirklichung tatsächlicher Spiritualität und Transzendenz. (*Anm. v.* Ur)

Die «Materie des Grossen Werkes» ist hier, in Deinem Begehren, in Deinem tiefen Willen näher an Dir, denn Du Dir selbst nahe bist. Reize Sie, wecke Sie auf! Schaffe Ihr Widerstand!

Dann wirst Du in Dir, je nachdem wie weit sie über Deine Kühnheit hinauszuschiessen vermag, Ihre gesamte wilde Kraft spüren. Und selbst wenn Du Dir eine *noch stärkere* Kraft vorstellen kannst, was vermagst Du dann zu ersinnen, was auch dieser zu widerstehen vermag, was von Ihr weder gebrochen werden kann noch Ihr nachgibt?

Die Möglichkeit des Grossen Werkes ist Dir damit vor Augen geführt. Sei denn oder sei auch nicht stark genug für Sie.

Schaue.

Hier sind die Menschen unwissend, fern der Erkenntnis, bleich, vom Rausch getrieben. Ihr Leben ist noch ausserhalb Der *Wasser*, diesseits Der Wasser. Dort sind die Menschen männlich, heldenhaften Mutes, offen für den Ekel, offen für die Revolte, offen für das Grosse Wiedererwachen; sie haben das eine Ufer hinter sich gelassen, stürzen sich in den Strom, den Wirbel, den Strudel und kämpfen sich mit noch und noch eisernerem und unbeugsamerem Willen immer und immer weiter vor. Da sind schliesslich die den Wassern Entronnenen, die auf den Wassern Schreitenden, das Heilige Geschlecht der Erlösten, die Sieger, die Herren des Lebens und des Heils, die Strahlenden. Sie sind die Drachentöter und die Stierbezwinger; die Sonnen-Geheiligten; die durch die Kraft Amuns und die Weisheit Gewandelten sind sie.

Von ihnen werden die Wasser gebändigt, vereist; von ihnen erfüllt, sind die Wasser die magische Kraft, die gehorcht. Die Sonne erhebt sich über die Wasser und zwingt sie mit ihrem Spiegelbild. Dürstendes Verlangen, entfesselte Mondkraft ohne Zentrum (O = Mond, Zeichen der *Materia prima,* des *Humidum Radicale,* des feuchten Radikals) bekommt hier das Zentrum (☉ = Zeichen der Sonne).

Das positive Aufsteigen (△, Zeichen von Ur, des initiatischen Feuers), das dem nassen Schoß des absteigenden ▽ Gewalt angetan hat, bringt ihn zum Ausgleich; und diese Verbindung erkenne als das Zeichen der Herrscher – als das *Siegel Salomons* –, gebildet aus der Verzahnung der zwei gegensätzlichen Dreiecke ✡.

Wenn Du Dich jetzt Unserer Kunst zuwenden willst, wisse: Es ist ein grausamer Kampf und ein Wandeln auf des Messers Schneide. Man kann gewinnen, genauso wie man verlieren kann. Zwei Dinge vor allem führen ins Verderben: Angst haben und das Werk unterbrechen. Hast Du einmal begonnen, musst Du bis zum Ende durchhalten, da die Unterbrechung eine fürchterliche Reaktion mit genau entgegengesetzter Wirkung hervorruft. Das ist leicht zu verstehen: Bei jedem Schritt von Dir wird eine immer grössere Menge dieser wirbelhaften Energie aufgehalten und gegen die Strömung gezwungen; aufgestachelt, verletzt ist Sie, durch und durch Spannung; und in dem winzigen Augenblick, in dem Du nachgibst, entlädt Sie sich über Dir und reisst Dich in erbärmlicher Weise mit sich fort.

Wappne Dich.

Fasse das Ziel fest ins Auge und wechsle es nie.

Schliesse die Augen. Erschaffe Dir ein Bild und betrachte es. Gewöhne Dich so, in der Finsternis mit einem Licht zu sehen, das nicht das sichtbare ist. Dieses ätherische Licht birgt das erste Geheimnis des Werkes in sich.

Werde ungerührt gegenüber Gut und Böse, gerecht, absolut, hüllenlos.

Lerne zu wollen, ohne zu begehren, ohne Furcht, ohne Reue.

Schaffe eine tätige Kraft, die nie ermüdet. Ohne Unterlass, kalt, hart und doch gleichzeitig nachgebend, formbar. Fest wollen, lang wollen, immer wollen, ohne anzuhalten, *und nie begehren*; das ist Das Geheimnis Der Kraft.

Schneide ab von Dir die Lianen der Lust, des Rausches und der Leidenschaft; schrumpfe zu einer *Einfachheit, die will.*

Brich jede Notwendigkeit. Benütze alles und enthalte Dich von allem, je nach Willen. Mach Dich zum absoluten Herrn Deiner Seele.

Schaffe einen Widerstand. Das Bewegliche gehorcht dem Unbeweglichen, und die Kräfte der Natur unterliegen demjenigen, der ihnen zu widerstehen vermag. Bist Du dahin gelangt, nichts mehr zu begehren und nichts mehr zu fürchten, wird es äusserst wenig geben, dessen Du nicht Herr sein wirst; aber nichts sollst Du geniessen, was Du nicht vorher in Dir besiegt hast.

Die Kraft legt sich Dir nicht zu Füssen. Packe Sie. Wage.

Frei und ausgeglichen, stark, ruhig und rein; sage, nachdem Du die Begierde getötet hast: Ich WILL.

Das ist die erste Botschaft der Lehre. Das Tor sei Dir geöffnet. DIE KRAFT IST IN DIR.

LUCE

OPUS MAGICUM: DIE KONZENTRATION UND DIE STILLE

Die Möglichkeit, eine vollständige theurgische und magische Verwirklichung zu erlangen, beruht auf dem unmittelbaren und experimentellen Wissen, das der magisch Operierende von den geistigen Mächten hat, die den innersten Wesenskern der Wirklichkeit ausmachen. Dieses Wissen erwirbt man mit Ausübung eines *Ritus,* der hilft, eigene, aber unbekannte oder zu sehr vernachlässigte Fähigkeiten aufzudecken.

Wer, nach Wahl des Weges, in sich selbst stark ist und sicher weiss, dass sein Wille hart bleiben wird gegenüber all den so zahlreichen Hindernissen auf dem Wege, und sicher weiss, dass er nie einen Augenblick der Schwäche erleben wird, in dem er von den sich gesetzten Normen abrücken könnte, beginne den Ritus.

Um das, was über die heiligen Handlungen gesagt wird, noch klarer zu machen, werden wir einige kurze Hinweise auf klassische Texte der Magie und der Hermetik geben, die viele Sinngehalte aufzeigen können, da sie die genaue Art und Weise verstehen lassen, in der diese rituellen Handlungen auszuführen sind.

Man muss schon zu Beginn auf das Wesen der menschlichen Natur hinweisen, damit sie in der Vielgestaltigkeit ihrer äusseren und offenbaren Symbole sowie der verwendeten sprachlichen Wendungen richtig *verstanden* werden kann.

«Es gibt vier Elemente und ursprüngliche Grundlagen aller körperlichen Dinge; nämlich Feuer, Erde, Wasser und Luft. Aus diesen sind alle Naturgegenstände unserer Welt zusammengesetzt, jedoch nicht auf dem Wege der Zusammenhäufung, sondern durch *Verwandlung* (Transmutation) und enge Verbindung. Wenn sie zerstört werden, so lösen sie sich wieder in die Elemente auf.»[1] Diese Elemente verdecken in der materiellen, scheinbaren Wirklichkeit spezifische Erfahrungen des magisch operierenden, bewussten oder unbewussten Geistes, und da «übrigens keines der sinnlichen Elemente

[1] C. AGRIPPA, *De occulta philosophia,* (Magische Werke) I, 3, zitiert nach der Ausgabe Berlin 1924, Nachdruck Schwarzenburg 1979.

rein ist, sondern mehr oder weniger gemischt, sind sie ineinander verwandelbar[2]». Dieses Werk der Verwandlung wird durch das Feuer – den Geist – vollbracht, der auf die Erde – die Materie – einwirkt, um zum vollkommenen Werk zu gelangen, also den Stein der Weisen zu erringen.

Man erinnere sich: *«Aurum igitur purificandi verum, unum solum, principium esto»* (Das Gold ist also die wahrhafte, eine und alleinige Grundlage, um Gold zu machen).[3] Die Grundlage der Vervollkommnung, der Erhebung und Höherführung des Geistes findet sich im Geiste selbst, der in sich die Bedingungen des Aufstieges schafft oder, vielleicht besser ausgedrückt, festlegt. Aber man soll nicht glauben, dass dies einfach durchzuführen wäre, besonders in der Anfangsphase, die zweifach ist und die zuallererst lehrt, den Geist abzuschirmen und ihn von allen äusseren Einflüssen unangreifbar zu machen, bis dann, nach vollkommener Erreichung dieser Abschirmung, der Geist mit völlig neuen Wahrnehmungsarten die Erkenntnis seiner selbst gewinnt.

Die Notwendigkeit eines beharrenden und zähen Durchhaltevermögens ist von den Alchimisten im «Stahl der Weisen» symbolisiert worden, der schon für die Arbeit vor der Herstellung des Merkurs notwendig ist. Dieser wiederum soll in der Folge auf die Metalle einwirken, die die irdischen *Neigungen* verbildlichen. Diese Metalle schliesslich können, nachdem sie aus dem anfänglichen, ihnen eigentümlichen Zustand der Unreinheit durch Vermischung mit fremden Substanzen in der Erde durch Scheidung von dieser Erde und allmähliche Vervollkommnung hin zu kosmischen Kräften – Himmel und Planeten – sublimiert worden sind, sich mit dem Wesenskern des erhabenen Künstlers verbinden, bis sie dann in der Vollendung des Werkes mit diesem völlig einswerden.

Die *Konzentration* ist hier die grundlegende Fähigkeit und von unmittelbarer Bedeutung, nachdem der für das Ziel geeignete Weg willentlich festgelegt ist. Vielen, die das Studieren gewohnt sind, fällt das Sich-Konzentrieren leicht, indem sie einfach den psychologischen Vorgang der Aufmerksamkeit neuerlich erstehen lassen, wobei die Aufmerksamkeit jedoch in unserem Fall in den ersten Phasen frei von jeglichem Objekt ist und man in diesem wie in jedem anderen Abschnitt die allgemeine Richtschnur befolgen muss, sich der gegebenen Aufgabe von Mal zu Mal länger und mit ständig wachsender Intensität zu befleissigen.

Es ist vor allem ratsam, darauf zu achten, dass die Konzentration auf zwei mögliche Arten ausgeführt werden kann: Die erste, die wir die äussere nennen können, hat einen rein das Gehirn betreffenden und verstandesmässigen Charakter; die zweite ist im wesentlichen ein Akt des Geistes.

Man beginne an einem nach Möglichkeit ruhigen und stillen Ort, versuche, jedes äussere, einer guten Konzentration abträgliche Hindernis auszuschalten und nehme eine möglichst bequeme und geeignete Stellung ein, in

[2] *Ebd.*, I, 3

[3] E. Philaletha, *Introitus apertus ad occl. Regis Palatium,* Kap. 1 (Eröffneter Eingang zu des Königs verschlossenem Palaste)

der der Körper nicht das mindeste Unbehagen fühlt und keiner Muskelanspannung ausgesetzt ist. Darauf gebe man sich einem Zustand absoluter Ruhe hin. Dazu ist ein Lehnstuhl mit hohem Rücken und mit Armstützen zu empfehlen, so dass die Vorderarme vollkommen aufliegen können. Man kann sich auch auf den Rücken legen, wobei der Kopf auf der gleichen horizontalen Ebene wie der Körper verbleiben und nach Osten gerichtet sein soll. In den Fällen, wo mehrere Personen zusammenarbeiten, müssen spezielle Richtlinien beachtet werden.

Die erste Aufgabe der Konzentration ist das Sich-Befreien von der gewohnheitsmässigen Art des Denkens. Dabei muss der eigene Gedanke als etwas Reales, Festes, Materielles, Massives empfunden werden, das sich im Verstand, im Hirn *aufhält* und sich dort, wo es seinen Sitz hat, verdichtet und sammelt und eine solche *Dichte* und Festigkeit annimmt, dass es erfasst, gepackt und nach seiner völligen Beherrschung genommen und aus dem Körper herausgestellt werden kann, wo es festgehalten bleibt. Dabei erfolgt eine allmähliche Spaltung zwischen dem bewussten Geist, der sich rein dessen bewusst ist, was er vollzieht, und dem Akt an sich, der *vom* Geiste gehandhabt wird wie etwas, das sich ausserhalb des Geistes befindet, auf einer anderen «Dichte»-Ebene und mit einem anderen und unterschiedlichen Charakter; durch die Konzentration und Anspannung, den Gedanken so konkret festzulegen und zu empfinden, löst sich der Geist in der Folge dann langsam als Bewusstseinsakt von ihm.

Zu diesem Zweck können verschiedene Hilfsmittel Verwendung finden, wie z.B. Spiegel[4]; es ist jedoch in jedem Falle ratsam, den Gedanken in eine gewisse Entfernung zu *stellen.* Die Konzentrierung des Gedankens nach oben, zwischen die Augen, ist dabei Gegenstand besonderer Praktiken für bestimmte Zwecke.

Eine andere Methode der Konzentration, die vollkommener, aber auch schwieriger ist, besteht im *Sich-nicht-um-den-Gedanken-Kümmern,* der sich selbst überlassen wird, bis er, der Lebenskraft, die ihm durch die *Aufmerksamkeit* zuteil wird, beraubt, bewegungslos verbleibt und nicht mehr den reinen spirituellen Bewusstseinsakt stört.

In diesem Zustand findet sich die *Stille.*

Die Doppelfunktion, d.h. die aktive und die passive, die der Geist in dieser Phase aufweist, wird von Philaletha klar beschrieben: «*Est autem aurum nostrum duplex, quod ad opus nostrum expetimus, maturum puta, fixum Latonem flavum, cuius cor sive centrum est ignis purus, quare corpus suum in igne defendit, in quo depurationem recipit, ut* nihil ejus tyrannidi cedat, *aut ab eo patiatur. Hoc in opere nostro vices maris gerit, quare auro nostro albo crudiori, spermati foemineo, conjungi-*

[4] Über den Gebrauch der Spiegel haben wir im Jahrgang 1925 der Zeitschrift «*Ignis*», und zwar in den Nummern 8–9, geschrieben, wobei wir auch auf eine besondere Verwirklichungsmethode hingewiesen haben. Trotzdem soll aber darauf aufmerksam gemacht werden, dass bei der Darstellung von rituellen Abläufen und erlangten Erfahrungen immer nur das tatsächlich Bedeutungsvolle aufgeführt wird und die beinahe unendlich vielen Details unerwähnt bleiben.

tur, etc.»[5] («Aber das für unser Werk notwendige Gold ist von zweifacher Natur. Die eine zur Reife gebrachte, feste ist der gelbe Laton, dessen Glanz oder Mittelpunkt reines *Feuer* ist. Deshalb verteidigt er seinen Körper im Feuer, worin er seine Reinigung empfängt. Dabei gibt er *dessen Gewalt in nichts nach* und leidet auch nicht darunter. Er spielt in unserem Werk die Rolle des Mannes, weswegen er mit unserem weissen, noch roheren Gold als Weib verbunden wird, worin er dann seinen Samen ablegt usw.»)

Von der Natur des Feuers als antreibender Geist und nicht als spezifisches Element zum Experimentieren sagt Agrippa[6]: «Das Feuer kommt in allem und durch alles zum Vorschein und verschwindet; es ist in allem leuchtend und zugleich verborgen und unbekannt; an und für sich, wenn kein Stoff in Berührung mit ihm kommt, an welchem es seine eigentümliche Wirksamkeit offenbart, ist es unbegrenzt und unfassbar.» (Anmerkung des Übersetzers: Ab hier weicht der deutsche Text von 1924 von der italienischen Agrippa-Übersetzung durch Alberto Fidi ab. Wegen seiner zentralen Aussage jedoch wurde unserer Arbeit die italienische Übersetzung zugrunde gelegt.) «Mächtig in seiner Wirkung und unsichtbar ist es und *aufgrund seiner Kraft geeignet, selbst tätig zu sein* ... Es umfasst die anderen Elemente, bleibt aber selbst unfassbar, benötigt kein anderes Element, kann durch eigene Kraft emporwachsen und den Gegenständen, die es mit sich erfüllt, seine Grösse mitteilen usw.»

***

In der *Stille* fällt der von jeder Bindung freie Geist tief in sich selbst, erblickt sich und erkennt sich. Das geschieht in einer Reihe bewusster Wahrnehmungen, die in drei aufeinanderfolgende Phasen gegliedert werden können.

Am Beginn steht eine deutliche Wahrnehmung der Isolation, der Einsamkeit, in der sich der Geist sanft niederlässt, als ginge es um ein schwaches Fluktuieren einer wenig dichten und gasförmigen Masse in einem leicht leuchtenden Medium. Langsam spürt man, wie man untergeht, in einen Abgrund eintritt und hinuntersinkt in etwas, was, statt mehr Dichte zu haben, allmählich immer feiner wird, und gleichzeitig fühlt man eine Ausweitung, als ob sich alles umher langsam ausdehnte, bis es sich schliesslich ins Unendliche erstreckt. Das ist die erste Wahrnehmung der Unendlichkeit. – Und weiter nach unten, noch weiter nach unten; der leichte lichthafte Eindruck wird schwächer, bis er sich völlig verliert. Dunkelheit setzt statt dessen ein, schwarze Nacht, und gleichzeitig ein vages, aber immer deutlicher werdendes Empfinden einer grösseren Dichte dieses dunklen Mediums, in das man versinkt: Dann scheint es, als ob das Sein, fest geworden und von einer *schwarzen* Festigkeit, sich über seine Grenzen hinaus ins Universum erstreckte. Das ist die zweite Wahrnehmung der Unendlichkeit. – Die Dichte

[5] a.a.O. I
[6] a.a.O. I, 5

wird immer grösser und massiver, das Dunkle gerät vollkommener bis zu einer totalen Schwärze, bis zu einer totalen Lichtlosigkeit: Der Geist stürzt immer tiefer; doch an einem gewissen Punkt hält er inne, und hier ist die schwere Festigkeit vollkommen. Und da – auf einmal scheint die gesamte riesige, steinerne Masse auseinanderzubrechen – ganz plötzlich –, und dann öffnet sich ein neuer Abgrund, die Masse löst sich auf, und der Geist stürzt weiter hinab. Ein allumfassendes Schwindelgefühl packt ihn jetzt, das nur durch das Bewusstsein seiner selbst als ungreifbare, unzerstörbare, Widerstand leistende und siegreiche Wirklichkeit bezähmt werden kann. Darüber hinaus – die Empfindung von Dunkelheit und gelöster Dunkelheit: Luft-Dunkelheit. Und noch immer hält der Geist stand, fest und bestimmt, die Tiefen der Abgründe zu besiegen; und er bleibt unbewegt. Im Hintergrund erscheint nun ein neues Licht, das zuerst schwach, langsam stärker wird, bis es als von meerhafter und wässriger Konsistenz erfassbar wird. Dieses löst und verwandelt dann die Unendlichkeit der Dinge in einen milchigen Ozean.

An diesem Punkt ist die Wahrnehmung der Unendlichkeit und der unbedingten Freiheit des Geistes vollkommen, und es gibt keinen besseren Zustand. – *«Requiem adeptus es»* (Du hast die Stille erreicht). – Aber man darf trotzdem nicht glauben, dass man in diesem Zustand der absoluten Unbeweglichkeit verbleiben soll, denn wenn auch die notwendige erste und schwierigere Operation vollbracht ist, verbleibt immer noch die aufbauende Phase des Ritus, die von ebensolcher Wichtigkeit ist, führt sie doch zur Erfahrung und Erkenntnis von rein geistigen Arten der Kommunikation und lehrt, das Wesen der Dinge in ihrer unmittelbaren Wirklichkeit, über ihren äusseren Schein hinaus, wahrzunehmen, da sie die Namen der Macht und die Signaturen der Dinge zu innerer Realität werden lässt. Damit wird der Geist nicht nur im ruhenden Zustand vollkommen, sondern auch in der Tat.

Für einen kurzen Vergleich mit der alchimistischen Tradition sei darauf hingewiesen, dass in deren Texten die angegebenen Phasen der Dunkelheit den aufeinanderfolgenden Symbolen entsprechen, die sich auf die schwarze Farbe beziehen. Philaletha z. B. hat die beschriebene Phase in grossartiger Weise im siebenten Kapitel des *Introitus* erklärt, nachdem er alle Eigenschaften des handelnden Geistes, seine Einflüsse, das Woher und das Wie ausgiebig besprochen hatte. Der Leser, der sich im besonderen dafür interessiert, greife zum Text und wisse die Symbole *im Geiste* zu verstehen.

Ea

Das Wesen der initiatischen Erkenntnis

Wer sich unseren Lehren zuwendet, muss sich vor allen Dingen eines grundsätzlichen Punktes bewusst sein: dass sich nämlich die Frage der Erkenntnis sowie deren Bedeutung in völlig anderer Weise darstellt als in den verschiedenen Bereichen der heute gängigen Kultur.

Vom initiatischen Standpunkt bedeutet *erkennen* nicht, das erkannte Objekt «denken», sondern es *sein.* Eine Sache erkennt man also erst dann tatsächlich, wenn man sie *verwirklicht,* und das wiederum heisst, wenn sich das Bewusstsein in sie umwandelt. Damit wird Erkenntnis gleichbedeutend mit *Erfahrung,* und die initiatische Methode erweist sich als eine rein experimentelle Methode. Unter Gewissheit verstehen wir hier generell nur diejenige, die mit dem verbunden ist, was sich mir durch *unmittelbare* und *persönliche* Erfahrung zeigt. Im gewöhnlichen Leben hat jede Empfindung, jedes Gefühl und jede unmittelbare Wahrnehmung (ein Schmerz, ein Wunsch, ein Licht) einen solchen Charakter. Hier von «wahr» oder «falsch» zu sprechen, hat keinen Sinn, denn die Sache ist zugleich die Erkenntnis der Sache, und zwar unter dem Zeichen eines absoluten und gelebten *«es ist so»,* das gar keine intellektuelle Anerkennung braucht. Es gibt weder Grade noch Annäherungsstufen oder Wahrscheinlichkeiten bei einem solchen Wissen: Entweder man hat es oder man hat es nicht.

Für den gewöhnlichen Menschen bleibt ein derartiges Erkennen aber auf den materiellen Wahrnehmungsbereich beschränkt, der nur einen begrenzten, nebensächlichen und zufallsunterworfenen Charakter hat. Was der Mensch üblicherweise unter Wissen versteht, ist dann auch etwas anderes: Es ist ein System von Begriffen, Beziehungen und Hypothesen, das nicht mehr Erfahrungscharakter, sondern abstrakten Charakter aufweist. Was die unmittelbare Erfahrungstatsache betrifft, also das, was im eigenen Bewusstsein direkt vorliegt, so neigt man eher dazu, es bloss als einfache «Erscheinung» aufzufassen und erst *dahinter* etwas zu stellen oder anzunehmen, was dann wirklich den Charakter der wahren und objektiven Wirklichkeit haben soll. Für die Wissenschaft kann das die «Materie» sein oder auch das unterschiedliche Spiel der Ätherschwingungen, für die Philosophen das «Ding an sich» oder eine ihrer anderen Ideen. Für die Religion wiederum ist es irgendeine göttliche Gestalt. Im allgemeinen ergibt sich daraus folgende Situation: Man baut ein Wissen auf – das profane Wissen –, das nicht über die rein sinnlich wahrnehmbare Erfahrung hinausgeht und erst dann einen gewissen Grad an Objektivität zuerkannt bekommt, wenn es das übersteigt, was nur den Stellenwert einer persönlichen und lebendigen Offensichtlichkeit, einer rein individuellen Schau oder eines vom Einzelbewusstsein verwirklichten Sinngehaltes hat. Es scheint also der Widerspruch zu bestehen, wonach das, was reine Erfahrung ist, dadurch dass es einen begrenzten und blossen «Erscheinungs»-Charakter hat, nicht als «Wissen» gilt und das, was man als «Wissen» ansieht, als solches nicht Erfahrung ist.

Der initiatische Weg jedoch geht über diesen Widerspruch hinaus und zeigt eine durch und durch verschiedene Richtung auf, in der das Kriterium der unmittelbaren Erfahrung nie aufgehoben wird. Wenn für den gewöhnlichen Menschen unmittelbare Erfahrung und sinnlich wahrnehmbare Erfahrung völlig eins sind, behauptet die initiatische Lehre die Existenz mehrerer unmittelbarer Erfahrungsformen, unter denen die sinnlich wahrnehmbare nur eine spezifische ist. Diese Formen entsprechen immer einer bestimmten anderen Art und Weise, die Wirklichkeit wahrzunehmen, und können auch ineinander übergehen, wobei sie dazu neigen, sich zu einer Rangordnung ständig höherer Wahrnehmungsweisen auszubilden, die über einen immer grösseren Grad an Absolutheit verfügen. Nach dieser Ansicht gibt es also keine Welt der «Erscheinungen» und auch kein «Absolutes» dahinter: «Erscheinung» ist einfach das, was einen bestimmten Erfahrungsgrad und einen bestimmten Ich-Zustand kennzeichnet, und «absolut» ist das, was einem anderen Erfahrungsgrad und einem anderen Ich-Zustand entspricht, der durch eine vorgängige dementsprechende Umwandlung an die Stelle des ersteren tritt. Was den Maßstab der Absolutheit betrifft, so kann man ihn annäherungsweise so bestimmen: Er ergibt sich aus dem Grad der *aktiven Identifikation,* d.h. aus dem Grad, in dem das Ich in seine Erfahrung eingewoben und mit ihr eins ist und worin dem Ich das Objekt dieser Erfahrung als *Sinngehalt* klar wird. Und in Entsprechung dieser Grade steigt die Stufenleiter von «Zeichen» zu «Zeichen», von «Name» zu «Name», bis sie einen Zustand vollkommener, überrationaler geistiger Schau erreicht, in dem das Objekt im Ich und das Ich im Objekt völlig aktualisiert und realisiert sind. Das bedeutet in bezug auf das Erkannte einen Zustand, der Macht und gleichzeitig der absoluten Selbstverständlichkeit: ein Zustand, nach dessen Erlangung jegliches Herumdenken und Mutmassen überflüssig und jegliches Diskutieren sinnlos erscheinen. Daher der bekannte Ausspruch, dass man nicht zu den antiken Meistern ging, um zu «lernen», sondern um zu «erlangen», und zwar mittels eines tiefen Eindrucks, einer heiligen Erfahrung.[1]

Als Folge davon erachtet es die initiatische Lehre als eher negativ denn positiv, wenn der Verstand dazu neigt, zur Deutung oder Lösung dieses oder jenes philosophischen Problems abzuschweifen und irgendwelche Theorien

[1] Synesios, *Dion.* 48

aufzubauen oder sich für die eine oder andere Ansicht der profanen Wissenschaft zu interessieren. All das ist nutzlos und führt zu nichts. Das wirkliche Problem hat einzig und allein *praktischen,* operativen Charakter. Welches sind die Mittel, um die Umwandlung und die Vervollkommnung meiner Erfahrung zu erlangen? Das ist, was man sich fragen muss. Und deshalb ist die Initiation im Abendland weniger mit der Vorstellung eines Erkenntnisvorganges verbunden als vielmehr mit der einer Kunst (die königliche Kunst, die *Ars Regia*) und eines Werkes (das «Grosse Werk», das *magische Werk,* das *opus magicum*) oder eines symbolischen Baues (der Bau des «Tempels»), während im Fernen Osten der Begriff des Absoluten mit der Vorstellung eines *Weges* zum einzigen Ausdruck *Tao* verschmilzt.

Damit wird auch deutlich, dass jene mehr oder weniger theosophische «Geisteswissenschaft», die heute die Köpfe ihrer Anhänger mit allen Arten von Spekulationen und Phantastereien über die Entstehung der Welt sowie über jenseitige Wesen und Bereiche etc. vollstopft, abgesehen von allem anderen, zu einer schon von Anfang an verkehrten Einstellung führen muss. Vernünftig vom initiatischen Standpunkt ist nur die experimentelle, praktische Haltung, die von einem bedächtigen Geist und einem schweigsamen, unsichtbaren Handeln im Zeichen des goldenen hermetischen Spruchs *Post laborem scientia* (nach der Arbeit das Wissen) zeugt. Ja, wir fürchten sogar, ganz klar sagen zu müssen, dass auch bei allen anderen Dingen, bei denen der heutige «gebildete» Mensch glaubt, eine Überlegenheit zu besitzen und das Recht auf seine eigene Meinung hochhalten zu müssen, die Lage um nichts besser steht. Bildung im modernen profanen Sinn stellt weder eine notwendige Voraussetzung noch eine bevorzugte Ausgangslage für die geistige Verwirklichung dar. Im Gegenteil: ein Mensch, der von den Nichtigkeiten der Bildung, der «Psychologie» und den vielfältigen ästhetischen und literarischen Infektionen verschont geblieben ist, aber dafür ein offenes, ausgeglichenes und tapferes Gemüt zeigt, ist für die höhere Erkenntnis besser geeignet als irgendein Wissenschaftler, Professor, Schriftsteller oder anderer «kritischer Geist» unserer Tage. Daher sind diejenigen, die tatsächlich im initiatischen Bereich etwas *sind,* daran erkennbar, dass sie sich beim Theoretisieren und Diskutieren äusserst zurückhaltend geben. Wenn sie also in Euch eine aufrichtige Bestrebung erkennen, werden sie nur sagen: Hier ist das Problem, und hier sind die Mittel. Schreitet vorwärts.

Eine weitere Folge des initiatischen Erkenntnisbegriffs ist das Prinzip der *Unterschiedenheit,* der Ungleichheit. Auch dieses steht im deutlichen Gegensatz zu den Ideen, die das moderne profane Wissen leiten. In der Tat ist die gesamte moderne «Bildung» (mit der Wissenschaft an erster Stelle) von einer demokratischen, nivellierenden und uniformistischen Tendenz beherrscht. Als «Errungenschaft» gilt für sie nur das, was grundsätzlich allen zugänglich ist; so ist eine Wahrheit für sie nur dann eine Wahrheit, wenn sie alle erkennen können, vorausgesetzt, sie haben einen gewissen Grad an Vorbildung. Höchstenfalls müssen sie sich die Mühe machen, gewisse Studien zu absolvieren, die sie jedoch als Menschen völlig so belassen, wie sie sind. Das mag gutgehen, solange es sich um begriffliches und abstraktes «Wissen» handelt, das man in den Kopf hineinstecken kann, wie einen Gegenstand in einen Sack. Aber wenn es um eine innere Erfahrung geht, ja sogar noch um eine Erfahrung, die auf einer wesensmässigen Umwandlung der Bewusstseinssubstanz beruht, müssen eindeutige Grenzen gezogen werden. Die Erkenntnisse, die man auf diesem Wege erlangt, können nicht für alle erreichbar sein und können auch nicht allen mitgeteilt werden, ohne dass es zu einer Herabwürdigung und Profanierung kommt. Jede Stufe hat einfach unterschiedliche Erkenntnisse, und je nachdem, wie weit die Initiation in ihren verschiedenen Graden die menschliche Natur geformt hat, kommen ihr die entsprechend abgestuften Erkenntnisse zu. Sie können deshalb auch gar nicht wahrhaft verstanden, d.h. «verwirklicht» werden, ausser man befindet sich auf derselben Ebene wie sie, d.h., man nimmt dieselbe Stufe in einer Hierarchie ein, die sich streng objektiv und seinsmässig zeigt.

Abgesehen von jenen okkultistischen oder theosophistischen Botschaften, die so oder so nur blosse Verirrungen und Phantasien sind, müssen sich also auch alle anderen Mitteilungen oder Erklärungen bloss theoretischer Natur als nutzlos erweisen, wenn es sich um tatsächliches initiatisches und esoterisches Wissen handelt. Initiatisches Wissen zu einer «Theorie» zurechtzustutzen ist das Unglücklichste, was man machen kann. Hier, wenn überhaupt, ist es die *Anspielung*, das *Symbol*, die helfen können, Erkenntnisblitze aufleuchten zu lassen. Aber wenn das nicht den *Anfang einer Bewegung von Innen* zur Folge hat, ist auch das wertlos. Die Natur des initiatischen Wissens selbst erzwingt also die Unterschiedenheit. Bei denjenigen, für die das gewöhnliche Leben und die sinnlich wahrnehmbare Erfahrung der Anfang und das Ende von allem und jedem sind, fehlt natürlich die gemeinsame Grundlage für jenes Wissen, das seinem innersten Wesenskern nach *Verwirklichung* ist. All das müsste mit den sich natürlich daraus ergebenden Konsequenzen in vollkommener Klarheit erkannt werden: entweder überhaupt aufgeben oder für diese Wahrheit und dieses Wissen andere Maßstäbe annehmen, als sie im modernen Bildungsbetrieb und Denken zur Vorherrschaft gelangt sind. Der Einweihungsweg ist der Weg, der wesensmässige Unterschiede zwischen den Menschen festlegt und gegen den Gleichheitsbegriff und den Uniformismus des Wissens wieder den Grundsatz des *suum cuique* (jedem das Seine) zu Ansehen bringt: jedem das Seine, das heisst jenes Wissen, jene Wahrheit und jene Freiheit, wie sie eben dem entsprechen, was der jeweilige Mensch ist.

Ein Einwand, der es verdient, etwas näher betrachtet zu werden, könnte von jemandem kommen, der nur daran gewöhnt ist, sich inmitten greifbarer Dinge und «konkreter» Gedankengänge zu bewegen, und daher vorbringt, dass sich die besprochenen transzendenten Zustandsformen und Erfahrungen – angenommen, dass sie überhaupt erreichbar sind – in einem blossen Mystizismus erschöpfen, bewegen sie sich doch nie über die «subjektive» Sphäre hinaus. Des weiteren sei eine Erkenntnis, die nur das Kriterium Erfahrung und Identifikation kenne, doch mehr oder weniger eine blosse Empfindung und böte keinen Schimmer einer Erklärung, eines Verstehens oder eines Den-Dingen-Gerechtwerdens, ja erkläre im Grunde genommen nicht einmal das, was in uns selbst vorgeht. – In späteren Beiträgen werden wir auf diese Frage näher eingehen. Hier sollen nur zwei Punkte klargestellt werden.

Erstens: Wenn man initiatisch von «Identifikation» spricht, handelt es sich, wie schon erwähnt, immer um eine *aktive* Identifikation, die nicht mit einem Sich-Verlieren oder einem Darin-Versinken verwechselt werden darf; es handelt sich also nicht um einen unterintellektuellen und gefühlsbeladenen Zustand, sondern um einen Zustand überrationaler, wesenszentrierter Klarheit. Darin besteht ja der Unterschied zwischen der mystischen und der initiatischen Sphäre. Und das ist ein ganz wesentlicher Unterschied, auch wenn er nicht unmittelbar und glasklar für diejenigen zutage tritt, die dort, wo es weder um Dinge noch um abstrakte Begriffe geht, nur eine lange schwarze Nacht sehen, in der für sie eben alle Katzen grau sind.

Der zweite Punkt betrifft den Begriff des «Erklärens» als solchen, und hier würde das Gespräch, wollte man bis auf den Grund gehen, sehr weit führen. Man müsste damit beginnen, den Einwand zurückzugeben, indem man hervorhebt, dass keiner der profanen Wissenszweige jemals irgendeine *wirkliche* Erklärung abgegeben hat oder auch zukünftig abgeben wird. Wer unter «erklären» zum Beispiel versteht, die logische Unmöglichkeit des Gegenteiles zu beweisen, muss aufzeigen, wo er, ausserhalb des abstrakten Gebietes der Mathematik und der formalen Logik (wo sich die «rationale Notwendigkeit», das heisst eben die logische Unmöglichkeit des Gegenteils in der einfachen Kohärenz mit vorgängig vereinbarten Propositionen erschöpft), tatsächlich etwas zu «erklären» vermag. Wir denken dabei an die konkrete Wirklichkeit – hier gibt es, vom Vernunftstandpunkt her gesehen, absolut nichts, das ist, nur weil sein Gegenteil von vorneherein logisch unmöglich wäre, nichts, wo man, abgesehen von verschiedenen Pseudoerklärungen, nicht immer fragen könnte: «Warum genau so und nicht anders?»

Die antike, traditionale Wissenschaft, zu der das initiatische Wissen gehört, hat einen im innersten Wesen anderen Weg eingeschlagen: denjenigen des Wissens um die Wirkung in ihren tatsächlichen Ursachen, d.h. um die «Fakten» in den *Kräften*, denen sie ihre Manifestation verdanken, was auf eine «Identifikation mit den Ursachen» im Rahmen eines «magischen» Zustandes hinausläuft. Nur ein solcher Zustand kann in die absolute Ursache einer Erscheinung einführen, nur er «kann» sie im höheren Sinne «erklären», denn in ihm ist die Erscheinung gesammelt, oder besser, wird sie in ihrer tatsächlichen Entstehung *erschaut*.

Daraus geht jedoch als wichtige Folge hervor, dass auf dem Einweihungsweg die Erlangung des Wissens mit der Erlangung der Macht parallel läuft, da die aktive Identifikation mit einer Ursache grundsätzlich auch eine Macht über diese Ursache verleiht.[2] Die moderne Menschheit glaubt, dass dies auch

[2] Hat man einmal verstanden, dass initiatisches Wissen und initiatische Erkenntnis eigentlich Identifikation und Verwirklichung bedeuten, wird man es nicht verwunderlich finden, dass man in einigen traditionalen Texten nach der Erläuterung der Arten und Namen der Gottheiten hinzufügt, dass derjenige, der diese Namen «weiss», damit auch die eine oder andere Kraft oder

auf ihre eigene Wissenschaft zutreffe, denn mittels der Technik macht sie ja die allgemein bekannten materiellen Errungenschaften möglich; aber sie täuscht sich kräftig, denn die durch die Technik verliehene Macht ist ebensowenig eine Macht, wie die Erklärungen der profanen Wissenschaften echte Erklärungen sind. Der Grund dafür ist im einen wie im anderen Fall derselbe: Er liegt in der Tatsache begründet, dass dabei der Mensch derselbe bleibt, also in seinem effektiven Sein keine Wandlung erfährt. Eben deshalb haben die von der Technik dargebotenen Möglichkeiten den gleichen «demokratischen» und im Grund genommen *unmoralischen* Charakter wie die entsprechenden Wissenszweige: Dass die Menschen verschieden sind, bedeutet für sie nichts. Sie beruhen auf einer Macht, die nur aus Automatismen besteht, einer Macht, die allen und doch gleichzeitig niemandem gehört, die nicht *Wert* ist, die nicht *Gerechtigkeit* ist und die einen Menschen mächtiger machen kann, ohne ihn zur selben Zeit auch höherstehender zu machen.

Aber das ist nur möglich, weil man in der Welt der Technik von einer wahren *Tat*, das heisst von einem Tun, das unmittelbar vom Ich ausgeht und sich im Bereich der wahren Ursachen durchsetzt, nicht spricht und auch nicht sprechen kann. Da sie absolut mechanistisch und anorganisch, also ohne Beziehung zum Wesensmittelpunkt des Ichs ist, stellt die Welt der Technik vielmehr das genaue Gegenteil von dem dar, was den Charakter einer wahren Macht ausmacht, die aus Überlegenheit geschaffen, ein Zeichen von Überlegenheit ist: unübertragbar, unverzichtbar, spirituell. Und man muss eingestehen, dass der Mensch mit all seinem Wissen um die äusseren Erscheinungen und inmitten seiner zahllosen diabolischen Maschinen armseliger und verlorener ist als je zuvor und spirituell viel eher ein Barbar ist als diejenigen, die er sich anmasst, mit diesem Titel abzustempeln, da er selbst immer mehr den Umständen unterworfen ist, als dass er sie sich unterwirft, und da er deshalb Reaktionen in einem Spiel irrationaler Kräfte ausgesetzt ist, die die Fata Morgana seiner ausschliesslich materiellen und sich über materielle Dinge erstreckenden Macht nur zu vergänglich werden lässt. Er ist so weit entfernt vom Weg der Selbstverwirklichung wie kein Mensch irgendeiner anderen Kultur vor ihm: weil ein teuflisch zu nennender Ersatz des Wissens und der Macht in ihm den Platz des wahren Wissens und der wahren Macht eingenommen hat.

Diese wahre Macht, wiederholen wir es, ist im initiatischen Bereich eine *Gerechtigkeit,* der Beweis einer Würde, der natürliche und unverzichtbare Ausfluss eines vervollkommneten Lebens, und wird zuteil nach den wohlumgrenzten Stufen einer solchen Vervollkommnung. Genau wie sich in diesem Bereich das Wissen, das man jenseits aller Unsicherheit und Verschwommenheit der sinnlich wahrnehmbaren Erscheinungen erlangt hat,

Macht erwirbt; ebensowenig wird man sich wundern, häufig von einem «Geheimnis» sprechen zu hören, das, «in Erfahrung gebracht» oder «übermittelt», den Schlüssel zur Macht darstellt. Nur Dummköpfe werden glauben können, dass es sich hier um irgendeine Formel handelt, die man mündlich oder schriftlich, wenn nicht gar per Telegramm mitteilen kann.

nicht auf Formeln oder abstrakte Erklärungsprinzipien bezieht, sondern auf wirkliche Wesenheiten, die durch unmittelbare geistige Wahrnehmung erfasst wurden, ist auch das Idealbild dieser Macht hier dasjenige einer Tat, die nicht unter dem Zwang der Naturgesetzlichkeiten, abläuft, sondern über diesen agiert, nicht inmitten von Erscheinungen, sondern inmitten von Ursachen für Erscheinungen und mit der Unwiderstehlichkeit und dem Recht dessen wirkt, der höher steht: höher, weil er sich tatsächlich von der menschlichen Bedingtheit freigemacht und das initiatische Erwachen (eigentlich: Wiedererwachen) erlangt hat.

II

Der Weg des Erwachens nach Gustav Meyrink[1]

Der Anfang ist es, der dem Menschen fehlt.

Nicht, dass es so schwer wäre, ihn zu finden – nur die Einbildung, ihn suchen zu müssen, ist das Hemmnis.

Das Leben ist gnädig; jeden Augenblick schenkt es uns einen Anfang. Jede Sekunde drängt sich uns die Frage auf: Wer bin ich? – wir stellen sie nicht; das ist der Grund, weshalb wir den Anfang nicht finden.

Wenn wir sie aber einmal im Ernste stellen, dann bricht auch schon der Tag an, dessen Abendrot für jene Gedanken den Tod bedeutet, die in den *Herrschersaal* eingedrungen sind und an der Tafel unserer Seele schmarotzen.

Das Korallenriff, das sie sich mit infusorienhaftem Fleiss im Lauf der Jahrtausende aufgebaut haben und das wir «unseren Körper» nennen, ist ihr Werk und ihre Brut- und Heimstätte; wir müssen in dieses Riff aus Kalk und Leim zuerst eine Bresche legen und es dann wiederum in den Geist auflösen, der es von Anbeginn war, wenn wir freies Meer gewinnen wollen.

Wer nicht auf Erden das «Sehen» lernt, *drüben* lernt er's gewiss nicht.

Der Schlüssel zur Macht über die innere Natur ist verrostet seit der Sintflut. Er heisst: *Wach sein.*

Wach sein ist alles.

Von nichts ist der Mensch so fest überzeugt wie davon, dass er wach sei; dennoch ist er in Wirklichkeit in einem Netz gefangen, das er sich selbst aus Schlaf und Traum gewebt hat. Je dichter dieses Netz, desto mächtiger herrscht der Schlaf; die darin verstrickt sind, das sind die Schlafenden, die durchs Leben gehen wie Herdenvieh zur Schlachtbank, stumpf, gleichgültig und gedankenlos.

Wach sein ist alles.

Der erste Schritt dazu ist so einfach, dass jedes Kind ihn tun kann; nur der Verbildete hat das Gehen verlernt und bleibt lahm auf beiden Füssen,

[1] Die hier ausgewählten Abschnitte stammen aus G. Meyrink, *Das Grüne Gesicht,* K. Wolff Verlag, Leipzig 1916, S. 244f., S. 253f., und *Der Golem,* K. Wolff Verlag, Leipzig 1916, S. 448f.

weil er die Krücken nicht missen will, die er von seinen Vorfahren geerbt hat.

Sei wach bei allem, was Du tust! Glaub nicht, dass Du's schon bist. Nein, Du schläfst und träumst.

Stell Dich fest hin, raff Dich zusammen und zwing Dich einen einzigen Augenblick nur zu dem körperdurchrieselnden Gefühl: «JETZT BIN ICH WACH!»

Gelingt es Dir, das zu *empfinden,* so erkennst Du auch sogleich, dass der Zustand, in dem Du Dich soeben noch befunden hast, dagegen wie Betäubung und Schlaftrunkenheit erscheint.

Da ist der erste zögernde Schritt zu einer langen, langen Wanderung von Knechttum zu Allmacht.

Auf diese Art geh vorwärts von Aufwachen zu Aufwachen.

Es gibt keinen quälenden Gedanken, den Du damit nicht bannen könntest; er bleibt zurück und kann nicht mehr zu Dir empor; Du reckst Dich über ihn, so wie die Krone eines Baumes über die dürren Äste hinauswächst.

Die Schmerzen fallen von Dir ab wie welkes Laub, wenn Du einmal so weit bist, dass jenes Wachsein auch Deinen Körper ergreift.

Die eiskalten Tauchbäder der Juden und Brahmanen, die Nachtwachen der Jünger Buddhas und der christlichen Asketen, die Foltern der indischen Fakire, um nicht einzuschlafen – sie alle sind nichts anderes als erstarrte äusserliche Riten, die wie Säulentrümmer dem Suchenden verraten: Hier hat in grauer Vorzeit ein geheimnisvoller Tempel des Erwachenwollens gestanden.

Lies die heiligen Schriften der Völker der Erde: Durch alle zieht sich wie ein roter Faden die verborgene Lehre vom Wachsein – es ist die Himmelsleiter Jakobs, der mit dem Engel des Herrn die ganze «Nacht» gerungen hat, bis es «Tag» wurde und er den Sieg gewann.

Von einer Sprosse immer hellern und hellern Wachseins zur andern musst Du steigen, wenn Du den Tod überwinden willst, dessen Rüstzeug Schlaf, Traum und Betäubung sind.

Schon die unterste Sprosse dieser Himmelsleiter heisst: Genie; wie erst sollen wir die höheren Stufen benennen! Sie bleiben der Menge unbekannt und werden für Legenden gehalten.

Auf dem Wege zum Erwachen wird der erste Feind, der sich Dir entgegenstellt, Dein eigener Körper sein. Bis zum ersten Hahnenschrei wird er mit Dir kämpfen; erblickst Du aber den Tag des ewigen Wachseins, der Dich fernrückt von den Nachtwandlern, die da glauben, sie seien Menschen, und nicht wissen, dass sie schlafende Götter sind, dann verschwindet für Dich auch der Schlaf des Körpers, und das Weltall ist Dir untertan.

Dann kannst Du Wunder tun, wenn Du willst, und musst nicht wie ein wimmernder Sklave demütig harren, bis es einem grausamen Götzen gefällig ist, Dich zu beschenken oder – Dir den Kopf abzuschlagen.

Freilich, das Glück des treuen, wedelnden Hundes, einen Herrn über sich zu kennen, dem er dienen darf – dieses Glück wird für Dich zerschellen;

aber frag Dich selbst, würdest Du als der Mensch, der Du jetzt noch bist, mit Deinem Hunde tauschen?

* * *

Jeder, der die Erde als ein Gefängnis empfindet, jeder Fromme, der nach Erlösung ruft – sie alle beschwören unbewusst *die Welt der Gespenster.*

Tu Du es auch. Aber: bewusst!

Ob es für jene, die es unbewusst tun, eine unsichtbare Hand gibt, die die Sümpfe, in die sie geraten müssen, in Eilande verzaubern kann? Ich weiss es nicht. Ich will nicht streiten – aber ich glaub's nicht.

Wenn Du auf dem Wege des *Erwachens* das Reich der Gespenster durchquerst, wirst Du allmählich erkennen, dass es nur Gedanken sind, die Du plötzlich mit den Augen sehen kannst. Das ist der Grund, weshalb sie Dir fremd und wie Wesen erscheinen; denn die Sprache der Formen ist anders als die Sprache des Gehirns.[2]

Dann ist der Zeitpunkt gekommen, wo sich die seltsamste Wandlung vollzieht, die Dir geschehen kann; aus den Menschen, die Dich umgeben, werden – Gespenster werden. Alle, die Dir lieb gewesen, werden plötzlich Larven sein – auch Dein eigener Leib.

Es ist die furchtbarste Einsamkeit, die sich ausdenken lässt – ein Pilgern durch die Wüste, und wer die Quelle des Lebens in ihr nicht findet, verdurstet.

... Es ist das Kennzeichen – das Stigma – aller derer, die von der «Schlange des geistigen Reiches» gebissen sind. Es scheint fast, als müssten in uns zwei Leben aufeinandergepfropft werden, wie ein Edelreis auf den wilden Baum, ehe das *Wunder der Erweckung* geschehen kann[3]; – was sonst durch den Tod getrennt wird, geschieht hier durch Erlöschen der Erinnerung – manchmal nur durch eine plötzliche innere Umkehr.

[2] Das «Reich der Gespenster» oder die «Astralwelt» ist nichts anderes als die Welt teils individueller, teils kollektiver und überindividueller Kräfte, die im ganzheitlich betrachteten Menschen tätig sind. Sobald sich das Bewusstsein von seiner Verbindung mit dem Gehirn befreit hat, werden diese Kräfte projiziert und vergegenständlichen sich in symbolischen Bildern. Der Mensch sieht dann als etwas Aussenliegendes, was er früher, da es im Innern war, nicht wirklich kennen konnte.

In der Welt der Geister (oder der «Ähnlichen Naturen», wie sie Kremmerz nennt) kann er sich also selbst erkennen und *darf nur sich selbst erkennen.* Dann entpuppen sich die Erscheinungen als Larven, Phantasmen, und ein fürchterliches Gefühl der Einsamkeit bricht herein. Diese Erfahrung wird jedoch durch eine andere abgelöst, auf die auch Meyrink weiter unten anspielt, wenn er vom «tieferen Sinn» jeder Erscheinung spricht: Von den verschiedenen Energien, die in den Astralbildern ihren symbolischen Ausdruck finden, kann man nämlich zu realen und kosmischen Wesenheiten emporsteigen, deren Einfluss der Mensch unterlegen ist und die für sein Leben wesentlich gewesen sind. Wenn *ein Feuer der Erkenntnis und der Reinigung* die Welt der Phantasmen verbrennt, ersteht aus ihr die erste Erfahrung des Reiches *«derer, die sind».*

Das alles gelte als Vorbereitung zu dem, was zu gegebener Zeit noch zu sagen sein wird. (*Anm. v.* Ur)

[3] Vergleiche diesbezüglich den Hinweis auf die vorbereitende Übung des «Sich-zwei-Fühlens», wie sie Abraxas in diesem Kapitel beschreibt. (*Anm. v.* Ur)

Alle Menschen könnten das, wenn sie den Schlüssel hätten. Und der Schlüssel liegt einzig und allein darin, dass man sich in seiner «Ich-Gestalt», sozusagen seiner Haut, im Schlaf bewusst wird – die schmale Ritze findet, durch die sich das Bewusstsein zwängt, zu Wachsein und tiefem Schlaf.

Das Ringen nach der Unsterblichkeit ist ein Kampf um das Zepter gegen die uns innewohnenden Klänge und Gespenster; und das Warten auf das Königwerden des eigenen «Ichs» *ist das Warten auf den Messias.*

Alles, was ich Dir hier gesagt habe, steht auch in den Büchern der Frommen jedes Volkes: das Kommen eines neuen Reiches, das Wachen, die Überwindung des Körpers und die Einsamkeit. – Und doch trennt uns von diesen Frommen eine unüberbrückbare Kluft: Sie *glauben,* dass ein Tag naht, an dem die Guten in das Paradies eingehen und die Bösen in den Höllenpfuhl geworfen werden – wir *wissen,* dass eine Zeit kommt, wo viele erwachen und von den Schlafenden getrennt sein werden wie die Herren von den Sklaven, weil die Schlafenden die Wachen nicht begreifen können – wir *wissen,* dass es kein Böse und kein Gut gibt, sondern nur ein «Falsch» und ein «Richtig»; – sie *glauben,* dass «Wachen» ein Offenhalten der Sinne und Augen und ein Aufbleiben des Körpers während der Nacht sei, damit der Mensch Gebete verrichten könne – wir *wissen,* dass das «Wachen» ein Aufwachen des unsterblichen Ichs bedeutet und die Schlummerlosigkeit des Leibes eine natürliche Folge davon ist; – sie *glauben,* der Körper müsse vernachlässigt und verachtet werden, weil er sündig sei – wir *wissen:* Es gibt keine Sünde, der Körper ist der Anfang, mit dem wir zu beginnen haben, und wir sind auf die Erde herabgestiegen, um ihn in Geist zu verwandeln; – sie *glauben,* man solle mit dem Leib in die Einsamkeit gehen, um den Geist zu läutern – wir *wissen,* dass zuerst unser Geist in die Einsamkeit gehen muss, um den Leib zu verklären.

Bei Dir allein steht es, Deinen Weg zu wählen – ob unsern oder jenen. Es soll Dein freier Wille sein.

***

Ich habe Dir gesagt, der Anfang des Weges ist der eigene Körper; wer das weiss, kann jeden Augenblick die Wandlung beginnen.

Ich will Dich jetzt die ersten Schritte lehren:

Du musst Dich vom Leibe trennen, aber nicht, als wolltest Du ihn verlassen: Du musst Dich von ihm lösen *wie jemand, der Licht von Wärme scheidet.*

Schon hier lauert der erste Feind.

Wer sich vom Körper *losreisst,* um durch den Raum zu fliegen, der geht den Weg der Hexen, die nur einen gespenstischen Leib aus dem groben, irdischen herausgezogen haben und auf ihm wie auf einem Besen zur Walpurgisnacht reiten.

Die Hexen glauben, auf dem Sabbat des Teufels zu sein, und in Wirklichkeit liegt ihr Körper bewusstlos und starr in der Kammer. Sie vertauschen bloss die irdische Wahrnehmung gegen eine geistige – sie verlieren das

Bessere, um das Schlechtere zu gewinnen – es ist ein Ärmerwerden statt ein Reichersein.

Schon daraus siehst Du, dass es nicht der Weg des Erwachens sein kann. – Um zu begreifen, dass Du nicht dein Körper bist – wie die Menschen von sich wähnen –, musst Du erkennen, mit welchen Waffen er kämpft, um die Herrschaft über sich zu behaupten. – Jetzt stehst Du freilich noch so tief in seiner Gewalt, dass Dein Leben erlischt, wenn sein Herz aufhört zu schlagen, und Du in Nacht versinkst, sobald er die Augen schliesst. Du glaubst, Du könntest ihn bewegen – es ist eine Täuschung: Nein, er bewegt sich und nimmt nur Deinen Willen zu Hilfe. Du glaubst, Du schaffst Gedanken: Nein, er schickt sie Dir, damit Du meinst, sie kämen von Dir, und alles tust, was er will.

Setz Dich aufrecht hin und nimm Dir vor, kein Glied zu rühren, mit keiner Wimper zu zucken und regungslos zu bleiben wie eine Bildsäule, und Du wirst sehen, dass er hassentbrannt augenblicklich über Dich herfällt und Dich zwingen will, ihm wieder untertan zu sein. – Mit tausend Waffen wird er auf Dich losstürzen, bis Du ihm wieder erlaubst, sich zu bewegen. – An seiner grimmigen Wut und der überstürzten Kampfesweise, mit der er Pfeil auf Pfeil auf Dich abschiesst, kannst Du ersehen, wenn Du schlau bist, wie bange ihm um seine Herrschaft sein muss und wie gross Deine Macht sein kann, dass er sich so vor Dir fürchtet.

Deinen Körper zu bändigen ist nicht der Zweck, den Du verfolgst. Wenn Du ihm verbietest, sich zu bewegen, so sollst Du es nur deshalb tun, damit Du die Kräfte kennenlernst, über die er gebietet. Es sind Heerscharen, fast unüberwindlich durch ihre Zahl. Er wird sie gegen Dich in den Kampf schicken, eine nach der andern, wenn Du nicht nachlässt mit dem so einfach scheinenden Mittel des Stillsitzens: zuerst die rohe Gewalt der Muskeln, die beben und zittern wollen – das Sieden des Blutes, das Dir den Schweiss ins Gesicht treibt – das Hämmern des Herzens – das Frösteln der Haut, bis Dein Haar sich sträubt – das Schwanken des Leibes, das Dich durchfährt – als habe die Schwerkraft die Achse verändert, sie alle kannst Du besiegen – scheinbar durch den Willen – dennoch ist es nicht der Wille allein: Es ist die Wahrheit bereits ein höheres Wachsein, das unsichtbar hinter ihm steht in der Tarnkappe.

Auch dieser Sieg ist wertlos; selbst wenn Du Herr würdest über Atmung und Herzschlag, wärest Du nur ein Fakir – ein «Armer» auf Deutsch.

Ein «Armer»! – das sagt genug. –

Die nächsten Kämpfer, die Dir Dein Körper stellt, sind die ungreifbaren Fliegenschwärme der Gedanken.

Gegen sie hilft das Schwert des Willens nicht mehr. Je wilder Du nach ihnen schlägst, desto wütender umschwirren sie Dich, und glückt es Dir nur einen Augenblick, sie zu verscheuchen, so fällst Du in Schlummer und bist in anderer Form der Besiegte.

Ihnen Stillhalten zu gebieten, ist vergebens; nur ein einziges Mittel gibt es, ihnen zu entrinnen: *die Flucht in ein höheres Wachsein.*

Wie Du das zu beginnen hast, musst Du allein lernen.

Es ist ein vorsichtiges, immerwährendes Tasten mit dem Gefühl und ein eiserner Entschluss zugleich.

Das ist alles, was ich Dir darüber sagen kann. Jeder Rat, den Dir für dieses qualvolle Ringen irgend jemand gibt, ist Gift. Hier liegt eine Klippe, über die Dir kein anderer hinweghelfen kann als Du selbst.

Es braucht Dir nicht zu gelingen, die Gedanken für immer zu bannen – der Kampf mit ihnen dient nur dem einen Zweck: den Zustand höheren Wachseins zu erklimmen.

Hast Du diesen Zustand erlangt, naht das Reich der Gespenster, von dem ich Dir bereits gesprochen habe.

Gestalten, schreckhafte und solche in Strahlenglanz, werden Dir erscheinen und Dich glauben machen wollen, sie seien Wesen aus einer andern Welt. – Es sind nur Gedanken in sichtbarer Form, über die Du noch nicht völlig Macht besitzest!

Je erhabener sie sich gebärden, desto verderblicher sind sie, das merke Dir!

So mancher Irrglaube hat sich auf solchen Erscheinungen aufgebaut und die Menschheit in die Finsternis zurückgerissen. Trotzdem steckt hinter jedem dieser Phantome ein tiefer Sinn; sie sind nicht bloss Bilder, sie sind für Dich – gleichgültig, ob Du ihre symbolische Sprache verstehst oder nicht – die Merkmale der geistigen Entwicklungsstufen, auf denen Du Dich befindest.

Findest Du aber den «tiefen Sinn», der in jedem dieser Menschenschemen verborgen liegt, so siehst Du mit dem Auge des Geistes nicht nur ihren lebendigen Kern, sondern auch den Deinen. Dann wird Dir alles, was Dir genommen worden, tausendfach zurückgegeben wie dem Hiob; dann bist Du – wieder da, wo Du warst, wie die Törichten so gerne höhnen; sie wissen nicht, dass es ein anderes ist, wieder heimzukehren, wenn man lang in der Fremde war, als immer zu Hause geblieben zu sein.

Ob Dir, wenn Du so weit vorgedrungen bist, jene Wunderkräfte, die die Propheten des Altertums besessen haben, zuteil werden oder Du statt dessen in den ewigen Frieden eingehen darfst, das weiss niemand.

Unser Weg führt bloss bis zur Stufe der Reife – bist Du zu ihr gelangt, so bist Du auch würdig, jenes Geschenk zu erhalten.

Ein *Phönix* aber wirst Du geworden sein – so oder so; dies zu *erzwingen,* steht in Deiner Hand.

***

Einer von denen, die die Schlüssel der Geheimnisse der Magie bewahren, ist auf der Erde zurückgeblieben und sucht und sammelt die Berufenen.

So wie er nicht sterben kann, so kann auch die Sage, die über ihn in Umlauf ist, nicht sterben.

Die einen munkeln, er sei der *«Ewige Jude»;* die andern nennen ihn Elias; die Gnostiker behaupten, er wäre Johannes der Evangelist. Es ist nur natürlich, dass jeder ihn anders sieht – ein Wesen wie er, das seinen Leib in Geist verwandelt hat, kann an keine starre Form gebunden sein.

In Wahrheit unsterblich ist nur der *erwachte* Mensch; Sonnen und Götter vergehen – er allein bleibt und kann alles vollbringen, was er will. Über ihm ist kein Gott.

Nicht umsonst heisst unser Weg: ein *heidnischer Weg*. Was der Fromme für Gott hält, ist nur ein *Zustand*, den er erreichen könnte, wenn er fähig wäre, an sich selbst zu glauben. – So aber zieht er sich in unheilbarer Blindheit eine Schranke, die er nicht zu überspringen wagt – er schafft sich ein Bild, um es anzubeten, anstatt sich *darin zu verwandeln*.

Willst Du beten, so bete zu Deinem unsichtbaren Selbst; es ist der einzige Gott, der Gebete erhört: Die andern Götter reichen Dir Steine statt Brot.

Wenn Dein unsichtbares Selbst als *Wesenheit* in Dir erscheint, so kannst Du es daran erkennen, dass es einen *Schatten* wirft: Ich wusste auch nicht früher, wer ich bin, bis ich meinen eigenen Körper als Schatten sah.

Luce

Opus magicum: Das Feuer

Das *Feuer*-Element wird als das wichtigste, wenn nicht gar als das einzige auf dem Gebiet des magischen Rituals angesehen.

Viele und verschiedene Bedeutungsinhalte werden ihm zugeschrieben, je nach den besonderen Funktionen, für die es verwendet wird. Darunter stechen vor allem derjenige eines lebenspendenden Prinzips und der eines reinigenden Elements hervor. Mit diesen beiden werden wir uns auch beschäftigen.

Unter den so zahlreichen Symbolen, die sich auf das *Feuer* beziehen, wollen wir auf das gleichnishafte des *ignis centrum terrae*[1], das zentrale Feuer hinweisen, das allen Traditionen gemeinsam ist. Im Menschen liegt nun das Herz im Zentrum, rot vom warmen Blut, das von dort ausströmt, um mit dem Puls des Lebens den gesamten Organismus zu durchwirken: Und das Herz wird flammend und lichthaft dargestellt. Flammen und Licht der Liebe heisst es dann: aber um das genauer zu verstehen, muss man sich daran erinnern, dass das Herz im alten Ägypten als Organ der «Intelligenz» galt, d.h. dieser ausschliesslich *spirituellen* (nicht vernunftgebundenen) Eigenschaft, die die vollkommenste und unmittelbarste Erscheinung des Geistes darstellt, unverletzbar in ihrem besonderen Charakter absoluter, harmonischer Spontaneität. – In den Hieroglyphen wird das Herz als ein *Gefäss, h'tj,* mit zwei Henkeln oder *Ohren* dargestellt. – Diese Genauigkeit des Sinngehaltes, die in den letzten zweitausend Jahren allmählich untergraben worden ist, bis nicht nur die organische Funktion des gewöhnlichen Denkens dem *Gehirn* zugeschrieben wurde, sondern auch das *«intellegere»* im vorhin erwähnten Sinne, ist jedoch noch ganz klar im *intelletto d'amore* (wörtlich: Intellekt der Liebe) von Dante erhalten.[2] Man beachte jedoch, wie sich im

[1] In der Symbolik stellt die «Erde» – genauso wie der «Stein» – den menschlichen Körper dar, vor allem in seiner Bedeutung als Grundstoff des Werkes: «Auf diesen Fels werde ich meine Kirche bauen.» (*Anm. v.* Ur)

[2] Eine genaue Erläuterung dieser Dante'schen Begriffe, vor allem der «Frau Intelligentia», der «Liebe» etc., die aus dem Sprachgebrauch der «Getreuen der Liebe» stammen, erfolgt im II. Band, 3. Kapitel. (*Anm. d. Übs.*)

modernen Sprachgebrauch noch Formen bewahrt haben, die auf diese besondere Funktion der Intelligenz Bezug nehmen, wie z.B. das italienische Verb *ricordare* = erinnern (eigentlich wörtlich: in das *Herz* zurückrufen) und die französischen und englischen Redewendungen *apprendre par cœur* = auswendig lernen (eigentlich wörtlich: durch das *Herz* lernen) und *learn by heart* = auswendig lernen (wörtlich gleichfalls: mit dem *Herzen* lernen) etc.[3] Man beachte ebenso den Unterschied zwischen dem lateinischen *recordari* (von *cor* = Herz, sich erinnern, im Sinne von eingedenk sein, beherzigen) und dem lateinischen *meminisse* (mit *memoria* = Gedächtnis in Zusammenhang stehend; sich erinnern, im Sinne von bloss im Gedächtnis behalten). Die Sprachwissenschaft könnte also dem modernen Psychologen beträchtliche Beiträge liefern, da sie einige bis jetzt dunkle Punkte erhellen und dem aufmerksamen Beobachter oft noch den verlorengegangenen Sinngehalt vieler Symbole anzudeuten vermag.

Daher ist es notwendig, dass im Ritus alle Funktionen des Geistes, die seine Beziehungen zum materiellen Körper betreffen, in den Zustand ursprünglicher und vollkommener Harmonie und Bewusstheit zurückgeführt werden; und es genügt nicht, sich nur von der einen oder anderen Wahrheit zu überzeugen, sondern man muss es so einrichten, dass der Geist die volle Kontrolle über das besitzt, was wirkend arbeitet.

* * *

Der Ritus, den wir hier besprechen, fügt sich in eine Atemtechnik ein, die in ihrer ersten Phase nach der Formel 2n (Einatmen), n (Anhalten), 2n (Ausatmen), n (Anhalten) abläuft und in einer späteren Phase auf 2n, 4n, 2n, n übergeht. Wir weisen jedoch darauf hin, dass dieser Ritus auch auf die erstere Art durchgeführt werden kann. An anderer Stelle werden wir genauer darauf eingehen; für den Augenblick genügt es, diejenige Bedeutung des Geistes zu erfassen, die er in der «Konzentration» und in der «Stille» hat, des Geistes also, der den Atem zum Symbol hat und der für das körperliche Leben genauso unbedingt notwendig ist wie das Feuer für jede Form physischen Lebens – daher kommt ja auch der «Atem des Feuers» in den verschiedenen Formen der Symbolik. Wir erwähnen das, um für die Erfahrungen, die manchmal gleichzeitig verschiedene Aspekte aufweisen, eine Anleitung zu geben.

Auf dem Rücken liegend, nach Erreichung der vollkommenen Rhythmisierung der Atmung in den vorhin erwähnten Phasen, so dass diese Organfunktion, ohne weitere Aufmerksamkeit zu beanspruchen, völlig selbsttätig gleichmässig bleibt, steige man mit Hilfe der «Konzentration» und der

[3] Dante hat an verschiedenen Orten klar auf das von uns Gesagte hingewiesen, besonders in der *Vita Nuova* § 2: «An diesem Punkt sage ich wahrhaftig, dass der Geist des Lebens, der in der geheimsten Kammer des Herzens wohnt ...». Bei den Römern sagte Plautus: *«Mihi sunt tria corda»* (Ich habe drei Herzen), um damit anzuzeigen, dass er drei Sprachen beherrschte: Oskisch, Latein und Griechisch.

«Stille» hinunter zu den Wurzeln des Seins. Hat man die letzte Stufe erreicht und ist der Geist frei, soll er sich sammeln und als eine kleine, brennende Flamme im Herzen verwirklicht werden. Man erlebe dabei den Körper wie von einer *Woge* sanfter Wärme durchflossen, die durch Blut- und Nervenbahnen strömt. Die Flamme möge brennen: «Ich bin.» Das Herz scheint dabei zu verbrennen und sich im Element des Magischen Feuers aufzulösen.

Hier kann sich als grösste Schwierigkeit (wenn Schwierigkeit überhaupt der angemessene Ausdruck für eine solche Tat des Geistes ist) das *Hinuntersteigen* des Bewusstseins, des Geistes oder des Ichs oder wie immer man es nennen will, in das Herz erweisen. Wir sind nämlich daran gewöhnt, uns nur im Gehirn zu empfinden und zu leben: Mancher Mensch mag sich auch in einem Sinnesorgan empfinden, wenn eben eine Wahrnehmung von solcher Gewalt und Mächtigkeit ist, dass sie die gesamte Aufmerksamkeit an einem bestimmten Punkt des Körpers sammelt, so dass man für einen Augenblick allein dort *versunken* zu sein scheint, wo die Empfindung des Schmerzes oder der Freude hervorgerufen wurde. Analog dazu verläuft der Vorgang des Absteigens in das Herz, nur dass keine der obenerwähnten Sinneserfahrungen vorhanden ist.[4] Man erinnere sich jedoch an die «Wahrnehmung der Unendlichkeit und der unbedingten Freiheit des Geistes», die das letzte Stadium der rituellen Stille darstellt. Es dürfte also grundsätzlich überhaupt keine Schwierigkeit geben, in Vollkommenheit zu operieren und den Geist zu veranlassen, sich an irgendeinem Ort zu sammeln, zu *koagulieren*. Die Gewohnheit des Bewusstseins jedoch, an ein Werkzeug wie das Gehirn gebunden zu sein, ist so gross, dass der Geist wie automatisch dorthin gezogen wird, wo er seinen normalen Sitz annimmt. Daher ist es notwendig, sich als eine Masse von schwacher Dichte zu sehen und zu fühlen, die vom Gehirn über die Zentren des Kehlkopfes und des Rachens langsam hinunter bis in das Herz sinkt, wobei man einem gedanklichen und nicht einem körperbedingten Weg folgt. Das muss sanft und ohne irgendwelche Anstrengungen geschehen. In der magischen Arbeit und besonders in ihrer vollkommensten und vollständigsten Form verwirklicht sich alles ohne Gewalt, wie von selbst.

Eine warme und angedeutet lichthafte Stille – der Körper bekommt, wenn der Geist sich bestimmt, eine teerartige Konsistenz, deren Abgrenzung im

[4] Hier mag es von Vorteil sein, die Anleitungen aufzuführen, die in einem alten Kodex des Klosters vom Berg Athos enthalten sind und auf den Abt Xerokarkas zurückgehen: «Setze Dich allein in einen Winkel. Passe auf, was ich Dir sage. Schliesse die Tür und erhebe Deinen Geist über alle eitlen und weltlichen Dinge hinweg. Dann senke das Kinn auf die Brust, und mit allen Kräften der Seele öffne das wahrnehmende Auge, *das sich in der Mitte Deines Herzens befindet*. Verenge auch die Luftausgänge, so dass Du nicht zu leicht atmest. Bemühe Dich, den genauen Sitz des Herzens zu finden, wo alle Kräfte der Seele zu wohnen bestimmt sind. Am Anfang wirst Du Dunkelheit und den Widerstand undurchdringbarer Massen vorfinden; aber wenn Du fest bleibst und diese Arbeit Tag und Nacht fortführst, wirst Du am Ende eine unausdrückbare Freude empfinden; denn sobald er den Sitz des Herzens gefunden hat, wird der Geist sehen, was er vorher niemals zu erkennen vermochte. Er sieht dann die Luft, die zwischen ihm und dem Herzen ist, klar und wahrnehmbar von einem wunderbaren Licht leuchten.» (*Anm. v.* Ur)

Raum unbestimmbar ist –, der Geist steht fest, wird dichter und leuchtender, wärmer. Obwohl die *Wahrnehmung* des körperlichen Raumes fehlt, hat er *Bewusstsein,* wo er sich in ihm befindet. Eine Welle warmen fliessenden Lichts. Der Körper wird dichter und dichter, während der Geist auf das Herz zusteuert. Akt des Bewusstseins: «Ich bin im Herzen, ich fühle es, *ich lebe es.*»

Man wird sich nun des Herzens bewusst, als ob es sich um eine neue, wunderbare Unendlichkeit handelte, von der jedoch nur wenige wissen, eine Unendlichkeit, die nicht mehr durch die gewohnte physische Begrenztheit eingeengt ist und ihre feurige Masse bis an die Schranken der Finsternis ausdehnt.

Und nun eine Klarstellung, die aus der Tiefe verstanden werden muss: Das Leben des Menschen ist normalerweise so beschaffen, dass sein Tun sich nicht unmittelbar die eigenen Objekte zur Verfügung holt, sondern es erhält sie über die Sinnesorgane, die sie ihm aufzwingen – diese und keine anderen. Damit wird der Mensch in Wirklichkeit von all dem abhängig, was für ihn aussenliegend und fremd ist, von all dem, was nicht er selbst ist. Auch das komplexe Ablaufen der psychischen Reaktionen genügt nicht, um ihm eine wahre Freiheit zu gewähren.

Aus diesem Tatbestand resultiert der fundamentale Begriff der *Unreinheit,* die nach den klassischen Ritualen der verschiedenen Initiationssysteme von der Glut der verborgenen Flamme wiederum in der ursprünglichen Reinheit aufgelöst werden muss, bevor sich der Neophyt in das Wissen um den Gebrauch der magischen Kraft vorwagen darf. Das Feuer des Geistes ist also anfangs auf die Reinigung von jenen dunklen Elementen gerichtet, die bis dahin unwidersprochen geherrscht hatten, um im höchsten Akt einer vollkommenen «Erkenntnis» das zu verbrennen, was «Unwissenheit» ist, und um in das Innere der «Erde» einzudringen und die «Metalle» vom tauben Gestein zu reinigen; «Gold», das mit Hilfe des «Schwefels» die niedrigeren Metalle zu seiner Würde hochhebt; Der Same, der vereinigt mit Dem Menstruum Der Buhlerin das Göttliche Kind hervorbringt[5].

Rituell: Nach Festigung des Geistes im Herzen, das, wie gesagt, als feurige Masse erscheint, tauchen im Bewusstsein jenseits der Schranken der Finsternis leuchtende Wellen und Blitze als Symbole und Mittel des ungeformten passiven Lebens auf. – Dann schaffe der Geist im Herzen eine kleine Flamme und wandle sein innerstes Wesen in deren Natur. – Die Flamme brenne und brenne *aus sich selbst heraus,* ohne andere Nahrung als die ihrer wunderbaren Kraft, sich selbst zu vollenden – strahlendes Licht im tiefen Rot des Herzens.

[5] Die «Buhlerin» symbolisiert in verschiedenen alchimistischen und gnostischen Texten das Feuchte Prinzip, vor allem in seinem Ausdruck der Begierde und gleichzeitiger Passivität sowie seiner schwankenden Grundhaltung, die unterschiedslos jede Form annehmen kann. Vom feurigen initiatischen Prinzip in sich geschlossen und durchwirkt, wandelt und festigt es sich und wird zur Natur der Wiedergeborenen. Dem entspricht dann das Symbol der *«Jungfrau»,* die *unter* ihrem Fuss das ihre ursprüngliche Natur ausdrückende Mond- und Schlangenzeichen aufweist und in ihren Armen das göttliche Kind, den «Sohn der Kunst», trägt. (*Anm. v.* UR)

Zeitlos.

Dann breite sich die Flamme langsam aus, werde grösser, grösser im Glanz und grösser in der Glut, stärker, dauernder, lebendiger und lebhafter, härter als diamantene Härte ...

Mehr und immer mehr.

Und über die Grenzen des Herzens brenne sie und verzehre sie und dehne sich aus, bis sie den gesamten Körper durchdringt und in sich auflöst.

So vollzieht sich die Reinigung der Elemente, und der Geist wird immer deutlicher die unmittelbare Kontrolle, die bewusste Wahrnehmung eines jeden Organs, ja jedes geringsten Teiles des physischen Körpers erlangen.

Nachdem dieses letzterwähnte Stadium erreicht und gefestigt – *fixiert* – ist, verfahre man umgekehrt, um zum normalen Bewusstsein zurückzukehren, und erlebe nochmals, aber von rückwärts, die selbsttätige Aufeinanderfolge der Phasen, die sich analog zu den vorhergehenden vollziehen, bis hin zur anfänglichen Form der kleinen Flamme im Herzen. Dann, ganz brüsk, unterbreche man den Ritus und verbleibe so.

Nach einiger Zeit wird es leicht fallen, sich rasch in das Herz zu versetzen und dort die Flamme zu entzünden, die schliesslich als ein innerer Akt für den gesamten Tagesablauf brennen bleibt; wie es auch leichtfallen wird, vom Herzen ausgehend jeden Teil des Körpers zu durchdringen und in seinen komplexen Funktionen zu beleben. So erhält das Bewusstsein, das nun für immer an seinen natürlichen Sitz zurückgekehrt ist, die Möglichkeit, Zustände zu erfahren, die sich von den früher üblicherweise erfahrenen sehr unterscheiden, und es kann auch in entsprechender Weise tätig werden und dabei verwirklichen, was in den einzelnen Symbolen der unauslöschbaren Flamme seinen Ausdruck gefunden hat.

Von Vorteil ist es, wenn der besprochene Ritus in der Mitte des Tages vollzogen wird, wenn die Sonne am höchsten Punkt steht.

ABRAXAS:

DREI WEGE

Die erste Aufgabe in Unserer Kunst ist Dir klar: Reisse Dich los von der feuchten Natur, aus der Du bestehst, und erschaffe Dich neu in der Kraft der Sonne. Ein «Sein, das ist» muss daraus entstehen, ein Zentrum, das frei von den Beschränkungen der irdischen Natur *atmet*. Den Durst, das Fieber, das nicht erlöschende dumpfe Verlangen nach Leben musst Du entmachten. Erkenne darin die Voraussetzung, um über das Gesetz der Menschen hinauszugelangen.

Aber dieser Vorgang (als *mortificatio* und *putrefactio* findest Du ihn bei den Hermetikern benannt) kann auf verschiedenen Wegen durchgeführt werden. Lerne sie alle kennen, aber wisse auch, dass sie nicht gleich hervorragend sind zur Bewältigung der letzten Aufgabe. Nimm auf, was jeder einzelne Weg zu geben vermag, so dass Du durch feines Zusammenfügen das Wesen und den Sinn des vollkommenen Magisteriums erkennen kannst.

1) Eine erste Richtung möchte ich die *«experimentelle»* nennen. Eine kontinuierliche Entwicklung ist hier nicht gegeben. Die Umwandlungen von einem Bewusstseinszustand zu einem anderen erfolgen ohne inneren Zusammenhang. Das Ich wird ganz einfach von einem zum anderen *getragen*: Es ist ein plötzliches, momentanes Sich-Identifizieren oder Erwachen im einen oder anderen Bewusstseinszustand, ohne dass eine direkte Initiative von der Person selbst ausgegangen wäre, und auch ohne eine wahre, aktive Vorbereitung. Wie in einem chemischen Experiment, wo Du zwar die Bestandteile und nötigen Bedingungen kennst, um zu einem bestimmten Zusammenklang zu kommen, wo sich aber das Resultat selbst als etwas völlig Neues darstellt, als eine völlig andersartige Substanz, ohne dass Du den inneren Zusammenhang in der Entstehung dieses Ablaufes erfasst hättest, gibt es ebenso präzis wirkende Methoden, die analog dazu ebenso neue Bewusstseinszustände hervorrufen können.

In diese Gruppe kannst Du die Techniken einreihen, die auf der Wirkung spezieller Substanzen bei bestimmten seelischen Haltungen beruhen. Auch einige Praktiken des Hatha-Yoga, die bei Vorliegen bestimmter physiopsychologischer Voraussetzungen wirksam werden, gehören hierher; ferner

Erfahrungen, die zu einem bestimmten Zweck von jemand direkt hervorgerufen werden, der über eine entsprechende Kraft verfügt, und schliesslich noch eine ganze Reihe von anscheinend spontanen Phänomenen, wie das plötzliche Freiwerden, Aufleuchten oder Sich-Überlagern von aussernormalen Wahrnehmungsarten oder Selbsterfahrungen im Bewusstsein (Pietro Negri hat in einem der vorhergehenden Kapitel einen solchen Fall beschrieben). Bei diesen beiden letzten Erfahrungsmöglichkeiten ist ebenfalls keine Kontinuität gegeben, sondern einfach eine alles überschwemmende Plötzlichkeit dieser Bewusstseinszustände. «Zuerst das und dann dies.»

Der negative Aspekt eines solchen Weges besteht darin, dass die dadurch entstandenen Erfahrungen und Verwirklichungen nur einen Ausnahmecharakter besitzen. Ein effektiver und dauernder Besitz und nicht bloss ein kurzes Aufleuchten würde hier eine so mächtige Kraft der Technik voraussetzen, dass sie das naturhafte Sein komplett *abtöten (mortificatio)* oder *umwandeln* könnte. Sonst befindest Du Dich, sobald der Einfluss zurückgegangen ist, wieder am alten Ausgangspunkt, da Dein Ich-Bewusstsein die Gewohnheit beibehalten hat, sich mit seinem naturhaften Sein zu identifizieren. Wenn hingegen *alles* fortgenommen wird und *wenn* Du selbst aber bestehen bleibst, wird der neue Zustand klarerweise Dein eigenes wiedererschaffenes Bewusstsein darstellen. Ich sage: *«Wenn Du selbst bestehen bleibst»*; aber sei achtsam, denn der Möglichkeiten gibt es *viele,* dass Dein Sprung *zu kurz gerät*, wenn Du nur auf diesem Weg die völlige Vollendung anstrebst: Und wenn Du nicht völlig an das «Andere Ufer» gelangt bist, wirst Du harte Kämpfe bestehen müssen und nur über ein unvollkommenes Werkzeug verfügen.[1]

Ein positiver Aspekt dieses Weges besteht darin, dass dabei nie eine völlige Kontinuität zwischen dem normalen und den initiierten Bewusstseinsarten gegeben ist. Es sind Erkenntnisse, Erleuchtungen und Klarheiten von solch einzigartiger Neuheit, dass eine getreue Vorstellung davon völlig unmöglich ist. Es mag ein Sich-Annähern geben, ein Daraufhin-Zustreben, aber die Wandlung selbst, die *Gegenwärtigkeit,* wird immer ein Sprung sein. Andererseits wird allein durch diese «Gegenwärtigkeit» in Dir eine transzendente Verständnis- und Handlungskraft erhalten bleiben, ohne die alle Anstrengungen Deinerseits fruchtlos wären. Dein Auge, gehüllt in Dunkel, würde weiter in sich selbst suchen, Dein Wollen bliebe gefesselt, kämpfend, dumpf und würde nicht um die befreite Klarheit, die machtvolle Leichtigkeit der oberen Wesenskräfte wissen.

So wirst Du auf unserem Wege auch Elemente der «experimentellen Methode» vorfinden, die jedoch durch eine umwandelnde, persönliche Arbeit ergänzt werden, so dass die transzendenten Zustände voll assimiliert

[1] Vgl. SYNESIOS: *De Insomniis*, 4–5, wo man von denjenigen spricht, die versuchten, ihre Freiheit mit Gewalt zurückzuerobern, indem sie ihren Geist dorthin lenkten, «wo der Griff der Natur nicht mehr hinreicht». Aber «wenn der Sprung diesseits der Grenzen bleibt, sind härteste Kämpfe notwendig ... auch wenn sie auf ihren Aufstieg verzichten, werden sie für ihren Versuch bestraft».

werden können und Dein gesamtes Sein in sie übergeht. Du wirst nicht darin verloren sein und wirst nicht gehandelt werden und «gefesselt» sein, sondern Du wirst aktiv bestimmend und gegenwärtig bleiben.

2) Die zweite Richtung stellt das dar, was bei richtiger initiatischer Ergänzung die *mystische Erfahrung* zu geben oder zu begünstigen vermag. Diese Methode arbeitet im wesentlichen mit der Seele und dem Gefühl.

Um sie zu verstehen, wie sie hier verstanden wird, sollst Du wissen, dass das Geheimnis des Beginnens darin besteht, dass Du in Dir ein *Zweisein* schaffst. Du musst von Dir ein höheres Prinzip ablösen, indem Du es zuerst in der Vorstellung aufbaust und dann verwirklichst. Dieses Prinzip muss sich allem entgegenstellen, was Du gewöhnlich bist – dem instinktiven Leben, der Gedankenwelt, dem Gefühl –, und es in klarem Wissen kontrollieren, bedenken und abwägen, jeden Augenblick. Ihr werdet zwei sein: Du im Angesicht des «Anderen». So wirst Du die Bedeutung der «inneren Dialoge» kennenlernen, das innerliche Befehlen und Gehorchen, das innerliche Fragen-Stellen und Rat-Erhalten, wie sie symbolisch viele christliche und islamische Mystiker aufzeigen und wie sie sich in vielen hinduistischen Texten widerspiegeln, die absichtlich in Dialogform erstellt sind, deren Personen aber nicht tatsächliche Personen sind, sondern vom erwachten Schüler als zwei Seiten seiner eigenen Seele erkannt werden.

Die Arbeit besteht schliesslich in einer «Umkehrung». Aus dem «Anderen» machst Du das «Ich» und aus dem «Ich» den Anderen. Je nachdem, ob sich die Person in dem einen oder anderen Prinzip konzentriert, hast Du den *Trockenen Weg* oder den *Nassen Weg*, die magische Methode oder die mystische Methode. Im Mystiker erschafft die Gedankenwelt einen «Anderen», der jedoch ein «Anderer» bleibt (der Meister, der «Christus», dem es nachzufolgen gilt, oder gar das Bild der Gottheit selbst). Das Ich wandelt sich nicht. Es verbleibt vielmehr im weiblichen Teil, der aus Verlangen, Bedürfnis und Durst besteht, und als *Seele* strebt es Ihm in einem Überschwang aus Liebe, Anbetung, Verzicht und völliger Hingabe zu: *Sui iuris non esse,* sein eigenes Wollen völlig absterben lassen, sich Gott in innerer Hingabe und Armut unterwerfen, Ihm jede Handlung in reinem Glauben weihen und nichts für sich wollen, in unsäglichem Dulden und Lieben. Das verlangt die *«mortificatio»* von demjenigen, der den «Nassen Weg» gewählt hat, da er nicht die Kraft aufbringen konnte, sich aktiv loszureissen, sondern sehnsüchtig dem Ewigen zustrebt und dabei das Zentrum seiner selbst in den «Wassern», in der «Seele» belässt, also genau in dem, was entmachtet werden muss.[2]

Aber dieser Weg hat viele Unzulänglichkeiten, vor allen Dingen die Schwierigkeit, den Dualismus, der der Liebe eigen ist (in der Vereinigung der Liebe verbinden sich der Liebende und der Geliebte zwar, bleiben aber doch getrennt), in der *Identität* zu überwinden, die das Gesetz jeden wahren

[2] Man sollte darauf hinweisen, dass dies nur eine der möglichen Interpretationen des «Nassen Weges» ist. (*Anm. v.* Ur)

initiatischen Erkennens und Verwirklichens ist. So siehst Du auch auf dem Gipfelpunkt der christlichen mystischen Theologie (die genau diesen Weg beschreitet) weiterhin diesen Dualismus, der nur selten die wahre wesensgründige Wandlung in den «Anderen» ermöglicht, die dann die Dualität und die entsprechenden göttlichen Personifikationen als blosse Erscheinungen einer gewissen Phase des Gesamtvorganges offenbart.

Eine Beziehung, durchtränkt von Verlangen und Liebe, ist überdies negativ, abhängend und hat den Charakter eines *Bedürfens*. Eine solche Beziehung dann in die rein bestimmende, zentrale, sich selbst genügende der Sonnen-Natur umzuwandeln, verlangt einen Sprung an Qualität und an Wagnis, dem die Eigenart der vorhergehenden Mortifikation im Mystiker ernstlich entgegensteht.

Die Veranlagung, von der ausgegangen wird und die nicht ein aktives An-Sich-Ziehen und Bestimmen, sondern ein Warten, Verlangen und Wünschen ist, verleitet dazu noch, die transzendenten Zustände als (göttliche) Offenbarungen anzusehen. Du *verschmilzt* also nicht mit ihnen *zu einer Einheit,* sondern bleibst passiv und entwurzelt unter ihrer erschlagenden Wundermacht. «Mitten in der Dumpfheit entsteht die vollkommene Tat: Das ist die Wirkkraft der Gnade. Herr, ich bin nicht würdig!» sagt Ruysbroek (Ausgabe Surius II, S. 453). «Du wirst in das Licht eingehen, aber niemals die Flamme erreichen», liest Du im *Licht auf dem Pfad* (Abs. 12n).

Mag von Dir als Mystiker auch der «Zustand der Vereinigung» verwirklicht werden, so schwemmt er Dich doch hinweg, nimmt Dich völlig in sich auf; kaum erreichst Du das universale Licht, wirst Du sofort zu diesem Licht. Dein Zentrum ertrinkt mit dem Erlöschen der gesättigten Sehnsucht nach Gott, und dieses Ertrinken wird Dir als Höchstes Gut und als letztes Ziel erscheinen. Diese «Ekstase» kennt unser Weg nur als Prüfung, die es zu *bestehen* gilt und als «Lösungsmittel» – niemals aber als letztes Ziel.[3] Bei uns sollst Du nicht «heraustreten» (in das universale Licht) (Ekstase = Heraustreten), sondern zurückkehren in Dich selbst und den «Sitz des Zentrums» wieder in Besitz nehmen. Das mystische Licht stellt für uns die «Oberen Wasser» dar, in denen Dein Sein nicht abnehmen soll, sondern *wieder erwachen.*

Der positive Aspekt dieses Weges liegt im Anteil, den er in jedem Falle der individuellen Initiative überlässt. Beachte auch, dass der Mystiker, indem er an die objektive, getrennte, persönliche Realität des Ideals seines höheren Prinzips in der Nachfolge Christi (oder gar Gottes) glaubt und indem er die ihn neu erschaffende Tat nicht auf sich selbst bezieht («Wirkkraft der Gnade»), damit unbewusst einige allgemeine Gesetze der transzendenten Praxis in Gang setzt. Diese Gesetze wollen, dass ein Bild genau dann «wirkt», wenn es nicht *gedacht,* sondern in der Vorstellung bildhaft dargestellt und kontemplativ fixiert und *geliebt* wird, als ob eine echte, vom Betrachter verschiedene Realität gegeben wäre; im weiteren wollen diese

[3] Alchimistisch gesehen, könnte sich zum Teil «die Weissung» darauf beziehen, auf die dann aber die «Rötung» folgt. (Anm. v. Ur)

Gesetze, dass das Verlangen nach Wachstum abgetötet werde, dass Dein inneres Wesen sich in Stille aufrichte durch eine unpersönliche, ruhige und verborgene Kraft und sich nicht vom Wunsch nach Wachstum leiten lasse, der es vielmehr lähmen müsste und nur zu einer unausweichlichen Verstärkung der Ich-Fessel führen würde. Das sind rein technische Details, die weder etwas Moralisches, noch Religiöses oder auch Gefühlsbedingtes an sich haben, wie sehr sie auch der Mystiker gerade unter diesen illusorischen und mythologischen Aspekten erleben mag. In der «Nachfolge Christi» z.B. wirkt eine Reihe von Vorstellungen, die selbst dann feine Kräfte hervorrufen, die geeignet sind, zuerst ein «Sterben» und daraufhin eine «Wiederauferstehung» hervorzubringen, wenn Christus gar nie gelebt hätte.

Wisse schliesslich noch, dass für den heutigen Menschen selbst der Königsweg am Anfang gewöhnlich vom feuchten Prinzip ausgeht, auch wenn sofort danach dieses Wasser getrocknet und ausgeglüht werden muss. Zum *Weg* führt in der Tat oft ein geistiger *Hunger,* ein despotisches Verlangen Deines gesamten Wesens. Es ist der «rauhe und unartikulierte Schrei der feuchten Natur» – so der *Pymander* –, aus dem ein «Lichtlogos» ein «reines, feines Feuer» zieht, das «nach oben drängt».

Damit kannst Du die speziellen Methoden, die auf einer bis zum Selbstexzess gehenden Erschöpfung der Energien der unteren Natur beruhen, als Verbindungsformen zwischen dem Trockenen und Nassen Weg verstehen: also den Opferweg, die gewaltsame und orgiastisch-dionysische Ekstase sowie den Weg der Tantriker. Doch darüber später.

3) Beim magischen Weg, dem trockenen oder Sonnenweg, erschaffst Du nicht unbewusst und passiv wie der Mystiker, sondern bewusst und willentlich ein Zweisein in Deinem Wesen. Dann überträgst Du Dich direkt in die obere Natur, Du *identifizierst* Dich mit jenem oberen und beständigen Prinzip, dem der Mystiker hingegen, der mit seiner unteren Natur identifiziert ist, in einer Beziehung des Verlangens und der Hingabe nur zustrebt. Langsam, aber immer intensiver wirst Du diesen «Anderen», der Du selbst bist, stärken, ihm Vormacht verschaffen, bis er alle Kräfte Deines naturhaften Wesens beherrschen und völlig über sie verfügen kann. Eine Disziplin der Bestimmtheit und Klarheit ist Dir damit geboten, bis sich ein Gleichgewicht gebildet hat und die Qualität eines Lebens heraussticht, das Herr seiner selbst und frei von sich selbst ist, gereinigt von der Instinktivität und der dunklen Gier des naturhaften Seins in Fleisch und Gedankenwelt. Nur dann kannst Du eventuell und mit Aussicht auf Erfolg das eine oder andere «korrosivische (auflösende) Wasser» als Hilfsmittel verwenden, worunter man alchimistisch die gewaltsamen Methoden (toxische Substanzen, Verwendung von Wein oder Frauen, Anhalten des Atems etc.) versteht. Indem sie nämlich den natürlichen Zusammenhalt angreifen, geben sie dem festen und geeigneten Kern, der schon gebildet *sein muss,* eine Möglichkeit zur Ausdehnung, zu einem energischeren Durchbrechen. Wenn dieser Kern hingegen noch nicht fest gefügt ist, führen sie durch die Auflösung nicht über, sondern unter den Zustand, von dem Du ausgegangen bist.

Diese bestimmende Disziplin wird durch *Umwandlungen* ergänzt, die durch die eine oder andere direkte Methode hervorgerufen werden, worauf sich jedoch, bereitstehend und anpassungsfähig, das gesamte Sein wiederum durchsetzen muss, selbst verarbeitet und sich verarbeiten lässt, um dann in seiner Ganzheit, ohne etwas zurückzulassen, aufzusteigen. Diese Sprünge sind schnellere Rhythmen, in die Du Deinen für inkarnierte Wesen bezeichnenden langsamen Rhythmus umzuwandeln imstande sein musst, einem Schwimmer gleich, der die Kraft einer Welle erkennt, sie aufnimmt und sich von ihr mittragen lässt; und wohin sie gelangt, gelangt auch er; er verbindet sich mit ihr und bleibt doch bestimmend, fest und mittelpunktbezogen.

Die Sonnen- und Gold-Natur in Dir kann dann das Gleichgewicht brechen und *das stärkere* Element sein: Dann wird das Andere – Dein Ich, Deine Sinne, Deine Gedankenwelt – *unter* Dir sein. Und damit kannst Du sie auch aufheben, sie neutralisieren, fixieren und wirkungslos machen: Das ist die *Stille*, das «Erlöschen des Wahns», das Sich-Auflösen des Nebels. Dann wird in Deinem geklärten Auge die zyklische, vollständige Vision aufleuchten: Du wirst Deinen transzendentalen Wesenskern *sehen*, das Schicksal aller Wesenheiten und Dinge wie auch das Reich «Derjenigen, die sind». Du wirst die Art und Weise des Aktes im freien, losgelösten Zustand und die immaterielle Bewegung erfassen, die ausserhalb von Raum oder Körper in einer schöpferischen Schnelligkeit ohne Zeit agiert. Das Zentrum in Dir wird sich mit der universalen, nicht-werdenden Natur verbinden und daraus eine göttliche Stärke ziehen, die sich dann in wunderbaren Kräften ausdrückt. Daraufhin wirst Du Dich der Erkenntnis «Der Namen» zuwenden können und der Vermählung mit «Den Buchstaben». Du wirst *initiiert* sein.

Das «Wissen um die Wasser» und der Sinn des Erwachens sollen durch die Kenntnis dieser verschiedenen methodischen Möglichkeiten ergänzt werden, um Dir so die Kraft zum Mit-Wissen und zur erkennenden Unterscheidung zu geben, bevor Dir schliesslich die Elemente der magischen Praxis klargelegt werden.

Leo

Grundhaltungen

Im vorangegangenen Aufsatz «*Wegschranken*» haben wir einige Änderungen des Blickwinkels besprochen, die in uns *organisch* werden müssen. Sicherlich braucht es eine lange Zeit, bis gewisse tiefverwurzelte Grundhaltungen, die jedwede Möglichkeit innerer Verwirklichung lähmen, niedergerissen sind. Wir fühlen uns ja im Denken frei, und es erscheint uns schon als grosse Errungenschaft, wenn es sich nur hinsichtlich irgendeines althergekommenen Vorurteiles gewandelt hat. Statt dessen stehen wir damit erst am Anfang. Es gibt nämlich ebenso fixe Vorstellungen, die organische Bestandteile von uns geworden sind, und in dem Augenblick dann, in dem das Ziel Wirklichkeit werden soll, existieren diese nur mit dem Verstand überwundenen Hindernisse noch immer in uns und verhindern die Erfahrung. Wir wundern uns dann, dass wir keine Ergebnisse erhalten, wissen aber nicht, dass in uns selbst etwas ist, was sich entgegenstellt. Wenn uns das klar ist, können wir uns auch dieser Gegensätzlichkeit zwischen einem einfachen Gedanken und einer inneren Verwurzelung, zwischen Gedanken, die an das Gehirn gebunden sind, und Gedanken, die *im Wesenskern* in uns leben und in anderen Organen verankert sind, bewusst werden. Wir haben auch auf den *Rhythmus* hingewiesen. Nun: erst wenn das Gehirn an einer schon bekannten und wiederholten Vorstellung das Interesse verliert und sie nicht mehr festhält, kann diese Vorstellung mit dem Abstieg in uns hinein beginnen. Und damit wird sie in uns eine reale Kraft werden.

Was wir bezüglich der Änderungen des Blickwinkels und der neuen – unendlichen – Vorstellung von uns selbst und der Welt gesagt haben, die, rhythmisiert, zu einer neuen Wahrnehmung unserer selbst sowie der Welt führen, müssen wir auch hinsichtlich einiger weiterer Grundhaltungen wiederholen, die eine unabdingbare Voraussetzung für die Entwicklung sind und aufgebaut und gepflegt werden müssen: Sie dürfen nicht an der Oberfläche unseres Bewusstseins bleiben – es genügt nicht, sie zu denken und nicht einmal sie auszuüben: Sie müssen vielmehr ganz versinken in der Wurzel unseres allumfassend verstandenen Wesens.

* * *

Eine dieser Grundhaltungen können wir die *Erfahrung der Luft* nennen. Wir können mit Hilfe der Vorstellungskraft das «Luft»-Element erspüren, wie es alles durchdringt und belebt, aber auch seine Veränderlichkeit, seine ruhige Gegenwart, alle Abstufungen der Bewegtheit, vom zarten, kaum spürbaren Streicheln bis zum Ungestüm, zur Gewalt. Wir fühlen es als unbegrenzt frei, wurzellos, ursprungslos, ursachenlos, im Nu zu den extremsten Änderungen fähig. Hat sich unsere bildhafte Vorstellungskraft, unsere Imagination, einmal dieser Erfahrung bemächtigt, hat es sie *erspürt* und gelebt, muss sie *in uns hinein versenkt werden,* muss sie *zu einem Zustand unseres eigenen Bewusstseins werden,* der gegenüber den Erfahrungen mit der äusseren Welt aufrechterhalten werden kann.

Diese wie auch die anderen Formen der Imagination, die wir initiatisch verwenden, müssen vom Mittelpunkt des Kopfes gegen das «Herz» hin geführt werden: Hier ist es, dass sich das Bild zu einem inneren Zustand wandeln und zu einer verwandten *Qualität,* zu einer gleichgerichteten *Kraft* werden kann. Was wir die «Erfahrung der Luft» genannt haben, wird dann zu einer tiefen Erfahrung der Freiheit gegenüber allem, was in uns Erbgut und unbewusster Erwerb ist. Ein Sich-Befreien von den Fesseln der Instinktreaktionen, der über das Maß hinausschiessenden oder deformierten Reaktionen ist es – eine Spannkraft und Beweglichkeit, die es gestattet, neben tiefer Ruhe und Sammlung die höchste aktive Kraft zu entfalten. Ein Sich-vorurteilslos-Fühlen ist es, ein Bereitsein, Erkenntnisse und Erfahrungen in ihrem wahren, ihnen eigenen Licht zu empfangen – ohne die instinktiven und gefühlsbetonten Verformungen, ein Alle-Kräfte-der-Vergangenheit-Besitzen, aber auch das Jeden-Augenblick-Wiedergeboren-werden-Können mit der Erfahrung, neu zu sein.

***

Eine weitere bildhafte Grundhaltung ist diejenige, die wir die *Erfahrung des Feuers* oder die Erfahrung der Wärme nennen können. Sie besteht in der imaginativen Empfindung der wohltuenden Lust an der Wärme, des Sich-von-ihr-durchglüht-und-belebt-Fühlens – wie von einem in uns und ausser uns fruchtbaren Leben –, gegenwärtig und ewigwährend wie das Licht der Sonne. Diese Wärme müssen wir in uns fühlen als unsere eigene, als ob die Sonne in uns wäre und ausstrahlte.

Dieses Bild geht von selbst ins «Herz» und wird unmittelbar den Zugang zu seinen feinen Zentren finden, denn es ist unmöglich, dieses Bild intensiv zu spüren und es dabei nur im Gehirn zu behalten. Dieses Zentrum der Wärme, das in uns erwacht, muss in unserer inneren Erfahrung immer gegenwärtig sein, als *aktive Gefühlskraft* im Gegensatz zu den gespiegelten und passiven Gefühlen, die von äusseren Ursachen hervorgerufen worden sind. Ein eiskaltes und rein hirnmässiges Erwachen ist nicht möglich. Alle Vorschriften und Hinweise einer initiatischen Erziehung müssen ohne diese Erfahrung des im Herzen erwachten Feuers ergebnislos bleiben. Daher kommt es, dass die Menschen in der Vergangenheit versucht haben, den

Weg der Demut und Hingabe zu gehen – aber dieser war nur zu oft durch Vorurteile und passive Gefühle verdorben und konnte nicht zur Erkenntnis führen. Beim Abstieg in das Herz verloren die Menschen die Ich-Wahrnehmung und verirrten sich im Empfindend-Sentimentalen.

***

Es ist leicht, die auf solchen oder ähnlichen Bildern aufbauenden Praktiken zu unterschätzen, wenn man ihnen die grossen Versprechungen der esoterischen Wissenschaften gegenüberstellt. Aber die Erfahrung vieler, die die verschiedensten Wege versucht und durchlaufen haben und dabei nur Zeit und Energien verloren, veranlassen mich, den Neuankömmlingen Irrtümer vermeiden zu helfen, die ihre Spuren noch lange hinterlassen und sogar die Harmonie unseres Wesens verformen. Die Hinweise auf die eben beschriebenen Praktiken werden uns daran gewöhnen, ganz intensiv in den inneren Bewegkräften zu leben und von den Sinneseindrücken wegzukommen, wobei aber nichts von der diesen eigenen Lebendigkeit und Wirklichkeit verlorengehen darf. Damit ergibt sich eine selbsttätige Entwicklung jener feinen Kräfte, die dann im Rahmen einer höheren Schau wirksam sind. Es wird auch notwendig sein, sich auf das vorzubereiten, was wir sehen und erkennen werden, indem wir die Erkenntnis in einer klaren geistigen Vorausschau dessen, was uns erwartet, vorausdenken. Nehmen wir etwas Unmögliches an: einen Menschen, der sein ganzes Leben in einer dunklen Zelle verbracht hat, ohne menschliche Kontakte, ohne Licht und ohne Geräusch, und der auf einmal herausgeworfen würde, mitten in die Welt hinein. Was ihm dann zustösse, wäre fürchterlich. Aber genau so ergeht es jemandem, der immer im engen Gefängnis der Sinne gelebt hat und auf einmal spürt, wie die geistige Schau durchbricht.

Angenommen, dass er das Gefühl der Verwirrung und des Schreckens zu überwinden vermöchte und er auch wissen würde, dass er sieht, so wäre er doch nicht imstande zu sagen, was er sieht, und noch viel weniger, wie er sieht. Was die Menschen hier jedoch suchen, ist nicht so sehr irgendein mächtiger ekstatischer Zustand, sondern das Bewusstsein und die Erkenntnis der geistigen Welt in ihnen und ausser ihnen.

Anmerkungen zum «Opus magicum» für das 2. Kapitel

Die in diesem Kapitel zusammengefassten Abhandlungen von «Luce» und «Leo» beschreiben die Stufen zu einer der ersten und grundlegendsten Operationen der initiatischen Kunst: *die Übertragung des Ich-Empfindens in die Region des Herzens,* worunter man allerdings nicht das Herz in seiner physischen Wirklichkeit verstehen darf. Man muss es vielmehr *sub specie interioritatis* (unter dem Gesichtspunkt der Innerlichkeit) und als *Mittelpunkt* des Menschen betrachten.

Fügen wir hinzu, dass im Gegensatz zur üblichen Meinung nach der traditionalen Lehre alles, was mit Denken, Überlegen und Gehirn zu tun hat, dem mondhaften, weiblichen, passiven Element zugeschrieben wird, während dem Herzen die Qualität des sonnenhaften, männlichen, mittelpunktbezogenen Elementes zugeordnet ist.

Nur darf man dabei keineswegs an das denken, was man landläufig mit dem Herzen verbindet – Sentimentalität, Leidenschaftlichkeit etc. Die okkulte Verwirklichung des Herzens – oder des Ichs im Herzen – bedeutet vielmehr eine erste Wandlung des Bewusstseins.

Es gibt Bilder, die, in Kontemplation verwirklicht, auf natürliche Art und Weise die besagte Übertragung des Ich-Empfindens begünstigen (mittelbare Methode); man kann aber auch versuchen, diese Übertragung unmittelbar vorzunehmen, worauf man einen besonderen Bewusstseinszustand erfahren wird (unmittelbare Methode). «Leo» und «Luce» haben sowohl auf den einen als auch auf den anderen Weg hingewiesen.

Diesen Hinweisen wollen wir nun eine Praktik hinzufügen, mit der man in der gleichen Richtung noch weiter vorwärtskommen kann und die viele andere Übungsreihen sehr stark verlebendigt und erleichtert. Sie teilt sich in zwei Phasen, von denen für die eine die Augenblicke knapp vor dem Einschlafen und für die andere die Augenblicke knapp nach dem Aufwachen am Morgen verwendet werden müssen.

Es geht vor allen Dingen darum, sich ganz stark von dem Gedanken durchdringen zu lassen, dass das menschliche Leben im sogenannten Wachzustand nichts anderes ist als Dumpfheit, Trunkenheit und Betäubung: ein Zustand des Nebels und der Unwirklichkeit. Und wenn die gewaltsamen

Stimmen der äusseren Welt, die Eindrücke und die Aufgeregtheit der Sinne, der Widerhall der Gefühle, der Gedanken und Handlungen aufhören und wenn die unsichtbare, verborgene Hand des Schlafes mit einem Band *innerer Stille* alles das aufhebt – dann wird der Weg frei für das innere Wachstum, für das Erwachen, für das mächtige Aufsteigen Der Sonne Der Erkenntnis und Der Wirklichkeit. Wir hingegen werden gerade in diesem Augenblick ohnmächtig und verlieren unser Bewusstsein.

Wenn wir das alles am Abend vor dem Einschlafen klar vor Augen haben, ruhig und nicht müde sind und den Geist von quälenden Fragen gereinigt haben, wollen wir uns meditativ und bildhaft vorstellen, dass wir uns in den ersten Morgenstunden am Fusse eines Berges befinden und den Aufstieg beginnen – gemächlich, während sich langsam die Nebel heben und die ersten Lichtstrahlen aufschimmern, worauf dann Die Sonne ganz aufgeht. Wir setzen den Aufstieg fort und denken an das gleichzeitige Höhersteigen Der Sonne am Himmel, an das wachsende Triumphieren, Sich-Ausbreiten und Aufleuchten ihres Lichtes über die Dinge der Welt. In dem Moment, in dem wir uns dann auf dem Gipfel des Berges erleben, müssen wir uns vorstellen, dass Die Sonne im Zenit steht, auf dem höchsten Punkt ihres Aufstiegs am klaren und lichtdurchfluteten Himmel. An diesem Punkt unterbreche man die innere Schau und erkenne alles *als Sinnausdruck dessen, was tatsächlich innerlich, jenseits der Schwelle des Schlafes, bis zur Mitte der Nacht geschehen wird.* Natürlich müssen unser Aufstieg auf den Berg und das Aufsteigen Der Sonne vom Morgengrauen bis zum Mittag in einer engen Wechselbeziehung gespürt werden, und alles ist unter dem Gesichtspunkt eines immer deutlicher werdenden Erwachens zu erleben, das am Gipfelpunkt schliesslich zur Wahrnehmung einer *Verschmelzung* mit dem Mittagslicht wird – strahlende, ruhige, vollendete Lichtesreinheit im grenzenlosen Äther.

Am Morgen, sofort nach dem Aufwachen, wenn der Geist von jedem Rest Schläfrigkeit befreit ist, kehren wir kontemplativ wieder zum Bergesgipfel am Mittag zurück, wo wir geblieben waren, und sehen uns langsam zur Ebene hinuntersteigen. Gleichzeitig senkt sich auch Die Sonne, vergeht hinter dem Horizont, und wenn wir schliesslich die Ebene erreichen, ist das letzte Licht verglommen. Das muss bildhaft vorgestellt und als *Sinnausdruck* des Abschnittes von Mitternacht bis zum Morgen (im Herzen) *erinnert* werden. In der *Dunkelheit des Tages,* in der wir uns nach dem Erwachen finden, bleibe daher ein Abglanz Der *Mitternachtssonne,* Des Lichtes von oben, erhalten, und zwar *so, dass wir Träger dieses Lichtes sind*, das sich jetzt in unserem Zentrum, *im Herzen*, befindet.

Wenn diese Übungen verwirklicht und *erlebt* worden sind, wird man sich des neuen, *beseelten* Sinnhintergrundes gewahr werden, in dem nun das Licht der materiellen Sonne erscheint. Und ausserdem bemerke und achte man besonders auf alle die neuen Bedeutungen, die mitten unter den gewöhnlichen Wahrnehmungen aufleuchten. Neben der blossen Vorstellung, dass man sich erinnert, versuche man schliesslich, sich auch *tatsächlich* Teile der Eindrücke aus jenem Zeitraum in die Erinnerung zurückzurufen, in dem, abgesehen von den Träumen, das Bewusstsein vom Schlaf unterbrochen wird.

Man soll sich jedoch dabei klar darüber sein, dass das Sich-erinnern-*Wollen* die Erinnerung aussperrt. Man muss vielmehr die Erinnerung *anziehen,* sie ohne Begierde fein hereinrufen, indem man sie liebt. Aus gleichem Grunde ist es notwendig, dafür zu sorgen, dass man von selbst aus dem Schlaf erwacht und nicht durch Geräusche und noch viel weniger, weil andere ebenfalls im Zimmer anwesend sind. Die Erinnerungsfähigkeit wird übrigens durch einen leichten Duft von Moschus, Rosen oder florentinischer Iris begünstigt.

***

Eines der Instrumente der operativen Magie ist die Fähigkeit, Gefühle zu *fixieren,* wie ein objektives *Etwas,* das nicht auf der Beziehung zu unserer physischen Person beruht; wie einen Zustand, den man auch aus sich herausstellen kann, in den Raum sozusagen, ohne dass er deshalb aufhört, eine Tatsache des Bewusstseins zu sein. Ein Gefühl oder auch einen Gedanken hervorrufen, ausweiten und dann wieder loswerden können (durch Übertragung oder Projektion) – ohne diese Fähigkeit kann man in der operativen Magie nichts erreichen. Diese Fähigkeit ist auch von einer gewissen Seite her an die Bewusstseinsübertragung an den Sitz des Herzens gebunden.

Ein weiteres technisches Detail: Damit es im hier interessierenden Bereich wirksam wird, muss jedes Bild *geliebt* werden. Es muss in einer grossen inneren Ruhe aufgenommen, dann erwärmt, beinahe möchten wir sagen gespeist werden, in Sanfheit, ohne dass dabei auch nur im geringsten die Faktoren Wille und Anstrengung oder eine Erfolgserwartung ins Spiel gebracht werden. Die Hermetiker nannten das hier wirkende Prinzip das «sanfte Feuer», «das Feuer, das nicht brennt», aber auch *«Lampenfeuer»*, denn es wirkt tatsächlich *erleuchtend* auf die Bilder.

***

Zu dem, was «Abraxas» geschrieben hat, können wir zwei Punkte hervorheben.

Der erste ist, dass es für die Disziplinierung auf dem Wege der hohen Magie nicht von allem Anfang an notwendig ist, feste Vorstellungen von «Gut» und «Böse» im Sinne einer «Moral» anzuerkennen. Solche Vorstellungen mögen für einen passiven Geist nötig sein, in dem das Element, das befiehlt, überhaupt nicht vorhanden ist: Nur weil er dieses Element in sich nicht findet, wird er dazu getrieben, es anderswo zu suchen und sich befehlen zu lassen. Ein vollständiger und auf der Grundlage jenes *Zweiseins,* von dem «Abraxas» gesprochen hat, integrierter Mensch schafft in sich selbst eine Kraft des Befehlens und eine Kraft des Gehorchens, und zwar die eine genauso absolut wie die andere. Wenn hingegen nicht nur die Macht zu befehlen – schwerwiegender für die Menschen als jede andere Belastung –, sondern mit ihr auch die Macht zu gehorchen fehlt; wenn diese *Unfähigkeit zu gehorchen* des niedrigeren Wesensteils in einem Sich-Austoben die Oberhand gewinnt und sich gesetzlos das dem höheren Wesensteil zugehörige Recht anmasst – nur dann kommt es zu Regellosigkeit, zu Zügellosigkeit, also zu jener «falschen Freiheit», in der viele Mystiker mit Recht eine der grössten Gefahren des Weges sehen. Aber diese Verirrung darf nicht mit der Freiheit der höheren Wesen verwechselt werden, die tatsächlich imstande sind, sich selbst ein Gesetz zu geben. Auch die Disziplin, die dazu bestimmt ist, einer gewissen Art von eigenem Willen den *Tod* zu bereiten und dadurch das zu wecken, was in uns absolut gehorchen kann, ist ein wesentlicher Bestandteil des magischen Weges.

Der zweite Punkt besteht darin, dass man, vor allem für die operative Seite der Magie, eine Fähigkeit aufbauen muss, die man folgendermassen umschreiben könnte: *sich selbst sein, jenseits seiner selbst,* im Sinne eines aktiven Über-sich-Hinauswachsens, eines Schwunges, der über die eigene Individualität hinausschnellt. Im profanen Leben sind das Heldentum, der heroische und sogar der orgiastische Rausch sowie die Lust am Einsatz des eigenen Lebens und gewisse Augenblicke der Bereitwilligkeit zur Aufopferung schon Anzeichen in diese Richtung. Die Kraft, wie sie ein Leben auszeichnet, das sich selbst gegenüber frei ist und sich fähig zeigt, in solch aktiver Form über sich hinauszugehen, ist in der magischen und theurgischen Praxis genauso wichtig wie die in sich zugleich gegenwärtigen Prinzipien des absoluten Befehlens und des absoluten Gehorchens. Wer der inneren Fessel des Ichs unterliegt, wird sich entweder nicht über die Begrenzung hinauszuschwingen vermögen oder, wenn er sie überwindet, dort nur das eigene Verderben finden.

* * *

«Abraxas» hat darauf hingewiesen, dass, wenn der mystische Weg zu initiatisch wertvollen Ergebnissen führen soll, man an einem gewissen Punkt eine *Umkehrung der Rollen* vornehmen muss. Auf Grund der durch den mystischen Weg geschaffenen Dualität stehen sich nämlich der Mystiker und seine Gottesvorstellung, die aber sein höheres Selbst verkörpert, wie zwei verschiedene Wesen gegenüber. Es ist interessant festzustellen, dass in der islamischen Esoterik zur Beschreibung dieses Wechsels sogar ein technischer Ausdruck geprägt wurde: *shath. Shath* bedeutet wörtlich «Rollenwechsel» und drückt eben den Zeitpunkt aus, an dem der Mystiker seine Gottesvorstellung so völlig in sich *aufnimmt,* dass er diese als sein Selbst fühlt und das (frühere) Selbst hingegen als ein fremdes. Das, was aus ihm spricht, ist dann die Gottesvorstellung. Es werden im Islam sogar einige «sichere Zeichen» angeführt, um erkennen zu können, in welchen Fällen das *Shath* tatsächlich stattgefunden hat und es sich nicht nur um ein blosses Gefühl der betreffenden Person handelt. (Vgl. den Fall Ibn Arabi.) Dabei wird jedoch betont, dass die esoterischen Wahrheiten, die man bei Eintritt dieses neuen Bewusstseinszustandes erfährt, geheimgehalten werden müssen, da sie für die einfachen Gläubigen gefährlich sind. Ja, es scheint sogar, dass der Tod, den El Hallaj erleiden musste, obwohl er als einer der grössten Mystiker des esoterischen Islams (Sufismus) gilt, auf mangelnde Beachtung dieser Vorschrift zurückzuführen ist.

III

Leo

Erste Schritte zur Erfahrung des «feinstofflichen Körpers»

Wie wir in Lauten, Worten und Gesten unsere Gedanken und Gefühle ausdrücken und sie damit in die materielle Welt treten lassen, so ist auch unser Körper nur ein für die materielle Welt geschaffener Ausdruck eines individualisierten und bewussten Wesenskerns, der hinter der menschlichen Erscheinung seine Existenz hat und ihr wahrer Mittelpunkt und ihre wahre Kraft ist. Es wäre jedoch zwecklos, zwischen den Organen und Funktionen des physischen Körpers und diesem innersten Wesenskern des Menschen eine Parallelität zu suchen, da die Organe und Funktionen von den Bedingungen her bestimmt sind, wie sie sich aus dem tierischen Leben und den Beziehungen zur Aussenwelt ergeben; damit stellen sie eine, wenn auch für gewisse Lebensziele notwendige Abweichung dar. Wir können daher nicht unmittelbar von der Funktion eines Organs, wie sie dem gewöhnlichen Bewusstsein erkennbar ist, auf ihren Wert als *Symbol* und *Ausdruck* des Inneren Menschen schliessen.

Als man noch sagte, dass sich der Mittelpunkt des Bewusstseins im «Herzen» befände, erklang darin ein Widerhall der Wahrheit, die in intuitiver Weisheit ihren Ausdruck fand. Als man aber «bewies», dass dieser Mittelpunkt im Gehirn liegt, da schwieg das wahre Wissen, und die Scheinwelt der Wahrnehmung trat an ihre Stelle.

Die Beobachtung der Organe sagt uns genausowenig über den inneren Wesenskern des Menschen wie die Beobachtung der Buchstaben eines Satzes, wenn man nicht den darin ausgedrückten Sinngehalt herauslesen kann. Die einzige Erkenntnismöglichkeit besteht im Sich-Versenken in die eigene Innerlichkeit, um von dort aus den geheimnisvollen Wegen zu folgen, die zum physischen Körper führen.

* * *

Der erste Schritt besteht darin, dass man sich ein «inneres Umfeld» bildet, in dem die Organe unseres *feinstofflichen Körpers* (ein provisorischer, nicht sehr passender und doch nützlicher Ausdruck) zur Bewusstheit erweitert werden können in der gleichen Art, in der die Wahrnehmungsfähigkeit unserer physischen Organe von den Eindrücken der Aussenwelt geweckt wird. Verschiedene Wege führen zu diesem Ziel, aber ich möchte nur auf einen unter denjenigen hinweisen, die mir als die besten und sichersten erscheinen.

Ich schicke voraus, dass auch die «Aussen»-Welt, genau wie wir selbst, Ausdruck verborgener geistiger Kräfte ist und wir uns daher mit den äusserlichen Dingen in eine Beziehung setzen können, die über der gewöhnlichen Sinneswahrnehmung liegt und unseren innersten Wesensgeist zwingt, sich zu offenbaren.

Wir müssen versuchen, neben jedem Sinneseindruck einen weiteren Eindruck aufzunehmen, der den ersteren immer begleitet, aber von völlig anderer Art ist – ein Widerhall in uns der innersten, übersinnlichen Natur der Dinge –, und der lautlos in uns eindringt.

Jede lebende oder auch leblose Sache übergibt uns auf diese Weise eine bestimmte okkulte Botschaft. Wenn wir versuchen, in unserem Innersten zu erfassen, was geschieht, wenn wir unsere Aufmerksamkeit auf zwei unterschiedliche Wahrnehmungen konzentrieren (jene z.B., die von einem Tier, und jene, die von einer Pflanze hervorgerufen wird) und langsam das sinnlich wahrnehmbare Bild und alle es begleitenden Elemente ablegen, dann werden wir zwei unterschiedliche «feinstoffliche» Eindrücke erkennen; Eindrücke, die aus dem Inneren aufzusteigen scheinen und die zum Unterschied von dem, was für den sinnlich erfassbaren Aspekt der Wahrnehmung gilt, nicht als dem Gegenstand innewohnende Qualitäten nach aussen projizierbar sind, sondern aus sich selbst leben.

Diese Fähigkeit, sich *in* den sinnlich wahrnehmbaren Eindrücken von den sinnlich wahrnehmbaren Eindrücken loszulösen – dieses Scheiden des «Feinen» vom «Groben», um hermetische Ausdrücke zu gebrauchen, oder auch des «Wirklichen» vom «Unwirklichen», um hinduistische Ausdrücke zu verwenden –, *erreicht man, indem wir unseren Kopf weit weg und hoch über uns fühlen, so als ob er ausserhalb von uns läge.*[1] Dann fällt die gewöhnliche Empfindung für unser Bewusstseinszentrum aus, und die andere entsprechende tritt an ihre Stelle.

Diese Übung muss methodisch wiederholt werden, und durch immer grössere Intensität und steigende Zeitdauer wird man allmählich eine Ordnung präziser und direkt erkennbarer *Unterschiede* erfassen, die zwar den von den Sinnesorganen stammenden Eindrücken und Bildern entsprechen, aber von völlig andersartiger Natur sind, obwohl sie dennoch einen ebenso *objektiven* Charakter aufweisen.

Es ist schwierig, in Worten mehr zu sagen. Nur wem einige diesbezügliche Erfahrungen beschieden waren, weiss, wie diese gewandelte, erwachte Art des Wissens von einem Gefühl der Sicherheit und des unmit-

[1] Hier besteht auch ein Zusammenhang mit der «Wahrnehmung mittels der Ohren des Herzens», auf die «Luce» im vorhergehenden Kapitel aufmerksam gemacht hat. Eine Wahrnehmung, die *sonnenhaft* und *rein* ist im Gegensatz zur widergespiegelten (reflektierten), mondhaften und unreinen, die an die physischen Sinne und an das Gehirn gebunden ist. (*Anm. v.* UR)

telbaren Verstehens begleitet wird, das viel stärker und vollständiger ist, als es je irgendein Sinneseindruck auszulösen vermöchte.[2]

Das gleiche können wir mit unseren Gedanken machen, und zwar wiederum mit Hilfe der Übung, in der unser Kopf weit weg gedacht wird; so werden wir ganz allmählich fähig, einen Gedanken zu erfassen und sich seiner zu bedienen, bevor er noch in seiner gehirnbedingten Ausformung ertönt. Auch hier gelangen wir zur Wahrnehmung einer neuen Ordnung von Unterschieden, die an die Stelle der alten tritt. Es ist, als ob jeder Gedanke einer besonderen Musiknote aus einer unendlichen Fülle von Tonarten entspräche, wobei jede Note vollkommen und unmittelbar erkannt werden kann. Als Gegenprobe kann man nach der Erfassung einer bestimmten Reihe von Gedanken-Noten dann wiederum «in den Kopf zurückkehren» und die entsprechende Ordnung der Gedanken logisch formulieren, *obwohl man sie vorher nicht als Gedanken erlebt hatte.* Aber manchmal erreicht man solche Tiefen, dass es beinahe unmöglich ist, sie auszudrücken, weil das Erfahrungsfeld sich so ausgeweitet hat, dass sein Inhalt zu unserem Leben und zu den Problemen, die sich daraus ergeben, in keiner Relation mehr steht.

Eine analoge Praktik kann die Gefühlsinhalte unseres Bewusstseins sowie die verschiedenen Antriebe erfassen. Darauf möchte ich aber nicht näher eingehen. Der Sinn ist der gleiche: Es ist ein rasches und feines Aufmerksamsein an der Schwelle des Ichs, das die Wahrnehmungen auf halber Höhe abfängt und aufhält und sich so ein echtes Wissen um die Elemente schafft, das dann an die Stelle des gewöhnlichen, völlig provisorischen, groben und sinnlichen treten kann. Ich will hier übrigens auch nicht eine methodische Abhandlung über Esoterik schreiben, sondern versuche vielmehr, im einen oder anderen die Erinnerung an gewisse Formen einer inneren Tätigkeit wachzurufen, die sich recht häufig, wenn auch in vereinzelter und spontaner Art und Weise zeigen, und möchte die Aufmerksamkeit auf sie lenken, damit sie auch wiedererkannt und erweitert werden können.

Eigentlich will ich aber über eine Selbstwahrnehmung sprechen, die auf Grund solcher Formen innerer Tätigkeit die körperliche Selbstwahrnehmung ersetzen kann. Durch die geänderte Einstellung erscheint uns nun auch der eigene Körper weit weg und ausserhalb liegend, während die Eindrücke, die in der beschriebenen Art aus den Objekten der Aussenwelt entstehen, als ein Teil von uns in uns aufzusteigen und zu leben scheinen.

[2] Man muss jedoch betonen, dass hier jene *Reinigung des Herzens* vorausgesetzt wird, die im Zeichen 🜍, von dem «Abraxas» in diesem Kapitel sprach, ihren Ausdruck findet. Ohne sie kann sich diese Wahrnehmung einer höheren Gewissheit und Sicherheit auch auf eine blosse Welt der Phantasmen beziehen, und vom Reich der Wirklichkeit gehen wir dann in ein Reich der Illusion über, das uns versklavt und in dem wir uns abschliessen, da wir ja glauben, in der höchsten Wahrheit zu leben. Der Grossteil des heutigen, sogenannten Hellseherschrifttums ist, wenn nicht noch obendrein vorsätzliche Täuschung hinzukommt, solchermassen zu beurteilen. Vergleiche auch, was Meyrink im vorangegangenen Kapitel über die *Welt der Geister* sagte. (*Anm. v.* UR)

Eine Aufhebung des Raumgefühles findet statt – wohingegen eine *Abfolgetätigkeit,* ein anderes, inneres, rhythmisches Zeitgefühl bleibt.

Ist die Verbindung mit unserem Körper dann wiederhergestellt, fühlen wir uns *frei* und *beweglich* in ihm. Das ist nun die sogenannte *Empfindung des feinstofflichen Körpers,* die entsteht.

Hier liegt eine Gefahr, der die meisten zum Opfer fallen: Man muss auf ein *Gefühl der Glückseligkeit und Grösse* verzichten (dieses Gefühl könnte sich auf jenes beziehen, das James in seinem bekannten Werk: *«Die religiöse Erfahrung in ihrer Mannigfaltigkeit»* das «kosmische Gefühl» nennt), da es unser Bewusstsein durch eine Ekstase abstumpft und verdunkelt. Man muss statt dessen die Ich-Wahrnehmung und das aktive Leben des Bewusstseins bewahren, die während der Erfahrung der verschiedenen von mir besprochenen Arten der feinstofflichen Wahrnehmung immer darüber erhaben und unterschieden bleiben müssen.

So wirft uns auch jegliches Gefühl der Befriedigung und des Stolzes in den Körper zurück – die Erkenntnis verändert sich, und der Ausblick wird wieder dunkel.

Der feinstoffliche Körper gibt uns den *Besitz* – aber die *Wollust* des Besitzens ist ein Merkmal des tierischen Körpers und der Sinne, mit deren Hilfe es ihnen gelingt, uns neuerlich in ihr Reich einzufangen.

DIE ERKENNTNIS ALS BEFREIUNG

(Aus dem ersten Kapitel des Kularnava-Tantra; erste Übersetzung aus dem Sanskrit für «UR»

von ARTHUR AVALON)[1]

1. Während der oberste Herrscher, der Gott der Götter, der die höchste Glückseligkeit und der Meister der Welt ist, auf dem Gipfel des Kailasa Berges sass, fragte Parvâti folgendermassen.[2]

2. Die Göttin sprach also: Heiliger, Du bist der Herr der Götter, der Herrscher über die fünf Opferriten; allbewusst und durch Yoga unmittelbar zu erkennen bist Du. Sei gnädig denen, die bei Dir Zuflucht suchen, o Herr des Ordens (*Kula,* also der Orden der tantrischen Eingeweihten), höchstes Gesetz und Ozean voll des Nektars der Gnade.

4. 5. O Meister, unzählige Massen, die in diesem zufallsunterworfenen und schrecklichen Wechsel in verschiedenste Körper eingeschlossen leben, leiden alle Arten von Schmerzen. Sie werden geboren und sterben, aber es gibt keine Befreiung für sie. Ohne Hilfe in ihrem Leid ist nicht einer von ihnen glücklich. Sag, o Herr, durch welches Mittel können sie gerettet werden?

6. Der Herr sprach: Höre, o Göttin, was ich auf Deine Frage antworte, da deren Verstehen vom Ewigen Werden *(Samsara)* befreit.

[1] Die deutsche Übersetzung basiert auf der italienischen Fassung und wurde mit der (späteren) englischen Version und mit der ursprünglichen Sanskritversion nicht verglichen, da es hier nicht um eine philologisch einwandfreie Übersetzung, sondern nur um eine Übertragung des Sinngehaltes geht. *(Anm. des Übs.)*

[2] Die Tantras sind meist in Form von Dialogen abgefasst, die zwischen der Personifikation des männlichen Prinzips (Çiva, dem «Herrn des Berges») und derjenigen des weiblichen Prinzips (Çakti, Parvâti) der Gottheit stattfinden.

Zu 6–11. Auf das Problem der Befreiung angesprochen, antwortet Der Herr nicht mit einer Theorie, sondern mit dem Hinweis auf einen *Zustand* – demjenigen Çivas, der *erkannt,* d.h. verwirklicht werden muss. Nach dieser indischen Lehre ist der Mensch Çiva selbst: Er weiss nur nicht, dass er es ist. Sein Menschsein oder Anderes-vergängliches-Wesen-Sein wird also einzig und allein auf diese *Unwissenheit (avidyâ),* auf dieses Sich-von-Ihm-verschieden-Glauben *(dvaitabhâva)* zurückgeführt und aufrechterhalten. Eben deshalb steht hier im Mittelpunkt von allem die *Erkenntnis (vidyâ)* im Sinne eines inneren Erwachens.

Die «Unwissenheit» ist, wiederum nach indischer Lehre, mit Karma verbunden, unter dem hier *sakâmakarma* und *bahirmukhî* verstanden wird, d.h. jenes Tun, das Begierde ist, «Hinausschauen» oder «Zum-anderen-Schauen», Identifizierung mit dem anderen *(ahamkâra). «Erkenntnis»* ist der Zustand des «In-sich-selbst-Seins». *Karma* hingegen dieses unruhige Sich-Bewegen,

7. Çiva ist allbewusst und einfach, er ist höchstes Brahman und der Schöpfer von allem. Maya verändert ihn nicht, und er ist der Herr aller Dinge. Allein und ohne einen Zweiten ist er das Licht selbst. Kein Wandel in ihm, kein Anfang, kein Ende. Er ist ohne Eigenschaften und noch höher als der Höchste. Sein, Bewusstsein und Ekstase, alle Wesen sind nichts als Unterteilungen von ihm.

9.–11. Eingehüllt, wie sie sind, von einem Nichtwissen bar jedes Prinzips, ähneln (die Einzelwesen) Funken im Feuer. Durch ihre Handlungen und die ihrer Sinne werden sie, je nach deren Eigenschaften, auf verschiedene Namen (= verschiedene Existenzformen) festgelegt; mögen die Handlungen gut oder schlecht sein, sie bilden eine Fessel, und sie sind die Quelle allen Leides. Indem sie (die Einzelwesen) von Geburt zu Geburt irren, erlangen sie diesen Körper von unterschiedlicher Lebensdauer, Glückseligkeit und Mühsal, wie es ihrem Zustand zukommt und wie es sich aus ihren Werken ergibt. Und, o Geliebte, der Kausalkörper und der feinstoffliche Körper vergehen nicht eher, als die Befreiung erreicht ist.

12. 13. Das Ziel aller Dinge der unbewegten Welt, aber auch der Wesen, die mit Beweglichkeit ausgestattet sind – kriechende Würmer, schnellende Fische, Vögel, wilde Tiere, Menschen, bedachte und tugendhafte Geschöpfe und Götter –, ist die Befreiung. Nach dem Durchlaufen von Milliarden von Geburten in der einen oder anderen der vier Klassen und als Folge eines grossen Verdienstes wird man schliesslich zum Menschen und durch Verwirklichung Der Erkenntnis zum Befreiten.

15. 16. O Parvati, nur durch Verdienst und über grosse Schwierigkeiten kommt man nach Tausenden und Abertausenden von Geburten in dieses Universum zur menschlichen Existenzstufe. Wer ist also schuldhafter als

dieses trunkene Laufen wegen dieses oder jenes Objektes, dieses oder jenes Zieles, die als Basis und Rechtfertigung für das eigene Leben angesehen werden. Da Die Wirklichkeit *einzig* ist, muss die Welt dessen, der sich «anderem» zuwendet, eine Scheinwelt sein *(maya)*. Man sagt, dass Karma und *avidyâ* einen Kreislauf bilden, d.h.: Aus der metaphysischen Unwissenheit entsteht das «Tun» im eben erwähnten Sinne, und dieses Tun wiederum festigt die Unwissenheit sowie den Zustand der Trunkenheit und Betäubung, der die Lebewesen charakterisiert. Daraus ergibt sich ein immer engmaschigeres Netz von Fesseln und Abhängigkeiten, von dem man sich in den Strom des Werdens ziehen lässt, in dem man an diese oder jene Existenzform festgekettet wird, und zwar vom sogenannten «Kausal-Körper», der eben aus der Gesamtheit der Strebungen und vorbewussten transzendenten Neigungen *(samskara)* besteht und mit dem sich der Geist auf Grund der «Unwissenheit» identifiziert hat, jene Wesenheit also, die über den «feinstofflichen Körper» eine bestimmte materiell-körperliche Form aufbaut. Der «Kausalkörper» als «karmischer Körper» ist also das Hindernis für die Befreiung, der «Hüter der Schwelle», das schreckeneinflössende Phantasma, das nur von der Sonne Der Erkenntnis zurückweicht.

Zu 9. Nach der hier behandelten Tradition schafft sowohl die «gute» als auch die «böse» Tat Fesseln: Die letztere bindet an eine niedrigere Existenzform und die erstere an eine höhere. Sie führt aber nicht zur Transzendenz und nicht zur Freiheit gegenüber allen Einzelformen. Die Freiheit ergibt sich nur aus dem Zustand Der Erkenntnis.

Zu 12. 13. Hinsichtlich der verschiedenen «Geburten» darf man nicht an die naive und exoterische «Wiedergeburts»-Lehre denken: Es handelt sich vielmehr um Übergänge zu verschiedenen Existenzzuständen, von denen der menschliche oder irdische nur einer unter mehreren ist. Das Erwähnen von «Myriaden von Geburten» in den Versen des Textes hat vor allem symbolische Bedeutung.

derjenige, der sich, nachdem er diese so schwer erreichbare Stufe, diesen Grundstein für die Befreiung, erklommen hat, nicht daran macht, (den Strom des Werdens) zu überqueren?

17. Wahrhaft, ein Mörder seiner selbst ist, wer eine (solche) auserwählte Geburt erreicht hat, mit vollkommenen Sinnen ausgestattet ist und doch kein Auge für das hat, was für sein Heil notwendig ist.

18. Ohne einen Körper können die Ziele der menschlichen Existenz nicht verwirklicht werden. Nachdem Du nun also einen Körper angenommen hast, der wertvoll ist, arbeite so, wie es dem Ziel gemäss ist.

19. Der Körper muss mit allen Mitteln bewahrt werden, denn in ihm ist alles enthalten. Versuche ihn zu bewahren, bis Du Die Wahrheit erkannt hast.

22. Das, was der Körper gemäss der ihm eigenen Natur verlangt, sei ihm im Hinblick auf die Erlangung der Erkenntnis gewährt. Die Erkenntnis wird die Kraft des kontemplativen Yoga *(dhyanayogaçakti)* wecken, mit dem dann die Befreiung leicht zu verwirklichen ist.

23. Wenn Du nicht einmal selbst Dein eigenes Ich vor dem Übel bewahrst, wo wirst Du dann jemanden finden, der ihm besser gesinnt ist und es unterstützt, (den Strom des Werdens) zu überqueren?

24. 25. 27. Wer sich hier schon nicht vor dem bewahrt, was den Höllen angehört, wird dann dort, wo es kein Heilmittel gibt, wohl was machen? Solange dieser Körper dauert, mach das, was die Erkenntnis der Wahrheit ermöglicht. Strebe nach dem Besten, bevor Dich das Übel überwältigt, bevor Dich die Gefahren umkreisen und bevor die Sinne ihre Kraft verlieren.

35. Von Deiner Mâyâ unterjocht, sieht (der Mensch) nicht, obwohl er Augen hat, versteht nicht, obwohl er Ohren hat, begreift nicht, obwohl er lesen kann.

36. Diese Welt stürzt in den tiefen Ozean der Zeit hinab, der von

Zu 18–22. Für den Tantrismus ist statt der Verachtung und Abtötung des Körpers dessen besondere Wertschätzung typisch. Alle Elemente und alle Kräfte im Körper zu erkennen und zu beherrschen – das ist der Sinn des tantrischen Yoga. Ein Zustand vollkommener Harmonie zwischen Körper und Seele und nicht ein Kampf, ein Gegensatz und ein Leiden ist das, was nach der «klassischen», initiatischen Lehre das innere Wachstum begünstigen kann.

Zu 24–26. Hier wird auf die Vorstellung verwiesen, dass, wer die «Erkenntnis» anstrebt, sie in diesem irdischen Leben erreichen muss. Meyrink hat im vorhergehenden Kapitel schon gesagt: «Wer nicht auf Erden das ‹Sehen› lernt, drüben lernt er's gewiss nicht.»

Das menschliche Ich bezieht sein Ich-Empfinden aus der Einheit des Körpers, und deshalb tritt beim Nichteingeweihten, wenn der Körper stirbt, ein Zustand der Bewusstlosigkeit ein, bis es dann wiederum zum Übergang in eine neue, gleichfalls bedingte Existenzform kommt. Das Bewusstsein kann nach dem Tode nur in dem Maße weiter Widerstand leisten, den es sich auf dem Wege der «Erkenntnis» in *diesem* Leben erworben hat.

Zu 36. Wenn sich der Schleier der Maya zum ersten Mal hebt, wird der Mensch von einer schreckenerregenden Erfahrung durchzuckt: Es ist, als ob ein Schlafwandler auf einmal erwachte und gewahr würde, dass er bis jetzt am Rande eines bodenlosen Abgrundes entlang gegangen ist. Er fühlt die gesamte Welt in einen schwindelerregenden Abgrund stürzen, ohne auch nur irgendeinen Punkt des Haltes. Es ist *mahakala,* die zeitverschlingende Macht, der Ozean des *samsara,* in den die Welt mit immer grösserer Geschwindigkeit hinabstürzt. Es sind «die Wasser des Erschauerns» (Φρικτὸν ὕδωρ), von denen im *Mithras-Ritual* die Rede ist und auf die «Abraxas» im ersten Kapitel hingewiesen hat. Die entsprechende allgemeine Bezeichnung lautet «samsarisches Bewusstsein».

Verderbtheit, Krankheit und Tod wie von Haifischen verseucht ist; trotz dieser Erkenntnis wird aber nichts in ihr erkannt.

41. Geliebte, der Tod erschlägt den Menschen, während er denkt: «Das ist getan» – «Das ist noch nicht getan» – «Das ist noch nicht vollständig getan».

42. Das morgige Werk soll heute schon vollendet werden, das für den Abend Geplante am Morgen. Der Tod kümmert sich auch nicht um irgendein Werk des Menschen, sei es nun getan oder nicht getan.

46. Sogar für die Götter Brahma, Viçnu, Maheça und andere, die geoffenbarte Wesen sind, wird der Tag kommen, wo ihre Existenz zu Ende geht. Du also arbeite für die Befreiung.

55. Loslösung ist Befreiung. Jegliches Übel kommt von der Bindung. Sei deshalb losgelöst und fest im Wirklichen – und Du wirst die Glückseligkeit erlangen. Selbst Der (höchste) Wissende wird von der Bindung in den Niedergang geführt – was soll ich dann von denen vermelden, die nur «kleine Wissende» sind?

58. Solange sich der Mensch in seinem Durst nach Vergnügen selbst Fesseln schmiedet, werden die Pfeile des Kummers sein Herz durchbohren.

66. Jeden Tag, leider, wird er von den Sinnen verzehrt, die sich wie Diebe in seinem Körper eingenistet haben und sich gütlich tun an den Objekten der Begierde, die sich ihm jedoch in immer neuer Sehnsucht entziehen.

67. Wie der Fisch, der nach der Nahrung an der Angel giert, nicht den Widerhaken bemerkt, so erkennt der nach Lust dürstende Mensch nicht die Marter, (die folgt, wenn man) dem Gott der Unterwelt (in die Hände fällt).

69. Schlafen, sich paaren, Nahrung zu sich nehmen und andere gleichwertige Tätigkeiten sind allen Tieren gemeinsam. Nur der Mensch ist für Die Erkenntnis geschaffen. Wer sie nicht hat, ist nur ein wildes Tier.

72. Alle sind gefangengenommen von den Pflichten ihrer verschiedenen Kasten und Lebensstadien *(âçrama)*. Diese Dummköpfe, o Parvati, erkennen nicht Die Höchste Wahrheit und werden untergehen.

73. Wiederum andere, die von Unwissenheit voll sind, täuschen die Menschen, indem sie ihnen die Einhaltung von Riten und Opfern predigen.

74. Dann gibt es solche, die sich an leeren Worten befriedigen und die voller Sorge um die Zeremonien verwirrt vor einem mit Anrufungsformeln vollgestopften Haufen Rituale stehen.

75. Andere Narren, die sich vom Spiel Deiner Mâyâ täuschen lassen, glauben die Befreiung zu erlangen, wenn sie sich mit einer einzigen Mahlzeit pro Tag begnügen, fasten und sich anderen Kasteiungen unterwerfen, die nur den Körper schwächen.

Zu 46. Vom initiatischen Standpunkt sind die «Götter» Mächte, die zur bedingten Welt gehören. Ihre Existenz kann zwar kosmische Zeiträume ausmachen, aber sie ist nicht ewig. Wirklich unsterblich ist nur der Befreite – er bleibt auch in der grossen Auflösung *(mahâpralaya)* bestehen, in der Zeit, in der die gesamte Erscheinungswelt kraft der zyklischen Gesetze wieder aufgesogen wird.

Zu 55. «Wirklichkeit» ist in solchen Texten immer bedeutungsgleich mit «Zustand der Erkenntnis», d.h. der Nicht-Zweiheit.

Zu 75. Wir haben schon erwähnt, dass der vorliegende Text in der Form eines Dialogs zwischen Çiva und seiner Gattin Parvâti gestaltet ist. Die «Gattin» des Gottes symbolisiert unter

76. Welche Befreiung können diese Dummköpfe denn mit der blossen Quälerei des Fleisches erlangen? Göttin, wird denn vielleicht die Schlange getötet, wenn man auf den Ameisenhaufen (der ja nur über ihrem Neste steht) drauflosschlägt?

77. Diese Brut von Heuchlern aus Gewinn- oder Ruhmsucht schreitet mit dem Ausdruck der Weisheit einher und betrügt das Volk.

78. Meide denjenigen, der den Genüssen dieser Welt ergeben ist und sich rühmt, Brahman zu kennen, während er von der wahren Praktik und von Brahman nichts weiss. Meide ihn so, wie man einen Schurken meidet.

86. Herrin des Ordens *(Kula)*, alle diese (asketischen) Übungen dienen nur dazu, den Menschen zu täuschen. Eine tatsächliche Befreiung verleiht nur die gegenwärtige Erkenntnis Der Wahrheit.

87. Geliebte! Die *paçu*, die auf dem Grund des tiefen Schachtes der sechs Philosophien *(darçana)* geendet sind, unterliegen den Fesseln und wissen nicht, was das höchste Objekt und das Ziel des Lebens ist.

88. In leerem Disput irren sie auf dem verwirrenden Meer der Veden und anderer Schriften umher und, von den Wellen der Zeit mitgerissen, werden zu Opfern der dort hausenden Raubtiere.

89. Wer (sagt, dass er) die Veden kennt, die Âgama und Purânas, aber nicht das höchste Ziel erkannt hat, ist ein Betrüger. Was er über diese Schriften sagt, gleicht dem Krächzen der Krähen.

90. Die Höchste Wahrheit liegt in einer Richtung, aber das Mühen des Menschen in einer anderen – während die wahre Bedeutung der Schrift so ist, deuten diese sie in anderer Weise.

91.–97. Der Dummkopf weiss nicht, dass Die Wahrheit im Selbst liegt, sondern ist von den Schriften besessen. Ein blosses verbales Wissen vertreibt die Sorge des Ewigen Werdens nicht. Auch die Dunkelheit kann man nicht mit dem blossen Wort «Licht» verjagen.

98. Wer liest und nicht wach ist, gleicht einem Blinden, der in einen Spiegel schaut. O Göttin, die Schriften schenken die Erkenntnis Der Wahrheit nur demjenigen, in dem schon Weisheit ist.

anderem seine Macht, Erscheinungen hervorzubringen. Nach den Tantras hat die höchste Gottheit eben zwei Seiten: die eine männlich und unwandelbar *(çiva-çakti)* und die andere weiblich, wechselhaft, dynamisch *(maya-çakti)*. Jede Erscheinung ist ein Sich-Entfesseln der weiblichen *maya-çakti* durch Einwirkung von *çiva-çakti*. Der Unterschied zwischen dem Zustand des Abhängigseins und dem Zustand des Befreitseins ist folgender: dass im ersteren das Element *maya-çakti* das *çiva*-Element beherrscht und im letzteren das *çiva*-Element eben das Element *maya-çakti*. Der Gott beherrscht seine *maya* (die hier nicht «Illusion» bedeutet, sondern die Kraft, die die Erscheinung hervorbringt). Das «Lebe-»Wesen oder Einzelwesen *(jiva)* hingegen wird von ihr beherrscht. Deshalb sagt Çiva, dass die Narren, die sich abseits des Pfades der wahren metaphysischen Erkenntnis abmühen, der ja weder mit Ritualistik noch mit falsch verstandener Askese etwas zu tun hat, von der *maya* seiner Gattin getäuscht werden.

Zu 87. Hier haben wir eines der in den Tantras so häufigen Wortspiele zwischen *paça* und *paçu*. Paça bedeutet Bindung, Fessel und paçu Tier und ist ein Ausdruck, der von den Tantras allgemein für alle diejenigen verwendet wird, die durch ihre Instinkte oder auch durch moralische und religiöse Gesetze gefesselt sind. Für den *Kaula*, den tantrischen Eingeweihten, ist die Loslösung von jeder Art Fessel – *paça* – kennzeichnend.

104. Göttin, wie ein Mensch, der nach einem Trunk göttlichen Nektars wieder genesen ist, damit jede andere Nahrung verachten wird, genausowenig braucht jemand, der Brahman verwirklicht hat, irgendeine Art von Schrifttum.

105. Nicht durch das Studium der Veden bei einem Lehrer, nicht durch das Lesen von Büchern kann die Befreiung erlangt werden. O Du, von den *vira* Angebetete, nur die spirituelle Erkenntnis kann Befreiung hervorbringen und nichts anderes als sie.

106. Die Einhaltung der verschiedenen Pflichten und Andachten der *Açrama* (die vier Lebensabschnitte im Leben eines Hindu) führt nicht zur Befreiung, und auch die Philosophie und die Schriften sind nicht ihre Ursache; ihre Ursache ist einzig und allein Die Erkenntnis.

107. Nur das Wort eines Meisters überträgt die Befreiung; jede Lehre (die auf blossen Theorien beruht) hingegen leitet irre; nur sein Wort schenkt das Leben, und es ist wirksam wie ein Bündel Brennstoff (der das verborgene Feuer zur Entflammung bringt).

108. Die von Çiva verkündete Nicht-Zweiheit hängt nicht von Ritualismen und Übungen ab, man erfährt sie vielmehr aus dem Mund eines Meisters und nicht durch das Lesen von auch zehn Millionen Traktaten *(âgama)*.

110. Die einen wünschen einen Monismus, die anderen einen Dualismus. Sie beide kennen also Meine Wahrheit nicht, die jenseits von Monismus und Dualismus liegt.

Zu 89–104. Durch diese Schriftstellen findet einer der Hauptpunkte der esoterischen Lehre auch von indischer Seite her Bestätigung. Man kann esoterische Bücher lesen, man kann sich den härtesten Disziplinen unterwerfen, aber alles das führt, für sich gesehen, zu keinem Ziel. «Die höchste Wahrheit liegt in einer Richtung, das Mühen des Menschen in einer anderen.» Es muss unbedingt ein *Prinzip* gesetzt werden - nur dann können Dinge, Worte und Zeichen sprechen und das innere Sein zu höherer Klarheit befruchten.

Im vorliegenden Text wird auf die *Methode der Übertragung* hingewiesen. Çivas zu Beginn gegebener Beiname lautet *«Herr des kula»*. *Kula* bedeutet wörtlich edle Familie, aber hier ist es die Bezeichnung für die Organisation, den Orden der tantrischen Eingeweihten und ihre «Kette». In solchen Organisationen wird, wie in einem Körper, eine *Gegenwärtigkeit* angezogen, die auch dort lebt, d.h., es existiert ein transzendenter Bewusstseinszustand, an dem jeder der Mitglieder *(kaula)* teilhat und den er evozieren kann. Dieser Zustand kann auch *übertragen,* d.h. anderen eingeflösst werden; auf dieser Grundlage ist also mehr oder weniger jene «Wahrheit» zu verstehen, die «man nur aus dem Munde eines Meisters, aber nicht aus auch zehn Millionen Schriften» erfahren kann, jenes «Wort» des Guru, das neugebiert, Befreiung überträgt, Leben schafft und *initiiert* (unübersetzbares Wortspiel, da das italienische *iniziare* = neu anfangen bedeutet, aber gleichzeitig auch initiieren = einweihen andeutet). Bei einigen tantrischen Gemeinschaften *(kula)* ist die «Gegenwärtigkeit» mit dem Çiva-Prinzip verbunden, bei anderen mit dem Çakti-Prinzip.

Zu 105. Im Tantrismus nimmt der Typus des *vira* eine besondere Stellung ein. *Vira* bedeutet mannhafte Persönlichkeit im herausragenden Sinne, heroischer Typus. Der Tantraweg heisst auch *vira-marga*, Pfad der Helden, und *vira* und *kaula* (Mitglieder der tantrischen Einweihungsgemeinschaften) gelten vielfach als dasselbe. Damit bestätigt sich auch für den Tantrismus jene bejahend-durchschlagende und mannhafte Haltung auf der initiatischen Ebene, jene Haltung eben, die uns in diesem Werk so oft zur Verwendung des Begriffes «Magie» – im übertragenen Sinn – veranlasst hat.

111. Es gibt zwei Wege: Der eine führt in die Versklavung, der andere zur Befreiung. «Das bin ich» und «das bin ich nicht» sind ihre Grundsätze; durch den einen wird der Mensch gebunden, durch den anderen befreit.

112. Das ist die Tat, die nicht in die Versklavung führt, das ist die Erkenntnis, die zur Befreiung führt. Jede andere Tat ist nur Wahn, jede andere Erkenntnis ist blosses Üben und mechanisches Unterfangen.

113. Solange die Begierde weiterbrennt, solange das Werden im Vordergrund steht, solange die Sinne noch nicht festgebunden worden sind, wie will man da von Wirklichkeit und Wahrheit sprechen?

114. Solange ein Trieb zum (nach aussen gewendeten) Tun besteht, solange die Gedanken zwischen allen möglichen Arten von Entscheidungen hin- und herschwanken, solange sie nicht unbeweglich gemacht worden sind, wie kann man da von Wirklichkeit und Wahrheit sprechen?

115. Solange sich das Fleisch selbst rühmt und das Gefühl «das bin ich» (eben dieses beschränkte Wesen) Bestand hat, so lange man sich nicht einen Meister verdient hat, wie will man da von Wirklichkeit und Wahrheit sprechen?

116. Askese, Gelübde, Pilgerfahrten, Aufsagen von Formeln, Feueropfer, Anbetung und ähnliches, wie auch Abhandlungen über die Veden, die Agama und die anderen Schriften können nur so lange nützlich sein, als Die Wirklichkeit und Die Wahrheit nicht erkannt sind.

117. Deshalb muss, o Göttin, wer die Befreiung anstrebt, sich immer, mit jedem Mittel und überall fest an Die Wirklichkeit und Wahrheit halten.

119. O Parvati, was nützen so viele Worte? Ausserhalb des Gesetzes der *Kaula* gibt es keine Befreiung. Das ist die Wahrheit, und sie erlaubt keinerlei Zweifel.

120. Deshalb sage ich Dir, o Göttin, dass der Mensch leicht von der Fessel dieses furchtbaren Umherwandelns befreit werden kann durch die direkte Übertragung Der Wahrheit seitens eines Meisters.

121. (So) habe ich Dir, o Geliebte, kurz über den Ursprung der Lebewesen und ihre Wege berichtet.

Zu 111. Der Weg der Befreiung hat als Grundsatz: *«Das bin ich nicht.»* Es geht darum, nicht nur in Gedanken, sondern in den tiefsten Wurzeln des Lebens *ahamkara* zu vernichten, das heisst die so augenscheinliche Gewissheit, die sich im Satz ausdrückt: «Ich bin das so und so beschaffene Wesen: Das, was es ist, das bin ich.» Und wir haben schon klargestellt, dass das *Aufhören der Identifikation,* die *Abscheidung (separatio)* die erste und unverzichtbare Operation der *Ars Regia* (Königliche Kunst) ist.

Abraxas

Der Hermesstab und der Spiegel

Jede Lehre von uns ist illusorisch, solange sie nicht in eine *Praxis* und in eine vollendete *Tat* umgewandelt wird. Es seien Dir also die Anweisungen für die ersten Operationen auf dem Weg gegeben, von dem ich Dir schon berichtet habe.

Vor allem musst Du Dir einen Teil Deines Lebens oder Deines Tagesablaufs sichern, um darin ganz fest und aktiv eine neue Eigenschaft zu fixieren – so:

Löse Dich innerlich von Dir und Deiner Umgebung und führe ein nüchternes Leben, ohne Anstrengungen, ohne Ausschweifungen, neutral und ausgeglichen. Schlafe genügend und iss massvoll.

Deinem Körper fehle nichts, er sei ruhig und in Harmonie gebracht. Härte Deine Seele mit der Dir gehörenden Macht, reinige sie von Impulsivität, Leidenschaft und Unruhe, fixiere sie dann und vereinige sie durch und durch mit dem Körper.

Die anderen Wesen existieren nicht. Ihre Handlungen, Gedanken und Urteile berühren Dich nicht – wie auch immer sie seien. Achte darauf, dass nichts auf verborgenem Wege in Dich dringen kann: Überwache alles, was von aussen kommt und was aus den, von Deinem Bewusstsein noch nicht durchforschten Tiefen aufsteigt; beobachte in Schweigen, Einsicht und Unerschütterlichkeit und gebiete dabei jeglichem Urteil mit rascher, energischer Hand Einhalt.

Wenn Leidenschaften Dich belästigen, reagiere nicht und bleibe ruhig. Führe sie statt dessen bewusst zur Befriedigung und löse Dich dann von ihnen.

Verfolge diese Richtung immer weiter, bis es Dir gelingt, die Nichtigkeit, die Nutzlosigkeit und Hinterlist allen Denkens zu spüren, so dass auch Dein Geist allmählich ruhiger wird und sich in Schweigen vor Deinen Füssen niederkauert.

So baue langsam eine Kraft in Dir auf, gleich einem Herrn, dessen Blick den ihn umgebenden Knechten Schweigen, Achtung oder Unruhe aufzwingt. *Das* ist *unser Gold*: ☉

Wenn Du das alles mit feinfühlender und doch nie aufhörender, kraftvoller und doch sanfter Kunst vollendet hast, wenn der ausgeglichene und neutrale Zustand in Dir beständig und natürlich geworden ist – dann wirst Du eine Innerlichkeit wahrnehmen, von der Du früher nichts wusstest, und spüren, wie Du Dir selbst rückverbunden bist. Dann wird es Dich dazu drängen, in Dir selbst zu ruhen, und aus dieser stillen und erleuchteten Ruhe quillt schliesslich ein Gefühl spiritueller und befreiter Zufriedenheit hervor.

Erspähe dieses Gefühl und halte es fest. Wenn Du es völlig in Deiner Gewalt hast, suche es, mit einem inneren Akt, über den ich Dir nichts sagen kann, da Du ihn erst erlernen kannst, nachdem Du ihn selbst *erfunden* hast, so mit dem Körper zu vereinigen, wie sich Wärme im Wasser ausbreitet, so dass schliesslich aus ihnen nur *ein einziges Ding* wird, nur *ein einziger Zustand*.

Dieser Zustand ist der *fluidale Zustand*.

Und diese Operation heisst in unserer Überlieferung: *Erste Gewinnung (Extraktion) des Merkurs* (Quecksilbers oder des Hermes ☿) *aus dem Erzlager*.

Mit ruhiger Härte halte Dein Bewusstsein diesen Zustand fest. Dann lasse ihn ziehen, dann rufe ihn wieder hervor, mehrmals – erforsche ihn, *erlerne ihn*, bis Du ihn als eine *Wirklichkeit* spürst, die im Unterbewusstsein wartet, bereit, auf Deinen Ruf hin zu erscheinen. Wenn Du das errungen hast, sei gewiss, dass Du ziemlich weit gekommen bist.

Die verschiedenen Eigenschaften des *Fluidalkörpers* werde ich erst im Zusammenhang mit den einzelnen Operationen besprechen. Jetzt aber sollst Du allein in der ersten Operation unterwiesen werden. Wisse nur, dass jeder Geschlechtsverkehr, der vom Durst nach Wollust beherrscht wird, den Fluidalkörper lähmt, ihn wirkungslos und schlaff macht – vor allem bei einem nervösen Temperament. Wisse, dass ihm Energie zufliesst durch vegetarische Kost[1], durch Fasten sowie durch magische Düfte, worauf schon seine Bezeichnungen als «Geruchskörper» und – wenn auch in einem seiner spezifischen Aspekte – als «Vampirischer Körper» hinweisen. Wisse auch, dass jedes Ungleichgewicht und jede plötzliche Gefühlsaufwallung, die auftreten, wenn das Bewusstsein mit ihm in Kommunikation steht, im physischen und im psychischen Bereich Schäden, und zwar

[1] Ein okkultes Gesetz bewirkt, dass *jede Energie eines Menschen, die in ihm nicht tätig ist, eine Belastung und ein Hindernis bei initiatischen Operationen darstellt*. Im Menschen gibt es nun besonders organisierte Kräfte, die die Nahrung aufnehmen und umwandeln. Wenn man aber von der mineralischen Welt zur menschlichen aufsteigt, findet man von Stufe zu Stufe eine immer höher organisierte Materie vor. Damit nun vegetarische Kost aufgenommen werden kann, müssen also Kräfte in Aktion treten, die bei fleischlicher Nahrung nicht in Erscheinung treten würden, da in der tierischen Materie schon eine organisatorische «Leistung» gegenüber der Pflanzenwelt vollzogen ist. Damit kann die vegetarische Kost einen höheren Grad an fluidaler Gegenwärtigkeit und Dynamik hervorbringen. Darüber hinaus vermeidet man die Gefahr gewisser psychischer Infektionen, deren positive Lösung nur durch die Anwendung eines inneren Feuers möglich ist, das in einer besonderen Umwandlungsarbeit die «Gifte» in «Lebenssäfte» verwandelt. (*Anm. v.* Ur)

schwerster Art, anrichten können. Und wisse schliesslich, dass Du seine Kräfte durch eine besondere Praktik vervollkommnen kannst.

Dazu werde ich Dir einen grundsätzlichen Hinweis geben, damit Du auch den Sinn der initiatischen Gefühlserziehung zu erkennen vermagst.

Nicht das Gefühl darfst Du zerstören, sondern Dein trübes Kleben und Hängen an ihm musst Du vernichten, also die Wollust, das Begehren, die Abneigung oder Angst, die Du spürst. Reinige Dich von solchen Schlacken, löse Dich von der *Fessel des Herzens,* werde offen, frei, ohne Angst und ohne Engherzigkeit im Fühlen. Wie ein tiefes, klares, unbewegtes Wasser die Dinge, die auf seinem Grunde liegen, durchscheinen lässt, so identifiziere auch Du Dich nicht mehr mit den Gefühlen, sondern nimm sie auf und beobachte sie, wie Du es mit Gegenständen der Aussenwelt machen würdest. «Genausowenig wie ich die Nahrung *bin,* die ich schmecke, bin ich auch nicht die Gefühle, die ich in mir frei widerhallen lasse – sie sind nicht *meine,* sie sind nicht *Ich.*» Diese fraglose Klarheit steige in Dir auf.

Nur dann können die Gefühle *zu Dir sprechen* – wenn Du also aufgehört hast, in ihnen verloren zu sein, nur darauf bedacht, zu geniessen oder zu leiden. Sie werden Dir ein neues Sinnesorgan aufzeigen, das über die grob körperlichen hinausgeht, «objektiv» wie diese, aber einer feineren Seite der Wirklichkeit zugewendet. Erziehe diesen neuen Sinn mit innerer Aufmerksamkeit, indem Du auf das *Ohr des Herzens* hörst: Schärfe ihn auf das feinste. Gefestigt in Deinem Mittelpunkt, wie eine Spinne, die alle Fäden ihres Netzes festhält und jede Schwingung dieser Fäden unter Kontrolle hat, sei Du Herrschaft und ruhige und forschende Klarsichtigkeit im Zentrum einer vollkommenen, gereinigten und unerschütterlichen Feinfühligkeit, die für jeden Ruf offen ist.

Diese Erziehung des Herzens, die Du durch «Überredung» mit Hilfe eines langsamen und sanften «Feuers» bewerkstelligen musst, wird in Deinen Fluidalkörper eine Kraft übersinnlichen Wissens einfliessen lassen. Sie wird ein «destilliertes Wasser» hervorbringen, ein durchscheinendes Wasser, das im Zeichen Deiner Neutralität, das darüber herrscht, seine Weihe hat: 🜄.[2]

Nachdem Du bis hierher gelangt bist, versuche die Befreiung der zentralen Kraft ☉ und die Begegnung mit der Schlange. Das geschieht, wenn sich das Bewusstsein Deines «Ichs» an den Sitz des Fluidalkörpers zu übertragen weiss und dieser von den tierischen Sinnen losgelöst und folglich von der physischen Welt abgeschirmt ist.

Die verwendeten Techniken sind verschieden. Verachte die Vorsichtigkeit der mickrigen Methoden der «Meditation», die nur selten fähig sind, Dich herauszureissen – wirklich und nicht bloss in Deiner Fantasie – heraus aus

[2] Die katholische Kirche bewahrt verschiedene Symbole, die einer esoterischen Deutung zugänglich sind. Das «Herz» z.B., das Jesus «in der Hand trägt» und das von einem Kreuz gekrönt und von Flammen umleuchtet ist, braucht nur leicht stilisiert zu werden, und schon entsteht eben dieses 🜄, das alchimistische Zeichen mit der oben erläuterten Bedeutung. Und sein «Flammenleuchten» steht in Verbindung mit der «Entflammung des Astrallichtes», die einen wohl anderen Sinngehalt aufweist, als die Gläubigen annehmen.

dem Sumpf der Verstandesformen und heraus aus dem Gefängnis des Gehirns. Wende Dich den direkten Methoden zu. Verwende zum Beispiel den *«Spiegel»*.

Um den Fluidalkörper abzuschirmen, musst Du die Empfindungsfähigkeit des tierischen Körpers neutralisieren und unwirksam machen. Die «Spiegel»-Technik ist auf den optischen Nerv gerichtet und ermüdet ihn, bis sich die im Blick konzentrierte Kraft vom physischen Organ ablöst und im Fluidallicht wirksam wird.[3]

Gehe so vor. Finde Dir ein Zimmer, sehr sauber, möglichst ausserhalb der trunkenen Atmosphäre der grossen Städte, auf dem Lande, an einem Ort, wo die Stille regiert und nichts Deine Aufmerksamkeit ablenkt. Schliesse Dich hermetisch ab. Günstig sind die trockenen und hellen Nächte. Trage keine Kleider, die Deinen Körper einengen, und dieser soll auch nicht unter der Last des Essens leiden. Verbrenne zuerst bei offenem Fenster ein wenig Myrrhe und danach bei geschlossenem Fenster nochmals eine kleinere Menge. Setze Dich vor den Spiegel.

Nachdem Du Deinen Willen klar formuliert hast, rufe mehrmals, «überredend», den fluidalen Zustand hervor, den das langsame und tiefe Einatmen der Räucherung noch verlebendigen wird, und binde ihn ganz eng an die Wahrnehmung von Dir als «Gegenwärtigkeit» und befehlsbereite, undurchdringbare Überlegenheit.[4] *Fixiere* dann den Spiegel.

Der Spiegel kann aus Kristall sein oder auch aus Stahl, Kupfer oder Bronze, in jedem Fall muss er jedoch konkav sein, damit er das Licht einer Lampe, die an einem für den Operanten nicht sichtbaren Platz steht, in einem zentralen Punkt sammeln kann und so alles, mit Ausnahme des Spiegels, in einem Halbdunkel bleibt.[5] Fixiere also diesen Punkt, ohne zu blinzeln, bis Du nichts anderes mehr siehst. Beharre. Er wird sich in einen schwarzen Punkt verwandeln. Der schwarze Punkt wird sich zu einem bläulichen Fleck erweitern, der dann zu einem vorerst unbestimmten, dann weiss-milchigen Lichtschein wird. Noch ein Schritt, und dieser Dämmerschein reisst in schneller Ausweitung zu einer leuchtenden Klarheit auf, zu Freiheit-Frische-Licht.

Das ist die Schwelle des Übersinnlichen, der erste Kontakt mit dem «Astrallicht», wo die Bedingungen, an die die verkörperten Wesen gebunden sind, die am Grunde der «Wasser» ihr Dasein fristen, im allgemeinen aufhören, auf dem verbleibenden Wesenskern zu lasten.

Ich habe Dir gesagt: *fixiere*. Das ist alles und gleichzeitig nichts: ein Wort, in dem ein langes Herumtasten beschlossen liegt, ein unsicherer Pfad, gebaut

[3] Wir möchten hervorheben, dass damit der gleiche Zweck erreicht wird wie in der Yoga-Technik des *pratyâhâra*, die darin besteht, einen bestimmten Punkt am eigenen Körper oder auch irgendwo ausserhalb von ihm zu fixieren. (*Anm. v.* Ur)

[4] Das gelingt noch organischer und unmittelbarer, wenn man jene *Übertragung des Ich-Gefühls in das Herz* vollzieht, von der wir im vorigen Kapitel gesprochen haben. (*Anm. v.* Ur)

[5] Verschiedene technische Details, die für den Bau und den Gebrauch magischer Spiegel nützlich sind, können bei P. B. Randolph, *Magia sexualis*, Paris², 1952, Seite 133–215 gefunden werden.

von der geheimen Kunst eines aufmerksamen, feinen, vorsichtigen Dosierens, eines Verbindens und Ausgleichens des Aktiven und Passiven, des Fühlenden und des Bestimmenden der Seele. Wenig vermag ich Dir hier zu sagen, was Dir zur Hilfe gereichen könnte. Du musst Dir sowohl die Strasse als auch die Beine zum Marschieren selbst schaffen.

Dein Blick sei ohne Anstrengung, ohne erkennbaren Willen, wie bei jemand, der sich gerade anschickt, sanft einzuschlafen (Feuer unter der Asche). Lass ihn sich selbst fixieren, und dann lass ihn los, versuche nicht mehr an ihn zu denken, sondern vergiss ihn. Der Gesichtssinn ist nur der Ausgangspunkt, denn in Wirklichkeit ist Deine ganze Seele bei dieser Operation tätig, und ihr Fixieren des Blickes ist nur ein Mittel, um sich selbst zu fixieren.

Verstärke das Loslassen, *indem Du es liebst,* indem Du ihm nachgibst und es mit sanfter Beharrlichkeit härter schmiedest, bis es zu etwas *Dauerhaftem* wird, das sich Dir nicht mehr zu entziehen versucht, wenn Du es noch tiefer hinabzwingst. Andererseits musst Du festhalten an einer subtilen und doch zähen Gegenwärtigkeit Deiner selbst – Du als ein *einfacher* Punkt, den Angst nicht aufhalten kann, der sich zu bewahren weiss, aber auch im Sich-Bewahren das Loslassen nicht von seiner Richtung abbringt, ein Punkt, der sich von diesem Loslassen mittragen lässt, der *die Hülle abwirft* und *sich befreit,* der bei den Übergängen nicht der Auflösung verfällt, sondern mit der unerwarteten Erfahrung einer grösseren Reinheit, Einfachheit und Stärke emporsteigt. Hier tritt eine erste Vereinigung zwischen Schwefel und Merkur, zwischen Mond und Sonne in Kraft; erkenne also dieses Werk als die erste *Bereitung des Hermesstabes.*

Die Hindernisse – abgesehen von denen, die sich nach vollzogener Vereinigung einstellen – bestehen in der übermässigen oder nicht ausgeglichenen Dosierung des Merkurialen und des Sulphurischen. Ich habe Dir von der Vorbereitung gesprochen, die die körperliche Natur unter Dir ruhig, fügsam und harmonisch gestalten muss. Diese Natur musst Du jetzt in Sanftheit ergreifen und zum Werke führen, beinahe so, als ob sie davon nichts bemerken würde. Wenn Du ungeduldig und wenig geschickt in der Kraft übertreibst, wird sie reagieren, sich von Dir lösen, und da, mit einem Ruck wirst Du wieder zum Ausgangspunkt zurückgeworfen. Diese instinktiven Reaktionen sind am Anfang unvermeidlich; aber sie dürfen Dich nicht entmutigen: Versuche es wieder, mit neuem Geist, zur gleichen Stunde, beharre mit Feinfühligkeit – Eliphas Levi sagt: Wie die «Welle, die immer wieder zurückkehrt und schliesslich auch das Eisen zernagt».

Auf die instinktiven Reaktionen und Alarmzustände Deines Körpers werden diejenigen Deines noch nicht genügend gehärteten Geistes folgen. Es wird Dir scheinen, dass Du den Boden unter den Füssen verlierst – ein Gefühl, als ob Du plötzlich tief hinabstürztest – worauf Du auffahren, Dich ganz schnell festhalten wirst – und neuerlich am Anfangspunkt stehst.[6]

[6] Der Leser möge auf die Analogie mit jenem Aufschrecken achten, das sich häufig ohne ersichtlichen Grund vor dem Einschlafen einstellt; in der Tat erfolgt im Schlaf eine natürliche,

Dieser Weg wird Dir versperrt bleiben, solange Du nicht in Dir eine noch schnellere Bereitschaft erweckt hast, mit der Du wie ein Blitz der Reaktion Einhalt gebietest, bevor sie noch eingreifen kann, um die fluidale Ablösung zu unterbrechen.

Der entgegengesetzte Fehler besteht in der Möglichkeit eines völligen *Versinkens im Loslassen*, was zur Auflösung Deiner Ich-Präsenz führt. Das würde den Absturz aus der Welt der Magier in die *Welt der Medien und Visionäre* und damit aus der Welt des *Übersinnlichen* in die Welt des *Untersinnlichen* bedeuten. Im Medium zerfliesst das Zentrum, und sein Bewusstsein schlittert hinab, taucht in den Körper und wird eins mit dessen Bewusstsein. Damit ist das Medium völlig vom Körper abhängig, und was es wahrnimmt, sind nur die an die Oberfläche kommenden Blasen und «Projektionen» der dumpfen Strebungen und elementaren Kräfte, die in seinem Organismus beschlossen liegen. Das Merkmal dieses Entartens und Fehlschlagens der Operation besteht im Gefühl einer *tödlichen Müdigkeit*, das Dich erfassen wird, sobald Du zum normalen Bewusstseinszustand zurückgekehrt bist; denn andere Kräfte haben an Deiner Kraft gefressen.

Ein immer entschiedeneres Übergewicht des transzendent-intellektuellen Zentrums über die periphere Wahrnehmungsfähigkeit zu schaffen, die mit der Aussenwelt und damit auch mit den organischen und unterbewussten Elementen im allgemeinen in Berührung steht – das war das Ziel der «Bereitung», wie sie am Anfang dieses Berichtes angezeigt ist. Dieses Übergewicht führt zu dem von mir beschriebenen Zustand = ⨀, wo sich der Geist mit sich selbst vereinigt und eine Unabhängigkeit, Beständigkeit und Überlegenheit gegenüber allem erfährt, was körperlich und tierhaft ist. Wenn dann bei Deinem ununterbrochenen und unerschrocken nach innen hin verstärkten Fixieren die Ablösung des Fluidalkörpers eintritt, wird Dir damit eine Grundlage entzogen, und Du musst Dich festhalten, absolut fest, in diesem reinen, immateriellen, vom Gehirn unabhängigen Zustand des Geistes und des «Ichs». Wenn Du dazu nicht stark genug bist, tritt der mediale und somnambule Zustand ein, in dem der befreite Fluidalkörper ohne Wesenskern ist und zu einem passiven Werkzeug der unteren Welt wird.

Wenn Du hingegen aktiv den schwankenden Punkt überwindest, wirst Du in der *«Magnesia der Weisen»* (dem Elixier) die *«Wiedergeburt im Geiste»* verwirklichen. Ich will damit sagen, dass aus dem goldenen Kern Deines vervollkommneten, konzentrierten und einen Geistes = ⨀ ein *transzendent-intellektuelles Licht hervorbrechen wird,* ein Licht, in dem Du eine neue, mäch-

nicht willentliche und unbewusste Ablösung des Fluidalkörpers, worauf ein Zustand der Ich-Passivität gegenüber den Kräften eintritt, denen das Ich sein Leben verdankt und die im Schlafen dann auch seinen Posten einnehmen. Wer wirklich *versteht,* kann dieser Analogie schon die Leitlinien für eine zweite Methode entnehmen. Erinnern wir uns, dass im vorhergehenden Kapitel Meyrink ganz deutlich gesagt hat, dass das Geheimnis darin liegt, *sich inmitten des Schlafes,* oder besser noch, *in dem Augenblick, in dem man in den Schlaf übergeht, der «Gestalt» des eigenen Ichs, der eigenen «Haut» bewusst zu werden.* (*Anm. v.* Ur)

tige, verwandelte Ich-Wahrnehmung erlangen wirst. *Du wirst sehen. Du wirst wach sein.*

Philaleta (*Introitus,* Kap. I und XIII) sagt: «Für *unser Gold* (☉ = die Sonne, die der erweckte und durch die Vorbereitung gebildete Wesenskern ist) gilt dasselbe (wie für den Samen); anfänglich ist er tot oder besser gesagt, ist seine lebenbringende Kraft unter der harten Schale seines Körpers verborgen ... Aber kaum wird er in *Unserem Wasser* (☿, der das Fluidale ist) gebadet, wird er neu geboren, erwacht wieder zum Leben und wird zum *Gold der Philosophen* ... Das *Fixe* = ☉ wird eine Zeitlang volatil (flüchtig), damit ihm eine edlere Eigenschaft zukommt, die dann dazu dient, das *Volatile zu fixieren.*»

Mit dieser Erfahrung lässt also Dein «Ich» das tierische Vehikel, den Sklaven der «Wasser», fallen und nimmt sich einen Fluidalkörper oder «Körper aus Luft» als Tätigkeitsorgan, mit dem es dann bei dementsprechenden Entschlüssen vielfache und wunderbare Werke vollbringen kann. Und solltest Du bei der Wiederinbesitznahme des tierischen Körpers Schwierigkeiten haben, erinnere Dich, dass das beste Mittel ist, sein Bild hervorzurufen und *es zu wollen.*

Dem Magier geht es darum, auf die eine oder andere Art aus der Atmosphäre der Versklavung und Berauschtheit, die die «Seele der Welt» ausmachen, herauszukommen, in bewussten Kontakt mit der jenseitigen Welt zu treten und von dort aus aktiv tätig zu sein, so dass er damit entsprechende Reaktionen und Wirkungen im realen Leben herbeiführt. Sein Geist – sagt Kremmerz – ist wie eine Flamme, die auf- und niedersteigt: Er kann an die Oberfläche des Stromes der «Wasser» steigen, wo ihm nach der Weihe in der «Luft» die Möglichkeit offensteht, alle Wesen zu unterwerfen, die an eben diesen Strom gebunden sind, den Strom also, der jetzt als das «Astrallicht» selbst erscheint.[7]

Ich habe Dir einen Weg gezeigt. Versuche das, was ich beschrieben habe, bevor Du an irgendwelche andere Operationen denkst. Glaube nicht, dass die Aufgabe leicht und ohne Gefahren ist. Und erwarte Dir nichts von den ersten Versuchen. Wenn Du beharrlich bleibst und Herr über den Zweifel bist, wirst Du Erfolg haben. Wage und *schweige.*

Die mächtigste Kraft ist der Wille des Menschen, der *weiss,* was er will. Fixiere also das Ziel und wechsle es niemals. Hast Du einmal begonnen, lass Dich durch nichts mehr abbringen, denn, wie ich Dir schon sagte, der Weg der Magie kennt keine «toten Winkel»: man muss ihn nicht beschreiten – aber hat man ihn einmal beschritten, gibt es nur diese beiden Möglichkeiten: Erfolg oder Untergang.

[7] Aus diesen Lehren ergeben sich unter anderem die Sinninhalte der Symbole des «Vogels», des Tieres, das «in der Luft lebt», und des «Fisches», des Tieres, das sich frei in den «Wassern» tummelt.

Luce

Opus Magicum: Die «Namen der Macht» und die Charaktere der Wesenheiten

Wer sich mit Magie beschäftigt hat, sei es aus einfacher Neugier oder aus echtem Streben nach Erkenntnis oder auch, um sich wunderbare Kräfte anzueignen, wird ziemlich überrascht gewesen sein, in gar allen Ritualen immer wieder Formeln zu finden, die anscheinend völlig unverständliche Wörter und geometrische oder auch nicht geometrische Zeichen enthalten, die «Charaktere» oder «Sigille» der «Geister» genannt werden und die man anwenden soll, ohne dass man weiss, warum.

Ich habe schon anderswo – als ich über magische Kräuter schrieb[1] – kurz darauf hingewiesen und einige grundsätzliche Wesenspunkte aufgezeigt.

Dabei sollte hervorgehoben werden, dass beinahe alle Wörter in diesen Ritualen echte *nomina barbara* (barbarische Namen) sind, das heisst Wörter aus anderen Sprachen – Latein, Griechisch, Hebräisch, Chaldäisch, Ägyptisch –, die schon von Anfang an schlecht kopiert wurden, um dann von unwissenden Abschreibern, aber auch Autoren noch schlimmer verunstaltet zu werden.[2] Es müsste also genügen, sie in die ursprüngliche Schreibart zurückzuführen, um so ihren genauen Sinn zu erfassen, der fast immer auf besondere Attribute des höchsten Wesens Bezug nimmt. So würde zum Beispiel das überall zu lesende *Eye Seraye* besser als *Eièh ascèr Eièh* übertragen

[1] Vergleiche die Zeitschrift *«Ignis»*, Jahrgang 1925, S. 338–39.

[2] Ein klassisches Beispiel offizieller Unwissenheit ist der Irrtum, der sich bei *Matth.* 27, 46 und *Markus* 15, 34 findet, wo sie die letzten Worte Jesu berichten: «Eli, Eli, Lamma sabacthani?» (Markus hat die Variante *Eloi* anstelle von *Eli,* vielleicht weil in der griechischen Sprache der Doppellaut *oi* wie *i* ausgesprochen wurde.) In fast zweitausend Jahren hat niemand bemerkt, dass *sabacthani* in keiner lebenden oder toten Sprache existiert, was offenbar ein Zeichen für die hohe Weisheit derer ist, die das hebräische Wort *nasavtani* übertrugen und dazu noch in einem Satz, der sich vollkommen identisch in den Psalmen Davids 22, 2 findet und da lautet: *A.L.I. A.L.I. L.M.H. 'S.V.T.N.I.,* was eben: «Mein Gott, mein Gott, warum hast Du mich verlassen?» bedeutet.

Wer sich für all das über den «Namen Jesu» Geschriebene interessiert, den verweise ich auf die gelehrte Studie von S. Savini in *«Ignis»*, Jahrgang 1925, S. 144ff.

(Anm. d. Übs.: In der deutschen Übersetzung nach Luther, Text von 1964, steht nicht *sabacthani,* sondern *assabthani*; in der englischen King James Version 1954 hingegen liest man tatsächlich *sabacthani,* was offensichtlich auch auf die italienische Fassung zutrifft.)

werden – einer der «göttlichen Namen» aus dem Zweiten Buch Moses Kap. III, Vers 14, wo Gott selbst, vom brennenden Dornbusch aus, dem ihn fragenden Moses seinen Namen bekannt gab:

A.H.I.H. *A.SC.R.* *A.H.I.H.*

was nach einer der so vielen Deutungen gleichzusetzen ist mit: «Ich bin, der ich bin.»

In anderen Fällen ist es nach dem Rat des Trithemius von Vorteil, die Wörter in chaldäische Schriftzeichen umzuschreiben, denn manchmal bekommen sie eine Bedeutung in dieser Sprache, die ja von den Priestern eines Volkes verwendet wurde, das zu den ersten und hauptsächlichen Begründern der mediterranen Tradition gehört. Darüber hinaus findet man allerdings in den Texten Wörter, auf deren Sinngehalt man bei bestem Willen nicht zurückschliessen kann, weil sie manchmal nur aus reinen Vokalen oder Konsonanten oder aus solchen Gruppierungen von ihnen zusammengesetzt sind, dass sie überhaupt keine Möglichkeit zur Deutung oder Sprachableitung belassen. Das sind dann die wahren und eigentlichen *«Namen der Macht»*.

Die Namen der Macht – in Ägypten so benannt – hatten unterschiedliche Bezeichnungen, je nachdem, welches Volk, welche Schule oder welcher Orden sie gebrauchte. Bei den Griechen zum Beispiel hiessen sie ἄσημα ὀνοματα (unverständliche Namen), wobei diese Bezeichnung nicht nur darauf hinweisen könnte, dass diese *Namen* einfach *unverständlich* und dunkel sind, sondern auch – nach anderen Lesarten –, dass sie bloss für den Nichteingeweihten unbekannt und unerfasst bleiben, ja dass sie vielleicht gar *Namen ohne Zeichen* sind, das heisst Namen, deren tiefer und echter Klang nur in einer Erleuchtung des von jedem körperlichen Band freien Geistes mitgeteilt oder erfahren werden kann. Von ihrer Existenz finden sich Spuren in allen bis auf uns gekommenen Traditionsformen. Sie finden sich als *magische Laute, nomina arcana* (geheime Namen), und besonders die Verbindungen und Permutationen der Vokale wurden *voces misticae* (geheime Laute) oder *mystische Silben* genannt. Bei den Griechen hiessen sie auch λογοι σπερματικοί oder «verursachende Wörter» und in der Hindutradition *bîjâ-mantra* oder natürliche Namen, womit man ausdrücken wollte, dass diese Namen der Ursprache angehören würden, in der die Entsprechung zwischen dem Begriff, der hier das innerste Wesen der Sache beinhaltete, und der damit bezeichneten Sache vollkommen sei.

Obwohl sich die Erkenntnis der Namen der Macht auf einer im wesentlichen praktischen Ebene abspielt, auf der man sich mit Vorteil von jeder Theorie und jedem Vorurteil freihält, werde ich kurz auf die dazugehörigen theoretisch-doktrinären Aspekte eingehen.

In der höchsten Potenz verwirklicht sich Das Wort in Vollendung und Vollkommenheit, denn es trägt das Prinzip aller Erscheinungen in sich, und in diesen wird es in geradliniger Entsprechung zwischen verwirklichendem Willen und verwirklichtem Wesen gegenwärtig.

Das Wort ist das Mittel der Wirklichkeitswerdung, und es kann auch der menschlichen Wahrnehmung zugänglich gemacht werden, indem es auf eine für den Menschen hörbare Tonhöhe gebracht wird.

Dass das *Wort* dieses Mittel ist, ergibt sich aus dem Analogiegesetz, wenn man beobachtet, wie alle Erscheinungen ihren Ursprung in einem Kraftzentrum haben, das wirksam wird, indem es seine Energie in *Wellen* mit besonders grosser Amplitude und hoher Frequenz *überträgt.* Diese Wellen können auch als *Töne* wahrgenommen werden.

Mit Hilfe der Analogie kann man auch das Bildungsgesetz der Charaktere der Wesenheiten intuitiv erfassen. Man erinnere sich der graphischen Darstellungen von Lissajous, die mit Stimmgabeln erzielt wurden, sowie der seltsamen Figuren, die Chladni erhielt, als er dünne Blättchen, die mit feinstem Sand bestreut waren, zum Vibrieren brachte.

Das Wort ist also nicht nur blosser Klang, sondern auch Form. Deshalb entspricht jeder Wesenheit ein eigener Name und ein eigener Charakter – auch *Signatur* genannt –, die beide nur ihr zugehörig sind und sonst niemandem.

Die traditionalen Elemente dieser Lehre sind im *Sepher Jetzirah* enthalten, dem kabbalistischen Buch par excellence, wo sich die Begriffe Klang und Licht gegenseitig abwechseln und die *nomina arcana* und die *signatura rerum* (die Charaktere der Dinge) gemeinsam *Lichtnamen* oder *Lichtbuchstaben* genannt werden.

***

Man versenke sich in der «Stille» (s. Kap. I), und hat man sie verwirklicht, versuche man seinen Körper und vor allem seine Imaginationskräfte als Funktionen von sich zu erleben, losgelöst von der tiefen Wirklichkeit des Seins, aber nicht frei, sondern im Gegenteil vollkommen beherrscht.

Dieser Akt des Geistes muss so vollkommen werden, dass seine Erlangung nicht im mindesten den Zustand der «Stille» stört und damit den Geist auf eine eher normale und körperlich bedingte Bewusstseinsebene zurückführt.

In dieser ersten Phase muss man gradweise vorgehen und zuerst mit dem physischen Körper beginnen, um dann den Geist – als Denken – und schliesslich die Imagination folgen zu lassen, diese höchste und geheimnisvolle Fähigkeit, Bilder zu erschaffen, die in der magischen Praxis von so grosser Bedeutung ist.

Es ist offensichtlich, dass man das, was ich hier beschreibe, weder versuchen kann noch darf, ohne im vorhin erläuterten Ritus absolut perfekt zu sein. Das hat zwei Gründe: *Man würde zu keinem Ergebnis kommen,* nur nutzlos Zeit vergeuden und vielleicht auch einen psychischen Schock provozieren. Zudem würde man dadurch die vorhergehende, noch ungeformte Operation mit Elementen überlagern, die – vielleicht für immer – die Vollkommenheit der allerersten Grundlagen schädigen würden. Man muss also in diesem Ritus perfekt sein, bevor man überhaupt die erste Phase der hier besprochenen Übung versuchen darf, die wiederum viel Beharrlichkeit verlangt, bis man sie beherrscht.

In der zweiten Phase, in der man die eigene Imagination wie ein fügsames

Instrument *leben* kann, forme man aus ihr das Bild irgendeiner Wesenheit. Das *nehme* man und *tauche* es in den Geist ein. Dann wird man einen Ton vernehmen, den kein *sterbliches* Ohr hören kann und der den geheimen Namen der Wesenheit darstellt. Und gleichzeitig wird man, ohne Augen, ein leichtes, lichtdurchflossenes Liniengefüge dort «sehen», wo man die Wesenheit *hingesetzt* hat, und das ist dann ihr *Charakter*.

Hat man das vollbracht, *löse* man das Bild *auf* und steige wieder aus der «Stille» empor.

Und das kann für die Unendlichkeit der Dinge gemacht werden.

***

Auch in den Operationen der Zeremonialmagie kann man diese Ergebnisse erreichen, wenn man die Form, die man projiziert, in geeigneter Weise «bindet» (koaguliert) und mit den entsprechenden Formeln die obersten *Intelligenzen* anruft. Der okkulte Name kann, dabei so stark schwingen, dass er auch von Beistehenden gehört werden kann, und der Charakter erscheint, indem er sich aus grossen Feuerlinien formt.

Pietro Negri

Wissen um das Symbol

Nach Dante (*Das Gastmahl* II,1) «kann man die Schriften in einem vierfachen Sinn verstehen, und vierfach müssen sie auch ausgelegt werden». Das sind also: der *wörtliche* Sinn, der *allegorische* Sinn, der, wie Dante sagt, «eine Wahrheit ist, die sich unter einer schönen Lüge verbirgt», der *moralische* Sinn und schliesslich der *anagogische*. Dieser anagogische Sinn ist gegeben, «wenn eine Schrift spirituell so angelegt ist, dass sie noch im wörtlichen Sinn, über die bedeuteten Dinge hinaus, die höchsten Dinge der ewigen Glorie aussagt» – oder in anderen Worten, ist er der verborgene Sinn einer Schrift, die auch in ihrer wörtlichen Aussage Themen der spirituellen Ebene behandelt. Er ist ganz deutlich vom allegorischen und moralischen Sinn zu unterscheiden, die im Vergleich dazu, wenigstens vom spirituellen Standpunkt aus, weit weniger wichtig sind. Nebenbei sei erwähnt, dass die anagogische Deutung der *«Göttlichen Komödie»* noch aussteht.

Dante nennt diesen anagogischen Sinn Übersinn. Ἀν-αγωγή ist nämlich das Nach-oben-Führen oder -Bringen, die Erhebung; und in der Seemannssprache bezeichnet es die Handlung des Ankerlichtens und Ankerhebens. Im Zusammenhang mit spirituellen Themen zeigt also die Anagogie gleichnishaft die geistige Erhebung an, das Sich-von-der-Erde-in-die-Höhe-Heben; und in der Symbolik der «Naviganten» bedeutet sie das Ankerlichten aus jener «Erde», in der die Menschen so tief verklammert sind und die ihnen als *Festland* erscheint, um dann die Segel aufzuziehen und schneller die Wasser zu durcheilen, wobei das Schiff auf das «hohe Meer» hin Kurs nimmt.

Dante bezog sich dabei auf die Schriften der «Dichter»; aber zweifelsohne können diese vier Sinne auch bei sakralen und initiatischen Schriften unterschieden werden sowie bei allen anderen Ausdrucksformen und Versinnbildlichungen spiritueller Dinge und Lehren. Der höchste Sinn jeder Symbolik, der *Übersinn,* wird also nach dieser Unterscheidung der anagogische Sinn sein, und die vollständige Erfassung der Symbole wird im Erkennen des in ihnen beschlossenen anagogischen Sinngehalts bestehen. Anagogisch verstanden und angewendet, können die Symbole dann auch zur geistigen Erhebung beitragen. In diesem Sinn sind sie daher mit einer anagogischen *Kraft* ausgestattet.

Natürlich besitzen nicht alle Symbole eine solche Kraft. Auf Grund einer weiten Auslegung bezeichnet man nämlich als Symbol, was eigentlich nur blosse Abkürzung oder Zeichen mit alleinigem oder beinahe alleinigem Stellvertretungswert ist. So verfügen die mathematischen und chemischen Symbole, wenigstens solange sie solche bleiben, über keine derartige anagogische Kraft. Dabei ist es auch möglich, völlig verschiedenen Symbolen denselben Sinngehalt zuzuweisen. So kann zum Beispiel in der Algebra die Multiplikation in gleicher Weise mit dem üblichen Symbol des Kreuzes oder mit einem Punkt angezeigt werden. Aber das Wort Symbol hat in seiner ihm eher zugehörigen Verwendungsform eine viel präzisere und komplexere Bedeutung, was ja allein schon aus seiner etymologischen Analyse hervorgeht.

Im Griechischen bezeichnet das Wort συμ-βολή (sym-bolé) den Akt des Zusammenfügens, des Zusammenwerfens, und das damit verwandte Wort σύμ-βολον (sym-bolon) das Übereinkommen und daraus folgend das *Zeichen,* das Kennzeichen. Diese beiden Wörter bestehen aus zwei Elementen: Das erste, die Vorsilbe σύμ (sym) (lateinisch *cum*) zeigt einfach die Vereinigung an, das zweite bezeichnet und präzisiert das Wesen dieser Vereinigung. Βολή (bolé) und βόλος (bolos) verweisen auf das Schleudern, das Werfen; es handelt sich um Wörter, die mit dem Zeitwort βάλλω (ballo) verbunden sind, das den Akt des Schleuderns, Schlagens, Werfens ausdrückt. Das Zeitwort σύμ-βάλλω (sym-ballo) (ich führe zusammen, ich verbinde) und folglich auch das völlig analoge Hauptwort σύμ-βολον (sym-bolon) bezeichnen also den Akt der Zusammenführung, wohingegen die Synthese [σύνθεσις (syn-thesis) lateinisch *compositio*], das *Ergebnis* dieses Aktes, die vollendete Tatsache zum Ausdruck bringt. Dem dynamischen Charakter des Symbols steht der statische und immanente der Synthese gegenüber. Was die Wirkung des Aktes betrifft, so steht das Verb συμ-βάλλω (sym-ballo) (ich führe zusammen) im Gegensatz zum Verb δια-βάλλω (dia-ballo) (ich führe auseinander, ich durchschneide, ich bekämpfe); entsprechend dazu ist das σύμ-βολον (sym-bolon) das Gegenteil zum «Teufel» [διά-βολος (dia-bolos), das Querliegende, der Gegner]. So ergibt sich daher schon automatisch aus sprachwissenschaftlichen Gründen, dass den Symbolen dynamische und magische Kräfte zugeschrieben werden, die die Gegnerschaft und den Widerstand des Teufels brechen sollen. Und wie das Symbol zur Synthese führt, so führt auch sein Gegenteil, der «Teufel», zum Gegenteil der Synthese, d.h. zur Analyse; die ἀνά-λυσις (ana-lysis) ist nämlich das Auseinanderbringen, die Auflösung, die Zersetzung, der Tod.

Die dynamische Kraft der Symbole widersetzt sich also in einem gewissen Sinne jeglicher Analyse und ist Werkzeug und Mittel, um zur Synthese zu gelangen. Und wie man beim diskursiven Erkenntnisprozess *begrifflich* zur These gelangt, indem man mit der Hypothese beginnt und logisch vorwärtsschreitet, so kann man in der initiatischen *Endogenese* (Entwicklung aus sich selbst heraus) zur Synthese kommen, indem man ausgehend von der ursprünglichen menschlichen Bedingtheit sich auf magischem Wege der dynamischen Kraft der Symbole bedient. Diese einfachen etymologischen

Betrachtungen lassen also schon durchblicken, dass Symbole im Rahmen der höheren Erkenntnis dieselbe Rolle spielen wie die Begriffe beim diskursiven Erkennen. Die Entsprechung zwischen den Symbolen (σύμβολοι) einerseits und den Begriffen, den Konzepten (*con-ceptus, con-cipio* = ich fasse zusammen, ich erfasse) und den Syllogismen [συλ-λογίζομαι (syl-logizomai) computo = ich berechne zusammen] andererseits ist perfekt; der Syllogismus in der Logik vereinigt das Wort (λόγος, logos) mit dem Denken [(= *pensare*) von *pondus* = Gewicht, Denken = (ab)-wägen] und führt auf diskursivem Wege zur Erwägung, zur Maß-nahme (*mensura* von *mens* = auf das Gehirn bezogener Geist, verbunden mit *mensis,* dem Monat und folglich auch mit dem *Mond,* der nicht eigenes Licht ausstrahlt, sondern reflektiertes, die *Reflexion*). Das Symbol in der magischen Wissenschaft, d.h. in der reinen und reinigenden Wissenschaft der Magier (persisch *majidan,* reinigend mit Hilfe des *Feuers*) arbeitet mit der βολή (bolé), der Ausstrahlung, der Projektion, dem Aufblitzen. Dem *Wort* in der Logik entspricht die Operation, die Aktion, die *Tat* in der Magie; dem philosophischen *Diskurs* das *Werk,* das «Grosse Werk» der hermetischen und maurerischen Tradition.

***

Allein auf Grund der Art seines Entstehens ist das Symbol etwas anderes und Höheres als das Emblem, das Zeichen, die Parabel, die Metapher oder die Allegorie.

Emblem [von ἐμ-βάλλω (em-ballo), hereinwerfen] und Zeichen haben eher einen stellvertretenden Charakter als einen erkenntnisbringenden und spirituellen; und die Parabel, die Metapher und die Allegorie besitzen den Charakter des Symbols nur zum Teil. In der Allegorie wird eine unterschiedliche, eine andere Sache gesagt (ἄλλο-ἀγορεύω, allo-agoreyo = ich spreche anders) als diejenige, die man wirklich meint; der wörtliche Sinn ist die «schöne Lüge», der wahre Sinn ist ein anderer, vielleicht gar ein im Gegensatz zum wörtlichen stehender. Im Symbol hingegen gibt es weder einen Widerspruch noch eine wirkliche Verschiedenheit zwischen dem, was auf den ersten Blick erscheint, und dem, was wirklicher Sinngehalt ist; zwischen dem Symbol und seiner oder seinen Bedeutungen besteht ganz im Gegenteil für gewöhnlich sogar eine Verbindung der Harmonie, der Analogie und Entsprechung, und es geht nicht wie bei der Allegorie darum, den wahren Sinn festzustellen, ohne sich vom augenscheinlichen Sinn trügen zu lassen, der ohne Bedeutung ist, sondern es geht darum, (soweit es das blosse Verstehen betrifft) vom offenbaren Sinngehalt auf die verborgenen Bedeutungen zurückzugehen, um den *vollen* Sinngehalt des Symbols zu erfassen und den ersterkannten zu vervollständigen (und nicht zu überwinden). Darüber hinaus und im eigentlichen Sinn ist die Allegorie immer verbal, während diese Beschränkung auf die Symbole nicht anwendbar ist, denn neben den verbalen gibt es unzählige andere Arten von Symbolen.

Auch die Parabel ist dem Symbol nicht gleichwertig. Sie [παραβολή, (para-bolé) παρα-βάλλω ich setze das eine neben das andere] ist nichts anderes als ein einfacher Vergleich, eine Gegenüberstellung, eine Ähnlichkeit. Die Parabeln können nicht über die Grenzen des Vergleichs hinausführen. Und seitdem Menenius Agrippa und Jesus davon Gebrauch machten, zeigt der damit erzielte Erfolg, dass sie sich auch für das einfache Volk und die profane Masse bestens eignen. Zur Metapher und zum Tropos (bildlicher Ausdruck), die eigentlich beide besser in der Rhetorik Verwendung finden, lässt sich bemerken, dass auch sie sich auf verbale Ausdrucksformen beziehen und für gewöhnlich anzeigen, dass die Bedeutung der methaphorisch gebrauchten Wörter oder Sätze vom Konkreten ins Abstrakte übertragen werden muss. Die Metapher (lat. *trans-latum,* das Übertragene) ist nichts anderes als das Forttragen, Fortführen [μετα-φέρω (meta-fero), lateinisch *trans-fero*], das Transferieren, das Woanders-Hinführen.

Die Allegorie, die Parabel und die Metapher sind also nicht Symbole im eigentlichen Sinn; sie sind Redeweisen, die von Symbolen handeln können und auch oft handeln, wobei sich in solchen Fällen die Eigenschaften des behandelten Gegenstandes, d. h. des Symbols, zumindest zum Teil auch in der betreffenden verbalen Ausdrucksform wiederfinden. Dabei kann sich auf der Grundlage eines Symbols, einer Gesamtheit von Symbolen oder Spezial-Symbolik eine vollständige allegorische Sprache bilden und sich manchmal geradezu eine verborgen gehaltene und verabredete Geheimsprache oder Redeweise entwickeln.

Wir haben schon gesagt, dass die Symbole äusserst vielfältiger Natur sind. Tatsächlich kann jedes Ding die Basis für ein Symbol bilden; aber natürlich gibt es dann Kriterien für ihre Wahl oder Bestimmung. Wir haben so die Zahlensymbolik, in der die ganzen Zahlen (an sich schon Abstraktionen) die Symbole darstellen und ihre Potenzen (δυνάμεις), ihre Brüche und Wurzeln (πυθμήν) sowie ihre einfachen Beziehungen und Eigenschaften symbolisch ihre anagogischen Kräfte bilden. Diese Art von Symbolik ist besonders von den Pythagoreern und dann von den Kabbalisten und Freimaurern verwendet worden. Wir haben weiterhin die Symbolik der Buchstaben des Alphabets, die, wie man weiss, mit jener der Zahlen zusammenhängt und zur Grundlage der kabbalistischen Tradition geworden ist. An diese Arten der Symbolik, und im besonderen an die erstere, knüpft die geometrische Symbolik der Platoniker und Neuplatoniker an. Und an die numerische und geometrische Symbolik schliesst sich die Symbolik all jener heiligen Wissenschaften und Künste an, in denen die Proportionen, der Rhythmus und die Harmonie ins Spiel kommen, wie die Symbolik der Architektur, des Gesanges, der Musik, des Tanzes, der Dichtkunst und Malerei (gemeinsam mit der Symbolik der Farben etc.). Darauf fussen ihrerseits nun wieder die Heraldik und die Emblematik als Ausstrahlung, Ableitung und Anwendung im gesellschaftlichen und politischen Bereich. Auf die Naturerscheinungen sind die polare, die Sonnen- und Wettersymbolik zurückzuführen sowie die hermetische Symbolik der Transmutation; auf die biologischen Erscheinungen die Symbolik der Gärung, der Verwesung und Keimung (*fermentatio, putrefactio* und *germinatio*) des pflanzlichen (vegetabilischen) Samens, die sexuelle Symbolik, die Symbolik der Umwandlung und Wiederauferstehung sowie die Symbolik der spirituellen und unsterblich machenden Speisen und Tränke (*soma* der Inder, das mazdaistische *haoma,* das indische *amrita*, der Nektar und die Ambrosia der Griechen, die archaische *anna perenna* der Latiner wie auch das hebräisch-christliche «Brot» und der «Wein»). Aus den verschiedenen Arten menschlicher Tätigkeiten entstanden die königliche Symbolik (der Königspalast des Philaletha, die königliche Kunst der Neuplatoniker und Maurer, der königliche Weg, das Königswasser und die königliche Hochzeit der Hermetiker), weiterhin die Symbole des Krieges, vor allem des «Heiligen Krieges» *(Bhagavad-gita)*, die Symbolik der Hirten (im *Pymander* und im Evangelium), die georgische Symbolik der Bebauung der «Erde», diejenige der «Schiffahrt» (Homer, Vergil, Dante), die Symbolik der Begründung von Tempeln und Städten oder allgemein der «Erbauung» (daher der Titel Pontifex [Brückenbauer] für den höchsten Priester der Römer) und der «Baukunst», die die Grundlage der traditionellen Maurersymbolik bildet und die sich natürlich mit der architektonischen Symbolik verbindet (daher der Grosse Baumeister aller Welten); weiterhin die Symbolik der Bewachung und Verteidigung von Gegenständen, Tempeln und heiligen Ländern (Gralsritter und Templer). Schliesslich können sogar Geschehnisse einzelner Menschen oder ganzer Völker aus der Geschichte oder aus Legenden als Grundlage dienen und symbolischen Wert annehmen (der Trojanische Krieg, die Arbeiten des Herkules, die Suche der Argonauten, das Leben Jesu). Die Mythen [μῦθος (mythos) = das Gesprochene, die *tra-ditio* = Überlieferung] und die Fabel (*fabula* = fabulieren, sprechen) sind nur Erzählungen; die Mythologie ist die Erzählung der Geschichte der Götter und Helden. Die Mythen sind zwar keine Symbole, können aber symbolischen Charakter besitzen und die Grundlage für eine Symbolik bilden; so hat die heidnische Mythologie den Hermetikern (Michael Maier, Pernety) zahlreiche Symbole geliefert. Unsere Aufzählung hier ist zwar nur eine Zusammenfassung und unvollständig, aber sie sollte genügen, um eine Vorstellung von der Weite und Verschiedenartigkeit der Symbolik zu geben.

* * *

Aus den eben besehenen Gründen kann der sprachliche Ausdruck nie, auch nicht in seinen verschiedenen bildlichen Formen, mit der lebendigen Synthesefähigkeit der Symbole konkurrieren. Das Symbol transzendiert das Wort, und selbst wenn wir uns darauf beschränken, es einzig und allein als Mittel zu betrachten, um Fakten und Doktrinen mitzuteilen, weist es noch einen weiteren Vorteil gegenüber der Sprache auf: Wörter wechseln je nach Zeit und Ort und sind Abnützungen und Veränderungen, sowohl in Form als auch Inhalt, unterworfen und können so nie die Beständigkeit und die allgemeine Gültigkeit des Symbols erreichen.

Trotzdem haben Wort und Symbol wenigstens einen grundsätzlichen Wesenszug gemeinsam, und das ist die metaphorische Natur, die ihren konkreten Wert mit ihrem abstrakten Sinngehalt verbindet. Beide setzen die Anerkennung einer universalen Einheit, Entsprechung und Analogie voraus und geben damit implizit die «Ähnlichkeit» der Menschen zu. Wir sagen Ähnlichkeit und nicht Identität oder Gleichheit; damit schliessen wir uns der Annahme an, dass sich die Lebewesen und im speziellen die Menschen vom inneren Standpunkt mehr oder weniger ebenso ähnlich sind wie vom äusseren Standpunkt und dass sich die inneren Sinne und «Organe» der einzelnen Personen mehr oder weniger ebenso ähnlich und gleichwertig sind wie ihre grobstofflichen Sinne und Organe. Stimmt diese Annahme aber, dann hat unsere innere Erfahrung einen die Individualität transzendierenden Charakter und kann in Worten und Symbolen ausgedrückt werden, die demjenigen verständlich sind, der eine analoge Erfahrung besitzt, und sie kann sogar dazu beitragen, sie bei einem Menschen hervorzurufen, der sie noch nicht erlebt hat. Das ist genau das, was im Rahmen der gewöhnlichen menschlichen Erfahrungen mit der täglichen Sprache geschieht; wenn wir von Licht, Laut oder Farbe sprechen, setzen wir doch voraus, dass nicht nur der Schall unserer Wörter vom Hörer erfasst wird, wie auch wir imstande sind, die unser Ohr treffenden Schallwellen aufzunehmen, sondern dass auch unsere innere Erfahrung – ausgedrückt in Worten – vom Hörenden verstanden wird, und zwar dank des Vergleichs mit einer ähnlichen Erfahrung, die der Hörende schon gehabt hat und die er besitzt.

Eine universale Analogie bildet also die Grundlage der Symbolik, wie sie auch die Grundlage der metaphorischen Sprache bildet, und es ist daher wahrscheinlich, dass sich die Symbolik an bestimmte Richtlinien hält, wie ja auch bei den Wörtern die Übertragung vom konkreten zum abstrakten Sinn den Regeln der Semantik unterworfen ist. Die *«Smaragdene Tafel»* nun, die von der hermetischen Tradition Hermes zugeschrieben wird[1], beginnt genau mit dieser feierlichen Behauptung einer universalen Verbindung und Analogie: *«Verum sine mendacio, certum et verissimum: quod est inferius est sicut quod est superius; et quod est superius est sicut quod est inferius, ad perpetranda miracula rei unius»* (lateinische Übersetzung von Khunrath).

(Wahrhaftig ohne Lügen gewiss, und auf das allerwahrhaftigste, dies, so Unten, gleicht dem Oben, und dies, so Oben, gleicht dem Unten, damit man kann erlangen und verrichten Wunderdinge eines eigenen Dinges.)

Analogie zwischen dem Physischen und dem Metaphysischen, zwischen dem Aussen und dem Innen, und Analogie zwischen Mensch und All. Aus diesem Grunde ist der Mensch potentiell Gott und der Mikrokosmos potentiell ein Makrokosmos. Gott, sagt die Bibel, schuf den Menschen nach

[1] Der Wortlaut der *«Smaragdenen Tafel»* ist zum ersten Mal von *Jabir ibn Fayyan* (Geber) bekanntgegeben worden, der behauptet, sie einem Werk des Pythagoreers Apollonius von Tyana entnommen zu haben (siehe den Artikel von E.J. Holmyard, *Chemistry in Islam* in *«Scientia»* 1, XI, 1926). Nach der hermetischen Tradition, wie sie von Albertus Magnus überliefert worden ist *(De Alchemia)*, wurde die *Tabula Zaradi* (die Smaragdene Tafel) von Alexander dem Grossen im Grabe des Hermes aufgefunden. Nach dieser Tradition hatte aber auch Hermes diese Tafeln gefunden, und zwar nach der «Sintflut», in deren Voraussicht sie von den antiken Weisen und von Henoch noch rechtzeitig angefertigt worden waren, um die Tradition weiterzuführen. Die maurerische Tradition schreibt die Auffindung dieser Tafeln Hermes und Pythagoras zu.

seinem Ebenbild. Die Analogiebeziehung, die ein Ding mit dem anderen verbindet, macht aus jedem Ding das natürliche Symbol der ihm entsprechenden Dinge; daher die Vorstellung und der Gebrauch der *«signaturae rerum»* (Signaturen der Dinge) in der Magie. Die Ähnlichkeit zwischen der Sache und ihrem Symbol, zwischen dem Gegenstand und seinem Bild kann direkt oder umgekehrt sein. Im ersten Fall ist die Beziehung ähnlich derjenigen einer Note mit ihren Oktaven: Man gelangt vom Symbol zur gemeinten Sache mittels einer anagogischen Übertragung. Im zweiten Fall ist die Beziehung ähnlich derjenigen zwischen einem Gegenstand und seinem reflektierten Spiegelbild, und man gelangt vom Symbol zur gemeinten Sache mittels Reflexion und Umkehrung. Das muss bei der Symboldeutung bedacht werden. Die zwei Entsprechungen schliessen sich übrigens nicht notwendigerweise gegenseitig aus. So verursacht das Sonnenlicht, wenn es sich in kleinen Wassertropfen bricht und widerspiegelt, das Auftreten zweier konzentrischer Regenbogen, wobei die Regenbogenfarben im umgekehrten Sinn angeordnet sind; Descartes erklärt die Bildung des inneren Regenbogens mit einer einfachen Brechung des Lichtstrahles und jene des äusseren konzentrischen Regenbogens mit einer doppelten Brechung. Analog dazu führt eine doppelte Umkehrung oder eine, die geradzahlige Male wiederholt wird, die zweite Art von Symbolen zum Typus der einfachen anagogischen Übertragung zurück; und umgekehrt könnte man denken, dass bei Symbolen, bei denen die Entsprechung durch Übertragung entsteht, die eigentliche Umkehrung des Symbols einfach deshalb nicht erkannt wird, weil sie gradzahlige Male wiederholt wurde. Die atmosphärische Erscheinung des Regenbogens, die auf die Streuung des «Sonnen»-Strahles in den «Wassern» zurückgeht, hat also auch den Rang eines natürlichen Symbols für den Vorgang der universalen Analogie; und wie in der heidnischen Mythologie Iris (der Regenbogen) die Botin der Götter und die besondere Gehilfin von Jupiter und Juno war, da der Regenbogen das Symbol der Vereinigung von Himmel und Erde darstellte, so zeigt uns auch die Ähnlichkeit zwischen dem Vorgang der analogen Umkehrung und demjenigen der Umkehrung in der optischen Brechung analog das Band an, das den Himmel und die Erde, den Geist und die Materie, das Innen und das Aussen, das Göttliche und das Menschliche vereint.

***

Der dem Symbol innewohnende Analogiecharakter verleiht ihm eine Mehrdeutigkeit und eine Unbestimmtheit des Bedeutungsinhaltes, die zwar einerseits seinen Reichtum und seine Fruchtbarkeit gegenüber der Präzision und Bestimmtheit des Wortes ausmachen, aber andererseits seine Durchdringung und Verwendung viel weniger leicht und bequem gestalten. Auch bei den Wörtern gestattet das Wissen von der etymologischen Bedeutung und der Verbindung mit verwandten Formen, den verborgenen Wortsinn zu erfassen und den Weg zu grösserer Erkenntnis zu öffnen, aber im Falle des Symbols weist der entsprechende Vorgang eine doch ganz anders geartete

Weite und Tiefe auf. Das Verstehen eines Bedeutungsinhaltes bildet ja nur eine Stufe, die dann zur Erfassung noch weitergehender Sinngehalte in neben- und höherliegenden Bereichen führt, und man ist auch nicht gezwungen, irgendwo mit dem ständigen Überwinden des Mysteriums der letzten Wurzeln der Sprache aufzuhören, wie das ausnahmslos bei jeder etymologischen Analyse der Fall ist. Durch die beständige Meditation prägt sich das Symbol schliesslich im Geist fest ein, und durch seine fortwährende Gegenwärtigkeit kann es ihn immerzu inspirieren und für die entsprechenden Beziehungen empfänglich machen, die es mit dem verbindet, was von Mal zu Mal Gegenstand des Denkens ist. Auch unabhängig von den Beziehungen zu den verschiedenen Vorstellungen liefert das Symbol, auf der Grundlage der in ihm enthaltenen Analogien und seiner ihm innewohnenden Fähigkeiten zur Einung, dem Geist die Elemente für seine Arbeit und befruchtet ihn sozusagen, indem es ihm eine schöpferische Kraft verleiht. In diesem Sinne stellen die Symbole Bewegungs- und Aktionsweisen dar, Triebkräfte einer Schöpfung aus sich selbst, die zu noch nicht erfahrenen Bewusstseinszuständen antreiben, hinleiten und hinführen und damit zu einem tatsächlichen, unmittelbaren, ausge*zeichnet*en Erkennen. Vom in den Zeichen verborgenen und beschlossenen Sinn steigt man so empor zu einem bewussten Besitz, und hat man über die Zeichen die Lehre erlangt, so ist sie auch eine wahrhaftige Lehre (Anm. d. Übs: unübersetzbares Wortspiel im Italienischen: Lehre = in-segna-mento = wörtlich Ein-zeich-nung).

Diese befruchtende magische Wirkung des Symbols auf den Geist findet ihre vollkommene Entsprechung in der Wirkung der Symbole in Politik und Religion, wie wir sie alle feststellen können. Man denke an die Wogen des Enthusiasmus, an die heroischen Entschlüsse, die eine Fahne, eine Hymne, ein nationales oder ein Parteiensymbol bei Einzelpersonen oder bei den Massen hervorzurufen imstande sind; man denke an das Feuer und den Fanatismus, den ein religiöses Symbol auszulösen vermag, und man wird verstehen, dass auch in der Magie das Symbol eine gleichwertige energetische Kraft besitzen und eine gleichwertige Antriebsmacht und ein gleichwertiges Vermögen zur geistigen Erhebung auslösen kann. Ein ganz wesentlicher Unterschied besteht jedoch: Während in der Politik und in der Religion das Symbol an die Vaterlandsliebe appelliert, an die parteiische Leidenschaft, an den religiösen Glauben und das religiöse Vorurteil oder mit anderen Worten einzig und allein an das Gefühl, dessen Hochpolung und Erscheinen es auslöst, appelliert das Symbol in der Esoterik *niemals* an das Gefühl, sondern an die höchsten geistigen und spirituellen Fähigkeiten des Verstehens und Erschaffens. Das Gefühl, der Glaube, die Theorie und jegliche Empfindung, sich den Massen ein- oder unterordnen zu müssen, sind rein menschliche Elemente, und es ist ein Fehler, auf sie zu bauen oder sie mit einzubeziehen, strebt man danach, die Ebene der Sterblichen zu überwinden und vom Menschlichen zum Göttlichen zu transzendieren. Die Magie und mit ihr sämtliche initiatischen Traditionen steht damit vollkommen im Einklang, wenn sie statt des Dogmatismus der religiösen und philosophischen Glaubensrichtungen und statt der stellvertretenden und beziehungschaffenden Wortklauberei gewisser Wissenschaften die Lehre der Symbole setzt, d. h. den spirituellen Vorgang, der mit Hilfe von Symbolen innere Erfahrungen und Zustände verstehbar macht und dabei dieTranszendenz unmittelbar wahrnehmen und erfassen lässt.

* * *

Dieser magische Gebrauch der Symbole ist traditional sowohl in der Hermetik üblich wie auch in den Ritualen solcher Bünde, die dem hermetischen Einfluss mit unterlagen. Er fügt sich in die Praxis des *Ritus* ein, der dann zur Verwirklichung des *Werkes* führt.

Die hermetische Tradition behauptet, dass zur Vollbringung des Werkes von Anfang bis Ende ein einziges Gefäss genügt oder aber höchstens deren zwei notwendig sind (wie das im Fall von Flamel geschehen zu sein scheint). Dieses Gefäss, der *Athanor* der «Philosophen», wird hermetisch abgeschlossen, d. h. gemäss dem hermetischen Ritus (der Begriff «hermetischer Verschluss» ist geblieben, um die entsprechende chemische Operation zu bezeichnen), so dass nach seiner Isolation vom Äusseren im Inneren des Gefässes gearbeitet werden kann. Ein wohlbekannter hermetischer Leitsatz dazu lautet: *Visita interiora terrae, rectificando invenies occultum lapidem* [Gehe in das Innere der Erde, und durch Rektifikation (= Trennung des Gemisches durch wiederholte Destillation) wirst Du den verborgenen Stein finden] (*Aurelia occulta philosophorum* von Basilius Valentinus, *Theatr. Chem.*, II. Auflage, 1613; in einer davon nur wenig verschiedenen Form findet sich aber dieser Satz schon früher). Das Gefäss, das *gradale,* der Kelch des Heiligen Gral, ist nun tatsächlich aus «Erde»; aber die «Erde» stellt gemäss einer uralten Symbolik, von der sich eine ganze Reihe Überreste in den verschiedensten Sprachen erhalten haben, den menschlichen Körper dar; die Menschen sind die Erdverhafteten, die Irdischen (von Erde, ebenso «human» von *humus* = Erde). Ihr Körper ist aus dem Lehm der Erde geformt (vergleiche die Etymologie von Adam), er ist ihre Aufenthaltsstätte, ihr Boden (dazu englisch *body* = Körper und *abode* = Aufenthaltsstätte). Wenn man in das Innere dieses Gefässes geht und *rektifiziert* (ein weiterer Fachausdruck, der geblieben ist, um auch in der Chemie die entsprechende Operation zu bezeichnen), wird man dort den *Stein der Weisen* finden.

Der Kardinal Nikolaus von Kues (1401–1464) sagt (*Opera,* Basel 1563, S. 632), dass der Meister von Jerusalem zu den rauhen Hügeln der Wüste *hinabsteigt,* um die Steine zu formen und zu schneiden, die er dann zum heiligen Bauwerk (der Ort, um Gott zu schauen) bringt, wo er sie aufstellt, und dass sich auch die Seele, die als Braut für den in Unsterblichkeit thronenden Sohn Gottes auserwählt ist, so auf diese Umwandlung vorbereitet, *sicut lapides poliuntur,* wie man die Steine glättet, die zum Bau des Tempels von Jerusalem gebracht werden, wo man Gott schauen kann. Diese *erbauende* Symbolik des Nikolaus von Kues entspricht genau der Symbolik der späteren Maurerei, bei der die Gesellen (die *fellows*) in der *«inner chamber»* [innere (mittlere) Kammer] an der Glättung, Abmessung mit dem Winkelmass und am Behauen des «rauhen» zum *kubischen* oder vollkommenen *Stein* arbeiten. Und Dante behauptet am Anfang seiner «*Vita Nuova*»: «Ich sage *wahrhaftig,* dass der Geist des Lebens in der geheimsten Kammer des Herzens wohnt.» Wenn das Gefäss und die hermetische Erde nichts anderes sind als der menschliche Organismus, kann das Innere der Erde, das «Herz» des Organismus, wiederum nur das Herz sein. Es ist das Heiligtum – die *Krypta* – des Tempels, die als Grabkammer der antiken Gottesgebäude eben als *unter der Erde* gelegen dargestellt wird. Und man versteht, warum ein alter französischer Alchimist, dessen Name nicht weiter wichtig ist, die Bezeichnung des heiligen Gral (Saint Graal) mit der zwar falschen, aber bedeutungsschweren Etymologie des *sang real,* des königlichen Blutes, erklärt. Diese enge Verbindung des Gefässes mit dem Herzen geht übrigens bis auf das alte Ägypten zurück, denn die Hieroglyphe für Herz ist ein Gefäss mit *kleinen Henkeln* (die *Ohren* des Herzens). Diese Annäherung zwischen dem Herzen und dem Athanor ist besonders interessant, wenn man sich des ägyptischen Ursprungs der hermetischen Tradition erinnert.

***

Wir haben vom *Abstieg* in das Innere der Erde gesprochen. Das Symbol, das wir damit verwendet haben, ist so stark verbreitet, dass man achtlos an ihm vorübergeht. Wir wissen wohl, dass das Bewusstsein nicht ein Gegenstand ist, der sich im Inneren des Körpers befindet, wie wir auch wissen, dass es kein Oben und kein Unten gibt und dass es absurd ist, Gott anzubetteln, indem wir uns den Hals nach oben ausrenken, einem hypothetischen «Himmel» entgegen, und das Gesicht dabei zu einer flehenden und erbarmungswürdigen Grimasse verziehen wie ein Hund, der vom Herrn das Überbleibsel des Mittagsmahls erwartet (wozu gegebenenfalls noch die unbestimmte Angst vor einem Fusstritt kommt). Und doch kann die Empfindung des Versenkens des Bewusstseins in seinen innersten Kern in der menschlichen Sprache nur ausgedrückt werden, wenn man auf analoge Empfindungen des materiellen Lebens der Menschen zurückgreift. Der Ursprung vieler antiker und wichtiger Symbole (wenn man von Ursprung sprechen darf) und damit auch ihre Deutung muss in der *Notwendigkeit* gesucht werden, die inneren Empfindungen allein mit Hilfe der Analogie (und diese Analogie *besteht tatsächlich,* und der menschliche Geist erkennt sie und gebraucht sie) zwischen diesen Empfindungen und denjenigen des gewöhnlichen Lebens ausdrücken zu können. Die gesamte Symbolik des «Abstiegs zu den Höllen» beruht darauf. So heisst in Ägypten die *unterirdische* Welt, das *neter khert,* der Ort der Verstorbenen, *Amenti,* vom Wort *Amen,* was unsichtbar, verborgen bedeutet; auch der griechische Hades ist ἀειδής, unsichtbar. In diese untere, unsichtbare Welt muss man hinuntersteigen, allein erleuchtet von der verborgenen Sonne, *Amen-Ra,* der «Mitternachtsonne» der Isiseinweihung; und dieser Abstieg muss erfolgen, ohne dass man sein Ichbewusstsein verliert, ohne dass man trinkt und so die *letalen* Wirkungen des Wassers von der Lethe verspürt. Im Gegenteil, von der frischen Quelle der Mnemosine muss man trinken, der Spenderin der Unsterblichkeit in der Orphik, vom Wasser des dantischen Eunoë. Mnemosine, das Gedächtnis, das Sich-Erinnern (wiederum das Wortspiel von Erinnern = italienisch ri-cor-dare = sich ins Herz zurückrufen, Anm. d. Übs.), die sich der Lethe widersetzt und sie überwindet, ist die *Mutter der Musen*; entsprechend dazu ist griechisch die Wahrheit *a-letheia,* und das Lernen ist im platonischen Sinne nichts anderes als eine Anamnese, ein Sich-Erinnern.

Auch die Symbolik des *Steines,* des *«Occultum lapidem»*, den man findet, indem man im Inneren (oder *Unteren,* wie es auch heisst, und damit verstehen wir auch, warum einige spätere Varianten des Leitsatzes von Basilius Valentinus ebenso lauten) rektifiziert, entsteht (nicht im chronologischen Sinn) aus einer inneren Empfindung; das scheint uns wenigstens wahrscheinlich. Nur dass man, während eine erste und vage Empfindung des Versinkens in den innersten Schlupfwinkeln des Bewusstseins leicht erreichbar ist, im allgemeinen zur Erlangung der «Versteinerung» den Ritus beständig und für einen langen Zeitraum ausüben muss. Ein italienisches Dokument aus dem Jahr 1600 ca. mit dem Titel *Die Praktik der philosophischen Ekstase,* das vielleicht sogar von Campanella stammt und gemeinsam mit anderen Schriften des Campanella D'Ancona veröffentlicht wurde (Turin, 1854, Bd. I, S. CCXXIII), führt dazu aus, dass man bei einem gewissen Stadium der Praktik «unbeweglich wird, als ob man eine Pflanze oder ein Stein in der Natur wäre»; und es bestätigt uns ebenfalls, wie spontan und genau ein solcher Zustand assimiliert wird, sobald man den Stein findet. Nach dem Rosenkreuzer Michael Maier ist der Stein der Philosophen nichts anderes als der Stein, den Kybele Saturn verschlingen liess, um dessen Sohn Jupiter der Gefrässigkeit seines Vaters zu entziehen; so konnte Jupiter der Zeit entfliehen und König des Olymp werden. Der «schwarze Stein», das Symbol der Kybele, wurde nach Rom gebracht und von den Römern auf dem Palatin aufbewahrt. Schon seit Jahrhunderten besassen und verehrten die Römer einen anderen *«lapis niger»* (schwarzen Stein) auf dem Forum am Anfang der «via sacra» (heilige Strasse). Dieser Stein war vom Himmel gefallen und wurde von den Römern *abadir* und von den Griechen *betilo* genannt. Nach René Guénon (*König der Welt,* S. 69, italienische Fassung, Mailand, Fidi, 1927) ist das Wort *betilo* nichts anderes als das hebräische *Beth-el = Haus Gottes; Beth-el* war der Name, den Jakob dem *Stein* gab, der ihm als Kopfkissen diente, als er in seinem berühmten Traum das Haus Gottes und das Himmelstor sah; und das war dann auch der Name, den Jakob der Stadt verlieh, die nächst dem Ort lag, wo er seinen Traum hatte. Es ist allerdings interessant festzuhalten, dass die biblische Schöpfungsgeschichte als ursprünglichen Namen dieser Stadt Luz angibt; *Luz* ist nun der hebräische Name für einen kleinen *unzerstörbaren* Knochen, an den angeblich die Seele nach dem Tode bis zur «Wiederauferstehung» gebunden bleibt; und gleichzeitig ist das die Bezeichnung für den Mandelbaum. Bei der Stadt Luz war nämlich ein Mandelbaum, an dessen Basis sich ein Loch befand, durch das man in einen unterirdischen Gang gelangte, der dann zur Stadt Luz führte, die ebenfalls vollkommen verborgen war. Damit kehren wir wieder zum

Symbol des Unterirdischen zurück, das so eng mit dem Symbol des Steines verbunden ist. Die gesamte Symbolik der «geistigen Erbauung», wie sie in den Evangelien verwendet wird und für die Maurerei typisch ist, sowie die Symbolik des «Steines der Philosophen» sind weitere Entwicklungen dieses grundsätzlichen Symboles, das erst dann tatsächlich verstanden (und auch gelehrt) werden kann, wenn der «verborgene Stein» wirklich gefunden worden ist.

***

Wir haben gesehen, dass es sich um einen *lapis niger* (schwarzen Stein) handelt; viel wäre anzumerken und Vergleiche wären anzustellen hinsichtlich der Bedeutung der *schwarzen Steine* im antiken Rom, in der muselmanischen Tradition sowie in der Tradition von *Agartha,* dem unterirdischen Zentrum, von dem Saint-Yves d'Alveydre in seiner *Mission de l'Inde,* Ossendowski in seinem berühmten *Tiere, Menschen und Götter* und Guénon in seinem *König der Welt* sprechen. Dass dieser verborgene Stein, den man beim Abstieg in die Unterwelt, in die «dunklen Reiche», unter und innerhalb der «Erde» findet, schwarz sein soll, mag als logische Folge in der Entwicklung der Symbolik erscheinen; aber auch wenn uns klar ist, welch üppige Blüten- und Früchtepracht die Symbolik hervorbringen kann, scheint es uns doch, dass auch dieses Symbol einen deutlichen Hinweis auf die Erfahrung des aus der hermetischen Überlieferung bekannten *Schwarzen, das schwärzer noch als schwarz ist,* enthält. Vergessen wir nicht, dass der «verborgene Stein» der Stein der Alchimisten ist und nicht der Stein der Weisen, d. h., dass er die Materie des Werkes ist, also noch bearbeitet werden muss, und nicht die Materie bei vollendetem Werk; und wenn man dann den Stein findet, verbindet sich die Erfahrung des «Versteinerns» mit der der vollkommenen Schwärze.

Ist dieser Zustand erreicht, wird das Verstehen des Symbols tatsächlich; der Sinngehalt der weitergehenden Symbolik wird ebenfalls klarer und kann aufzeigen, was nun zu tun ist, und damit zu einem weiteren Stadium des Werkes führen. Das Ausfindigmachen der Hinweise und die Bestimmung der Symbole bleiben übrigens nicht allein dem geistigen Auge überlassen. Denn wenn man weiter fortschreitet, treten schliesslich auch die innere Stimme (die «Stimme des Herzens») und das innere Gehör (die «Ohren des Herzens») in Aktion. So erfolgt die Sinnübertragung der Symbolik in hermetischer und genauer Weise. Manchmal antwortet diese Stimme auf eine Frage, die sich der Geist bei oder über eine bestimmte Phase oder Erfahrung stellt, und manchmal greift sie gar unmittelbar im richtigen Augenblick ein und enthüllt ganz deutlich ein Arkanum. Damit wir uns richtig verstehen: Wir sprechen weder von der «Stimme des Gewissens», vom «kategorischen Imperativ» oder von ähnlichen Durchbrüchen dessen, was Nietzsche «Moralin» nennt, noch von medialen Stimmen oder Erscheinungen. Hier geht es um jene inneren Sinne, denen die Menschen für gewöhnlich keine Aufmerksamkeit schenken, weil sie, vom äusseren Lärm taub geworden, unfähig sind, die feinen inneren Eindrücke wahrzunehmen und zu unterscheiden. Wahrlich: *oculos habent et non vident, aures habent et non audiunt* (sie haben Augen und sehen nicht, und sie haben Ohren und hören nicht). Diese innere Stimme und dieses innere Gehör können genauso im Wachzustand wie im Schlaf, aber ebenso in den verschiedenen Bewusstseinsstadien tätig sein, wie sie bei Ausübung des *Ritus* erreicht werden. Gleichzeitig mit ihrem Tätigwerden zeigen sich manchmal auch ganz echte, stofflich greifbare Phänomene, die jeden letzten möglichen Zweifel zerstreuen. Diese Phänomene besitzen vielfach einen offensichtlich symbolischen Charakter und weisen manchmal sogar eine unvergleichliche Schönheit und Würde auf. Wir könnten einige derartige Beispiele erzählen, aber wir haben das nur deshalb erwähnt, um auf Tatsachen aufmerksam zu machen, die man in keinem Fall mit irgendwelchen *Ideen* oder Halluzinationen verwechseln darf, für die man sonst die inneren Stimmen und Wahrnehmungen zu halten versucht sein könnte. Darüber hinaus wollten wir noch auf die Ausweitung des symbolischen Charakters auch auf diese Erscheinungen hinweisen. Die Symbolik ist auch dort eingedrungen, so dass sie sich zu einer Art Universalsprache oder initiatischen Sprache erhebt, die eine mögliche Entsprechung und Ausdrucksform in den initiatischen Sprachen findet, wie sie unter Verwendung von Zeichen, Gesten und «universalen Wörtern» von manchen mehr oder weniger mit der initiatischen Überlieferung verbundenen Gemeinschaften verwendet werden.

IV

Apathanatismos

Das Mithras-Ritual aus dem «Grossen Pariser Zauberpapyrus»

Übersetzung aus dem Griechischen von LUCE, Einführung und Kommentar von EA, LEO, LUCE, P. NEGRI

Einführung

Der Text, von dem wir hier die erste italienische Übersetzung aus dem griechischen Original vorlegen, nachdem wir sie mit der deutschen Version von A. Dieterich (*Eine Mithrasliturgie,* Leipzig, 1903) und der englischen von G.S.R. Mead (*A Mithriac Ritual,* London, Benares, 1907) abgeglichen haben, findet sich im *Grossen Pariser Zauberpapyrus* (Nr. 574 des *Supplément grec de la Bibliothèque Nationale*. Wegen der Lesevarianten vgl. Wessely im *Jahresbericht des kk. Staatsgymnasiums Hernals* 1899, S. 12ff, sowie N. Novossadsky *Ad papyrum magicum bibl. Parisinae nat. additiones paleographicae,* Petersburg 1895).

Mit diesem Text haben wir das *einzige* Ritual der antiken Mysterien, das uns vollständig erhalten blieb, und zwar in einer Fassung, die aller Wahrscheinlichkeit nach auf den Anfang des vierten Jahrhunderts nach Christus zu datieren ist. Die Tradition, mit der es zusammenhängt, ist im wesentlichen diejenige von Mithras, also eine Neufassung der antiken ario-iranischen Tradition, die sich, wie man weiss, beim Niedergang Roms eine Zeitlang mit dem Christentum um das geistige Erbe des Abendlandes stritt. Im Text sind den Elementen der Mithrastheurgie andere beigemischt, die ägyptisch-gnostischen Magietraditionen entstammen, was besonders bei den vielen dort vorkommenden «Namen der Macht» bemerkbar ist. Das ändert aber nichts daran, dass, abgesehen vom streng sprachwissenschaftlichen und geschichtlichen Standpunkt, alles zusammen eine Einheit bildet, in der sich die verschiedenen Elemente zum Zwecke der *praktischen* Verwirklichung des Rituals gegenseitig ergänzen.

Dieser Mithras-Ritus hat eine ganz besondere Bedeutung. Es handelte sich nicht um eine Zeremonie, an der mehrere Personen teilnahmen (daher trifft auch der von Dieterich verwendete Begriff «Liturgie» nicht genau zu), sondern um eine individuelle Operation, die auf die Umwandlung der tiefsten und verborgensten Natur von Menschen zielte, die schon die niederen Einweihungsgrade durchlaufen hatten. Das Wesen des Ritus ist weder rein innerlich noch magisch im Sinne herkömmlicher Zeremonialmagie. Es ist nicht rein innerlich, weil es zum Unterschied vom indischen Yogaweg und jenem Weg, auf den die hermetisch-alchimistischen Symbole verweisen, nicht um metaphysische Zustände und Bedeutungsinhalte geht, die in ihrer unausdrückbaren Uressenz ohne Form *unmittelbar* erfasst werden müssen, sondern diese Bedeutungsinhalte ergeben sich als Folge invokatorischer und ritueller Handlungen und werden als magische Bilder und Schauungen *projiziert.* Aber auch über den Bereich der Zeremonialmagie im engeren Sinne wird hinausgegangen, denn man bleibt nicht in einer äusserlichen Beziehung mit den Erscheinungen stecken und verwendet sie auch nicht für einen bestimmten Zweck, sondern alles dient dem Ziel einer transzendenten Selbstverwirklichung. Etwas Dazwischenliegendes also: übrigens ein mit allem, was *Theurgie* ist, gemeinsamer Wesenszug.

Wir möchten auch deutlich machen, dass die beschriebenen und angezeigten Erfahrungen im Ritual weder ausserhalb des Körpers noch unter den üblichen körperlichen Begleitumständen geschehen, sondern in einem *besonderen Zustand fluidaler Trunkenheit* – dem magisch Operierenden wohl bekannt –, in dem die Kontaktaufnahme mit dem «Astrallicht» und die daraus folgende Loslösung von allen sinnesbedingten Gegebenheiten nicht verhindern, dass die Beziehung mit dem physischen Körper ebenfalls aufrechtbleibt und einzelne rituelle Handlungen vollzogen werden können. Deshalb werden im Text die Hinweise auf die verschiedenen Erscheinungen gemeinsam mit *Logoi* (Anrufungen) vorgegeben, wobei nicht gesagt ist, dass diese nur gedanklich ausgesprochen werden sollen. Dazu kommen noch wirkliche und eigentliche physische Handlungen, wie das Augenschliessen, das Atmen, das Sich-die-Seiten-Pressen usw. In diesem Zusammenhang mag es interessant sein zu erwähnen, dass das Mithras-Ritual eine Bestätigung dafür ist, dass die Wissenschaft des Atmens und der besonderen Körperstellungen *(asana)* nicht allein auf den indischen Yoga beschränkt ist, sondern auch bei den antiken Mysterien des Abendlandes und da vor allem in Ägypten bekannt war, von wo sogar ein *«Buch der Atmungen»* in Hieroglyphenschrift auf uns gekommen ist. Das gleiche gilt für die Wissenschaft und den Gebrauch der «Namen der Macht», die den *mantras* und *bijas* der esoterischen Tradition Indiens entsprechen.

Wir können den Weg, den der Eingeweihte des Mithras im Gefolge des Rituals durchläuft, wie folgt rekonstruieren:

Vor allen Dingen ist es notwendig, sich vom «Gesetz der Wasser» zu lösen, also von der unausweichlichen, stechenden und unaufhörlichen Bedingtheit und Notwendigkeit, die auf dem von der niederen und sterblichen Natur gefesselten Menschen lasten. Im ersten Logos verweist der Eingeweihte des Mithras, gleich dem orphischen Initiaten, auf seinen ihm zustehenden Würdetitel – dass er *Sein* Sohn sei, zwar noch sterblich, aber schon geläutert durch die «Grossmächtige Kraft» (kraftvolle Kraft der Kräfte) und die «Unvergängliche Rechte». Er ruft die eigene transzendente Wirklichkeit an – den eigenen *«Vollkommenen Körper»*; von den vergänglichen Elementen, aus denen die tierische Natur besteht, steigt die Anrufung zu deren innersten Essenzen auf, zu den uranfänglichen, himmlischen, unvergänglichen Wesensteilen. Der Operant widersteht und hält stand: In «Reinheit» und eisern sperrt er die Macht seiner eigenen Seele unter sich; und er schickt sich an zu wirken, damit die Kraft freiwerde und sich das Auge zur transzendenten Vision öffne.

Ist der Moment der «Reinheit» verwirklicht, nimmt man zum Zwecke der ersten «Umwandlung» über den Atem Kontakt mit dem Luftelement auf: die *«Erfahrung der Luft»* – ein Zustand körperloser Leichtheit, *weitläufiger geistiger Empfindungsfähigkeit,* frei von den Fesseln der physischen Sinne.

Auf die Wahrnehmung der Luft folgt die *Wahrnehmung des Windes,* der das Prinzip ist, von dem der übersinnliche Äther bewegt wird, und der die Möglichkeit eröffnet, zu den Ursachen zurückzukehren, zu einer ersten Hierarchie von «Wesenheiten» oder «Göttern». Hier steht der Eingeweihte fest gegen die Kräfte, die ihn mit sich reissen würden, und löst die durch sein Erscheinen gegebene Spannung mit Hilfe einer Invokation der *Stille,* das heisst, er versetzt sich in einen Zustand der Ruhe, des tiefen In-sich-selbst-Seins. Und sobald sich die Vision wieder klärt, fährt er fort.

Der «Donner», von dem in der zweiten Belehrung die Rede ist, kann als ein Hinweis auf den Durchgang durch einen der sogenannten «Gleichgewichtspunkte» (*layabindu* – nach dem entsprechenden Sanskritausdruck) gelten, worauf eine sofortige Zustandsumwandlung erfolgt. In der Tat ergibt sich aus dem zweiten Logos, dass der Eingeweihte die Seinsweise einnimmt, wie sie den Göttern dieses Bereichs zugeordnet ist, und da eröffnet sich ihm auf einmal die Vision des Zyklus, deren sternenhafte, den Ätherraum erfüllende Essenzen schöpferisch erfasst werden. Die Erfahrung schliesst mit dem Schauen eines gewaltigen «Rades» und geschlossener «feuriger Tore», die die allumfassende «Notwendigkeit» ausdrücken: eine unerträgliche Vision, die eine starke Verwirrung auslöst, die der Eingeweihte versucht, mit der im dritten Logos des Rituals gegebenen, grossartigen Schwungkraft hinwegzufegen. Dabei wird mit Hilfe «seiner Namen» der dem «Herrn der Notwendigkeit», «Fürsten des Feuers» oder «Herrscher des Rades» entsprechende Zustand invoziert, hervorgerufen, herangezogen und fixiert.

Darauf folgt eine weitere Umwandlung oder Änderung des Zustandes: Die «Stille» gibt der Seele neue Kraft, die himmlische Welt erscheint befreit, geklärt, nicht mehr vom Schicksal gezwungen, sondern durchleuchtet vom höheren Prinzip, klar wie eine Welt der Götter, die Erhebung und Verzückung hervorruft.

Die Anrufung wird fortgesetzt: Zu Anfang zeichnet sich die Erfahrung einer neuen «zentralen» Seinsweise ab, wie sie für jene Welt kennzeichnend ist; darauf folgt die Erscheinung oder Projektion des Sonnengottes. Der weitere Ritus bringt dann schliesslich den Eingeweihten mit der elementaren kosmischen Kraft in Berührung, mit der uranfänglichen Natur des κόσμος τῶν θεῶν (Welt der Götter). Der Sonnengott führt zum «Pol», zum «Zentralpunkt» oder «Basispunkt». Dieser wird «fixiert», während mit dem «Brüllen» gleichzeitig die uranfängliche Kraft Amuns (des Widders) und des Stieres, die «Macht der Mächte» geweckt wird. Nun öffnen sich nochmals «Tore», worauf aus den Tiefen die siebenfache Hierarchie auftaucht. Diese wird zuerst in ihrem «weiblichen», offenbaren und dynamischen Aspekt erfahren und dann in ihrem darüberhinausgehenden, männlichen, nicht offenbaren, unwandelbaren Aspekt.

Aber auch hier ist die Wirkung des Ritus noch nicht zu Ende. Selbst diese Hierarchie wird transzendiert, und auf Grund eines Noch-tiefer-Gehens und nochmaligen Fixierens (was man mit dem von den Gnostikern erwähnten Übergang auf Ogdoas [die höchste Ebene] gleichsetzen kann), wird die Natur von Mithras selbst hervorgerufen und damit von ihm die kosmische Stierkraft – Trägerin und Bewegerin aller Dinge – in die Herrschaft übernommen. Nachdem dieses höchste Prinzip zuerst in einer Projektion, d.h. einem magischen Bild erfahren worden ist, wird es in einer zweiten Phase unmittelbar verwirklicht. Die durch ein neuerliches «Brüllen» evozierte und beherrschte Mithras-Natur wird dann vom Eingeweihten «fixiert». Er *befiehlt* ihr zu verbleiben auf Grund des nunmehr vollkommenen Status eines Eingeweihten, der vom unausweichlichen Bedürfen, von Geburt und Tod frei ist.

Bei der Übersetzung haben wir uns in der Regel an die Lesart von Dieterich gehalten. (*Anm. d. Übs:* Bei Dieterich, dem sie als Wissenschaftler wahrscheinlich unwichtig erschienen, fehlen allerdings die «Namen der Macht». Aber ohne diese wäre der gesamte Ritus für die Praxis unbrauchbar. All diese «Namen» werden hier wie im *Grossen Pariser Zauberpapyrus* genauestens angegeben und durch Schreibung in Grossbuchstaben besonders gekennzeichnet.) In vielen Punkten des Textes, die unsicher waren oder anders (als bei Dieterich) gedeutet werden konnten, haben wir uns innerhalb der Grenzen einer sprachwissenschaftlichen Korrektheit bemüht, etwas Verständliches und in den Zusammenhang Passendes vorzulegen, da wir uns ja mit dieser Veröffentlichung nicht vorgenommen haben, einen Beitrag zur profanen Sprachwissenschaft zu leisten, sondern die Erscheinungswelt der mysteriosophischen Erfahrung zu beleuchten.

Text

I

Formel zur Einstimmung

Sei mir gnädig, Vorsehung und Schicksal, wenn ich diese uranfänglichen Mysterien schreibe, um sie dem einzigen Sohn zu übermitteln, (dem) die Unsterblichkeit (zuteil werden wird), dem Eingeweihten, der würdig ist dieser unserer Kraft. Diese Mysterien, die der grosse Gott Sonne-Mithras mir hat geben lassen von (seinem) Erzengel; (sei mir) gnädig, auf dass ich allein wie ein Adler den Himmel beschreite und alles erschaue.

II

Anrufungslogos

Erster Ursprung meines Ursprungs AEEIOYO; *Urgrund meines Urgrundes erster* PPP OOO PH R; *Geist des Geistes, des Hauches in mir erster* MMM; *Feuer, das Gott in der Mischung der Mischungen in mir gegeben hat, des Feuers in mir Erstling* ÈYÈIAEÈ; *Wasser des Wassers, des Wassers in mir Erstling* OOO AAA EEE; *Erdstoff des Erdstoffs in mir Erstling* YÈYÒÈ; *Mein des* N.N. (Name), *Sohnes der* N.N. (Mutter) *Vollkommener Körper, gebildet aus Ruhmvollem Arm und einer Unvergänglichen Rechten in dunkler und lichtdurchflossener Welt, in unbeseelter und beseelter* YÈI AYI EYÒIE!

Wenn es Euch gut scheint, macht, dass ich, der ich (noch) von meiner niederen Natur zurückgehalten bin, zur unsterblichen Geburt erhoben werde, auf dass ich nach dem drängenden Bedürfen, das mich fürchterlich drückt, schauen möge den unsterblichen Urgrund durch (die Kraft des) unsterblichen Hauchs ANCHRE PHRENESUPHIRINCH, *durch (die Kraft des) unsterblichen Wassers* ERONOYIPARAKOYNETH, *durch (die Kraft der) Erde und der Luft* EIOAÈPSENABÒTH; *auf dass ich zum Geiste wiedergeboren werde* KRAOCHAXRO, *auf dass ich mir einen Anfang gebe und in mir atme der heilige Hauch* NECHTHEN APO TOY NECHTHINARPIÈTH, *auf dass ich schaue das heilige Feuer* KYPHE, *auf dass ich betrachte den Abgrund des Ostens, das schaurige Wasser* NYÒ THEGÒ ECHÒ OYOCHIECHÒA *und mich höre der lebenzeugende und ringsumwallende Äther* ARNOMÈTHPH; *denn ich, ein Sterblicher, gezeugt aus sterblichem Mutterleibe, (aber jetzt) geläutert von der Kraft der Höchsten Kraft und der Unvergänglichen Rechten, will erschauen mit unsterblichem Auge, mit Unvergänglichem Geiste heute den unsterblichen Äon, den Herrn der Feuerkronen.*

Durch heilige Weihen gereinigt, wobei in Reinheit nur auf kurze Zeit verharrt meine menschliche Seelenkraft, die ich (aber) wiedererlangen werde, jenseits der bedrängenden und bitteren Notwendigkeit, die mich drückt und (die) kein Klagen lindert: ich N.N., *Sohn der* N.N. (Mutter) *(will das) nach Gottes* EYÈYIAEÈIA ÒEIANIY AIIEÒ *unbeugsamem Ratschluss.*

*(Aber), da es mir, sterblich Geborenem, nicht möglich wäre (*wörtlich: *ist), mit dem goldenen Flammenkranz des unsterblichen Scheines emporzusteigen, (befehle ich Dir)* ÒÈY AEÒ ÈYA EÒÈ YAE ÒIAE: *Stehe still, vergängliche Menschennatur, und lass mich sofort (den Schritt tun) über das unerbittliche und dringende Bedürfen hinaus. Denn ich bin der Sohn, ich atme* MOYOPROCHÒ PRÒA, *ich bin* MOY PRÒ – *der* PRÒE *atmet, (der bin ich)!*

III

Erste Belehrung

Hole von den (Sonnen-)Strahlen Atem, dreimal einziehend, (so tief) Du kannst, und Du wirst Dich aufgehoben sehen, über alle Höhen hinweg, so dass Du glaubst, mitten im Raum zu sein.

Nichts wirst Du (mehr) hören, weder Mensch noch Tier, aber gleichzeitig wirst Du auch nichts mehr sehen von den sterblichen Dingen auf Erden, sondern lauter Unsterbliches wirst Du schauen.

Und Du wirst schauen jenes Tages und jener Stunde göttliche Ordnung, (du wirst) die einen Götter zum Himmel hinaufgehen (sehen) und die anderen hinabgehen; und offenbar wird Dir der Weg der Götter, die sichtbar sind durch die (Sonnen-)Scheibe meines Vaters – des Gottes.

Ebenso (wirst Du) die sogenannte Flöte (sehen), den Ursprung des Windes im Dienste des Werkes. Denn Du wirst von der (Sonnen-)Scheibe so etwas wie eine herabhängende Röhre sehen, auf die (westlichen) Regionen ausgerichtet, wo (die himmlischen Strömungen) ihren Ursprung haben; (und sie wird wie ein) endloser Ostwind selbsttätig (blasen); (aber), wenn sich gerade der andere (der umgekehrte, nach Osten gerichtete) (Wind) zeigen sollte, wirst Du auch die «Röhre» dahin gewendet sehen.

Und Du wirst auch sehen, wie die Götter Dich ins Auge fassen und gegen Dich heranstürmen. Lege dann den rechten Zeigefinger auf den Mund und sprich:

IV

Erster Logos

Stille Stille Stille

Symbol des lebendigen unvergänglichen Gottes, beschütze mich, o Stille NEKTHEIRTHANMELY! Dann zische lang: S! S!, schnaube und sprich:

PROPROFENGÈ MORIOS PROPHYR PROPHENGE NEMETHIRE ARPSENTEN TITETMIMEÒYENARTHPHYRKEKÒPSYRIDA RIÒTYRÈPHILBA!

Und dann wirst Du sehen, wie die Götter gnädig auf Dich sehen und nicht mehr gegen Dich heranstürmen, sondern geordnet vorwärtsschreiten in der Reihenfolge (ihrer) Werke.

V

Zweite Belehrung

Wenn Du nun die obere Welt frei siehst und alles geklärt und keiner der Götter und Engel gegen Dich heranstürmt, erwarte zu hören gewaltiges Krachen, (wie) vom Donner, so dass Du betäubt bist. Sprich Du (aber) wiederum:

VI

Zweiter Logos

Stille! Stille!
Ich bin ein Stern, der mit Euch wandelt und aufleuchtet aus dem Abgrund.
OXYOXERTHUTH!

Sobald Du das gesagt hast, wird die (Sonnen)Scheibe sofort beginnen sich auszudehnen.

Nachdem Du aber den zweiten Logos vollendet hast – wo es zweimal «Stille» usw. heisst –, zische zweimal und schnaube zweimal, und sogleich wirst Du aus der Sonnenscheibe Sterne hervorkommen sehen, fünfzackig, sehr viele und (bald) erfüllend den gesamten Raum.

(Dann) sprich Du wiederum:

Stille! Stille!

und (weil) sich die Sonnenscheibe geöffnet hat, wirst Du ein gewaltiges Rad sehen und feurige Tore, die verschlossen sind.

Du aber schliess die Augen und sprich sogleich den folgenden Logos:

VII

Dritter Logos

Erhöre mich, höre mich N.N., *Sohn der* N.N. (Mutter), *Herr, der Du verschlossen hast mit dem Geisthauch die feurigen Schlösser des Himmels! Zweileibiger, der Du im Feuer lebst,* PENPTERUNI, *des Lichtes Schöpfer, Besitzer der Schlüssel* SEMESILAM, *Feuerhauchender* PSYRINEY, *Seele des Feuers* IAÒ, *Hauch des Lichtes* AOI, *Feuerfreudiger* AILURE, *Schönleuchtender* AZAIAIÒNACHBA; *(Du) Herr des Lichtes* PEPPERPREPEMPIPI, *dessen Körper Feuer ist* PHMUÈNIOK, *Lichtspender, Feuersäender* AREIEICHITA, *Feuerbefreier* GALLABALBA; *(Du), der Du im Licht Dein Leben hast* AIAIÒ *und die Kraft des Feuers bist* PYRIKIBOOSÈIA; *(Du), der Du das Licht zur Bewegung treibst* SANKERÒB *und den Blitz entfesselst* ÒEIÒEIÒ, *des Lichtes Ruhm* BAIEGENNÈTE, *Lichtmehrer* SUSINEPHI, *(Du), der Du das Gotteslicht beherrschst* SUSINEPHI ARENBARAZEI MARMARENTEY, *(Du) Führer der Sterne!*

Öffne mir PROPROPHENGE EMETHEIRE MORIOMOTYREPHILBA! *Weil ich, um des bitteren, stechenden, drängenden Bedürfens willen Deine unsterblichen, verehrten, lebendigen Namen anrufe, die noch nie eingingen in sterbliche Natur, die noch nie in der Sprache der Menschen ausgesprochen wurden, noch nie durch Menschenlaut oder Menschenzunge Ausdruck fanden!*

ÈEÒ. OÈEÒ. IÒÒ. OÈ. ÈEÒ. ÈEÒ. OÈEÒ.
IÒÒ. OÈÈE. ÒÈÈ. ÒOÈ. IÈ. ÈÒ. OÒ. OÈ.
IEÒ. OÈ. ÒOÈ. IEÒOÈ. IEEÒ. EÈ. IÒ.
OÈ. IOÈ. ÒÈÒ. EOÈ. OEÒ. ÒIÈ. ÒIÈEÒ.
OI. III. ÈOÈ. ÒEÙ. ÈÒ. OÈE. EÒÈIA.
AÈAEÈA. ÈEEÈ. EEÈ. EEÈ. IEÒ. ÈEÒ.
OÈEEOÈ. ÈEÒ. EYÒ. OÈ. EIÒ. EÒ. OÈ.
ÒÈ. ÒÈ. EE. OOOYIOÈ.

Das alles sage mit Feuer und Geist, vom Anfang bis zum Ende, dann ein zweites Mal (usw.), bis Du die sieben unsterblichen Götter des Kosmos verwirklicht hast.

Wenn Du das gesagt hast, wirst Du Donner hören, und alles um Dich herum wird krachen, und Du wirst davon in Deinem Innersten erschüttert sein. Du aber sprich wieder: *«Stille»* (mit der Anrufung, die folgt).

Dann tue die Augen auf, und Du wirst die Tore geöffnet sehen und die Welt der Götter, die da drinnen ist, so dass von der Lust und der Freude des Anblickes Dein Geist mitgerissen wird und in die Höhe steigt.

Dann sei fest, sauge vom Göttlichen und blicke unverwandt in Deinen Geist.

Und wenn Deine Seele wieder zur Ruhe gekommen ist, sprich:

VIII

Vierter Logos

Komm, Herr

ARKANDARA PHÒTAZA PYRIPHÒTAZA BYTHIX
ETIMENNEROPHORATHÈNERIÈ
PROTHRIPHORATHI

Wenn Du das gesagt hast, werden sich die Strahlen in Dir sammeln, und Du wirst ihr Mittelpunkt sein.

Wenn das in Dir vollbracht ist, wirst Du einen Gott sehen, jugendlich, schön, mit Locken aus Flammen, in weissem Gewande und in scharlachrotem Mantel, mit einer Krone aus Feuer.

Sogleich begrüsse ihn mit dem Feuergruss:

IX

Fünfter Logos

Herr, sei gegrüsst, grossmächtiger, grossgewaltiger König, höchster der Götter; Sonne, Herr des Himmels und der Erde, Gott der Götter, mächtig ist Dein Atem, mächtig ist Deine Kraft.

Herr, wenn es Dir gefällt, melde mich dem höchsten Gott, der Dich gezeugt hat und gemacht, denn (ich), ein Mensch – N.N., Sohn der N.N. (Mutter) *geboren aus dem sterblichen Mutterleib der N.N. und dem Lebenssaft des Samens, der heute von Dir wiedergeboren worden ist; (ich), der aus Myriaden (von Wesen) in dieser Stunde nach dem Ratschluss des über alle Grenzen guten Gottes zur Unsterblichkeit berufen ist – (ein Mensch, sage ich) verlangt Dich anzubeten nach menschlichem Vermögen.*

Wenn Du das gesagt hast, wird Er zum Pole kommen, und Du wirst ihn wie auf einem Pfade schreiten sehen. (Dann) blicke ihn unverwandt an, und ein langes Gebrüll wie aus einem Horn gib von Dir, wobei Du Deinen Atem vollständig ausstösst und (gleichzeitig) Dir die Seite presst. Küsse die Amulette und sprich zuerst zur Rechten:

X

Sechster Logos

Beschütze mich PROSYMÈRI

Wenn Du das gesagt hast, wirst Du Tore sich öffnen und aus der Tiefe sieben Jungfrauen kommen sehen in Byssos-Gewändern mit Schlangengesichtern. Sie werden genannt die herrschenden Schicksalsgöttinnen, goldene Schiedsrichterinnen des Himmels. Wenn Du das siehst, begrüsse Sie so:

*Seid gegrüsst, Ihr sieben Schicksalsgöttinnen des Himmels (*οὐρανοῦ Τύχαι*) Ihr ehrwürdigen, guten und heiligen Jungfrauen, deren Leben ist wie* MINIMIRROPHOR; *Ihr heiligsten Wächterinnen der vier Säulen:*

Sei gegrüsst Du Erste – KREPSENTHAÈS!
Sei gegrüsst Du Zweite – MENESKEÈS!
Sei gegrüsst Du Dritte – MEKRAN!
Sei gegrüsst Du Vierte – ARARMAKÈS!
Sei gegrüsst Du Fünfte – EKOMMIE!
Sei gegrüsst Du Sechste – TIKNONDAÈS!
Sei gegrüsst Du Siebente – ERUROMBRIÈS!

XI

Siebenter Logos

Und es kommen hervor nochmals sieben Götter mit Gesichtern von schwarzen Stieren, die Lenden mit Leinen gegürtet, mit sieben goldenen Diademen. Das sind die sogenannten Herren des himmlischen Poles, die Du (gleichermassen) begrüssen musst, jeden mit seinem eigenen Namen:

Seid gegrüsst, Ihr Weltachsenwächter, Ihr heiligen und starken Jünglinge, die Ihr gemeinsam auf Befehl die wirbelnde Achse des Himmelsrades herumdreht und Donner und Blitz, Erdbeben und Donnerkeile entfesselt gegen die Scharen der Frevler. Mir aber, der ich das Gute liebe und Gott ehre, (gewährt) Gesundheit des Körpers, Vollkommenheit des Geistes (wörtlich: des Gesichtssinnes, das heisst der Vision), *Standhaftigkeit des Blickes und Seelenruhe in den gegenwärtigen guten Stunden des heutigen Tages, Ihr Herren über mich und hochgewaltigen Götter!*

Sei gegrüsst Du Erster – *AÌERÒNTHI!*
Sei gegrüsst Du Zweiter – *MERKEIMEROS!*
Sei gegrüsst Du Dritter – *AKRIKIUR!*
Sei gegrüsst Du Vierter – *MESARGILTÒ!*
Sei gegrüsst Du Fünfter – *KIRRÒALITHÒ!*
Sei gegrüsst Du Sechster – *ERMIKTHATHÒPS!*
Sei gegrüsst Du Siebenter – *EORASIKÈ!*

Wenn sie aber antreten da und dort nach ihrer Ordnung, fixiere ganz intensiv die Luft, und Du wirst Blitze herabkommen sehen und Lichter funkeln, und die Erde wird erschüttert werden, und ein Gott wird herabsteigen, übergewaltig und in strahlender Erscheinung, jung, mit goldenem Haupthaar, in weissem Gewande, mit goldener Krone und fallenden (ἀναξυρίδες) Gewändern, in der rechten Hand eines Rindes goldene Schulter haltend.

Das ist das Bärengestirn, das bewegt und wendet den Himmel, hinauf und hinunter, gemäss den Jahreszeiten.

Dann wirst Du aus seinen Augen Blitze und aus seinem Leibe Sterne stieben sehen.

Du aber erhebe sogleich ein langes Gebrüll und presse Deinen Leib, damit Du alle fünf Sinne zusammen erregst; fahr fort, bis Du nicht mehr kannst, küsse wiederum die Amulette und sprich:

XII

Achter Logos

(Du) MOKRIMOPHERIMOPHERERIZÒN von mir – N.N., Sohn der N.N. (Mutter), *bleibe bei mir in meiner Seele. Verlass mich nicht, weil ich Dir befehle ENTHOPHENENTHROPIÒTH.*

Schaue dem Gott ganz unverwandt ins Antlitz, brülle lang und grüsse ihn so:

XIII

Neunter Logos

Sei gegrüsst, Herr, Herrscher des Wassers, sei gegrüsst, Begründer der Erde; sei gegrüsst, Gewalthaber des Geistes!

Herr, nun vollkommen sterbe ich in der Wiedergeburt, und in der Vervollkommnung habe ich die Vollendung erlangt.

Aus irdischer Geburt geboren, (jetzt) befreit, bin ich über die (sterbliche) Zeugung hinausgeführt,
wie Du festgesetzt hast,
wie Du zum Gesetz gemacht hast
und wie Du vollendet hast, (o) Mysterium!

Entsprechungen:		
	ω = *ò*	γγ = *ng*
	ή = *è*	γκ = *nk*
	θ = *th*	ου = *u*
	υ = *y*	φ = *ph*
	χ = *ch*	κ = *k*

Kommentar

I

Wir können die «Vorsehung» und das «Schicksal» (πρόνοια καὶ τύχη), die in der *Formel zur Einstimmung* angerufen werden, mit dem *Hvarenô*, der «Glorie», oder dem «himmlischen Feuer» in Verbindung bringen, das nach der ältesten iranischen Tradition von oben herabkommt, um Könige, Priester und Sieger einzusetzen. Daraus resultiert in dieser Formel auch die Verbindung mit der Kraft der Initiation und der Weihe, die der Anrufende erklärt schon erlangt zu haben, womit er sich also der weiteren Vollendung zuwenden kann, um nach dem hier gegebenen Ritus vom Grad des «Sohnes» zum Grade des «Adlers» fortzuschreiten.

In jedem Fall ist πρόνοια (die Vorsehung) ein Attribut der Athene, Göttin der Weisheit, die in der Folge ihres unbegrenzten Wissens auch die Fähigkeit des *Vorhersehens* zukünftiger Geschehnisse hat und somit das nötige Wissen gewähren kann, auf dass nichts den Erfolg der heiligen Operation beeinträchtige. τύχη ist das Gegenstück zur römischen Göttin Fortuna, die im allgemeinen mit Flügeln dargestellt wird, wobei sie sich auf eine Kugel oder ein Rad, die Embleme ihrer Raschheit, stützt. Manchmal ist sie auch verschleiert, um anzuzeigen, dass sie auf dem Wege vorwärtsschreitet, ohne irgendwelchen Kriterien der menschlichen Natur zu folgen. Die Invokation beider Göttinnen weist darauf hin, wie wichtig es ist, dass der Neophyt beim Versuch, die Unsterblichkeit zu erlangen, nicht nur Fortuna anruft, also die unvorhersehbare und plötzliche Macht, die einen so grossen Anteil an den magischen Operationen hat, sondern auch die notwendige Weisheit, um die «Gaben» erkennen zu können und sie in sich aufzunehmen, wenn es am günstigsten ist. (Eine andere Lesart zeigt ψύχη anstelle von τύχη. Der Eingeweihte würde damit also nicht nur alle Erkenntnisfähigkeiten zu Hilfe rufen, sondern die Seele selbst – ψύχη – mit all ihren unbegrenzten Machtmöglichkeiten: also seine gesamte in ihm liegende Lebenskraft.) Mehr allgemein kann das Wort ψύχη, verstanden als «Schicksal», auf den «schicksalshaften», unabänderlichen Aspekt des ganzen Vorganges hinweisen.

Der «Sohn» ist als «Sohn der Kunst» zu verstehen wie auch als «Machtgeborener», und zwar auf Grund des nicht unwesentlichen Doppelsinnes des Begriffes δύναμις (Kraft), der übrigens in der gnostisch-christlichen Literatur auch die Bedeutung von Heilkraft, Wunderkraft und Sakrament einschliesst (vgl. Röm 1, 16; Matth 7, 22; Mark 6, 5; 2 Kor 12, 12 etc.). Als «Sohn» wird der Ausführende des *Mysterion* bezeichnet, in Unterscheidung zum «Vater», der im Einweihungsakt derjenige ist, der an ihn das *Prinzip,* die Potentialität des Erwachens, überträgt. Am Ende des Rituals erkennen wir, dass hinter dieser Kraft die Natur von Mithras selbst steht: Der Eingeweihte bemächtigt sich ihrer und fixiert sie in sich, so dass er mit diesem Akt seinerseits ein Zentrum und ein «Vater» wird, was in der Hierarchie dieser Mysterien den höchsten Grad darstellt. Und der «Vater» ist die Vollendung des «Adlers» – des Tieres, das nicht nur fähig ist, sich von der «Erde» zu lösen und in der «Luft» zu schweben (nach den Ausführungen der *Ersten Belehrung*), sondern auch *geradewegs und unverwandt in die Sonne zu blicken,* gemäss dem Gesetz des Mithras, des Sonnenbezwingers.

In diesem Zusammenhang glauben wir mit Dieterich und Mead, dass die Gleichung «Sonne-Mithras» die Randbemerkung eines ungebildeten Kopisten ist, da in der vorliegenden Tradition Mithras nicht der Sonnengott ist, sondern derjenige, der ihr Bundesgenosse wird und die Sonne erst dann zu seinem Künder macht, nachdem er sie besiegt hat.

In der antiken abendländischen Tradition war der Adler der dem Jupiter heilige Vogel und wurde mit einem Bündel von *roten* Blitzen in seinen Fängen dargestellt (die *weissen* Blitze kamen von Minerva, die *schwarzen* von Vulkan – der die hermetischen Wissenschaften Erforschende könnte hier Bezugspunkte zu den drei Haupt-«Farben» der «Materie» des Werkes finden). Er ist das Symbol der Kraft und der unumschränkten Macht, Wappentier des kaiserlichen Rom sowie der Legionen und ebenso das Symbol von Städten, besonders in Ägypten, wo seine Hieroglyphe Heliopolis, die «Stadt der Sonne» bezeichnete. Was die Ikonographie von Jupiter anbelangt, bemerken wir nur, dass der oberste Gott *sitzend* dargestellt wird, was darauf hinweist, dass die höchste Macht, die das Universum aufrechterhält, beständig und fest ist und sich niemals ändert (vgl. die Symbolik des «Poles», von der weiter unten die Rede sein wird). Der nackte Oberkörper des Gottes zeigt an, dass er sich nur den *göttlichen* Intelligenzen offenbart, während seine bedeckten *unteren* Gliedmassen das für den Menschen *Unerkennbare* bedeuten.

Noch ein Hinweis: Im hermetischen Traktat: *«Die Jungfrau der Welt»* erklärt Isis, dass die Alleinherrschaft der Weisheit in den Händen von Harnabeshinis liegt, ein Name, den PRIETSCHMANN (*Hermes Trismegistos nach ägypt., griech. u. orient. Überlieferungen,* Leipzig 1875) als *«Hor neb en Xennu»* (Horus, Herr von Xennu) auslegt, dessen Hieroglyphe eben ein goldener *Adler* ist, der zur Sonne fliegt und sie ohne Wimpernzucken fixiert.

Der Ausdruck παράδοτα μυστήρια (Übertragung der Mysterien), wobei *mysterion* den Bedeutungsinhalt eines initiatischen Aktes hat, führt uns wiederum zur allgemeinen Lehre der *traditio* (Überlieferung) und des *tradere* (überliefern) als Übertragung auch einer höheren Kraft zurück – in der Kabbalistik ist das die *Shekinah,* in den arabischen Überlieferungen die *Baraka* oder «Weihe», und hier ist diese Kraft eben die πρόνοια και τύχη (die göttliche Vorsehung und das Schicksal) oder *Hvareno,* die vom Theurgen zu Anfang angerufen wird – eine Lehre, auf die wir schon im III. Kapitel im dort veröffentlichten tantrischen Text hingewiesen haben und die für alle Mysterien der Antike gilt (vgl. LOBECK, *Agloaphamus,* 39 zur Bibliographie, und was den Sinngehalt betrifft: A. REGHINI, *E.C. Agrippa e la sua Magia,* Einführung zur Übersetzung von AGRIPPA, *Magische Werke,* Mailand 1926).

Vergleiche die Einleitungsformel unseres Textes mit derjenigen des magischen Rituals des PETRUS VON ABANO (*Heptameron* Abs. XI): «Mein himmlischer Vater ... erweise an mir, Deinem unwürdigen Sohn, heute den *Arm* Deiner Macht gegen die widerspenstigen Geister, damit ich in der Betrachtung Deiner göttlichen Werke mit aller Weisheit erleuchtet werde und stets Deinen heiligen Namen verherrlichen und anbeten kann.»

II

Im ersten Logos ruft der Theurg aus der Tiefe seines Wesens die Empfindung des «vollkommenen» oder «vollendeten» Körpers σῶμα τέλειον hervor, der wie der *«actus»* (das schon vollständig und vollendet Gewordene) der verschiedenen «Elemente» ist, die in ihrer dunklen und vergänglichen Form seinen tierischen Körper ausmachen. Dieser «Körper» ist aus der «Welt des Lichtes und der Finsternis, des Lebens und des Todes» gebildet – das heisst, er ist den Dingen entnommen, die dem Werden unterworfen «sind und nicht sind» –, und zwar durch die «Macht der Rechten Hand», eine Bezeichnung für die von uns erwähnte initiatische Kraft, die die «Substanz-Umwandlung» bewirkt, welche in der Gnostik, in der Hermetik und im Neuplatonismus auch als Vervollkommnung, Rektifikation, Fixierung und Geradrichtung aufgefasst wird. Die Seinsweise der «Elemente», so wie sie sich im tierischen Körper des Menschen finden, ist *schief,* gebogen, schwach, dunkel, fliehend: genauso wie die *Seinsweise der Schatten und Toten.* Die im wesentlichen männliche Kraft der «Rechten Hand», die die «Hand der Macht» (auf Hebräisch und Arabisch bedeutet *jod* die Hand, gleichzeitig auch *Macht*) und der «Gerechtigkeit» ist, fixiert diese Elemente; sie aktiviert sie, richtet sie wieder auf, macht sie *lebendig.*

Dabei wirkt das *Gesetz der «Sympathie».* Es ist eine initiatische Lehre, dass an jedes Organ eines unversehrten Körpers eine Form *kosmischen Empfindungsvermögens* wie gekettet ist, die einen Weg darstellt, um «substanzmässig» mit den entsprechenden Elementen der oberen und inneren Welt in Verbindung zu treten.

Im *Anrufungslogos* versucht der Theurg, das eigene Bewusstsein in diesem «Sinne» und zu dieser kosmischen Verbindung hin zu erhöhen, denn nur auf dieser Grundlage kann der rituelle oder magische Akt eine Wirkung hervorbringen (vgl. den Abschnitt von «Leo» im I. Kap.). Die Lehre vom «Vollkommenen Körper» hat Entsprechungen in einer Reihe von anderen Traditionen: Erinnern wir uns nur an den «Körper der Herrlichkeit» des Paulus, den *augoeides* oder «Strahlenkörper», von dem Plotin und Olympiodoros sprechen, an den *vajra-kâya* oder «Körper des Diamantblitzes» der buddhistischen Tantrik *(Vajrayâna).* Dieser «Körper» ist der «Auferstehungskörper» und «magische Körper». Bei AGRIPPA (*Magische Werke* III, 44) steht geschrieben: «... so dass es in der ganzen Welt kein so ausgezeichnetes und bewundernswürdiges Werk gibt, das die Menschenseele, die das Bild der Gottheit besitzt und die *nach der Ausdrucksweise der Magier eine stehende und nicht fallende Seele ist,* durch ihre eigene

Kraft, ohne alle fremde Beihilfe, nicht ausführen könnte. Die Form (die ‹Verwirklichung›) jeder magischen Kraft beruht daher auf der *stehenden und nicht fallenden* Menschenseele.» Der traditionale technische Ausdruck «stehend und nicht fallend», der seit ältesten Zeiten verwendet wird, bezieht sich eben auf die vorhin erwähnte «Stärkung» durch die «Macht der Rechten Hand». Im *Corpus Hermeticum* (erweiterte Auflage, Berlin, 1854, S. 121) sagt Tat, der «Sohn der Kunst», zu seinem Meister Hermes-Thot: «Gestärkt von Gott, o Vater, sehe ich nicht mit den Augen, sondern mit der geistigen Energie der Mächte.» Der verwendete Ausdruck ist ἀ-κλινὴς, das heisst *stabil geworden,* nicht fallend, von wo man bis auf den Begriff *sahu* zurückgehen kann, der archaisch eben den Körper bezeichnete, mit dessen Hilfe der Verstorbene in der Unsterblichkeit auftrat. Das ägyptische *aha* bedeutet nämlich *aufstehen, die Stirn bieten,* und mit der Vorsilbe *s,* die in dieser Sprache die Kausalverben bildet, bekommt man *saha*: zum Aufstehen bringen, hochheben, geraderichten. In der antiken ägyptischen Sprache wurde der Tote auch *kherit* genannt, also derjenige, der gefallen ist; und kraft des durch den Ritus geformten *sahu* wurde die Unsterblichkeit erst möglich. Weiterhin bedeutet selbst der Name des Gesprächspartners von Hermes, Tat, auf ägyptisch Festigkeit, Dauer, und die Hieroglyphe, die diesem Namen aussprachemässig entspricht, stellt eigentlich den Stamm der Tamariske dar, in dem nach der Überlieferung der Körper des ermordeten Osiris gefunden wurde, bevor es zu seiner Wiederauferstehung kam. In der griechischen Sprache haben αν-ίστημι und ἀνά-στασις (aufstehen lassen, erheben) etymologisch den gleichen Sinn wie das ägyptische *sahu* und werden von Herodot und seit Homer im Sinne eines Auferstehens vom Tode gebraucht. Die initiatische Kraft lässt denjenigen wiederauferstehen, der gefallen ist; aus einem «Toten» und einem «Schatten» macht sie – im «vollkommenen» oder «rektifizierten Körper» – einen *Lebenden.*

Im Namen der transzendenten Wirklichkeit, die er im eigenen Körper hervorgerufen hat, erlangt der Theurg also mit dem Übergang zur «Geburt, die vom Tod frei ist», die Auslöschung der «Notwendigkeit». Die Vorstellung der ἀνάγκη (Notwendigkeit) findet man schon in der ältesten hellenischen Mysterienweisheit. Sie ist gleichzusetzen mit dem indischen Karma und dem buddhistischen *tanha* und führt auf den tiefen irrationalen Triebgrund zurück, von dem das Wesen in das tierische Leben hinabgeworfen wird, auf jenen Triebgrund also, der vom Zustand des «Seins in sich» zum Zustand der «Ex-istenz» d.h. zum Sein ausserhalb-seiner-selbst führt.

Von einem spezielleren und «technischeren» Standpunkt aus kann sich die «Notwendigkeit» und das «scharfe und unaufhörlich drängende Bedürfen», von dem der Text mehr als einmal spricht, auf eine charakteristische Erfahrung beziehen, die viele befällt, sobald es ihnen mit den ersten Übungen gelingt (wissentlich oder unwissentlich), etwas im unterirdischen Bereich ihres Wesenskerns zu berühren oder in Gang zu setzen. Diese Erfahrung ist, wie die eines unsagbaren *Hungers,* organisch, absolut und bewirkt eine Qual und Unbefriedigtheit ohnegleichen: ein Hunger, der verzweifelt herumsucht, sich zu stillen probiert, indem er sich auf dieses oder jenes Objekt stürzt, sich mit dieser oder jener Neigung, diesem oder jenem menschlichen Trieb identifiziert – beginnend beim körperlichen Hunger bis hin zum höchsten Schmerz einer Leidenschaft ähnlich jener in *Tristan und Isolde.* Ein sinnloser Versuch, denn es ist ein Hunger, den nichts Irdisches oder Menschliches stillen kann: In verzweifelter Weise stachelt er alle nur möglichen Empfindungen an, die jedoch nie befriedigen, so dass eine Art verzehrendes Streben ins Leere übrigbleibt. In einem solchen Fall kann das *Sterben* als eine höchste Freude und der Tod als das einzige der Begierde angemessene Objekt erscheinen (vgl. das *muero porque non muero* – ich sterbe, weil ich nicht sterbe – der heiligen Theresa; im Hymnus an die Finsternis und an den Tod als höchste Erfüllung der Liebe kann man auch im *Tristan* die gleiche Situation wiederfinden). Hier hat sich die dunkle Vorahnung Bahn geschlagen, dass Tod und Nacht (vgl. die *«Hymnen an die Nacht»* von NOVALIS und A. ONOFRIS *Guida al Tristano e Isotta,* Mailand 1924) das verhüllen, womit jener namenlose Durst gelöscht werden kann, der, wie wir sehen werden, auch in der Orphik zur Sprache kommt. Mehr als ein Fall wäre anzuführen, in dem ein Selbstmord das katastrophale Nachspiel eines derartigen Erwachens gebildet hat.

Als Sklave der «Notwendigkeit» ἀνάγκη wird der Mensch passiv vom «Strom» mitgeführt, nach einem Gesetz, das der Eingeweihte brechen will. Daher muss er die Macht seiner menschlichen Seele *fixieren,* sie mit der ihm übertragenen höheren Kraft aufheben und fest unter sich halten – nur dann kann die Fessel gelöst werden, und mit dem Wechsel des Seinzustandes kann die «Bedrängnis» in ihm verschwinden: Das Ich wird *atmen,* und es wird die «kosmische Luft» atmen, die der Äther der Freiheit und der Befreiung ist, ein Sein-an-keinem-Ort, eine Frische, gebildet aus immaterialer Tätigkeit; und er ist ebenso der «Lebensäther» oder «Äther der Lebenden», der in einer geistigen Lautform erklingt, in Silben der Klarheit und Erleuchtung. Diese Silben stellen in der archaischen ägyptischen Tradition die sogenannten «Namen der Macht» dar; sie sind auch die Mantras des Hinduismus und die «Lichtbuchstaben» der Kabbala.

Aristeides sagt in bezug auf die Eleusinischen Mysterien, dass man dort das erlebte, was die göttlichen Dinge den Menschen an Schrecklichstem und an Wunderbarstem, an Grauenvollstem (φρικωδέστατον) und an Freudvollstem (φαιδρότατον) bieten können (Red. XIX). Desgleichen wird in unserem Ritual vom «Wunder des Feuers», dem «Schrecken der Wasser» (die «Wasser, die erschauern lassen») und von den «Abgründen des Ursprungs» gesprochen. Erinnern wir daran, dass sich diese Erfahrungen auf die Grossen Mysterien beziehen, die denjenigen vorbehalten blieben, die aus den vorherigen Prüfungen so gestählt hervorgingen, dass sie fähig waren, die Verwirrung, den Schrecken und die Verzückung, denen die Masse der Menschen unterliegen würde, zu überwinden. Der Text weist dabei auf ein Schutzmittel hin: die sofortige Invokation oder Evokation der *«Stille»* – des «Zustandes der Stille», von dem schon im Vorhergehenden die Rede war.

Das «unsterbliche Auge» ist das «dritte Auge», das «Stirnauge», das «zyklopische» oder «Sonnenauge», das Auge der *spirituellen Schau.* Auch hier ist die initiatische Literatur reich an Hinweisen. Es ist nicht nur imstande, den Äon geradewegs anzublicken, sondern ihm enthüllen sich auch die Dinge, die das «Feuer der Reinigung» ihrer besonderen, äusserlichen und sinnenhaften Erscheinungsweise entblösst hat. Wir haben auf seine Entsprechung mit dem «Auge Çivas» aufmerksam gemacht, auf das wiederum die Stirnperle anspielt, die sich auf den Bildnissen Buddhas findet.

Die in diesem *Logos* enthaltene Bemerkung, dass die Kraft der menschlichen Seele nach Überwindung des Zustandes der «Notwendigkeit» *wieder aufgebaut* werden muss, bestätigt die Ansicht, dass die Initiation kein mystischer Schiffbruch, sondern eine Integration, eine Vervollkommnung ist: eine Integration in einen Status, der dem Zustande der niedrigeren Form und Existenz vor- und überlagert ist.

Die Anrufung des ersten Logos ist voll von *voces mysticae* (mystischen Wörtern). Über sie haben wir schon gesprochen: Es sind Wörter, die, verwendet man sie in einem besonderen Zustand fluidaler Hochpolung, eine auslösende, evokatorische Macht besitzen, als wären sie «absolute Ausdrucksweisen»; Machtzeichen also, in die dann die Bedeutungsinhalte projiziert werden müssen, mit denen die übrigen Wörter geladen sind. Damit sie Wirkung haben, müssen diese Wörter «erweckt» werden. Der «Enthusiasmus» des Theurgen muss sie «entzünden» und «aufschliessen», bis sie bei den Invokationen beinahe spontan hervorbrechen.

Bei diesen «Wörtern» ist auch das Vorhandensein der sieben griechischen Vokale bemerkenswert, deren Anordnung vielleicht den sieben Planeten und den sieben Graden der später noch zu behandelnden magischen Hierarchie entspricht und die eine äusserst weitreichende Symbolik widerspiegeln.

III

Wir haben gesagt, dass die *Erste Belehrung* eine Verwirklichung des «Luft»-Elementes betrifft, die durch den Atem erfolgt. Das setzt Kenntnisse der Wissenschaft vom Atem im Sinne des indischen *prana,* also der im Atem beschlossenen magischen Lebensenergie, voraus. Das dreimalige Einatmen bezieht sich aller Wahrscheinlichkeit nach auf drei Atemtiefen, die innerlich in einer Bewegung durchlaufen werden, die schliesslich das Bewusstsein in den «Luftzustand» auflöst.

Das erste Erschauen der Götter, das daraus folgt, ist eine übersinnliche Projektion, die eben durch diesen Zustand möglich wird, bei dem, wie wir sagten, frei vom Joch der körperlichen Wahrnehmungsfähigkeit, das, was in der vergrabenen Innerlichkeit des Menschen schlummert, in der Klarheit des Sonnenauges oder der Sonnenscheibe in Form von Bildern erkannt werden kann.

Was die hinauf- und hinabsteigenden Götter betrifft, so muss wohl kaum darauf hingewiesen werden, dass man hier an die Jakobsleiter und an das Telesma zu denken geneigt ist, das nach der *Smaragdenen Tafel* von der Erde zum Himmel steigt, um dann auf die Erde zurückzusinken, wobei es die Macht des Oberen und des Unteren empfängt. Diese zwei Kraftströme bewegen die kosmische Luft im Gleichklang mit der Modulation, die die «Flöte» dem «Winde» eingegeben hat, und sie bringen die Eine Kraft in verschiedener und gegensätzlicher Art zum Ausdruck, je nachdem, ob man die östliche Region (Symbol für die Welt des Aufsteigens, des Wachsens und der Geburten) oder die westliche (Symbol für die Welt des Verfalls und des Überganges) als Bezugspunkt nimmt. Und da uns dieser Gegensatz auf denjenigen zurückverweist, der in gleicher Weise dem sogenannten «Grossen magischen Agens» innewohnt, neigen wir ebenso dazu, dort auch den Sinngehalt der zwei geheimnisvollen «Dado-phoren» (Fackelträger) zu suchen, von denen der eine die Fackel nach oben und der andere die Fackel nach unten hält und die man so häufig auf Mithrasdenkmälern abgebildet sieht.

Es ist hier nicht das erste Mal im Mithraskult, dass man dem «Winde» begegnet. Wenn es auch in der Hermetik von ihm heisst, dass er das Telesma in seinem Schosse trage und «Vater aller Dinge» sei, so zeigen doch andere Mithrasdenkmäler (z.B. das *Basrelief von Modena,* vgl. F. Cumont, *Les Mystères de Mithra,* [3]Bruxelles, 1913, S. 109), dass er von vier Seiten ansetzt, um den Äon anzugreifen, der sich zwischen den zwei Hälften eines «Eies» befindet – ein Symbol, das mit dem alchimistischen Athanor in Zusammenhang steht.

In der Rekonstruktion des Mythos durch F. Cumont (*ebd.* S. 133) erscheint der «Wind» neuerlich und peitscht die «Nacktheit» des Mithras, der eben dem «Stein» am Rande der «Wasser» entsprungen ist. Aber Mithras gehört zu denjenigen, die dem «Baum» Gewalt antun: Nachdem er ihm die Blätter abgerissen hat, um sich ein «Kleid» zu schaffen, das ihn schützen solle, und nachdem er sich an seinen Früchten genährt hat, beginnt er sich mit den Herren der wunderbaren Welt, in die er gekommen ist, zu messen. Diese hatten schon vorher von der Höhe der «Berge» dem Wunder seiner Geburt aus dem «Stein» beigewohnt. Alle diese Symbole sind für den

Forscher der esoterischen Wissenschaften ziemlich klar. Nach der Deutung von J. Evola (*I Misteri di Mithra,* in *«Ultra»* Nr. 3, Jahrgang 1926) soll der «Wind» eben mit der ersten Erfahrung der kosmischen Kraft in Beziehung stehen, von der man im Augenblick der Loslösung von den körperlichen Seinsbedingungen getroffen wird; gegen diese Kraft muss sich der Eingeweihte durch eine Projektion des positiven Feuers durchsetzen, das dann die weibliche kosmische Kraft herabzieht. Diese Kraft umhüllt den Wesenskern des Eingeweihten mit einem «Kleid der Macht» oder einem «Flammenkleid», das dann seinen übersinnlichen Körper darstellt.

In unserem Ritual geschieht etwa dasselbe, wenn der im *Mysterion* Eingeweihte die im Mythos beschlossenen Sinngehalte durchlebt. Auf die Erfahrung des «Windes» sehen wir dann jene folgen, in der sich die Götter auf den Neuankömmling stürzen wollen, da sie die Feinde derer sind, die danach streben, sich von allen ihren Einflüssen zu befreien und sich mit dem höchsten Prinzip zu identifizieren.

IV

Es ist die Invokation dieses Prinzips, die, verbunden mit der «Stille», den Theurgen die Prüfung bestehen lässt und die Einflüsse der Götter zum Guten wendet, wobei diese Götter in der «gewohnten Art ihrer Werke» und in ihrem überwundenen Gesetz zurückbleiben. Diese «Stille», die die Spannung löst, erinnert an das παῦε παῦε (Stille, Stille) eines naassenisch-gnostischen Fragments: «Denselben (den vollkommenen Menschen) nennen die Phryger auch ‹Papas›, weil er alles, was vor seinem Kommen ungeordnet und fehlerhaft sich bewegte, ordnete. Denn der Name ‹Papas› ist der verbindende Klang aller Dinge im Himmel, auf Erden und unter der Erde, wenn gesagt wird: ‹Stille, Stille (παῦε παῦε)› zum Streite des Kosmos. Die Phryger nennen ihn auch den ‹Toten›, wenn er in seinem (stofflichen) Körper wie in einem Grab begraben liegt, und nach der Umwandlung heissen sie ihn Gott» (bei Hippolyt, V, I, 21–22).

Die Geste des Fingers auf den Lippen erinnert an die bekannte Darstellung des Gottes Harpokrates (vgl. Apul., *Met.,* I), der in der ägyptischen Tradition eine Form der aufgehenden Sonne, eine Personifizierung des Horuskindes ist, d.h. eine Personifizierung der Urkraft, die wiederaufersteht und sich aufs neue durchsetzt, nachdem Osiris zerstückelt worden ist (Symbol des Individuationsprozesses). Wenn diese Kraft erwacht und aus dem «Grab» tritt, zwingt sie dem Chaos und dem Aufruhr der noch ungezähmten elementaren Natur Schweigen auf.

Philaletha (*Intr. ad occl. Regis palat.,* VI, XI) spricht von Unreinheiten der «Luft», von der Bildung von «Wolken», die den Himmel verdunkeln und die man lichten muss, bis man zur Weisse des Mondes gelangt; weiterhin von starken Regenfällen, die hervorgerufen werden sollen, damit sie der Luft ihre Klarheit wiedergeben. Wahrscheinlich geht es um die gleiche Erfahrung.

Die Begegnung mit Wächtern vor Himmelstoren und ihre Überwindung mit Hilfe von Zauberformeln findet man ebenso in gnostischen Texten, so zum Beispiel in jenem, den Dieterich (S. 35, Anm.) wiedergibt: «Weichet zurück, Ialdabaoth und Kuko, ihr Archonten des dritten Äons, denn ich rufe Zozezaz Zaozoz Kozoz an. Dann werden die Archonten des dritten Äons davonstieben und nach Westen, nach links fliehen, und ihr werdet nach oben gehen.»

Das *Zischen* finden wir auch im *Heptameron* (*a.a. O.* Abs. XII) des Petrus von Abano: darauf folgt «grosses Getöse», und es erscheinen Wesenheiten, die sich zuerst auf den im magischen Kreis eingeschlossenen Operanten stürzen wollen, dann aber, als er auch das «Salomonssiegel» zeigt, friedvolle Gestalt annehmen und ihm gehorchen.

VI

Dass der Eingeweihte seine eigene Sternenwürde aufzeigt, ist in der Literatur der Weisheitslehren häufig. Sie wird auch auf den orphischen Grabblättchen gegenüber den Wächtern der Quelle der Mnemosyne hervorgehoben: «Mein Geschlecht stammt vom Himmel (ἐμοι γένος οὐράνιον), und ihr wisst das auch. Der Durst brennt in mir und verzehrt mich.» «Ich bin der Sohn der Erde und des gestirnten Himmels. Mein Geschlecht stammt vom Himmel» *(Blättchen von Petelia),* und «Ich bin aus Eurem glückseligen Geschlecht, aber die Moira und das Aufflammen des Blitzes haben mich niedergeworfen und verdorrt» (*Blättchen von Thurioi,* II).

In unserem Ritual scheint dieser Hinweis auf den Rang einen bestimmenden Sinn zu haben, d.h., er legt die Omousia (die Wesensgleichheit) mit den göttlichen Naturen fest, in deren Bereich man eingedrungen ist; es folgt tatsächlich die Vision der Sonne, angezeigt durch die «Scheibe». Und das «Zischen» und das «Schnauben» haben möglicherweise eine Beziehung zur Atemtechnik. Man könnte es wagen, sie an die sogenannte «Reinigung der *nâdî (nâdîçuddha)*» der Yogis anzunähern, die eben aus einem rhythmischen Ausatmen (Zischen) in kleinen Stössen besteht, wobei dieser Vorgang geistig so beeinflusst ist, dass die dumpfen und unreinen Elemente des Fluidalkörpers ausgeworfen und alle «Strömungen» in Gang gesetzt werden. Dieser Vorgang kommt im Text nach dem «Donner» (über dessen Bedeutung wir schon gesprochen haben, vgl. den Donner, durch den Dante bei seiner Reise in die Unterwelt «ohnmächtig» wird – *Hölle,* III, 130 ff.) und scheint darauf ausgerichtet zu sein, inmitten des vom «Donner» erzeugten Tumultes der inneren Elemente Festigkeit zu bezeugen.

Die Sonnenvision ist identifizierend; sie erfolgt in einem Raum, der nichts anderes ist als das Bewusstsein selbst in seiner immaterialen Einfachheit. Was die fünfzackigen Sterne betrifft, könnte man die Deutung wagen, dass diese Vision die menschlichen Wesen zum Gegenstand habe, da ja die Fünf ihre «Zahl» ist. Dann wäre das gewaltige Rad das Rad der Geburten (ὁ κύκλος τῆς γενέρεώς), das Rad des Schicksals und der Notwendigkeit (ὁ τῆς μοίρας τροχός), das mit dem indischen *samsara* gleichzusetzen ist. Man vergleiche auch eines der immer wiederkehrenden Themen des buddhistischen *Majjhimonikâyo*: «Mit dem himmlischen Auge, dem geläuterten, über menschliche Grenzen hinausreichenden, kann er die Wesen dahinschwinden und wieder erscheinen sehen, gemeine und edle, schöne und unschöne, glückliche und unglückliche – er kann erkennen, wie die Wesen je nach den Taten wiederkehren.»

Die Notwendigkeit, die die irdischen Dinge in Gang hält, hat zur Folge, dass die himmlischen Tore geschlossen bleiben; und man kann keine Fortschritte machen, wenn diese Vision nicht überwunden wird, vor der schon das älteste Griechenland erbebte. Diese Verwirrung der menschlichen Natur kann aber durch die Invokation des Herrn des Feuers aufgehoben werden.

VII

Diese Invokation ist eine der schönsten und wirkungsvollsten, die sich in dieser Art von Schrifttum finden lassen. Hier bricht tatsächlich ein verborgener Rhythmus durch, der die einzelnen Attribute mit den *nomina arcana* (geheimen Namen) in einer immer gewaltiger werdenden Höherpolung verbindet, um schliesslich in der Aufzählung der göttlichen Namen den Höhepunkt zu finden, wo es scheint, dass sich der Ausdruck von der physischen Sprache löst und in der Gestalt reiner Akte schwingt. Der Ritualtext verlangt dabei, dass der Logos so lange wiederholt wird, bis die sieben Götter vollendet, d.h. *verwirklicht* sind, eingemeisselt in das innere Licht. Dann, nach einer neuen «Stille», in der sich die gewaltige Wucht der Invokation befreit und «fixiert», öffnen sich tatsächlich die «Tore» (der «Donner» und das «Krachen» zeigen den neuen Zustandswechsel an oder das neue «Potentialgefälle», um ein Bild aus der Physik zu gebrauchen), die Götter erscheinen, und das Bewusstsein wird nach oben getragen, mitten unter sie.

Die «Namen», so der Text, müssen «in Feuer und Geist» ausgesprochen werden – in der Vereinigung der männlichen Feuerkraft mit dem weiblichen Fluidalhauch –, wozu noch die nötige «Wirkrichtung» zu kommen hat. Die einzelnen göttlichen Attribute sollen dabei auf den Geist des Beschwörers wie Brennstoff wirken, der, in das Feuer geworfen, eine immer höhere Flamme erzeugt.

VIII

Wir haben darauf hingewiesen, dass die Invokation eins ist und doch siebenfach. Sie wendet sich an die sieben Planetengötter und an den Einen, den Sonnenäon, der sie als ihr Ursprung gleichzeitig einschliesst und transzendiert. Er ist es nun, der vom neuen Logos angerufen wird, und er ist es, der nach der siebenfachen Hierarchie der Götter und Göttinnen in Erscheinung tritt.

Der Äon, der die Himmelsschlüssel hält, ist ohne Zweifel der mithraische Chronos. Sein Beiname «Zweileibiger» findet in den monumentalen bildlichen Darstellungen des Mithraskultes Bestätigung. Darin hat dieser Gott einen Löwenkopf mit weit aufgerissenem Rachen (Symbol des verschlingenden Feuers) und einen menschlichen Körper. Zusätzlich trägt er Flügel. Eine Schlange windet sich um seinen Körper (vgl. die «Schlange Kundalini», die in der Tantrasymbolik den *svayambu-linga* [«Phallos»] von Çiva, das Prinzip der transzendenten Männlichkeit, umschlingt) und legt ihren Kopf mitten auf seine Stirn. Mit der einen Hand umfasst er die Blitze, mit der anderen einen Schlüssel (auf anderen Bildern auch ein Zepter). Seine Füsse treten das Mondzeichen, genau wie dies beim alchimistischen Symbol des «Rebis» – ebenfalls ein «Zweileibiger» und Hermaphrodit – und beim Symbol der «Jungfrau» geschieht, deren esoterischer Sinn bei den Christen aber verlorengegangen ist. Wie der Phönix erhebt er sich aus dem Feuer.

IX

Im Bereich des *Vierten Logos* erscheint, während sich schon die Seinsweise der Zentralität (Mittelpunkthaftigkeit) zu bilden beginnt (die Strahlen richten sich auf den Eingeweihten als Mittelpunkt), der Bote des Mithras.

Im folgenden, dem *Fünften Logos* gibt es mehrere bemerkenswerte Punkte. Vor allem bestätigt sich, dass hier die «Sonne» nicht als höchste Gottheit zu gelten hat. Wir haben schon gesagt, dass Mithras, statt der göttlichen Kraft zu unterliegen – wie derjenige, der im hebräischen Mythos den Apfel ebenfalls vom «Baum» pflückt, und andere Wagemutige, die gemäss den zitierten orphischen Grabblättchen vom Blitz niedergeworfen wurden und verdorrt sind –, sie überwindet und dann diesen Sieg zur Grundlage für sein Bündnis mit der Sonne macht.

Zweitens möchten wir die Stelle hervorheben, in der vom Lebenssaft des Samens die Rede ist, der, schon Schöpfer des tierischen Körpers des Eingeweihten, im Ritus eine *Umwandlung* erfährt. Hier scheint uns ein Hinweis auf die Lehre von der okkulten Wiedergeburt der Sexualkraft, auf die «Umkehrung der nach unten fliessenden Wasser in nach oben fliessende Wasser» gegeben zu sein. Auf diese geheime Operation wird nicht nur in der Invokation angespielt, sondern es scheint auch eine Übereinstimmung der theurgischen Handlungen mit der Yogatechnik feststellbar. Wir denken dabei an den Abschnitt nach dem fünften Logos, wo vom Sonnengott gesprochen wird, der zum «Pol», zur «Stütze» kommt und dann *weiterschreitet,* und wo weiterhin von einem «Gebrüll» und einem vollständigen Ausatmen die Rede ist. Wir müssen uns nämlich nur in Erinnerung rufen, dass im Kundalini-Yoga der «Ort» der Kundalini (von der es eben heisst, dass sie in ihrer schlafenden Form die Zeugungskraft des Mannes sei) – der Kundalini, die den Körper des mithraischen Äons umschlingt und die auch das Abbild von Gottheiten syrischer Isiskulte ist – *muladhara* genannt wird, was eigentlich «grundlegende (wurzelhafte) Stütze» heisst – eine Vorstellung, die ohne weiteres jener eines «Poles» oder eines «Angelpunktes» entspricht. Nun wird der Theurg von Anfang an auf die Wurzel seines eigenen Seins (= *muladhara*) und damit auf die Erweckung der Kraft hingeleitet. Das *Gebrüll* (Mô) kann ein Mantra der Erweckung sein, und der Vergleich sowohl mit dem Mantra OM (laut Mead) als auch mit dem Mantra HUM, wie es von tantrischen Texten gerade für solche Praktiken vorgeschrieben wird, erscheint uns als nicht unbegründet, bedenkt man die «Umkehrung», die alles Gesprochene bei seiner «feineren» Anwendung erfährt. Und jenes vollkommene Ausstossen des Atems, verdeutlicht durch das Gebrüll, muss uns an eine der Hauptlehren des Kundalini-Yoga gemahnen, wo es heisst, dass der *kumbhaka* – das Anhalten des Atems im vollkommen ausgeatmeten oder vollkommen eingeatmeten Zustand – einen für die Erweckung der Kundalini günstigen Zustand schafft.

In jedem Fall steht es ausser Zweifel, dass das Brüllen mit der «Stierkraft», also der schöpferischen, männlichen und amunischen Energie in Zusammenhang steht. Das Brüllen findet sich, ausser im Mithraskult, auch in den thrakischen Riten des Dionysos, und DIETERICH setzt es auf der Grundlage der Untersuchungen von A. LANG (*Custom and Myth,* 43) in Verbindung mit dem sogenannten *bull-roarer* (wörtlich: Stierbrüller), einem Instrument, das bei den Zeremonien vieler Primitivvölker in Neu-Mexiko, Australien, Afrika und Neuseeland eine Art Dröhnen oder Brüllen hervorbringt, das den Gott herbeiruft oder sein Kommen anzeigt. Dieses heilige Instrument kann keine Frau sehen, ohne zu sterben. Die esoterische Deutung dafür könnte sein, dass die Stierkraft die «Frau im Ich» verbrennt und vernichtet, so dass derjenige, der sie erweckt, ohne sich vorher in der harten und trockenen Natur des «Stahls der Weisen» bewährt zu haben, in einer Katastrophe enden muss.

Hinsichtlich des Brüllens können folgende Verse einer ekstatischen schamanischen Hymne von Interesse sein: «Der mächtige Stier hat gebrüllt! Und das Pferd der Steppe hat geschnaubt! Ich stehe über Euch allen – ich bin Mensch! Ich bin der Mensch, der mit allem begabt ist – ich bin der vom Herrn des Unendlichen geschaffene Mensch!» (bei M. ELIADE: *Schamanismus und archaische Ekstasetechnik,* Zürich 1954, S. 222)

Eine besondere technische Bedeutung scheint auch die Vorschrift zu enthalten, den Sonnengott unverwandt anzublicken, zu *fixieren,* wenn er nach der Erreichung des «Poles» auf dem «Pfade» vorwärtsschreitet. Dieser «Pfad» nun könnte, wenn unsere Gleichsetzung stimmt, der vom Feuer der Kundalini durchlaufene Weg und der Raum sein, in dem – wenn wir auf eine fernöstliche Symbolik übergehen wollen – der «Drache» sich zum Fluge erhebt. Dieses «Fixieren» soll – während man zu diesem «Flug» entrückt wird – ein absolutes und doch immaterielles In-sich-Beharren zum

Ausdruck bringen, ohne das die Operation den vorhin angezeigten tödlichen Ausgang nehmen kann. AGRIPPA (*Magische Werke* I, 20) spricht von «einem sehr kleinen Bein im menschlichen Körper, von den Hebräern *luz* genannt, das keiner Verwesung unterworfen ist und *nicht einmal durch Feuer zerstört wird,* sondern immer unverletzt bleibt; aus diesem wird, sagen sie, wie die Pflanze aus dem Samen bei der Auferstehung der Toten unser neuer Körper hervorsprossen. Derartige Kräfte lassen sich aber nicht durch die Vernunft ergründen, sondern werden *durch die Erfahrung erkannt.*» A. REGHINI hat darauf hingewiesen, dass auf aramäisch *luz* eben die Bezeichnung des Knochens ist, der am tieferliegenden Ende des *os sacrum* (Kreuzbein, eigtl. *heiliges* Bein) am unteren Ansatz der Wirbelsäule angegliedert ist. Und genau dort liegt nach der indischen Lehre der Ort des *muladhara,* der Sitz der Kundalini; und von der Kundalini heisst es ebenso, dass sie den Körper *neu erschaffe*: Sie holt also aus dem «Grab», in dem der mystische «Papas» liegt – der Tote, von dem das zitierte Naassener-Fragment spricht –, den in unserem Ritual beschriebenen, «vollkommenen Körper» hervor.

Im vorhergehenden Kapitel findet sich der Hinweis, dass *luz* nach dem *Pentateuch* (1 Mos 28, 16–17) der antike Name der Stadt *Bethel* (= *Haus Gottes*) war, wo Jakob den bekannten Traum hatte, der ihn nach dem Erwachen den Ausruf tun liess: «Wahrlich, der Herr ist an diesem Ort, und ich wusste es nicht!» Und von *Schrecken* erfasst: «Wie *furchterregend* ist dieser Ort! Hier ist nichts anderes als das Haus Gottes, und hier ist das *Tor* zum Himmel!» In der in Rede stehenden Tradition heisst nun der *muladhara* ebenfalls «Schwelle des Brahman» *(brahmadvâra).* Selbst in der alchimistischen Hermetik fehlt es nicht an diesbezüglichen Hinweisen. Zitieren wir nochmals PHILALETHA (*ebd.* IV): «Dieser Mittelpunkt [des ‹Magneten›] wendet sich in natürlicher Weise zum *Pol* hin, wo die Kraft unseres Stahles um Grade verstärkt wird. Und an diesem Pol findet sich das Herz unseres Merkurius, das ein wahres Feuer ist, worin sein Herr ruht – und wenn er über dieses weite Meer segelt, wird er bis zu den zwei Indien gelangen.»

Weiterhin wird erzählt, dass am Anfang einer «Höhle» – die mit den hermetischen Symbolen des «Bergwerkes oder Erzlagers» sowie der «Höhle des Merkurius» und des Trophonios in Zusammenhang zu bringen ist, aber auch mit dem, was sich vermaterialisiert in den verschiedenen prähistorischen «Höhlenkulten» widerspiegeln kann – bei *Luz* ein Mandelbaum stand, der eine Öffnung im Stamm aufwies. Durch diese Öffnung erreichte man den Weg zur «Stadt», die vollkommen verborgen und so gelegen war, dass der «Todesengel» dort nicht eindringen konnte und auch keine Macht darüber hatte (vgl. *Jewish Encyclopedia,* VIII, 219). Und wer sich die Mühe nimmt, einen bestimmten tantrischen Text durchzugehen (SHIVA-CANDRA, *Tantratattva,* III, 2a), wird vielleicht überrascht sein, dort ein auf ein geheimes Yogaritual bezugnehmendes Gleichnis vorzufinden, das beinahe identisch ist.

Über den «Pol», zu dem das Sonnenprinzip, «unser Gold», kommt, könnten wichtige symbolische Betrachtungen angestellt werden. In der fernöstlichen Tradition entspricht er der «unwandelbaren Mitte», von wo die Tätigkeit des Himmels ausgeht. Und auch in vielen anderen Traditionen taucht immer wieder der «Polarberg» auf, und zwar als der Berg, auf dem sich häufig der Eingang zum *Land der Lebenden* befindet. Hier liesse sich noch eine weitere Reihe von Gedankengängen anknüpfen: Von der Lehre der geheimen Kunst ging das bis zur Lehre vom unsichtbaren Reich und vom «König der Welt». Diesbezüglich möchten wir aber auf das gleichnamige Buch von Guénon verweisen.

Zu alledem sowie im Zusammenhang mit den folgenden Phasen des Rituals, wo von den sieben Göttern und den sieben Göttinnen die Rede ist, können wir noch einen charakteristischen hellenischen Mythos anführen; denn aus dem, was wir schon in früheren Kapiteln und eben erst über die Stadt Luz gesagt haben, kann man erkennen, in welchem Ausmass die traditionalen Mythen und Legenden nicht blosse Geschichten sind, sondern in verschlüsselter Form gemeinsame initiatische Lehren beinhalten.

Es handelt sich um den Mythos, der zeigt, wie Hermes und Apoll den Hermesstab und die siebensaitige Lyra miteinander austauschen. Apoll ist der Sonnengott und daher mit der Erscheinung gleichzusetzen, die dem vierten Logos folgt, also der Gott, der zuerst zum «Pol» geht und dann auf dem Pfade weiterschreitet, worauf er «fixiert» wird und wo das Brüllen, als Ankündigung des Erwachens der Urkraft, einsetzt. Was nun dieses «Erwachen» betrifft, so beruht es im Yoga auf der Vereinigung zweier feiner Kraftströme (solarer und lunarer), die beim gewöhnlichen Menschen getrennt sind, sich an den zwei Seiten einer gedachten Linie entlangschlängeln und ausgehend von der höchsten Stelle des Hauptes bis zum Kreuzbein *(os sacrum)* den Körper durchziehen, womit sie mehr oder weniger der Linie der Wirbelsäule folgen. Der Verlauf dieser Kraftströme gleicht also genau den zwei Schlangen des Hermesstabes, die sich um die Mittelachse winden (vgl. dazu A. AVALON, *Die Schlangenkraft,* Weilheim 1961). Der Hermesstab aus unserem Mythos könnte auf diese Zusammenwirkung anspielen, die schliesslich eine dritte, in der Mitte liegende Richtachse (eben die Achse des Stabes) hervorbringt, die dann von Kundalini durchlaufen wird; auf dieser inneren Achse entflammen und erwachen die sogenannten Çakras oder Kraftzentren, die in ihrer Anzahl der siebenfachen Hierarchie – den sieben Planeten, den sieben Göttern, den sieben Seiten der Lyra, den sieben Sphären sowie den sieben Windungen der Schlange – entsprechen, die das phrygische Gottwesen und den mithraischen Äon umschlingt usw. Also: mit der Bereitung des Hermesstabes erlangt der Eingeweihte vom Sonnenprinzip (Apoll) den Zutritt zu jenem «Königsweg», auf dem er, geführt von der feurigen Kraft des Stieres, die ihm die «Tore» öffnet, die Erfahrung von transzendenten Bewusstseinsstadien verwirklicht, welche die geistige Hierarchie der Siebenzahl und das symbolische «Land der Lebenden» ausmachen.

Diese Verwirklichung hat zwei Phasen: zuerst erscheinen sieben Jungfrauen, dann sieben Götter. Beziehen wir uns wiederum auf die indischen Lehren, so «schlafen» in jedem der sieben Çakras ein Gott *(Deva)* und eine Göttin *(Devi),* worunter wir den männlichen und den weiblichen Aspekt der entsprechenden Wesenheiten zu verstehen haben. Wir haben schon darauf aufmerksam gemacht, dass der «weibliche» Aspekt der geoffenbarte, also der dynamische, aktive, immanente und demiurgische Aspekt ist: Er ist der *Çakti*-, d.h. der *Macht*-Aspekt, das Substrat der existierenden Dinge, insofern sie existieren. Diesbezüglich ist in unserem Ritual das Beiwort «Wächterinnen der *vier Säulen (= vier Fundamente)*» und «Schicksalsgöttinnen» sehr bedeutsam.

Der männliche Aspekt bezieht sich hingegen auf den transzendenten, freigelösten, unwandelbaren Aspekt – ein Aspekt, dem nach einer in vielen Traditionen immer wieder bestätigten Symbolik die Farbe *Schwarz* zukommt, als Gegensatz zum «Licht», das dort beginnt, wo die Erscheinungswelt, der πρόοδος, beginnt, der aber nicht die schöpferische Urkraft in sich fassen kann, an deren Natur eben die schwarzen Götter mit dem Stiergesicht teilhaben. Das also sind die «Stützen», die

Zentren der sieben Zentren; und von ihnen geht, wie der Text sagt, das wirbelnde Drehen der Himmelsräder aus, das nicht mehr dem Bereich der «Vierheit», sondern dem der «Dreiheit» zuzurechnen ist.

Das Ritual bezieht sich also auf Visionen, in denen die kosmische Siebenheit zuerst in ihrem immanenten und dann in ihrem transzendenten Aspekt erfahren wird.

Hier können wir auch an eine berühmte Stelle des Apuleius (*Metam.*, XI, 23) erinnern: «Ich bin zur Grenzscheide zwischen Leben und Tod gegangen, ich habe die Schwelle der Proserpina betreten, und nachdem ich alle Elemente durchfahren habe, bin ich auf die Erde zurückgekehrt; inmitten der Nacht habe ich die Sonne in reinstem Licht erstrahlen sehen: Ich habe mich den *unteren* und den *oberen Göttern* genähert und habe sie von Angesicht zu Angesicht verehrt.» Die Entsprechung dieser Phasen mit dem von unserem Ritual beschriebenen Ablauf ist ziemlich offensichtlich. Aber die wahre Vollendung besteht jenseits dieser Erfahrungen. Der Eingeweihte löst sich allmählich aus den Kreisbahnen der Götter und Planeten und schreitet weiter. Es handelt sich um einen Aufstieg, der einer *Vereinfachung*, einer ἁπλωσις, um einen Ausdruck Plotins zu gebrauchen, gleichkommt: In jeder einzelnen Sphäre befreit sich die Seele von den jeweiligen Elementen der «Leidenschaft», deretwegen sie in ihrem sterblichen Leben den Herren dieser Sphären unterworfen war, bis sie, vollkommen nackt geworden, «nur noch mit ihrer eigenen Macht bekleidet ist», wie es an einer Stelle des *Corpus Hermeticum* heisst.

In unserem Text scheinen die einzelnen Sphärenüberschreitungen in Zusammenhang mit Begrüssungen der jeweiligen Götter zu geschehen, wozu noch Rufungen kommen, die sowohl den Sinngehalt einer Weihe als auch den einer Beschwörung haben können. Der dramatische Charakter, den solche Erfahrungen aufweisen können, geht allerdings nicht unmittelbar aus dem Text hervor, so wenn sich der Eingeweihte anschickt, die verschiedenen kosmischen Hierarchien zu transzendieren, indem er sich mit ihnen identifiziert ohne nachzugeben, indem er Widerstand leistet und sich aufrecht hält und indem er in dieser selben Richtung, also auf ihrem «Aszendenten», eine Kraft wachruft, die *stärker* ist als diejenige, über die die jeweilige kosmische Hierarchie verfügt, *die* Kraft eben, mit deren Hilfe er dann den Übergang in die unmittelbar darüberliegende Hierarchie bewerkstelligt.

Das Ritual führt zum «Zustand jenseits der Siebenheit», in dem bei einem Beben der Erde, das die gleiche Bedeutung hat wie der schon beschriebene «Donner» (erinnern wir uns an die Donnerstimme des von einem «hohen Berge» erspähten «Riesenmenschen», von dem das *Eva-Evangelium* erzählt – bei Epiph. *Haeres.*, XXVI, 3), die Begegnung des Eingeweihten mit Mithras stattfindet.

Die Stierkraft (Rind) wird über das Symbol des «Bärengestirns» wiederum als die zentrale kosmische Kraft ausgewiesen. Mithras ist ihr Bezwinger. Auf verschiedenen Monumenten wird er abgebildet, wie er die Seite eines Rindes trägt, eben um seine Eigenschaft als «Stiertöter» anzuzeigen. Und das Taurobolium (die «Taufe» mit Stierblut) hat in dieser Tradition die Bedeutung einer Wiedergeburt in die Ewigkeit (vgl. N. Turchi, *Le relig. misteriosofiche del mondo antico,* Rom, 1923, S. 192). Die Mithras-Lehre sieht nun im Eintreten des Geistes in den Bereich jenseits der sieben Sphären ein sozusagen transzendentes Taurobolium. Und wir wollen auch nicht ausser acht lassen, dass das Sternbild der *Grossen Bärin,* das im Text auf Mithras bezogen wird, in seiner Gesamtheit genau das Abbild eines Wagens mit vorgespannten Ochsen ist; und den «Norden» (lat. *septentrio*), den dieses Sternbild anzeigt, kann man mit den *septem-triones* in Beziehung setzen, d.h. – will man diesen Begriff wie Vergil verwenden – mit sieben Ochsen. Damit sind wir wieder zu dem zurückgekehrt, was die sieben schon bekannten Götter mit dem *«schwarzen»* Stiergesicht aufrechterhält.

Was die Belehrung am Ende des *Siebenten Logos* angeht, haben wir schon gesagt, dass sie sich auf das verklärende Eingehen des Eingeweihten in die Natur von Mithras selbst bezieht, auf die Verwirklichung der einen Mithras-«Qualität». Das geschieht in einem höchsten In-sich-Aufnehmen dieser Stierkraft, die schon die Himmelstore geöffnet hat und an der nun die besondere Umwandlung vollzogen werden muss, die im Symbol oder Ritus des Taurobolium dargestellt wird.

XII

Im vorletzten Logos *fixiert* der Theurg diese Verwirklichung in der eigenen Seele. Es ist die «Digestion» (eigentlich wörtlich: Verdauung; in der Alchimie: Auflösung eines festen Stoffes in einer Flüssigkeit) der Mithrasnatur – *auf Befehl:* Ein neues Zeugnis der Adlernatur im Eingeweihten, der ganz intensiv das magische Bildnis des Grossen Gottes fixiert, während im «Brüllen» die Drohung jener nunmehr völlig aufgenommenen Kraft wieder anklingt.

Eine ähnliche Invokation, aber ägyptischen Ursprungs, findet sich in einem anderen griechischen Zauberpapyrus (A. Dieterich, *Abraxas,* Leipzig, 1891, 195, 4ff.): «Mögest Du in meinem Geist und in meinem Herzen sein können für die Dauer aller Tage meines Lebens und alles zur Vollendung bringen, was meine Seele will! Denn Du bist Ich, und Ich bin Du. Was immer ich sage, möge auf ewig gelten, der ich Deine Namen (im magischen Sinne, also «Deine Gegenwärtigkeit») als Wächter in meinem Herzen trage.»

XIII

Die Vollendung des Werkes wird durch die dem Gotte des Ritus dargebotene Schlussformel «Sei gegrüsst» gekrönt, hat dieser Gott doch das Mysterium der Umwandlung vollzogen. Das Attribut «Herrscher des Wassers» verweist auf einen Sinngehalt, der dem Leser nunmehr bekannt sein sollte. Das andere Attribut «Herr des Geistes», das sich im *Corpus Hermeticum* genau gleich wiederfindet, ist für die «magischen» Ausgestaltungen der initiatischen Tradition typisch. Hier gilt als höchster Wert nicht Geist zu *sein,* sondern *Herr* des Geistes.

Die «Wiedergeburt» des Eingeweihten ist seine Integration, seine Vollendung, sein Erwachen zu jenem Leben, demgegenüber das dunkle, dürstende Herumirren der Sterblichen nichts anderes ist als *Tod*; zu jenem Leben also, das «Leben in sich selbst» und «aus sich selbst» (αὐτοοζῷν) und unvergängliches Leben ist. Ist der Adept in jenes Leben freigelöst, schreitet er auf dem «Wege» vorwärts in das unaussprechliche Tao der fernöstlichen Überlieferung – ja viel mehr: Er *ist* dieser Weg selbst, denn nach einem Sufispruch «sind auf dem Wege Gottes derjenige, der geht, das Gehen und der Pfad, auf dem er geht, *ein einziges*».

Von den «heiligen Weihen», von der «Kraft der Höchsten Kraft» und von der «Unvergänglichen Rechten» aus der Masse der «Toten» herausgehoben, erhebt sich der Eingeweihte, der «Sohn» der Tradition und der Kunst im Ritus der Grossen Mysterien zur Macht des «Adlers», erhebt sich über jegliche Höhe bis zum allerhöchsten Gipfel, auf dem schliesslich die Formel aus dem *Ägyptischen Totenbuch* widerhallt: «Ich bin das Gestern, das Heute und das Morgen und die Kraft der Wiedergeburt. Ich kenne die Abgründe – sie sind mein Name.»

Magischer Anhang an das Ritual[1]

I

«Ich bin Pheroyra Miuri»

Nachdem Du das gesagt hast, wirst Du sofort weissagen können. Du wirst in diesem Geist befreit sein und nicht in Dir selbst weilen, wenn (der Gott) Dir antwortet. Er wird Dir die Belehrung in Form von Grundsätzen geben, und während er spricht, wird er sichtbar sein. Du aber bleibe stumm.

Du wirst das alles wie von selbst verstehen, und danach wirst Du Dich unauslöschlich des vom Grossen Gott Gesagten erinnern, auch wenn die Belehrung aus Tausenden von Grundsätzen bestehen sollte.

II

Wenn Du die Belehrung auch einem Miteingeweihten weitergeben willst, (kannst Du es tun), sofern er allein mit Dir diese Dinge hört, mit Dir zusammen (sieben) Tage in Reinheit lebt, für sich abgeschlossen bleibt und ebenfalls das Fluidum atmet.

III

Auch wenn Du (bei dieser Operation) allein wärest und (danach) das vom Gott Mitgeteilte vorzutragen versuchtest, (so) würdest Du inspiriert sprechen, wie in Ekstase.

IV

Willst Du ihm (dem Miteingeweihten) ein Lehrer sein, (kannst Du das tun),

[1] Dieser Anhang folgt im Papyrus unmittelbar auf das Ritual, aber aller Wahrscheinlichkeit nach ist er von anderer Seite redigiert worden als der eigentliche Text. Wir bringen hier den wichtigsten Teil daraus, wobei es sich um die erste Übersetzung aus dem Griechischen (in das Italienische) handelt.

wenn Du vorher prüfst, ob er als Mensch unzweifelhaft würdig ist, (diese Lehre zu empfangen); hat Dir (der Gott) geweissagt, dass er seiner Unsterblichwerdung geneigt sei, empfehle ihm die erste Anrufung, (aber verrate) nicht das Wesentliche: «Erster Ursprung meines Ursprunges usw.»

Da (Du schon) eingeweiht (bist), sprich (das, was von der Anrufung noch aussteht) sofort danach über seinen Kopf in leiser Stimme, damit er es nicht hört, und weihe sein Schauen dem Mysterium, (das er vollbringt).

Die Weihe zur Unsterblichkeit erfolgt dreimal im Jahr.

Will aber jemand, o Sohn, (die Geheimnisse des Gottes) in Erfahrung bringen, indem er sich eine Belehrung aneignet, (die ein anderer ihm gibt) wird das nicht begünstigt werden.

V

Wenn Du einen anderen schulen willst, nimm den Saft der κεντρίτις Pflanze (kentritis: es ist unklar, um welche Pflanze es sich handelt. Dieterich ist der Meinung, dass sie zur Gattung *ruscus* gehören müsste), bestreiche damit die Augen Deines Schülers mit Hilfe von Rosenblättern, und er wird so klar sehen, dass man sich wundern muss.

VI

Ein höher wirkendes Handeln kannst Du im Kosmos nicht finden. Fordere vom Gott das, was Du willst, und (Er) wird es Dir gewähren. Das ist die Natur des Grossen Gottes.

VII

Oft wunderte ich mich sehr bei Ausübung des Ritus. Tatsächlich sagte mir der Gott: Ich brauche die Weihe nicht, sondern ich (kann) weissagen wie mittels eines hereinbrechenden Flusses, der das grosse Mysterium der Reinigung mit sich führt, die wiederhergestellt (werden kann), (als ob sie rituell erlangt worden wäre) mittels fünfundzwanzig lebenden Vögeln; (ich kann auch) statt dreimal im Jahr einmal im Monat während des Vollmondes (jedes einzelnen Monats) weissagen.

V

Zusammenfassung

Bevor wir daran gehen, mit neuen Monographien den Gegenstand weiterzuführen, den wir uns zur Behandlung vorgenommen haben, könnte es nützlich sein, nochmals auf den schon durchlaufenen Weg zurückzublicken.

Der erste Schritt in der initiatischen Praxis ist die *Erkenntnis* jener *Stille* und jener *Konzentration,* von denen im I. Kap. S. 43ff. die Rede war, wo gleichzeitig durch die Erklärung der Symbole der «Wasser», der «von den Wasser Erretteten» und der «Beherrscher der Wasser» der ganz allgemeine Sinn des *Opus magicum* erläutert wurde, das dann durch den Kommentar zum *Mithras-Ritual* (Kap. IV) eine in mehrfacher Hinsicht vollständigere Erklärung fand.

Der zweite Schritt besteht darin, die Ich-Empfindung vom Kopf in das Herz zu verlegen, d.h., von einem widergespiegelten (reflektierten) Bewusstsein zu einem organischen, zentralen Bewusstsein zu gelangen (Kap. II, S. 62ff. und S. 74). Damit eröffnet sich die Möglichkeit, mit dem feinstofflichen Körper Fühlung aufzunehmen, und im III. Kap. S. 81, 92ff. haben wir dann begonnen, diesbezügliche Unterweisungen zu geben.

Wie der stoffliche Körper der Sitz der die stoffliche Wirklichkeit betreffenden Erfahrungen ist, so ist der feinstoffliche Körper der Sitz der die feinstoffliche Wirklichkeit betreffenden Erfahrungen – oder um es besser auszudrükken: der den feinstofflichen Aspekt der Wirklichkeit betreffenden Erfahrungen. Die Erfahrung dieses Aspektes wiederum steht in Zusammenhang mit jener der sogenannten Töne, Zeichen und Namen der Dinge und Wesenheiten, die im III. Kap. S. 99ff. wie auch im Kommentar zum *Mithras-Ritual* abgehandelt wurden, während wir im vorliegenden Kapitel ein allgemeines Bild der Welt als Wort und Symbol entwerfen wollen.

Diese Erfahrungen erfolgen nicht über die physischen Sinne und stehen jenseits der diskursiven und rationalen Fähigkeiten, die im wesentlichen an das Gehirn gebunden sind und ihren Stoff den physischen Sinnen entnehmen. Hat man das Ich in das Herz verlegt, so ist damit grundsätzlich die Möglichkeit eines Erkennens gegeben, das nicht mehr indirekt, widerspiegelnd, wahrnehmend-diskursiv ist, sondern direkt oder *symbolisch*: Die Gegenwärtigkeit der Dinge und ihre Einflüsse werden sozusagen *auf halber*

Höhe abgefangen, bevor sie noch Reaktionen auslösen, die ja allein die Ursache dafür sind, dass sie überhaupt als «physische Dinge» erscheinen. Deshalb haben wir auch die *Symbole* (III. Kap. S. 103ff.) einer näheren Erörterung unterzogen, und zwar als Hilfsmittel und Stützen einer nicht mehr wahrnehmend-diskursiven Form des Erkennens, die frei ist vom Organ des Gehirns und über die feinstofflichen Sinne erfolgt. Später werden wir auch noch verschiedene Symbol-Traditionen behandeln, wie z.B. die hermetisch-alchimistische.

Es gibt mehrere Arten und Weisen, die Empfindung des «feinstofflichen Körpers» hervorzurufen und die Operationen zu erleichtern, die ihn zur Grundlage haben. Daher werden wir in der Folge z.B. auch auf den magischen Gebrauch der Düfte zu reden kommen. Inzwischen möchten wir aber eine in dieselbe Richtung gehende, im II. Kap. S. 76–77 gegebene Unterweisung vervollständigen, wo es um die Kontemplation einer Sonne geht, die in der Nacht aufsteigt und mit dem Tag versinkt, wobei gleichzeitig die Empfindung erfolgt, dass wir selbst einen «Berg» hinauf- bzw. hinuntersteigen.

Denn während der Nacht geschieht etwas, was in einer materialistischen Ausdrucksweise mit einem «Sich-Befreien» oder «Loslösen» des feinstofflichen vom physischen Körper verglichen werden könnte. Aber da das Ich gewohnt ist, sich auf den physischen Körper abzustützen, kann es diese Ablösung nicht mitmachen, und daher ist das Ergebnis nicht ein *Erwachen,* sondern ein Untergehen des Bewusstseins in Stumpfheit. Die schon angegebene Übung hingegen wirkt, wenn sie in der *richtigen Einstellung* vorgenommen wird, so, dass ein Ansatzpunkt dafür geschaffen wird, um diesen Vorgang bewusst mitzuerleben und das «Ich in den feinstofflichen Zustand hineinzuführen».

Man muss aber dabei darauf aufmerksam machen, dass diese Ablösung auf natürlichem Wege nicht vollständig ist und daher der feinstoffliche Körper eine gewisse Verbindung mit dem physischen Körper, den er ja belebt, aufrechterhält; und der Widerhall der unterbewussten Impulse und der (normalen oder abnormalen) organischen Vorgänge in ihm erzeugt die Welt der Träume. Nur zum Teil befreit er sich und vermag mit der aussersinnlichen Welt in Berührung zu treten, denn ein Grossteil der Bewusstseins- und Handlungsmöglichkeiten, die sich daraus ergeben könnten, werden durch die Aufrechterhaltung dieser teilweisen Verbindung mit dem Leben des organischen Unterbewusstseins – der Schöpferin der gewohnten Träume – ausgeschaltet.

Man muss daher nach einer *vollen* und *bewussten* Ablösung trachten, und zwar indem man eine gegensätzliche Polarisierung des fluidalen und physischen Körpers erzeugt. Das kann man versuchen, wenn man aufgrund der vorherigen Übung schon gewisse Ergebnisse erzielt hat (z.B. die Empfindung einer vagen, schwebenden Lichthaftigkeit während des Schlafes) und nach den Anweisungen des III. Kap. mit dem feinstofflichen Körper bereits eine gewisse Fühlung aufgenommen hat. Zu tun wäre folgendes: Vor dem Einschlafen und nachdem man kontemplativ die Sonne bis zum Zenit und sich selbst beim Aufstieg bis zum Gipfel des «Berges» begleitet hat, *muss man ein Abbild des eigenen Körpers in genau der Lage, in der er sich befindet, visualisieren, es an die Empfindung des feinstofflichen Körpers binden und dann eine leichte Drehung des so belebten Bildes imaginieren, bis man es in die entgegengesetzte Lage* (zum stofflichen Körper) *gebracht hat*. Liegt der Körper zum Beispiel auf der linken Seite, muss man eine dementsprechende Drehung imaginieren, bis man ihn so empfindet, als würde er auf der rechten Seite liegen. Danach schlafe man ein. Die Kraft dieser Übung ermöglicht es dann, dass im feinstofflichen Körper auch die letzte, noch teilweise vorhandene Abhängigkeit vom organischen Leben aufgehoben wird.

Vorbedingung zur Wirksamkeit dieses Ritus ist allerdings, dass man nicht müde zu Bett geht, sondern in ruhiger und heiterer geistiger Verfassung und mit dem tiefen Wunsch nach Erhebung und Erleuchtung, so als wäre man von einem Gefühl der Verehrung und des Vertrauens gegenüber dem Mysterium erfüllt, das der Schlaf vor unseren Augen verbirgt. Die uns innewohnende Neigung, dem Schlafe entgegenzugehen, indem wir uns fallenlassen und uns einem Bedürfnis physischer Entspannung hingeben, bewirkt dabei genau das Gegenteil von dem, was diese Praktiken anstreben.

Und hier noch einige allgemeine Grundsätze, die wir allen denen zur Meditation empfehlen, die sich initiatischen Disziplinen unterwerfen wollen:

1. *Wunsch, Hoffnung, Erwartung rücken die Ergebnisse unweigerlich in die Ferne.*
2. *Alle esoterischen Übungen können nur dann Früchte tragen, wenn man es schafft, sie zu lieben und zu wollen allein für das, was sie sind, so als ob sie ihren Zweck in sich selbst trügen.*
3. *Das andauernde Fehlen von Resultaten, auch nach beharrlichem und ernsthaftem Üben, kann nur eine Prüfung sein.*
4. *Das alles als selbstverständlich zu empfinden, ist schon ein Ergebnis.*

Abraxas

Unterweisung zur «Erkenntnis des Atems»

Lege Dich gerade hin, ganz flach.

Lasse Deinen Körper fallen.

1) Verwirkliche, dass, wenn jemand eines Deiner Körperglieder aufheben wollte, es schwer, wie tot, zurückfallen würde.
2) Verwirkliche, dass, wenn jemand Deinen Körper vom Platz, wo er liegt wegstossen wollte, dieser auf der Erde regungslos wie ein lebloses Ding herumkollern würde.
3) Verwirkliche, dass Du Deinen Körper, auch wenn Du es wolltest, nicht mehr bewegen kannst. Er liegt träge, ganz schwer. Lasse ihn, kümmere Dich nicht weiter um ihn.

In Ruhe und Festigkeit ströme dann in Dich zusammen. Begib Dich an die Schwelle der «Stille».

Nachdem nichts mehr als Klarheit-Bewusstheit-der-Bewusstheit existiert, kehre nach oben zurück: so weit, bis Du wieder ein ganz leichtes Körpergefühl spürst.

Du wirst sehen, dass der Atem in der Zwischenzeit langsam, beinahe unmerklich geworden ist.

Dann:

1) Rufe das Bild der Luft hervor: frei, ohne Ursprung, ohne Ursache, fessellos, schwankend, unendlich, alles durchströmend, zu plötzlichsten Änderungen fähig, ohne Halt (siehe Kap. II, S. 74).
2) Ist das getan, erwecke wiederum den Atem, ganz ganz langsam, ohne den Körper zu «berühren», d.h. mit einem Akt des Geistes und nicht mit einer Bewegung der Muskeln.

Ist Deine Seele reif, kann jetzt eine Umwandlung geschehen, die da heisst: *Erkenntnis der Luft* – und auch: *Erkenntnis des Prana*.

a) Die Art, wie Du Dich für gewöhnlich im Körper empfindest, erweist sich als *auf den Kopf gestellt*. Du fühlst Dich nicht mehr als Körper und *im* Körper, sondern Du wirst *Luft* sein, Raum. Luft, von der Du fühlst, wie sie die leblose und schwere Masse Deines Körpers trägt, bewegt und durchströmt.
b) Vorher spürtest Du die Luft von den Lungen, also von einer körperlichen

Tätigkeit bewegt. Jetzt entdeckst Du, dass es die Luft ist, die die Lungen bewegt: Sie bewegt den Körper zu seiner physischen Atmungstätigkeit, sie rhythmisiert den Kreislauf des Blutes in ihm, sie erfüllt ihn mit Leben.

c) Die Atmungstätigkeit wandelt sich also vom *Automatismus,* wie er vorher für Dich bestand, zu einem *Akt* des lebendigen Geistes.

Wenn Du, nach alldem, den Atem, der kommt und geht, *fixierst,* wird er Dir als *Licht* erscheinen («das Leben war das Licht der Menschen», Joh 1,4).

Wenn Du fortschreitend die «gefrorene», *versteinerte* Empfindung der Form oder Struktur Deines regungslosen Körpers mit dem Atem durchtränkst, wird die wogende Wahrnehmung eines *Körpers* zutage treten, *der aus lichthafter Beweglichkeit besteht.* Das ist der ätherische oder fluidale ☿, in seiner Eigenschaft als «Materie im weissen Zustand».

Wenn Du schliesslich – nach vollendeter Erlangung Deiner magischen Würde – den Atem fixierst und ihn als Akt des Geistes in den Lungen so scharf zu sammeln vermagst, dass er zu einem Punkt ohne Dimension wird, kann daraus in einer entsprechenden Vision still der *Erzengel der Luft* erstehen.

Im üblichen Tagesablauf wirst Du nach Beginn dieser Erfahrungen die Empfindung einer wunderbaren physischen Leichtigkeit und Freiheit verspüren.

Damit ist Dir eine natürliche Kraft in die Hand gegeben, Anstrengungen und Müdigkeit zu überwinden, die den anderen wie ein Wunder erscheinen wird.

Es kann Dir auch geschehen, dass Du in der Luft plötzlich funkelnde Punkte «siehst».

Am Abend, wenn Du Dich schlafen legst, können sich im Inneren Deiner Augen lautlose und leuchtende Explosionen zeigen.

Beobachte alles mit Aufmerksamkeit wie auch Objektivität und *schweige.*

Es heisst: «Man kann auch jahrzehntelang Atemübungen ausführen und völlig erfolgreich damit sein, aber solange nicht Prana aus dem Atem wirkt, solange der Atemvorgang nicht vergeistigt ist und dem Lauf der Ströme von beseeltem Licht dient, wird alle diese Mühe umsonst sein.»

Oso

Anmerkungen zum Logos

Wenn man bei den feinstofflichen Operationen von der Sphäre der intellektuellen (*intuslegere*: wörtlich hineinlesen, das innere Lesen) Erkenntnis, die sich notwendigerweise in der PHYSISCHEN ZEIT (erste «Zeit»-Dimension) abspielt, d.h. in einer Reihe von Gedanken, die in einer logisch verbundenen Aufeinanderfolge stehen, zur Sphäre der Imagination übergeht, d.h. zur Erkenntnis mittels Bildern[1] (= *imago* = *imum ago* = ich handle, wirke *per imum,* aus der Tiefe), dann geht man ebenso vom *inneren Lesen* zum *auf das Innere Wirken* über, und man betritt mit der spirituellen Inspiration die Sphäre der DAUER oder die PSYCHISCHE ZEIT (zweite «Zeit»-Dimension).

Nicht eingehen wollen wir hier auf die dritte Operationssphäre, in der man nicht nur das Innere liest und auf das Innere wirkt, sondern in der man geradezu die Innerlichkeit der Welt *ist,* die sich in der EWIGKEIT (dritte «Zeit»-Dimension oder kausale Zeit) kundtut. Eine solche Erkenntnis ist dem Menschen nur im *Augenblick* möglich und heisst spirituelle Intuition (*intueor* = *intus-eor* = ich bin hereingeführt = ich bin drinnen = ich bin eins mit = ich bin dieses oder jenes). In diesem Fall kann man nicht mehr davon sprechen, etwas zu erkennen, sondern nur noch davon, etwas zu *sein* – und die diesbezügliche Operation besteht eben in einem Sich-Versetzen in Wesenheiten.

Für den Augenblick wollen wir bei dem bleiben, was die DAUER betrifft, und wollen dazu sagen, dass die DAUER jener Zustand der Zeit ist, der sich als *Gleichzeitigkeit* manifestiert. Das, was geschehen ist, das, was geschieht, und das, was geschehen wird, ist dreifach *gegenwärtig* (im unpersönlichen Sinn versteht sich) und webt aus seiner Dreiheit den wahren und eigentlichen *Raum,* von dem unser *drei*dimensionaler Raum nur das in der Zeit reflektierte Abbild ist. Das muss näher erklärt werden.

Wenn unser Auge oder ein Gedanke von uns einen bestimmten «Raum» durchlaufen, benötigen sie unweigerlich eine gewisse Zeit, mag sie auch noch so kurz sein. Und das ist der reflektierte Raum, der physische Raum.

[1] Vgl. Luce, Kap. III, S. 101

Im psychischen oder seelischen Raum hingegen, dessen wahrer Name *Dauer* ist, existiert keine physische (oder nach Stunden bemessene) Zeit mehr, auch nicht im kleinsten Maßstab; es existiert nicht mehr die Abfolge, sondern die Bildform, deren Körper aus Zeit gewoben ist: d.h., es existiert die *Figur* oder besser, es existieren die *Figuren* der Zeit.

Diese Figuren erweisen sich auf den zweiten Blick als aus funkelndem und durchsichtigem psychischem Stoff gefertigte Wesenheiten, genauso wie die irdischen Körper aus undurchsichtiger und schwerer Materie gebaut sind, und dieser funkelnde und durchsichtige psychische Stoff trägt in seiner inneren Tiefe *(imum ago)* das gleichzeitige Tätigsein von «vergangenen», «gegenwärtigen» und «zukünftigen» Ereignissen, welche somit ihre schon vollendeten, ihre gegenwärtigen und ihre zukünftigen Aktionen darstellen: d.h. die Aktionen dieser Wesenheiten.

Man könnte sagen, dass, während das Profil oder die äusseren Umrisslinien dieser Bilder (Formen) eine relativ beständige Leuchtstärke sind (und daher ihre Form), die inneren Linien, die von diesen Bildern auf die verschiedenen Ebenen je nach ihrer geringeren oder grösseren Tiefe durchscheinen, im Gegenteil dazu Bewegungen sind: Und diese Bewegung verwirklicht sich, indem sie sich als *Klang* manifestiert. Es handelt sich also um einen inneren Klang, der nur für ein absolut inneres Ohr wahrnehmbar sein kann, ein Ohr, das sich auch tatsächlich «Ohr des Herzens» nennt.

Diese funkelnden Bilder erklingen in ihrer Innerlichkeit-in-Bewegung auf verschiedenen Transparenztiefen, und diese verschiedenen Tiefen sind das, was diese Figuren waren, das, was sie sind, und das, was sie sein werden. Sie *sprechen Zeit*: Aber sie sprechen gleichzeitig drei «Zeiten», und diese dreifache Zeitlichkeit erklingt synchron in einer einheitlichen inneren Dynamik, die man nicht anders nennen kann als *Werden*. Aber auch ihr Werden ist wiederum von dreifacher Reichweite. Das Werden ihres eigenen Wesenskerns, das in Klangsphären ertönt, die sich nach aussen hin ausbreiten (1. Reichweite), trifft auf andere Klangeinheiten anderer Figuren (oder Bilder), mit denen es sich mischt, entweder indem sie sich in polyphoner Weise harmonisieren oder indem sie in Überlagerungen zum Stillstand gekommener Klänge zueinander in Gegensatz treten; und in diesem (bestehenden) Drama der Musikalität verwirklichen sie sich auf jener Ebene der Gleichzeitigkeit, sei es als Wohlklang (Harmonie, Ausgleich, Liebe), sei es als Missklang (Feindschaft, Kampf, Krieg), und in dieser Gegenseitigkeit (2. Klangreichweite) vollbringen sie wahre und tatsächliche Aktionen, in denen das Vorherrschen des einen oder anderen dieser Bilder bewirkt, dass der unterliegende psychische Klang in die darunter befindliche physische Sphäre (3. Reichweite) abstürzt und dort als Stofflichkeit der Aussenwelt sozusagen zum Stillstand kommt und fixiert wird.

Die *Leichen* dieses kosmischen Kampfes sind die «Dinge» und die «Wesen», die wir mit den körperlichen Augen sehen.

Alle Gegenstände und Formen, die wir um uns herum im physischen, dreidimensionalen Raum mit den Sinnen wahrnehmen können, sind nichts anderes als zum Stillstand gekommene Klänge, tote Klänge, Wörter in stoffliche Dinge verzaubert, die wir durch befreiende und bannlösende Operationen des inneren Wortes, die als Mantra, als magische Formeln, als mystische Laute oder als Beschwörungssilben bezeichnet werden, in unserem Bewusstsein neu erwecken können, bis sie wieder den Rang des Wortes, des im inneren Klang lebendigen Wortes einnehmen. (Man muss beachten, dass das Mantra oder die Formel nur ein Hebel oder ein Hilfsmittel ist, um dahin zu gelangen, den gekreuzigten Klang zu neuem Leben zu erwecken: Keinesfalls ist das Mantra an sich schon dieser Klang, der nur im von Inspiration lebenden Inneren des erwachten Einzelbewusstseins existiert und sich daher immer schöpferisch *[im Werden]* und nie und nimmer in stereotypen Formeln wiederholbar zeigt.)

Der «Tod» dieses Klanges in der sichtbaren Form ist kein absoluter Tod an sich; er ist ein relativer Tod, in bezug auf den Klangarchetypus, dessen äussere Form nur Bildnis (Symbol) ist: Er ist ein Tod, der in Wirklichkeit nur das Verstummen klangvoller Innerlichkeit ist und damit die Ausstossung aus dem Paradies der absoluten Aktivität in ein Zum-Stillstand-Kommen in provisorischer Bewegungslosigkeit. (Deshalb nimmt man, wenn man die Welt physisch wahrnimmt und nicht bemerkt, dass man nur *Symbole* sieht, in Wirklichkeit nur Schein: *mâyâ* wahr.) Der Zustand des Verstummens und die relative Bewegungslosigkeit geht über vier Stufen zunehmender Dichte vor sich, die, lässt man für den Augenblick die kosmischen Entsprechungen beiseite, in vier Graden des fortschreitenden Absteigens in die naturhafte Wirklichkeit ihren Ausdruck finden:

1. *Die Mineralwelt*, in der vom Klang nur der absolute und sofortige Akt seines eigenen Zum-Stillstand-Kommens hinabgesunken ist. Daraus ergibt sich in der Natur der Minerale die *Dichte,* also das spezifische Gewicht, oder die Atommasse etc., deren vitale Veränderungen in erster Linie chemische Verbindungen sind (in der Tat heisst in der physischen Esoterik die Essenz des Klangarchetypus auch «chemischer Aether»), wozu noch «elektromagnetische» Beziehungen kommen, also solche der Schwerkraft, des Gleichgewichts, der Trägheit, der Kohäsion, der molekularen Anziehung etc. (Dieser Zustand entspricht im menschlichen Bewusstsein einem Zustand des Schlafes, der tiefer ist als der gewohnte traumlose Schlaf und den wir Koma, Katalepsie, Trance oder Scheintod nennen [= Skelett].)

2. *Die Pflanzenwelt*, in der vom Klang ausser dem Akt des Zum-Stillstand-Kommens auch der auf dieses Zum-Stillstand-Kommen folgende Gesamtvorgang hinabgesunken ist, d.h. die (aufeinanderfolgenden) Phasen eines Abstieges, die sich in der Pflanzenwelt wiederum, aber in umgekehrter Reihenfolge, als Entwicklungsphasen zeigen, wo sie dann (pflanzliches) Wachstum bis zur Blüte heissen. Nach der Blüte haben wir ein gegenläufiges Wachstum über die Frucht und das Welken bis zur Austrocknung und dem mineralischen Zerfall der Pflanze. Dieser Zustand entspricht im Menschen dem tiefen traumlosen Schlaf (= Drüsensystem).

3. *Die Tierwelt*, in der vom Klang nicht nur der Akt des Zum-Stillstand-Kommens und der auf dieses folgende Gesamtvorgang abgesunken sind, sondern auch der Verzicht auf das Wiederklingen, der sich in einer für sich

stehenden, getrennten, objektiven *Form* eingrenzt. Das Tier ist in seiner Form (*species*) völlig vollständig, aber sein Sich-Bewegen ist nur scheinbar, denn während in der *species* (Sichtbarkeit oder Form) auch der typische Instinkt jeder Gattung manifestiert ist, stellt das Sich-Bewegen des Tieres z.B. gegenüber der Pflanze (die nur wächst: sich entwickelt) ein von der eigenen Form Bewegtwerden dar. Es ist kein echtes Sich-Bewegen, es ist vielmehr das Bild dessen, was das Tier nicht in sich trägt, sondern was ausserhalb von ihm liegt. Es ist das Symbol dessen, was nicht in es hinabgesunken ist, sondern von aussen formbildend auf es einwirkt als Instinkt, als in ihm widergespiegelte Weisheit, die sich in Bewegung umsetzt (in eine automatische, hinsichtlich des Bewusstseins des Einzeltieres). Das Tier wird von Wesenheiten in Bewegung geträumt, deren Essenz selbst Bewegung ist; und daher scheint es, dass es *sich* bewegt, obwohl es in Wirklichkeit bewegt wird. Genauso wie der Mensch im Schlaf von Bewegungen träumt, wobei aber nicht er selbst der Urheber dieser Bewegungen ist und sich nicht selbst bewegt (wir sprechen hier nicht vom überbewussten Menschen, sondern vom gewöhnlichen), so ist auch die *Form* des Tieres ein Traum in Bewegung, ein Traum, gewoben von Wesen, deren Traum Klangtiere, Tiere aus Klangfülle erschafft, die von Gegenspielern zum Stillstand gebracht werden und zu stofflichen Tiergattungen auf der Erde absinken.

4. *Die Menschenwelt*, in der der Klang in seiner Ganzheit als autonomes inneres Leben in den einzelnen Menschen absinkt. Der Akt des Zum-Stillstand-Kommens (Dichte), durchtränkt mit seinem eigenen Absinkungsvorgang (Entwicklung) und seinem eigenen Klangverzicht (Form), nimmt nun auch die *Bewegung* des gesamten Prozesses in sich auf, der in seinem Bedeutungsinhalt vom Inneren des menschlichen Wesens neu abgestimmt wird und sich in der Sprache wiederum veräusserlicht. Die Sprache des Menschen (und als Sprache ist ein jegliches System von Ausdruckszeichen zu verstehen – um uns deutlicher auszudrücken: die verschiedenen Künste) ist das Bildnis des Logos. Im Menschen, haben wir gesagt, lebt auch der Sinngehalt des gesamten Klangprozesses (d.h. des *Weltwerdens*), und das findet seinen Ausdruck im ganzen menschlichen Bewegungsapparat, d.h. im gesamten System der Gliedmaßen. Wer einen Menschen beobachtet, sieht nicht nur eine Dichte, die sich entwickelt und deren Form eine Innerlichkeit ausdrückt, sondern sieht immer eine Form in Bewegung, die sich also bewegt (auch wenn der Mensch in einem Ruhezustand ist) und sich bewegt, um *den universalen Sinngehalt aufzunehmen und individuell nach aussen zum Ausdruck zu bringen.*

Dieses gesamte sprechende Mitwissen wäre im Menschen der Zustand der vollkommenen *Wachheit,* d.h. der aufrechte Mensch, der in Bewegung *seine* eigene Innerlichkeit als universale Innerlichkeit ausspricht: Das ist Mensch.

Jedermann kennt die morphologische Ansicht, dergemäss das Blatt einer Pflanze nichts anderes ist als die gesamte Pflanze im kleinen und umgekehrt die Pflanze nichts anderes ist als ihr eigenes Blatt im grossen. Nun ist auch die Körperform des Menschen nichts anderes als sein eigenes Sprachorgan im grossen, wie das Sprachorgan der gesamte Mensch im kleinen ist. Und da der Mensch die vorherigen Stadien (mineralisches, pflanzliches und tierisches) in sich fasst und zu einem Ganzen verschmilzt, gelangt man auf diesem Weg über eine immer stärkere Intensität zur transzendentalen Wahrnehmung, dass im menschlichen Wort der widerklingende Wesenskern aller Formen des Universums liegt.

Das lässt im wesentlichen den wahren Sinngehalt der *Freiheit* des Menschen erahnen; ein Sinngehalt, der sich aus dem Bewusstsein ergibt, die gesamte Skala der Wesen hinab- oder hinaufsteigen zu können (hinab bis zum Mineral [und tiefer], hinauf bis zum Vater), und zwar aufgrund seines dreifachen inneren Wesens (Gedanke, Gefühl, Wille), das in einheitlichen, aber unterschiedenen Bewegungen lebt (Beziehung zwischen den verschiedenen menschlichen Organen) und in äusseren Bewegungen spricht (Worte, Werke, Arbeiten, Bewegungen der Gliedmaßen, Teilhaftigkeiten des Bewusstseins, Akte des Überbewusstseins). Diese Fähigkeit gibt ihm im gesamten gesehen die Macht, die Wesen der Schöpfung aus dem archetypischen Klang in die *wahrnehmbare Form* (Wort-Form) inmitten seiner eigenen menschlichen Schöpfungen herabzuziehen, wie sie ihm auch die Macht gibt, die Wesen des schon Geschaffenen wiederum nach oben in den ursprünglichen Klang des Logos, ausserhalb der stofflichen und natürlichen Form, in das Schöpferische Wort der Hierarchien zurückzubefreien. Daraus geht als erstes der tiefe Sinn hervor, dass die Aspekte und die Wesen der Welt in Wirklichkeit nichts anderes sind als *Namen* und dass der Name der Namen der *Mensch* ist, der sich des im Ich individualisierten kosmischen Wortes vollkommen bewusst ist.

Eine der Folgerungen aus diesen Anmerkungen kann so lauten: Es ist nicht so sehr wahr, dass alle Dinge auf die Ebene des bewussten Wortes übertragen werden können, nur um in Worte *übersetzt* zu sein, als vielmehr das Gegenteil wahr ist, dass nämlich die Aspekte und die Wesenheiten der Welt (die Geschöpfe, die Gegenstände etc.; die Engel, die Dämonen etc.) in sich selbst nichts anderes als mehr oder weniger alphabetisierte (fixierte) Buchstaben der universalen Sprache, des Logos, sind.

In diesem Alphabet drückt der Mensch tatsächlich (und nur) sein Gesamtwesen aus, das immer weiter auf die bewusste Verwirklichung des eigenen Wesens zuschreitet und damit nicht ein von der Welt festgelegtes Wesen ist, sondern im Gegenteil ein Ausdruckgebender, ein Erlöser und Schöpfer der Welt. Geschöpfe und Dinge sind zum Stillstand gekommene Worte des Menschen. Dass er sich in Bewegung dreht, mit körperlichen Füssen, im Wald, den er mit seinen eigenen inneren Bewegungen (die für ihn äusserlich geworden sind) fixiert hat, das ist ein weiterer Beweis seines verlorengegangenen Bewusstseins der Einheit seiner selbst mit der Welt und ist gesamthaft wie das *Maß* der inneren Hindernisse (d.h. der Illusionen), die er überwinden muss, um in sich den Logos, in den er die äussere Natur aus sich heraus in den Logoszustand zurückführen wird, zu erkennen und wirksam werden zu lassen.

Damit ist sicher, dass in seinem ursprünglichen Prinzip (nicht schon in der

Zeit), im mit den Substanzen und den Aspekten der äusseren Welt konsubstantiellen Prinzip, alles absolut Lebendes Wort ist. Indem der Mensch wiederum allmählich diese Welt des Todes, die ihn umgibt, als Lebendes Wort einsetzt, nährt er sich von neuem am Göttlichen Brot, von dem das Irdische Brot nur ein Symbolbild ist, das in die schwere Stofflichkeit hineingezaubert wurde.

Arom

Erste Erfahrungen

Mit 35 Jahren, nach einem Leben voll harter und dauernder Kämpfe, führte mich der fremdartige Titel und der noch fremdartigere Inhalt eines Buches namens *«Dogma und Ritual der Hohen Magie»* von Éliphas Levi hin zum Studium der esoterischen Wissenschaften.

Die plötzliche Art und Weise, in der mich das Interesse daran packte, erweckte in mir die Empfindung eines – ich würde beinahe sagen – «Berufenseins».

Seit damals (und inzwischen sind viele Jahre verflossen) habe ich alle möglichen Arten derartiger Schriften gelesen. Ein grosser Stoss von Büchern, einige davon in echter Freundschaft und Treue, wiederholten mir immer und immer wieder: «Versuche! Wage! Das Reich Gottes will gewaltsam erstürmt sein und wird demjenigen geschenkt, der es zu erobern vermag.»

Ich traf die Entscheidung und widmete mich den Übungen mit Entschlossenheit sowie bewusstem und zähem Willen. Beinahe sofort erzielte ich unerwartete Ergebnisse.

Soll ich ein wenig ausführlicher davon sprechen? Vielleicht ja – denn so viele lesen nur und bleiben deshalb in Zweifel befangen oder ergehen sich in Phantasien; und wenige, zu wenige wagen es, den Schatz der geheimen Lehre in die lebende Wirklichkeit einer *Erfahrung* umzuwandeln.

Ich habe schon gesagt, dass ich beinahe sofort Ergebnisse erzielte. Dazu muss ich anfügen, dass die natürliche Festigkeit meines Geistes, der deutliche Wirklichkeitssinn, der bei den Übungen immer beobachtende und wache Geist sowie das Nichtvorhandensein irgendwelcher medialen Veranlagungen mich schliesslich überzeugten, dass dabei jegliches Element von «Abnormalität» und «Phantasie» ausgeschlossen werden konnte.

Fast alle Erscheinungen, wie sie hier, besonders in den Abschnitten von Meyrink und Abraxas, abgehandelt wurden, habe ich in der gleichen Reihenfolge und in gleich wachsender Intensität erlebt, von den ersten Sprüngen des vom Willen in Unbeweglichkeit festgehaltenen Fleisches bis zur erhabenen und schreckeneinflössenden Vision des eigenen lichthaften «Ichs», das vom Tag seines ersten Erscheinens an immer gegenwärtig geblieben ist.

Heute spreche ich von «*diesen Dingen*» mit einer gewissen Leichtigkeit, aber ich gestehe, dass ich das zu einem früheren Zeitpunkt nicht zustande gebracht hätte. Meine aus einer ziemlich nebulösen, «okkultistischen» Literatur bestehende Vorbildung hatte mich vor der wahren Wirklichkeit der Erscheinungen nicht ausreichend gewarnt oder hatte sie verfälscht. Ich verfiel daher Bewertungsfehlern, aus denen mich allein eine starke Dosis Mut zu erretten vermochte. Hier ist nicht der Ort, um weitschweifend über die Methoden zu reden; es waren einige Jahre Studium mit abwechselnder und darauffolgender langsamer, zäher Arbeit, um eine immer vollkommenere Beherrschung des Denkens und eine Reinigung von der «Wesenheit der Begierde» zu erlangen, dann Übungen zur Steigerung der Aufmerksamkeit sowie Meditations- und Konzentrationspraktiken, die ich intuitiv mit Atemübungen kombinierte.

1925 hatte ich die ersten Erscheinungen. Eines Tages, nach der Meditation, erschienen plötzlich rund um mich herum kleine leuchtende Striche, die einer äusserst schnellen, rotierenden Bewegung unterlagen. In weiteren Übungen wurden sie dann immer strahlender, und schliesslich verschmolzen sie zu einer einzigen Wolke, die aufbrach, worauf ein dunkler, opalfarbiger Hintergrund mit einem ganz hellen Licht im Zentrum sichtbar wurde.[1] Durch das Weiterführen der Übungen wuchsen die Ausmasse des Phänomens immer mehr – und oft spürte ich die *Gegenwärtigkeit* einer saugenden Kraft, gegen die ich dann unbewusst reagierte.

Durch dauernde, monatelang ausgedehnte Praktiken der Prana-Anreicherung mit Hilfe rhythmischen Atmens (manchmal mit Mantras) und Konzentration erwachte in mir eines Tages in den mittleren Nachmittagsstunden bei verdunkeltem Zimmer die Empfindung eines strahlenden Zentrums, das in Entsprechung zur Stirnmitte leuchtete: fast ein Born lebendigen Feuers, das durch die Arbeit des Geistes (☉) dynamisiert und durch den Hauch des Prana (☿) potenziert wurde.

Damals erlebte ich die erste Erfahrung dessen, was in gewissen Schulen «*Zustand der Wasser*» genannt wird, in dem durchscheinende Trugbilder und «leuchtende Medusen» hin- und herwogen.

Viele Nächte lang erschien mein Zimmer von funkelnden Lichtern durchflutet, von kleinen Sonnen, die überall aufgingen, um einen kurzen Augenblick aufzuleuchten und dann zu verschwinden. Ein nicht nachlassendes opalfarbiges Licht verwischte jeden Umriss, und selbst die Zimmerwände erschienen mir wie im Wasser versunken. In gewissen Augenblicken herrschte eine Dunkelheit, die dann auf einmal von in alle Richtungen zuckenden Blitzen zerrissen wurde, hervorgerufen durch das Herumsausen von rötlich-feurigen Raketen. Fremdartige, manchmal riesenhafte schwarze Schatten zeigten sich in der Ferne, während andere von Licht strahlende

[1] Vgl. dazu die Ausführungen eines hermetischen Textes (Dorn, *Specul. Philosoph.*, in *Theatrum Chem.*, I, 275). «Allmählich wird er mit den Augen des Geistes eine grosse Menge Funken aufleuchten sehen, jeden Tag mehr, und sie werden zu einem grossen Licht anwachsen.» (*Anm. v.* Ur)

Formen näher kamen, bis sie mich durchdrangen und wieder hinter sich liessen und in meinem Körper sogar die Empfindung von Hitze oder Eiseskälte hervorriefen. Darauf folgte für gewöhnlich eine lichthafte Ruhe, in der alle dunklen Formen verschwanden und fluoreszierende Lichtwesenheiten auf den Plan traten, die eine gewisse Beständigkeit aufwiesen, so dass ich sie im Geiste abbilden konnte.

Was sollte ich von diesen Erscheinungen halten? Und wie mich von ihnen befreien, nachdem ich sie hervorgerufen hatte? Wie sollte ich inmitten solcher Lichtorgien Ruhe finden? Wer durch derartige Prüfungen gegangen ist, weiss nur zu gut, wie zwecklos es ist, die Augen zu schliessen, *denn jenes ist ein Sehen ohne Augen und ein Hören ohne Ohren.* Wie sollte ich vom Gefühl loskommen, wie eine haltlose Feder herumzuschweben, obwohl ich wusste, bei vollem Bewusstsein unbeweglich auf dem Bett zu liegen?

Und ununterbrochen und unabwendbar auf der Stirn zwischen den beiden Augen das lichtstrahlende Zentrum festzustellen, das wie ein Riesenhammer Feuerfunken auf alles und überallhin versprühte? Und in welcher Geisteshaltung sollte ich schliesslich mein eigenes Abbild betrachten und beurteilen, wenn es in Feuerlinien gezeichnet auf dem schwarzen Hintergrund der Nacht erschien?

Heute kann ich meine Ängste ohne Gefühlsregungen betrachten und sie grundlos nennen, da ich gelernt habe, sie zu beherrschen; aber bei diesen ersten Erfahrungen war ich dazu nicht in der Lage, und in Anbetracht der Grösse jener Erscheinungen würde ich auch jetzt nicht wagen, über sie zu lachen.

Von der langen Anspannung entkräftet, erwachte ich dann nach einem kurzen Schlaf gegen Morgen, und da, wie als Tröstung nach dem harten Kampf, erschloss sich mir auf einmal eine neue, verklärte Sicht der Natur. Wie in einem Wunder zeigten sich meinen kaum geöffneten Augen die Gegenstände und Lebewesen in einer Klarheit, in einer Lebendigkeit und einer Bedeutungstiefe, von denen ich vorher nichts wusste und die kein Wort je zu vermitteln vermöchte. Ich erfasste in der Freiheit der Kontemplation die tiefen Kräfte der Natur und des Lebens; und nichts von dem, was ich, der ich doch ein leidenschaftlicher Naturforscher war, wusste, konnte in bezug auf Vollständigkeit, Feinheit des Details sowie organischen und unmittelbaren Zusammenhang den Vergleich aushalten mit alledem, was ich auf diese Weise ohne irgendwelche Anstrengung erkennen konnte, da sich mein gesamtes Wesen in einem vollkommenen Zustand der Ausgewogenheit befand.

Diese Erfahrungen sind vielleicht gering im Vergleich zu dem, was andere erreicht haben mögen und heute noch erreichen.

Trotzdem besitze ich die feste Überzeugung, mir den Weg zu höherzielenden Eroberungen geöffnet zu haben. So wie es heute steht, *«weiss ich»*. Jetzt geht es darum, dieses Wissen zu ergreifen und fähig zu werden, in jener Welt, deren Tore mir geöffnet sind, zu wirken.

Ist das vielleicht Anmassung? Eine tiefinnere Stimme sagt mir nein. Sie sagt mir, dass ich auf dem rechten Weg bin, dass der erste Schritt getan ist und dass ich nur genügend Kraft haben muss, um weiter voranzuschreiten.

EA

DIE FRAGE DER UNSTERBLICHKEIT

In den vorliegenden Aufzeichnungen wollen wir kurz klarmachen, wie sich die Frage des Weiterlebens nach dem Tode und diejenige der Unsterblichkeit vom initiatischen Standpunkt her darbieten, der, wie wir gesehen haben, im wesentlichen ein Standpunkt der *Erfahrung* und der *Wirklichkeit* ist.

Der erste Punkt, den es zu präzisieren gilt, ist folgender: *Für was,* für welche Entität also, stellt sich überhaupt die Frage des Weiterlebens oder Nicht-Weiterlebens nach dem Tode? Hierbei wollen wir nicht von irgendeiner abstrakten, von der Philosophie oder Theologie erfundenen Entität sprechen, sondern von dem, was man konkret ist, d.h. das, was man *Lebensbewusstsein* nennen kann. Dieses ist ein individualisiertes Bewusstsein, das seine Ich-Empfindung praktisch aus seiner Wechselbeziehung mit einer bestimmten psycho-physischen Organismuseinheit sowie der Sinneserfahrung allgemein gewinnt.

Für ein solches Bewusstsein nun frei heraus das Weiterleben, wenn nicht gar die Unsterblichkeit zu behaupten, ist etwas, was man nicht einfach gedankenlos machen kann. Vor allen Dingen muss man dabei bedenken, in welchem Ausmass die Fähigkeiten eines solchen Bewusstseins, eingeschlossen jene, die überhaupt die Grundlage seiner organisatorischen Einheit bilden, schon durch einfache körperliche Begleitumstände in Mitleidenschaft gezogen werden. Man sieht dann, dass bereits mit dem Schlaf allein wegen des Fehlens der Sinneswahrnehmungen auch das Bewusstsein verlorengeht oder höchstens seine, das gewöhnliche Träumen kennzeichnenden, eingeschränkten Formen übrigbleiben. Sicher, aus dem Schlaf erwacht man wieder, und das Bewusstsein kehrt zurück; aber das tritt nur deswegen ein, weil die zugrundeliegende organische Einheit weiterbesteht. Dabei sollte man auch einige Tatbestände aus der Pathologie mit beachten. Es gibt gewisse Krankheiten, die Stufe um Stufe gerade diese organische Einheit angreifen, zuerst fortschreiten, aber dann wieder zurückgehen, wobei sie mit einer Art Halbgesundheit das Leben von neuem spüren lassen, um später wiederum ihren alten Verlauf zu nehmen. Hierzu ist richtig vermerkt worden, dass man in solchen Fällen nacheinander die Eindrücke eines Menschen empfängt, der dem Leben geboren wird und dann wieder dem

Tode zugeht; im fortgeschrittenen Stadium einer solchen Krankheit erlebt man schliesslich eine Art *Todeserfahrung*; man nähert sich also dem Tode so weit – in der Mathematik würde man das Grenzwertkonvergenz nennen –, dass man die damit verbundene Empfindung erahnen kann: eine Empfindung des völligen Versinkens und der Auflösung.[1]

Man darf aber auch nichts anderes erwarten, handelt es sich doch um jenes Bewusstsein, das mit der tierhaften Lebenskraft durch und durch verschmolzen ist. Die in Rede stehende Frage der Unsterblichkeit müsste also in einer anderen Art und Weise gestellt werden: Man müsste herausfinden, in welchen Fällen und unter welchen Bedingungen im Menschen *tatsächlich* etwas anderes gegenwärtig ist, was mehr ist als das von uns so genannte «Lebensbewusstsein». Hier unterscheidet sich die initiatische Lehre ganz deutlich vom Grossteil der religiösen Meinungen (wenigstens in ihrer exoterischen Fassung), denn sie stellt die Frage des Weiterlebens und der Unsterblichkeit nicht in einer generellen und abstrakten Form – für den Menschen im allgemeinen –, sondern nimmt Rücksicht auf verschiedene Möglichkeiten und verschiedene Umstände.

Wenn man allerdings nicht ein organisiertes und zentralisiertes Bewusstsein meint wie dasjenige, an das man denkt, wenn man «Ich» sagt, kann man auch ganz allgemein zugeben, dass etwas über die Todeskrisis und das Versinken hinaus bestehenbleibt. Ebensowenig wie sich der körperliche Organismus mit dem Tod in nichts auflöst, sondern zuerst als Leichnam weiterbesteht, der sich dann den verschiedensten physikalisch-chemischen Gesetzen folgend in seine Einzelelemente zersetzt, muss man das für den «psychischen» Teil des Menschen annehmen: Für eine gewisse Zeitspanne überlebt so etwas wie ein «psychischer Leichnam» den Tod, eine Art Faksimile der Persönlichkeit des Verstorbenen, was in bestimmten Fällen auch Ursache verschiedener Erscheinungen sein kann. Diese Erscheinungen des psychischen Leichnams oder einzelner Teile von ihm (wenn die nachfolgende Zersetzung schon im Gange ist) sind es, die von den Spiritisten naiv als «experimentelle» Beweise für das Weiterleben der Seele nach dem Tode angesehen werden, wo sie doch für einen scharfen Beobachter eher als Beweis für das Gegenteil gelten müssten. Der diesen weiterlebenden und nunmehr unpersönlichen Kräften eigene, automatische Charakter ändert nichts daran, dass die erwähnten Erscheinungen manchmal von bemerkenswerter Stärke sind. Das ist zum Beispiel der Fall, wenn Gefühle, Leidenschaften oder tiefe Neigungen einmal während des Lebens geweckt bis zum Tode ständig weitergenährt wurden. Solche Kräfte sind es dann, die das entleerte Bild des Verstorbenen *weiterführen* und sozusagen den Platz seines «Ichs» einnehmen, was übrigens in derartigen Fällen, wenn auch in geringerem Umfang, oft schon während des Lebens geschah. Es handelt sich also immer um Aktionen von «Elementa-

[1] Über diese Vorwegnahme der Todeserfahrung bei manchen organischen Krankheiten vgl. J. M. Guyau, *Esquisse d'une morale sans obligation ni sanction,* Paris, 1885, Sekt. I, Abs. II.

len», die nichts mit dem zu tun haben, was man die geistige Persönlichkeit des Toten nennen kann.[2]

Die Verwendung dieses letzten Begriffs verlangt allerdings nach einer Erklärung, denn er beinhaltet offensichtlich etwas mehr als das, was wir das Lebensbewusstsein genannt haben. Rein ontologisch gesehen ist es klar, dass ohne irgendwelche Beziehungen zu einem transzendenten Prinzip nicht nur kein Mensch, sondern überhaupt kein natürliches Wesen eine Existenz, und zwar nicht einmal eine Scheinexistenz haben könnte. Vom initiatischen Standpunkt muss dazu gesagt werden, dass man sich überhaupt erst auf Grund einer von einem höheren Prinzip ausgehenden *Spiegelung* als «Ich» fühlt, und die schon erwähnte Zustandsweise des gewöhnlichen Lebensbewusstseins kann als jene verstanden werden, die zwischen einem reflektierten Bild und dem Medium besteht, in dem sich dieses Bild formt. Zwischen dem einen und dem anderen herrscht in der Tat ein enger Zusammenhang, der das festlegt oder besser noch organisiert, was in indischer Terminologie das «Elementen-Ich» oder treffender das «samsarische Ich»[3] genannt werden könnte, während der in der klassischen Terminologie entsprechende Begriff die Seele ist, im Gegensatz zum νοῦς, also zum Geist, verstanden als ein unvergängliches olympisches Prinzip.

Wenn ein Spiegel zerbricht, berührt das nicht den Gegenstand, der sich darin spiegelt, aber sein reflektiertes Bild verschwindet. Genauso muss man auch das Phänomen des Todes deuten, wenn es nur dieses negative Ergebnis aufweist, wie beim eben besprochenen Lebensbewusstsein. Das, was den Charakter eines menschlichen Ichs hat, lebt in einem solchen Fall eben nicht weiter. Genauer gesagt, tritt ein echter und wahrhafter Zustandswechsel ein, und abgesehen vom besprochenen psychischen Leichnam und den psychischen Resten, die wie Automatismen sind, die auf Grund des Trägheitsprinzips fortbestehen, wird das, was das eigentliche Leben des samsarischen Ichs ausmacht, wieder von einem unterpersönlichen Sippenstamm aufgesogen, den man als «Wurzelwesenheit» kennzeichnen könnte. Auch auf dieser Ebene ist ein Weiterleben – besonderer Art – vorstellbar, denn diese Wesenheit hat das Leben nicht nur *einem* bestimmten Körper gegeben, sondern kann es auch anderen geben, sowohl vorher als auch nachher; bei der Auflösung einer bestimmten psycho-physischen Einheit und des von ihr aufrechterhaltenen Ich-Reflexes bleibt jene Kraft ja weiterbestehen und wird nur latent wie ein mögliches Feuer, das in einer neuen Verbindung wieder aufflammen kann, was in diesem Fall ein neues Individuum, eine neue

[2] Ein anderer Fall ist auch noch zu beachten, wenn nämlich die psychischen Reste und Faksimiles von dunklen Mächten des Jenseits beseelt und verwendet werden, denn auf dieser Grundlage findet eine grössere Anzahl von parapsychologischen Phänomenen ihre Erklärung, als man annehmen möchte. Schliesslich haben wir noch die Möglichkeiten der Nekromantie (Totenbeschwörung), für die der Operant einer Larve Leben und «Ich» leiht, um sie damit für kurze Zeit dem erloschenen Zustand zu entziehen, der in den klassischen Überlieferungen dem *Hades* entsprach.

[3] Ein sehr ausdrucksstarker Begriff, der von den Gnostikern für eben dieses Prinzip gebraucht wurde, ist *nachgeahmter Geist*.

Existenz bedeutet. Natürlich handelt es sich hier nicht nur um die biologische Art und Sippe, noch handelt es sich um die Leben, die von ein- und demselben Blut mittels geschlechtlicher Zeugung hervorgebracht werden. Die Existenzen, die verschiedene Manifestationen jener Wesenheit sind, können, abgesehen von ganz seltenen Ausnahmen, voneinander völlig unabhängig und losgelöst in Erscheinung treten. Ein Band einigt sie, das aber für die körperlichen Sinne nicht wahrnehmbar ist, ein unsichtbares Band ohne stoffliche Grundlage. Hier müssen wir uns auf diesen für eine allgemeine Orientierung notwendigen Hinweis beschränken, denn die Frage der Beziehungen zwischen den einzelnen Erbelementen, die der Mensch in sich vereinigt, würde uns zu weit führen und soll, wenn überhaupt, bei einer anderen Gelegenheit behandelt werden.

Der eben gemachte Hinweis sollte aber in jedem Fall dazu dienen, das Missverständnis der *Wiedergeburtslehre* aufzudecken, einer Ansicht, die, konträr zu dem, was viele heutige «Geisteswissenschaftler» und Theosophen glauben, in keiner Weise einer esoterischen Lehre entspricht. Das, was in verschiedenen alten Texten des Westens und Ostens auf sie Bezug zu nehmen scheint, ist nichts anderes als die symbolische und volkstümliche Darlegungsform einer Lehre, die einen ganz anderen Sinngehalt trägt. Ganz allgemein gesprochen wäre es ein Widerspruch in sich, wenn ein «samsarisches Ich» – und ein anderes «Ich» besteht für die überragende Mehrheit der Menschen praktisch ja nicht, weshalb es für sie als das Ich überhaupt gelten muss – wiedergeboren werden könnte. Es ist ein Widerspruch in sich, weil die relative Identität eines solchen Ichs nur in Abhängigkeit von einem bestimmten psychophysischen Organismus besteht, d.h. in Abhängigkeit von einer bestimmten Kombination, die – hat sie sich einmal aufgelöst – nicht noch einmal genau gleich auftreten wird. Das, was in einer Serie von Existenzen weiterbesteht, ist daher nicht das, was passiv hervorgebracht wird, sondern die Energie, die aktiv hervorbringt, also das unterpersönliche Kraftgebilde, von dem oben die Rede war. In anderen Worten: Nennen wir A, B, C etc. die «Ichs», die in den einzelnen Existenzen der Serie Gestalt angenommen haben, so ist es nicht A, das sich in B reinkarniert und von B auf C übergeht usw., sondern es ist die Kraft, die in A gewirkt hat und in der sich A wiederum auflöst, die sich dann auch in B, C etc. von neuem manifestiert. Der Weiterbestand, die *Kontinuität* gilt einzig und allein für diese Kraft, die weder ein Ich ist noch das Lebensbewusstsein; im Gegenteil: Wenn durch ein Wunder A – das Ich einer bestimmten Existenz – B, C etc. vor sich sehen könnte, d.h. die Wesen, die eigentlich seine «Reinkarnationen» sein sollten, würden sie ihm und müssten sie ihm genauso fremd erscheinen wie die anderen Menschen oder Ichs, die von ihm räumlich unterschieden sind.

Die Ebene, auf der Wiedergeburt wahr sein kann, ist die samsarische Ebene (die Welt der Wasser, der hellenische «Zyklus der Notwendigkeit»), die mit der Ebene der geistigen Persönlichkeit überhaupt nichts gemein hat. Aus dem Grunde – das sei nur nebenbei erwähnt – ist immer begründeter Verdacht anzumelden, stösst man auf irgendeine Lehre, die den Reinkarnationsgedanken ohne weitere Erläuterung in den Vordergrund schiebt, ausser sie verfolgt dabei den praktischen Zweck, einen Hinergrund zu schaffen, vor dem sich eine völlig entgegengesetzte Richtung, eben die Richtung der «Befreiung», besonders deutlich abheben soll. Dass es spezifische Erfahrungen gibt, die der Wiedergeburtslehre als eine Art Beweis dienen können, sei nicht geleugnet, man muss sie aber auch richtig deuten. Derartige Erfahrungen sind heutzutage und besonders im Westen äusserst selten geworden, da das individuelle Ich eine immer starrere Form angenommen hat und sich immer mehr in sich selbst abschliesst. Es ist jedoch möglich, dass durch einen plötzlichen Spalt oder vielleicht auf Grund von Initiationspraktiken diese Beschränkung wegfällt und einem ein gewisses Wissen um die tiefste Wurzel des eigenen Lebens zuteil wird: Es steigt dann das *samsarische Bewusstsein* auf, das in einem solchen Fall auch die Gestalt einer Erinnerung annehmen kann. Im tiefen, unterpersönlichen Stamm besteht nämlich die Erinnerung an andere Existenzen, an Existenzen, die in einer nicht zusammenhängenden Serie von Ichs als vergängliche Manifestationen ein und desselben unerschöpften Stammes in Erscheinung traten. Diese Erfahrungen bedeuten also nur, dass das individuelle Bewusstsein für einen Augenblick ausgeschaltet wurde und man eine besondere Art des «Abstiegs in die Hölle» vornahm. Dabei kann es sich – je nach Einzelfall – um einen Rückschritt oder aber um eine gewisse, zumindest der Möglichkeit nach vorhandene Überindividualität handeln. In der Tat müsste ja bei Ausschaltung der Beschränkung des individuellen Bewusstseins streng genommen auch das Wachbewusstsein – wie im Schlaf – ausfallen, und es wäre überhaupt keine Erfahrung mehr möglich. Nur kraft einer Art Nachklang von älteren Stadien blieb im Osten ein samsarisches Halbbewusstsein erhalten, das jenes Gefühl von einem einzigen Leben des Ichs auf Erden, das heute im Westen das normale und allgemeine Gefühl darstellt, nicht so aufkommen liess. Aber abgesehen von diesen Rückbewegungen und gleichsam Anhängsel oder Ausläufer eines noch nicht völlig abgegrenzten und gefestigten Bewusstseins muss man das samsarische Bewusstsein als eine Form des initiatischen Bewusstseins ansehen.[4] Und jedermann wird sich erinnern können, dass in den Texten des Urbuddhismus, wo von der Vision der vielfachen Leben die Rede ist, diese Vision eben in unzweideutiger Weise an Stadien der hohen Kontemplation geknüpft ist. Es handelt sich also um eine Erfahrung, die in jedem Fall die *Loslösung,* die *Nichtbindung* zur Voraussetzung hat.

Und damit sind wir zum Kernpunkt der initiatischen Frage des Weiterlebens nach dem Tode sowie zur Lehre gelangt, die von den Bedingungen sowohl dieses Weiterlebens als auch der Unsterblichkeit berichtet. Wir haben für das Ich das Bild eines Reflexes verwendet, der an das Medium gebunden ist, in dem er Gestalt angenommen hat. Nun kann man sich ein Zurückkommen vom Reflex auf seinen Ursprung vorstellen, etwas, was aber eben eine Trennung, ein Wegnehmen, eine Loslösung impliziert, denen auch ein Zustandswechsel und eine tiefe Krisis entsprechen, denn dabei

[4] Vergleiche die Darlegungen von «Abraxas» im I. Kap.

erfährt man, mehr oder weniger wie im Tode, den Wegfall des gewohnten, vom Körper und der samsarischen Lebenskraft gebildeten Haltes. Das ist der *initiatische Tod*, der sehr wohl als ein tatsächlicher Tod angesprochen werden kann, der auf experimentellem Wege realisiert wird, allerdings erst, nachdem der fraglichen Person eine Kraft übertragen wurde, die sie fähig macht, ihr Bewusstsein aufrechtzuerhalten.[5] Wer tatsächlich und wirklich durch diesen Tod gegangen ist, hat aufgehört ein Mensch zu sein; er ist trotz individueller Form nicht mehr an diese gebunden, sein Ich ist kein Reflex mehr, sondern eine *Wesenheit*. Er hat damit die «geistige Persönlichkeit» wahrgemacht. Ist man so weit gekommen, kann auch der Halt des Körpers und der Sinneserfahrung wegfallen, und das Bewusstsein wird sich nicht auflösen und untergehen. Damit ist die *positive* Voraussetzung für das Weiterleben nach dem Tod verwirklicht, was eventuell auch durch Gegenproben erhärtet werden kann. Unter bestimmten Bedingungen können Zustände hervorgerufen werden, in denen man sagen kann: «Alles, was von der Welt der Sinne zu mir gelangt, ist jetzt ausgeschaltet, und doch spüre ich mein Bewusstsein klar, durchscheinend, ungreifbar.» Was die konkrete Realität der initiatischen Umwandlung betrifft, genügt es, an die Aussage zu erinnern, die im schon «aufgeklärten» Griechenland so starken Aufruhr hervorrief, dass nämlich, wenn ein Verbrecher in Eleusis eingeweiht wird, sein Schicksal nach dem Tode nicht mit dem verglichen werden kann, das einen auch noch so tugendhaften oder berühmten Mann – wie es zum Beispiel Epaminondas war – trifft, der nicht eingeweiht ist.

An diesem Punkt muss aber hervorgehoben werden, dass das bewusste Weiterleben nach dem Tode nicht ohne weiteres mit *Unsterblichkeit* gleichgesetzt werden kann. Das führt zurück auf die Theorie der Hierarchie der Welten und der Seinszustände wie auch auf die sogenannten zyklischen Gesetze. Dazu können wir jetzt aber nur einen kurzen Hinweis geben: Unsterblich im absoluten Sinn ist nur das Nicht-Bedingte, das Prinzip, das jenseits aller Manifestationen liegt. Unsterblichkeit gibt es also nur als «olympische» Unsterblichkeit im erhabenen Sinne, und die kann allein aus einem Zustand der Vereinigung mit dem Nicht-Bedingten hervorgehen. Wer schon die Voraussetzungen für das Weiterleben nach dem Tode verwirklicht hat, kann dann auch dieses höchste Ziel anstreben. Aber das heisst nicht, dass er Erfolg haben muss. Man kann versuchen, die vollständige «Befreiung», die unsterblich macht, noch im Leben zu erlangen. Einige Möglichkeiten dazu gibt es auch im Augenblick des Todes, andere in den Nach-Todesstadien, in denen die Erkenntnis und das Bewusstsein des

[5] Die hermetische *«separatio»* oder «Scheidung», die in den Texten häufig mit der «mortificatio» («Abtötung») und dem «Tod» gleichgesetzt wird, hat genau diese Bedeutung. Man kann auch an die Stelle erinnern, in der PAULUS (*Hebr* 4, 12) sagt: «Denn das Wort Gottes ist ein *lebendiges Schwert* und dringt durch, bis dass es *scheidet* Seele und Geist und *trennt* den Geist von den Leidenschaften des Herzens.» (Anm. des Übs.: Übersetzung nach der italienischen Bibel-Fassung.) ORIGENES (*De princ.*, III, 3) spricht von der Seele des Fleisches – dem «samsarischen Ich» – als Gegensatz zum Geist und fügt hinzu, dass sie an «das Blut des Menschen» gebunden ist. Vgl. den initiatischen Ausdruck: «das Blut kalt werden lassen».

Eingeweihten zum Unterschied vom gewöhnlichen Menschen erhalten bleiben.[6] Zur Erlangung der Unsterblichkeit ist es vor allem entscheidend, jedes Bestreben, jede Neigung zu *verbrennen,* die darauf hinauslaufen könnte, diesen oder jenen übermenschlichen – oder wenn man will auch «engelhaften» oder «himmlischen» – «Sitz» einzunehmen, denn alles das gehört vom initiatischen Standpunkt aus immer dem manifestierten Bereich zu, immer zum Bedingten und nicht zum Nicht-Bedingten, und hat daher auch keinen «Ewigkeits»-Wert. Wenn sich dieser Kampf um die Unsterblichkeit dabei auf der im eigentlichen Sinne magischen Ebene abspielen sollte, besteht die Aufgabe darin, den Wesenheiten, mit denen man in Beziehung tritt (den Personifizierungen bestimmter Seinsweisen), Widerstand zu leisten, indem man in genau ihrer Richtung eine grössere Stärke entwickelt als sie. Hier gilt der Grundsatz, dass, hat man einmal eine *Beziehung* hergestellt, ein Nicht-selbst-Herrschen ein sofortiges Beherrschtwerden bedeutet und daher ein Gebundensein an einen bestimmten Existenzzustand entsteht. Aber auch beim magischen Weg muss sich für die «Grosse Befreiung» auf dem Gipfelpunkt die Kraft in reines Licht verwandeln.

Im gesamten gesehen, muss man eine ganz deutliche Trennlinie ziehen zwischen denjenigen, die nach dem Tode weiterleben, sowie den «Unsterblichen» einerseits und der grossen Masse der Menschen andererseits, was auch immer, und zwar nicht nur allein von den Initiationsschulen, sondern ebenso von fast allen antiken Religionen, wenn auch bloss in Symbolen, anerkannt wurde.

Die Vorstellung, dass jedermann eine «unsterbliche Seele» besitzt, die dazu noch als exaktes Abbild des Lebensbewusstseins und des einzelnen irdischen Ichs aufgefasst wird, ist wahrlich eine ideologische Verirrung, mag man auch manchmal ihren Vorteil als Opium für die Massen nicht abstreiten können.

Zum Weiterleben fähig und unsterblich ist nicht die «Seele», sondern der Geist *(nous)* als übernatürliches Element. Aber es ist zwecklos, ihn heranzuziehen und zu sagen, dass er unzerstörbar und ewig ist, wenn es zwischen dem Lebensbewusstsein im samsarischen Reflex und diesem Prinzip überhaupt keinen Berührungspunkt und keine Verbindung gibt. Die «Seele» kann nur weiterleben, wenn sie sich dem «Geist» anschliesst und zur *stehenden und nicht fallenden Seele* wird, von der Agrippa (vgl. S. 127) berichtet. Und das ist die *metabolé,* die Umkehrung der Polaritäten, deren Ausgangspunkt die Initiation ist. Die Seele stützt sich dann, statt sich an das natürliche Sein zu halten, auf das übernatürliche Sein und integriert sich in ihm. Damit bildet sich eine neue Form, die vom Tod nicht mehr angegriffen werden kann. Zerfällt dann der physische Körper, so löst sich aus ihm anstelle des psychischen Restes und statt dessen, was auch der «zweite Tod» genannt wurde, diese neue Form als ein «Körper» aus unvergänglichem

[6] Das ist es, worum es in den so ausdrucksstarken Beschreibungen im *Bardo Thödol,* dem *Tibetanischen Totenbuch,* und zum Teil auch im *Ägyptischen Totenbuch* geht.

Licht. Dieser entspricht dann der Energie, die sich nach den nötigen Umwandlungen auf derjenigen Seinsebene manifestiert, die der jeweiligen «Erkenntnis» und «Würde» des Eingeweihten zukommt. Im einzelnen wird auch alles das dem Tod entrinnen und eine Art «Kontinuitätsubstrat» bilden, was vorher in die stehende und nicht fallende Seele integriert wird, die übrigens, wie Agrippa sagt, auch das wirkende Prinzip aller Operationen in der Hohen Magie ist.

VI

Leo

Jenseits der Schwelle des Schlafes

Wie ihn der übliche Typus Mensch erlebt, ist der Schlaf eine Auslöschung des Bewusstseins, eine Art Tod, die von der Scheinwelt der Träume nur wenig erhellt wird. Man kann sogar sagen, je tiefer der Schlaf und je versunkener das Bewusstsein, desto grösser ist die Befriedigung, als ob damit der ideale Zustand erreicht wäre.

Wenn man aber eine grössere Selbsterkenntnis errungen hat, wenn das innere Leben erstarkt und beherrschend wird und die äussere Welt aufhört, als einziger Mittelpunkt des Interesses empfunden zu werden, dann bekommt man das vage Gefühl, dass das Leben des Schlafes eine Weiterführung und nicht eine Pause, ja eine Vervollkommnung des wachen Lebens und nicht ein jäher, immer wieder auftauchender und unverständlicher Unterbruch ist.

Jeder Erklärungsversuch des Mysteriums des Schlafes ist zwecklos, wenn man unfähig ist, einen Wechsel in der Ausrichtung seines individuellen Bewusstseins vorzunehmen. Der Fehlschlag der wissenschaftlichen Theorien, die diesem Rätsel beikommen wollten, ist auf die Tatsache zurückzuführen, dass man es zu erklären versucht, indem man die für die Forschungen der äusseren Erscheinungen üblich gewordenen Mittel einsetzt. Im physischen Körper ist aber keine wirkliche Erklärung gefunden worden, und man wird dort auch nie eine finden, denn man kann ohne weiteres sagen, dass im Körper überhaupt nichts passiert, wenn man in den Schlaf fällt: Der Körper unterliegt nur dem Schlaf, denn der wahre Wechsel ereignet sich nicht im physischen oder körperlichen Bereich. Etwas Unsichtbares entfernt sich vom Körper und führt das Bewusstsein mit sich. Die gewöhnlichen Lebenserscheinungen bleiben bestehen, aber die Verbindung des seelischen Lebens mit dem Gehirn ist unterbrochen.

Wenn wir an das anschliessen wollen, was auf diesen Seiten über den «feinstofflichen Körper» geschrieben worden ist, können wir hier eine Art Zweiteilung bei ihm feststellen. Eine Kräftegruppe in ihm, die darauf ausgerichtet ist, Form und Leben zu geben, bleibt im schlafenden physischen Körper zurück, der sich dadurch von einem Leichnam unterscheidet. Die Kräftegruppe hingegen, die dem Denken, dem Fühlen und den verschiedenen Handlungsimpulsen vorsteht, scheint sich zu entfernen, um ein eigenes Leben zu führen. Daher kann des Rätsels Lösung weder von einer materialistischen Untersuchung noch von theoretischem Wissen erwartet werden, sondern nur von der Erlangung eines erweiterten und gewandelten Bewusstseins, was einem Sich-Öffnen der Augen für einen neuen, inneren Horizont gleichkommt.

Wie schon angeführt, besteht der erste Schritt darin, die innere Einstellung zur Nacht und zum Schlaf zu ändern. Man muss also gegen die Neigung kämpfen, sich fallen zu lassen, aber auch gegen das Gefühl, dass die Nacht das Reich der Finsternis sei. Die Nacht ist vielmehr ein kosmisches Neuerwachen, ein Hervortreten, Pulsieren und Erklingen geistiger Kräfte, die das physische Licht der Sonne mit seiner Gewalt niederdrückt. Eine *geistige Sonne* ist es, die jetzt aufsteigt und die unser feinstofflicher Körper sucht, um sich nach ihr auszurichten. Man muss dabei ein Gefühl der Erwartung für eine Form des Lebens aufbauen, das unermesslich freier und weiter ist als das gewöhnliche wache Leben.

Hier ist leicht ein Einwand vorherzusehen, dem aber sofort begegnet werden soll. Man könnte nämlich sagen, dass eine solche Einstellung, die aus dem Schlaf einen überwachen Zustand machen will, mit demjenigen in Gegensatz gerät, was man vom Schlaf als wichtigstes erwartet, nämlich die Ruhe und Erholung der physischen Kräfte. Dem ist jedoch nicht so; es passiert vielmehr das Gegenteil: Schon von diesem ersten Erfahrungsstadium an erfolgt die organische Erholung in schnellerer und vollständigerer Weise, so als ob man schon begänne, mit den tiefen Kräften der Erholung in Verbindung zu treten und mit ihnen zusammenzuarbeiten. Und man wird dabei herausfinden, dass das Bedürfnis nach acht bis zehn Stunden Versteinerung, aus denen man dann wieder befriedigt und verdummt erwacht, zu bestehen aufhört und dass man im Gegenteil schon nach wenigen Stunden von selbst aufwacht, und zwar in einem Zustand von Lebendigkeit, Fülle und Frische, begleitet von einem besonderen Gefühl der Freiheit, des Mutes und der aktiven Überlegenheit gegenüber unseren täglichen Aufgaben.

Nachdem die jetzt besprochene Bewusstseinshaltung einige Zeit gewachsen ist, müssen wir versuchen, einen weiteren Schritt vorwärts zu machen. Beim Einschlafen gibt es beim Übergang vom einen Bewusstseinszustand zum anderen einen Augenblick der Verdunkelung und des Unterbruchs, den es zu überwinden gilt.

Man muss eine Brücke schlagen, die unser Ich in seiner Fülle als unterschiedenes Wesen auf die andere Seite und wie zu einer anderen äusseren Welt führt, die jenseits der physischen Sinne liegt. Man muss die *Kunst des Einschlafens* erlernen.[1] Ein paar Hinweise dazu sind schon im V. Kap. S. 141–143 gegeben worden. Einige weitere Einzelheiten folgen hier.

Man muss mit etwas höher gelagertem Haupt im Bette liegen. Die heute immer mehr vorherrschende Angewohnheit, so zu schlafen, dass der Kopf

[1] Ihr Gegenstück ist die *Kunst des Sterbens – ars moriendi –*, die genauso in Vergessenheit geraten und verlorengegangen ist wie die erstere. (*Anm. von* Ur)

mit dem Körper auf gleicher oder beinahe gleicher Höhe, wenn nicht gar tiefer zu liegen kommt, ist eine äusserst schlechte Angewohnheit, die sich auf den folgenden Irrtum abstützt: «Mehr Blut im Kopf heisst mehr Nährstoff für die Nervensubstanz.» In Wirklichkeit bedeutet eine grössere Blutzufuhr eine Verdichtung der Nervensubstanz – und vom initiatischen Standpunkt her wissen wir, dass das Blut etwas mehr ist als nur der Träger von Wirksubstanzen für die Gewebe: Es ist eine Flüssigkeit, die viel von der Aussenwelt mit sich führt und dunkle Bilder der Aussenwelt in sich trägt, die sie dann während des Schlafes dem Gehirn überbringen kann, das damit zu einer richtungslosen und irrationalen Tätigkeit verurteilt ist. Genausogut kann es mit sich führen, was es in den durchflossenen Organen an Charakteristischem und Krankhaftem gibt und auf diesem Wege ebenfalls die Träume beeinflusst.

Wenn hingegen der Blutandrang nicht so stark ist, kann ein dementsprechend geschultes Gehirn die nötige Ruhe und Aufnahmefähigkeit bewahren, um sich am folgenden Morgen der im feinstofflichen Körper verwirklichten Erfahrungen zu erinnern.

So sollte der Magen ebenfalls schon leer sein, denn der Druck auf das Zwerchfell und auf das Sonnengeflecht kann die den Zentren des feinstofflichen Körpers entsprechenden Organe stören und von Grund auf die Aufnahmebereitschaft für die kosmischen Rhythmen verändern oder hemmen.

Wir haben schon gesagt, dass während des Schlafes eine Kräftegruppe im schlafenden Körper zurückbleibt. Würde auch sie entschwinden, würde der kataleptische Zustand an die Stelle des Schlafes treten. So darf man fürs erste nicht versuchen, diese Kräftegruppe abzulösen, sondern man soll sie nur beweglich machen, damit sie einigermassen unabhängig wird und sich mehr nach dem feinstofflichen und nicht nach dem physischen Körper ausrichtet. Darauf folgt eine Rhythmisierung sowie Verlangsamung der Atmung und der Blutzirkulation, was einen für die Erfahrungen im Leben des Schlafes äusserst vorteilhaften Zustand bewirkt. Die Gruppe der vitalen und formativen Kräfte soll ja auch als Zwischenglied zwischen dem physischen Körper und dem funktionieren, was das Ich auf immaterielle Weise wahrnimmt.

Diese Kräftegruppe bekommt unter gewissen Umständen sogar die Autonomie eines echten Vitalkörpers, der, wie gesagt, eine gewisse Beweglichkeit im physischen Körper aufweisen muss. Sobald der Schlaf überhandzunehmen beginnt, ist der beste Augenblick gekommen, um diese Beweglichkeit zu üben: Man muss imaginieren, sich um eine gedachte Körperachse von links nach rechts *drehen* zu können und in dieser Zeit ein Bild oder Symbol bewusstzuhalten, das sich auf unsere geistige Natur bezieht und mit einem göttlichen und auf *Erhebung* ausgerichteten Sinn verbunden ist. Man kann eine klare geistige Vorstellung haben und die Beweglichkeitsübung bei vollem Bewusstsein und schon begonnener Ablösung machen, denn diese geschieht zuerst immer in den Händen und Armen.

Ein kleines Experiment erlaubt es, diese Behauptungen nachzuprüfen. Man halte irgendeinen Gegenstand in der Hand, die dabei aber aus dem Bette herausragen muss: An einem gewissen Punkt werden wir dann merken, dass der Gegenstand heruntergefallen ist, und wir werden ebenso spüren, dass wir auch das Gefühl für die Position der Hand verloren haben. Wenn wir genügend lange üben und immer mit der obenerwähnten Einstellung einschlafen, werden wir schliesslich am Morgen mit dieser Einstellung plus X erwachen. Ich will damit sagen, dass etwas hängengeblieben sein muss, was immer deutlicher werden wird und eine Erinnerung, ein Gefühl unseres nächtlichen kosmischen Lebens darstellt.

Mit der Deutung und Erklärung darf es aber nicht eilen – die Klarheit muss von selbst kommen, nicht über die Vernunft –, und jede Vorwegnahme ist eine Deformierung. Man muss einen völlig freien Geist haben, da es möglich ist, dass die Enthüllungen unseren Urteilen und Wünschen im Wachzustand widersprechen, und zwar sowohl was uns selbst als auch andere Dinge betrifft. Die kritische Einstellung kann nachher zum Zuge kommen – als erstes müssen wir jedenfalls die instinktiven Reaktionen und Neigungen zu bremsen suchen, alles nach den vorgefassten Schemata unseres Geistes und unseres Gefühles verstehen zu wollen.

Natürlich ist das noch nicht alles. In Wirklichkeit müssten unsere *sämtlichen* Tagesaktivitäten demgemäss ausgerichtet werden. Diesbezügliche Ratschläge habe ich schon in den Kapiteln I und II wie auch im Zusammenhang mit der Erfahrung des feinstofflichen Körpers gegeben (Kap. III). Bei denjenigen, die zur nötigen Reife gelangt sind, wird das restliche von allein geschehen: Sie werden spontan weitere Bewusstseinseinstellungen und deren mögliche Anwendungen im täglichen Leben entdecken, und neben ihrer gewöhnlichen Beschäftigung wird immer auch die Erfahrung des *inneren Lichtes* merkbar bleiben, ruhig und beständig.

Man muss sich dabei ständig vor Augen halten, wie tödlich für jeden geistigen Sieg das in uns liegende Gefühl der «körperlichen» oder «tierhaften Ichheit» ist – die von unserer wahren Ich-Empfindung ganz streng getrennt werden muss –, also das Gefühl, das derjenige von sich hat, der nur darauf aus ist, alles für sich zu erheischen, was seine Natur als begrenztes und gieriges Wesen befriedigen könnte. *«Sic nos non nobis»* (Wir haben [zwar gearbeitet] aber nicht für uns = frei von der Gier nach Erfolg arbeiten = Abwandlung eines Virgilzitats, Anm. des Übs.) – das ist das beste Motto für die Einstellung, die man einnehmen sollte. Wer sich umdreht, um zu betrachten, was er erreicht hat, und um es zu geniessen, lähmt sich und erstarrt zu Stein – wie die Frau Lots in der Bibel – und geht unter wie Narziss, dessen *Sein* zu Tode kam aus Liebe zu seinem *Bild*.

Ea

Die magische Sicht des Lebens

Der Titel der vorliegenden Schrift darf nicht dazu führen, den in ihr enthaltenen Gedanken eine allgemeine Tragweite zuzuschreiben. Es handelt sich vielmehr um «Wahrheiten», die man in einer bestimmten Entwicklungsphase zum Zwecke einer ersten Befreiung und Reinigung des Geistes annehmen muss. Die hier dargelegte Haltung gilt besonders für den «Weg der Krieger» – der kshatriya, *um die indische Terminologie zu verwenden. Ist dann aber das Ziel einer solchen Disziplin erreicht, können einzelne Ansichten wechseln und der Standpunkt an ihre Stelle treten, der der wahren transzendenten Verwirklichung eigen ist. (Anm. v.* Ur*)*

Die Überwindung des Ichs ist – ausser Gegenstand von Riten – an eine von Grund auf neue, heroisierte Empfindung der Welt und des Lebens gebunden, die nicht mehr einen bloss abstrakten geistigen Begriff darstellt, sondern etwas, was im Rhythmus des Blutes selbst vibriert. Es ist die Empfindung der Welt als Macht und die Empfindung der Welt als Opferhandlung. Eine grosse Freiheit, mit der Tat als einzigem Gesetz. Überall aus Kraft gebildete Wesenheiten und gleichzeitig ein kosmischer Atem, ein Gefühl der Höhe, der *Luftheit*.

Die Tat muss befreit werden. Sie muss in sich verwirklicht werden, frei vom Fieber des Geistes, gereinigt von Hass und Begierde. Die folgenden Wahrheiten müssen den Geist vollständig durchdringen: *Es gibt kein Ziel des Gehens, es gibt nichts zu erbitten, nichts zu hoffen und nichts zu fürchten*. Die Welt ist *frei*: Zwecke und Ziele, «Evolution», Schicksal oder Vorsehung, alles das ist Nebel, etwas Erfundenes – von Wesen, die noch nicht selbst zu gehen vermochten und Gängelband und Halt benötigten. Nun aber bist Du Dir selbst überlassen. Und Du musst dahin gelangen, Dich als ein *Kraftzentrum* zu fühlen, bis Du die Tat kennst, die nicht mehr für diesen oder jenen Gegenstand, sondern für sich selbst entschieden wird. Da: Du wirst nicht mehr bewegt: freigelöst bewegst Du Dich selbst. Die Dinge um Dich herum hören auf, Dinge der Begierde für Dich zu sein, und werden zu Dingen der Tat. Da sie um Dinge kreisen, die nicht mehr existieren, werden die Triebkräfte des irrationalen Lebens schliesslich erlöschen; und damit fällt auch das Gefühl der Anstrengung, der Wahnsinn des Laufens, des Tuns, des

Erreichens bei allen Handlungen, der schmerzhafte Ernst und das unbedingte Müssen, das tragische Gefühl und die titanische Fessel; es fällt die grosse Krankheit als gesamtes – der *menschliche* Sinn des Lebens. Eine überlegene Ruhe tritt ein. Und genau aus dieser kann die Tat neu entspringen, die reine und reinigende Tat: die Tat, die fähig ist, in jedwedem Moment, an jedwedem Ort eine jedwede Richtung einzunehmen; die Tat, die nach allen Seiten aufbrechen kann, ungreifbar, die sich beständig jenseits ihrer selbst behauptet, frei gegenüber sich selbst, stehend über Sieg oder Niederlage, Erfolg oder Misserfolg, Egoismus oder Altruismus, Glück oder Unglück; die Tat, freigelöst von der Fessel, freigelöst von der Identifizierung, freigelöst von der Bindung.

In einer solchen Tat kannst Du auch die *Reinigung* finden, denn für sie zählt das «Individum» nicht mehr, und sie führt Dich sowohl über das abstrakte Wissen wie auch den irrationalen Drang der niederen Kräfte hinaus: Nicht Wahnvorstellungen von Begriffen, Ideen und «Werten» – sondern eine *Schau ohne Schranken*, deren einziges und unmittelbares Objekt die *Wirklichkeit* ist; darüber hinaus eben die Tat, die als eine *elementare*, reine, ungemilderte Sache zu neuem Leben erweckt wird; die Macht des Befehls und die Macht des Gehorsams: die eine so absolut wie die andere. Aus ihnen ist die Quintessenz zu ziehen, bis man den Grad erreicht hat, der für die Evokationen und Identifikationen wie auch für jene plötzlichen, immateriellen Begegnungen mit «Gegenwärtigkeiten» verlangt wird, bei denen die einen mächtig und unsichtbar aufsteigen und entflüchten können und die anderen in körperliche Endzustände hinabstürzen.

Aber um das alles zu erreichen, muss schon im gewöhnlichen Leben eine Disziplin eingehalten werden, die die Nutzlosigkeit aller Sentimentalitäten und Gefühlskomplikationen aufzuzeigen imstande ist. An deren Stelle treten der klare Blick und das angemessene Handeln. Wie beim Chirurgen ist es der Eingriff, der die Lösung bringt, und nicht das Mitfühlen und Mitleiden. Wie beim Krieger und beim Sportler steht an Stelle der Angst und der irrationalen Erregung vor der Gefahr der prompte Entschluss, alles einzusetzen, was in der eigenen Macht liegt. Mitleid, Angst, Hoffnung, Ungeduld, Spannung sind alles *Abbröckelungen* des Geistes, die nur dazu dienen, okkulte und vampirische Mächte der Verneinung zu nähren. Nimm das Mitleid: Es beseitigt nichts vom Leiden des anderen, aber es bringt Deinen Geist in Unruhe. Wenn Du kannst, handle, versetz Dich in die Person des anderen und gib ihm von Deiner Kraft. Wenn nicht, löse Dich. So auch der Hass: Hass erniedrigt. Wenn Du willst, wenn die Gerechtigkeit in Dir so will, reisse nieder, schneide ab, aber ohne dass sich Dein Geist erregt. Des weiteren: Wenn Du hasst, verfällst Du; der Hass verändert und hindert Dich daran, den Einfluss des Gegners unter Kontrolle zu halten, ja, er öffnet Dich sogar diesem Einfluss, den Du hingegen erkennen und aufhalten kannst, wenn Du ohne Reaktion bleibst. Wer das *Wissen* und die *Macht* über das Gute und das Böse will, muss die «Leidenschaft» für das «Gute» und das «Böse» töten. Man muss in einer reinen Tat wie ein absolutes Geschenk zu geben wissen und nicht aus Wollust, Sympathie oder Mitleid, und treffen können ohne Hass. «Ich bin in den Starken die von Begierde und Leidenschaft freie Kraft» – *balam balavatâm asmi kâmarâgavivarjitam* –, so hat eine göttliche Gestalt von sich selbst sprechend jene *Kraft* und jene *Reinheit* gekennzeichnet, die nichts mehr angreifen kann und an der sogar das Gesetz von Ursache und Wirkung keinen Halt mehr findet.[1] Sobald aber das Fieber, die dunkle Macht des Instinktes, der Lust oder der Abneigung von dieser Zentralität ablenken, stürzt auch der höchste unter den Göttern.

Ablösung, Stille, Einsamkeit – das führt zur Befreiung der Lebens- und der Weltschau.

Abstand zwischen den Wesen, sich nicht im anderen erkennen; sich ihnen weder überlegen noch gleichwertig, noch unterlegen fühlen. In der Welt hier unten sind die Wesen allein, ohne Gesetz, ohne Ausweg, ohne Entschuldigung, gekleidet nur in ihre Kraft oder ihre Schwäche: Gipfel, Steine, Sand. Das ist die erste Befreiung der Lebensschau. Überwinde die Seuche der Verbrüderung, die Sucht zu lieben und sich geliebt zu fühlen, sich zusammen zu fühlen, sich gleich und verbunden zu fühlen. Von dem reinige Dich. Von einem gewissen Punkt an wirst Du Dich weder wegen des Blutes noch aus Neigung, weder wegen des Vaterlandes noch wegen eines anderen menschlichen Schicksales mit irgend jemand verbunden fühlen können. Verbunden wirst Du Dich fühlen können nur mit demjenigen, der auf dem gleichen Weg wie Du schreitet, auf dem Weg, der nicht der Weg der Menschen ist, und der sich nicht bekümmert um den Weg der Menschen.

Und wenn Du Deinen Blick auf die Dinge richtest, versuche die *Stimme des Unbeseelten* zu verstehen. «Wie schön sind sie, diese freien, vom Geist noch nicht befleckten Kräfte!» (frei nach Nietzsche) Sage aber nicht: «Noch nicht», sondern *nicht mehr* vom «Geist» befleckt, und unter «Geist» verstehe hier eben das «Irreale»: alles das, was der Mensch mit seinen Gefühlen, seinen Gedanken, seinen Ängsten und Hoffnungen in die Natur hineinprojiziert hat, um sie sich wohlvertraut zu machen, um sie seine eigene Sprache sprechen zu lassen. Lass das: und versuche doch die Botschaft der Dinge zu verstehen, und zwar genau dort, wo sie fremdartig, nackt und stumm erscheinen – dort, wo sie keine Seele haben, weil sie etwas Grösseres sind als die «Seele». Das ist der erste Schritt zur Befreiung der Weltsicht. Auf der Ebene der *Magie* wirst Du eine Welt kennenlernen, die in den freien, starken und essentiellen Zustand zurückgekehrt ist, in einen Zustand, in dem Natur weder Natur noch der Geist «Geist» sind, in dem weder Dinge noch Menschen, noch zu Dingen gewordene «Götter» existieren – sondern *Kräfte* – und das Leben ein in jedem Augenblick heroisches Geschehen darstellt, gebildet aus Symbolen, Erleuchtungen, Befehlen, Ritual- und Opferhandlungen.

In dieser Welt gibt es weder ein «Hier» noch ein «Dort», es existiert keine Bindung: Alles ist unendlich gleich und unendlich verschieden, und die Tat entspringt aus sich selbst, rein und verborgen. Und der «Wind», der

[1] Bhagavad gita, II, 38; II, 47–8; III, 30; VII, 11.

«Hauch» – der Hauch des hermetischen «Grossen Grünen» – führt alles im Sinne eines Opfers, einer Hingabe, eines lichthaften und wunderbaren Ritus in Gebiete mit einer Betriebsamkeit, die so ruhig ist wie die tiefste Ruhe, und mit einer Unbeweglichkeit, die so intensiv ist wie der wildeste Wirbel.

Was «menschlich» ist, erlischt hier wie eine dunkle Erinnerung an Elend und wie das Wahnbild eines langen Alptraums. Der Engel steigt empor, DAS ALTE EIS (Anm. d. Übs.: italienisches Wortspiel zwischen *angelo* = Engel und *antico gelo* = altes Eis): Unbeweglichkeit und schwindelerregende Langsamkeit werden jede Spannung auflösen, und das genau ist die Schwelle, das die Verklärung: jenseits von ihr – die Welt des Ewigen.

ABRAXAS

DIE ZWEITE BEREITUNG DES HERMESSTABES

«Erschaffe Dir ein Bild und betrachte es. Gewöhne Dich so, in der Finsternis mit einem Licht zu sehen, das nicht das Sichtbare ist» – damit habe ich Dich auf das erste Geheimnis des Werkes aufmerksam gemacht. Dann, mit der Spiegelübung (Kap. III), habe ich Dir erklärt, wie Du den Gesichtssinn völlig von der stofflichen Welt und dem äusseren Raum ablösen und im ätherischen Licht wirksam machen kannst.

Das ist der Anfang. Im täglichen Leben, obwohl wach und in vollkommener Bewusstheit, *nicht sehen und doch gleichzeitig sehen* können – willentlich nicht im sichtbaren Licht sehen, im unsichtbaren Licht aber sehen –, das ist die Vollendung dieses Anfangs, wie sie die Adepten beherrschen.

Wisse jedoch, dass unser Ziel nicht die passive Ekstase desjenigen ist, der die Erscheinungen nur sieht und wahrnimmt, sondern unser Ziel ist die Fähigkeit, sie zu lenken, die eigene Kraft hineinzuprojizieren, sie zu schaffen und sie zu vernichten und damit entsprechende Wirkungen auf der physischen Welt und in den sie bewohnenden Wesen hervorzurufen.

Der zweite Schritt des *Opus magicum* folgt. *Zweite Bereitung des hermetischen Stabes* – so nennen wir ihn.

Jede magische Verwirklichung beinhaltet ein aktives, trockenes und fixes Prinzip, das in Sympathie auf ein passives, feuchtes und flüchtiges Prinzip einwirkt; also eine «Projektion» einer Form schwefeligen Feuers, die auch *Hauch* und *brennendes Wasser* genannt wird, in ein Medium. Als erstes müssen aber diese beiden Elemente oder Prinzipien mit Hilfe der Kunst in unserem hermetisch verschlossenen «philosophischen Gefäss» hergestellt werden.

Ich rufe Dir in Erinnerung, was «hermetischer Verschluss» bedeutet: *Wache an den Toren der Sinne* – und: *Stille.* Initiatische Stille heisst jedoch nicht nur nicht sprechen, sondern nicht sprechen *(nicht einmal mit Dir selbst),* nicht hören und nicht lesen. – Löse Dich geistig von der Umgebung, indem Dir vollkommen klar wird, dass nichts Dich verletzen kann und darf: «Den Ungerechten wird es nicht gelingen, mein Gleichgewicht zu stören.»

Wenn die Magier behaupten, dass das «Gefäss» aus reinem und äusserst widerstandsfähigem Kristall bestehen muss, wollen sie ausser der zähen Beständigkeit auch aufzeigen, dass in Deinem Bewusstsein oder «Laboratorium» alles durchsichtig sein muss. Du musst ganz klar und deutlich wie im Lichte der Sonne in Dich hineinsehen können und die absolute Unfähigkeit zu irgendeiner Unehrlichkeit Dir selbst gegenüber erreichen.

Das aktive männliche Prinzip ist immer Unser Gold ☉, aber es ist darüber hinaus erhöht, aufgelöst und fixiert.

Erinnere Dich an seine erste Bereitung (Kap. IV). Sie besteht im Beruhigen, Einigen und Herrschen des Geistes – im ruhigen, energischen Dir-selbst-überlegen-Sein – im innersten Kern, der in der berauschenden Atmosphäre der «Weltenseele» der Leidenschaft zu widerstehen weiss und im unreinen Ansturm der «Wasser» festbleibt. Eliphas Levi *(Dogma und Ritual der hohen Magie)* sagt Dir: Der Magier *denkt* und *will* – er liebt nichts aus Begierde und lehnt nichts ab aus Leidenschaft. Das Wort Leidenschaft bezeichnet einen passiven Zustand, während er immer aktiv und siegreich ist. Ein verliebter, eifersüchtiger oder fauler Magier ist ein Widerspruch in sich. In dieser Verwirklichung besteht die schwerste Aufgabe, denn hat der Magier einmal sich selbst erschaffen, ist das Grosse Werk seinem innersten Prinzip nach virtuell vollbracht. Das «Grosse Magische Agens», der *natürliche* Mittler für die menschliche Allmacht, kann nur von einem *übernatürlichen* Prinzip unterworfen und gelenkt werden, und ein unabhängiger Wille ist ein solches.

Kremmerz fügt hinzu: Schaffe einen Zustand der vollkommenen Neutralität, der *positiven Indifferenz* durch das vollständige Auspendeln der Waage Deiner selbst. Erhebe Dich über Gut und Böse, denn von Deiner Neutralität gegenüber der einen oder anderen Auswirkung hängen Dein *dauernder* Gleichgewichtszustand sowie die Befähigung ab, alle feinstofflichen Kräfte zu entwickeln und Dich ihrer in *jedem* Sinne zu bedienen.

Was «die zweite Bereitung» unseres Goldes anbelangt, kannst Du sie auf ordnungsgemässem Wege durch *Weihe* oder *Investitur* erreichen oder sonst mit Hilfe des *philosophischen Essigs* und der *korrosivischen Wasser,* wenn Du weisst und ihnen zu widerstehen vermagst. Ich sage Dir noch, dass Du sie unter gewissen besonderen Umständen auch mit Hilfe der *Grausamkeit* und des *Leidens* vollbringen kannst.

Füge Dir ohne Gemütsbewegung einen äusserst starken physischen Schmerz zu und halte ihn eine genau bestimmte Anzahl von Minuten durch: Stell' Dich ihm von Angesicht zu Angesicht, dann mache Dich stärker – bis Du ihn zum Schweigen bringen *kannst.*

Vergewaltige Dich. Mache nicht das, was Dich freut, sondern das, was Dich Überwindung kostet – wähle immer, *aus Prinzip,* den Weg des grössten Widerstandes. An die Stelle des natürlichen Genusses an dieser oder jener Sache stelle den Genuss des «Ich wollte es». Einer alten Vorschrift unserer Tradition gemäss, die für die «Auflösung» eines «Metalles» vorschreibt, *es glühend zu machen* und dann ins Wasser zu tauchen, reize, errege und verschärfe einen Instinkt, einen Trieb, eine Begierde bis auf das höchste, und dann urplötzlich, an dem Punkt, an dem sie glauben zur Befriedigung zu gelangen, unterbrich sie. Das übersinnliche Auge «sieht» dann, wie von den unteren Zentren Blitze ausgehen und in Schlangenlinien emporsteigen, bis sie schliesslich die höheren Zentren des Kopfes erreichen, die durch das Aufsaugen ihrer Kraft beginnen, in einem furchterregenden Glanz zu funkeln. Machtvoll und trocken ist diese ihre Kraft, die goldene Kraft des absoluten Befehles und der absoluten Auffassung bei allen magischen Verwirklichungen.

Das soll genügen für die Bereitung des Goldes. Jetzt will ich das zweite Prinzip behandeln, das die Astralkraft ist, die fluidale Wesenheit selbst. Je nach der Wichtigkeit der Operationen arbeiten die Magier mit der fluidalen Wesenheit ihres eigenen Körpers, mit der fluidalen Wesenheit einer magischen Kette oder auch mit der fluidalen Wesenheit, die ein Geist der Elemente ist oder eine Kraft des Kosmos (Engel, Genien). Dazu kommen noch die Verfahren der Sexualmagie. Für den Augenblick soll es Dir genügen, die Aufmerksamkeit auf die Operationen der ersten Kategorie zu richten, denn sind diese einmal verstanden, ist auch das Prinzip der anderen verstanden.

Die magische Handlung ist ein Akt konkreter Fluidisierung des Willens, eine *unbefleckte androgyne Empfängnis,* bei der die Fluidalkraft unter der erleuchtenden und männlichen Wirkung des Sonnenprinzips als weibliches Gegenstück bei der schöpferischen Verwirklichung tätig wird. Du hast schon vom Sinn des Fluidalkörpers erfahren und weisst, wie man ihn bei der ersten Bereitung des Hermes-Stabes aus dem physischen Körper herauszieht *(extrahiert).* Aber genau wie in der zweiten Phase der Operation eine Erhöhung des Goldes vonnöten ist, das die stärksten und trockensten Kräfte des «Stahles der Weisen» in sich aufnehmen muss, ist in gleicher Weise auch für das fluidale Element eine zweite Bearbeitung nötig, die *«Entflammung des Astrallichtes»* genannt wird. Der Fluidalkörper im ersten Stadium ist 🜄 = destilliertes Wasser und heisst auch «Materie im weissen Zustand» oder «gewaschene Materie». Della Riviera (*Il Mondo magico de gli Heroi,* Mailand 1605, S. 56) nennt es: «Klarstes *Wasser,* unbeweglich in seinem gereinigten und blitzenden Gefäss». Es handelt sich um eine immaterielle, lichthafte, ruhige, angehaltene und *stehende* Empfindung, die mit dem *Untertauchen* des Bewusstseins in das, was *sub specie interioritatis* (unter dem Gesichtspunkt der Innerlichkeit) dem *Nervensystem* entspricht, gewonnen wird. *Aber Du musst jetzt eine tiefere magische Vereinigung mit dem physischen Körper vorantreiben, indem Du das Bewusstsein tief hinabsenkst, bis es mit dem innigst vermengt («amalgamiert») ist, was das Blutsystem, das Blut des Menschen darstellt* – und so erhältst Du den fluidalen ☿ als «Materie im roten Zustand». Das ist das «Wasser des Lebens», das «*brennende* oder *schwefelige* Wasser», «da es wirklich sicht- und unsichtbar, aktiv und passiv brennt»; *Magnesius magnensis* – in der Erklärung des *«Grossen Buches der Natur»* (Italienische Fassung, «Atanor» S. 117) – aus «dem Pulver der Philosophen oder aus einer Projektion, die mit menschlichem Blut gemacht wurde». *Tinctura microcosmi magistere* ist der Name in einer anderen Erklärung desselben Buches (S. 120), aus «menschlichem Blut, um die Lampe des Lebens zu formen»; *Auri aura* (Hauch des Goldes), wie jener sanfte *Wind,* der nach der «Tafel» des Hermes den «Heroischen Stein» in seinem Bauche trägt; «Jungfraumilch», die den empfangenen sonnenhaften und göttlichen Samen nährt, also das, was vollkommen, verborgen, nicht handelnd im Zentrum des Zentrums liegt; und damit, einem universalen Menstruum oder Lösemittel der feurigen Natur nach, wird die magische oder «heroische» Kunst zur Vollendung gebracht (siehe Della Riviera, *ebd.* S. 56–61).

Die Entflammung oder *rubedo* (Röte) besteht daher darin, das innere und verborgene Feuer, den Schwefel 🜍, der im Herzen sitzt, im ☿ zu wecken – oder in den ☿ einzutauchen; durch diese Operation wandelt sich ☿, der der passive und weibliche Merkur, das Licht des Mondes und die keusche Nacktheit der Diana ist, in ☿, der der aktive und schöpferische Merkur ist, da, bedenkt man, dass 🜍 = Schwefel sich aus △ und + zusammensetzt, dieser Merkur nicht nur das + in sich führt, also die Segnung des Ausgleichs und der Neutralität unseres ersten Goldes, sondern auch △, die aufsteigende Kraft, die Macht des Feuers, die Energie der Belebung und des Wachstums, die in diesem Symbol vom männlichen ♈ des oberen Teiles von ☿ ausgedrückt wird, der an die Stelle des mondhaften ☽ von ☿ tritt; die Kraft also, die astrologisch dem ♐, d.h. dem Schützen entspricht, der eben die für *Projektionen* zuständige Wesenheit ist.

Wenn wir nun von der Symbolik auf die Praxis übergehen, musst Du wiederum den Ritus aufnehmen, der zur Erfahrung des «feinstofflichen Körpers» führt, wie ich ihn Dir im III. Kap. S. 92–93 dargelegt habe. Für den nächstfolgenden Schritt hast Du dann zwischen zwei Wegen zu entscheiden, von denen der eine der *Sonnenmagie* und der andere der *Isismagie* entspricht. In der Isismagie wird der Fluidalkörper, der wie ein «Kleid der Macht» und «Astralwirbel» den vom positiven Zentrum ☉ gesetzten Gedanken oder Befehl umhüllt und die Realisierung zustandebringt, von der wilden, trüben und berauschten Kraft einer Leidenschaft entflammt: Es ist ein *Dämon,* der wirkt und daraus eine Flamme des Hasses, der Wollust oder der Zerstörung macht. In der Sonnenmagie oder Hohen Magie hingegen wirkt eine gereinigte und übermenschliche Wissenschaft: Hast Du einmal den Fluidalzustand erweckt, wird man hier von Dir verlangen, dass Du Dich nach einer rituellen Evokation des Feuers in erleuchteter und ruhiger Festigkeit in das Herz *begibst,* und zwar mit Hilfe des Ritus, den schon andere Dir erklärt haben; des weiteren wirst Du Dich dort festsetzen müssen und durch Imagination eine Flamme entzünden und wachsen lassen, in die Du Dich dann eingehen lässt.

Die «Verwandlung», die daraus folgt – von einem «lichthaften» inneren Zustand wechselst Du auf einen Zustand *diffuser aktiver Wärme* über –, ist die *Erkenntnis von* ☿. Damit ist auch die Bereitung des zweiten Elementes, des «androgynen Feuers», vollbracht.

Wie beim ☿ soll Dein Bewusstsein auch diesen Zustand fixieren. Dann lasse ihn fallen, darauf rufe ihn wieder hervor, mehrmals, bis Du spürst, dass es in Deiner Macht steht, ihn zu erwecken, wann immer Du willst. Lerne dann seine Hitze auf sanfte, langsame, massvolle und *stetige* Weise abzustufen, so dass die überflüssige Feuchtigkeit des Wassers natürlich und unmerklich wegtrocknet und die Flamme im vollständig gekochten Merkur nach Deinem Willen stärker und schwächer wird. Alles hängt von der «Regulierung des Feuers» ab, sagt Philaletha (*Le Filet d'Ariadne*, Paris, 1695, S. 75) und fügt hinzu, dass «ohne das Feuer die Materie (= ☿) ohne Nutzen bleibt und der philosophische Merkur ein Hirngespinst ist, das nur in der Phantasie lebt». Kremmerz sagt ebenfalls ganz deutlich, dass «der Eingeweihte nur dann ein solcher ist, wenn er die Macht errungen hat, ein Zentrum astraler Aktivität in sich aufzubauen, das er nach Gefallen in seinem fluidalen Inneren entzünden kann».

Von diesem Punkt an sind die Voraussetzungen für jedwede magische Verwirklichung virtuell gegeben. *Der magische Akt ist die Empfängnis eines Blitzes, eine rasend schnelle Operation, bei der die geistige Macht* ☉ *den Befehl oder das Bild des Zieles fixiert und augenblicklich die entflammte fluidale Kraft* ☿ *daraufschleudert.* Das heisst *«Projektion»*. Bei den Schwächeren ist der wirkende Wille bildhaft, bei den anderen ist er einfach bestimmend, verordnend.

Das verwirklichte Ergebnis ist um so vollkommener, je höherschwingend, energischer und absoluter in ihrer jeweiligen Kraft die zwei vom Stab des Hermes vereinigten Prinzipien sind: je ruhiger, trockener, absoluter, lichthafter, eiskalter und bestimmter die Macht des ☉ ist – und je glühender, drängender, wilder und rauschhafter die Macht des vom ☉ fixierten und projizierten ☿ ist. Es ist die Vereinigung und der Liebesakt der zwei Feinde auf dem einen Ehebett der androgynen magischen Verbindung; es ist das Grosse Geheimnis der Königlichen Kunst, das keinem Uneingeweihten mitteilbar ist.

Wisse in jedem Fall um diese Bedingungen: Dein Wesen muss *integriert, vollständig,* d.h. *eins* sein; dazu ist eine genaue Erziehung des Körpers und der Aufmerksamkeit nötig, und Dein Wille muss mit dem tiefen Willen so eins sein, dass sich in Dir *kein Hindernis* und *kein Zweifel* finden lässt. Dein Körper, Deine seelischen Antriebskräfte und Deine reflexiv-geistigen Fähigkeiten müssen vollständig abgetötet *(mortificatio)*, vollständig gezähmt, vollständig befriedet sein: rein, sauber, offen, von Schlacken geklärt, formbar, gehorsam, ohne eigenen Willen. Als ob für einen erfahrenen Wagenlenker auf gutem Gelände ein Gespann Vollblüter bereitstände und er den Wagen bestiege, Zügel und Peitsche in die Hand nähme und das Gespann ohne Zögern sofort dorthin lenkte, wohin er will; genau dieses Verhältnis musst Du mit Deinen geistigen Fähigkeiten, Deinen seelischen Antriebskräften und Deinem Körper zu verwirklichen trachten.[1] Wenn der Geist ☉ frei ist, höher steht als alle Gegensatzpaare, als jeglicher Umwelteinfluss, jegliche Zuneigung, alle Furcht und aller Zweifel, dann kann die Regulierungskunst des Feuers in ihrer ganzen Spannweite ein magisches Gleichgewicht der fluidalen Kräfte entwickeln; und in diesem Zustand ist der geistige Entwurf gleich der Schöpfung, ist der Befehl gleich der Verwirklichung, in Blitzesschnelle, da in ihm der Akt ausserhalb des Körpers, der Zeit und des Raumes erfolgt, als *freie Bewegung* im spirituellen Raum *ohne Dimensionen.* Wisse sogar, dass die Geschwindigkeit des magischen Aktes so gross ist, dass es für

[1] Im Fall der Isismagie ist der einheitliche Zustand schon auf Grund der Tatsache gegeben, dass sich eine einzige Leidenschaft vollständig des gesamten Wesens bemächtigt hat. (*Anm. v.* UR)

das Bewusstsein eines Operanten bei den ersten Malen unmöglich ist, den Akt überhaupt zu erfassen; so einfach präsentiert er sich in der vollendeten Tatsache, ja er mag nicht einmal als Dein Akt erscheinen.

Beachte vor allem immer, dass der Erfolg in der Magie niemals das Ergebnis einer Anstrengung ist; dass, sobald eine Anstrengung eintritt, also die *Wahrnehmung* eines Hindernisses, die Handlung sofort abbricht, da sie unter die materiellen Bedingungen der verkörperten Wesen zurückgeführt wird. Die Magie wirkt immer auf einfache und unmittelbare Art und Weise, wie eine Augenblickskraft oder eine unwiderstehliche Kraft, zart im Duft. Aus diesem Grunde sagt Lao-tse, dass die Kraft des Tao ein «Handeln ohne Handeln» ist – und aus diesem Grunde sprechen die Hermetiker zu Dir vom Werk als von einem «Spiel für Frauen» oder «Kinder» und bestätigen dabei die kabbalistische Lehre, die im XI. Arcanum des Tarots als Symbol der Kraft eine Frau wählt, die ohne jede Anstrengung das Maul eines wilden Löwen aufreisst und unbeweglich festhält. Und daher ist es auch falsch, in der Magie von «Willen» zu sprechen, ist doch das, was sich die Menschen unter Willen vorstellen, zutiefst von den Eigenschaften der Spannung, der Gewalt, der Starrheit geprägt, die im direkten Gegensatz zu den Hauptmerkmalen der magischen Verwirklichungen stehen. Es ist im Gegenteil zwingende Notwendigkeit, sich überlegen, absolut ohne Hindernisse, mächtig und fähig im Geiste sowie in einer Position vollkommener *Gerechtigkeit* zu fühlen – als Grundlage für das ruhige, entschiedene Versetzen des in allen seinen Einzelheiten genau bestimmten Bildes in das geistige Licht, das dann stufenweise entflammt und emotional hochgepolt werden muss, bis Du jenen Zustand der *Sympathie* aufkommen fühlst, in dem – als reiner Akt des Geistes – der jähe Blitz der «Projektion» aufleuchten muss.

Das magische Gleichgewicht aller notwendigen Voraussetzungen ist ein Augenblick, den Du ohne Zögern und ohne Furcht erfassen können musst. Bei den Operationen, die auf Dinge der Natur ausgerichtet sind, sollen die astrologischen Verhältnisse, das Zeremoniell, das Wetter, die Zeit, der Ort, die Formeln, die Handbewegungen, die Düfte und alle die anderen Elemente, die es peinlichst genau einzuhalten gilt, einen analogen Knotenpunkt des Gleichgewichts und der Sympathie von unsichtbaren, menschlichen und natürlichen Kräften schaffen, der vom Willen überrascht und fixiert diesen magisch und unwiderstehlich wirksam werden lässt.

IAGLA

ERFAHRUNGEN: DAS GESETZ DER WESENHEITEN

Von diesen meinen Erfahrungen berichte ich sicherlich nicht, um die Lust etwaiger Leser nach dem Sensationellen und Wunderbaren zu befriedigen. Ich will bloss ein Problem aufzeigen, das ich für ziemlich wichtig erachte, und zwar genau so, wie es aus *Fakten* entstanden ist; des weiteren möchte ich diejenigen, die sich in das Reich der Magie vorwagen wollen, über die wahren Gefahren und die ernste Verantwortung, die sich daraus ergeben, zum Nachdenken veranlassen. Dieser zweite Punkt ist schon einmal betont worden. Trotzdem ist es nicht von Nachteil, nochmals deutlich darauf hinzuweisen, besonders dann, wenn man nicht zögert, den Lesern mit einem Minimum an Verschleierung darzulegen, was immer engsten Kreisen von Auserwählten vorbehalten geblieben war.

In meinem persönlichen Fall halte ich es nicht für angebracht, vom Weg zu sprechen, der mich zu diesen Erfahrungen geführt hat. Der sehr stark auf mich persönlich zugeschnittene und wenig methodische Charakter meines Weges, das Zusammenkommen besonderer Bewusstseinszustände und die Zuhilfenahme dessen, was einer von uns auf diesen Seiten *korrosivische Wasser* genannt hat, also von Mitteln, die bei der übergrossen Mehrzahl der Fälle nur in Abirrung und Erniedrigung enden, bewirken zusammen, dass jemand, der diese Abhandlungen liest, um darin Richtung und Führung zu finden, aus meinem diesbezüglichen Bericht nur wenig Nutzen ziehen könnte.

Ich muss noch hinzufügen, dass ich bis heute nicht weiss, warum ich mich überhaupt diesen Praktiken hingegeben habe. Von den initiatischen Wissenschaften wusste ich beinahe nichts. Nicht nur das: Die Mittel, die ich anwendete, erzeugten in meinem Organismus sogar Übelkeit und Abneigung. Nur der Wille handelte. Und mit dem alleinigen Willen und Wagemut, gepaart mit einer gewissen, aus der Verzweiflung geborenen Kraft, eröffnete ich mir den Zugang. Ich ging von einem Zustand vollkommenen Ekels aus. Nichts mehr war für mich in diesem Leben anziehend. Etwas Elendes und doch die ganze brennende Sehnsucht eines jungen Menschen: *Ich wollte langsam dem Tode zugehen.* Wenn es anfangs einen aus «Verlangen» geborenen Beweggrund gab, war es jetzt ein Wollustgefühl der Auflösung.

Das alles lasse ich beiseite. Ich weiss, dass viele Menschen ähnliche Bewusstseinszustände mitgemacht haben. Ich ging also dem Tod entgegen. Eine ganz besondere Umwelt begünstigte das Abenteuer und gab ihm vielleicht eine Richtung, die es sonst nicht gehabt hätte. Ich schritt darüber hinaus.

Mit dem heutigen Bewusstsein kann ich sagen, dass die Zielsetzung des von damals bis jetzt durchlaufenen Weges genau die ist, die in diesem Buch aufscheint. Gegen die übersinnlichen Kräfte hielt ich stand. Dann setzte ich mich wiederum durch und handelte.

Um zum anfangs angeschnittenen Problemkreis zu kommen, berichte ich jetzt von einigen Stadien dieser Erfahrung.

«Etwas» liegt auf der Lauer, bei jedem Schritt vorwärts, den ein Mensch tut, der sich befreit: bereit, zuzuschlagen. Zuerst auf der gedanklichen Ebene, so: Bei den ersten Phasen der Loslösung kommt es zu einem Stillstand des Denkvorganges. Das Hirn ist erstarrt, wie bei einer Betäubung. Darauf folgt ein ganz besonderer Zustand, den ich als *Zustand der Klarheit oder der Offensichtlichkeit* bezeichnen möchte. Er kennt keine Überlegungen, Pläne oder Zweifel mehr. Es gibt auch keine «Probleme», sondern nur tiefe, gelebte, unbedingte *Dränge* nach Erkenntnis, auf die der Blitz einer unmittelbaren Gewissheit folgt, resultierend in einer Vorstellung mit dem Charakter einer *Offenbarung* und einer endgültigen, erschütternden, absoluten Sicherheit.

Unter diesen Erleuchtungen blieb meine Seele völlig passiv. Dann gelang es mir, *sie zu bewegen*. Daraufhin kam etwas wie ein Zusammenbruch. Ich spürte zutiefst den Scheincharakter der Gewissheiten von vorher. Ich erkannte, dass *alles* dieses Wesensmerkmale der Gewissheit aufweisen konnte, selbst Wahrheiten, die in sich widersprüchlich waren, sofern sich nur die Seele – in jenem Zustand – mit ihnen beschäftigte. Es war ein Augenblick des Schreckens – und *ich wandelte am Rande des Abgrundes zum Wahnsinn.*

Die «Relativität der Wahrheit» ist ein philosophischer Gemeinplatz. Und gerade mich, der ich doch die Philosophie studierte, konnte diese Relativität sicherlich nicht beeindrucken. Aber man kann das, was eine blosse intellektuelle Vorstellung ist, nie und nimmer mit jener Erfahrung vergleichen. Hier spürte man das absolute Fehlen von fester Erde unter den Füssen, spürte ein jähes Abstürzen und ein eisiges, tödliches Alleingelassensein. Mein «Ich» war nahe daran, auseinandergerissen zu werden und sich im blinden Chaos der Zusammenhangslosigkeit aufzulösen. Eine Art ketzerischer Gewalt rettete mich, die Kühnheit einer absoluten Selbstbehauptung eröffnete wieder eine neue Runde. Und ich fand wiederum einen stützenden Halt. *Aber dieser war nicht mehr die «Wahrheit», sondern die Aktion selbst.*[1]

[1] Wenn, zum Unterschied von unserem Mitarbeiter, die Erkenntnis in einer bildhaften und visuellen und nicht emotiv-intellektuellen Form erfolgt, entsprechen die beschriebenen Phasen jenen wunderbaren «Gestalten», die sich dann als Spuk- und Scheingebilde erweisen. Was den erwähnten fälschlichen «Gewissheitszustand» betrifft, der sich bei einzelnen aussersinnlichen Erfahrungen zeigt, kann er, wenn er nicht in seiner wahren Natur erkannt wird, im normalen Leben eine Neigung zum *Aberglauben*, zur *Leichtgläubigkeit* und zum *Fanatismus* sowie einen Mangel an kritischem Sinne auslösen. (*Anm. v.* Ur)

Und siehe da, in weiter fortgeschrittenen Phasen der Loslösung kehrte dieselbe Gefahr nochmals in einem anderen Gewande zurück. Es war eine Art bis aufs höchste gesteigerter Orgasmus, der immer weiter bis zu einem nicht mehr überbietbaren Punkt anwuchs. Da spürte ich, dass eine Entladung erfolgen *musste*: Ein epileptischer Anfall oder etwas Ähnliches, vielleicht noch Schlimmeres lauerte, bereit zum Sprunge. Wiederum ging ich an des Messers Schneide entlang. Die Kraft, die ich geweckt hatte, nahm eine andere Richtung ein. Langsam verwirklichte sich so etwas wie eine «Verklärung»: eine Ekstase, eine wonnige Erweiterung des Bewusstseins. Dieses Gefühl der Befreiung, des *Aufatmens* kann ich mit nichts anderem vergleichen. Um den Unterschied zu meinem vorherigen und gewöhnlichen Bewusstsein deutlich machen zu können, finde ich nur ein Bild: das klarste und kristallenste Wachsein im Gegensatz zum Zustand des tiefsten, hypnotischsten, dumpfsten und grösstmögliches Vergessen bringenden Schlafes. Natürlich gelang es mir bei der Wiederholung dieser Erfahrungen, die besagten kritischen Punkte zu lösen, hatte ich doch diesen Zustand schon kennengelernt. Nichtsdestoweniger möchte ich hervorheben, dass der Ablauf beim «Rückprall der Wirkungen», von dem ich später berichten werde, psychologisch gesehen gleich vor sich geht, und deshalb habe ich auch diesen Punkt breiter ausgeführt.

Ich lernte die «Gegenwärtigkeiten» kennen, lernte also kennen, was ist und doch keinen Körper hat. Aber das geschah nicht in der Form von Astralbildern, sondern *intensiv*, als Wahrnehmungen von «Kraftfeldern» – um diesen so sprechenden Ausdruck der Physiker zu verwenden. Meine ständige *Willens*haltung führte mich vielleicht zu Identifikationsbezeichnungen, zu *Versenkungen,* die das Sehen lähmten. Ich erfuhr jedenfalls, dass es Blitz, Donner und Stürme nicht nur auf der physischen Welt gibt. Ich wurde vorsichtig. Ich wusste zu verzichten, um in dem Gebiet standzuhalten, auf das ich mich allmählich beschränkt hatte. Und an diesem Punkt geschahen die Fakten, die ich ganz besonders untersuchen will.

Es scheint, dass es in der Welt der «Wesenheiten» ein Gesetz der Notwendigkeit gibt, das mit dem physikalischen von Ursache und Wirkung vergleichbar ist. Wenn man gegen den Kraft-Wirbel einer Wesenheit einen Widerstand schafft, schafft man auch die Ursache einer Wirkung; und zwar ganz besonders dann, wenn man eine magische Handlung vollzieht. Die Wirkung ist eine Reaktion, d.h. eine Kraft der Wesenheit, die sich gegen denjenigen wendet, der Widerstand leistet oder handelt. Wenn der Operant zu widerstehen vermag, entlädt sich die Kraft anderswo, ABER IN JEDEM FALL ENTLÄDT SIE SICH. *Die «Strömungslinien mit dem geringsten Widerstand» bestehen dann aus den Personen, die durch ein Sympathie- oder Blutband mit dem verkettet sind, der handelt.*

Man kann auch *Pakte* schliessen, mit einer anderen Währung zahlen, zum Beispiel die im übernatürlichen Bereich eroberte Stufe und Macht mit den Werten des stofflichen und materiellen Lebens bezahlen. Vielleicht ist das der Grund für die anscheinend unerklärlichen Betrübnisse und Leiden von Heiligen und Eingeweihten, wie auch die Erklärung für die sogenannte «stellvertretende Sühne», bei der man auf übernatürlichem Wege Übel und

«Sünden» von anderen tilgt, indem man sie auf sich selbst nimmt. Oder auch umgekehrt.

Ich habe erwähnt, welches die natürlichen Strömungslinien mit dem geringsten Widerstand sind. Ich glaube jedoch, dass sie unterbrochen werden, wenn man über allen Bindungen steht und sich abschliesst. Ich bin nämlich ganz sicher, dass die Reaktion nicht aus Rache oder Vergeltung erfolgt, sondern aufgrund eines natürlichen und unpersönlichen Gesetzes der feinstofflichen Welt. Jede Gefühlsbeziehung ist wie ein psychischer Verbindungsschlauch zwischen zwei Personen, und als erste und unmittelbarste Lösung gehen die von der einen Person abgewehrten Reaktionen durch ihn auf die andere Person über. Aber die Disziplin der «Reinigung», auf die man in der Magie einen so grossen Wert legt, die Verwirklichung der Unerschütterlichkeit, der Neutralität, des Loslösens, zerstört die Verbindungen. Kommt dann aber vielleicht ein Gesetz zum Zug, das die Reaktion auf andere, schon vorbestimmte Personen überleitet, die wir unter Umständen nicht einmal kennen? Ich weiss es nicht.

Ich verberge nicht, dass diese Tatsachen mich ziemlich erschüttert haben. Verstehen wir uns richtig: Moralischen Skrupeln, ob etwas «gut» oder «böse» ist, und Manien des Mitleids und Erbarmens vermag ich in mir und ausser mir Einhalt zu gebieten. Aber wenn sich das Problem anders stellte, wenn es wahr wäre, dass das, worauf ich hingewiesen habe, durch eine Schwäche in mir, die ich noch nicht kenne, erfolgte, wenn es erfolgte, weil ich meinem «Ich» keine höhere Kraft abzuverlangen vermag oder weil eine geistige Ausrichtung geändert gehört: dann würde ich aus einer inneren Würde heraus eine Verantwortung spüren, die ich voll und ohne jede Entschuldigung auf mich nehmen müsste.

Man kann sich im übersinnlichen Bereich durchsetzen. Man kann – von dort – in jedem Sinne tätig werden, im «schlechten» wie im «guten»; man kann sich bei genügender Kraft und ausreichendem Verzichtswillen der Wirkungen entziehen, sich aufrecht halten inmitten von Schlägen, die nicht treffen, jenseits jedes Gesetzes – aber kann man auch die Wirkungen völlig *in nichts zerrinnen lassen*, sie im leeren Raum anhalten? *Kann man, anders ausgedrückt, das Gesetz von Ursache und Wirkung der Wesenheiten brechen?*

Wie es heute aussieht, weiss ich keine Antwort darauf; und ich würde es als grosses Glück ansehen, könnte ich jemandem begegnen, der, weiter fortgeschritten als ich, die Antwort wüsste und auch bereit wäre, sie mir zu geben.

In diesem Zusammenhang beeindruckte mich sehr, was Meyrink eine Person aus seinem «Golem» sagen lässt: «Wieso es kommen konnte, dass ich trotz meinem Losgetrenntsein über Nacht zum Lustmörder werden konnte, fragen sie mich? Der Mensch ist wie ein Glasrohr, durch das bunte Kugeln laufen: bei fast allen im Leben nur eine. Ist die Kugel rot, heisst der Mensch: ‹schlecht›. Ist sie gelb, dann ist der Mensch: ‹gut›. Laufen zwei hintereinander – eine rote und eine gelbe –, dann hat ‹man› einen ‹ungefestigten› Charakter. Wir ‹von der Schlange Gebissenen› machen in einem Leben durch, was sonst an der ganzen Rasse in einem Weltenalter geschieht: Die farbigen Kugeln rasen hintereinander her durch das Glasrohr, und wenn sie zu Ende sind – *dann sind wir Propheten – sind die Spiegel Gottes geworden.*» Und er fügt hinzu: «Als ich den Lustmord beging, da hatte ich *keine* Wahl. Und wenn ich Widerstand geleistet hätte, *hätte ich eine Ursache geschaffen.* Als ich den Mord beging, schuf ich keine Ursache; nur die *Wirkung* einer in mir schlummernden, längst gelegten Ursache, über die ich keine Gewalt mehr besass, wurde frei. Dadurch, dass das Geistige in mir mich zum Mörder werden liess, hat es eine Hinrichtung an mir vollzogen; dadurch, dass mich die Menschen an den Galgen knüpfen, wird mein Schicksal losgelöst von dem ihrigen: – Ich komme zur Freiheit.»

Meyrink fügt hinzu, dass dies der «Weg des Todes» für diejenigen sei, die «die roten Körner, die magische Kräfte bedeuten, angenommen haben»; er spricht auch von der Möglichkeit, sie nicht anzunehmen, und schliesslich von einer dritten Möglichkeit, nämlich sie auf die Erde fallen zu lassen: d.h., sie als latente Kräfte auf spätere Generationen hinauszuschieben, bis sie schliesslich keimen.

Denkt man darüber nach, sagt auch das nichts Endgültiges aus. Das Problem bleibt demnach für diejenigen bestehen, die den «Weg» des Todes nicht annehmen, aber auch den Weg der Mystiker ablehnen und gemäss dem Versprechen der *Magie* nach einer reinen Kraft streben. In einem solchen Fall müsste man also wissen, ob das Gesetz der Reaktion eine unverrückbare, schicksalshafte Tatsache darstellt, so dass auf die durch den magischen Weg erfolgte Befreiung, Erhöhung und Vervollkommnung der einen notwendigerweise das Opfer von anderen folgen muss[2], oder ob dieses Gesetz auch aufgehoben werden kann.

Das ist das Problem, das ich anschneiden wollte. Mir scheint es eines der grössten Probleme bei unseren Studien zu sein. Und es wäre sehr wünschenswert, könnte es einmal von jemand behandelt werden, der fähig ist, es auf der Grundlage der von ihm erreichten weiteren Horizonte sehr viel tiefer auszuleuchten.

[2] In diesem Zusammenhang hat mich ein Satz von Svami Vivekananda aufhorchen lassen: «Das Strassenmädchen und der Dieb im Gefängnis sind Christus, der geopfert worden ist, damit ihr anständige Menschen sein könnt. So arbeitet das Gesetz des Ausgleichs. Alle Diebe und Mörder, alle Ungerechten genauso wie die schwächsten, die bösesten und die niederträchtigsten Menschen sind alle meine Christusse. Der Kult, den ich ausübe, gilt für die Christusgötter und die Christusdämonen.»

Der Weg der Verwirklichung nach Buddha

Wir wollen hier einige charakteristische Passagen eines Textes aus dem antiken buddhistischen Kanon, dem Majjhima-nikajo (Mittlere Sammlung) mit den Lehren zusammenstellen, die auf die Verwirklichung des Nirvana-Zustandes abzielen. Dabei folgen wir im grossen und ganzen der Neumann-Übersetzung. Wir hoffen, dass es unnotwendig ist, darauf hinzuweisen, dass das Nirvana nicht das «Nichts» und die Vernichtung ist, sondern eine Bezeichnung für den nicht bedingten, also vollkommenen Zustand. Dieser wird, wie auch bei der «negativen Theologie» westlicher Herkunft üblich, im wesentlichen in Funktion dessen beschrieben, was er NICHT *ist. In den Schriften wird dazu andauernd erwähnt, dass der Nirvana-Zustand eintritt, wenn man sich vom «Wahn», der Begierde und der «Unwissenheit» freigemacht hat. Er ist mit dem Zustand des* ERWACHENS *gleichzusetzen; und «Buddha» ist, wie allgemein bekannt, kein Name, sondern eine nähere Kennzeichnung und bedeutet eben «der Erwachte».*

Die Erlangung des Nirvana ist ebenso mit der Verwirklichung der «Unsterblichkeit» gleichzusetzen, und zwar in ihrem absoluten, metaphysischen und initiatischen Sinn, wie er im Kap. V, S. 155ff. besprochen wurde. Aus der gesamten ursprünglichen Lehre des Buddhismus folgt nämlich, dass eine solche Verwirklichung die vollständige Freilösung bedeutet, die Aufhebung aller Fesseln, seien sie menschlicher oder göttlicher Natur, von dieser Welt oder irgendeiner anderen, seien sie solche des Seins oder des Nichtseins, wenn man dieses als zum Sein zugehörig ansehen will. Diese Verwirklichung nimmt daher auf einen «Sitz» Bezug, für den es keinen Niedergang, kein Werden, keine Geburt und keinen Tod gibt.

Der Urbuddhismus hat eine im wesentlichen asketisch-kontemplative Ausrichtung gehabt. Sie entspricht dem Menschen, der allein nach dem einen Zustand strebt, der losgelöst von jeglicher Aussenbestimmung und frei von jeglicher Bedingtheit ist. Erst in späteren Entwicklungen und vor allem beim sogenannten «Weg des Diamanten und des Blitzes» (Vajrayana) begann der Buddhismus auch eine «magische» – in unserem speziellen Sinn – Ausrichtung zu verfolgen. Während im Mahayana (der Buddhismus der nördlichen Schule) der Dualismus von Nirvana und Samsara schon überwunden ist, da man beide – also die reine Existenz und die werdensgebundene, weltliche – als zwei Seiten einer Wirklichkeit betrachtet, die über beiden Existenzformen liegt, besteht im Vajrayana das höchste Ideal nicht nur aus der Erlangung eines von jeder Bedingtheit freien Zustandes, sondern zusätzlich auch aus dem Besitz der Çakti, d.h. der hinter den Erscheinungen wirkenden Macht.

Aber in den nun folgenden Passagen kommen solche Entwicklungen nicht zur Sprache. Es geht vielmehr um Lehren, um Geisteshaltungen und erste Verwirklichungen einer Freilösung, die dann sowohl bei einer «asketischen» als auch einer «magischen» Wegausrichtung verwendet werden können, da sie bei Beschreitung eines geregelten und geordneten Pfades die Voraussetzung für beide sind. Es kommen also zur Sprache:

1. Eine Phase der Einstimmung: die Öffnung gegenüber einem universalen Gefühl der Sympathie und Nicht-Zweiheit mit Dingen und Lebewesen.

2. Eine strenge Übungsabfolge zur Erlangung der Loslösung und der festen, ununterbrochenen Ich-Gegenwärtigkeit. Es geht darum, den reinen Akt jedes Bewusstseinsvorganges von seinem Inhalt zu trennen und zu stärken. Im Westen hat man die aktive, ganz besonders bewusste Perzeption (Wahrnehmung) Apperzeption genannt. Diese spielt aber bei den gewöhnlichen Erfahrungen eine beinahe völlig zu vernachlässigende Rolle (passive Wahrnehmung); an den Vorgängen des tiefen Nachdenkens, der schöpferischen Vorstellungskraft etc. hat sie jedoch wesentlichen Anteil. Bei der buddhistischen Methode handelt es sich nun vor allem darum, diese aktive Bewusstheit bei jeder Erfahrung und bei jedem Tun zu verstärken. Das ist der Weg, um am Ende ein Element herauszuarbeiten, das frei ist von allen anderen Elementen des Lebens und Bewusstseins, die sämtlich dem Gesetz des Zufalls und der Veränderlichkeit des Samsara unterliegen. Da dieser Grundbestandteil des neuen Bewusstseins, die Apperzeption, schon in der allgemeinen Erfahrung vorhanden ist, können prinzipiell alle, die genügend Ausdauer besitzen, den angegebenen Weg zu einem grossen Teil allein aus eigener Kraft durchlaufen.

3. Darauf zeigen sich Kräfte, also die Persönlichkeit übersteigende Energien, die als «Erwachen» bezeichnet werden, verbunden mit einem allmählichen Erlöschen des Begierdeteiles, d.h. des Elementes der Passivität und «Unwissenheit» (vgl. Kap. III) bei jeder Wahrnehmung.

4. Am Schluss finden wir die vier grossen Kontemplationen (jhâna), also die stufenweisen Entschliessungen, Verinnerlichungen und Vereinfachungen bei der Kristallisierung zur reinen Erfahrung, die ihren Endpunkt in der Grossen Befreiung, d.h. im Nirvana haben.

Auffallen wird die Stilbesonderheit der dauernden Wiederholungen, die im gesamten alten buddhistischen Kanon üblich sind. Diese Wiederholungen sind Absicht und zielen darauf hin – wie schon im Kap. I erwähnt –, vom einfachen Lesen zu einem gewissen Grad der RHYTHMISIERUNG *der Lehren zu führen.*

1

Da begibt sich der Mönch ins Innere des Waldes oder unter einen grossen Baum oder in eine leere Klause, setzt sich mit verschränkten Beinen nieder, den Körper gerade aufgerichtet, und pflegt die Einsicht.

Liebevollen Gemütes weilend, strahlt er nach einer Richtung, dann nach einer zweiten, dann nach der dritten, dann nach der vierten, ebenso nach oben und nach unten: überall in allem sich wiedererkennend, durchstrahlt er die ganze Welt mit liebevollem Gemüte, mit weitem, tiefem, unbeschränktem, von Grimm und Groll geklärtem.

«So ist es», versteht er, «Gemeines ist da, und Edles ist da, und es gibt eine Freiheit, höher als diese sinnliche Wahrnehmung.»

2

Da wacht ein Mönch beim Körper über den Körper, unermüdlich, klaren Sinnes, einsichtig, nach Verwindung weltlichen Begehrens und Bekümmerns. Bedächtig atmet er ein, bedächtig atmet er aus. Atmet er tief ein, so weiss er, «Ich atme tief ein», atmet er tief aus, so weiss er, «Ich atme tief aus», atmet er kurz ein, so weiss er, «Ich atme kurz ein», atmet er kurz aus, so weiss er, «Ich atme kurz aus». «Den ganzen Körper empfindend will ich einatmen», «Den ganzen Körper empfindend will ich ausatmen», so übt er sich. «Diese Körperverbindung besänftigend will ich einatmen», «Diese Körperverbindung besänftigend will ich ausamten», so übt er sich. Gleich wie etwa ein geschickter Drechsler oder Drechslergeselle tief anziehend weiss, «Ich ziehe tief an», kurz anziehend weiss, «Ich ziehe kurz an»: ebenso nun auch weiss der Mönch tief einatmend, «Ich atme tief ein», tief ausatmend, «Ich atme tief aus»; kurz einatmend, «Ich atme kurz ein», kurz ausatmend, «Ich atme kurz aus».

So wacht er nach Innen beim Körper über den Körper, so wacht er nach Aussen beim Körper über den Körper, nach Innen und Aussen wacht er beim Körper über den Körper. Er beobachtet, wie der Körper entsteht, beobachtet, wie der Körper vergeht, beobachtet, wie der Körper entsteht und vergeht. «Der Körper ist da»: diese Einsicht ist ihm nun gegenwärtig, soweit sie eben zum Wissen taugt, zur Besinnung taugt; und uneingepflanzt verharrt er, und nirgend in der Welt ist er angehangen. So aber wacht der Mönch beim Körper über den Körper.

Weiter sodann: der Mönch weiss, wenn er geht, «Ich gehe», weiss, wenn er steht, «Ich stehe», weiss, wenn er sitzt, «Ich sitze», weiss, wenn er liegt, «Ich liege», er weiss, wenn er sich in dieser oder jener Stellung befindet, dass es diese oder jene Stellung ist.

Der Mönch ist klar bewusst beim Kommen und Gehen, klar bewusst beim Hinblick und Wegblick, klar bewusst beim Neigen und Erheben, klar bewusst beim Tragen des Gewandes oder der Almosenschale des Ordens, klar bewusst beim Essen und Trinken, Kauen und Schmecken, klar bewusst beim Entleeren von Kot und Harn, klar bewusst beim Gehen und Stehen und Sitzen, beim Einschlafen und Erwachen, beim Sprechen und Schweigen.

So wacht er nach Innen beim Körper über den Körper, so wacht er nach Aussen beim Körper über den Körper, nach Innen und Aussen wacht er beim Körper über den Körper. Er beobachtet, wie der Körper entsteht, beobachtet, wie der Körper vergeht, beobachtet, wie der Körper entsteht und vergeht. «Der Körper ist da»: diese Einsicht ist ihm nun gegenwärtig, soweit sie eben zum Wissen taugt, zur Besinnung taugt; und uneingepflanzt verharrt er, und nirgend in der Welt ist er angehangen, so aber wacht der Mönch beim Körper über den Körper. Der Mönch wacht bei den Gefühlen über das Gefühl. Da weiss der Mönch, wenn er ein Wohlgefühl empfindet, «Ich empfinde ein Wohlgefühl», weiss, wenn er ein Wehgefühl empfindet, «Ich empfinde ein Wehgefühl», weiss, wenn er kein Wohl- und kein Wehgefühl empfindet, «Ich empfinde kein Wohl- und kein Wehgefühl».

Der Mönch wacht beim Gemüte über das Gemüt: da kennt der Mönch das begehrliche Gemüt als begehrlich und das begehrlose Gemüt als begehrlos, dass gehässige Gemüt als gehässig und das hasslose Gemüt als hasslos, das irrende Gemüt als irrend und das irrlose Gemüt als irrlos, das gesammelte Gemüt als gesammelt und das zerstreute Gemüt als zerstreut, das hochstrebende Gemüt als hochstrebend und das niedrig gesinnte Gemüt als niedrig gesinnt, das edle Gemüt als edel und das gemeine Gemüt als gemein, das beruhigte Gemüt als beruhigt und das ruhelose Gemüt als ruhelos, das erlöste Gemüt kennt er als erlöst und das gefesselte Gemüt als gefesselt.

Da merkt der Mönch, wenn Wunscheswille in ihm ist, «in mir ist Wunscheswille», merkt, wenn kein Wunscheswille in ihm ist, «in mir ist kein Wunscheswille». Er merkt es, wenn Wunscheswille sich eben erst entwickelt, merkt es, wenn der deutlich gewordene Wunscheswille aufgehoben wird, und merkt es, wenn der aufgehobene Wunscheswille künftig nicht mehr erscheint. Er merkt, wenn Hassensgroll in ihm ist, «In mir ist Hassensgroll». Er merkt, wenn matte Müde in ihm ist, «In mir ist matte Müde». Er merkt, wenn stolzer Unmut in ihm ist, «In mir ist stolzer Unmut», merkt, wenn kein stolzer Unmut in ihm ist, «In mir ist kein stolzer Unmut». Er merkt, wenn Schwanken in ihm ist, «In mir ist Schwanken», er merkt, wenn kein Schwanken in ihm ist, «In mir ist kein Schwanken». Er merkt, wenn diese fünf Hemmungen sich eben erst entwickeln, merkt es, wenn sie deutlich geworden aufgehoben werden und merkt es, wenn diese fünf aufgehobenen Hemmungen künftig nicht mehr erscheinen.

«Da ist die Empfindung» – «Da ist das Gemüt» – «Da sind die Hemmungen»: diese Einsicht ist ihm nun gegenwärtig, soweit sie eben zum Wissen taugt, zur Besinnung taugt. Und uneingepflanzt verharrt er, und nirgend in der Welt ist er angehangen. So wacht der Mönch bei den Empfindungen über die Empfindung, beim Gemüt über das Gemüt, bei den fünf Hemmungen über die fünf Hemmungen – nach Innen und nach Aussen. Er beobachtet, wie sie entstehen, wie sie vergehen, er beobachtet, wie sie entstehen und wie sie vergehen.

3

Weiter sodann wacht der Mönch bei den Erscheinungen über das Erscheinen der sieben Erweckungen. Da gewahrt der Mönch, wenn Einsicht in ihm munter wird, «In mir wird Einsicht munter» und gewahrt, wenn Einsicht in ihm nicht munter wird, «In mir wird Einsicht nicht munter», er gewahrt es, wenn Einsicht eben erst munter wird, und gewahrt es, wenn mit der Übung die munter gewordene Einsicht völlig aufgeht. Er gewahrt es, wenn Tiefsinn – Kraft – Heiterkeit – Lindheit – Innigkeit – Gleichmut in ihm munter werden, und gewahrt, wenn sie in ihm nicht munter werden. Und gewahrt es, wenn sie eben erst munter werden, und gewahrt es, wenn sie mit der Übung munter geworden völlig aufgehen.

Hat er mit dem Gesichte eine Form erblickt, so mag er keine Neigung fassen, keine Absicht fassen; da Begierde und Missmut, böse und schlechte Gedanken dabald den überwältigen, der unbewachten Gesichtes verweilt, so befleissigt er sich dieser Bewachung, hütet das Gesicht, wacht eifrig über das Gesicht.

Hat er mit dem Gehör einen Ton gehört – hat er mit dem Geruche einen Duft gerochen – hat er mit dem Geschmacke einen Saft geschmeckt – hat er mit dem Getaste eine Tastung getastet – hat er mit dem Gedenken ein Ding erkannt, so mag er keine Neigung fassen, keine Absicht fassen; da Begierde und Missmut, böse und schlechte Gedanken dabald den überwältigen, der unbewachten Gedenkens verweilt, befleissigt er sich dieser Bewachung, hütet das Gedenken, wacht eifrig über das Gedenken.

Durch die Erfüllung dieser heiligen Sinnenzügelung empfindet er ein inneres ungetrübtes Glück.

Er gewinnt das durch Innigkeit, Ausdauer und Sammlung des Willens erworbene Machtgebiet, gewinnt das durch Innigkeit, Ausdauer und Sammlung der Kraft erworbene Machtgebiet, gewinnt das durch Innigkeit, Ausdauer und Sammlung des Geistes erworbene Machtgebiet, gewinnt das durch Innigkeit, Ausdauer und Sammlung des Prüfens erworbene Machtgebiet, Heldenmut aber zum fünften. Und dieser also fünfzehnfach heldenmütig gewordene Mönch ist fähig zur Durchbrechung, fähig zur Erwachung, fähig die unvergleichliche Sicherheit zu finden.

4

Gar fern von Begierden, fern von unheilsamen Dingen lebt der Mönch in sinnend gedenkender, ruhegeborener, seliger Heiterkeit, in der Weihe der ersten Schauung.

Nach Vollendung des Sinnes und Gedenkens gewinnt der Mönch die innere Meeresstille, die Einheit des Gemütes, die von Sinnen, vom Gedenken freie, in der Einigung geborene, selige Heiterkeit, die Weihe der zweiten Schauung.

In heiterer Ruhe verweilt der Mönch gleichmütig, einsichtig, klar bewusst. Ein Glück empfindet er im Körper, von dem die ariya[1] sagen: «Der gleichmütig Einsichtige lebt beglückt»; so gewinnt er die Weihe der dritten Schauung.

Nach Verwerfung der Freuden und Leiden, nach Vernichtung des einstigen Frohsinns und Trübsinns gewinnt der Mönch die Weihe der leidlosen, freudlosen, gleichmütig einsichtigen vollkommenen Reine, die vierte Schauung.

Solchen Gemütes, innig, geläutert, gesäubert, gediegen, schlackengeklärt, geschmeidig, biegsam, fest, unversehrbar richtet er das Gemüt auf die erinnernde Erkenntnis von früheren Daseinsformen. An ein Leben, dann an zwei Leben, dann an drei Leben, dann an vier Leben, dann an fünf Leben, dann an zehn Leben, dann an zwanzig Leben, dann an dreissig Leben, dann an vierzig Leben, dann an fünfzig Leben, dann an hundert Leben, dann an tausend Leben, dann an hunderttausend Leben, dann an die Zeiten während mancher Weltenentstehungen, dann an die Zeiten während mancher Weltenregierungen, dann an die Zeiten während mancher Weltenvergehungen, dann an die Zeiten während mancher Weltenentstehungen-Weltenvergehungen. «Dort war ich, jenen Namen hatte ich, jener Familie gehörte ich an, das war mein Stand, das mein Beruf, solches Wohl und Wehe habe ich erfahren, so war mein Lebensende; dort verschieden trat ich anderswo wieder ins Dasein: da war ich nun, diesen Namen hatte ich, dieser Familie gehörte ich an, dies war mein Stand, dies mein Beruf, solches Wohl und Wehe habe ich erfahren, so war mein Lebensende; da verschieden trat ich hier wieder ins Dasein.» So erinnert er sich mancher verschiedenen früheren Daseinsform, mit je den eigentümlichen Merkmalen, mit je den eigenartigen Beziehungen[2]. Dieses Wissen hat er nun in den ersten Stunden der Nacht als erstes errungen, das Nichtwissen zerteilt, das Wissen gewonnen, das Dunkel zerteilt, das Licht gewonnen, wie er da ernsten Sinnes, eifrig, unermüdlich weilt.

Solchen Gemütes, innig, geläutert, gesäubert, gediegen, schlackengeklärt, geschmeidig, biegsam, fest, unversehrbar, richtet er das Gemüt auf die Erkenntnis des Verschwindens-Erscheinens der Wesen. Mit dem himmlischen Auge, dem geläuterten, über menschliche Grenzen hinausreichenden, kann er die Wesen dahinschwinden und wiedererscheinen sehen, gemeine und edle, schöne und unschöne, glückliche und unglückliche, er kann erkennen, wie die Wesen je nach den Taten wiederkehren. Dieses Wissen

[1] In den Texten des antiken Buddhismus taucht immer wieder der Begriff *ariya* (Sanskrit *arya*), also Arier auf. Es handelt sich dabei um einen letzten Widerhall der antiken Auffassung, dergemäss dieser Ausdruck nicht nur eine Kaste und körperliche Rasse bezeichnete, sondern vor allen Dingen eine Rasse und Überlegenheit des Geistes anzeigte. In den antiken buddhistischen Texten werden daher die Buddhas und ihre Schüler *ariya* genannt.

[2] Hier ist von der Erlangung des «samsarischen Bewusstseins» die Rede. Dieses folgt erst auf die Beseitigung der persönlichen Begrenzung durch die vorhergehende vierfache Schauung. Es handelt sich also keineswegs um einen Hinweis auf «Wiedergeburt». Man beachte nochmals, was in diesem Zusammenhang im Kap. V, S. 159 gesagt worden ist. Die übergrosse Anzahl von Leben soll dabei der gesamten Rede nur eine stärkere Eindrücklichkeit vermitteln.

hat er nun in den mittleren Stunden der Nacht als zweites errungen, das Nichtwissen zerteilt, das Wissen gewonnen, das Dunkel zerteilt, das Licht gewonnen, wie er da ernsten Sinnes, eifrig, unermüdlich weilt.

Weiter sodann: durch völlige Überwindung der Formwahrnehmungen, Vernichtung der Gegenwahrnehmungen, Verwerfung der Vielheitwahrnehmungen gewinnt er in dem Gedanken «Grenzenlos ist der Raum» das Reich des unbegrenzten Raumes. Nach völliger Überwindung der unbegrenzten Raumsphäre gewinnt er in den Gedanken «Grenzenlos ist das Bewusstsein» das Reich des unbegrenzten Bewusstseins. Nach völliger Überwindung der unbegrenzten Bewusstseinssphäre gewinnt er in den Gedanken «Nichts ist da» das Reich des Nichtdaseins. Nach völliger Überwindung der Nichtdaseinssphäre erreicht er die Grenzscheide möglicher Wahrnehmung. Nach völliger Überwindung der Grenzscheide möglicher Wahrnehmung erreicht er die Auflösung der Wahrnehmbarkeit, und des weisen Sehenden Wahn ist aufgehoben.

Er kann in verschiedener Weise magisch arbeiten: als nur einer etwa vielfach zu werden, und vielfach geworden wieder einer zu sein usw. und etwa gar bis zu den Brahmawelten den Körper in seiner Gewalt zu haben. Mit dem himmlischen Gehör, dem geläuterten, über menschliche Grenzen hinausreichenden, die zwei Arten der Töne zu hören, die himmlischen und die irdischen, die fernen und die nahen. Und so schnell wie etwa ein kräftiger Mann den eingezogenen Arm ausstrecken oder den ausgestreckten Arm einzuziehen vermag, so erscheint und verschwindet er, wo er will.

Also erkennend, also sehend wird da sein Gemüt erlöst vom Wunscheswahn, erlöst vom Daseinswahn, erlöst vom Nichtwissenswahn. «Im Erlösten ist die Erlösung», diese Erkenntnis geht auf. «Versiegt ist die Geburt, vollendet das Asketentum, gewirkt das Werk, nicht mehr ist diese Welt», versteht er da.

Das aber wird die Spur des Vollendeten genannt, wird die Fährte des Vollendeten genannt, wird die Kerbe des Vollendeten genannt, des Heiligen, des vollkommen Erwachten, des Wissens- und Wandelsbewährten, des Willkommenen, des Weltenkenners, des unvergleichlichen Leiters der Männerherde, des Meisters der Götter und Menschen, des Erwachten, des Erhabenen.[3]

[3] Die buddhistische Askese in ihrer Gesamtheit ist Thema einer systematischen Darstellung von J. Evola unter dem Titel: *La dottrina del risveglio* (letzte Ausgabe, Mailand 1983). Über die tantrischen Entwicklungen des Buddhismus schreibt derselbe Autor in: *Lo yoga della potenza* (Rom, [3]1969).

Verschiedene Randbemerkungen

In diesem wie auch im vorhergehenden Kapitel haben wir gegen die Theorie der *Wiedergeburt* (Reinkarnationstheorie) Stellung bezogen, und wir haben auch erklärt, warum und weshalb wir das tun. Eine solche Theorie stellt nämlich wörtlich genommen einen Widersinn dar und ist keinesfalls – weder im Osten noch im Westen – Ausdruck einer esoterischen Lehre.

Viele «Geisteswissenschaftler» und Theosophisten der heutigen Zeit denken anders darüber. Sie möchten der Wiedergeburtstheorie sogar den Rang einer höheren Wahrheit verleihen, da sie, unter anderem, zum Unterschied von allen übrigen Theorien, angeblich der menschlichen Vernunft Genüge leistet, nimmt man doch an, dass sie das Problem des Bösen und die Verschiedenheit der Menschen erkläre.

Uns geht es hier sicher nicht darum, in jedem Fall die initiatische Lehre zu verteidigen, aber wir kommen trotzdem nicht umhin zu unterstreichen, dass es kaum von grossem kritischem Scharfsinn zeugt, wenn man dieser Theorie solche Ehre zuschreibt. Denn selbst wenn wir einräumen wollten, dass die Unterschiede zwischen den Lebewesen, gemeinsam mit den guten und schlechten Dingen, die ihnen zustossen, die Folgen von Handlungen sind, die sie in einem vorhergehenden Leben begangen haben, müsste man immer noch erklären, warum denn eigentlich manche Erdbewohner in jenem vorhergehenden Leben gewisse Handlungen begangen haben und andere wiederum nicht. Man muss dann zu Charakteranlagen Zuflucht nehmen, deren Ursache wiederum durch Handlungen in einem noch weiter zurückliegenden Leben geschaffen wurden, und so kann man bis ins Unendliche fortfahren, ohne je auch nur irgend etwas wirklich zu erklären. Wenn man jedoch nicht bis ins Unendliche zurückgehen will, sondern einmal innehält, ist man gezwungen, zumindest an diesem bestimmten Punkt ursprüngliche Unterschiede oder wenigstens Anlagen anzunehmen, die solche Unterschiede determinieren und die jetzt natürlich keine frühere Ursache mehr zulassen. Damit hat es sich als nutzlos erwiesen, die Reinkarnation überhaupt heranzuziehen, da sie ja – selbst wenn man sich zu ihr bekennt – nicht das erklären kann, was sie eigentlich erklären hätte sollen.

Wollen wir gleichzeitig darauf hinweisen, dass ein ebensolcher Mangel an kritischem Geist besteht, wenn man glaubt, mit dem Gesetz von Ursache und Wirkung (dem Gesetz des Karma, das die Theosophisten mit der Reinkarnation verbinden) ein vernunftgemässes und natürliches Gesetz der Gerechtigkeit zu haben, das über die «naive» Auffassung eines persönlichen Gottes, der belohnt und bestraft, hinausführt. Wo aber ist die Grundlage dafür, dass auf eine bestimmte Ursache genau jene Wirkung folgen *muss*? Auf diese Aktion nur jene Reaktion? Oder glaubt man, dass es so ist, weil es so ist? Damit aber wird natürlich jeder Anspruch auf Erklärung illusorisch. Es bleibt also nur übrig, einen höheren *Willen* zu postulieren, der als Grundlage dafür dient, dass auf eine bestimmte Ursache eine bestimmte Wirkung folgt, was mehr oder weniger zur Anerkennung der Theorie der göttlichen Sanktionen zurückführt, die man ursprünglich mit Hilfe des «natürlichen» Karmagesetzes und seinen Wirkungen und Gegenwirkungen glaubte überwinden zu können.

* * *

Die Ansichten über die Unsterblichkeit im vorigen Kapitel könnten sich als nicht sehr tröstend erweisen, denn man müsste den Schluss daraus ziehen, dass nur die Initiierten im absoluten Sinne unsterblich sind; aber die Initiation ist etwas, was insbesondere heute und im Abendland so gut wie unerreichbar erscheint, ja der überwältigenden Mehrheit sogar als Begriff unbekannt ist. Nicht einmal die «Geisteswissenschaftler», die ja vom Glauben an eine angebliche, von Natur aus schon unsterbliche Seele hypnotisiert sind, befinden sich in einer besseren Lage.

Gibt es also keine anderen Aussichten? Doch, es gibt sie. Man kann nämlich die Fälle heranziehen, bei denen ein gesamtes Leben so konzentriert auf etwas ausgerichtet worden ist, dass es sozusagen über das einfache Nur-Leben hinausgeführt worden ist. Des weiteren muss man die Fälle hinzuzählen, bei denen gewisse Höchstpunkte des Geistes realisiert wurden, sei es im Rahmen einer Heldentat[1], eines Opfers oder in manchen Fällen auch eines Rausches oder einer überaus starken emotionalen Hochpolung. Das kann in der tiefen Ich-Substanz zur Bildung von virtuellen Anlagen beitragen, die über den Zerfall des sterblichen Bewusstseins hinausführen und am entsprechenden Ort auch Früchte tragen können, indem sie nämlich den «zweiten Tod» und den Hades überwinden helfen. Bedingung dazu ist allerdings, dass diese Formen der teilweisen Todesüberwindung ohne spezifischen initiatischen Eingriff in jedem Fall eine gewisse aktive und entpersönlichte Ausrichtung aufweisen, nicht also auf einer Idee, von der man völlig gefangen ist, auf einem Fanatismus, einem Instinkt oder einer Leidenschaft beruhen, denn dann würde die von der Hingabe oder dem Opfer in der Lebenssubstanz entzündete Flamme einzig und allein dazu dienen, die selben Wesenheiten zu nähren, die durch die seelischen Anlagen schon zu Lebzeiten gewirkt haben.

* * *

[1] So wird zum Beispiel in der islamischen Tradition gesagt, dass diejenigen, die im *jihad,* d. h. im «Heiligen Krieg» fallen, tatsächlich gar nicht gestorben sind.

Was die von Ea in Erinnerung gerufene Lehre der antiken Mysterien betrifft, dergemäss selbst ein Verbrecher, wenn initiiert, im Jenseits ein bevorzugtes Schicksal geniesst, während verdiente Männer wie Epaminondas oder Agesilaos, wenn nicht initiiert, dem gleichen Schicksal unterworfen sind wie jeder andere gewöhnliche Sterbliche, ist prinzipiell gesehen unangreifbar und ist sicherlich nicht widersinnig, wenn man die Initiation so versteht, wie sie verstanden werden muss, d. h. als reale Umformung der Natur, die in ihrer Objektivität keine Rücksicht auf rein menschenbezogene Werte oder auch Nichtwerte nimmt.

Das ändert natürlich nichts an der Tatsache, dass auch die Initiation ihre Voraussetzungen hat. Verlangt wird grundsätzlich eine entsprechend vorbereitete «Materie», um sie überhaupt «beherbergen» und ihre positiven Möglichkeiten nützen zu können. Wenn auch diese Voraussetzungen nicht notwendigerweise an das gebunden sind, was nach den verschiedenen Vorurteilen der Menschen und den verschiedenen historischen Gegebenheiten als «Verdienst» oder als «Schuld», als «Gut» oder als «Böse» eingeschätzt wird, so kann man doch die feinen, aber objektiven Wirkungen bestimmter Disziplinen und bestimmter Lebensweisen im Hinblick auf eine solche Vorbereitung aus esoterischer Sicht beurteilen. Es kann ohne weiteres sein, dass ein Verbrecher initiierbar ist und ein moralisch einwandfreier Mensch nicht, was natürlich auch entsprechende Folgen hat. Aber das wird immer auf irgendwelche Gründe zurückzuführen sein. Wenn nämlich die Macht der Initiation unterschiedslos angewendet werden sollte, würde sie entweder überhaupt nicht «greifen», oder sie könnte sich sogar in negativer, verzerrender oder geradezu zerstörerischer Weise auf das nichtqualifizierte Subjekt auswirken.

* * *

Das von «Iagla» vorgebrachte Problem des «Gesetzes der Wesenheiten» hat einen sehr komplexen Charakter. Es scheint in der Tat, dass einzelne Traditionen in direkter oder indirekter Weise das Prinzip der Unausweichlichkeit des Gesetzes von Aktion und Reaktion vertreten haben. Auf diesem Prinzip beruht zum Beispiel eine ganze Klasse von Opferriten, nämlich die Sühneopfer, wobei ziemlich häufig die Ansicht vertreten wurde, dass die Sühne «umkehrbar» sei (die stellvertretende Sühne – der Unschuldige kann die Sühne an Stelle des Schuldigen erbringen). In einem gewissen Umkreis der manifestierten Welt gilt tatsächlich ein solches Gesetz; und man muss betonen, dass (und das ist bedeutungsvoll) auch die Grundauffassung des Christentums nicht über einen solchen Umkreis hinausgeht. Versteht man doch sonst nicht, welchen Grund Gott gehabt haben könnte, seinen Sohn zu opfern (wobei er den Menschen Anlass gab, eine neue furchtbare Schuld auf sich zu laden); um die Menschen von der Sünde zu erlösen, hätte er ihnen doch einfach verzeihen und diese Sünde mit einem Akt seiner Macht aufheben können. Man versteht es nur, wenn man ein Gesetz der Sündenvergebung annimmt, das stärker ist als Gott selbst. Eigenartig ist nur, dass man trotzdem zwischen dem Christentum als «Religion der Gnade» und dem

Judentum als «Religion des Gesetzes» einen Gegensatz zu konstruieren versucht. Setzt man nun aber ein solches Gesetz nicht voraus, erscheint die Lage so widersinnig, wie wenn ein König, der einem Schuldigen (Adam) die Strafe ersparen will, die er durch seine Schuld auf sich geladen hat, ihn nur zu begnadigen vermöchte, indem er diese Strafe seinem Sohn (Christus) auferlegte. Diesen Einwand brachten übrigens schon die Römer gegen die Christen vor.

Wenn wir uns bloss auf die *praktischen* Aspekte des Fragenkreises beschränken wollen, können wir folgendes dazu sagen:

Bei der rein persönlichen Seite dieser Problematik ist die Notwendigkeit, dass sich geschaffene Ursachen bis zum völligen Versiegen «entladen», kaum bestritten. Es gibt jedoch auch eine übergeordnete Ebene, wo es heisst, dass *«das Feuer der Erkenntnis den karmischen Körper verbrennt»,* wobei man unter diesem Körper eben den Träger versteht, der die erwähnten, nichtentladenen möglichen Ursachen in sich schliesst. Das versteht sich eigentlich von selbst, denn die «Erkenntnis» ist hier mit der Verwirklichung des höchsten Prinzips gleichzusetzen, also mit dem Prinzip, das die gesamte Ursachenverkettung überhaupt bedingt und zusammenhält.

Gehen wir auf das operative magische Feld über, so kann man den Rückprallfolgen der abgewehrten Schläge nicht entkommen, wenn man sich – wie es «Iagla» getan zu haben scheint – mit nur inneren Aktionen in dieses Feld vorwagt. In der Zeremonialmagie hingegen sind verschiedene Massnahmen vorgesehen, um die eventuellen Entladungen in geeigneter Weise abzulenken. Jedermann kennt überdies aus den Evangelien die Episode mit den Besessenen und den Schweinen; wenn nun tatsächlich einmal eine Gegenwirkung in eine solche Richtung abgelenkt werden müsste, hiesse das, eine geradezu krankhafte Form der Empfindsamkeit zu besitzen, wie sie sogar Jesus, dem Meister des Mitleids, fremd war, wollte man Derartiges als verantwortungslos erachten.

Wenn es schlussendlich um Gegenwirkungen geht, die nicht von operativen magischen Eingriffen stammen, sondern vom reinen Willen, aufrecht zu stehen und auf dem initiatischen Weg vorwärtszuschreiten, ist ein Mittel bekannt: *der initiatische Gebrauch des Prinzips, dem Bösen nicht zu widerstehen.*[2] Es ist ein Naturgesetz, dass es zu einer Reaktion und zu einem Zurückprallen

[2] In MEYRINKS *Der weisse Domenikaner* sowie in A. BLACKWOODS Buch *John Silence* wird darauf Bezug genommen. Im folgenden die Passage aus Blackwoods Werk: «Eine Kraft trat in mein Innerstes und schüttelte es wie ein Blatt ... der entscheidende Punkt kam, als die Wesenheit die Tiefe ihrer Macht erreichte. Dann, langsam und entschieden gewann er (der Operant) wiederum die Oberhand. Er begann tief und regelmässig zu atmen, um die gegnerische Kraft in sich aufzunehmen, *wobei er sie zu seinem Vorteil umdrehte.* Indem er aufhörte Widerstand zu leisten und gestattete, dass sich der tödliche Strom ganz in ihn hineinergoss, ohne auf Hindernisse zu stossen, benützte er eben die Kraft, die ihm die gegnerische Macht lieferte, um so die eigene Kraft über jedes Maß hinaus zu steigern ... Diese geistige Alchemie hatte er gelernt. Er wusste, dass die Kraft letztendlich immer ein- und dieselbe ist ..., dass er, sofern er nicht die Herrschaft über sich selbst verlor, jene übeltäterische Ausstrahlung in sich aufnehmen und sie magisch umwandeln konnte.»

nur dann kommen kann, wenn eine Kraft auf einen Widerstand trifft. Wenn man hingegen eine innere Haltung solcher Art aufbaut, dass die Kraft auf nichts Starres in uns stösst, sondern nur auf «Luft», dann findet sie keinen Angriffspunkt und kann höchstens wie in einem Wirbel um sich selbst rasen. Die Technik besteht also darin, den Augenblick abzuwarten, an dem man sich wiederum gegen jene Kraft durchzusetzen vermag, der man sich vorher geöffnet hatte, um sie dann allmählich in sich aufzunehmen und umzuwandeln. Manchmal bedeutet das, sich selbst wie bei einer Opferhandlung hinzugeben, wobei man allerdings daraus einen positiven Effekt, eine geistige Erhebung und eine grössere Kraft bezieht.

Wir wollen auch darauf hinweisen, dass in gewissen Schulen genau diese Technik angewendet wird, und zwar um Leidenschaften abzuwehren, die ansonsten die Seele zu überfluten drohen.

VII

Luce

Anweisungen zur Zeremonialmagie

Vorbereitungen

Die bisher gegebenen Anweisungen sind, falls sie mit der grossen Ausdauer befolgt wurden, die bei allen Operationen der Heiligen Wissenschaft verlangt wird, ausreichend, um nun zur Praxis der Evokationsmagie zu kommen, ohne dass dabei die Gefahr von übertriebenen körperlichen oder seelischen Reaktionen bestünde, die Schaden anrichten könnten.

Das Ritual, das wir in mehreren Stufen darlegen werden, stellt tatsächlich einen Erkenntnisweg dar, der von den schon besprochenen theurgischen Praktiken völlig unabhängig ist und daher von jedem, der sich dieser Richtung zuwenden will, ausgeführt werden kann, ohne dass er auf jene anderen Praktiken achten muss. Ich möchte jedoch darauf hinweisen, dass es sicher nützlich ist, die beiden parallel laufenden Systeme zusammen und harmonisch zu entwickeln.

Für eine echte magische Verwirklichung ist es notwendig, einige spezielle Erläuterungen und Vorsichtsmassnahmen vorauszuschicken.

Der hier dargelegte Ritus ist ein reiner Einleitungsritus, der auf schwierigere Operationen vorbereiten soll, die dann zu einem späteren Zeitpunkt behandelt werden. Er muss mit der grössten Sorgfalt genau nach den Anweisungen durchgeführt werden, wobei der Wille nach der vollkommenen Verwirklichung auch der winzigsten und anscheinend bedeutungslosen Details streben muss.

Ich möchte noch bemerken, dass es sich nicht um einen Ritus handelt, der nur für eine bestimmte Zeit im Jahr gilt, sondern er kann immer vollzogen werden, sofern man nur die Bedingung einhält, nicht damit aufzuhören, bevor man das angestrebte Ziel erreicht hat. Die Zeitdauer ist dabei weder nach oben noch nach unten begrenzt. Die einzige wesentliche Änderung, auf die wir zur gegebenen Zeit zurückkommen werden, ist die Zusammenstellung der für jede Konstellation besonders geeigneten Düfte.

In diesem Zusammenhang mache ich sofort darauf aufmerksam, dass die Jahreseinteilung in der Magie nicht mit der Einteilung des gesetzlichen Jahres übereinstimmt, sondern auf astronomischer Grundlage beruht und mit dem

Eintritt beziehungsweise Austritt der Sonne aus den einzelnen Sternenkonstellationen zusammenhängt. Man merke sich daher, dass unser Jahr mit dem 21. März beginnt und damit dem Eintritt der Sonne in den Widder und dem Anfang des Frühlings entspricht.

Da es trotzdem mehr oder weniger geeignete Monate gibt, kann man anraten, diesen Ritus im letzten Herbstmonat und in den drei Wintermonaten zu vollziehen, d. h. von den letzten Novembertagen an bis fast zum Ende des darauffolgenden Märzes.

Das Ritual ist im besonderen für eine erste Operation zur Kraftsteigerung und Erleuchtung geeignet. Dieses unmittelbare Ziel wird durch eine Kontaktaufnahme mit höheren Intelligenzen[1] erreicht, von denen eine Erleuchtung erwirkt werden soll, die sich dann in mehrfacher Weise zeigen kann: erstens durch eine direkte Erscheinung der angerufenen Wesenheit, die dem Operanten sichtbar und greifbar vor Augen tritt und ihm spezielle Anweisungen gibt, die mit *Intelligenz* auszuführen sind und auch so wesentlich sein können, dass er keine weitere Quelle der Belehrung oder Erkenntnis mehr benötigt. Das verstehe ich in einer absolut umfassenden Bedeutung, wobei ich mich ohne jede Einschränkung auf alles beziehe, was einen persönlichen Tätigkeitsbereich ausmachen kann, sei es in einem reinen Wissensgebiet, sei es etwas, was Erfahrungen oder Hinweise für die persönliche Weiterentwicklung betrifft, oder sei es auch – was häufig vorkommt – etwas, was das praktische, alltägliche Leben eines jeden von uns angeht.

Eine andere Offenbarungsform ist die intelligente Komunikation mit dem angerufenen Wesen, die während der Invokation selbst oder häufiger während des Schlafes des Operanten erfolgen kann. Bei der Beurteilung solcher Offenbarungen muss man jedoch vorsichtig sein, um nicht Wahnbildern oder Hirngespinsten zu erliegen, die auch auf gefährliche Abwege führen könnten. Es ist sogar von Vorteil, jede Beurteilung gänzlich aufzuschieben, bis schliesslich ein Zustand eintritt, in dem es dann überhaupt keinen Zweifel mehr über ihre Herkunft geben kann. Dieses Bewusstsein der Gewissheit kann man allerdings nicht vermitteln, sondern nur selbst erleben.

Wenn die Mitteilung in dieser Form erfolgt, besteht die grösste Schwierigkeit darin, sich beim oder nach dem Erwachen genau zu erinnern, was in der Nacht wahrgenommen oder gehört worden ist. Man muss also den Zustand des klaren Bewusstseins im Schlaf in das klare Bewusstsein des Wachzustandes überführen. Das erreicht man, wenn man im Zustand, der schon nicht mehr Schlaf ist, die erhaltenen Eindrücke *fixiert* und sie nach und nach während des fortschreitenden Erwachens immer wieder verstärkt.

Das weitere Ziel des Rituals steht in Verbindung mit dem Problem, das

[1] Man tut gut daran, sich zu erinnern, dass auf dem Gebiet der Zeremonialmagie, wovon die vorliegenden Anweisungen von «Luce» ja handeln, schon die Methodik selbst so wirkt, dass metaphysische Seinszustände objektive Formen anzunehmen beginnen, und zwar auch personifizierte, so als ob es sich um wirkliche, eigenständige Wesen (Intelligenzen, Engel, Elementale etc.) handelte. Derartige Erfahrungen können natürlich von einer metaphysischen Warte aus nicht als endgültig erachtet werden. (*Anm. v.* UR)

sich jeder von uns schon von allem Anfang an gestellt hat und das wir ja auch bis jetzt in Verhaltensanweisungen abgehandelt haben, die auf seine praktische Lösung hinarbeiteten. Wir sprechen vom Problem des Ichs in seiner Gesamtheit: was seinen Wesenskern ausmacht – *was also das Ich ist* – und was seine Erscheinungswelt betrifft – d. h., *was es kann,* wie seine Aktionen in Erscheinung treten und welche Reaktionen sie in der Umwelt hervorrufen, in der es sich als zentraler Punkt zu formen beginnt. Diesen gesamten Problemkreis des Ichs heben wir hier auf eine andere Geschehnisebene, die der bis jetzt verfolgten zwar verwandt ist und tatsächlich zum selben Ziel und zur selben Vollbringung führt, aber mit einer wesentlich anderen Methodik arbeitet.

Bis jetzt beschränkten sich die gegebenen Anweisungen vor allem auf eine *sonnenhafte* Entfaltung des handelnden Prinzips, das, in sich selbst feststehend oder sich auf ganz wenige aussenliegende Dinge, wie Düfte, abstützend, sein eigenes Prinzip zur Entwicklung bringt und es zur grössten Feuerhaftigkeit emporführt.

Was wir uns mit diesen Anweisungen vornehmen, ist von dem Bewusstseinszustand auszugehen, wie er für den Grossteil der Menschen – Frauen eingeschlossen – der gewöhnliche ist. Es handelt sich also um Anweisungen, die unmittelbar auf die Entwicklung, Erkenntnis, Integration und schliesslich Lösung des lunaren Prinzips zielen bis zu dem Punkt, an dem die Neuausrichtung und *Umwandlung (Transmutation)* erfolgt. Das heisst natürlich nicht, dass, wenn ein schon herrschendes ☉ im Gleichklang dazu ebenfalls auf dieser Ebene zu wirken beginnt, dies einen Nachteil darstellt, im Gegenteil: das bringt sogar eine höhere Vollkommenheit in der Aktion und eine grössere Schnelligkeit im Aufeinanderfolgen der Operationen mit sich. Die Verschmelzung der beiden Systeme ist also sicherlich zu empfehlen, können doch aus deren Wechselwirkung wesentliche Vorteile gezogen werden.

Man wird sich daran erinnern (I. Kap. Einführung), dass wir uns als Ausgangspunkt das Problem: «Was bin *ich*?» gestellt hatten. Dieses Problem ist nicht durch irgendeine Theorie oder durch reine Wissensansammlung zu lösen, sondern nur durch eine *Erfahrung*: durch eine Erfahrung des *Seins* (daher sagt Gott auch im 2. Buch Moses 3,14: *«Eièh ascer Eièh»* – ich bin, der ich bin). Das Ritual führt eben dazu, diese nicht mittelbare und absolute Erfahrung in Vollkommenheit zu erleben, hin zu einem Zustand der unmittelbaren und absoluten Klarheit, der alles übersteigt, was menschlichem Geist zu entspringen vermag.

Man wird schon bemerkt haben, dass die Anweisungen hier einzig und allein von einem praktischen Gesichtspunkt her gegeben und akzeptiert werden müssen. Man *darf* niemals nach einem Warum fragen und auch keine Erklärung oder «Begründung» suchen, sondern man muss gut verstehen, gut lernen und gut ausführen. Das sind die Bedingungen, und das oder anderes wird nicht diskutiert.

Wir belehren diejenigen, die in das Leben der höheren Welten hineingeboren werden wollen, damit sie dort die ersten Schritte tun, sich dort zurechtfinden und den Sinn für die neuen Wirklichkeiten, die sich ihnen eröffnen, auch erfahren können. Wer vorzeitig selbst die Initiative ergreifen will, kann es auf völlig eigenes Risiko und eigene Gefahr auch tun. Allerdings sind diese Risiken und Gefahren ungefähr gleich gross wie diejenigen, denen ein neugeborenes Kind unterliegen würde, das sich selbst überlassen ohne jede Erfahrung und ohne jede Führung dem Wirken der Naturereignisse ausgesetzt wäre.

Jede Form ist das Zeichen einer Intelligenz. Es gibt sichtbare und unsichtbare Formen, bekannte und unbekannte Formen.

Jede ist die Wirklichkeitswerdung einer ins Gleichgewicht gebrachten Kraft, die in besonderer, verborgener Weise wirkt und in ihr – der Form – gerinnt *(koaguliert)*.

Jede Kraft ist Intelligenz und ist – Geist.

Die Intelligenzen sind hierarchisch gegliedert. Es gibt eine Intelligenz für das Sandkorn und eine Intelligenz für das unendlich Kleine, die hierarchisch unter der Intelligenz für eine Gesamtheit steht, wie sie zum Beispiel ein Organ darstellt.

So gibt es zum Beispiel bei den Menschen intelligente Elementarkräfte, die dem Organismus vorstehen, aber auch ihrerseits einer einheitlichen Kraft unterstellt sind. Diese wiederum ist derjenigen unterworfen, die der Familie vorsteht. Aber auch diese letztere steht ihrerseits unter dem Schutzgeist der Stadt usw.

Das alles zu verstehen und zu beginnen dafür ein *Gefühl* zu entwickeln, ist die wesentliche Voraussetzung für den magischen Weg. Die Meister dieses Weges sprechen dann im Namen des höchsten Weltenleiters, desjenigen, von dem alle Erleuchtung kommt.

Wer getreu den Weisungen folgt, die wir geben, der kann sicherlich eines Tages die erhabensten Höhen erreichen und die königliche Krone in Empfang nehmen.

Also: Die Erfahrung sei der Ausgangspunkt und Stützpunkt jeglicher Überlegung. Bremse das Denken: Urteile *nie* über etwas, was Du nicht vollkommen kennst.

Der Mensch hat die Fähigkeit, neue Formen zu schaffen und herauszubilden, indem er sie frei aus der «Materie» oder aus den die Materie bildenden Bausteinen organisiert. Oder er wirkt auf die intelligenten Kräfte ein, die diese Materie ja immer beherrschen – aber der geheime, letzte und höchste Sinn liegt in der Macht, die durch das Mysterium der «Jungfrau» jedem schöpferischen Akt Ursprung und Rechtfertigung ist.

Wisse, dass das *Wort* eine lebendige Wirklichkeit ist, die Du schaffst und der Du einen Körper und ein Leben gibst – eine Wesenheit, die sich von Dir löst und wirkt. Das Wort ist für uns nicht bloss ein Ton, der den Lippen entschlüpft, sondern es ist auch die Geste, der Gedanke, es ist alles, was ein nicht unbewegliches, nicht geschlossenes, kaltes und isoliertes Wesen ausdrückt. Das ist auch Mysterium. Aber es genüge Dir, um zu verstehen, welche ständige Verantwortung Du trägst.

In der Magie sind Dein Gedanke, Deine Intelligenz wie auch Dein Wille einfache Werkzeuge Deiner Kraft, Deiner Macht, die weit über ihnen steht.

Du musst durch Versuche je nach der natürlichen Ordnung Deiner eigenen Reaktionen lernen, wie sie aufgebaut sind und wie sie über ein Spiel der Reflexe, das ich Dir nicht erkläre, das Du aber kennenlernen wirst müssen, durch Übung, Gebrauch und durch zähes, ausdauerndes, beharrliches, nie unterbrochenes Trainieren dazu erzogen werden, das Prinzip, dem sie entstammen, zu verstärken, und zwar bis zu einer Grenze, die jegliche Vorstellung und alle anscheinend gegebenen Möglichkeiten übersteigt.

Das Mittel, das Werkzeug, ist Dir in die Hand gegeben, und es sei Dir gesagt: Das sind die Prinzipien, das die Methoden, nun arbeite so.

Und Du wirst, wenn Du nach den Vorschriften arbeitest, das unmittelbare Ergebnis der Operation erkennen, und wenn Du dann dieses auf der Grundlage des Gesetzes des Ausgleichs der Gegensätze genau untersuchst, wirst Du aus der Wirkung ersehen, was sie verursacht hat.

Aber das soll an einem anderen Ort in vollständigerer Weise besprochen werden.

Es ist sicherlich von Nutzen, wenn Dir die klassische Vorstellung der dreifachen Welt etwas näher erläutert wird. Die drei Welten werden eingeteilt in:

physische Welt
geistige Welt
göttliche Welt.

Die physische Welt ist die Welt der Form und des Zufalls, wo sich die universalen Kräfte am dichtesten offenbaren. Es ist die Welt der unreinen Materie und der unreinen Wesen: niedrige Elementale, Larven und ähnliche Wesenheiten.

Die geistige Welt wird von manchen auch mentale Welt genannt – es ist das Reich der Geister, die die «Materie» beherrschen und organisieren. Unter diesen befinden sich auch die wahren und eigentlichen Elementale sowie die Intelligenzen.

In der göttlichen Welt finden wir die Götter, also diejenigen, die Ursprung und Bestimmung der anderen, darunterstehenden Welten sind. Sie sind freie Macht und unbefleckter Wille, der sich vollkommen in unmittelbarer Verwirklichung realisiert.

Du kannst die physische Welt kennenlernen, indem Du ihren Aufbau und ihre Erscheinungen beobachtest sowie die äusserlichen, sie aufrechterhaltenden Gesetze erschaust – aber in besserer und vollkommenerer Weise wirst Du sie kennenlernen, wenn Du zuerst die geistige Welt durchdringst und dann die beiden Welten nach dem Gesetz der Harmonieverhältnisse in Wechselbeziehung bringst.

Du wirst die Gesetze der geistigen Welt erkennen, indem Du die vom Körper gesetzten Schranken durchbrichst, sei es, dass Du ihn beherrschst oder überwindest, oder sei es, dass Du ihn einfach auf die Seite stellst und Deine Intelligenz mit den jene Welt beherrschenden Intelligenzen zusammenschliesst.

Du wirst die Arkana der göttlichen Welt erfassen, falls Du Dir die Würde erkämpfst, dass sich ein göttlicher Geist Dir unmittelbar offenbart und Dich erleuchtet – oder indem Du selbst die Götter «erkennst», wenn Du bis zu Ihnen emporzusteigen vermochtest und Ihre Macht für Dich erobert hast.

Erinnere Dich daran, dass in den drei Welten das Gesetz der Analogie gilt, das ein Gesetz des Ausgleichs ist, und wisse, dass das Mysterium der einen Welt ebenso das Mysterium der anderen enthüllen kann, wenn Du nur dem Ziele gemäss, das Du zu erreichen trachtest, die jeweilige «Sublimation» oder «Kondensation» in der richtigen Entsprechung zu verstehen und zu verwirklichen vermagst.

Beachte jedoch, dass diese von mir erwähnte dreifache Unterteilung nicht nur hierarchischen Wert besitzt. Damit Du erahnen kannst, wie das komplexe System der Hierarchien der Wesenheiten tatsächlich ist, beobachte für einen Augenblick die Hierarchien der menschlichen Gesellschaft sowie der Lebewesen in der Natur, vergleiche mit der unsichtbaren Welt und verstehe in Analogie.

Ich habe Dich auf die Existenz eines absoluten Gesetzes, nämlich des Gesetzes des Ausgleichs und Gleichgewichts hingewiesen; ausdrücklich füge ich hinzu, dass es nicht nur bei den Operationen unserer Kunst beherrschend ist, sondern im gesamten Leben, denn gerade im Leben findet es seine vollkommene und einzige Verwirklichung.

Das Gleichgewicht ist Leben, ist im Leben, ist in jedem Akt, in jedem Wesenskern, in jeder Kraft, jeder Möglichkeit und Wirklichkeit.

Viele werden Dir schon von diesem Gesetz gesprochen haben, viel wirst Du darüber gelesen haben. Aber vielleicht hast Du die Frage doch nicht so gestellt, dass Du, wenn schon nicht zu erkennen, so doch zu erahnen vermagst, welche Bedeutung es in unserer Praxis hat: Mit seiner Hilfe bestimmen wir nämlich, ob das Agierende oder das Reagierende aktiv ist oder vielleicht beide und in diesem Fall auch das neue Element, auf das sie einwirken.[2]

Wer die Zahlensymbolik kennt, kann versuchen, hieraus einen für diese Frage passenden Schlüssel zu finden, indem er über dieses geheimnisvolle Rezept zur «Fixierung des Merkurs» nachgrübelt, das wir aus einem antiken Manuskript übernehmen: «Von verschiedenen Dingen nehme: 2–3 und 3–1; 1 und 3 macht 4; 3,2 ist 10; zwischen 3 und 4 ist 1; 3 von 4 macht 1; 1 von 3 macht 2; zwischen 2 und 3 ist 10 1,1,1 und 1,2,2 und 1,1 und 1–2. Dann 1–1. Damit habe ich Dir alles gesagt.»

Um zur praktischen magischen Verwirklichung zurückzukehren, möchte ich Dich darauf hinweisen, dass man das Ergebnis einer Operation sowohl durch «Reflexion» erlangen kann – Näheres darüber wirst Du bei der

[2] Wir möchten auf die Analogie hinweisen zwischen dem, was in der Magie und auf dem Gebiet der wirkenden Innerlichkeit das «Gesetz des Ausgleichs und Gleichgewichts» ist, und dem, was in der neuesten Physik das «Gesetz der Symmetrie» ist, das bei phänomenologischen Untersuchungen die Prinzipien der Kausalität und des hinreichenden Grundes ersetzt hat. Der «hinreichende Grund» eines Phänomens reduziert sich heute auf eine *Asymmetrie* – wie auch im anderen Bereich das Hinzutreten einer Wesenheit oder eines Einflusses bei einer Operation eine Änderung oder Umwandlung des Gleichgewichtszustandes, d. h. der inneren Neutralität im Ablauf der Operation mit sich bringt.

Behandlung der magischen Ketten mitgeteilt bekommen – als auch durch «plastische Koagulation» in der astralen «Matrix», die so aufgebaut ist, dass sie verschiedene Formen hervorbringt, die nach Ablösung von ihr in der ihnen zugeteilten Lebensform weiterexistieren, wobei diese zweifachen Wesens ist: das eine aktiv, schöpferisch, tatsächlich; das andere passiv, fruchttragend, formbar.

Beachte des weiteren, dass es bei der Operation notwendig ist, genau das Ziel zu bestimmen, das man zu erreichen trachtet. Dieser Akt allein hat schon die Kraft, eine bestimmende und wirksame Beziehung zwischen dem Operanten und der Tathandlung festzulegen, die er später mit der Ausführung des Ritus vollbracht haben wird.

Du musst ebenso das X kennen, mit dem Du in Verbindung treten und auf das Du einwirken willst, um Dein Ziel zu erreichen, sei es, dass Du schon über erworbene Erfahrung verfügst, sei es, dass Du eine genau bestimmte Vorstellung von ihm in Dir trägst. Und schliesslich musst Du richtig in den rituell vorgeschriebenen Formen handeln.

Die experimentelle Praxis lehrt Dich dann allmählich, welcher Stärkegrad an Konzentration oder «Projektion» für jedes einzelne Ziel angebracht ist.

Bedenke immer, dass jeder Aktion eine Reaktion gleicher Stärke entspricht, die wiederum das Gleichgewicht herstellt, das nun aber nicht Unbeweglichkeit ist, sondern eine nachfolgende Verschiebung auf unendlich vielen Kräfteebenen.

Wisse, wie das zu verstehen ist, und wisse zu verwirklichen, mit weiser Vorsicht, Stufe um Stufe bis zum Gipfel. Wisse auch, dass ein Fehler von Dir ernste Auswirkungen für Dich oder andere zur Folge haben kann.

Das Ritual

(Zeitpunkt) – Dieser Ritus der Erleuchtung und Vorbereitung auf grössere Operationen kann zu jeder Zeit im Jahr vollzogen werden und wird fortgesetzt, bis er für die Ausführung weiterer Riten angemessen und ausreichend verwirklicht ist.

Nichtsdestoweniger ist es, wie gesagt, von Vorteil, diesen Ritus im Winter und im letzten vorhergehenden Herbstmonat zu vollziehen, d. h. von den letzten Novembertagen bis zum darauffolgenden 20. März. In der Zeit des zunehmenden Mondes soll er vollständig ausgeführt werden: Bei abnehmendem Mond braucht man nur Sorge zu tragen, dass das Licht immer entzündet bleibt und die Duftstoffe in der noch anzugebenden Art und Weise abgebrannt werden. Was die Frauen betrifft, sollen sie während der Menstruation und den drei vorhergehenden und den drei nachfolgenden Tagen den Ritus nicht vollziehen und auch nicht den Ritualraum betreten. Am Morgen und am Abend sollen sie nach den Waschungen das Gebet der Reinigung sprechen.

(Ernährung) – Du darfst nur Gemüse, Milch und Milchprodukte essen. Alkohol und Aufputschmittel im allgemeinen müssen gemieden werden.

Nur ein wenig Tee oder Kaffee ist gestattet. Absolute Keuschheit sowohl des Körpers als auch des Geistes ist notwendig.

Wenn Du die Nahrung so auf ein Minimum beschränken kannst, dass Du beinahe auf sie verzichtest, und wenn Du sie durch die astrale Nahrung, von der ich an einem anderen Ort gesprochen habe, ersetzen kannst, wird das für Dich von grossem Vorteil sein.

Es soll viel Wasser getrunken werden.

(Zeiteinteilung) – Erhebe Dich am Morgen vor Sonnenaufgang, und tauche Dich in fliessendes Wasser; ziehe dann das Kleid für den Ritus an, den Du sofort vollziehst. Gehe danach bis Sonnenuntergang Deinen Beschäftigungen nach, zu welchem Zeitpunkt Du nach neuerlicher Waschung wiederum den Ritus vollziehst, um dann zu Bett zu gehen.

Die Essenszeiten sollen verschoben werden: Frühstück zwischen 10 und 11, Mittagessen zwischen 16 und 17 Uhr.

(Kleidung) – Du musst Dir ein ganz weisses, langes und weitgeschnittenes Kleid aus reinem Leinen besorgen, das Du um die Taille mit einem ebenfalls aus Leinen gefertigten breiten Band festmachst. Die Fussbekleidung aus dem gleichen Stoff.

Während des Ankleidens, nach der Waschung, sprich das vorgeschriebene Gebet, das ich Dir in der Folge mitteilen werde.

(Der Raum) – Besorge Dir einen grossen Raum, nach Möglichkeit unter der Erde gelegen, den Du ausschliesslich für die Riten verwendest. Die Wände sollen gekalkt und weiss, rot, violett oder blau gestrichen sein. Der Fussboden muss mit fliessendem Wasser gereinigt werden. Der Raum selbst sei quadratisch oder rund und soll den Eingang nicht im Osten haben. Die vier Himmelsrichtungen sind ganz klar gekennzeichnet.

(Das Räuchergefäss und das Licht) – Verschaffe Dir einen Dreifuss zirka einen Meter hoch, in dem Du ein Feuer aus Kiefern- und Lorbeer-

baumholz entzündest und die Duftstoffe verbrennst, die nach den Gesetzen der Tage und der Sternkonstellationen vorgeschrieben sind. Die Einzelheiten dazu habe ich Dir schon früher mitgeteilt. Dann musst Du noch einen zweiten Dreifuss besitzen, der nach oben hin in Eiform abschliesst, aber mit einer Öffnung versehen ist, durch die ein Docht eingeführt werden kann. In das Innere giesst Du reinstes Olivenöl.

Dieses Licht muss während des gesamten Zeitraumes der Operation ununterbrochen brennen.

(Die Operation) – Nach der Waschung und nachdem Du das Leinenkleid angezogen hast, tritt in den Raum, zünde das Feuer und das Licht an und verbrenne etwas Duftstoff.

Dann ziehe im Zentrum mit «Gold»[3] ein gleichseitiges Dreieck, dessen Spitze nach Osten zeigt, und schreibe ihm einen Kreis ein. Ziehe dann im Osten, im Westen, im Norden und im Süden in genau dieser Reihenfolge die auf der Abbildung angezeigten Sigille. Und zur rechten Seite, gegen Osten, stelle den Dreifuss; zur Linken das ewige Licht.

Begib Dich in den Kreis und verbrenne, gegen Sonnenaufgang gewandt, weiteren Duftstoff, sammle Deinen Geist und sprich mit klarer Stimme die Anrufung des Erzengels der Sonne, die Du in den *«Magischen Elementen»* des Petrus von Abano findest.[4]

[3] Die Zeichen können mit der Spitze eines magisch geweihten Schwertes, mit «magnetisiertem» Wasser oder Öl, einer «magnetisierten» Kohle oder einfach mit dem Daumen oder Zeigefinger der rechten Hand mit «Gold» gezogen werden, d.h., dass der Geist im sonnenhaften Prinzip fixiert sein muss, damit die notwendige «Wirkungsrichtung» daran gebunden wird. Zur tatsächlichen Goldtinktur siehe das Rezept und den Herstellungsritus z.B. im *Enchyridion des Papstes Leo III.* (Ital. Ausgabe, Mailand, 1924, S. 95–97). (*Anm. v.* UR)

[4] Conjuro et confirmo super vos Angeli fortes Dei, et sancti, in nomine Adonay, Eye, Eye, Eya, qui est ille qui fuit, est et erit, Eye, Abraye: et in nomine Sadday, Cados, Cados, Cados, alte sedentis super Cherubin, et in nomine ipsius Dei fortis, atque potentis, exaltatusque super omnes Coelos Eye, Seraye, plasmatoris saeculorum qui creavit mundum, coelum, terram, marem, et omnia quae in iis sunt in primo die, et sigillavit eo sancto nomine suo Phaa: et per nomina sanctorum Angelorum, qui dominantur in quarto exercitu et serviunt coram potentissimo Salamia, Angelo Magno et honorato; et per nominem stellae, quaes est SOL, et per signum, et per immensum nominem Dei vivi et per nomina omnia, conjuro te, MICHAEL, Angele Magne, qui es praepositus diei Dominicae; et per nominem Adonay, Dei Israel, qui creavit Mundum et quod in eo est, quod pro me labores et adimpleas omnem meam petitionem juxta meum velle et votum meum; in negotio et causa mea. (siehe AGRIPPA, *Magische Werke,* Ansata, Schwarzenburg 1979 II. Bd. S. 133) («Ich beschwöre über Euch, ihr starken und heiligen Engel, in Namen Adonay Eye, Eye, Eya, der da ist, war und sein wird, Eye, Abraye, und im Namen Sadday, Cados, Cados, Cados, der über den Cherubin thront, und bei den grossen Namen des starken und allmächtigen Gottes, der über alle Himmel erhaben, Eye, Seraye, des Weltenschöpfers, der am ersten Tage die Welt, Himmel, Erde und Meer erschaffen und alles, was darin ist, und es mit dem Namen Phaa bezeichnete, wie auch im Namen aller heiligen Engel, die im vierten Heere herrschen und vor dem mächtigen Salamia, dem grossen und geehrten Engel dienen, bei dem Namen des Gestirns der SONNE und seinem Zeichen, bei dem unerforschlichen Namen des lebendigen Gottes und bei allen vorgedachten Namen, beschwöre ich Dich, MICHAEL, Grosser Engel, der Du dem Sonntag vorgesetzt bist, und im Namen von Adonay, dem Gotte Israels, der die Welt erschaffen hat und alles, was darin ist, dass Du mir hilfst und all mein Begehren erfüllst nach meinem Willen und Wunsch in meinem Geschäft und Anliegen.)

In der Folge werde ich weitere Anweisungen geben. Wer will, kann inzwischen mit dem schon Gebotenen anfangen.[5]

[5] Wer versuchen will, Erfahrungen in bezug auf Zeichen und Formeln zu erlangen, kann eventuell auch andere verwenden, die er, beginnend bei Agrippa, in vielen alten Werken finden kann. (*Anm. v.* Ur)

Ea

Die Lehre vom «Unsterblichen Körper»

Die initiatische Unsterblichkeitslehre hängt auch mit der Lehre vom dreifachen Körper zusammen, die wir hier kurz behandeln wollen.

Vorgängig muss jedoch klargestellt werden, dass hier der Begriff «Körper» in analoger Weise verwendet wird, um «Sitze» zu bezeichnen, die das Bewusstsein der Möglichkeit nach einnehmen kann, wobei allerdings diese Möglichkeit für die übergrosse Mehrzahl der Menschen nicht in Frage kommt; damit ist auch die vorliegende Lehre, so wie jede andere der Esoterik zugehörende, nur im initiatischen Umkreis wahr. Es hat überhaupt keinen Sinn, sie auf den gewöhnlichen Menschen zu beziehen: für ihn gibt es weder die drei noch die sieben, noch die neun «Körper» oder wie viele sonst noch der Theosophismus herbeiphantasieren möchte, sondern für ihn existiert einzig und allein sein menschlicher Bewusstseinszustand, der der Wechselwirkung mit dem physischen Organismus unterworfen ist.

Wir wollen noch weitergehen: Diesen Organismus sieht der Mensch zwar, er betastet ihn, beschreibt ihn, er spürt seine Empfindungen, seine Reaktionen usw. – aber in Wirklichkeit erkennt er (in unserem Sinne von «erkennen») davon so gut wie nichts. Ebensowenig wie er von der Kraft weiss, die ihm auf seinen Befehl hin den Arm bewegt (und das wird ihm sehr schnell bei einer teilweisen Lähmung oder einer Nervenstörung bewusst), weiss er von jener anderen Kraft, die sein Herz zum Schlagen bringt. So bleibt für ihn der Körper zu einem ganz grossen Teil etwas Unbekanntes, eine rätselhafte Wesenheit, in der er auf geheimnisvolle Weise erwacht und an die er sich gebunden findet.

Wer hingegen den Weg finden sollte, der in dieses tiefe und geheimnisvolle Gebiet Licht brächte, würde sich gleichzeitig der «Erkenntnis» der verschiedenen Körper nähern, von denen die Esoterik spricht. Und sie sind – das können wir jetzt schon sagen – nicht *andere* Körper, sondern vielmehr andere *Weisen,* das zu leben, was sich den Sinnen als sichtbarer Körper zeigt. Des weiteren sind sie auch Phasen des Werkes.

Wir haben gezeigt (Kap. V), dass die tatsächliche Unsterblichkeit ein Bewusstsein zur Voraussetzung hat, dem es gelungen ist, sich völlig abzugrenzen und unabhängig vom Halt durch den psychophysischen Organismus und seinem Bestehen aufrecht zu bleiben. Wer das erreicht hat, ist praktisch «den Wassern entronnen», und das Absterben des Körpers wird für ihn, wenn auch mit einer Krisis verbunden, zu einer Tatsache von nur relativer Bedeutung. Wir haben auch von der Möglichkeit gesprochen, die sich an diesem Punkte bietet und die darin besteht, sich der Grossen Befreiung zuzuwenden. Der Weg dahin führt über ein Sich-Lösen von allen realen Antrieben, von allen möglichen Antrieben, von Hülle zu Hülle, von Nacktheit zu Nacktheit, bis der stützende Mantel auf Grund eines absoluten Sich-Integrierens in «Selbstheit» abfällt, die Formel *«ego sum»* (ich bin) überwunden ist, das *«sum»* sich auflöst und in das *«est»* (es ist) übergeht. Das ist der Punkt der «höchsten Identität» im buddhistischen Nirvana sowie im «Einen» Plotins: «Leer wie ein Gefäss in der Luft und voll wie ein Gefäss im Ozean», heisst es im Hatha-Yoga.

Davon abgesehen gibt es die *magische* Möglichkeit desjenigen, der nach Vollendung der Ablösung wiederum mit der Erscheinungswelt Berührung aufnimmt und darauf abzielt, die Form, die als Grundlage seines Lebens als Mensch gedient hatte, in all ihren Elementen und Vorgängen völlig zu übernehmen und zu beherrschen. Dabei wird auf das eingewirkt, was man dann mit gutem Recht Leichnam nennen könnte und wovon sich auch in der fernöstlichen Tradition die Bezeichnung «Auflösung des Leichnams» für das Werk herleitet. Aber kraft der essentiellen Beziehungen, die Makrokosmos mit Mikrokosmos verbinden, wirkt eine solche Aktion eigentlich auf die Hierarchien, die den verschiedenen Elementen der Natur im allgemeinen vorstehen.

Als Ausgangspunkt dafür weisen wir nochmals darauf hin, dass die *Individualität* des Grossteils der Menschheit eine blosse Annahme ist, ist doch schon ihre Einheit die fiktive und wenig stabile Einheit eines blossen Zusammenspiels von Kräften und Einflüssen, die sie in keiner Weise als ihre eigenen ansehen können. Schon «Abraxas» (Kap. I, S. 39) hat ganz deutlich darauf verwiesen.

Die Kräfte, von denen der Mensch abhängt, sind in erster Linie organischer und in zweiter Linie psychischer Natur. Zu den letzteren gehört alles, was mit Leidenschaften, Gefühlen, Glaubenssätzen, natürlichen Neigungen, Traditionen, Blutbanden usw. in Zusammenhang steht. Der gewöhnliche Mensch dürfte nie sagen: «Ich liebe», sondern vielmehr: «Die Liebe liebt in mir». Genauso wie sich das Feuer in den einzelnen Flammen offenbart, wenn die notwendigen Voraussetzungen gegeben sind, so offenbart sich auch die Liebe – oder besser gesagt: die Wesenheit der Liebe – in den einzelnen Wesen, die auf Grund von etwas lieben, was über sie hinausgeht, was sie mit sich fortreisst und dem gegenüber sie mehr oder weniger passiv bleiben. Das gleiche kann man vom Hass sagen, von der Furcht, vom Mitleid etc. – aber das ist noch nicht alles: Jede Nation, jede Religion oder traditional gebundene Einrichtung hat ihre «Wesenheit», und die instinktmässige und tiefe Reaktion angesichts einer Beleidigung des Vaterlandes, des Glaubens oder der Sitte ist die Reaktion solcher Wesenheiten und kaum, wie man gewöhnlicherweise glaubt,eine *individuelle* Reaktion, also die Reaktion, wie sie sich aus einem unterschiedenen und selbstbestimmten Ich ergibt.

Und in noch geringerem Maße ist man man selbst, wenn man in die Tiefen des organischen Wesens hinabsteigt: Blutkreislauf, Drüsen, Nervensystem, Schlaf, Hunger usw. Alles das stellt im Einzelmenschen ein transzendentes und kollektives Element dar, von dem es nur zu offensichtlich ist, dass etwas anderes als das einzelne Ich dessen aktives Prinzip und Führer ist. Das Ich stützt sich bloss auf all das, es *ist* es nicht, noch beherrscht es all das. Daher ist sein gesamtes individuelles Leben ein Scheinbild, das so lange anhält, bis sich der zufällige Gleichgewichtsknoten, der sein psychophysisches Wesen relativ stabil und einheitlich macht, auflöst und die verschiedenen zusammenwirkenden Kräfte wieder von ihren jeweiligen «Wesenheiten» aufgesogen werden. Diese befinden sich also nicht einfach irgendwo: Sie sind in den Gedanken gegenwärtig, in den Handlungen, in den Leidenschaften, in den Schöpfungen und sogar in den körperlichen Abläufen und Organen der Menschen. Sie durchdringen unsichtbar und leiten einen Grossteil dessen, was sich gewöhnliches Leben nennt.

Daher muss, wer zu leben beginnen will, vorerst *sterben,* indem er sich von dieser Verflechtung aus Einflüssen und Abhängigkeiten befreit und sich das Prinzip eines Lebens zu eigen macht, das aus sich selbst ist. Der «initiatische Tod», von dem wir gesprochen haben, formt den Menschen im ersten Element dieses neuen Lebens, gegen das der Tod nichts vermag. Aber wenn die Unsterblichkeit nicht nur ein In-die-Länge-Ziehen des Bewusstseins sein soll, wenn es also diesem Bewusstsein vielmehr darum geht, sich in für die eine oder andere Ebene geeigneten Aktions- und Gedankenformen zu artikulieren, dann ist es notwendig, dass jenes freie und übernatürliche Element seine Eigenschaft eben den verschiedenen Prinzipien und Kräften übermittelt, die im menschlichen Zusammenspiel vorhanden sind. Das ist im wesentlichen die Theorie des *magischen Körpers* oder *Wiederauferstehungskörpers.* Man muss sich also tatsächlich einen neuen Körper schaffen und den gesamten, geheimnisvollen und dunklen Prozess, auf Grund dessen er sich organisierte – oder besser gesagt: durch den er organisiert wurde, um dann einem Ich geliehen zu werden –, neuerlich vollziehen: ihn jedoch von der Höhe des Prinzips, das den Tod besiegt hat und das aus sich selbst heraus ist, neuerlich vollziehen. Die auf diesen Prozess folgenden Stadien bestehen aus der Aufnahme von Beziehungen mit den einzelnen Wesenheiten – zuerst den psychischen und dann den kosmischen (Götter) –, die die Menschen beherrschen und die in ihren Körpern und Gehirnen arbeiten; gegen jene Wesenheiten nun muss der Eingeweihte in dieser Gruppe von Operationen seine eigene Unabhängigkeit durchsetzen und jene Kräfte von ihnen unter sich beugen, die in seinem Organismus von ihrer Gegenwart zeugten. Das «Gewand der Glorie» oder der «unsterbliche Körper» der Gnostiker anstelle der «Sklavenform» wäre die letzte Weihe für denjenigen, der die Abfolge dieser Prüfungen siegreich beendet und sich so völlig aus den Sphären des «Fatums» und aus dem Herrschaftsbereich der verschiedenen «Regenten» oder «Archonten» löst.

Der unsterbliche Körper ist vor allen Dingen ein *einfacher,* nicht zusammengesetzter Körper, insofern das Prinzip, das ihn völlig durchdringt und beherrscht anstelle der häufig sich widersprechenden Vielheit von Einflüssen und Kräften, die vorher den rein menschlichen Geist und Körper dominierten, ebenfalls einfach ist.

Man kann sagen, dass er *aus Bewusstsein und Macht und nicht mehr aus Materie besteht.* Es ist nämlich ein Kennzeichen der traditionalen Lehre, dass sie die Materie nicht als ein getrenntes Prinzip betrachtet, das neben dem Geist existiert. Sie ist einfach das, was es im Geist an Bewegungslosem, an Passivem und an Unbewusstem gibt; daher kann sie auch immer «aufgelöst» oder «zurückgeführt» werden, und genau das ist es, was beim «magischen Körper» eintritt. Eine Analogie kann uns beim Verständnis helfen: Man denke nur an das, was bei den sogenannten «ideomotorischen Reflexen» vor sich geht. Wenn man sich in einem Zustand völliger Entspannung ein ganz lebhaftes und festes Bild vom Hochheben des eigenen Armes macht, findet man sich am Schluss tatsächlich mit erhobenem Arm wieder, und zwar auf Grund einer unmittelbar vom Bild hervorgerufenen Macht, ohne dass man mit bewusster Nervenkraft gearbeitet hätte. *Nun stelle man sich etwas Ähnliches für den ganzen Körper vor:* dass also der *gesamte* Körper in seinen innersten Fasern, in all seinen Organen, Funktionen und Abläufen mit Hilfe eines absoluten und strahlenden Bildes in den Geist übernommen wird. Der Körper würde dann nicht mehr als Körper existieren: Als Substanz und Grundlage hätte er nur noch einzig und allein dieses sein magisches Abbild; er wäre ein rein vom Geist aufrechterhaltener, bewegter und belebter Körper. Seine Organe würden sich in formbildende Symbole und Ideen auflösen, die dann die astralen «Signaturen» und «Namen» der ihnen entsprechenden Wesenheiten darstellten. Daher kommt eben auch die Bezeichnung *manomayakâya* (aus Geist bestehender Körper), wie der «unsterbliche Körper» im Osten genannt wird, wo er zudem noch *mâyâvî-rûpa,* also Scheinform heisst.

Der Grund für diese Bezeichnung ist offenkundig. Hier ist es nämlich der Körper, der sich auf das Ich abstützt, und nicht mehr das Ich, das den Körper als Stütze braucht. Wenn somit das Ich einen Augenblick lang aussetzte, würde auch der Körper hinfällig werden: Das Ich hat ihn nun übernommen und lenkt und trägt in der Macht seines eigenen Geistes das gesamte Gewicht, wie das eben bei einem tagtäglichen Gedanken das gewöhnliche Bewusstsein tut. *Sein Bildnis zurücknehmen, ihn aufhören zu denken, wäre also gleichbedeutend mit ihn zum Verschwindenbringen, ohne dass ein Leichnam überbliebe* (diese Operation ist im Taoismus unter dem Begriff *s'i-kiai* = Auflösung des Leichnams bekannt).

In diesem Kapitel wird auch noch das Symbol des «Salzes» besprochen, das in der Hermetik für gewöhnlich den Körper, das körperliche Element bezeichnet. Das Salz ist das *Feste,* das Element der «Notwendigkeit», sowie die Eigenschaft dessen, was dem «Feuer» *widersteht* und das man nicht verändern kann. Es ist das Gefängnis des schlafenden Schwefels, dessen «Erwachen» allerdings eine Kraft hervorbringt, die auf dieses Salz wirkt und es in das *Flüchtige (Volatile)* zurückführen und auflösen kann – in eine Seinsweise also, der die Eigenschaften der *Freiheit* und der *Umwandlung der*

Luft zu eigen sind. Ebenso wurde das «Gewand der Glorie» der Gnostiker mit dem *«Körper der Freiheit»* (eine Bezeichnung des Hl. Paulus) gleichgesetzt, und seine Entsprechung im Mahâyâna-Buddhismus ist der *nirmanakâya,* was man eben mit «Körper der Umwandlungen» übersetzen kann. Der neuerschaffene Körper ist in anderen Worten eher ein Vermögen, eine Macht als ein Körper oder vielleicht noch besser ausgedrückt, er ist der Körper *im Zustand der Macht*: Er ist die freie Wahlmöglichkeit, in einem Körper in Erscheinung zu treten, aber es muss nicht notwendigerweise in diesem Körper sein und nicht in einem anderen oder nur auf der irdischen Ebene. Die Macht des Wortes ist *mein,* insofern ich es formen und in Erscheinung bringen kann, wie ich will, es aber auch in der Stille unausgesprochen lassen kann. Der Adept, der sich den vorliegenden Aufgaben widmet, steht zu seinem Körper in genau dem gleichen Verhältnis: Er macht damit, was er will, er kann ihn in eine Form projizieren oder in eine andere, und er kann ihn ebenso erscheinen oder verschwinden lassen, ohne dass er selbst ähnlichen Verwandlungen unterliegt. Daher findet man auch in der Hellenischen Mysterienweisheit den Ausdruck *seminarium* (von lat. *semen* = Same) für den magischen Körper: ist er doch kein eindeutiger und *fixer* Körper, sondern viel eher die aktive Wahlmöglichkeit, der *Same* für ungezählte Körper, die durch geeignete Umwandlung grundsätzlich aus der geistigen Substanz geformt und «projiziert» werden könnten.

Das darf jedoch nicht zum Gedanken verleiten, dass der magische Körper, nur weil er *scheinbar (mâyâvî-rûpa)* ist, auch *irreal* ist. Alles, was wir bisher gesagt haben, bezieht sich nicht auf die stofflich feststellbaren Eigenschaften dieses Körpers, der in dieser Hinsicht in einer seiner speziellen Erscheinungsformen auch jedwedem menschlichen Körper gleich sein kann; sondern es bezieht sich nur auf die neue Funktion, in der sich jetzt die Gesamtheit dieser Eigenschaften gegenüber der zentralen Macht befindet, nachdem sich diese Funktion von einer passiven in eine aktive und von einer notwendigen in eine freie verwandelt hat. Die Tatsache, dass etwas in meine Macht zurückgeführt wird, lässt es keinesfalls irreal werden, sondern im höchsten Maße real. Ein Körper, in dem sich keine «Materie» mehr befindet, der also «scheinbar» oder «geistig» ist, bedeutet einfach einen Körper, in dem nichts mehr da ist, was dem Geist *Widerstand böte,* und der deshalb dem Geist ganz einfach «zur Verfügung steht»; also ein vollkommener Akt. Die Umwandlung ist nicht materiell, sondern substantiell – in dem Sinne, in dem dieser Begriff in der Theologie verwendet wird, wenn man bei der Eucharistie die Identität und das Fortwirken von wahrnehmbaren Attributen in der Partikel (Hostienteilchen) behauptet – d. h., sie ist eine Umwandlung in Wesen. Es handelt sich eben um eine Transsubstantiation.[1]

[1] Die alchemistische Hermetik kannte den Satz: *«Transmutemini de lapidibus mortuis in vivos lapides philosophicos»* (Aus toten Steinen verwandelt Euch in lebende philosophische Steine – wobei der «Stein» ein immer wiederkehrendes Symbol für den Körper ist: *Theatr. Chem.*, 1602, I, S. 267). Der Alchemist Petrus Bonus *(Margarita pretiosa* bei Manget, II, S. 20 ff.) schreibt: «Die antiken Alchemisten wussten aufgrund ihrer Kunst vom Kommen des Weltendes und von

Der magische Körper ist unverwundbar und unsterblich, da nur das der Veränderung und dem Verderb anheimfallen kann, was zusammengesetzt und abhängig ist.[2] Ihm gebührt die Bezeichnung *vajra,* d. h. «Diamanten-Blitz», als etwas gleichsam Diamantenes, Unverwesliches, etwas aus reiner Macht und blendendem Licht Bestehendes. Der «feurige» oder «strahlende» Körper des Neuplatonismus hat dieselbe Bedeutung und verweist demnach auf eine analoge Lehre.

Schliesslich ist das an einen Ort *Denken* und das wirklich und tatsächlich an diesem Ort *Gegenwärtigsein* keine wundertätige, sondern eine natürliche Kraft für einen in den Geist zurückgenommenen Körper (oder den Teil von ihm, der in den Geist zurückgenommen wurde), für einen Körper also, der einzig und allein von seinem eigenen Bild aufrechterhalten wird. Er ist, wo der Geist ist.

Als Detail kann noch angeführt werden, dass der «unsterbliche Körper» auch «dreifacher Körper» genannt wurde und sein Träger demgemäss «Herr der drei Welten». Der Ausgangspunkt ist technisch gesehen der Zustand der «Nacktheit», der durch den initiatischen Tod erreicht und von den ausserkörperlichen Zuständen auf den irdischen Zustand des Eingeweihten übertragen wird.

Der erste Schritt besteht also darin, zu einer ganz und gar unmittelbaren Beziehung mit derjenigen Welt zu gelangen, von der die Welt der Gedanken, der Vorstellungen wie auch der Gefühle nur eine einfache, abgeschwächte und individualisierte Widerspiegelung darstellt. Dazu muss man zur «Extraktion des Merkurs» schreiten, die in erster Linie die Verwirklichung des «feinstofflichen» oder «fluidalen» Zustandes bedeutet, des Zustandes eben, der der Mittler zwischen den zwei Welten ist, das heisst zwischen jener der sinnlich wahrnehmbaren Äusserlichkeit und jener der *solaren* Innerlichkeit. Über diesen Zustand kann man mit den tiefen Kräften Kontakt aufnehmen, die im Organismus – aufeinanderfolgend im Blutkreislauf, im Drüsensystem und im Fortpflanzungsapparat – gefangen sind und diese doppelte Entsprechung aufweisen: erstens Tierreich, Pflanzenreich, Mineralreich; zweitens Traumzustand, Schlafzustand, scheintoter Zustand (Vgl. Kap. V, S. 148, 149).

Um diese Entsprechung verständlicher zu machen, erinnern wir an die Lehre, dass die Symbole oder «Namen», die man erweckt, indem man das in

der Wiederauferstehung der Toten. Denn die Seele wird (durch das alchemistische Werk) wieder für alle Ewigkeit an ihren Urkörper gebunden. Der Körper wird dabei vollständige Glorie, unverweslich und von einer beinahe unglaublichen Feinheit, die jegliche Dichte durchdringt. Seine Natur wird genauso geistig wie körperlich sein. Die antiken (hermetischen) Philosophen haben *das Weltengericht in dieser Kunst gesehen,* d. h. in der Keimung und Entstehung ihres Steines, denn in ihr verwirklicht sich die Vereinigung der zu glorifizierenden Seele mit ihrem Urkörper in ewiger Glorie.»

[2] Hippokrates sagt: «Wenn der Mensch *eins* wäre, wäre er niemals krank» und «In dem, was *eins* ist, kann man sich keine Krankheitsursache vorstellen». Und De Maistre fügt nach Zitierung dieser Sätze (*Sur les sacrifices,* Ausgabe 1924, II, 288) richtigerweise hinzu: «Dieser leuchtende Grundsatz hat in der moralischen Welt nicht minderen Wert.»

Überbewusstsein umwandelt, was für den gewöhnlichen Menschen zum Beispiel Traum ist, die «Archetypen» der verschiedenen Tierarten offenbaren, das heisst die Wesenheiten, die diesen Tierarten vorstehen und von denen die einzelnen Tiere nur gleichsam Körperchen aus deren «Körper» sind. Hier haben wir die sogenannten *heiligen* oder *lebendigen Tiere,* mit denen sich der Eingeweihte «vermählt», wobei er durch diese Hochzeit seinen ersten Körper versiegelt. Das gleiche gilt von den zwei anderen Stadien, in deren letzterem die schöpferische Urkraft wirksam wird, die auch Drache heisst (derjenige, den der *Sepher Jetsira* «in den Mittelpunkt des Universums wie einen König auf seinen Thron setzt») oder heiliges Feuer, *«Ur»,* Kundalini. In die einzelnen «Zentren» gebracht, verwirklicht diese Kraft die siebenfache Hierarchie (die sieben Planeten, die sieben Engel etc.) – und das bedeutet, die «magische Wiederauferstehung des Fleisches» auf die transzendentale Ebene auszudehnen und damit absolut werden zu lassen.

In erster Linie nimmt sie dann die Welt der Formen und endlichen Wesen in sich zurück, die der Fortpflanzung und dem Tod unterworfen sind, das heisst die *verursachte* und *naturgeborene* Welt, und lässt, um die Terminologie des Mahâyâna-Buddhismus zu verwenden, als Entsprechung den *nirmânakâya* aufleuchten, also den magischen oder scheinbaren Körper, der zur Umwandlung und den entsprechenden Handlungen fähig ist; in zweiter Linie nimmt sie dann die Zwischenwelt der «elementegebärenden Elemente» in sich zurück, also die Welt dessen, was Form hat und auch nicht Form hat, des «geistigen Klanges», und in Entsprechung ist sie die Essenz aus Fülle, aus freiem Geniessen und aus Strahlkraft des *sambhogakâya,* d. h. des unsichtbaren, rein («metaphysisch») intellektuellen «Körpers»; in dritter Linie nimmt sie dann die Welt in sich zurück, die aus Erleuchtung und aus «Lehre» besteht, die gleichzeitig ist und nicht ist, unbefleckt und transzendent, und in Entsprechung gebiert sie *dharmakaya,* den höchsten «Körper», der mit dem *Vajra-dhâra,* dem «Herrn des Zepters» verbunden ist, dem Unfassbaren, auch *svabhâvakâya* genannt, das heisst reine Seinsweise dessen, was in sich selbst ist.[3] Und dieser eine und dreifache Körper ist gleichzusetzen mit dem «unsterblichen Körper» des «Herrn der drei Welten».

[3] Über die mahâyânische Lehre des *trikâya* oder «dreifachen Körpers» vgl. L. DE LA VALLE POUSSIN, *Studies in Buddhist Dogma* in *Journal of the Asiatic Society*, 1906, S. 943 ff.; P. MASSON-OURSEL, *Les trois corps du Bouddha*, in *Journal Asiat.*, Mai 1913; G. R. S. MEAD, in *The Theosophical Review*, Bd. 39, S. 289 ff. und in *The Quest*, 1909, Bd. I.

De Pharmaco Catholico

(Von der universalen Medizin)

Consule te ipsum, noscas
temet, et ambula ab intra.
(Frage Dich selbst, forsche ohne Angst,
und komme von innen)

Nur mit einem gewissen Zögern überlassen wir unsere Leser dem Ringen mit einem Originaltext der alchemistischen Hermetik.

Es braucht wohl nicht gesagt werden, dass die hier besprochene «Alchemie» keinesfalls eine kindliche und abergläubische Chemie war, sondern die verschlüsselte Darstellung eines initiatischen Lehrgebäudes. In der Espositione di Geber philosopho *von Messer* Giovanni Braccesco *(Venedig, 1551, Blatt 77b) wird gewarnt: «Lasse Dich nicht täuschen und glaube nicht an den einfachen Buchstaben der Philosophen dieser Wissenschaft, denn dort, wo sie am offensten gesprochen haben, haben sie am verborgensten gesprochen, das heisst mittels eines Rätsels oder mittels eines Gleichnisses.» So muss sich der Leser immer klar vor Augen halten, das jede einzelne der Substanzen (Salz, Schwefel, Salpeter etc.), von denen gesprochen wird, auch Symbol für Bewusstseinszustände und Fluidalkräfte ist und dass die entsprechenden Operationen vor allen Dingen die Umwandlungen anzeigen, die für die initiatische Verwirklichung zu tätigen sind.*

Die gesamte Schwierigkeit besteht in der Deutung und das sowohl, weil die Symbolik in der Alchemie nie eine Erholungspause gewährt und sehr komplex und unterschiedlich ist, als auch, weil sie ein tatsächlich echtes, feines Intuitionsvermögen verlangt. In den Anmerkungen werden wir die wichtigsten Punkte klären. Trotzdem würde der Leser gut daran tun, in diesem Zusammenhang nochmals die vorangegangenen Abhandlungen von Abraxas, Luce und P. Negri durchzunehmen und auch der Empfehlung des Autors zu folgen, mehr als einmal und mit Geduld und Einsicht auf den Text zurückzukommen. Eine Hilfe ist auch das Werk J. Evola: La tradizione ermetica nei suoi simboli, nella sua dottrina e nella suo «arte regia» *(Die hermetische Tradition in ihren Symbolen, in ihrer Lehre und in ihrer «Königlichen Kunst») (Verlag Laterza, Bari, ²1948), in dem die hermetisch-alchemistische Symbolik systematisch erklärt wird.*

Was wir hier veröffentlichen, ist nicht der De Pharmaco Catholico *in seinem Gesamtumfang, sondern eine Zusammenfassung, die vom selben, allerdings nicht bekannten Autor verfasst wurde. Diese Zusammenfassung findet sich auf den Seiten 62–73 der Originalausgabe, die der 1666 in Amsterdam gedruckten* Chymica Vannus *angeschlossen war.*

Das ist die erste unmittelbare (italienische) Übersetzung aus dem Latein und erfolgte durch einen sachverständigen Freund, der das Pseudonym Tikaipos wählte. Der hier wiedergegebene deutsche Text ist – in fast identischer Sprache transkribiert – Joh. de Monte-Snyders Tractatus de Medicina Universali, *Frankfurt und Leipzig 1678, entnommen (Anm. d. Übs.).*

Deshalb so wisse fürs erste, dass alle Dinge aus drei Wesen in solch und solche Leiber formiert und gemacht sind, durch eine Astralische Impression und Elementarische Wirkung.

Die Elemente finden sich in den Metallen, und nicht die Metalle in den Elementen: denn der metallische Samen ist nicht so weit versetzt, als etliche Toren sich einbilden.[1]

Und obwohl die Elemente bei Formierung jedes Corpus mitwirken müssen, so sind sie dennoch nicht die philosophische Materia prima oder das Semen astrale, sie sind aber eine Ursache der Generation und Corruption, und Corruptio unius est Generatio alterius (Das Sterben des einen ist die Geburt des anderen).

Die alten Philosophi sind der Meinung, dass alle Dinge aus Hass oder Liebe geschaffen worden sind, das ist, ex Sympathia und Antipathia, als aus zweien widerwärtigen Qualitäten der Elemente, welche diese Wirkung verrichten durch eine himmlische Influenz und sonderliche Astralische Impression etc. Nun sind die Elemente in den Metallen und in den Mineralien einverleibt, daher haben dieselben auch deren qualitates.

Der contrarien Qualitäten sind nur zwei, durch welche alles generiert und geboren wird.

Das Feuer ist heiss und trocken, sein contrarium ist das kalte, feuchte Elementum Aquae.

Die Luft ist feucht und warm, das contrarium ist die trockene kalte Erde.[2] Und weil kein Corpus ohne die vier Elemente zu finden ist und die Elemente in allen Dingen incorporiert sind: Also ist eine Contrarität in jedem Elementato, aus diesen Ursachen sind alle Dinge zergänglich und zerstörbar. Denn wenn zwei widerwärtige Dinge in uno subjecto stehen, ist es ein immerwährender Streit, bis endlich ein Teil von seinem äusserlichen

[1] Das «Metall» symbolisiert das, was in der «Erd»-Masse am stärksten individualisiert ist. In einem weitgefassten Sinne bezeichnet es also auch das menschliche Individuum; in einem mehr spezifischen Sinne würde, bei Gleichsetzung der Erde mit der Substanz des Körpers, das Metall den einzelnen Organen oder Nervengeflechten in diesem Körper entsprechen. Der Same oder Schwefel der Metalle ist daher die tiefe Kraft, der Ursprung der Organisation und Individualisierung als die Kraft, die Form und Leben gibt; diese Kraft nun ist immanent und kann mit Hilfe der Kunst wiedererweckt und geleitet werden, womit sie zum *«magischen Feuer der Philosophen»* wird. Die Metalle, sagt PHILALETHA (*Filet d'Ariadne,* Paris, 1695, S. 27), die vom Zeitpunkt ihres Entferntwerdens aus der Erzgrube (oder Erde: dieses Entferntwerden ist das Sich-Differenzieren der einzelnen lebenden Individuen) an *tot* sind, werden in ihrem Samen *wiederbelebt* und damit zu einer *Wiederauferstehung* geführt – und genau das ist die *Universalmedizin.* Und «um das philosophische Werk durchzuführen», sagt SENDIVOGIUS (*De Sulfure,* Venedig 1644, S. 190), «muss man die metallische Seele extrahieren, und nach ihrer Extraktion und Purgation (Reinigung) muss man sie ihrem Körper wiederum einpflanzen, damit es zu einer wahren Wiederauferstehung des glorreichen Körpers komme».

[2] Es ist wohl klar, dass es sich bei diesen Elementen nicht um die stofflichen Elemente handelt, sondern um Kräfte, die sich nur als Bewusstseinszustände erkennen lassen; also nicht die «toten» Elemente sind es oder «die des Pöbels», wie die Alchemisten sagen, sondern die *lebendigen.* Und die Erkenntnis der Dinge aufgrund dieser «Elemente» ist eine magische Erkenntnis und stellt eine sakrale Physik dar im Gegensatz zu jener, die auf den Informationen der körperlichen Sinne beruht und profan ist.

Element[3] Hilfe bekommt, so muss alsbald das Gegenteil abweichen, dem Stärkeren Platz geben und ihm die Victoria vergönnen, daraus entsteht eine Corruption oder Scheidung des ganzen Wesens, also, dass eine neue Form vor Augen liegt, welche durch die Corruption ist generiert worden.

Die Elementa der Metalle sind ihre drei anfangenden Matrices, Mercurius, Sulphur und Sal; diese sind als contraria in immerwährendem Streit und Feindschaft. Denn der Mercurius trägt Feindschaft tanquam Spiritus Aereus (als Geist der Luft) mit dem Salz, welches die Erde repräsentiert, und der hitzige Sulphur tanquam Ignis (als Feuer) ist dem Wasser feind, nempe (d. h.) ist der Feuchtigkeit des Mercurii zuwider, denn dieser ist der Metallen Wasser, er repräsentiert zwei Elemente als Luft und Wasser.

Diese drei Matrices oder Metallische Elemente haben ihre Nahrung von unseren materialischen, sicht- und greifbaren Elementen, streiten in ihrem sterblichen Hause also lange bis zu der verordneten Zeit, wo ein Element durch äusserliche Hilfe dem anderen zu stark wird und selbiges unterdrückt, weil ihm von seinesgleichen kein Beistand zuteil wird.[4]

Der Mensch, wenn ein Elementum in ihm dominiert, fällt in eine schwere Krankheit, da erst sene Feiste als der Sulphur, darnach auch sein Fleisch und sein Gemüt abnehmen und hinsterben muss, wenn man ihm an dem leidenden oder herrschenden Elemento keine gebührliche Erstattung tut und eine rechte Harmoniam de novo (neuerlich) aufrichtet. Deshalb muss ein Medicus notwendig wissen, welches Prinzipium oder Elementum in dem Patienten regiere und welches da leidet.

Wie es nun mit dem Microcosmo beschaffen ist, also ist es auch mit den Metallen und Mineralien bewandt, welche durch Verstärkung des einen oder anderen Elements das contrarium Elementum unterdrücken oder vertilgen, so dass daher eine Corruption und Scheidung erfolgen muss. Wer bei dieser

[3] Das «äussere Element» ist die kosmische Entsprechung der Kraft, die in individualisierter Form in einem bestimmten Körper oder Wesen gegenwärtig ist.

[4] Das Salz – die Erde ⊖ – entspricht dem Körper, der in seiner Trägheit und materiellen Festheit ein Ergebnis des Sich-Überschneidens und Neutralisierens der zwei fundamentalen Gegensatzkräfte ist: des mondhaften Merkur ☿, der das «Astrallicht» darstellt, die Seele der Dinge, sowie den Strom der «Wasser» als Fluidalkraft (und daher Wasser-Luft) und des zu ihm im Gegensatz stehenden Schwefels 🜍, der das aktive Prinzip des individuellen Wesens ausmacht, das ein gewisses *Quantum* an kosmischen Energien als eigenen Körper *fixiert* und organisiert hat. Diese zwei Kräfte sind also im Körper niedergeschlagen (präzipitiert): sie aus ihm extrahieren, sie hervorrufen, daraufhin den Körper in ihnen *lösen* und ihn schließlich wiederherstellen, indem man die zwei *magisch belebten* Kräfte neu zusammenfügt, wobei man sie aber aus einem Zustand der Gegensätzlichkeit mit Hilfe der feinen hermetischen Kraft zu einem Zustand der höheren Einheit hingeführt hat – mit diesen Worten könnte man die Aufgabe Der Kunst zusammenfassen. Dann ist der Körper nicht mehr länger Materie und Unterbewusstsein, sondern wird als «Stein der Weisen» zur aktiven und unzerstörbaren Form des Ichs, zum *Wiederauferstehungsleib*.

Die technische Formel lautet: *Solve et Coagula* (Löse und binde). «Lösen», sagt Potier (*Philosophia Pura*, Frankfurt 1619. S. 64), «heisst, den Körper unseres Magneten in reinen Geist umwandeln. Binden bedeutet, diesen Geist aufs neue körperlich zu machen, gemäss der Vorschrift des Philosophen, der sagt: Verwandle den Körper in Geist und den Geist in Körper. Wer das versteht, hat alles, wer nicht, hat nichts.»

Corruption den metallischen Sulphur, also deren Animam oder Feuer fangen kann, der hat die Herrlichkeit dieser Welt erstritten.

Dieses Feuer ist zweierlei, und Du sollst sonderlich Achtung geben, dass, wie die zwei Elemente ihre Feindschaft haben, so da der ganzen Corruption Ursach sind, dass auch eben die Weisen zwei Elemente oder vielmehr receptacula Elementorum haben, durch welche dieselbe das eine oder andere Elementum augmentieren, stärken, und das andere also vertilgen.

Du hast gehört aus meinem vorigen Tractatu, dass die Philosophi in der Aufschliessung aller Metallen zwei contrare Elemente gebrauchen, welche ich damals zwei Feuer genannt, nempe ein Sympathisches brennendes Hermaphroditisches Feuer und ein kaltes metallisches Feuer.

Das feurige Element oder die Seele der Metalle ist ihr Schwefel. Das kalte Feuer ist der Mercurius, welcher der Metallen Wasser genannt und durch das Salz reduziert worden ist.[5]

Weiters sei erinnert, dass alle Dinge damit zerstört werden sollen, daraus sie gegangen sind und darein sie gehen sollen, nempe: Mercurium, Sulphur und Salz.

Der Sulphur der Metalle hat seinen eigenen Schwefel, durch welchen er muss gestärkt und entzündet werden, auf dass er das Dominum erhalten möge, welches eher nicht geschehen kann, es weiche denn das Wasser dem Feuer, nämlich der wässrige Mercurius seinem feurigen Schwefel.[6] Der gemeine Sulphur und das Nitrum sind beide gewaltige Feuer, aber gar grosse Feinde. Kannst Du diese befreunden und alsdann einen metallischen Sulphur durch ihren feurigen Spiritum entzünden, so wird Dir niemand als Gott wehren können, Gesundheit und Reichtum zu erlangen.[7]

[5] Man beziehe sich auf die Abhandlung von Abraxas, Kap. VI, S. 172ff. Das «hermaphroditische Feuer» ist ☿ , das «kalte Feuer» hingegen ist das «Wasser» des Körpers, der einfache Fluidalzustand ☿ .

[6] Das ist die «Entflammung des Astrallichtes» bei der Spezifizierung dieses Lichtes in den Körperorganen und im Körper allgemein; diese Entflammung erreicht man, wenn man den ☿ dieser Organe mit dem Schwefel 🜍 in Verbindung bringt; und das ist das erste Erwachen der *Kraft* im Körper oder des Körpers als Kraft. Philaletha (*Introitus,* Kap. XI) drückt sich dazu klarer aus: «Der passive Schwefel, der sich im Merkur befindet, hätte aktiv und tätig sein müssen; daraus ersieht man, dass es notwendig ist, von anderer Seite ein Lebensprinzip einzubringen, das aber von derselben Art sein muss und das dann das Leben, das in seinem Zentrum verborgen und quasi tot ist, wiedererweckt. Dieser aktive Schwefel ist im geheimsten Winkel im Hause des Widders verborgen.» Der Widder entspricht im herausragenden Sinne der schöpferischen männlichen Kraft. Im allgemeinen stellt man den Schwefel als in einem *unterweltlichen* Kerker eingeschlossen dar, wobei Merkur die Schlüssel dazu besitzt (Sendivogius, *a. a. O.*, S. 196). Die Schau des Kosmos, die Unsterblichkeit und das prophetische Wissen sind nach Sendivogius die Geschenke, die der Schwefel demjenigen darbringt, der ihn zu finden weiss und zu *befreien* vermag (vgl. Maximus, *Brevi note sul Cosmopolita,* in *«Ignis»* Nr. 4–5, Jahrgang 1925).

[7] Der Salpeter ⦶ ist die dynamische, positive, männliche und energetisch heftige Polarisierung der individuellen Kraft, deren Gegensatz strenggenommen der Ruhezustand, die Trägheit und Passivität des Salzes ⊖ ist. Aber da im Text der Salpeter in Gegensatz zum gemeinen Schwefel tritt, muss man unter dem letzteren die äusserlichste, leidenschaftsgebundene und egoistische Form der Persönlichkeit verstehen, der der Salpeter ⦶ als wahrhaft männliche Kraft gegenübersteht.

Man kann wohl durch Vermehrung des Salzes die Metalle zerstören durch ein Mineralisches und Tartarisches Salz, aber es dient nicht zur Erlangung des metallischen Schwefels, welcher die Seele aller Metalle ist, der zuerst muss mit grosser Sorgfältigkeit durch seinesgleichen gefangen werden, nempe: durch die zwei widerwärtigen brennenden Feuer, welche Sulphur und Nitrum (Salpeter) genannt und bisweilen sub uno nomine (unter einem einzigen Namen) verstanden werden.

Damit du aber auch Wissenschaft haben mögest von dem kalten metallischen Feuer, so wisse, dass selbiges nichts anderes ist als der Mercurius Saturni, welcher sich mit den Metallen veralgamiert und durch Hilfe des jetztgemeldeten feurigen doppelten Elements im Feuer kalzinieren lässt.

Jetzt hast Du klaren, ja über alle Maßen klaren Bericht von mir empfangen, wie alle Metallen durch eine Astralische Syderische Einbildung und Elementarische Wirkung sind ex Sulphure et Mercurio geboren worden: Dass demnach auch die Metalle durch die Elemente ernährt, leben und wiederum absterben, das ist, in ihr erstes Wesen müssen gebracht werden.

Dass die Metalle der Elemente nicht entraten mögen, dass auch die Philosophi nur zwei Elemente haben, deren jedes einen Feind hat, diese zwei Elementa sind Feuer und Wasser, nempe Mercurius und Sulphur. Aus diesen beiden ist mediante Sale ein jedes Ding ein Elementatum geworden und muss daher auch durch Sulphur und Mercurium wieder zerstört und zu einem Sulphure etc. gebracht werden. Dies sind nun die Elementa Magica, die so alles zerstören und eine neue Geburt offenbaren: diese, so sage ich, ist die trockene erste Solution, davon ich weitläufiger im Anfang geschrieben habe.

Die zweite feuchte Solution geschieht durch den Mercurium Saturni,[8] welchen ich Animam Mundi genannt habe. Denn wie der Saturnus am Himmel der erste Planet ist und ein Vater aller Planeten geheissen wird, also ist auch der irdische Saturnus der erste und haben alle Metalle ihren Anfang

In diesem Sinne wird er auch *Höllensalz* genannt, wobei die Bezeichnung «höllisch, unterweltlich», ausser dass sie wahrscheinlich auf reinigende Zerstörungen anspielt (die Verbindung des Gedankens der Reinigung mit dem Salpeter findet sich schon in *Jeremias* 2, 22), auch die reale Bedeutung von «unterhalb, tiefer gelegen» anzeigt, und zwar aufgrund der Tatsache, dass diese männliche Kraft die Schöpfungs- oder Urstierkraft widerspiegelt (♈, deren Entsprechung die Senkrechte von ⦶ ist), die ihren Sitz in den *unteren* Zentren des Organismus hat. Es geht trotzdem darum, den gemeinen Schwefel und den Salpeter miteinander auszusöhnen und zu härten: also um die Überwindung des Widerstand leistenden tierischen Ichs, ohne dass andererseits das von ihm getragene Ich-Empfinden durch die Heftigkeit der Gegenseite der Zerstörung anheimfällt, sondern sich mit dieser in einem Gleichgewicht und einer höheren Herrschaft zusammenfügt, die es möglich machen, den *metallischen Schwefel* zur Wirkung zu bringen, das heisst, die Kraft der tiefsten Tiefe hervorzurufen und zu erwecken, um so zu einer Verschmelzung mit dem Körper oder Salz zu gelangen, gemäss dem Symbol des *Grünspans* ⊕ (=Salz ⊖ + Salpeter ⦶), wie es O. Wirth gedeutet hat.

[8] Da Saturn der älteste Planet ist, kann der Merkurius des Saturn mit einem Urzustand im Zusammenhang stehen, der – da er vom Text mit der «Seele der Welt» gleichgesetzt wird – ohne Individualisierung durch die Lebenskraft ist. Unter der feuchten «Solution», die man nach dem Text im Gegensatz zur *trockenen,* die vom doppelten oder androgynen Feuer bewirkt wird (Schwefel + Salpeter = ☿), mit Hilfe des Merkurius des Saturn erlangt, kann man hermetisch eben eine Variante des generellen «nassen» und auflösenden «Weges» verstehen, der dann den Zugang zum Wasser des «Grossen Meeres» eröffnet.

von ihm bekommen; er wird auch bei allen gefunden, daher habe ich billig seinen Geist Spiritum Mundi genannt.

Ehe ich aber von dieser zweiten Solution weiter abhandle, muss ich Dir aus treuem Herzen noch eins berichten, dass die Philosophi nicht allein zwei Elementa Magica, zwei Mercurios und zwei Saturnos, sondern auch zwei Metalla haben.

Und soviel anbelangt die zwei Mercurios, so habe ich mir vorgenommen, in aller Wahrheit und ohne Falsch in Kürze zu unterrichten, wie Du Dich bei solchen Beschaffenheiten verhalten sollst.

So wisse zuerst, dass wenn die Philosophi von ihrem Mercurio reden, dass Du durchaus den Gemeinen dabei nicht verstehen sollst, denn der Mercurius ist ein metallischer, nempe der Metalle ihr Mercurius, ist trocken und heiss, feucht und kalt. Der gemeine Mercurius aber ist hitzig in seinem ganzen Wesen, daher kann derselbige für den Mercurium Philosophorum nicht gehalten noch genommen werden.[9] Der gemeine Mercurius führt den Samen des Silbers bei sich, der andere Mercurius aber hat den Sulphur Solis in metallischer Form und Eigenschaft von dem Schöpfer des Himmels und der Erde erlangt, ist ein Solarischer Magnet, wie der gemeine Mercurius ein lunarischer Magnet mag genannt werden; und dass dem so ist, bezeugt der Mercurius mit seinem halben Monde, mit welchem ihn die Weisen gezeichnet und von dem rechten Solarischen unterschieden und abgesondert haben. Diese beiden Quecksilber lernt man aus dem Rauch, welcher deren Sulphur ist, erkennen: Man muss aber auch in Obacht nehmen, wie flüchtig, fix oder unfix dieselben sind, wie alsbald oder wie langsam dieselben sich sublimieren und präzipitieren lassen, das ist der rechte Griff darauf, die beiden Mercurius zu erkennen. Und wisse weiters, gleichwie die Natur zwei Mercurios, nempe einen Lunarischen und Solarischen generiert hat, dass eben auch durch die Kunst aus den beiden fixesten Leibern ein solcher Mercurius bereitet werden kann, ja was mehr ist, kann auch aus den halben Metallen, als Antimonium, Wismuth oder Arsenicum ein lebendiger Mercurius gemacht werden, die sonderlich der Medizin zugehörig sind.

Diese sind dennoch, ungeachtet der herrlichen Medizin, pro (für) Mercurio Philosophorum nicht zu halten noch herauszuschreien, weil der Mercu-

[9] Den Gegensatz zwischen den zwei Merkurii und den zwei Saturni (gemein und philosophisch) kann man vielleicht auf jenen zurückführen, den wir bereits bei der Spezifizierung des Feuers als vulgärer Schwefel und als Salpeter kennengelernt haben. Das Element wird zuerst in seiner eigentlich menschlichen (psychologischen und seelischen) Form verwendet und dann in zweiter Linie so, wie es in der «Unterwelt» in Kräften erwacht, die in den Metallen und Körperorganen gefangen sind, wobei sich diese Kräfte aber in ihrem reinen, vormenschlichen, nicht polarisierten Zustand befinden und daher noch in einer höheren Einheit gegensätzliche Eigenschaften umfassen (warm-trocken und feucht-kalt = «eisiges Feuer» und «brennendes Wasser»). Das bestätigt der Text weiter unten, wenn er den gemeinen Merkur mit dem Samen des Silbers, also dem lunaren Merkur in Beziehung bringt, wohingegen der philosophische Merkur im Hinblick auf die metallische Qualität mit dem *solaren* Schwefel verbunden wird. Das gewöhnliche Bewusstsein der Menschen ist *lunar,* das heisst widergespiegelt und von Widerspiegelungen lebend (Bewusstsein von Erscheinungen).

rius das Menstruum Universale ist,[10] und zweimal aus Mercurio ist geboren worden, verstehe, erstlich aus dem Lunarischen, darnach aus dem Solarischen; diesen Mercurium kann man billig einen doppelten Mercurium nennen. Der Lunarische Mercurius kann mit leichterer Mühe auch aus dem Saturnalischen Leib getrieben und destilliert werden, hat eben die Natur und Eigenschaft als der Mercurius Lunae selbst, denn durch den Saturnum ist die Luna generiert. Und gleichwie nun aus dem Saturno ein Lunarischer Mercurius zu bringen ist, also ist auch aus der Miniera Veneris (Bergwerksgrube der Venus) ein hitziger Solarischer Mercurius zu machen, durch den Tartarum und Salmoniac,[11] welche, ob sie die höchste Feindschaft miteinander haben, dennoch insoweit das negotium befördern müssen. Wer den Mercurium des kalten Saturni und den Mercurium der hitzigen Veneris in ein Oleum zu redigieren weiss, der hat das Menstruum Universale und den festen Schlüssel erhalten, mit welchem alle Sulphura zur Potabilität können gebracht werden, sed at rem (aber zurück zur Sache).

Wisse weiters, dass aus angezogen Ursachen die Philosophi nicht uneben zwei Saturnos haben, denn unter dem jetzt gemeldeten doppelten Mercurialischen Spiritu verstehen dieselben die zwei Saturnos, aus welchem die beiden Mercurii und nachgehends der Spiritus ist gezogen und destilliert worden. Viele haben das Blei Gold und das Gold Blei genannt; dieses ist der Philosophen Blei und ist auch bis dato der Welt unbekannt.

Das zweite Blei ist zwar auch der Weisen Blei, wird aber vor allem davor erkannt, ist Silberreich. Da hingegen das Güldische Blei wenig gesehen wird bei den Metallen, in den Apotheken wird es mit seinem unrechten Namen verhandelt, ist unerachtet seiner weissen und hochgelben Farbe gar wenig geachtet, ist schwer im Gewicht, geistlich und leiblich einem Arsenico zu vergleichen, denn derselbe ist aus ihm und seinen Brüdern geboren worden, sind in dem einander in der Seitenlinea verwandt. Gleichwie das Arsenicum

[10] *Menstruum universale* = universales Lösemittel – also das, was in allen Dingen das fixe Element – das Element Salz – auf das Einfache zurückführen kann, das heisst das, was die Kraft verleiht, alles in einer *aktiven* Form und damit magisch wirksam wieder aufleben zu lassen oder zu verwenden, was als Stofflichkeit für das gewöhnliche Ich-Bewusstsein eine Begrenzung und einen Widerstand bildet. Das Salz stellt dabei eben das dar, was dem Schwefel, also dem Ich, *widersteht*. Metaphysisch gesprochen ist das die «Reduktion auf die Prinzipien» (*Principium* lat.: sowohl Prinzip als auch Anfang. Anm. d. Übs.).

[11] Am Anfang der *Chymica Vannus* – der der hier vorliegende Text angeschlossen ist – steht der Sinnspruch: *«In cruce sub sphaera venit Sapientia vera»* (Im Kreuz unter der Kugel ♀ = Venus kommt die wahre Weisheit). Der Tartarus (Weinstein) ist in der Hermetik mit dem *Chaos* verbunden, also mit der philosophischen «Materie» im ursprünglichen, chaotischen Zustand, und könnte auf eine spezielle Art und Weise der «Auflösung» anspielen. Basilius Valentinus z. B. bezeichnet ihn als das, was die Metalle *auflöst* (vlg. A. J. Pernety, *Dict. mytho-hermétique,* Paris 1758, S. 480). Hier dürfte es sich um eine Anspielung auf gewaltsame Methoden zur Aktivierung der tiefen Kraft des solaren Merkurs handeln, wie sie von anderen Hermetikern hinter den Symbolen der «korrosivischen Wasser» und der «starken Wasser» *(acqua forte)* verborgen wurden: Formen des Rausches und Formen, die ganz allgemein eine tiefe Erschütterung des psycho-physischen Gleichgewichts herbeiführen. Die Extraktion des hitzigen Merkurs aus der *Miniera Veneris* (der Erzgrube der Venus) könnte auch ein Hinweis auf sexualmagische Methoden sein.

dem Arsenico befreundet ist, so hat es auch eine Beschaffenheit mit diesem verborgenen Blei der uralten Weisen,[12] welche, weil sie auch nur zwei Metalle zu dem hohen Magisterio gebrauchen, so will ich es hiermit beruhen lassen und von den beiden Metallen der uralten Weisen meine Erfahrungen ans Licht bringen.

Die Philosophi sagen, dass das erste und das letzte Metall nur für ein Metall zu halten sei, nempe für ein Metall so zu der Kunst und Beförderung der Universal-Medizin zu gebrauchen ist.

Das erste Metall ist das rechte Semen Metallorum, denn aus ihm ist der fortschreitende Metallische Same und Sulphur augenscheinlich an den Tag zu bringen. Ein solches Metall findet man in minera Saturni, ist eine Wurzel der perfekten und unperfekten Metalle, ist mit einem sonderbaren Saturnalischen Geist begabt, siehet wie eine Minera Mercurii, heisst das Blei der Weisen und der Philosophen Azoth, darvon man das Lac Virginis (Jungfrauenmilch) zu destillieren pflegt, und hat eine Venerische Eigenschaft.[13]

Das letzte Metall aber wird daher das letzte Metall genannt, weil es zu einer reifen Perfektion und Ende gekommen ist: das Ende aber aller Metallen ist das Gold, darüber wirkt die Natur nichts bei den Menschen, sondern muss einhalten und still stehen, bis ihm die herrschende Kunst zu Hilfe kommt. Dies geht in kurzer Zeit so weit, jedoch auch durch die Natur, dass aus dem Solarischen kompakten Leibe ein durchsichtiger Diaphorisierter Leib wird, welches die Philosophi Vitrificationem (Kristallisation) nennen. Dieses nun ist das edelste, so die Natur und Kunst vollbringen und wirken können: Wie aber diese Vitrification zu machen, kann ich der Gebühr allhier nicht beschreiben, denn es würde wider meine Absicht ein grosses Volumen aus diesem Compendio werden; jedoch aber, dass es nicht scheine, als wollte ich dieses für mich selbst behalten, und, wie die alten Weisen getan haben, mit in die Grube nehmen, so habe acht.

Nimm dies feurige Elementum Magicum, welches von zwei Höllischen widerwärtigen Materien, als von Sulphure und Nitro komponiert ist, mit

[12] Das «Gold der Philosophen» ist die Wiedergeburt des «alten und verborgenen Bleis», das dem Salzelement oder dem Körper entspricht (in der eigentlichen esoterischen Physiologie entspricht es dem, was im Körper Mineral, Knochensystem ist, wie auch unter den Elementen Saturn-Blei das schwerste ist). Das hängt mit der «ursprünglichen Mannhaftigkeit» zusammen, der Einhalt geboten wurde (Entmannung des Saturn). Aufgrund seiner griechischen Wortherkunft weist das «Arsenicum», das vom Text mit dem philosophischen Blei zusammengebracht wird, eben auf dieses Prinzip der Männlichkeit hin.

[13] Was das «erste Metall» als Same der Metalle, das heisst als schöpferische und individualisierende Urkraft betrifft, so könnte der Hinweis auf einen «*fortschreitenden* Samen», der seine sichtbare Erscheinung darstellen soll, sowie der Hinweis auf seine «Venusqualität» die Beziehung anzeigen, die zwischen dieser Kraft und der Kraft des Sexus besteht. Unsere *Kunst* gewinnt daraus eine «Jungfrauenmilch», das heisst die Kraft, die denjenigen nährt, der durch «unbefleckte Empfängnis von einer Jungfrau geboren wurde». Der «Natur» gelingt es nur jenes Gold hervorzubringen, wie es das Denk- und Willensprinzip der Menschen kennzeichnet; darüber hinaus muss die «Heilige Kunst» ans Werk gehen, damit die Begrenzung, also die diesem Gold eigene Eingeschränktheit abgebaut, und die höchste Vollendung des Bewusstseins und der Kraft zustande kommen.

diesem Höllischen verzehrlichen Feuer fange an dem Ende der Natur an, das ist, bestreite und kalziniere die sonst unüberwindliche Pforte der Solarischen Festung, nempe des Goldes, so entzündet ein Feuer das andere, nempe, ein Schwefel den anderen, und wenn das geschieht, so dominiert das Elementum Ignis, welches ist das zweite Prinzipium in dem Solarischen Leibe. Denn das Feuer, so in dem Golde ist, heisst Sulphur & Anima; wo nun das Feuer überhand nimmt, da muss das wässrige Elementum, nempe der feuchte flüssige Mercurius zu seinem Astro fliehen; und weil der Mercurialische Geist ein Sitz der Seele ist und ein Band genannt wird, das da den Leib mit der Seele verbindet, daher die erste Separation und Zertrennung Animae & Corporis (von Seele und Körper). Es muss aber hierzu auch das andere kalte Metallische Feuer gebraucht werden, welches aus einem Mineralischen ungeschmolzenen Saturno ausgezogen ist, und Mercurius Saturni genannt wird.

Dieser Saturnalische Mercurius, so aus dem ungeschmeidigen und ungeschmolzenen Blei gemacht, brennet nicht wie ein gemeiner Mercurius, sondern hat eine irdische trockene Qualität an sich, daher kann er den Sulphur Solis beschützen helfen, dass er nicht verbrennt und mit seinem Mercurio davon flieht,[14] wenn das Gold mit einem Mercurio Saturni veramalgamiert ist, so wird das Gold poros[15] und kann das höllische Feuer das feste Corpus viel schneller und besser kalzinieren und das Solarische Feuer an allen Seiten anzünden und zu Aschen machen: Aus diesen zieht man mit klarem Himmeltau den Sulphur, und aus dem übergebliebenen Leibe langet man nach geschehener Reverberation das überköstliche Medizinalische Salz, von welchem die Weisen sagen: Sal Metallorum est Lapis Philosophorum. Deinde alius Philosophus dicit (Das Salz der Metalle ist der Stein der Weisen. Daher sagt ein anderer Philosoph). Wenn Gott das Salz nicht geschaffen hätte, so könnte der Lapis Philosophorum nicht gemacht werden. Dieses

[14] Dieser Abschnitt enthält eine wunderbare und auch genügend klare Zusammenfassung der hermetischen Operation. Unter dem Gold muss man hier die rein persönliche und das Denkvermögen betreffende Sichtbarwerdung des Sonnenprinzips im Menschen verstehen, das heisst also das «gemeine Gold». Es wird mit Feuer kalziniert (durch Erhitzen zersetzt), was in der Sprache des Yoga der «Abtötung des *manas*» entspricht. Die Alchemisten nennen diese Phase *Mortificatio* (Abtötung) und *putrefactio* (Verfaulung), worauf dann das befreiende Wirken des philosophischen Wassers folgt: So spricht Bernhard von Treviso von einem König, der das rote (sonnenhafte) Kleid ablegt und ein schwarzes anzieht, um dann ins Bad zu steigen. Es handelt sich also um den Übergang zum feinstofflichen oder fluidalen Zustand, der mit der Scheidung vom Körperlichen zusammenhängt. Befindet sich das Feinstoffliche im freien Zustand und setzt man das trockene, «kalte metallische Feuer» mit ein, kann man zur magischen *Fixierung* schreiten. Das, so meint SENDIVOGIUS (*Novum Lumen Chemicum 2,* Venedig, 1644, Trakt. V, S. 31), ist ein Einfrieren des Wassers in der Hitze und seine Vereinigung mit dem Geist.

[15] Die «Porosität» wird von SENDIVOGIUS (*a. a. O.* Trakt. X, S. 50–1) mit einer Methode in Zusammenhang gebracht, die der *gewaltsamen* genau entgegengesetzt ist – aber hier scheint es, dass die zwei Methoden vereint sind: Das Gold öffnet sich den «Wassern» und lässt sich davon für ein erstes «Sich-Auflösen» und Zersetzen durchdringen. Dieses wird dann vom höllischen Feuer zu Ende geführt, bis sich aus der Zersetzung das Gold in seiner reinen und absoluten Form herausbildet und wirksam wird.

Salz aber soll cum Spiritu Vini, wie es sich gebührt, clarifiziert werden, und wenn das geschehen, so wird es mit seinem Sulphure vereinigt und mit dem Spiritu Mundi, das ist, mit dem Spiritu, so aus dem Mercurio Saturni destilliert ist, imbibiert, in einem einzigen Glas und Ofen putrifiziert und figiert,[16] so ist das hohe Werk bis auf die Fermentation und Augmentation vollzogen und ist eine Universal-Medizin in allen Krankheiten, wer davon geniesst, bekommt Verneuerung seines Geistes und Stärkung aller seiner abgewichenen Kräfte.

Der günstige Leser wird sich ohne Zweifel zum höchsten verwundern müssen über meinen klaren gründlichen Bericht, so ich in der Repetition getan habe, sonderlich wegen des kalten Mercurii Saturni und wegen des Höllischen Magischen feurigen Elements, ohne welche in der ganzen Chymischen Scienz nichts Fruchtbares auszurichten, demselben aber soll dieses zur Antwort dienen, dass, ob ich wohl den Erfahrenen viel zu klar, auch deutlicher als kein Philosophus jemalen geschrieben, an den Tag gebracht: So ist dennoch ein kleines, welches ich ihnen hinterhalten habe, nämlich, wie man aus einem geschmolzenen spröden Mineralischen Saturno einen so hoch teuren Mercurium machen solle, und wie derselbige auch in einen roten Spiritum zu bringen ist.[17] Dieses kann nur durch einen einzigen Weg geschehen, davon ich zwar vorne ein Licht angezündet; aber ich hoffe, dem Gott dasselbe nicht gönnt, wird es auch nicht begreifen noch merken können. Dieses ist eins, welches ich Dir durch den Druck nicht kann noch mag berichten.

Zum andern habe ich mir auch nicht allein die Zubereitung des kalten Mineralischen Feuers zum Teil verborgen, sondern auch die Zubereitung des

[16] Sehr wichtig ist die Aussage, dass, *wenn es kein Salz gäbe, es nicht möglich wäre, den Stein der Philosophen zu «machen»*. Aus dem stofflichen Körper bezieht das Ich nämlich die Empfindung seiner selbst, und damit bleibt er die Grundlage, von der aus man arbeiten muss, indem man die Kraft, die ihn hervorgebracht hat, vervollkommnet, zur Ganzheit bringt und erleuchtet, bis man jenen *vollkommenen Körper* erlangt, von dem wir sprachen, als wir das *Mithras-Ritual* kommentierten (Kap. IV), und der mit dem sogenannten «geistigen Körper» oder «magischen Körper» identisch ist. Daher besteht bei diesen Operationen die Gefahr darin, dass sich der Merkur verflüchtigt und dass das Feuer die Metalle nicht bloss auflöst, sondern sie ganz zerstört. Somit ist der für das Werk geeignete Merkur nicht der gemeine, sondern ein fixierter Merkur, und das Feuer nicht ein heftiges, sondern ein mildes, androgynes und gemässigtes. Wichtig ist der hermetische Verschluss des Gefässes oder *Athanors*: Dieser Verschluss bewirkt, dass der flüchtige Anteil nicht verlorengehen kann, sondern an die obere Wand stösst, wieder kondensiert und neuerlich auf die Salzrückstände niederschlägt, die unten zurückgeblieben sind. Auf diese Art und Weise kann er nochmals auf sie einwirken in einem wiederkehrenden Kreislauf von immer neuen Sublimationen und Präzipitationen, der erst dann zu Ende kommt, wenn alle Rückstände aufgelöst sind und die zwei – das höhere solare Bewusstsein und der Körper – eins geworden sind. Dann öffnet sich der Athanor, und aus ihm erhebt sich der Phönix – das aus sich selbst gezeugte und unsterbliche Tier – zum Fluge.

[17] Der spröde Saturn ist also der Körper; der Merkur hingegen steht mit dem Fluidalzustand (= Mond) in Zusammenhang, den man aus ihm ziehen kann und mittels dessen das Bewusstsein mit dem Körper in magischen Kontakt zu treten vermag. Der rote Merkur ist ☿, also der durch die *wahre* Natur des Goldes (= Sonne) entflammte Fluidalzustand, wobei aber diese Natur ihrerseits nur durch Eintauchen oder Lösen des vulgären Goldes im ersten Merkur ☿ ans Licht kommt.

feurigen Magischen Schlüssels, welcher, wie Du zu mehrmalen verstanden, aus zwei wiederwärtigen streitenden Feuern präpariert wird, nämlich aus Sulphure und Nitro, welche, ob sie zwar beide Höllische streitende Feuer sind, so müssen sie doch insoweit eins gemacht werden, und beide einen Effectum prästieren.

Wie aber die Vereinigung geschieht, darum bitte Gott um Erleuchtung deines Gemüts, ich habe meiner Schuldigkeit nach genug getan und mehr als zuviel in diesem kleinen Büchlein offenbargemacht. Die Ursache ist die Liebe meines Nächsten, welchen ich gerne mit meiner geringen Erfahrung aufmuntern und ihn auf den rechten Weg bringen wollte.

Zum andern ist es auch recht und billich, dass alles, was gut, gemein sei, nämlich denen, so sich mit den Philosophis verbunden und verschworen haben, auch in deren Zahl sind; denen anderen aber, so draussen sind, widerfährt alles durch Gleichnis, damit sie es hören und nicht verstehen, sehen und nicht begreifen. Man soll keine Perlen unter die Schweine streuen, denn sie besudeln dieselben doch und achten sie nicht.

Eins, welches Dir eine grosse Verwirrung gebären könnte, ratione der zwei Saturnorum oder Mercuriorum soll ich allhier nicht vorbei gehen, deshalb merke sonderlich auf meinen Bericht.

Vorher hast Du verstanden, dass aus der Luna und auch aus dem kalten Steinbockigen Saturno ein Mercurius zu verfertigen ist, und dass dieser zu der Weisen Werk sonderlich gehörig ist.

Zum andern, dass aus Miniera Veneris gleichfalls ein Solarischer Mercurius zu machen, welcher mit einem Solarischen Schwefel begabt, daher ich denselben damals Mercurium Solis genannt habe, weil derselbige ad generationem Solis zu gebrauchen ist.

Drittens, dass ich, dem unerachtet, den Mercurium Saturni jetzt bei der Destruktion des Goldes gebraucht habe, der soll verstehen, dass der rote Mercurius auch in der Lunarischen weissen Tinktur mit grossem und besserem Nutzen zu verbrauchen; und wie man ab uno extremo nicht ohne Mittel zu dem anderen extremo schreiten kann: Also kann man auch zu keiner roten Tinktur kommen, ehe man erst die Weisse erlangt hat. Jetzt kann der günstige Leser sein dubium selbst auflösen und gedenken, dass ich allhier nicht von dem Universali Generalissimo, sondern nur von einem Universali geschrieben.

Das Universale Generalissimum wird aus einem doppelten Mercurio, wie ich vorne vermeldet, geboren, und mit einem Solarischen Sulphur animiert und fermentiert, auch mit dem beständigen Salz des Goldes figiert, und weiter in infinitum durch zwei andere Sulphura augmentiert in quantitate & qualitate. Die qualitas, als ein Leben, wird gespeist durch den Sulphur; die quantitas wird augmentiert durch den jetzt gemeldeten Mercurium, welcher die Natur und Kraft der Venerischen Eigenschaft nicht allein, sondern auch die Natur des Mineralischen kalten Saturni mit sich führt, daher einem doppelten Mercurio verglichen und ein zweifacher Mercurius genannt wird, auch ihm alle qualitates zugeeignet werden, nam habet qualitatem Veneris, ratione (denn er hat die Qualität der Venus auf Grund) des hitzigen

Sulphuris: Frigiditatem autem ratione Saturni (Kälte aber auf Grund des Saturn).

Der gutherzige geneigte Liebhaber wolle allen Zweifel fahren und sinken lassen und meiner Experienz in Wahrheit glauben. Du magst tun, was immer Du wollest, so wirst Du mich keiner Lügen beschuldigen können, denn ich habe dieses nicht aus anderen Büchern zusammengetragen, um mir etwa einen berühmten Namen zu machen, sondern erfahren durch Hand-Arbeit, und nachgehends habe ich verstanden, was ich zuvor hätte wissen sollen.[18] Dem geneigten Liebhaber aber widerfährt die gründliche Erklärung des Geheimnisses aller Weisen, so ich vorne zwar beschrieben, jetzt aber in dieser Wiederholung auf das allerkürzeste verfasst habe, damit Du diese Repetition zum öftern durchlesen und so lang repetieren sollst, bis Du alles Inwendige auswendig erlernt hast.

Inmittelst will ich hiermit meine Repetition ratione der zwei Magischen Elemente des Menstrui sive (oder) Mercurii duplicati ein Ende gemacht haben und von der Medizin, so in dem Mineralischen Reich besteht, zu traktieren aufhören.

Nimm deshalb vorlieb mit den Magischen Elementen, mit dem Menstruo und Medicina Universali, mit der Materia Prima, wodurch jedes Metall in seine drei anfangende Dinge kann gebracht und dadurch das wahre Aurum Potabile (Trinkbares Gold) muss gemacht werden. Die Materia Prima ist Dir mit Deutschen Worten wie auch die beiden Elementa oder feurigen Schlüssel also klar ja klar vorgebildet und ad Oculum (vor Augen) dargetan, dass Du es klarer nicht begehren wirst.

[18] Die gesperrten Wörter stammen von uns. Der Leser guten Willens achte auf diese Worte, wie auch derjenige sie beherzigen soll, der sich vielleicht geärgert hat, weil er trotz unserer Anmerkungen beim ersten Durchlesen dieses Textes nicht sehr viel verstanden hat.

VIII

Abraxas

Magische Operationen mit «zwei Gefässen» Die Verdoppelung

Ich habe Dir von der Bereitung des Hermesstabes berichtet, die in einem Gefäss allein vollzogen wird: im Körper und in den Kräften eines einzigen Individuums. Ich habe jedoch hinzugefügt, dass grössere Wirkungen erzielt werden können, wenn man die Kraft einer magischen Kette, eines Naturgeistes oder einer Wesenheit beizieht.

Davon berichte ich Dir noch nicht, sondern nur von der magischen Bereitung, die in zwei Gefässen vollzogen wird, d. h. in zwei Personen, in denen die beiden Komponenten – das Aktive und das Passive, die Sonne und der Mond, der Schwefel und der Merkur – anzutreffen sind, sich polarisieren und sich in einzigartiger Weise hochpolen.

Wie es zwei Formen des Hermesstabes gibt, wobei die eine auf *Visionen* ausgerichtet ist – darin habe ich Dich unterrichtet, als ich vom *Spiegel* sprach (Kap. III) – und die andere sich der Aktion zuwendet – durch die Entflammung des Astrallichtes (Kap. VI) –, so findest Du auch hier *zwei Vorgangsweisen*: Vision und Rapport mit Hilfe einer «Pupilla»[1] ist die eine; Bereitung des androgynen Merkurs durch *fluidale Vereinigung* ist die andere.

Verstehe schon jetzt das Grundprinzip: Natürlicherweise herrscht im Mann die feurige Kraft vor und in der Frau die mondhafte. Statt nun beide Elemente in einem einzigen «Gefäss» zubereiten zu müssen, kann man also auch zwei Personen verschiedenen Geschlechts dazu verwenden. Der Nutzeffekt dieser Vorgangsweise besteht darin, dass Du in der magischen Entwicklung anfangs allein dem Sonnenprinzip Macht und Vorherrschaft einräumen kannst und Dich erst dann dem feuchten, empfänglichen und flüchtigen Prinzip öffnen musst, wenn Du vollkommen fest und sicher in Dir bist: Sonst verwandelt sich die Magie leicht in *Medialität,* und es kommt zur passiven Ekstase in einem niedrigen Psychismus, wenn nicht gar zu irgendeiner Form von Besessenheit. Hier aber kannst Du vollständig positiv und in Dich abgeschlossen bleiben, wenn doch zuerst einmal ein anderer Mensch daran denkt, die gegensätzliche Eigenschaft in sich hochzupolen. Später, wenn Du die verlangte Befehlseignung erworben hast, kannst Du sie dann ja durch Schaffen eines Rapportes lenken und erfahren und schliesslich sogar aufnehmen und in Dir selbst erwecken.

***

Es wäre von Vorteil, wenn das junge Mädchen, das Du für Visionen und auf Verbindungsaufnahme mit unkörperlichen Wesenheiten gerichtete Arbeiten verwendest, Jungfrau wäre. Es ist einfach so, dass bei bestehender Jungfräulichkeit, sofern diese nicht nur bloss anatomisch ist, eine Gruppe von feinstofflichen Kräften noch nicht der Veränderung, der Polarisierung und dem Sättigungsverlust unterworfen ist, die sich aus dem sexuellen Faktum eines gewöhnlichen Geschlechtsverkehrs ergeben, so dass diese Kräfte, abgesehen von ihrer grösseren Reinheit und Intensität, auch viel leichter auf die Richtung der initiatischen Praktiken hin konzentriert werden können.[1] Manchmal finden anstelle der Mädchen auch Knaben zwischen 7 und 14 Jahren Verwendung: In diesem Alter sind die feinstofflichen Bildungs- und Wachstumskräfte aus einem sehr energiereichen Zustand heraus besonders wirksam und noch nicht vom gemeinen Schwefel des Leidenschafts- und Gefühlslebens der Jugendlichen verändert.

Das junge Mädchen muss sich zuerst einer Vorbereitung nach den Anweisungen unterziehen, die wir schon bei der Besprechung des Spiegels gaben. Die aktive Seite der Festigkeit, Kontrolle und Führung sowie die feine Abstimmung und Verbindung von Schwefel und Merkur braucht sie jedoch nicht zu kennen. Sie muss nur darauf achten, in jedem Sinne und bis auf den Grund offen und empfangsbereit zu werden, also ausschliesslich und so weit wie nur möglich das Prinzip ☿ herauszubilden und hochzupolen. Vor allen Dingen muss sie die Angst vor einem vollständigen Sich-Hingeben überwinden können. Das fehlende Sonnenprinzip muss dabei durch ein absolutes Vertrauen zum Operanten und seiner Kraft sowie eine totale Hingabe an ihn ausgeglichen werden, überdies muss ein wahrhaftes und reines Streben nach der übersinnlichen Wirklichkeit vorhanden sein.

Es ist von Vorteil, eine für die Praktiken geeignete Umgebung aufzubauen, die, wie ich schon sagte, möglichst auf dem Lande oder an einem einsamen oder unterirdischen Ort zu wählen ist, wo grosse Stille herrscht und auf keinen Fall ein Störenfried auftauchen kann. Ein abgetrenntes Zimmer, neu mit Kalk ausgeweisst, mit den nur unbedingt nötigen, einfachen, aber ungebrauchten und sauberen Werkzeugen. Die erste Reinigung des Raumes erfolgt mit Schwefelräucherungen und indem man den Fussboden mit Meerwasser oder fliessendem Wasser aufwäscht. Dann werden am Morgen und am Abend etwas Weihrauch, Myrrhe und Beeren des Lorbeerbaumes abgebrannt. Dieser Ort muss einzig und allein Dir vorbehalten bleiben: Du darfst dort keinen Menschen hineinlassen – aus keinem Grunde – und am allerwenigsten diejenigen, die von blosser Neugier getrieben wer-

[1] Beachte den Doppelsinn des griechischen Wortes κόρη, das Du sogar im Titel eines klassischen hermetischen Werkes κόρη χοσμου in Stob., (*Phys.*, XLI, 44–45) finden kannst und das sowohl *Auge* (Pupille) als auch *Jungfrau* bedeutet. – Bei manchen Naturvölkern werden die noch unberührten jungen Mädchen als mit einer gefährlichen und geheimnisvollen Kraft gesättigt angesehen und «isoliert», als ob sie elektrische Kondensatoren wären; manchmal geschieht das auch in Hütten über der Erde oder in Behausungen, die so gebaut sind, dass kein Teil ihres nackten Körpers die Erde berühren kann – bis sie schliesslich zur Hochzeit geführt werden, die sie «entlädt» (vgl. G. Frazer, *The Golden Bough,* Bd. III, Kap. LX, Abs. 3–5).

den. Du führst nur die «Pupilla» dorthin – zum Zeitpunkt, den Du für die Praktik beschlossen hast. Dann verwendest Du Sandelholz als Hauptträucherung mit einer ganz leichten Dosis des Duftes, der den Planeten und dem Sternzeichen der «Pupilla» entspricht.

Ihre Vorbereitung soll am besten auf den Zeitraum eines vollständigen Mondumlaufes konzentriert sein, während Du Deine Befehlskraft hochpolen musst. Vollkommene Keuschheit des Körpers und des Geistes, einfache Kost ohne Fleisch, körperliche und geistige Reinheit. Es muss versucht werden, in der «Pupilla» das Element «Emotion» auszuschalten, um eine glasklare Hingabe zu erreichen. Zeitlich am günstigsten sind die trockenen und wolkenfreien Nächte.

Die Operation geht wie folgt vor sich: Zuallererst verbrenne bei offenem Fenster die Duftstoffe und gegen Osten gewandt, *also gegen Sonnenaufgang, bete* – ich will sagen: formuliere ganz klar den Leitgedanken und *begehre* mit Vertrauen seine Verwirklichung. Der Leitgedanke ist vor allem, dass sich die Dunkelheit bringenden Wesenheiten, die die Sinne beherrschen und die Schwellen blockieren, entfernen und dass die in der Seele eingeschlossenen, trüben Phantasmen weichen. Nachfolgend eine mögliche Formel, die leise zu sprechen ist, während man gegen Osten gewandt bleibt und alle Worte mit dem Geiste betont:

«Vor Dir, o Kraft der Sonne, die aufgeht, möge weichen die grosse Nacht des menschlichen Fiebers, mögen weichen die Trugbilder des Stolzes, mögen weichen die Larven der Begierde. Du bist Licht, und Licht sei in mir, auf dem die Lust nach irdischem Tand nicht mehr lastet.»[2]

Es ist nicht notwendig, dass die «Pupilla» Deine Anrufung hört; aber auch sie soll eine ähnliche Anrufung tun, allerdings auf ihre Seele abgestimmt, bevor sie sich vor den Spiegel setzt, der nach meinen Anweisungen gerichtet ist. Du stehe aufrecht hinter ihr, während sich die Fixierung festigt, und wisse sie völlig zu beherrschen, sie ganz und gesamt zu umhüllen und in allem über sie zu verfügen: *Befiehl* im Geiste die Abschaltung ihres Gesichtssinnes und *gliedere* Deine Kraft in ihre Hingabe *ein,* um sie lebendig zu erhalten und noch mehr zu verstärken. Ist der Zustand des Lichtes eingetreten, invoziere und drücke das aus, was Du wissen willst; *befiehl,* dass sie sehe. Die Invokation kann an die Sonne gerichtet sein oder an die sieben Engel oder an eine besondere Kraft, von der Du weisst, dass sie in ganz wesentlicher Weise mit der Sache verbunden ist, auf die die Operation abzielt. Formeln dafür findest du bei Agrippa und Petrus von Abano. Der dritte Logos des *Mithras-Rituals* (Kap. IV, S. 121) ist ebenfalls wirkungsvoll.

Die «Pupilla» muss aufgrund ihres vollkommenen Glaubens an Deine schützende Kraft und ihr Durchdrungensein davon ihr Ich-Gefühl beinahe völlig auslöschen, so dass sie überhaupt keine Reaktion entgegensetzt und auch keine Erscheinung sie so zu erschrecken vermag, dass die Operation eine Unterbrechung erfährt.

[2] Das ist eine Variante einer von Kremmerz überlieferten Formel. Der Ausdruck «Pupilla» stammt ebenfalls von Kremmerz. (*Anm. v.* Ur)

Sie wird Dir alles sagen, was sie sieht. Dann wirst Du sie in die erweiterte Vision führen. Ich füge noch hinzu, dass Du auf der Grundlage der Dir so zugekommenen Erkenntnis und bei fortdauernder Verbindung mit dem Übersinnlichen ebenso den jeweiligen Mächten Beschwörungen und Befehle zusenden kannst, wenn das auch bei derartigen Operationen äusserst gefährlich ist. Achte aber in jedem Fall darauf, dass die Beschwörung erst zu einem späteren Zeitpunkt erfolgen darf und *in einem Bewusstsein, das absolut verschieden von dem sein muss, das die Offenbarung erwartet.* Wenn sich nämlich in dieser Erwartung anstelle der vollkommenen *Neutralität* der Wunsch nach einem bestimmten Inhalt der Vision verbirgt, wird einfach das Trugbild der Erfüllung eben dieses Wunsches folgen.

Gelangst Du zu einem tiefen und tatsächlichen Rapport mit der «Pupilla», kann sich ihre Schauung sogar unmittelbar auf Dich übertragen.

Sollte die Operation nicht gelingen, fahre fort, schweige, bete und wiederhole sie zur gleichen Stunde.

Eines der hauptsächlichsten Hindernisse ist die «Projektion» dessen, was Kremmerz die *ähnlichen Naturen* genannt hat. Es handelt sich um Reste von Triebkräften und Wünschen, die dem Reinigungsprozess – in Dir oder in der «Pupilla» – widerstanden haben oder unter der Bewusstseinsschwelle auf Lauer liegen. Diese Mächte absorbieren die Kraft, die die Loslösung vollbringt, und bedienen sich ihrer, um *sich selbst zu projizieren und in fluidalen Wesenheiten* Gestalt anzunehmen. Das Übel daran ist also nicht so sehr, dass sie die gesamte Vision stören und verfälschen, indem sie sie zu blossen Trugbildern des «Ichs» herabmindern, sondern besteht vielmehr darin, dass ihnen die Projektion zu einem autonomen Leben verholfen hat – beinahe möchte ich sagen: zu einer *Person.* Als Deine Geschöpfe kommen sie immer wieder auf Dich zurück oder nähren sich an Deinem Leben, was bis zu Besessenheitserscheinungen führen kann.

Ich habe Dich auch schon darauf hingewiesen, dass Du die in der «Pupilla» entwickelte Kraft zu einem späteren Zeitpunkt *ansaugen* und aufnehmen kannst, womit Du dann diese zweigefässige Operation zur Einheit zurückführst.

***

Für die entsprechende Bereitung des Hermesstabes, die ich die «zweite» nannte und die der tatsächlich magischen *Aktion* dient, soll die *Liebe* als Zündmittel der Fluidalkraft herangezogen werden. Das Feuer des Eros, das für gewöhnlich nach unten, das heisst nach der Sexualität und der tierhaften Natur hin polarisiert ist, wird im fluidalen Körper isoliert und so lange genährt, bis der notwendige Zustand der Hochpolung erreicht ist, in dem sich jener androgyne und feuerhafte Merkur bildet, der die magische Projektion in Wirkung setzt.

Für die Frau werden besondere Voraussetzungen verlangt. Die Jungfräulichkeit befindet sich zwar nicht darunter, aber im Unterschied zu den wahren und eigentlichen Operationen der Sexualmagie, über die wir zu gegebener Zeit berichten werden, ist eine gewisse Reinheit vonnöten. Und eine schon vorher bestehende, ziemlich starke Gefühlsbindung muss ebenfalls gegeben sein. Diese musst Du, wenn Du auf dem Wege schon so weit fortgeschritten bist, wie es hier vorausgesetzt wird, auf jeden Fall in Dir selbst auf Befehl hervorrufen und entflammen können. Von der Frau kannst Du das nicht verlangen. Sie muss auf ganz natürliche Weise – *Dich lieben*. Die Schwierigkeit wird darin bestehen, ein junges Mädchen zu finden, das auf der Grundlage dieser schon vorher bestehenden Gefühlsbindung einwilligt, Dir ebenso auf die Ebene der *magischen Liebe* zu folgen, und das dazu auch noch die Voraussetzungen mitbringt.

Auf dieser Stufe zumindest darf der Eros, das Hilfsmittel des Werkes, noch nicht sexuelles Verlangen und sexuelle Begierde sein, sondern es muss eben *Liebe* sein, etwas Feineres und Umfassenderes, das als Verlangen nach der *gesamten* anderen Person diese andere Person in *ihrer Ganzheit* umfasst, ohne körperliche Polarisierung; aber die Gefühlsintensität darf deshalb nicht geringer sein. Man könnte Dir auch raten: *Du musst die Seele, das Wesen der anderen Person genau so begehren, wie man ihren Körper begehren kann*. Beachte, dass, wenn diese Voraussetzung nicht ganz streng eingehalten wird, nicht nur die Operation ohne Wirkung bleibt, sondern Du auch schweren psychischen Gefahren ausgesetzt bist. Ich habe Dir gesagt, dass in einem späteren Abschnitt auch von Vorgangsweisen gesprochen werden wird, die die sexuelle Vereinigung mit einschliessen; Du musst Dir aber dabei deutlich vor Augen halten, dass es für derartige Operationen notwendig ist, zuerst die Art und Weise erlernt zu haben, wie man die Liebe auch ohne Berührung hochpolt und ohne dass sie an die Vorstellung einer solchen Berührung oder einer sexuellen Befriedigung gebunden ist.

Wisse auch, dass jede Form der Liebe *schon an sich Magie* ist. Die Verzükkung der Liebenden ist schon ein Rausch im Astrallicht, ein fluidaler Rausch. Aber sie sind sich dessen nicht bewusst. Du hingegen musst es sein. Dann kannst Du in immer höhersteigenden Kreisen vorwärtsschreiten, denn der Eros erleichtert Dir den Fluidalkontakt, und der fluidale Zustand polt wiederum den Eros hoch. So kann sich ein Intensitätswirbel entwickeln, der für den gewöhnlichen Mann und die gewöhnliche Frau unvorstellbar ist, und Du kannst auch erahnen, welches die von mir erwähnten Gefahren sind. Auf diese werde ich noch zurückkommen, sobald von der Magie die Rede ist, die die körperliche Umarmung mit einbezieht.

Die äussere Technik ist einfach. Als Duftstoff verwendest Du Moschus, Ambra oder Sandelholz in einem eher stärkeren Sättigungsgrad, wobei Du nach Möglichkeit noch eine Spur vom Blut eines Täuberichs hinzufügst. Die günstigste Zeit ist gegen den Morgen hin. Setzt Euch einander gegenüber, bewegungslos. Dein Gesicht weise nach Osten. Den fluidalen Zustand hervorrufen (hier wird bei *beiden* diese Fähigkeit vorausgesetzt: ☿ ist vorhanden, und es dreht sich nur darum, ihn in ☿ umzuwandeln und dann den männlichen ☉ hineinzuprojizieren). *Sich lieben, sich begehren,* so, ohne Bewegung, ohne Berührung, in *unaufhörlicher* Weise, wobei man sich gegenseitig und «vampirisch» einatmet, in einer Verzückung, die immer höhersteigt, ohne Angst vor möglichen Zonen des Schwindels. Du wirst die Empfindung einer tatsächlichen *Verschmelzung* spüren, ein Fühlen der anderen Person im ganzen Körper, nicht durch Berührung, sondern in einer feinen Umarmung, die überall zu merken ist und von der man völlig durchdrungen wird, *wie von einem Rausch, der sich des Blutes Deines Blutes bemächtigt.* Das führt Dich schlussendlich an die Schwelle eines Ekstase-Zustandes, der derjenige Punkt des magischen Gleichgewichts ist, an dem das entflammte und übersättigte Fluidum wie ein Blitz angezogen und in den Leitgedanken projiziert werden kann.

Bei dieser Operation muss von Dir wiederum das feine Spiel der Dosierung der beiden gegensätzlichen Prinzipien bei der Regulierung des Feuers beherrscht werden, während in der Frau das Element *Liebe* genügt, dem sie sich völlig hingibt. Im Magier muss die immer stärkere Entfachung des *Feuers* von einem *kalten* Prinzip geleitet werden, das nie in sich nachlässt, sondern im Gegenteil mit dem Anwachsen des fluidalen Wirbels emporsteigt und an Helligkeit gewinnt. Fehlt dieses Prinzip, wird jede magische Tatmöglichkeit zunichte, und wenn vielleicht auch nichts Schlimmeres passiert, kann doch alles in einem Bereich enden, der gewissen mystischen Zuständen vergleichbar ist, wo eben ein erotisches Begehren wirkt, das durch entsprechende Bilder (der «himmlische Bräutigam» usw.) unbewusst auf eine feinstoffliche Ebene gebracht[3] und so verschärft wird, ja ausser Kontrolle gerät, dass es in einer besonderen und einzelpersönlichen Form psychischer Wollust mündet, die als Wonne und Glückseligkeit beschrieben wird.

Also: eine Hochpolung, ein Wirbel, hinter dem aber immer das losgelöste Ich wachsam bleibt, und wenn es auch dem Anschein nach bei der totalen Hingabe an den Eros und bei der «Verschmelzung» (Amalgamierung) völlig verlorengegangen ist, so wird es sich dann doch im richtigen Augenblick – wenn der Merkur in vollkommener Weise gekocht ist – wie ein Blitz einschalten und sich der Kraft bemächtigen, sie fixieren und sie dorthin schleudern, wo es will.

***

Die Praktik des *Spiegels,* wie ich sie Dir im III. Kapitel darlegte, umfasst *zwei* voneinander unabhängige Verwirklichungen: die Befreiung der Schau des Auges und sein Lebendigwerden in einem «Raum», der das Astrallicht selbst ist. Diese Befreiung wird durch eine gewisse Ablösung des feinstofflichen vom physischen Körper möglich.

Ich werde Dir jetzt einige Hinweise zur völligen Befreiung jenes Körpers geben, so dass Du ihn im Raum bewegen kannst, wobei auch Du Dich mit ihm bewegst, den physischen Körper aber unten lässt. Im Vulgärokkultismus heisst das *Astralreise.*

Auch hier ist es der *Wille,* als sonnenhafte und zentrale Kraft ☉, der wirkt. Halte Dir vor Augen, dass der wahre Wille ein Ergebnis der völligen

[3] Viele sogenannte «göttliche Erscheinungen» von Mystikerinnen sind dabei einfach nur als jene Sichtbarwerdung von «ähnlichen Naturen» zu werten, wie sie «Abraxas» etwas weiter oben besprochen hat. (*Anm. v.* UR)

Verfügungsgewalt über das eigene Ich ist. Er ist um so stärker, je energischer und absoluter die Verfügungsgewalt über das eigene Ich ist. Die Kraft, über die er verfügt, ist diejenige der *Entschlussgewalt,* die ihm befiehlt; und die Kraft einer solchen Entschlussgewalt hängt vom Grad der Zentralität, der Mittelpunkthaftigkeit des «Ichs» ab. Dieser sonnenhafte, ruhige, entschiedene und zentrale Wille ist *unser Gold* ⊙. Ihm musst Du nun die genaue Form Deines neuen Zieles eingeben. In der Verwirklichung unterscheidet man drei Phasen: 1. Ablösung ohne Aufrechterhaltung des Bewusstseins während des Schlafes; 2. dasselbe, aber mit Aufrechterhaltung des Bewusstseins; 3. bewusste Ablösung im Wachzustand.

Die erste Phase besteht selbst wiederum aus mehreren Stufen. Stelle Dir nacheinander die folgenden Aufgaben: a) Bewege mit dem feinstofflichen Körper einen leichten und neben dem Bett liegenden Gegenstand. b) Bewege einen in der weiteren Umgebung. c) Erscheine im Schlaf einer anderen Person. d) Lasse Deine *Gegenwart* eine wache Person *spüren.* e) Erscheine einer wachen Person in sichtbarer Form – das ist das endgültige und vollkommene Stadium.

Jetzt die Anweisung für die Technik: Beim Herannahen des Schlafes, wenn sich die nichtgewollten Gedanken allmählich abschwächen und verflüchtigen, musst Du Deinen *gesamten* Geist *einzig und allein* auf den Gedanken des Austrittes fixieren. Vergegenwärtige Dir minutiös und genau in der gesamten Abfolge die für dieses Ziel notwendigen Akte: das Ablösen des Doppels, die notwendigen Bewegungen, den Weg, den es zurücklegen wird, sein Erreichen des festgelegten Ortes, die Ausführung der gewollten Handlung, die Rückkehr, die Zurücknahme des Doppels in den Körper, die volle Erinnerung am Morgen.

Denke an das alles *mit Willen*: mit energischem und gleichzeitig ruhigem, sicherem und *unaufhörlichem* Willen – ohne Ablenkung, ohne Erschütterung und ohne Anstrengung, mit einem lichthaften Gefühl der Sicherheit und in voller Verfügungsgewalt über Dich. Die «Ein-Bildkraft» dieses Vorgehens muss, in allen ihren Details, schon vorher geschaffen werden, bevor sich die ersten Anzeichen des Schlafes zeigen. Dann überlasse Dich dem Schlaf, *als ob alles eine schon getane Angelegenheit wäre.* Die Erinnerung am Morgen wird – davon haben ja schon andere berichtet – durch natürliches Aufwachen und durch ein leichtes Parfum von Moschus, Rose oder Florentinischer Iris erleichtert.

Willst Du eine andere Person aufsuchen, *denke* vor allen Dingen an diese Person, stelle sie Dir ganz deutlich vor, indem Du Dir nach Möglichkeit mit einem Parfum von ihr behilfst oder indem Du ihre Haare oder einen Gegenstand unter Dein Kopfpolster legst, den sie eine Zeitlang am Körper getragen hat. Es sei Dir klar, dass, wenn Du nicht über eine sehr grosse Kraft verfügst, es unabdingbar ist, dass die andere Person vorinformiert wird, über eine gewisse feinstoffliche Sensibilität verfügt und dazu noch dieses Phänomen ebenfalls *will.* Dieses Phänomen wird begünstigt, wenn ein Band natürlicher Sympathie oder ein initiatisches Band besteht.

Wenn Du in den magischen Praktiken und in denjenigen, die Leo beschrieben hat, schon einige Fortschritte gemacht hast, so dass Du im Schlaf ein gewisses Bewusstsein aufrechterhalten kannst, wenn Du also das Bewusstsein auch schon auf den feinstofflichen und nicht ausschliesslich auf den physischen Körper abzustützen vermagst, dann kannst Du versuchen, den gesamten Wegablauf des feinstofflichen Körpers unmittelbar selbst zu lenken, das heisst, im Augenblick des Einschlafens gemeinsam mit diesem Körper aus der physischen Hülle *auszuschlüpfen,* wobei Du diesen Körper dann dorthin dirigierst, wohin Du willst, statt dich nur an die Erfahrung zu erinnern – wenn sie Dir überhaupt gelingt – oder die Tatsächlichkeit nur mittels der erfolgten Wirkung kontrollieren zu können, das heisst aufgrund der effektiven Versetzung der Gegenstände oder des tatsächlichen Schauens beziehungsweise Erspürens Deiner Person seitens einer anderen.

Das dritte Stadium der Verwirklichung ist der im Wachzustand gewollte Austritt. Begib Dich in den magischen Raum, entspanne Dich vollständig und schalte alle sinnlichen Eindrücke aus. Es ist sogar von Vorteil, sich die Ohren mit Wachs zu verschliessen. Erreiche den Zustand tiefster *Stille.* Ist jeder Gedanke zunichte gemacht und ist das Körperempfinden entschwunden, konzentriere sich Dein Geist ganz allein auf den intensiven, unbrechbaren, beinahe materialisierten Willen, *Dich abzulösen.*[4] Wenn das von mir erwähnte instinktive Auffahren aufgrund der beginnenden Realisierung Deines Vorhabens Dich wieder zum Anfangspunkt zurückzubefördern versucht, muss es auf den wachenden Willen treffen, wie auf eine quer durch Deinen Geist laufende Stahlbarriere, an der es zerbricht und schon bei seinem Entstehen zunichte wird. Daraufhin zeigt sich ein neutraler Zustand – und dann findest Du Dich an irgendeinem Ort, und *Du wirst merken, dass Du dort nicht mehr mit Deinem physischen Körper bist.*

Jetzt achte darauf, dass Du immer kühles Blut bewahrst: Wisse Dich dorthin zu führen, wohin Du willst, und sei Dir bewusst, dass Du ein nichtmaterielles Wesen bist, das unmittelbar vom Geist bewegt wird. Die Fähigkeit, in diesem Zustand auch auf Dinge und Personen einzuwirken, hängt dabei vom Grad der vom Fluidalkörper erreichten Entflammung und von der Energie des «Gold»-Prinzips ab.

Ich habe gesagt: *«Und sei Dir bewusst, dass Du ein nichtmaterielles Wesen bist.»* Das verfolgt ein doppeltes Ziel: Erstens neutralisierst Du damit eine eventuelle, nicht gewünschte Sichtbarwerdung Deiner Person vor anderen. Zweitens verhinderst Du jegliche Emotion, die sich aus Deiner Gewohnheit, einen physischen Körper zu besitzen, ergeben könnte, wenn sich der feinstoffliche Körper in bestimmten Verhältnissen der physischen Umgebung befindet, die an und für sich gar keinen Einfluss auf ihn haben können. Dazu folgende Erklärung:

Stelle Dir vor, dass Dir während Deines Austrittes etwas zustösst, was – wärest Du im physischen Leib – eine Quetschung oder Verwundung Deines

[4] Wenn Du willst, kannst Du, statt direkt, auch mit Hilfe des Spiegels in den Zustand der Konzentration gelangen. Du brauchst nur immer dem zu folgen, was ich Dir im III. Kap. angab, und dann, wenn das ätherische Licht erscheint, tätig zu werden.

Körpers verursachen würde. Wenn Du Dir dann nicht vollkommen bewusst bist, dass Du in diesem Zustand gar *nicht* verwundet werden *kannst,* sondern die Situation mit der Vorstellungswelt des physischen Körpers aufnimmst, bildet sich in einem Panikzustand, in einem Schock, ein astrales Bild, das Dich sofort in den physischen Körper zurückschleudert und Dir dort dasselbe Bild aufprägt: Du findest Dich benommen und verwundet in Deinem Bett oder in Deinem magischen Raum wieder.

Von den Volksmärchen brauche ich gar nicht zu reden, haben doch sogar die Parapsychologie und die Völkerkunde derartige Vorkommnisse festgestellt, z. B. Fälle von Personen, die man tot oder verwundet in ihrem Bett auffand, nachdem man in der Nacht eine Jagd auf «Hexen» oder «Werwölfe» veranstaltet hatte.[5] Der feinstoffliche Körper wird ja aus der Gruppe von Tiefenkräften gebildet, die den Elementen und Funktionen des tierischen Körpers vorstehen; damit überträgt sich ihre Veränderung sofort auf diesen. Aber ich wiederhole nochmals, dass diese Veränderung nur durch Suggestion von Deinem Geist ausgeht. Wenn Du im Bewusstsein Deiner Nichtstofflichkeit fest verharrst und kühles Blut bewahrst, kann Dir nichts in der physischen Welt Schaden zufügen.

Wenn Du irgendwann einmal zurückkehren möchtest und es Dir nicht auf Anhieb gelingen sollte, rufe das Bild Deines physischen Körpers hervor, dort, wo Du ihn zurückgelassen hast, werde Dich seiner ganz stark bewusst und füge in dieses Bild Deinen ruhigen und festen Willen ein, zurückkehren zu wollen.

Um eine andere Art von Gefahren zu vermeiden, rate ich Dir, bevor Du Dich für den Austritt bereitmachst, rund um Deinen Körper einen magischen Kreis zu ziehen, den Du mit der angemessenen Beschwörung verbindest, wobei diese Beschwörung jedoch so formuliert werden muss, dass Du nicht auch die Austrittsmöglichkeit selbst zunichte machst. In wenigen Worten der Grund dafür: *Zahlreich sind die dunklen Wesen in der unsichtbaren Welt, die über keinen Körper verfügen, jedoch ein Verlangen nach einem solchen haben, weshalb sie sich, sobald sie einen «leeren» Körper wahrnehmen, sofort darauf stürzen.* Und es ist nicht gesagt, dass Du Dir nach der Rückkehr in den normalen Zustand sofort gewahr wirst, dass Du nicht mehr nur Du selbst bist. Die Gefahr ist geringer, wenn die Operation im Schlaf oder in Bewusstlosigkeit stattfindet. Denn dann ist *jemand* anderes da, dem es obliegt, über Deine zurückgelassene Hülle zu wachen.

Natürlich wirst Du Vorsorge treffen, dass dort, wo Dein Körper liegt, niemand hingelangt und dass es dort zu keinem Herumstossen und zu keinem starken Geräusch kommt. Sonst könnten die Folgen auch ernsterer Natur sein.

Ein letzter Hinweis: Wenn Du moralische Skrupel hast, wisse, dass alles das, was Du im feinstofflichen Körper einer Person zufügst, die nicht will – und sei es nur mit dem äusserlichen Bewusstsein, das vom einen oder

[5] Ein sehr merkwürdiger Umstand bei diesen Vorkommnissen besteht darin, dass dabei nur der Körper Verwundungen aufweist, wohingegen die Kleider unversehrt bleiben. (*Anm. v.* Ur)

anderen Vorurteil dominiert wird – und die Deiner okkulten Handlungsweise gegenüber natürlich ohne Schutz ist (die einzige Abwehr besteht in der Selbstauslöschung ihrer Erinnerung an die Sache), in dieser Person Schäden herbeiführen kann, die bis zur Nervenzerrüttung und Persönlichkeitsveränderung gehen.

Bei der Rückkehr nach Austritten im Wachzustand beachte, dass Du im Verlauf der ersten paar Male einen Zustand tiefer Schwächung und eine vollkommene Kraftlosigkeit im gesamten Organismus verspüren kannst. Du musst reagieren, Dich aufrütteln, wobei Du vielleicht sogar eine kalte Dusche und energische Turnübungen mit einbeziehst.

Darauf folgt ein Zustand der Übererregung, der fieberhaften Überschwenglichkeit und schliesslich eine dritte Phase einer allgemeinen und unbestimmten Müdigkeit, der Energielosigkeit und Gedankenanstrengung. Stelle Dich darauf ein, so dass Du, sollte dies dann tatsächlich eintreten, nicht beeindruckt bist und Dich hinreissen lässt, sondern warte in Ruhe, bis sich alles wieder zum Normalen wendet. Diese Folgen können einige Stunden dauern, höchstens jedoch einige Tage.

Initiatische Lehren aus Tibet:

Die «Leere» und der «Diamanten-Blitz»

Die hier von uns vorgelegten esoterischen Lehren aus Tibet sind dem Bde-Michog-Tantra *(in Sanskrit: Shrîcakrasambhâra) entnommen, das dem* Yeshes-Senge, *einem Priester von gNas-rNying, zugeschrieben wird und 1919 mit einer Einführung, einer Zusammenfassung und einer von Lama Kazi Dawa Samdup gemachten Teilübersetzung ins Englische als VII. Band der von Arthur Avalon geführten Reihe* Tantrik-Texts *zum ersten Mal veröffentlicht wurde. Die hier wiedergegebenen Passagen entsprechen den Seiten (54)–(56) und (77)–(82) der besagten Ausgabe.*

Zwei Gruppen von kontemplativen Vorgangsweisen werden hier behandelt, wobei die eine darauf ausgerichtet ist, den Geist freizulösen, und die andere, die einzelnen körperlichen Sinne zu befreien, so dass samadhi *entsteht, und zwar in bezug auf verschiedene Gegenstände und in einer Abfolge, die bis zum höchsten Bewusstseinszustand* çûnyatâ *führt.*

Dazu einige Erläuterungen.

In beiden Gruppen kann man aus den Anweisungen vor allem entnehmen, wie den verschiedenen Bildern besondere Körperpunkte zugeordnet sind, die das Feuer des Geistes mit Hilfe dieser Bilder «trifft».

In der ersten Gruppe geht man von Götterbildern aus, die immer weiter und weiter verinnerlicht und vereinfacht werden, bis sich der Geist damit identifiziert und den Wesenskern daraus als rDorje *verwirklicht. Der Ausdruck* rDorje *(in Sanskrit* vajra*) bedeutet gleichzeitig – wie wir schon erwähnen konnten – Diamant und Blitz; er bezeichnet damit das, was hart, beständig und unzerstörbar ist wie ein Diament und machtvoll, augenblicklich und unaufhaltsam wie ein Blitz. Das ist das Grundprinzip der magischen Wiederauferstehung. Das höchste, dreifache Geheimnis des tibetanischen Tantrismus wird daher auch der «Diamant-Blitz» des Geistes, des Wortes und des Körpers genannt.*

Interessant ist ferner in diesen Lehren die Beziehung zwischen vajra *und* çûnyatâ. Çûnyatâ *ist ein Begriff des Mahâyâna-Buddhismus. Während im ursprünglichen Buddhismus der Begriff des* nirvana *– wenn er natürlich auch keinesfalls «auslöschen», «vernichten» bedeutet (worauf wir schon im VI. Kapitel hingewiesen haben) – im Gegensatz zum Begriff des* samsara *steht, fasst der Buddhismus des Grossen Fahrzeugs (Mahâyâna)* samsara *und* nirvana *als zwei zusammenexistierende Seiten einer höheren Wirklichkeit oder besser gesagt, eines höheren Bewusstseinszustandes auf, der* çûnyatâ *heisst.* Çûnyatâ *bedeutet wörtlich: Leere, leer. Darunter versteht man den Zustand einer absoluten metaphysischen Freiheit, einer Tiefe, die alles enthält und wollen kann, ohne dass sie selbst verändert oder bewegt wird. Verstanden als Grundlage und Stoff aller Dinge (deshalb heisst sie auf tibetanisch:* Küng-gZhi*) lässt sie ihre Gleichsetzung mit dem* vajra *auch als die strahlende, unvergängliche, aus reinem Tatensturm bestehende Uressenz erscheinen, von der die hellenischen Überliefe-*

rungen sagten, dass die intelligible Welt, also die Welt der «Wesenheiten», aus ihr aufgebaut sei.

Zur zweiten Kontemplationsgruppe möchten wir folgendes vorausschicken. Die Welt, die wir kennen, ist nur unsere *Welt, eine Welt von Bildern, die unser Geist nach aussen projiziert. Wir verwechseln nun diese Bilder mit der Wirklichkeit und bemerken nicht, dass wir uns damit ständig und immer um uns selbst drehen. Um zur «Erkenntnis» zu gelangen und die Schau der Welt des* Wirklichen *zu erzielen, müssen wir unser Bewusstsein von den Bildern zurücknehmen und dabei dem Antrieb Einhalt gebieten, durch den das nach aussenhin projiziert wird, was sich in unserem, vom «Durst» veränderten Innern, so heftig bewegt. Man kann den Geist zurücknehmen und in einem ganz winzigen und festen Punkt sammeln. In ihm kann man dann die sinnlichen Eindrücke erfassen, bis die Umwandlung geschieht, die die Dinge als das erkennen lässt, was sie an sich sind, und nicht länger nur als Schatten von Erscheinungen. Das ist der Sinngehalt von* samadhi. *Soviel zur Orientierung innerhalb der zweiten Gruppe von Praktiken: Sie führen zu* samadhi, *zuerst in bezug auf die einzelnen Sinne und darauf mit Hilfe dieses* samadhi *zu einem* samadhi *höherer Ordnung, das dann die Verwirklichung der* çûnyatâ *ist.*

Man imaginiere[1] im eigenen Nabel eine weisse Lotusblüte mit acht Blütenblättern.

Im Mittelpunkt dieses weissen Lotus befindet sich eine Mondscheibe. Oberhalb dieser Scheibe sind in einer Liebesumarmung verbunden die Personifizierungen des Diamanten-Blitzes (*rDorjeSems-dPah* – in Sanskrit: *Vajrasattva*) und seiner Gemahlin *(rDorjesNyemas-ma)*. In ihren *Herzen* tragen sie den Machtnamen (Mantra) HUM.[2]

Dann imaginiere man Lichtstrahlen, die von HUM in alle Richtungen ausgehen, so dass der erste Gott ganz lebhaft in unserem Geist erscheint und der Raum um ihn herum wie ein Gefäss wirkt, das die anderen Götter und Wesen enthält. Dann fixiere man dieses geistige Bild. Daraufhin erkenne man, dass die von HUM ausgesandten Lichtstrahlen für alle (diese Wesen) den Anreiz zu ihrer Tätigkeit bilden – genauso wie der Magnet die Eisenspäne ausrichtet.

Anschliessend nehme man allmählich die Strahlen zurück und imaginiere, dass der gesamte umgebende Raum mit seinem Inhalt ebenfalls zurückge-

[1] Man sollte darauf aufmerksam machen, dass derartige Anweisungen einen «schöpferischen Zustand» *(bsKyedrim)* des Geistes voraussetzen, der unbedingt notwendig ist, damit die einzelnen Bilder überhaupt «arbeiten». Das ist dann der magische Zustand einer mehr oder minder vollkommenen «fluidalen Hochpolung». A. DAVID NEEL (*Mystiques et magiciens du Thibet,* Paris 1929, S. 133) unterstreicht, dass man «unter Imaginieren (auf tibetanisch *migpa*) eine Gedankenkonzentration versteht, die so stark ist, dass sie die Objektivierung des subjektiv imaginierten Bildes erzeugt. Es handelt sich um einen Trancezustand, in dem die imaginierten Fakten und Schauplätze vollständig an die Stelle derjenigen treten, die im normalen Bewusstseinszustand wahrgenommen werden.»

[2] Der Gott und seine Gemahlin entsprechen dem zweifachen Aspekt jedes metaphysischen Prinzips: mittelpunkthaftig, fest (in Beziehung zum *nirvana* und zum «Diamanten»-Aspekt des *vajra* stehend) und dynamisch, schöpferisch, strahlend (in Beziehung zu *samsara* und zum «Blitzes»-Aspekt des *vajra* stehend). Die Liebesumarmung bedeutet ihre Verbindung. Das Mantra HUM gilt in der tibetanischen Geheimlehre als eine Synthese der verschiedenen metaphysischen Mächte, die mit den einzelnen Teilen seines Schriftzeichens korrespondieren. Auf diese einzelnen Teile bezieht sich dann die Meditation.

nommen wird und in die Form der (zwei) äusseren Hauptgottheiten eingeht – so wie das Quecksilber vom Kuhdung aufgesogen wird.

In der Folge wird von den zwei Hauptgottheiten die weibliche von der männlichen in sich aufgenommen, so dass ein einziges Wesen (Androgyn) mit einem Gesicht und zwei Händen entsteht. Es ist ein ähnlicher Vorgang, wie wenn eine Schildkröte ihre Glieder zurückzieht.

Die Gemahlin des äusseren Gottes[3] (Heruka) wird von der männlichen Gottheit absorbiert, und diese geht dann ihrerseits im Diamanten-Blitz auf, der zum Nabel in Beziehung steht. Ganz allmählich versinkt die Form im HUM des Herzens, und das HUM löst sich ganz langsam im Punkt auf.[4] Dieser Vorgang ist ähnlich dem von Meteorlichtern, die eins nach dem andern ineinander übergehen. Schliesslich wird auch der Punkt immer feiner, bis er sich auflöst und ganz verschwindet: Dieser Vorgang nun wird mit dem Auflösen des Salzes im Wasser verglichen.

In einer vollkommenen Praktik *(rDzogs-rim)* werden die geistigen Erscheinungen *(sNang-va)* ähnlich wie Kleider, Lichtstrahlen und Wasserwellen (verstanden), die gemäss ihrer wahren Natur eigentlich mit dem Tänzer, der Sonne und dem Ozean identisch sind.[5] Der abschliessende Vorgang der Wiederzurücknahme und des Nichtvorhandenseins (Leere) jeder geistigen Veränderung wird mit demjenigen einer Luftblase verglichen, die sich von der Tiefe des Wassers ablöst und in der Luft aufgeht, oder mit einem Regenbogen, der sich im Himmel verstrahlt.

Das Verharren des Geistes schlussendlich in einem gegenstandsleeren Zustand der Ruhe wird Konzentrationsprozess auf den Diamanten-Blitz *(rDorje-Sems-dPah = çûnyatâ)* genannt.

* * *

Sind einmal der Zustand der festen Konzentration des Geistes und alles das erreicht, was nötig ist, um in den vollkommenen und endgültigen Bewusstseinszustand vorzudringen, muss man wie folgt verfahren.

Am Morgen nehme man eine bequeme Stellung ein, mit verschränkten Beinen, und als Vorübung führe man die schon beschriebenen Betrachtungen

[3] Rein technisch versteht man unter den Ausdrücken «äusserer Gott» sowie «äusserer Kult» die Bilder der Götter und Uressenzen, wenn sie als objektive Wesen gedacht werden. Aber in diesen Schulen wird ausdrücklich erklärt, dass diese Götter blosse Schöpfungen des Geistes sind, die dazu dienen, bestimmte metaphysische Erfahrungen herbeizuführen. Im Übungsablauf folgen auf die «äusseren Formen» die «inneren Formen»: Das Bild wird zurückgeholt, und der Geist nimmt den entsprechenden Bedeutungsinhalt unmittelbar in sich auf, bis sich alles in *çûnyatâ* verwandelt (vgl. den Kommentar zum Text S. 34–37). Das ist das vollkommene oder endgültige Stadium der Kontemplation *(bsKyed-rim)*, von dem weiter unten die Rede sein wird.

[4] Damit haben wir also diese Abfolge, die in der Meditation ja in umgekehrter Weise zur Verwirklichung kommt, denn dort wird nicht von aussen nach innen und vom Bild zum Nichtgeoffenbarten und zur Uressenz vorgegangen: Punkt (manchmal auf die Stirn bezogen), HUM im Herzen, HUM im Nabel, androgynes Bild der Gottheit, göttliches Paar.

[5] Das heisst, man erkennt, dass sich die Uressenz zu dem, was die Form und den Charakter einer Erscheinung hat, so verhält wie der Tänzer zu seinen Kleidern, die sich mit ihm drehen wie die Sonne zu den Strahlen ihres Lichts, wie der Ozean zu den Wellen an seiner Oberfläche.

über die Formen *(bsKyed-rims)* aus. Man imaginiere, dass das HUM im Inneren des Herzens Lichtstrahlen nach allen Richtungen des äusseren Raumes und auf die sich dort befindlichen Gegenstände aussende. Aber sie alle werden vom Inneren des Körpers umfasst. Die weibliche Gottheit wird durch die Nasenöffnungen eingesogen und dann im Herzen fixiert.[6]

Nachdem man sich als der (Gott) mit den zwei Händen *(siehe oben)* verwirklicht hat, imaginiere man den (eigenen) spirituellen Meister auf dem Haupte.[7] Man setze einen ganz tiefen Glauben in ihn und sage: «Ich rufe Dich an – lasse meinen Geist in reinem *samadhi* aufgehen.»

Danach imaginiere man im Inneren des Herzens den tibetanischen Buchstaben A, worüber eine Mondscheibe, rot und weiss gefärbt, in der Grösse einer halben Erbse thront. Über dieser Mondscheibe imaginiere man einen Lichtpunkt in der Grösse eines Sesamsamens, und in ihm fühle man den eigenen Geist konzentriert. Man fixiere das alles und stimme den Atem fein ab. Wenn die Übung gut ausgeführt wird, bleibt der Geist gebändigt, eilt nicht mehr umher, sondern verharrt unbeweglich. Daraus folgt ein glückseliges, klares *samadhi.*

Ist in diesem (Zustand) Stabilität und Festigkeit erreicht, führe man die Imagination auf ein anderes[8] Sinnesorgan. Zuerst sind die obenbeschriebenen Vorübungen auszuführen, und für die jetzt in Arbeit stehende Praktik imaginiere man im Inneren der zwei Pupillen zwei winzige, weißstrahlende Punkte, für jedes Auge einen. Man schliesse die Augen und verwirkliche die Gegenwärtigkeit dieser Punkte. Ist der Geist in diesem Sinne ausgerichtet, betrachte man verschiedene Gegenstände ... Ist die Praktik in der richtigen Weise vollzogen worden, bleiben die Punkte innerlich unaufhörlich und lebhaft gegenwärtig, und auf welchen Gegenstand auch immer man seinen Blick wirft, wird man *samadhi*[9] verwirklichen. Hat man darin Festigkeit

[6] Die weibliche Gottheit ist Kraft-Leben ☿, das prana, das von der Luft getragen und mit Hilfe des Atems eingesogen wird.

[7] Der Meister *(guru)* kann dabei eine gegenständliche Darstellung sein, die das Ideal nachbildet, das der Praktikant zu verwirklichen trachtet, d. h. eine symbolische Form, die zuerst durch eine Beziehung der Demut und Hingabe beseelt wird, um dann wiederum in die tatsächliche Verwirklichung zurückgenommen zu werden. Oder es handelt sich um einen tatsächlichen Träger von «spirituellen Einflüssen», mit dem man das Glück hatte in Kontakt zu kommen: In einem solchen Fall zielt die vom Text angegebene imaginative Vorstellung darauf ab, diese Einflüsse für den günstigen Ausgang des Ritus wirksam zu machen.

[8] Es ist bekannt, dass die Lehre der Inder den Geist als sechsten Sinn betrachtet und die Sinnesorgane als einfache Werkzeuge ansieht, von denen die einzelnen Wahrnehmungsfähigkeiten getrennt werden können, so dass sie, wie in *samadhi,* ganz direkt gebraucht werden.

[9] Das heisst, man erhält in übersinnlicher Form die wirkliche Schau dessen, was von den einzelnen Dingen durch das Sehen nur zum Teil wahrnehmbar wird: die okkulten Mächte der Formen und Farben. Nach dieser Kontaktaufnahme wird der konzentrierte Geist in das Herz versetzt, wo ein samadhi höheren Grades hervorgerufen wird. Man kann darauf hinweisen, dass es diese Übungsanweisungen sind, auf die Rudolf Steiner in verschwommener Weise anspielt – wobei er sagt, dass sie einem nicht allgemein zugänglichen Lehrgebäude angehören –, Übungsanweisungen, die sich auf bestimmte Punkte beziehen, in denen der von den Sinnen befreite Geist konzentriert werden muss, um die Kräfte kennenzulernen, die die verschiedenen Organe eben dieser Sinne ursprünglich gebildet haben und denen sie vorstehen.

erlangt, verlege man den Punkt in das Herz und stelle sich vor, dass er einen immer grösseren Glanz und eine immer grössere Helligkeit gewinnt, wobei sich der Geist angleicht (wörtlich: sich auf dieselbe Ebene begibt – *nNyam-bhag*). Das erzeugt die höchste Form des *samadhi*.

Danach verlege man die Imagination in die Ohren. Die Vorübungen sind schon beschrieben worden, und für die jetzt zu behandelnde Praktik geht man wie folgt vor: An einem Ort ohne Geräusche imaginiere man im Inneren jedes Ohres zwei dunkelblaue Punkte über zwei Mondscheiben in der Grösse einer halben Erbse und konzentriere sich auf diese Punkte. Ist es gelungen, den Geist auf sie zu fixieren, wird man Töne vernehmen, wobei man allerdings den Geist auf die beiden Punkte gleichzeitig fixiert und ihm nicht gestattet, sich davon zu lösen. Hat man darin Übung erlangt, erhält man Lebendigkeit in den geistigen Bildern, und durch die vernommenen Töne erfolgt *samadhi*. Ist auch dieser (Bewusstseinszustand) gefestigt, bringe man die Punkte in das Innere des Herzens und imaginiere, dass sie blendenden Glanz und lebendiges Feuer hinzugewinnen. Daraus wird die höchste Form von *samadhi* entspringen.

Danach überführe man die Vorstellungskraft in die Nase. Die vorbereitenden Schritte sind dieselben, und für die in Rede stehende Praktik geht man wie folgt vor: Man imaginiere an einem Ort ohne Gerüche im Hohlraum jeder Nasenöffnung einen gelben Punkt auf einer Mondscheibe und konzentriere den Geist darauf. Ist der Geist fixiert, atme man verschiedene Gerüche ein, wobei der Geist auf die gelben Punkte konzentriert bleiben muss und man nicht gestatten darf, dass er davon abschweift. Hat man darin Übung erlangt, wird in der Wahrnehmung der Gerüche *samadhi* erzeugt. Ist dieser (Bewusstseinszustand) gefestigt, versetze man die Punkte in das Herz. Glanz und Lebendigkeit entzünden sich in den Punkten, und die Praktik führt zu *samadhi*.

Dann überführe man die Vorstellungskraft auf die Zunge. Die vorbereitenden Schritte sind dieselben. Man imaginiere auf der Zungenwurzel einen roten Punkt auf einer Mondscheibe und meditiere darüber, wobei jegliche Geschmacksempfindung auszuschalten ist. Man konzentriere den Geist darauf und lasse sich nicht ablenken. Ist der Geist dann auf den Punkt fixiert, koste man verschiedene Geschmacksrichtungen, wobei der Geist weiterhin auf den Punkt konzentriert bleiben muss. Dann führe man den Punkt in das Herz. Wenn er Glanz und Lebendigkeit erlangt, entsteht *samadhi* durch den Geschmackssinn.

Daraufhin überführe man die eigene Vorstellungskraft auf den (ganzen) Körper. Die vorbereitenden Schritte sind wie schon beschrieben. Entweder am Ansatz der Geschlechtsorgane oder an der Stirn imaginiere man einen grünen Punkt auf einer Mondscheibe, und man konzentriere den Geist darauf, wobei jede Berührungswahrnehmung auszuschalten ist. Hat der Geist einen gewissen Grad an Festigkeit erreicht, konzentriere man sich darauf, verschiedene Dinge zu berühren, ohne eine Ablenkung zu dulden. Wenn der Punkt Lebendigkeit bekommen hat, übe man weiter, bis er völlig fest ist, und dann gehe man vom Punkt der Berührung zum Punkt innerhalb des Herzens über und meditiere darüber, bis ein grosser Glanz und Lebendigkeit erreicht sind; daraus ergibt sich ein Zustand der Ruhe, ein sehr hohes *samadhi*.[10]

Daraufhin mache man das Gemüt in all seiner Unbeständigkeit zum Ziel der Vorstellungskraft. Die vorbereitenden Schritte sind dieselben wie oben, und für den in Arbeit stehenden Vorgang verfahre man wie folgt: Man imaginiere einen ganz winzigen nelkenfarbigen Punkt oberhalb desjenigen Punktes, den man schon vorher im Inneren des Herzens imaginiert hat. Grundsätzlich soll man sich dieser Betrachtung in der Einsamkeit widmen. Ist die geistige Konzentration gelungen, übe man sich in dieser Meditation in einer Gesellschaft, die ganz sicher irgendeine Emotion hervorrufen wird, sei es ein körperliches Begehren oder ähnliches. Man erkenne dann, dass der fundamentale Wahn,[11] der bei allen Leidenschaften in Erscheinung tritt, in jener so hervorgerufenen Emotion konzentriert ist. Man stelle sich vor, dass er in einem dunkelblauen Punkt gesammelt ist, und fixiere den Geist darauf. Wird diese (Übung) zur Gewohnheit, werden die Emotionen nicht mehr hervorquellen, oder sie werden sich nur noch so zeigen, dass sie der Geist beherrschen kann. Hat man in diesem (Zustand) Festigkeit erlangt, lasse man den blauen Punkt im nelkenfarbenen Punkt und diesen in den darunterliegenden weissen und roten aufgehen. Dann überführe man diesen in die Mondscheibe, die sich ihrerseits auflöst und wie eine Wolke am Himmel entschwindet. Dann bleibt nur noch eine Leere *(sTongpa = çûnyatâ)* zurück, in der das Gemüt in Ausgeglichenheit verharrt. Das erzeugt einen tiefen, ruhigen *samadhi*-Zustand, der Beständigkeit des Friedens heisst *(Zhi-gNas)*. Steigt man dann wieder aus dieser geistigen Stille empor, imaginiere man neuerlich die Mondscheibe und die Punkte als gleichzeitig gegenwärtig oder gerade hervorbrechend, und sich selbst imaginiere man als schlagartig in den Gott (Heruka) verwandelt. Man erkenne dabei, dass die Wahrheit der Gegenstände der Aussenwelt nur eine den Augen wahrnehmbare und anscheinende Wahrheit darstellt und dass diese Gegenstände an und für sich bar jeder unabhängigen und absoluten Wirklichkeit sind.[12] Meditiert man so, bis bei jeder Phase ein Zeichen der Vervollkommnung und Errungenschaft klar zutage tritt, erreicht man schliesslich die allesumfassende Vervollkommnung und Errungenschaft, die als Folge den Zustand der tiefen Ruhe

[10] Im gesamten handelt es sich also um zweistufige Übungsabfolgen: In der ersten erzielt man eine feinstofflich verwandelte und genau umrissene Wahrnehmung (vgl., was LEO im III. Kap. dargelegt hat); diese Empfindung wird dann zum Herzen gebracht, wo sie an Lichtkraft hinzugewinnt, sich öffnet und daraufhin zum Formlosen führt.

[11] *Moha*, das Dawa Samdup mit *infatuation* übersetzt (von wilder und törichter Leidenschaft gepackt sein). Damit steht es in Zusammenhang mit dem «Irrwahn», dem Gebundensein und dem «Durst» des Urbuddhismus.

[12] Diese Erkenntnis ist der *hJig-rTen-pahi-yeshes* entgegengesetzt, mit welchem Ausdruck man in Tibet das «Wissen dieser Welt» kennzeichnet, das für die Dinge eine Realität an sich behauptet, statt sie als blosse Erscheinungen zu erkennen, deren tatsächliche Substanz *çûnyatâ* ist. Die hier erlangte Erkenntnis hingegen ist die *Mi-rtog-pahi-yeshes*, ein Ausdruck, der den Bestand einer Erkenntnis beinhaltet, die mit dem völligen Fehlen von Vorstellungen oder Gedanken einhergeht gemäss dem, was wir in bezug auf *samadhi* gesagt haben.

hervorbringt und damit die Verwirklichung von *çûnyatâ* bedeutet, die Glückseligkeit und Klarheit ist.

Verfolgt man diese Praktiken immer weiter, kommt es zur Erkenntnis Des Weges *(mThong-Lam),* aus dem der Zustand des Erwachens oder der Buddhaheit hervorgeht. Das ist der Zustand der verliehenen Gnade und des Segens *(bdag-byndrlabs-pahi)* an sich, verbunden (mit der Erkenntnis) der Samen *(Sabön).*[13]

[13] Die «Samen» (in Sanskrit: *bija*) sind eben die vom Bewusstsein in *samadhi* erkannten Dinge und Wesen im Zustande von λόγοι σπερματικοί, also als individualisierende und ausstrahlende Prinzipien, in denen die Zeugung des innersten Kerns dieser Dinge und Wesen stattfindet. In alchemistischer Terminologie wären sie der «solare Schwefel» der «Metalle».

Arvo

Über die «Gegen-Initiation»

Wer die menschliche Beschränkung zu sprengen versucht und die Eroberung der Erkenntnis und der Macht anstrebt, muss sich klar der Existenz dessen bewusst sein, was man mit dem Worte René Guénons die *Gegeninitiation* nennen kann; und ebenso muss man sich eine Vorstellung von den verschiedenen Formen bilden, die diese Gegeninitiation annimmt, wie auch von den unterschiedlichen Mitteln, die sie zur Erlangung ihrer Ziele einsetzt.

Als Ausgangspunkt kann man den allgemeinen Gedanken heranziehen, dass es Kräfte gibt, die danach trachten, sich unter die menschlichen, und zwar sowohl individuellen als auch gemeinschaftlichen Kräfte zu mischen, nicht nur, um jedwede Bestrebung nach wahrer Spiritualität abzulenken, sondern auch um Strömungen, Beeinflussungen und ideologische Systeme zu schaffen, die die Erkenntnis der Wahrheit durcheinanderbringen, die Wertordnungen verfälschen und bei den einzelnen Völkern niedrige Einflüsse, jede Form von Materialismus, Ordnungslosigkeit und Umsturz vorantreiben.

Der Widerstand der Kräfte des «Guten» gegen die Kräfte des «Bösen» ist ein religiöser Gemeinplatz; aber er gibt eigentlich nicht das wieder, worum es tatsächlich geht, denn es handelt sich nicht einfach um eine Frage aus dem moralisch-religiösen Bereich, sondern um eine viel weiter gesteckte, objektive, konkrete Aktion, deren sich oft nicht einmal die Vertreter der Religion selbst bewusst sind, wenn sie nicht gar - ohne es zu merken – selbst deren Einfluss unterliegen.

Hier möchte ich mich aber auf einige Überlegungen beschränken, die sich ganz speziell mit dem Umkreis unserer Wissenschaften beschäftigen, wobei ich allerdings einige allgemeine Hinweise werde voranschicken müssen. Grundsätzlich gibt es keine auf Umsturz gerichtete Bewegung in der Geschichte, die nicht ihre «okkulten» Wurzeln hat. Und ein besonderer Punkt, dessen man sich klar werden muss, ist der folgende: Eine der modernsten «Verpackungen» der dunklen Kräfte, von denen ich spreche, ist die Theorie des «Positivismus», die derartige Hintergründe ganz und gar ableugnet und vorgibt, dass alles in der menschlichen Welt mit handgreiflichen geschichtlichen Ursachen zu erklären sei. Ist eine solche «positivistische» Einstellung für das Spiel der Kräfte, die gewöhnlicherweise «im Verborgenen» agieren, nicht vielleicht die zweckdienlichste? Ich weiss nicht mehr, welcher katholische Gläubige diesen Punkt auf seine Weise zum Ausdruck brachte, indem er sagte, dass die neueste List des Teufels darin besteht, die Menschen davon zu überzeugen, dass es ihn überhaupt nicht gebe.[1]

Im Prinzip trägt alles, was mit Revolution, Umsturz, Antitradition und Demagogie zu tun hat, das sichtbare Siegel einer im Grunde genommen aussermenschlichen Macht, die die von der einen oder anderen Ideologie berauschten Kräfte der Massen mit sich reisst. Darüber hat De Maistre Dinge von ewigem Wert geschrieben. Die rein politisch-soziale Betrachtungsweise des Phänomens der Revolution gehört zu denjenigen Betrachtungsweisen, die die Äusserlichkeit mit dem Wesenskern verwechseln, wobei der Wesenskern jeder Revolution etwas ist, was weniger gegen Menschen und Institutionen gerichtet ist als vielmehr gegen den Geist und was sich im Extremfall – eine Erläuterung durch Beispiele erübrigt sich – geradezu als etwas Satanisches erweist.

Davon abgesehen ist Guénon ein wahrer Meister darin gewesen, anzugeben, welche Einflüsse hinter den Kulissen am Aufbau dessen mitgearbeitet haben, was man allgemein als moderne Weltanschauung bezeichnet, und zwar auch in Bereichen wie denjenigen der Wissenschaft, die man als immun gegen derartige Aktionen ansehen möchte. Der Materialismus und Szientismus (nur auf rein vernunftgemässes Wissen gegründete Geisteshaltung) leiten sich zum Teil tatsächlich von Suggestionen und Horizontbeschränkungen ab, die zu organisiert und zu tendenziös sind, als dass ihr Ursprung zuerst und ihre Verbreitung danach als spontan angesehen und bloss der menschlichen Dummheit allein zugeschrieben werden könnten: besonders dann, wenn man die genaue Übereinstimmung der praktischen Wirkungen all dessen mit den anderswo deutlicher sichtbaren Hauptzielen der Gegeninitiation feststellt. Guénon sagt dazu richtig: «Das, was wirklich aussergewöhnlich ist – handelte es sich um weniger ernste, um nicht zu sagen unheilvolle Dinge, müsste man es sogar als komisch bezeichnen –, ist, dass der Materialismus, zu dessen Hauptforderungen es gehört, jedes Mysterium auf die Seite zu schieben, selbst ziemlich mysteriöse Hintergründe aufweist; und das gleiche gilt von einem anderen Gesichtspunkt her auch für den Begriff der ‹Materie› selbst, die zwar seine Grundlage bildet, aber sicherlich zu den rätselhaftesten und am wenigsten verständlichen Dingen zu zählen ist, die man sich vorstellen kann.» Dass der Mensch – fährt er fort – heute dazu gelangt ist, ein nur auf die niedrigsten Gestaltungsmöglichkeiten

[1] Vgl. *Les faits mysterieux de Beauring,* in *«Études carmélitaines»* (1933 S. 11): «Le démon a mille tours dans son sac et son grand art en ce monde, où l'on ne croit presque plus, c'est de faire nier qu'il existe, car il serait une preuve de l'existence du surnaturel.» (Der Teufel hat tausend verborgene Tricks, und seine grosse Kunst in dieser Welt, in der beinahe niemand mehr gläubig ist, besteht darin, leugnen zu lassen, dass es ihn gibt, denn er wäre ja ein Beweis für die Existenz des Übernatürlichen.) (*Anm. v.* Ur)

reduziertes Leben als übliches und normales Leben aufzufassen; dass er das, was greifbar, sichtbar, anfassbar und messbar ist, ohne weiteres mit der Wirklichkeit, ja mit der Wirklichkeit im herausragenden Sinne gleichsetzt – das ist in der Tat das Resultat einer *Faszination* (Verzauberung) oder einer Art magischen Kreises, und hat zu einem völligen Absterben und Ausschliessen von Möglichkeiten irgendeiner höheren Schau und Wahrnehmung geführt. Und das passende Gegenstück zu diesem magischen Kreis ist unsere Geschichtsauffassung, die jedermann zu verstehen gibt, dass die Art und Weise, in der der Mensch heutzutage die Dinge betrachtet, eben die einzig gesunde und «normale» ist und einer Zivilisation entspricht, die sich gegenüber allen anderen anmassen kann, als die «aufgeklärte» und vom Aberglauben freie zu gelten.

Man muss sich jedoch vor Augen halten, dass sich die Gegeninitiation sogleich einer anderen Richtung befleissigt und anders handelt, wenn der von mir gerade angedeutete magische Kreis schwächer wird: Der Mensch beginnt z. B. heute wiederum zu argwöhnen, dass es jenseits des Sichtbaren ein Unsichtbares gibt, jenseits des Normalen ein Aussernormales, jenseits des tagtäglichen gewöhnlichen Bewusstseins ein tieferes und geheimnisvolleres Bewusstsein – und das nicht nur als Theorie, sondern als Wirklichkeit. Solche «Öffnungen» zeigen sich in der heutigen Welt aufgrund verschiedener Umstände schon in weitesten Bereichen. In Entsprechung dazu ist die Wirkungskraft von Einflüssen, die zu verhindern suchen, dass diese Umwälzungen zu positiven Ergebnissen führen, sehr deutlich sichtbar, versuchen sie doch den Menschen zu Gefahren und Herabwürdigungen zu verleiten, die viel schlimmer sind, als sie selbst die Welt des Materialismus und Szientismus zustandebringen konnte oder kann.

Dabei wird eine Taktik verwendet, die ich als Taktik der *Ablenkung* bezeichnen möchte, die überall dort Erfolge zeitigt, wo man nicht weiss, dass es jenseits des Reiches des Normalen sowohl das Reich des Übernormalen als auch das Reich des Unternormalen gibt, da der Wegfall der Beschränkungen des gewöhnlichen Bewusstseins sowohl in Richtung Überpersönlichkeit als auch in Richtung Unterpersönlichkeit und geschmälertes Bewusstsein führen kann, und wo man ebensowenig weiss, dass jenseits der sinnlich wahrnehmbaren und «natürlichen« Wirklichkeit nicht nur die Sphäre des Übernatürlichen existiert, sondern auch diejenige des Unternatürlichen und des niedrigen Psychismus. Dieses Oben und Unten scheint den verschiedenen Strömungen der gegenwärtigen «Geisteswissenschaft» und des Okkultismus völlig unbekannt zu sein, ganz zu schweigen vom Gesichtspunkt der «Parapsychologen», der Psychoanalytiker und ähnlicher Typen, die aufgrund der Beschränktheit ihres Geistes und ihrer Methoden von solchen Unterscheidungen nicht einmal einen Ahnungsschimmer haben. Gerade bei den Strömungen der «Geisteswissenschaft» und des heutigen Okkultismus haben Guénon und mit ihm Evola das Bestehen einer solchen Gesamtfülle an Fälschungen, Verwirrungen sowie ideologischen und praktischen Abirrungen aufgezeigt, dass der begründete Verdacht aufkommen kann, dass hier eine verborgene, nicht bloss menschliche, intelligente Aktion im Spiele war, deren Hauptziel es ist, jeden Geist, der aus dem Kreis des praktischen Materialismus auszubrechen droht, in eine Richtung zu drängen, die nicht nach oben, sondern nach unten, nicht zur Überpersönlichkeit, sondern zur Unterpersönlichkeit, nicht zur wahren Geistigkeit und zur metaphysischen und initiatischen Erkenntnis, sondern in die Welt eines niedrigen Psychismus führt, die aus einem nebulösen Visionärstum und aus Gefühlsempfindungen besteht, die schliesslich jede Möglichkeit einer wahren Entwicklung zunichte machen, wenn sie nicht obendrein eine Veränderung der geistigen Einheit mit sich bringen, die ja wohl das Hauptziel der Gegeninitiation ist. Wie man sieht, sind wir damit wieder zu den Ideen zurückgekehrt, die unsere Leser im besonderen interessieren. Diese müssen sich also klar darüber sein, dass angesichts des Gewimmels von Sekten, Logen und Bewegungen jeder Farbe die hier angesprochene Verwirrung bereits äusserst weitgehend und gefährlich ist, fehlen doch beinahe vollkommen die Menschen, die über die Sachkenntnis hinaus auch die Autorität haben, sie so blosszustellen, wie es sich gehörte.

Diese geistige Verirrung wird natürlich von der Anziehungskraft begünstigt, die alles das auf die grosse Mehrheit ausübt, was in erster Linie sensationellen und «geheimnisvollen» Charakter hat (so dass ein gewisser «Okkultismus» heute nicht selten mit Kriminalromanen und «Gruselfilmen» praktisch auf einer Ebene steht) und in zweiter Linie nach «Phänomenen» aussieht. Was den zweiten Punkt betrifft, dehnt sich die Illusion auch auf Personen eines gewissen intellektuellen Niveaus aus, auf Personen also, die nicht einfache Spiritisten oder «Parapsychologen» sind, sondern sich gerade der initiatischen Welt nähern wollen: Sie glauben viel zu leicht, dass diese Phänomene gleichzeitig immer sichtbare Zeichen für eine spirituelle Verwirklichung sind. Die Wahrheit ist allerdings anders gelagert, denn in bestimmten Bereichen erlangt man die Fähigkeit, ein und dasselbe Phänomen hervorzubringen, sowohl auf der Grundlage eines Abbaus als auch einer Vervollkommnung der Persönlichkeit. Die Levitation zum Beispiel kann sowohl von einem Zauberer wie einem Heiligen oder einem Medium als auch von einem Eingeweihten hervorgebracht werden, und es liegt klar auf der Hand, dass dieses Phänomen in jedem der einzelnen Fälle einen ganz unterschiedlichen Sinngehalt aufweist.

Abgesehen von der Welt der Medialität, bei der man sich nicht aufzuhalten braucht, da ja ihr regressiver, abfallender Charakter zu offensichtlich ist, und abgesehen von den Fällen, die ich als solche «unmittelbaren Eingreifens» bezeichnen möchte (ich denke an das Auftreten gewisser Persönlichkeiten, die die eine oder andere «Offenbarung» vermitteln sollen, um Gruppen oder Bewegungen zu bilden – wir wissen, wie oft davon gesprochen wird, aber nicht immer handelt es sich nur um eine Mystifikation); von diesen beiden Fällen also abgesehen gibt es noch andere, in denen der abweichende und verdächtige Charakter der verschiedenen okkultistischen Strömungen in letzter Hinsicht auf *Kontakte* mit Kräften zurückgeführt werden kann, die durch irgendwelche Methoden psychischer Entwicklung herbeigeführt wurden, von welchen Kräften man aber nicht nur ihre Natur nicht kennt, sondern von denen man nicht einmal ahnt, dass sie existieren, die aber immer auf dem Sprung sind für den Fall, dass sich jemand ohne die notwendige «Würde» und Überlegenheit in ihren Herrschaftsbereich vorwagt. Gerade in dieser Hinsicht könnte ein ziemlich besorgniserregender Schatten auf die Hintergründe der Entstehung nicht weniger theosophisch-okkultistischer Logen oder Gruppen fallen.[2]

Eine Gefahr mehr allgemeinen Charakters, da sie mit weniger spezialisierten modernen Strömungen in Zusammenhang steht, die sich gern als «Denkströmungen» ausgeben, beruht auf dem Pantheismus, der mehr oder weniger mit dem Kult des Lebens und des Irrationalen verbunden ist. Auch dagegen muss man Stellung beziehen, denn nicht wenige möchten im Pantheismus – als Gegensatz zum religiös-dogmatischen Theismus – ein höheres Wissen sehen, das mehr oder weniger sogar dem initiatischen Bereich zugehören soll. Hat man denn nicht auch versucht, die gesamte indische Spiritualität als «Pantheismus» abzustempeln und zu ignorieren, was in ihr zum Pantheismus deutlich im Gegensatz steht (es würde genügen, an den Urbuddhismus zu erinnern)? Aber hier will ich nicht vom theoretischen Irrtum, sondern von der praktischen Gefahr sprechen. Nach den Worten Guénons ist sie in allen jenen Strömungen gegenwärtig, die «das innere Sein» dazu anleiten, sich mit einer Art kosmischen Bewusstseins zu verschmelzen – wir würden eher sagen «zu verwirren» –, was jede echte Transzendenz und jede tatsächliche Spiritualität ausschliesst. Die verschiedenen theosophistischen Theorien über die «Überwindung der Illusion der Getrenntheit», über das «Eine Leben» usw. mit den entsprechenden Anhängseln humanitären und gleichmacherischen Charakters sind fast immer Anzeichen in diese Richtung, die eine wahrhaftige und wirkliche «umgekehrte Entwicklung» darstellt. Es ist hier angebracht, Guénons eigene Worte zu wiederholen: «Das traditionale Lehrgebäude kennt die initiatische Symbolik einer Schiffahrt, die über den Ozean führt, der den ‹psychischen› Bereich versinnbildlicht, den es mit allen seinen Gefahren zu überwinden gilt, will man zum Ziele gelangen. Was soll man von jemandem halten, der sich mitten in diesen Ozean hineinstürzt und nichts anderes anstrebt, als darin zu ertrinken? Nichts anderes bedeutet nun aber jene ‹Verschmelzung› mit einem ‹kosmischen Bewusstsein›, das in Tat und Wahrheit nur die undurch-

[2] Hier sind vielleicht einige Eindrücke ganz interessant, die ein Besucher in einem gewissen Zentrum Indiens aufgrund seines Kontaktes mit einer bestimmten Persönlichkeit gesammelt hat: «Wer kann wissen, welche Kräfte da tätig sind? Rishikesh ist ein Mittelpunkt psychischer Energien, und dieser Mann schien mir besessen zu sein, aber nicht von Gott. Mir kam es vor, als hätte er seine Seele verkauft, sie aber gut verkauft, was etwas Seltenes und Schreckeneinflössendes ist. Woher kommen die Ideen? Die grossen Erfinder und die grossen Führer dieser Welt sind Menschen, die mit Hilfe anderer Gehirne konstruieren. Ihre Gabe ist die der Koordination, der Geistesstärke, der Initiative, gepaart mit einem Sinn für das, was in der materiellen Welt verlangt wird. Hinter ihnen steht immer eine Leitstelle von mehr oder weniger unbekannten Männern. R.A.K. schien mir schreckenerregend lebendig, wie ein Gefäss des Bösen, wie eine Phiole, deren Inhalt fürchterliche Verheerungen anrichten könnte, wenn er sich über die Welt ergösse» (F. Yeats-Brown, *Lancer at large,* Leipzig, 1937, S. 252).

sichtige und nicht unterscheidbare Masse aller ‹psychischen Einflüsse› ist; und diese Einflüsse haben, was sich auch immer einige Menschen einbilden mögen, ganz sicher nichts mit den ‹spirituellen Einflüssen› gemeinsam, mag es ihnen auch manchmal gelingen, sie in dieser oder jener äusseren Erscheinung nachzuahmen. Diejenigen, die in diese fatale Unverständnisgrube fallen, vergessen oder kennen überhaupt nicht den Unterschied zwischen den ‹oberen Wassern› und den ‹unteren Wassern›. Statt sich zum Ozean des Oberen emporzuschwingen, versinken sie in den Abgründen des Ozeans des Unteren; statt alle ihre Kräfte zu sammeln, um sie auf die Welt zu lenken, die frei von Formen ist und die allein spirituell genannt werden kann, verschwenden sie sie in der unbestimmt wechselnden und flüchtigen Verschiedenheit der Formen der feinstofflichen Erscheinungswelt, ohne den geringsten Verdacht zu schöpfen, dass das, was sie für eine Fülle von ‹Leben› halten, in Wirklichkeit nur das Reich des Todes ist.»

Ich habe anfangs darauf hingewiesen, dass sich die Kräfte der Gegeninitiation unter die «menschlichen Kräfte» mischen; dazu muss ich ausführen, dass es schon von vorneherein gewisse geistige oder intellektuelle Abweichungen geben muss, die jene Kräfte dann zu vergrössern trachten, indem sie das hinzufügen, was in der Magie «Wirkrichtung» heisst. Das kommt ganz deutlich in dem Fall zum Ausdruck, den ich gerade vorhin angeschnitten habe, denn Pantheismus, Vitalismus, die Theorie des Unbewussten usw. sind oft genug einfach Produkte des heutigen Denkens, und bei den Urhebern handelt es sich um Personen, die sich des Bedeutungsinhaltes ihrer Ideen überhaupt nicht bewusst sind und die auch nicht ahnen, in welchem Ausmass diese von Wesen benützt werden können, die zum Unterschied von ihnen ganz genau Bescheid wissen, und fast möchte ich sagen, auch für sie denken.

Das führt zur ziemlich komplexen Frage der Natur und des Ursprungs der Gegeninitiation. Für einen gewissen Bereich kann man sich auch darauf beschränken, von *Kräften* zu sprechen, womit ihre unheilvolle Tätigkeit nicht auf eine Absichtlichkeit bezogen werden kann, sondern allein in ihrer Natur begründet liegt: Wie es auch nicht in der bösen Absicht, sondern eben in der Natur einer bestimmten Säure begründet liegt, wenn sie alles zersetzt, worauf sie einwirken kann. Was einige die «Zwischenwelt», andere die «Unterwelt» und wieder andere die «Dämonische Welt» nennen (wobei man «Dämon» nicht im moralischen und religiösen Sinne des Christentums verstehen darf), kann ebenso der Ursprung eines derartigen Tuns sein, jedoch nur, wenn sich die Welt der Menschen und des menschlichen Denkens ihr unüberlegt öffnet. Aber ausser diesen einfachen Kräften muss man auch wahrhaftige und wirkliche *Wesenheiten,* und damit meine ich tatsächlich intelligente und persönliche Wesen, als Vertreter oder «Agenten» der Gegeninitiation annehmen; Wesen, die wie die Eingeweihten mit einer «Kette» verbunden sind. Guénon spricht sogar von einer «abgelenkten und entarteten Initiation», also von etwas, was von einer tatsächlichen Initiation ausgegangen ist und sich durch eine Entartung bis in das Gegenteil verkehrt hat und jetzt den inneren Kern dessen darstellt, was man *«Satanismus»* nennen kann. Trotzdem gibt er schlussendlich zu, dass hierzu ein metaphysischer Eingriff statthaben muss, denn von einem einfachen Verfall und Rückschritt wendet man sich nicht ohne weiteres einer völligen *Wertumkehrung* und *Absichtlichkeit* zu, die ja, abgesehen von den eben erwähnten «natürlichen» zerstörerischen Einflüssen, die Gegeninitiation im besonderen ausmachen. Tatsächlich spricht Guénon, was den Ausgangspunkt betrifft, von einer «Revolte gegen die rechtmässige Autorität und der Forderung nach einer nichtmöglichen Unabhängigkeit» im Rahmen der einen oder anderen initiatischen Organisation, und zwar seitens von Personen, die deren Kraft schon übermittelt bekommen hatten und sich daher schon jenseits der bloss menschlichen Ebene befanden.[3] Aber vielleicht sollte man noch weiter und noch höher hinaufgehen: bis zu denjenigen nämlich, die dem Götter-Sein das Feind-der-Götter-Sein vorzogen.

Das führt mich zu einer letzten Erwägung. Evola hat die Tatsache hervorgehoben, dass ein natürlicher Prozess den abendländischen Menschen genau in die Richtung der Gegeninitiation treibt. Von der Renaissance an – sagt Evola – wollte der abendländische Mensch «frei» sein und wollte für sich sein; die noch bestehenden Kontakte mit der Überwelt hat er einen nach dem anderen abgebrochen und den Weg der Beschränkung auf das innerweltliche Sein und der Eroberung der physischen Welt beschritten. Und dort, wo doch nicht alles im Materialismus und in der von der Technik dominierten materiellen Wirklichkeit endet, neigt das von der spirituellen Welt abgetrennte Individuum dann sogar zu einer Art Askese als letzter verzweifelter Übersteigerung seines Herrscherwillens und seiner Freiheit. Damit kann er gar nicht anders, als sich in die Reihe der gegeninitiatischen Einflüsse einzugliedern, und schon treten auch in dieser Richtung Gestalten von unbewussten «Asketen des Bösen» auf den Plan, was sicherlich ein bedeutungsvolles Zeichen ist. Wahrscheinlich sind das dann auch die Wege, auf denen schlussendlich das Schicksal einer gesamten Kultur besiegelt werden wird.

Wenn wir damit wieder auf unser Gebiet zurückkommen, so hoffe ich doch, dass auch diese eher kurzen Betrachtungen genügt haben, um die so wesentliche Bedeutung, die der Begriff der Gegeninitiation hat, klar werden zu lassen. Es handelt sich nicht um Einbildungen, sondern um sehr ernste

[3] Bei anderer Gelegenheit anerkennt Guénon im Grund genommen die zwei voneinander getrennten Aspekte, wenn er nämlich Aktionen bespricht, wie sie ähnlich die Nekromanten tätigen, die so vorgehen, dass sie die entseelten psychischen Reste der Toten als Vehikel für ihren Willen gebrauchen. In diesem Fall würden also die psychischen Reste initiatischen Organisationen entsprechen, die in eine Phase äussersten Verfalls eingetreten sind und sich quasi selbst überlebt haben, während die Rolle des Nekromanten von den Kräften der wahrhaftigen und wirklichen Gegeninitiation eingenommen würde, die dann diesen herabgekommenen Organismen die ins Gegenteil verkehrte Richtung verleihen. Wir werden auf dieses Thema zurückkommen, wenn wir die Entstehungsgeschichte der modernen Freimaurerei behandeln.

und reale Dinge, die man auf jeden Fall für die eigene, sowohl intellektuelle als auch spirituelle Verteidigung mit beachten muss, will man sich unseren Wissenschaften widmen.

Zum Gegenstand dieser Abhandlung vgl. R. Guénon, *Le règne de la quantité et les signes des temps* (Paris 1945); *Aperçus sur l'initiation* (Paris, 1945); J. Evola, *Maschera e volto dello spiritualismo contemporaneo* (Bari², 1949).

LUCE

OPUS MAGICUM: DIE DÜFTE

Bei den Riten der Magie wird empfohlen, spezielle Räucherungen durchzuführen, damit die psychischen Fähigkeiten des Magus schneller hochgepolt und bis zum gewollten Spannungszustand erregt werden. Das kann man als allgemeine Erklärung vorausschicken – aber es ist sicher nicht von Nachteil, auch noch auf einige Besonderheiten hinzuweisen.

Man beachte vor allem den Gebrauch von Düften seit ältesten Zeiten, wobei diese vorerst allein den religiösen Zeremonien vorbehalten blieben – z. B. im antiken Ägypten, wo ihre Kenntnis, sowohl was die Substanzen als auch ihre Verwendung betraf, lange Zeit ganz streng der Priesterkaste vorbehalten war.

Durch die seither vergangenen Jahrtausende gibt es heute praktisch keine Spur mehr von diesen besonderen Kenntnissen, die seinerzeit Teil der Heiligen Wissenschaft waren. Allein einige kurze und verworrene Hinweise in obskuren mittelalterlichen Sammlungen und hin und wieder eine verschwommene und oberflächliche moderne Studie über die Beziehungen zwischen Sexualität und Duftstoffen existieren noch. Ich schliesse natürlich die vielen ausführlichen Traktate über die Herstellung von Düften oder über den Anbau der Pflanzen, aus denen sie gewonnen werden, aus. Mag dort auch die Behandlung der Materie vom industriellen und chemischen Standpunkt aus vollständig sein, so fehlt doch jeglicher Hinweis auf die physiologischen und psychologischen Reaktionen, die die Düfte hervorrufen. Es fehlt also das wirklich Wesentliche und Interessante: das Wissen, warum und aus welcher Erfahrung heraus die Düfte überhaupt verwendet wurden. Aber auch die Physiologen und Psychologen haben sich in ihren Werken nicht sonderlich damit beschäftigt, haben sie diesem Thema doch nur ein paar Zeilen oder höchstens einige wenige unzureichende Seiten gewidmet. Unter den vielen, die wir zu Rate gezogen haben, wären aufzuzählen: Luciani, Ellis, Pouillet, Berguet, Krafft, Martineau, Moreau, Penta, Capano, Nuccio, Moll, Tardiff, Charcot, Monin, Roux usw. Wenn es die Umstände erlauben, möchten wir später einmal eine ausführliche Abhandlung über dieses Thema veröffentlichen. Daraus stammen auch die folgenden kurzen, aber für den praktischen Gebrauch eines intelligenten Operanten ausreichenden Hinweise.

Es ist mittlerweile bekannt und wissenschaftlich erhärtet, dass jedes Tier und jede Pflanze einen Duft aussendet, auch wenn dieser *normalerweise* vom Menschen nicht wahrgenommen wird.

Die Düfte sind, wie man aus vielen gemachten Erfahrungen heraus weiss, nur im gasförmigen Zustand wahrnehmbar und verursachen besondere Erregungszustände im Geruchssinn, der, was man beachten muss, durch eine besondere psychische Reaktion eng mit der Sphäre der Gefühle verbunden ist, die sich reflektorisch wiederum auf die motorischen Organe sowie auf die Drüsen des vegetativen und reproduktiven Bereichs auswirken (vgl. vor allem: LUCIANI, *Fisiologia dell' uomo,* Bd. IV, Kap. 4 und A. DUMESIL, *Des odeurs, de leur nature et de leur action physiologique*).

Des weiteren ist bekannt, dass sich die Geruchswahrnehmung, die in den Nasenhöhlen lokalisiert ist, über beide Phasen der Atmung erstreckt. Das ist für uns von entscheidender Bedeutung – der Leser wird das auch erahnt haben, wenn er sich an die von «Abraxas» und mir gegebenen Instruktionen erinnert.

Ich unterlasse es, auf die spärlichen, bis heute gemachten und nur den rein physiologischen Bereich betreffenden Beobachtungen über die Reaktionen, die die Gerüche in den Atmungsorganen verursachen, näher einzugehen und erinnere in Erweiterung einer gebräuchlichen Definition an das folgende:

Die Atmung ist der *Akt,* der das Individuum in *mittelbare* Verbindung mit der kosmischen «Lebensenergie» bringt.[1] Diese dringt über die Lungen in das Blut und wird vom Astralkörper aufgenommen.

Der Leser wird gebeten, diesen letztgenannten Begriff nicht mit der in der theosophischen oder einer ähnlichen Sektiererei gebräuchlichen Bedeutung zu belegen. Ich meine mit Paracelsus den *siderischen Leib,* der Substanz des Lebens und des Aktes ist, ein Körper, den der Eingeweihte nicht durch Schwätzereien und Zauberbücher kennenlernen kann, sondern indem er mit ihm arbeitet.

Bei den theurgischen und magischen Operationen jeder Stufe werden die astralen *Fähigkeiten* mit jedem möglichen Mittel angestachelt, sei das unmittelbar über den Willen oder mittelbar über die Düfte und die zeremoniellen Formen.

Wer Atemübungen versucht hat, kennt die besondere feinstoffliche Reaktion, die sie hervorrufen. Bei der Verwendung von Düften wird diese Reaktion dann in einen Schwingungsbereich gebracht, der mit dem Ziel des Operanten korrespondiert.

Die Düfte finden nach dem Gesetz der astralen Entsprechungen – *signaturae rerum* – an den Tagen und zu den Stunden des jeweiligen Planeten

[1] Der Begriff *mittelbar* bezieht sich auf den Atmungsvorgang, der, wie er normalerweise vollzogen wird, einen Charakter der *Unreinheit* aufweist, da der individuelle Wesenskern keine unmittelbare Fühlung mit dem kosmischen Leben hat. In weiteren Entwicklungsstadien, wenn man die *astrale Atmung,* die später noch behandelt wird, verwirklicht, ist das hingegen sehr wohl der Fall.

Verwendung (siehe dazu das «*Heptameron*» des Petrus von Abano). Und man beachte, dass sie im allgemeinen an der Natur des *Wasser*elementes teilhaben (vgl. AGRIPPA, *Magische Werke* I, 7) und daher als Lösungen des *Erd*elementes und als Gerinnungen (Koagulat) des *Luft*elementes brauchbar sind – wobei das Wasser den *Mittler* zwischen beiden bildet.

Die *natürlichen* Düfte – die allein bei unseren Operationen verwendet werden – teilen sich in tierische und pflanzliche. Die ersteren bestehen aus: Blut, Sperma, Milch, Haare, Knochen und was sonst noch tierischer Herkunft ist, die letzteren sind: Hölzer, Blätter, Früchte, Wurzeln, Blüten, Harze und was sonst noch von den Pflanzen kommt.

Es folgt eine Aufstellung von einigen Düften, wobei ich die planetarische Entsprechung anzeige. Bei den Tieren sind einzelne Teile von ihnen gemeint, wobei auch auf deren besondere Signaturen Bezug genommen wird.

Sonne ☉

Lorbeer, Aloe, Ambra, Balsam, Benzoe, Magenwurz, Zimtpflanze, Zitrusbaum, Schöllkraut, Efeu, Heliotrop (Sonnenwende), Esche, Nelke, Enzian, Hyazinthe, Wacholder, Sonnenblume, Weihrauch, Iris, Lavendel, Lotus, Majoran, Pfefferbaum (Mastix), Minze, Myrrhe, Moschus, Auripigment, Pfingstrose, Pfeffer, Eisenkraut, Weinrebe, Safran – Adler, Spanische Fliege, Herz, Hirn, Mark, Blut, Skarabäus.

Mond ☾

Kampfer, Weihrauch, Ysop (Josefskraut), Magnetstein, Myrte, Mohn – Ente, Adler, Hirn, Exkremente, Katze, Menstrualblut, Mark, Säfte, Schweiss, Blut.

Merkur ☿

Akazie, Zimtpflanze, Kassia, Nelke, Weihrauch, Majoran, Pfefferbaum (Mastix), Bibernelle, Petersilie – Adler, Ibis, Blut.

Mars ♂

Knoblauch, Spargel, Balsam, Bdellium (der Myrrhe ähnliches Gummiharz), Distel, Zypresse, Helleborus (Hahnenfussgewächs), Wolfsmilch, Magnetstein, Brennessel, Wegerich, Senf, Schwefel – Adler, Kauz, Galle, Geschlechtsorgane, Blut.

Venus ♀

Aloe, Ambra, Orangenbaum, Venushaar, Koriander, Laudanum, Myrte, Moschus, Rose, Sandelholz, Thymian, Baldrian, Eisenkraut, Veilchen – Adler, Katze, Blut.

Jupiter ♃

Ilex (Stechpalme), Aloe, Benzoe, Buche, Esche, Nelke, Hyazinthe, Bilsenkraut, Iris, Mandelbaum, Manna, Pfefferbaum (Mastix), Minze, Muskatnuss, Pfingstrose, Pinie, Eiche, Rhabarber, Styraxbaum, Pflaumenbaum, Weinstock, Veilchen, Zucker – Lamm, Adler, Pferdeschwanz, Blut.

Saturn ♄

Eisenhut, Affodil, Benzoe, Schierling, Zypresse, Koriander, Kostwurz, Helleborus, Bilsenkraut, Alraune, Myrrhe, Mohn, Pinie, Harz, Wurzel, Raupe, Sellerie, Schlangenkraut – Adler, Kauz, Katze, Haar, Blut.

Nachfolgend nun ein kurzes Verzeichnis der gebräuchlichsten Düfte, geordnet nach den Planeten und den ihnen entsprechenden Tagen:

Sonntag	☉	–	Safran, Balsam, Weihrauch
Montag	☽	–	Mohn, Kampfer, Myrrhe
Dienstag	♂	–	Wolfsmilch, Helleborus
Mittwoch	☿	–	Pfefferbaum (Mastix), Nelke
Donnerstag	♃	–	Esche, Styraxbaum, Benzoe
Freitag	♀	–	Moschus, Ambra, Aloe
Samstag	♄	–	Mohn, Alraune, Magnetstein

Und nach den Tierkreiszeichen und den Monaten:

April	♈	–	Kostwurz
Mai	♉	–	Pfefferbaum (Mastix)
Juni	♊	–	Kampfer
Juli	♋	–	Weihrauch
August	♌	–	Sandelholz
September	♍	–	Magnetstein
Oktober	♎	–	Opoponax
November	♏	–	Aloe
Dezember	♐	–	Odermenning
Januar	♑	–	Wolfsmilch
Februar	♒	–	Thymian
März	♓	–	Myrrhe

Man beachte auch, dass im allgemeinen alle Harze der Signatur der Sonne entsprechen, die Blätter dem Mond, die Hölzer dem Mars, die Rinden dem Merkur, die Früchte dem Jupiter, die Blüten der Venus und die Wurzeln dem Saturn.

* * *

Ich möchte auch kurz daran erinnern, dass im harmonischen Ablauf der Operationen die Düfte auch den Farben und Klängen entsprechen. Bekannt sind ebenfalls die neuartigen Instrumentschöpfungen, deren Tastatur nicht Noten, sondern Lichtblitzen oder Duftspritzern entspricht. Bacon zuerst und in letzter Zeit G. B. Allen und Field haben versucht, eine *Ton*leiter basierend auf Farben und Düften festzulegen. Im Zusammenhang damit ist die «Pierre-Skala» von Interesse, von der Hubet (*Plantes à parfums,* Donud e Pinat, Paris, 1909) berichtet.

Die Duftsubstanzen stellen sich dar als und werden normalerweise durch folgende Prozesse gewonnen: Trocknung, Pulverisierung, Lösungen, Destillate, Tinkturen, Alkoholate, Ätherische Öle, Infusion von Ölen, Salben. Von einigen dieser Prozesse habe ich schon bei meiner Abhandlung über die magischen Kräuter gesprochen (vgl. die Zeitschrift *«Ignis»,* Jahrg. 1925, S. 336).

Während man die üblichen Duftstoffe mit einem oder mehreren der genannten Mittel gewinnt, werden für die Zwecke der Magie die Substanzen unmittelbar auf ein Kohlebecken gelegt, wobei die Hitze der glühenden Kohlen die Duftsubstanzen flüchtig werden lässt.

Wir machen darauf aufmerksam, dass ausser in ganz besonderen Fällen der zu räuchernde Stoff *nicht brennen darf.*

An den entwickelten Dämpfen *schnuppert* man nicht in kurzer und schneller Ein- und Ausatmung, wie das bei den Parfums geschieht, sondern man atmet lang und tief ein, hält dann die Luft für kurze Zeit an und *atmet kraftvoll und langsam wieder aus.*

Auf diese Weise kann der Fluidalkörper die Düfte *vampirisch* ansaugen, ihre Lebensessenz aufnehmen und sich auf der spezifischen, dazu *in Harmonie stehenden Ebene* festsetzen.

Über die «vampirische» Kraft des Astralkörpers könnte man lange schreiben, aber hier soll nur gesagt werden, dass ihr wesentliches Charakteristikum eben darin besteht, die Lebenskraft *anzusaugen,* um sie auf den Organismus zu übertragen und ihn zu *nähren.*

Das genügt, wie gesagt, um zu einigen Experimenten anzuregen: den Duft nicht gepflückter Blumen einzuatmen – bis es gelingt, *in einem gewissen Ausmass die gewöhnliche Nahrung zu ersetzen.*

Diese Erfahrung soll man keinesfalls mit Tiergerüchen versuchen – ganz besonders aber nicht mit Gerüchen menschlichen Ursprungs (Schweiss im allgemeinen, Genitalien, Achseln usw.) –, *man soll Tiergerüche aber auch nicht bei magischen Operationen verwenden, ohne dass man eine ganz genaue Anleitung von jemand erhalten hat, der sie auch tatsächlich geben kann.* Um sich ein ausreichendes Wissen zu verschaffen, genügt es, die Reaktionen zu beobachten, die eintreten, wenn man sich isoliert, nachdem man drei- bis viermal tief eingeatmet hat und dabei das Gesicht nahe an ein Handtuch hält, das von einer Person – besonders einer solchen gegenteiligen Geschlechts – verwendet worden ist, und nachdem man sich in rhythmischer Atmung und in der *Stille* konzentriert hat.

Ich weise darauf hin, dass alle diese letzten Formen des Vampirismus für den

Operanten oder für diejenigen, die ihm nahe kommen, extrem schädlich und gefährlich sind.[2]

Zu den am häufigsten verwendeten Duftstoffen gehören der Weihrauch und die Myrrhe, die beide als allgemein solar bestimmt gelten und unter allen Zeichen verwendet werden können, trotzdem aber auf unterschiedlichen Ebenen wirken und Reaktionen nach sich ziehen, die, wenn sie auch nicht gerade im Gegensatz zueinander stehen, so doch nicht so aufeinander abgestimmt sind, dass sie sich gegenseitig ergänzen, um eine vollkommene Einheit für den Gesamterfolg zu bilden.

Der Weihrauch ist der magische Duft par excellence, da er mehr als jeder andere die Fähigkeit der fluidalen *Kondensation* hat. Aus diesem Grund ist es besser, ihn nur bei Operationen zu verwenden, die das ausdrücklich festgesetzte Ziel haben, Erscheinungen oder ähnliches hervorzubringen. Die Myrrhe ist für Operationen angezeigt, deren Zweck die Kontaktaufnahme mit den Naturkräften ist.

Der Eukalyptus wird bei allen theurgischen Operationen herangezogen, vor allem bei solchen, die Verbindungen zwischen den Intelligenzen herstellen sollen.

Es ist uns bewusst, dass wir die ersten sind, die diese Pflanze für den Gebrauch bei magischen Operationen heranziehen. Bekannt ist sie seit 1790. Zuerst wurde sie in England eingeführt, von wo sie auf Frankreich überging, um sich dann vor nicht allzu langer Zeit, im Jahre 1856, durch Ramuel über den gesamten Kontinent zu verbreiten.

Der Eukalyptus gehört zur Gattung der Myrtengewächse, kommt von Australien sowie den Inseln des indischen Archipels und zählt ungefähr 150 Arten. Aus der Destillation des Blattes und des Holzes gewinnt man ein geruchsintensives ätherisches Öl – das Eukalyptusöl (C_{24} H_{20} O_2), eines dem Kampfer gleichzusetzendes Präparat, das im Wasser schlecht, im Alkohol und im Äther aber gut löslich ist und das in verschiedener Weise weiterverarbeitet in der pharmazeutischen wie auch in der Parfüm- und Likörindustrie Verwendung findet.

Die Frucht, die wir heranziehen, ist durch einen solaren Charakter gekennzeichnet und schliesst in einer wunderbaren Synthese auch die Wesenseigenschaften der Elemente in sich. Die Wärme löst das ätherische Öl, von dem die Frucht voll ist. Es wirkt harmonisch auf verschiedene Zonen, wobei eine besondere Akzentsetzung auf die höheren Fähigkeiten fällt.

Es kann auch als zusammenfassender Duftstoff verwendet werden, denn es ist das einzige, das alle Charaktere der Elemente in sich trägt. Mit ein wenig Weihrauch und Myrrhe verbunden, ist es der nützlichste Duftstoff bei magischen Operationen.

[2] Für den Operanten sind sie als Ansteckungen, Vergiftungen sowie astrale Besessenheitszustände gefährlich. Wer hingegen wachsam und aktiv bleibt, kann sich mit dem psychischen Ansaugen des Geruches einer ihm nahen Person auf deren Aszendenten versetzen und sie somit leicht unter den eigenen okkulten Einfluss bringen. (*Anm. v.* UR)

IX

Arvo

Der bewusste Gedanke –
Die Entspannung – Die Stille

Die Vertrautheit mit besonderen Zuständen und Qualitäten des Geistes, die Autoren besitzen, die in ernstzunehmender Weise über Esoterik schreiben, führt sie häufig dazu, sich in ihren Schriften auf bloss zusammenfassende Hinweise zu beschränken. Ich will keinem Leser unrecht tun, aber da dieses Werk jedermann zugänglich ist und wir vom Grundsatz ausgegangen sind, nichts wegzulassen, was die Klarheit beeinträchtigen könnte, ist es sicherlich nicht von Nachteil, auf einige Fragen der *Einstimmung* zurückzukommen. Dazu sollen die folgenden einfachen, nur auf die *Praxis* ausgerichteten Bemerkungen beitragen, die ich eigentlich nicht einmal als meine eigenen bezeichnen darf.[1]

Oft sind es Details, die den Mangel an Erfolg ausmachen; und eine falsche Einstellung, die nicht schon zu Anfang korrigiert wird, kann die gesamte Weiterentwicklung negativ beeinflussen.

Der Gedanke, der Macht ist. – Wie muss man ⊙, das heisst den Gedanken, der Macht ist, verstehen?

1) Als *bewussten Gedanken* vor allem, als *lebendiges Gedankenbewusstsein*. Das erste, das wir verstehen müssen, ist, dass wir uns gewöhnlicherweise des Gedankens nicht wirklich *bewusst* sind: Wir denken und wir haben Gedanken – das ist alles. Als erstes muss also der *bewusste Gedanke* verwirklicht werden.

In einem Augenblick der Stille festige Dich ganz in diesem unerschütterlichen Wissen:

Ich denke!

Stelle dabei fest, dass der Gedanke dieselbe Macht wie das *Sein* offenbart. Denkend *bist Du*. Das, was Dich aufrechterhält und ohne das Du wie ein

[1] Einige der von mir empfohlenen Direktiven konnte man schon in der sogenannten «Neugeist»-Bewegung finden. Vgl. z.B. K. O. Schmidt. *«Selbst- und Lebensbemeisterung durch Gedankenkraft»* und *«Wie konzentriere ich mich?»* (Baum-Verlag, Pfullingen).

zusammengewürfeltes Bündel seelenloser Dinge auseinanderbrechen würdest, ist der *Geist*; und Du bist im Mittelpunkt dieser *Kraft* und dieser *Einheit,* jetzt, wenn Du, vollkommen wach, die magische Formel in Dir erklingen lässt:

ICH DENKE! ICH BIN!

2) Bewusster Gedanke ... aber hier ist schon eine zweite Stufe mit eingeschlossen, denn damit spürst Du, dass der Gedanke eine *Kraft* ist. Sammle Dich in Gedanken mit diesem vollen Wissen: «In mir ist eine Kraft, die Macht ist, die Befehl ist!» Dann machst Du die Erfahrung der *intellektualen Macht.* Hier befindet sich das Prinzip der magischen Kraft, nicht im gewöhnlichen Willen. Der im Bewusstsein vervollkommnete Gedanke, dass *ich* es bin, der denkt, lässt eine höhere Form der *«Tathandlung»* offenbar werden: Ursprung einer Klarheit und Sicherheit, die sich in das Wissen wandelt, dass ich tun *kann,* und das mit einer Kraft, die unmittelbare Wirklichkeit schafft.

3) Dieser von innerer Kraft beseelte Gedanke ist der *rechte* Gedanke. Konzentriert überlege, was *falsches* Denken ausmacht: Es ist das nervöse, unsichere, bewegte, äusserliche Denken, das Denken ohne Beständigkeit, ohne Energie, ohne Klarheit, zur Hälfte, zerstreut, das von Gedanke zu Gedanke und von Empfindung zu Empfindung wandert. Stelle dagegen die eben gewonnene Erfahrung des *positiven,* vollendeten, *geraden* Denkens, mit Entschlussfreudigkeit, mit Kraft, mit Klarheit des Zieles, ohne Zaudern, ohne Unsicherheit. Positiv, ruhig, rhythmisch, genau, in allen Teilen abgewogen – *bewusst* müssen die Formeln sein, wenn Du handelst.

4) Der Gedanke muss die Einheit suchen und die Vielfalt fliehen. Das Denken verwirklicht sich als Macht, wenn *ein einziger* Gedanke den Geist beherrscht und man den Geist unermüdlich, aber doch flexibel einem *einzigen* Ziel zuwendet, als wäre es das *einzige,* was auf der Welt existiert. Dann wird er *plastisch,* schöpferisch. Genau zu wissen, was man will, und ohne Unterlass das es ausdrückende plastische Bild fixieren und wollen, in flexibler Weise, *in einer Einheit mit dem gesamten eigenen Sein,* heisst ein Zusammenspiel von verborgenen Kräften in einer nach Verwirklichung drängenden Macht zu konzentrieren.

5) Diese Konzentration muss im höchsten Grade *aktiv* sein. Auch Angst, Sorge, Hoffnung, Begierde und Hass führen zu einer Konzentration, die aber negativ ist. Du hingegen musst von einem *ausgeglichenen* seelischen Zustand *ausgehen* und vorwärtschreitend durch Intensivierung und besondere Hochpolung den Gedanken *nähren,* sättigen und entzünden bis zum Punkte, an dem Du ganz tief spürst: ICH KANN. In diesem Zusammenhang sagt Eliphas Levi, dass derjenige, der die beiden *entgegengesetzten* Ströme des «grossen magischen Agens» oder «Astrallichtes» kennt und dazu noch

die Kunst ihres *Gleichgewichts,* den Schlüssel zur Macht besitzt. Und das ist wahr.

6) Schliesslich ist der Gedanke, der Macht ist, der Gedanke eines *freien Sinnes,* der Gedanke, der einen *solaren* Charakter trägt, der Gedanke – ja, der Gedanke, der auch Feuer der *Liebe* ist. Solange Du Dich nur um Deine Person und um Dein Ich mit seinen unmittelbaren Interessen und Leidenschaften sorgst; solange Du die anderen Menschen und die Dinge als eine aussenliegende und fremde Wirklichkeit ansiehst und ihnen gegenüber der Sklave Deiner instinktiven Reaktionen bist, so lange *bist Du nicht frei,* und die Kraft Deines Geistes bleibt genauso eingeengt, wie der Körper im Raum festgeheftet ist. Sonnenhaftigkeit hingegen ist die Kraft des Ausstrahlens, Freiheit ist das Offensein, das In-sich-Aufnehmen-Können, das Abgeben eines Lebensstromes, der Dich die anderen Wesen in *Sympathie spüren lässt,* auch wenn Sie gegen Dich eingestellt sind und Dich hassen. Dann weichen die Beschränkungen zurück. Okkult gesehen *ist es notwendig, dass Du – auch wenn Du morden willst – zuerst die Person liebst, die Du zu treffen beabsichtigst.* Aber, wenn die Offenheit des Geistes die Bedeutung des *Geben-Könnens* in sich trägt, des In-Dir-Aufnehmens, um daraufhin Deine Kraft, Dein Feuer zu übertragen, um emporzuheben und weiterzuführen, dann wirst Du ein geheimnisvolles Zufliessen von Energien spüren, die dem wirkenden Gedanken Leben einhauchen und ein Licht und eine Sicherheit ohnegleichen schenken. Das ist die höchste Stufe des *rechten* Gedankens ☉.

Folge diesem meinem Rat: Eine *Woche* lang, am Abend in der Stille, verwirkliche in Vollkommenheit das, was die erste Eigenschaft des schöpferischen Gedankens ausmacht, nämlich den bewussten Gedanken. Vergegenwärtige Dir in leuchtender Lebendigkeit alles, was ich Dir dazu gesagt habe; übe Dich so lange, bis Du vollkommen alles verstanden hast, was diese Worte in sich schliessen. Dann widme eine zweite Woche, und mache das gleiche für den zweiten Punkt, das heisst für den *Gedanken als Kraft.* Und mit dem Rest verfahre in gleicher Weise. Wenn Du das alles mit ernstem und richtigem Einsatz durchführst, können Dich diese wenigen Wochen wirklich einem *Erwachen* annähern. Das Gefühl für die rechte Richtung – das hast Du dann schon.

***

Die Entspannung: «Abraxas» hat darauf aufmerksam gemacht, dass bei den magischen Operationen jegliche Anstrengung und Bemühung wie auch jeder vom Körper kommende Widerstand und jede Reaktion von dort ausgeschlossen werden müssen. Das bedeutet: Man muss vor allen Dingen die Fähigkeit der *Entspannung (détente, relaxation)* erlernen.

Um zu einer vollständigen Entspannung zu gelangen, müsstest Du Schritt für Schritt vorgehen – damit beginnen, die Aufmerksamkeit zuerst nur auf einen Finger zu konzentrieren und sich diesen als völlig erschlafft und tot vorzustellen, um dann auf die übrigen Finger, auf die Hand, den Vorderarm und den gesamten Arm überzugehen. Verwirkliche diese Formel:

«Jede Kraft ziehe ich aus den Muskeln meines Armes ab. Die Muskeln schlafen ganz tief. Sie sind entspannt. Meinen Arm spüre ich nicht mehr: Er schläft, ganz tief schläft er und entspannt. Er ist eine träge Masse ohne Leben.»

In gleicher Weise durchlaufe im Geiste mit derselben Suggestion, das heisst mit demselben geistigen Befehl, die verschiedenen Abschnitte der Beine, wobei Du von unten beginnst; und spüre, wie sich alle Spannungen lösen, *wie Schnee, den man auf einen heissen Ofen legt.* Zum Schluss betrachte den ganzen Körper mit diesem *bewussten* Gedanken: *«Alle meine Muskeln sind entspannt. Ganz entspannt sind sie. Ich fühle mich – ja ich* BIN *entspannt. Ganz ruhig bin ich und ganz entspannt.»*

Und dann: *«Ich bin vollkommen ruhig. Alles in mir ist entspannt, gelöst. Ich bin ruhig, ruhig, rhythmisches Ebenmass, kosmische Harmonie.»*

Führe diese Übungen mit rechtem Einsatz so lange weiter, bis sie Dir in wenigen Sekunden gelingen. Mache sie *eigenbewusst* und mit Eifer. Binnen kurzem wirst Du, wann immer Du willst, durch einen blossen geistigen Befehl oder durch das blosse Hervorrufen eines lebhaften geistigen Bildes Deinen Körper vollständig entspannen können.

* * *

Die Stille: Nach der physischen Entspannung, die innere Entspannung oder die *Stille.* Die körperlichen Empfindungen sind verschwunden, die Gedanken werden immer weniger und langsamer, und Du verbleibst in einem Warten ohne Ungeduld, in einer bewussten Ruhe. Verwirkliche diese Formel:

«Die äusserliche Welt ist entschwunden. Ich bin allein – tief in mir ... Ich schweige. Ich bin ruhig. Ich denke und spüre, dass ich vollkommene Ruhe bin. Ich bin ruhig, alles in mir ist ruhig. Alles in mir ist Ruhe und unendlicher Friede.

Ich – bin – frei – – ruhig ...»

Dann denke an nichts mehr. Bleibe so. Lasse hin und wieder ein ganz plastisches, lebendiges Bild aufleuchten.

Ruhe – wie in einem fernen, tiefen, verlassenen Grab.

Ruhe – wie am Grunde eines klaren, durchscheinenden Alpensees.

Ruhe – wie in einer Sternennacht.

Ruhe – wie in einer weitläufigen Stadt, unter der Glut der Sommersonne, *verlassen,* ruhig, ohne Geräusche, vollkommen entspannt in Erwartung der Frische der Nacht.

Auch Du wartest auf die Nacht, in der die *spirituelle Sonne* aufsteigt, in der das Wunder der *Innerlichkeit* erwacht.

In dieser ruhigen Tiefe ist der Geist gelöst. Und der daraus geborene und gemäss der hermetischen Kunst bereitete Gedanke – ist *Magie.*

EA

BETRACHTUNGEN ÜBER DIE MAGIE UND IHRE KRÄFTE

Der häufige Gebrauch des Begriffes «Magie» in diesen Abhandlungen lässt eine Präzisierung für angebracht erscheinen, die den Bedeutungsinhalt, den wir ihr im wesentlichen zuschreiben, klarlegt und die auch die Rechtmässigkeit dieses Bedeutungsinhaltes unter Beweis stellt.

Abgesehen von den modernen Zerr- und Spottbildern der magischen Disziplinen, die besonders bei den Angelsachsen mit Lehrgängen für «starke Muskelkraft», eine «magnetische Persönlichkeit» und zur Erlangung von «Erfolg im Leben» usw. bunt durcheinandergemischt werden, davon also abgesehen, bezog sich auch in der antiken und traditionalen Welt das Wort «Magie» sehr häufig auf eine nicht sehr hohe geistige Ebene. Es konnte eine Gesamtheit von Methoden für den Gebrauch von Kräften bezeichnen, die nicht bloss stofflicher Natur waren, wobei diese Gesamtheit auch überhaupt keinen spirituellen Charakter aufweisen musste, genausowenig wie die Kräfte und die Macht, die der modernen Technik zu eigen sind, einen solchen besitzen. Das ging so weit, dass in manchen Fällen die Magie so etwas wie ein Beruf wurde, und Operationen dieser Kleinmagie konnten sogar für Dritte durchgeführt werden.

Es wäre jedoch Willkür, die gesamte Magie auf diesen niedrigen Bereich festzuschreiben; wir möchten sogar sofort einwenden, dass diejenigen, die von verschiedenen Gesichtspunkten ausgehend dazu neigen, den Inhalt des «Magie»-Begriffs nur darauf zu beschränken, eine gewisse tendenziöse Einseitigkeit an den Tag legen, die sie vielleicht selbst gar nicht merken, die aber deshalb nicht weniger wirklich ist.

Auch vom Standpunkt der Etymologie her gibt es keinen zwingenden Grund für eine solche Beschränkung. Man kann daran erinnern, dass die Bezeichnung «Magier» schon für die Vertreter des antiken (iranischen) mazdaistischen Kultes des Lichtgottes verwendet wurde, die bekanntlich alles andere als Magie in diesem eingeengten und kleinmütigen Sinne betrieben: Es scheint vielmehr, dass der Begriff von einer antiken ario-iranischen Wurzel stammt, die man zum Beispiel im deutschen Verbum «mögen» wiederfindet, das ja «können» in weitestem Sinne bedeutet. Dazu kommt, dass sogar in der Tradition, die sich später darauf spezialisieren sollte, dem Begriff der «Magie» jede nur mögliche finstere Bedeutung von «verfluchter Wissenschaft» zuzuschreiben – im Christentum also –, kein Problem darin bestand, den Begriff «Magier» für die drei geheimnisvollen Personen aufrechtzuerhalten, die Jesus Christus anlässlich seiner Geburt zur Lobpreisung aufsuchten. (Anm. d. Übs.: Gemeint sind die «Heiligen Drei Könige», die in italienischer Sprache noch «Re Maghi», in französischer Sprache *«Rois Mages»* und in Spanisch *«Reyes Magos»* genannt werden.) Auch im Mittelalter hatte der Begriff «Magie» nicht die erwähnte enge Bedeutung. Er wurde, wenn überhaupt, für das verwendet, was damals «natürliche Magie» hiess, dergegenüber jedoch ein Agrippa – um nur eine Persönlichkeit aufzuzeigen – eine himmlische Magie und eine göttliche Magie als Disziplinen entwarf, die wirklich andere Ziele anstrebten und eine andere Würdestellung einnahmen. Roger Bacon nannte die Magie «praktische Metaphysik». Ein sehr interessantes Zeugnis, das man nicht vergessen darf, ist dasjenige des italienischen Hermetikers C. Della Riviera, der die Bezeichnungen «Magie» und «magisch» in seinem Anfang des 17. Jahrhunderts erschienenen Werk «Il mondo magico de gli Heroi» (Die magische Welt der Heroen) in einem ganz besonderen Sinne gebraucht; darin wird die Magie als Bezeichnung für die Kunst derjenigen Meister angesehen, die sich wiederum den Weg in das irdische Paradies zu eröffnen wissen, um am «Lebensbaum» teilzuhaben, der dort im Zentrum steht: was offensichtlich auf die Wiederherstellung des Urzustandes anspielt, also auf jene Wiedervervollkommnung der Macht und jene innerste Fühlungnahme mit dem Zentrum, die das Hauptziel der wahren und eigentlichen Initiation darstellen. Ein interessantes Detail – warum es interessant ist, wird man später erkennen – ist, dass für Della Riviera die «magische Welt» und die «Welt der Heroen» eins sind und diejenigen, die den magischen Weg verfolgen, von ihm «die *königlichen* Schüler des hohen Jupiter» genannt werden.

Das alles beweist, dass es statthaft ist, den Begriff «Magie» zu verwenden, ohne dass man sie notwendigerweise mit der auf Erfahrung beruhenden, blossen Handhabung von psychischen Kräften gleichsetzen muss. Man kann vielmehr mit der «Hohen Magie» eine besondere Art des Verstehens der vollkommenen initiatischen Wissenschaft kennzeichnen. Wir geben gerne zu, dass diesem Bedeutungsinhalt der antike Ausdruck *Theurgie* vielleicht näher kommen mag; aber auch hier ergeben sich notwendige Vorbehalte, denn wörtlich bedeutet *«Theurg»* sowohl «Schöpfer von göttlichen Werken» als auch «Schöpfer von Göttern», und im zweiten Falle wäre die theurgische Kunst diejenige, die gewissen evozierten oder erweckten höheren Kräften eine Erscheinungsform verleiht: Sie würde also mehr oder weniger unter die «Zeremonialmagie» fallen, die, von der spirituellen Ebene her betrachtet, doch unterhalb der Hohen Magie, wie wir sie verstehen, bleiben würde.

Warum wir unsererseits auf den Ausdruck «Magie» Wert legen, hat zwei Gründe, die wir jetzt kurz darlegen möchten.

An erster Stelle unterstreichen wir damit den Charakter einer experimentellen Wissenschaft und Technik, der ja für den initiatischen Weg im allgemeinen wesensbestimmend ist und ihn von allem, was Mystizismus, Medialität usw. heisst, unterscheidet. Nebenbei kann man noch darauf hinweisen, dass die magische Komponente im Rahmen der bestehenden Religionen überall dort gegenwärtig ist, wo es einen Ritus mit scharf umrissenen und objektiven Wesensmerkmalen gibt, der dem rein subjektiven und psychologischen Bereich des Glaubens, der Gefühle und Seelenzustände gegenübersteht.

Der zweite Grund ist, dass sich trotz all der märchenhaften Nachahmungen und Umdeutungen in der Gestalt des Magiers jenes Ideal einer *geistigen Männlichkeit* deutlich erhalten hat, das für den höchsten Typus des Eingeweihten, den Adepten, ebenso wesensnotwendig ist. Der Magier hat im Geiste immer die Vorstellung einer *herrschenden Überlegenheit* hervorgerufen.

Damit können wir auf einen Gedankenbereich verweisen, der für uns sehr wichtig ist, denn er bestimmt die Tradition, an die wir uns zurückbinden. Dazu muss man jedoch ein wenig weiter ausholen. Es ist relativ einfach, in der Gesamtheit der antiken Kulturen zwei ausreichend voneinander verschiedene Traditionen zu erkennen, die man in Annäherung als *königliche Tradition* und als *priesterliche Tradition* kennzeichnen könnte. Ursprünglich waren diese beiden Traditionen eine einzige; die Trennung ist erst zu einem späteren Zeitpunkt erfolgt und ist so zu verstehen, dass sich einfach zwei verschiedene Arten und Weisen entwickelt haben, wie die Spiritualität der Anfänge wieder zu restaurieren und die sogenannte *Urtradition* fortzuführen sei; daraus ergeben sich dann natürlich Überschneidungen und gegenseitige Ergänzungen sowohl der königlichen als auch der priesterlichen Tradition. Wenn man jedoch den Priester einfach als Mittler zwischen der menschlichen und der göttlichen Welt ansieht, den König aber (nach seiner ursprünglichen Würdestellung) als unmittelbar göttliches Wesen, weswegen er allein schon durch seine einfache Anwesenheit die Funktion eines Mittlers ausübt, dann muss man anerkennen, dass die königliche Tradition der Urtradition und damit dem höchsten Ideal des Adeptenstatus wesentlich näher steht als die andere. Diese Vorrangstellung erscheint all denen, die klar vor Augen haben, was das traditionale Königtum zum Beispiel in Ägypten, im Iran, in China, bei den Inkas, in Japan und sogar im alten Rom darstellte, nur schwer bestreitbar; zu Rom müsste man dazu noch in Erinnerung rufen, dass der Titel *pontifex maximus* ein königlicher Titel war, ein Titel des *Augustus,* des römischen Kaisers (wie er es auch schon im Rom der Anfänge gewesen war), und dass der Katholizismus eine mehr oder minder widerrechtliche Aneignung vornahm, als er diesen Titel für das Oberhaupt einer bloss priesterlichen Hierarchie neu aufgriff und verwendete. Wenn aber die magische Würde, wie wir sagten, spontan an eine geistige Männlichkeit und an eine herrschende Überlegenheit denken lässt, ist ihre Beziehung mit der Tradition des initiatischen Königtums offensichtlich, wie es im Gegenschluss ebenso offensichtlich ist, dass es genau diese Tradition ist, die der magischen Würde erst ihren Singehalt in vollem Umfang verleiht und sie gegenüber den Anschauungen, wie sie jeder Geistigkeit priesterlicher Art aneignen, rechtfertigt. Dass die Tradition des initiatischen Königtums schon seit langer

Zeit erloschen ist, insofern es keine Adepten mehr gibt, die auch sichtbare Oberhäupter von Völkern und Staaten sind, bedeutet wenig: Die *verborgene* Tradition des initiatischen Königtums dauert fort und hat an seinem wahren Ort auch immer fortgedauert, genauso wie die initiatische Tradition im allgemeinen, und es ist sicherlich kein Zufall, dass man in der Hermetik von einer «Königlichen Kunst» und einem *rex* (König) *physicorum* gesprochen hat und dass die Rosenkreuzer sich auf einen *Imperator* (eigentlich Kaiser) bezogen, ja dass es sogar in den verfallenen Resten und Verfälschungen der Freimaurerei unserer Tage noch Würdestellungen gibt, die an den Gedanken des «Heiligen Reiches» gebunden sind.

Diese Frage weist aber auch noch andere Aspekte auf. Der eine betrifft die Qualifikationen, die für die königliche und die priesterliche Würde nicht dieselben sind. Für die erstere kommt klarerweise vor allem das spirituelle Geschlecht des *Kriegers* und des *Helden* in Betracht. Dazu gibt es nun eine sehr bedeutungsvolle Tradition, die sich in den hier gebotenen Gedankenrahmen meisterlich einfügen lässt. Hesiod berichtet von der traditionalen Lehre der vier Weltzeitalter, die den einzelnen Phasen des Abstieges und der Involution entsprechen, wie sie dem letzten Zyklus der Menschheit eigen sind. Er bezeichnet nun, sicherlich nicht zufällig, sondern, indem er sich auf Vorstellungen des antiken Hellas beruft, als Generation der *Helden* diejenige, der Jupiter-Zeus die Möglichkeit geboten haben soll, wiederum am Urzustand teilzuhaben, trotzdem das letzte Zeitalter – das Eiserne Zeitalter – immer näher kam, wobei dieses Teilhaben natürlich der initiatischen Wiederherstellung und Vervollkommnung entspricht. Damit versteht man auch, weshalb Della Riviera von «Helden» und von *«königlichen»* Schülern des hohen Jupiter (Jupiter galt immer als ein Gott des Königtums) sowie von der «magischen Welt der Helden» sprach und weshalb wir es als wichtig erachtet haben, auf dieses Zeugnis hinzuweisen, das übrigens gewiss nicht das einzige ist, das die Traditionalität und die Rechtgläubigkeit eines solchen Gedankenganges belegt.

Ein weiterer, auch nicht zu unterschätzender Aspekt ist der folgende: Die oberste Grenze, wenn man sie so nennen darf, der priesterlichen Tradition ist eine Askese der reinen Kontemplation und damit eine Geistesrichtung, die den Bereich der Erkenntnis höher wertet als denjenigen der Tat. Natürlich können sich diese Unterschiede nur abschwächen, wenn man sich in die höheren Regionen des Geistes begibt, so dass man dort, falls von Erkenntnis die Rede ist und sofern es nur irgendeinen Bezug zur initiatischen Ebene gibt, darunter auch eine Verwirklichung versteht, genauso wie der Begriff *Theorie* in seiner ursprünglichen griechischen Bedeutung zwar oft als Betrachtung und «Kontemplation» übersetzt wird, nichtsdestoweniger aber gegen die erst später vorherrschenden Sinndeutungen etwas Aktives, eben den Akt des reinen Denkens miteinschliesst. Das ändert aber nichts daran, dass ein gewisser Unterschied wenigstens in der Grundstimmung bestehen bleibt, und wer zu sehr auf den Weg der Erkenntnis pocht und dazu neigt, diesem den Vorrang einzuräumen, gegenüber dem magischen Weg das gleiche Misstrauen – wir könnten auch sagen, das gleiche

Grundgefühl – hegt, das den Priester angesichts des königlichen Adepten beschleicht.

Auf einer tieferen Ebene findet man den typischsten Fall für ein solches Grundgefühl im Christentum. Das Christentum zeichnet sich als eine der einseitigsten priesterlichen Überlieferungen aus und hat sich dann so weit in dieser Richtung fortentwickelt, dass es beinahe vollständig als eine einfache Religion ohne jede Esoterik geendet hat. Und daher ist auch immer die Stellungnahme des Christentums zu allem, was den Geruch von «Magie» an sich hatte, ebenso klar wie bezeichnend gewesen, und es hat schliesslich nicht einmal gezögert, in den Begriff der «Magie» und der «teuflischen Künste» auch alles das einzubringen, was grundsätzlich mit der initiatischen Welt verbunden war. Aber sogar auf einer höheren Ebene fehlt es nicht an Menschen, die bei voller Anerkennung der Bedeutung und Würde des initiatischen Weges diesen einseitig im Rahmen der «Erkenntnis» verstehen wollen und daher auch mehr oder weniger dazu neigen, den Begriff der Magie herabzusetzen und zu versuchen, ihn auf den Bereich einer eher uninteressanten Wissenschaft des Umganges mit feinstofflichen Kräften einzuengen. Was wir hier dargelegt haben, zeigt aber, dass eine solche Einengung rein willkürlich ist, und zeigt auch den Einfluss auf, dem man unterliegt, will man weiterhin darauf bestehen. Zudem beweist es die Rechtmässigkeit, die Magie mit der *ars regia* und der initiatischen Wissenschaft vom Ich gleichzusetzen.

***

Nach diesen theoretischen Betrachtungen wollen wir einige Punkte erläutern, die innerhalb des magischen Bereichs liegen und sich auf die initiatische Einstellung zu Kraft und Macht beziehen.

1. Es ist initiatischer Grundsatz, dass *«nicht Du die Macht suchen darfst, sondern die Macht Dich suchen muss.»* In unserer Tradition ist die Macht *weiblich.* Sie sucht ein Zentrum, und wer ihr eines zur Verfügung zu stellen vermag mit seinem eigenen *Feststehen,* seinem eigenen *Verzicht* (wir sagen wirklich Verzicht und hoffen verstanden zu werden) und mit seiner eigenen *Härte,* die er aus der Herrschaft über die Seele, aus der Abgeschlossenheit, aus dem Widerstand schuf, dem verbindet sie sich unfehlbar und gehorcht ihm wie ihrem *Gemahl.* Ebenso wie die Wasser auf natürliche Weise Wirbel um die Brückenpfeiler bilden, die fest in der Strömung stehen, bildet sich die Aura der Macht spontan um denjenigen, der wie eine unpersönliche Kraft vorwärtsschreitet, nicht auf sich selbst achtet und sich die Art und Weise des *Seins* zu eigen macht. Das *Sein* ist die Voraussetzung der Macht. Eine Unbeeindruckbarkeit (beinahe hätten wir Kälte gesagt), die nicht nach ihr Ausschau hält, ist das, was sie anzieht. Der *Gier* nach ihr entzieht sie sich hingegen ebenso wie eine Frau, die der lüsternen Umarmung eines impotenten Liebhabers entgeht.

2. Wer das versteht, versteht auch die Art der beständigen Gefahr, die mit der Macht verbunden ist. Jede Macht ist für das Ich wie ein Wirbel feinstofflicher Kraft, der von seiner «Zentrums»-Qualität fixiert und festgebunden ist. Lässt das feste Beharrungsvermögen und damit das *Sein,* das die Macht anfangs angezogen hat und dem sie gehorcht, nach, reisst sie das Ich mit sich fort. In solchen Fällen ist für gewöhnlich das Zurückgeworfenwerden auf einen gegenüber der Ausgangslage niedrigeren Zustand die Folge. Die Macht und die Kräfte verwandeln sich in Wesenheiten, von denen der Gefallene *besessen* wird.

3. Hin und wieder hört man von einem «Zurückweisen der Macht und einem Verzicht auf sie». Das ist ein Un-Sinn, wie auch der «Verzicht auf das Nirvana», von dem in gewissen theosophistischen Kreisen gesprochen wird, ein Un-Sinn ist. Das Nirvana ist nicht wie eine Wohnung, in die man nach Belieben eintreten oder nicht eintreten kann. Das Nirvana ist ein *Zustand,* und ist er einmal verwirklicht, kann man nicht mehr «auf ihn verzichten», und zwar ganz einfach deswegen, weil er ein für alle Mal einen integrierenden Teil des Seins bildet. Gleichermassen kann man wohl von einem Verzicht auf den *Gebrauch* der Macht sprechen, was bedeutet, dass man die Macht einfach der Möglichkeit nach hat, aber das *Zurückweisen* der Macht ist etwas Sinn-loses, da die Macht auf natürliche Weise mit der metaphysischen Würde des Eingeweihten verbunden ist und in gewisser Weise ihre Weihe darstellt; daher könnte strenggenommen die Macht nur dann zurückgewiesen werden, wenn man auch auf jene Würde verzichten könnte, was aber wiederum unmöglich ist, und zwar aus denselben Gründen, die auch beim eben erwähnten Nirvana gelten.

Sicher ist jedenfalls, dass die Macht, weit davon entfernt, immer so begehrenswert zu sein, wie sich das der Uneingeweihte vorstellt, so beschaffen ist, dass derjenige, der sie hat, ohne sie verlangt zu haben, sie gern abschütteln würde, wenn er nur könnte. Man kann das vielleicht entsprechend nachempfinden, wenn man an die Würden und Machtstellungen in der menschlichen Welt denkt, die nicht nur Risiko in sich bergen, sondern auch einen hohen Grad an Einsatz und Verantwortung bedingen; und zwar eine Verantwortung, die in erster Linie gegenüber einem selbst besteht.

4. Die Anziehungskraft, die die Vorstellung von magischen Kräften auf gewöhnliche Geister ausübt, beruht auf einem grossen Missverständnis: Man denkt nämlich dabei an einen x-beliebigen Menschen mit seinen verschiedenartigsten Wünschen, Zielen, Leidenschaften und Bestrebungen, und dann stellt man sich diesen Menschen mit magischen Kräften versehen vor. Man vergisst also, dass das Subjekt der Kräfte, der magische Mensch, vom gewöhnlichen Menschen absolut verschieden ist; ja er kann mit diesem überhaupt nichts gemein haben, denn es war eine echte und eigentliche Zustandsänderung nötig, um ihm diese Kräfte überhaupt in die Hand zu geben. (Das gilt zumindest für den Bereich der Hohen Magie; in der Magie ohne moralische Bedenken, die selbst wir schwarze Magie nennen können

und die mehr oder weniger mit dem hexenmässigen Zauberwesen gleichzusetzen ist, können die Dinge auch anders verlaufen.) Es kommt also so weit, dass der Grossteil dessen, was ein gewöhnlicher Mensch mit den «Kräften» würde anfangen oder erreichen wollen, denjenigen, der dann tatsächlich den Zustand erlangt hat, der ihn in den realen Besitz dieser Kräfte versetzt, praktisch gänzlich zu interessieren aufhört. Das gilt um so eher, je höher man steigt (oder je mehr man an Tiefe gewinnt: das ist dasselbe, nur in anderen Worten ausgedrückt), und das ist auch der Grund, warum diejenigen, die am meisten können, es am wenigsten zeigen.

5. Viele sind in einer geradezu kindlichen Auffassung von magischer Aktion steckengeblieben: als ob es sich um etwas handelte, was ganz ohne Kausalzusammenhang einfach eintritt; mehr oder weniger, wie es für die Zauberstäbe in den Märchen typisch ist, die von selbst und ganz automatisch diesen oder jenen Effekt hervorbringen. Natürlich ist der Horizont nicht viel weiter gesteckt, wenn man sich statt auf Zauberstäbe auf mysteriöse Formeln oder geheime Zeichen stützen will, die über eine derartige Macht verfügen sollen. Dazu wäre vielleicht nebenbei zu bemerken, dass «Magisches» in diesem Sinne, wenn überhaupt, nur in der modernen Technik möglich ist, nicht aber in der Welt der wahren Magie: Die Macht, einen ganzen Felsen in die Luft zu sprengen, indem man bloss den Druckknopf eines Schalters betätigt, oder ganz einfach die Macht, Feuer aufflammen zu lassen, indem man ein Zündholz reibt, ist im Grunde genommen genau von dieser Art: Hier bin ich, und dort entsteht der Effekt, auf automatische, «magische» Weise, hervorgebracht von einer Kraft, die nicht die meinige ist und die mir völlig unverständlich und fremd bleibt, wie gut ich auch ihre Wirkungsweisen oder besser gesagt ihre *Gewohnheiten* kenne. Darüber hinaus lässt eine solche Magie der Technik auch diejenigen Möglichkeiten zu, die, wie wir im vorausgegangenen Abschnitt gezeigt haben, die Magie ausschliesst: Man kann sie ohne Unterschied benutzen, ganz gleich für welchen Wunsch oder Zweck, ganz gleich welches Menschen.

Der wahre magische Akt hingegen ist vom Standpunkt der inneren Erfahrung genau das Gegenteil eines Wunders im vorstehenden Sinne, das heisst eines unverständlichen und Verwunderung erregenden Phänomens. Denn er entsteht aus einem Zustand absoluter *Klarheit-Erkenntnis* und ist von der Erfahrung einer unmittelbaren, realen Ursache-Wirkungskette sowie der *Kraft,* die direkt in Wirkung mündet, nicht zu trennen. Diese Wirkung wird in Abhängigkeit von Ursachen realisiert, und die Ursache ist eins mit dem *Zustand* eines vervollkommneten Lebens und seinen Höhepunkten. Man wird sich daran erinnern, dass wir diesen Punkt schon behandelt haben, als wir vom Wesen der initiatischen Erkenntnis sprachen.

Hinzuzufügen wäre nur noch, dass Formeln, Riten und Zeichen, die ursprünglich bloss als Stützen und Hilfsmittel für Aktionen mit eben diesem Sinngehalt dienten, durch Verfallserscheinungen immer weiter übertragen werden konnten, ohne jedoch mehr verstanden zu werden. Das ändert aber nichts daran, dass im Hinblick auf alle damit verbundenen feinstofflichen

Faktoren wie auch hinsichtlich indirekter, den Operanten treffende Reaktionen (das ist es eigentlich, was in den Fällen eintritt, in denen man vielfach glaubt, dass alles nur auf die Kraft einer Autosuggestion und auf die Mittel zurückzuführen ist, die eine solche herbeiführen) der Gebrauch dieser überlieferten magischen Instrumente unter gewissen Umständen weiterhin die gleichen Wirkungen hervorbringen kann; Wirkungen, die man dann geneigt ist, als «magische» im schlechten und wundergläubigen Sinn einzustufen, weil in diesen Fällen eben der kausale Ablauf dem klaren Bewusstsein grösstenteils verborgen bleibt.

6. Der jetzt behandelte Punkt bringt uns zu Operationen zurück, die nur eine Ausübung von Kräften darstellen und kein ausschliesslich initiatisches Ziel verfolgen. Dabei müssen wir auch eingestehen, dass sich verschiedene der auf diesen Seiten mitgeteilten magischen Anweisungen auf diese Ebene beziehen oder sich wenigstens auf sie beziehen können. Kann man nun den rechten Weg verfolgen und doch solche Operationen durchführen? Unsere Aussage zu Punkt 4 behält ihre Gültigkeit; trotzdem kann man sich eine Zwischenphase vorstellen, in der die magische Erfahrung den Sinngehalt und Rang einer Art Sport annehmen kann, und zwar nicht im abwertenden Sinn, sondern als ein Training von Kräften und Organen, die nun nicht der physischen und körperlichen Ebene zugehören, aber für den Menschen zu zählen anfangen, wenn er ein Doppelleben – im Sichtbaren und Unsichtbaren – zu führen sich anschickt. Dem ist noch hinzuzufügen, dass, wie ja auch ein gesunder Sport die Eigenschaften der Disziplin, des Mutes, der Ausdauer und der klaren Situationsbeherrschung entwickelt, dadurch ebenso bei den Tätigkeiten und Erfahrungen, die wir beschreiben, entsprechende Anlagen – natürlich in höherer Qualität und höherem Ausmass – ausgebildet werden. Solche Anlagen nun können auch für initiatische Verwirklichungen im eigentlichen Sinn nur von Vorteil sein. Man muss dann aber die Grenze erkennen können, über die hinaus – genauso wie im Sport – nicht mehr von Entwicklung, sondern von Entartung zu sprechen ist, weil man am Schluss irgendwelchen Dingen einen Wert an sich zuschreibt, obwohl sie einen solchen nur beiläufig und zufällig haben.

Nun zur letzten Frage: Ist eine Verwendung dieser Kräfte denkbar, wenn diese Verwendung nicht unter Punkt 4 fällt (also nicht zur persönlichen Befriedigung von Wünschen und menschlichen Leidenschaften erfolgt), aber ebensowenig die eindeutig zufälligen und untergeordneten Ziele, von denen im vorhergehenden Absatz die Rede war, anstrebt? Diese Frage kann man bejahen. An erster Stelle für den initiatischen Weg selbst und für einen rein transzendenten Bereich, da es genau bezeichnete Traditionen gibt, bei denen die Fähigkeiten, *Taten zu setzen,* eine Prüfung darstellt, deren Bestehen von der «passiven Identität», wie sie für eine Art kosmisch-ekstatischer Glückseligkeit charakteristisch ist, zur «aktiven Identität» führt, die überhaupt erst die eigentliche initiatische und «königliche» Verwirklichung des Höchsten Prinzips ausmacht. Von dieser Prüfung ist in gewissen esoterischen Lehren des Islam die Rede; in der hinduistischen Überlieferung legt Gott Krishna dafür Zeugnis ab, wenn er in der *Bhagavad-gita* (IV, 6; IX, 8) den Ausspruch tut: «In mir sind alle Universen schon vollendet; und dennoch trete ich durch die Beherrschung meiner Natur unter die Wesen und handle.»[1]

Die letzte noch zu erörternde Möglichkeit betrifft jene Taten, die nicht auf dem Weg der Vollendung gesetzt werden – worunter im Grunde genommen auch die gerade behandelte Verhaltensweise fällt, mag sie auch nur den letzten Abschnitt dieses Weges ausmachen –, sondern von einem Adepten, der den Weg schon vollends durchlaufen hat. Aber über solche möglichen Tätigkeitsbereiche lässt sich wenig sagen, da sie schon von der Fragestellung her menschliche Maße und Motive übersteigen. Gewiss ist, dass einzelne Leidenschaften und Ziele nicht ihre Grundlage bilden können; aber auch die Begriffe «Gut» und «Böse» können nicht an ihrem Anfang stehen, da diese Begriffe und ihre Gegensatzstellung gleichermassen dem menschlichen Umkreis angehören; was die Qualität des *Zentrums* und einer «unveränderlichen Mitte» hat, ist vom einen wie vom anderen, vom «Gut» wie vom «Böse» gleich weit entfernt, und von genau gleicher Art müssen notwendigerweise auch die entindividualisierten Taten der Gestalten sein, die die wesensmässige Herzbindung mit dem «Zentrum» verwirklicht haben.

[1] Das ist die wahre Bedeutung dessen, was in einer ernstzunehmenden Lehre dem schon erwähnten «Verzicht auf das Nirvana» entsprechen kann.

Magie des Bildes

In einem *lebendig* gewordenen Wesen ist der Geist nicht mehr «Gedanke». Er ist ein Tun, das mit Hilfe von *Bildern* augenblickliche *Festlegungen* trifft. Mit Bildern schafft, zerstört und verwandelt der Magier in der Materie Gefühle und Empfindungen, die er in sich trägt. Mit Bildern wirkt er auf den eigenen Organismus ein; mit Bildern beeinflusst er auch die anderen. Den materiellen Akt und den «Willen» der Menschen ersetzt er durch die Kraft des Bildes.

Aber vor allem muss er dazu beim Empfinden, beim Erfassen, beim Einhaltgebieten und beim Eingreifen für die *Schnelligkeit ohne Zeit* wach werden. Was das schwerfällige, träge und dumpfe gewöhnliche Bewusstsein normalerweise schliesslich erfasst, ist schlafwandlerische Langsamkeit. Die *Akte* werden ihm überhaupt nicht gewahr – es öffnet die Augen erst, wenn schon das «Präzipitat», der «Niederschlag» des *Faktums* da ist (die Sache, das Gefühl, die materielle Bewegung), und damit ist das, was es erfasst, nur der Schatten einer Erscheinung, eine Welt aus Wissen-Feststellung, aber nicht aus *Aktion* (Magie).

In diesem Sinne verstehe auch die Welt, die Du die «innere» nennst, als Äusserlichkeit von Erscheinungen und als mondhaft; somit erkennst und lebst Du das *Bild* nicht als Aktion, sondern als Bild. Sein *Akt* ist viel zu schnell, und Du bist dabei nicht gegenwärtig. Entweder «kommt» das Bild also als einfacher Widerhall von selbst «daher», oder es kann nur «hervorgerufen» werden. Die *schöpferische* Beziehung, die Dich mit seiner Hilfe aus der Tiefe wirken liesse (lat. Bild = *imago* = *imo ago* = ich wirke aus der Tiefe), die kennst Du nicht.

Um diese Schnelligkeit dessen, was noch nicht «stofflich» ist, aufnehmen und erfassen zu können, muss es dem Geist gelingen, sich vom Organ des Gehirns loszulösen. Damit erweist sich wiederum jene Mittelpunktversetzung vom Kopf in das «Herz» als notwendig, von der ich schon in vorangegangenen Kapiteln gesprochen habe. Das ist auch das «Bad», welches das «Gold» löst und befreit und den *geflügelten* Merkur daraus zieht – ein Symbol, das unter anderem auf die *Schnelligkeit* verweist und dem Symbol der *Antilope* entspricht, das in der indischen Esoterik zum feinstofflichen «Zentrum» des Herzens in Beziehung steht.

Du weisst schon, dass jener «Abstieg» zur Wahrnehmung des «Feinstofflichen» und «Volatilen» führt. Aber das «Feinstoffliche» ist die *zweite Tiefendimension* der Wirklichkeit – jene, in der sie nicht mehr Materie, Äusserlichkeit in Zeit und Raum und diskursives Denken ist, sondern Aktivität und Rhythmus. Du wirst also *«nach rückwärts wiedergeboren»*. Da Du damit nicht mehr vom *Schauspiel* der Dinge und Ideen verzaubert bist, kannst Du Dich lösen und sie am Sitz der Vorsinneswahrnehmung erfassen.

Der Wille ist Anstrengung; der Wunsch ist Neigung nach etwas, was man nicht hat; die Kraft ist ein Mittler zwischen einem Ziel und der Realität, in die sich die Kraft zu verwandeln sucht, indem sie einen Widerstand überwindet. Beim magischen Bild hingegen gibt es weder Anstrengung noch Neigung noch zeitlichen Zwischenraum bis zur Erfüllung: Es ist ein Handeln, das zugleich ein Sehen ist, ein Sehen, das zugleich ein Handeln ist; die gedankliche Vorstellung ist ipso facto eine Verwirklichung. Es hat keine Zukunft, es ist schneller als die sich daraus ergebende Antithese, und sein Gesetz ist das ES IST – Befehl und Gegenwärtigkeit in einem.

***

Mit Bildern kannst Du vor allen Dingen den Gefühlen und störenden Einflüssen, die auf Dich, kämpfender Lehrling, niederkommen werden, fest standhalten. Wenn sich plötzlich Begierde, Angst, Zorn, Empfindung, Hass, Wollust in Deiner Seele, in Deinem Fühlen und Deinem Wollen zeigen sollten, springe zurück und *fixiere* das Gefühl in einem Bild; wirke auf dieses ein, und der geistige Akt wird die Verwandlung und Vernichtung im entsprechenden Element zustande bringen. Beispiel *Majjhimonikâyo,* XX):

«Gleich wie etwa ein Mann, jung, frisch, gefallsam, dem ein Schlangenaas oder ein Hundeaas oder ein Menschenaas an den Hals gebunden würde, sich entsetzen, empören und sträuben möchte und es sofort von sich risse und fortschleuderte.»

Die seelische Aufruhr wird sofort mit dem Bild des Aases verbunden, und der Geist realisiert die Abscheu und die Bewegung, wie es von sich gerissen und fortgeschleudert wird. Der geistige Akt führt, wenn er in einem materiellen Akt verstärkt wird, zur rituellen und symbolischen Praxis, von der ich Dir ein anderes Mal berichten werde, obwohl Du jetzt schon ihren Sinnhintergrund zu erkennen vermagst. In Nordafrika zum Beispiel finden sich auf den Bergen kleine Steinhügel, die man als mit unglückbringender Kraft geladen ansieht: Sie wurden durch eine Materialisierung des geistigen Aktes geschaffen, den man, nach Fixierung der Mühe des Aufstieges im Bild eines Steines, gemeinsam mit diesem Stein fortgeschleudert hat.

Zeigt sich ein Gedanke oder ein Bild der Verneinung, des Misstrauens, der Ablenkung oder einfach von etwas, was Du nicht wünschst, erfasse es elastisch und imaginiere sofort eine Hand, die es herauszieht und fortwirft, genauso wie man es mit einem Splitter macht, den man sich unerwarteterweise eingezogen hat. Und wenn dieses Element schon in Dich gedrungen ist und von Deiner Kraft gesaugt hat, packe es: *«gleich wie etwa, wenn ein starker Mann einen schwächeren beim Kopf oder bei der Schulter ergreifend niederzwingt, niederdrückt, niederquält»*. Einen Schmerz, ein Unwohlsein, eine Müdigkeit erfasse im Bild einer Schneeflocke, die schmilzt, wenn sie auf einen Block weissglühenden Metalls fällt. Für einen störenden Einfluss, eine Unruhe, eine Begierde, ein Geistesfieber imaginiere im Feuer Deines Geistes den Hauch eines Rauches, der sich mehr und mehr im klaren, blauen, ganz reinen Himmel verflüchtigt. Den Geist fixiert man mit dem Bild einer Faust, die ein kleines Tier packt und so lange fest umklammert, bis es stillhält, ohne Bewegung, regungslos; oder mit dem Bild eines Pfeiles, der gegen ein Brett geschossen in diesem erzittert und dann fest hineingebohrt allmählich im Beben erstirbt; oder auch mit demjenigen eines Stahlpfeilers, der immer bereit jeder Gegenbewegung Einhalt gebietet; oder zu guter Letzt mit dem Bild einer Hand, die systematisch den standschwachen Geist auf seinen Platz, das Zentrum, zurückführt, sobald er beim Aufkeimen von unwillentlichen Gedankenverbindungen forteilt.

Um das Gemüt zu lösen, imaginiere den freien Himmel, die Luft oder: *«wie ein tiefer, friedvoller und klarer See, so gleichmütig werden die Weisen»* (*Dhammapada,* VI, 82) – oder: *«Alle Begierden fliessen in ihn, wie die Wasser in das grosse Meer fliessen, das, obwohl immer angefüllt, doch stets bewegungslos verharrt»* (*Bhagavad-gita,* II, 70) – oder auch: *«wie eine Flamme, die an einem windstillen Ort leuchtet und nicht flackert»* (*ebd.,* VI, 19). Von einer rauchumhüllten, flackernden Flamme, in der man einen möglichen Anfangszustand fixiert, der von noch unbeherrschten Bewusstseinsveränderungen aufgewühlt ist, kann man dann durch *Umwandlung* auf dieses letztgenannte Bild übergehen.

Beachte aber dabei: Vor allen Dingen musst Du den Gedanken oder Gefühlen schon bei ihrem Erscheinen Einhalt gebieten. Sie müssen wie im Fluge abgefangen werden, bevor sie in Deiner Seele Wurzeln schlagen und sich dort breitmachen. Komme ihnen zuvor. Ersticke sie im Keim. Werde nach allen Seiten beweglich, bereit, Dich zu lösen und zu entziehen: «Wie ein Same, der sich dem Zugriff entzieht.»

Im weiteren führt Dich diese Praktik auch ganz wesentlich zur Bereitung des Hermesstabes zurück: Der Gefühlszustand ist der fluidale Merkur ☿, der im Bild *fixiert* wird, das seinerseits vom geistigen Akt ☉ entflammt wird; das heisst, alles hängt vom Amalgam, der ebenso schnellen wie vollständigen Legierung des Gefühles mit dem Bild sowie von der *aktiven* Haltung ab, die man dem Bild gegenüber bewahren muss, auf das sich der gesamte Geist ebenso zu konzentrieren hat, wie ein Bündel Sonnenstrahlen im Brennpunkt einer Linse gesammelt wird.

Bei den theurgischen Invokationen werden die einzelnen Bilder, die die Attribute der Wesenheit oder Gottheit zum Ausdruck bringen, in der fluidalen Wahrnehmung des gesamten eigenen Wesens verwirklicht. Der Geist geht dabei von einem Bild zum anderen weiter, in einer Reihe von Verwandlungen, die die notwendige Hochpolung hervorrufen können, damit schliesslich die «Sympathie» und die Verbindung geschaffen werden.

Ein allgemeines Bild von grosser Kraft ist dasjenige eines dunklen Körpers, der sich verzehrt und immer tiefer fällt, wobei er einen anderen Körper gebiert, der aus glänzendem Licht und strahlender Kraft besteht. Eigentlich leuchtet dieses Bild immer auf, wenn eine plötzliche Todesgefahr eintritt, nur geschieht das in einem zu rasch verflogenen Augenblick, als dass das gewöhnliche menschliche Bewusstsein es erfassen könnte. Ebenso steigt es auf und flösst dem Organismus Kraft zu, während dieser sich fallen lässt und in den Schlaf versinkt. Noch ein Bild ist von starker Kraftwirkung – ja es kann sogar feindliche Kräfte im körperlichen Bereich zunichte machen: es ist das Bild eines riesigen, weissen, aus Blitzen bestehenden Skelettes.

Wenn Du mit diesen Praktiken weiterarbeitest, wird immer deutlicher in Dir das Wissen aufsteigen, dass die Gedanken und Gefühle nicht körperlose und «spirituelle» Dinge sind, die in der Luft schweben, sondern fast greifbare und bewegte Gegenstände, die man manövrieren, versetzen, projizieren, verändern, niederlegen, laden und entladen kann und die alle ihre eigene Form besitzen, die unter gewissen Umständen sogar *gesehen* werden kann.

Die magischen Bilder können auch erfunden werden, aber Du wirst sehr wohl verstehen, um wieviel wirksamer die Bilder sind, die den tatsächlichen Formen und Zeichen der von ihnen fixierten Zustände nahekommen. Wer *sieht,* kann also Bilder anempfehlen, die den stärkstmöglichen Hebel für diese mentale Magie darstellen; und er wird auch Symbole kennen, die in der Imagination plastisch verwirklicht diese so prägen und formen, dass sie einen tatsächlichen Kontakt mit den entsprechenden Kräften in Gang zu setzen vermögen. Das langsame Emporsteigen des Mondes am Horizont und die Sonne, die sich erhebt, um den Nebel der Nacht zu vertreiben, das sind zum Beispiel zwei Wege-Bilder zur Kontaktaufnahme mit kosmischen Kräften der Zerstörung bzw. Schöpfung. Die Erfahrung des Lichtes sowie diejenige des Feuers begünstigen, wenn sie in Konzentration hervorgerufen werden, die Wahrnehmung zweier Aspekte des feinstofflichen Körpers usw.

Hat der Magier alles, was im Empfinden und Wollen Begierde oder Abneigung, Sympathie oder Antipathie, Durchsetzungsgier, Gebundensein, Egoismus und instinktive Gegenreaktion ist, mit festem, ruhigem, gesammeltem, unangreifbarem Gemüte von sich gewiesen, erkennt er erhabenen Auges die Gefühle, die auf ihn niederkommen sollten, und ebenso erscheinen ihm die Gefühle der von ihm fixierten Menschen in Form von *Bildern.* Auf diese Bilder könnte er direkt einwirken; dabei genügt es, dass sein Geist sie aufnimmt und sie in verwandelter Form wiederum projiziert; es genügt, dass sein Auge sie mit einem Sehen-Befehlen in andere umdreht, damit auf verborgene, aber präzise Art und Weise eine dementsprechende Änderung in der Seele der anderen Person stattfindet.

Er kann auch – wenn er will – in sich das Bild eines bestimmten Gefühles hervorrufen, es entzünden und mit seinem Fluidum sättigen; wenn er dann bei gleichzeitiger Fixierung des Geistes auf eine andere Person innerlich dieses Bild von einem Ort wegnimmt und an einen anderen Ort versetzt und es dann im besagten Menschen im Herzen *sieht,* wird eben jenes Gefühl oder jener Zustand auf diesen übertragen.

Diese Operationen sind auch dann möglich, wenn man nicht zur Vision gelangt ist und daher mit nicht realen, sondern mit erfundenen Bildern arbeitet, das heisst mit solchen, die nicht den «Signaturen» entsprechen, vorausgesetzt, dass diese trotzdem über eine genügend hohe Suggestions- und Analogiekraft verfügen und dass man in ihnen das Entsprechungselement gut zu *fixieren* vermag, wobei allerdings auch die Aktion nicht zu sehr in die Tiefe gehen darf, da dann sehr energische Widerstände gegeben sind.

* * *

In seiner höchsten Mächtigkeit schliesslich betreibt, entflammt und ruft das Bild eine Auferstehung auch in der Welt der natürlichen Dinge hervor.

Der Urgrund der Natur ist *Begierde* ▽.

Bei der Intelligenz und beim bewussten Willen ist der Schlusspunkt der Bewegung eine Idee, ein Ziel, etwas, was sein kann, aber noch nicht ist: eine *Möglichkeit,* die es zu verwirklichen gilt. Aber das Hinzutreten der Begierde bringt Identifikation, dunkles Untergehen in der Vereinigung, unausweichliche Bedingtheit. Sie führt den Akt immer näher an die von ihm angestrebte Verwirklichung heran: Die Dauer der Bewegung verringert sich, die innewohnende Möglichkeit vermengt sich mit der Strebung und die Strebung mit der Aktion. Mit dem allmählichen Abnehmen des Zwischenraums, der die Bewegung von ihrem Ziel trennt, bleibt die Idee nicht mehr unterschieden, vermischt sich und schlägt sich (präzipitiert) im Akt und im Gegenstand nieder: Sie nimmt immer mehr die Form des Wesens an, wird zum Wesen selbst. Nichts trennt mehr den Agierenden von der Aktion, die Vorstellung von der Wirklichkeit, das Subjekt vom Objekt, und diese Intelligenz, die ganz in ihrem Akt versinkt, die durch und durch blinde Anstrengung ist und so Instinkt, Mechanismus, Automatismus und in ihren Objekten aufgesaugte, geschleuderte und krampfaufzuckende Kraft wird – *das ist der tiefe Wesenskern dessen, was Dir als Natur erscheint.* In der Natur gilt das Gesetz der völligen Identifikation und Vereinigung des Endpunktes mit dem Anfangspunkt des Aktes, die Entartung der Freiheit zur Mechanik; es ist die Ausfällung, das Präzipitieren von elementaren Intelligenzen, die alle im blinden Streben verloren sind, im Akt selbst, der sie bildet, zu verharren, das heisst also in der Urgründigkeit ihrer «Bilder». Damit schlafen, eingekerkert in der Stofflichkeit der Dinge, Zeichen und Symbole, abgrundtiefe Bilder aus Licht, Gesten der Macht und Erleuchtung, die das Gesetz der Begierde verdunkelt und in der Sphäre des unausweichlichen Schicksals gekreuzigt hat.[1]

Und eben diese Abstandsverringerung und Beschleunigung, derentwegen die Idee sich aus der Sphäre der Freiheit löst und sich zu Empfindung, Instinkt und Natur erniedrigt, stellt auch die Schnelligkeit ohne Zeit von *Akten* dar, die Deinen Geist durchlaufen, ohne dass er sie aber bemerken oder ihre Wahrnehmung festhalten kann; und derentwegen also der Geist nur *Fakten* sieht – Dinge und Wesen, die sich schon in der Gestalt der

[1] Vgl. F. Ravaisson, *De l'Habitude*[2], Paris, 1927, S. 36–40, 44–45, 47, 50–51, 60.

Äusserlichkeit, der Ex-sistenz (wörtlich: des Ausser-sich-Bestehens) darstellen – sowie materielle Bewegungen in Abfolge: also *Präzipitate,* Ausfällungen (im chemischen Sinn) der feinstofflichen Welt.

Aber wenn Du dahin gelangt bist, in Dir dem Durst, der Begierde, dem dunklen Streben, dem irrationalen Verlangen, das die Tiefe Deines Wesens beherrscht, Einhalt zu gebieten und Dich selbst an die *magische* Schnelligkeit im Erfassen und Dazwischentreten angeglichen hast, dann kannst Du Dich einer analogen Verwirklichung in der Sphäre der Natur zuwenden. Du kannst in Deinem Geiste die Akte der Wesenheiten aufhalten, bevor sie sich in Form von stofflichen Dingen niederschlagen. Dann wird Dir nicht mehr eine Welt der Materie entgegentreten, sondern eine Welt von *Bildern,* und Tat, nicht Leidenschaft wird Dein Erkennen sein. In Deinem JA (Liebe, Gleichklang) wirst Du dann die dunklen Kräfte der Wesenheiten als intellektuale Akte verklärt erleben. In Deinem NEIN (Gegensatz, Herrschaft) wirst Du, wenn Du Deine Kraft ☉ in das Bild projizierst, das den Begierdenkörper ☿ der Wesenheit aufrechterhält, eine transzendentale Umwandlung schaffen, die so zum Ausdruck kommen wird, dass alles, was in der Ordnung der Natur von jener Wesenheit abhängt, Deinem Befehl unsichtbar Folge leisten wird. Denn Deine Weihe als Losgelöster, Geheilter, Entflohener stellt eine Freiheitskraft dar, die dem Dämonentum und dem Gesetz der Notwendigkeit der aus Begierde bestehenden Kräfte überlegen ist und ihnen Einhalt gebietet.

So wird, je mehr Du Dich selbst *fixierst,* indem Du Dich von den «Wassern» losreisst, auch Deine Fähigkeit wachsen, die verschiedenen Energien und Eindrücke in ihrem feinstofflichen Zustand abzufangen und zurückzuhalten; und anstelle des Auftretens der widergespiegelten Phänomene und der von den Wahrnehmungsorganen gezeichneten Erscheinungen werden in Dir auf natürliche Art und Weise entsprechende Bilder emporsteigen: zuerst die Bilder Deiner inneren psychologischen Welt – Gedanken und Gefühle – und Dein eigenes «Bild»; tiefer dann die innerhalb der Organe und Vorgänge Deines Körpers vergrabenen Bilder; noch tiefer die Zeichen der Reiche sowie der Kräfte und Einflüsse von Natur und Sternen und der Zwölf und der Sieben.

Und wenn es Dir gegeben ist, bis zum Adeptentum vorzudringen, wird es so sein, dass überhaupt nichts mehr in unmittelbarer und zufälliger Art auf Dich wird einwirken können. Alles wird sich zuerst in der plötzlichen Erscheinung eines Bildes zeigen, das aufgenommen und gewollt sein will: so die Müdigkeit, die Liebe, die Krankheit, der Schlaf und was sonst noch aus dem unterirdischen Reich des Instinktes und des physiologischen Automatismus erwacht und aufsteigt. Gemäss dem Gesetz der Notwendigkeit wird nur etwas eintreten, von dessen Bildern Du Dich überwältigen lässt, also etwas, dessen Bild Dein Geist nicht festzuhalten vermag, um die dunkel dämonische Natur, die blinde Spontaneität darin, in *Sonne* zu verwandeln.

Pietro Negri

Der hermetische Androgyn und ein alchemistischer Bleitafelkodex italienischer Herkunft

1910 wurde eine Broschüre herausgebracht, die den Titel trug: «*Un libretto di Alchimia su lamine di piombo nel secolo XIV.* (Ein kleines Buch der Alchemie auf Bleiplättchen aus dem XIV. Jahrhundert), aufbewahrt in der Bibliothek des verstorbenen Professors und Komturs Scipione Lapi. Veröffentlicht mit Einführung, Anmerkungen und 13 Faksimiles von Angelo Marinelli, mit einem Vorwort von Prof. Cesare Annibaldi, Citta di Castello, Druckerei des Stabilimento S. Lapi, 1910, in 8°, 62 Seiten.»

Das Original des Bleitafelkodex ist «ein kleiner rechteckiger Band von 36 Seiten, die aus Bleiplättchen von ca. 1 mm Dicke bestehen und auf Vorder- und Rückseite numeriert sind». Für Marinelli und Annibaldi stammt das Büchlein zweifelsohne aus dem XIV. Jahrhundert; aber Carbonelli, der sich in einem seiner Werke (Giovanni Carbonelli, *Sulle fonti storiche della Chimica e dell' Alchimia in Italia,* Rom, 1925) dieses Buches annimmt und es mit einem anderen, ähnlichen Bleitafelkodex vergleicht, der im Diplomatenarchiv von Florenz aufbewahrt wird, führt beide Kodizes auf dieselbe Zeit zurück und meint, dass ihre Lettern der ersten Hälfte des XVI. Jahrhunderts zuzuschreiben sind. Wir hingegen glauben – und die Gründe dafür werden wir später erkennen können –, dass wenigstens das von Marinelli veröffentlichte Büchlein ein noch späteres Werk ist und aus der ersten Hälfte des XVII. Jahrhunderts stammen dürfte. Aber auch das andere Buch, über das Cesare Guasti 1859 eine Vorlesung gehalten hat, die dann in seinen *Werken* (Bd. III, Teil I, S. 93–102, Prato, 1896) abgedruckt wurde, ist, wenn überhaupt, nur wenig älter. Diese Frage ist wegen des Buchinhaltes übrigens nicht nur eine Frage blossen Gelehrtentums und hängt unter anderem mit der vom geschichtlichen Standpunkt aus ziemlich schwierigen und umstrittenen Frage der Beziehungen zwischen Hermetik und Freimaurerei zusammen.

Auf dem Umschlag des Büchleins, das einen facettierten Rücken aufweist, sieht man in der Mitte der ersten Seite das Bild der Sonne mit einem menschlichen Gesicht, das abwechselnd von geraden und geschlängelten Sonnenstrahlen umgeben ist. Auf der vierten Seite findet sich dann das Bild der Mondsichel, ebenfalls mit menschlichem Gesicht, wobei dessen spitzzulaufender Bart eine der beiden Enden der Sichel bildet. Der Text der Schrift ist von Illustrationen unterbrochen, die Marinelli reproduziert (aber nicht photographisch).

Wir werden diese Illustrationen kurz beschreiben, wobei wir aber, was die Einzelheiten betrifft, auf die Broschüre von Marinelli verweisen müssen. Dabei gehen wir in der gleichen Reihenfolge wie diese vor und wiederholen dementsprechend auch nach und nach den Text des Buches.

Das erste Plättchen zeigt eine ziemlich reich verzierte Kutsche, die von vier Pferden über die Wolken gezogen wird und worin eine bekleidete menschliche Gestalt sitzt, deren Haupt von einem helleuchtenden Glorienschein umstrahlt wird. Diese Gestalt hält in der einen Hand die Zügel und in der anderen eine mehrschwänzige Peitsche. Ihr Gesicht ist bartlos, und daher glaubt Marinelli, dass es sich hier um die Morgenröte auf ihrer Kutsche handelt, die von der Sonne, die man in der rechten oberen Ecke erkennen kann, beleuchtet wird.

Das Bild trägt am Fuss die Inschrift: *«Pater eius est Sol; mater eius est Luna»* (Sein Vater ist die Sonne, seine Mutter ist der Mond), die der «Smaragdenen Tafel» entnommen ist, die Hermes, dem «Vater der Philosophen», zugeschrieben wird. Der Wagenlenker, der die vier Pferde führt, lässt an den *«Triumphwagen des Antimon»* von Basilius Valentinus (1604) denken und vielleicht in noch präziserem Sinne an den *«Auriga ad quadrigam auriferam»* von Nikolaus Barnaud (1601). Dabei ist, wie es dem Geschmack und den Gewohnheiten der Hermetiker in vollkommener Weise entspricht, die Annäherung des Wortes *Auriga* (Wagenlenker) an das Wort *Aurum* (Gold) offensichtlich, eine Annäherung, die zwar etymologisch falsch ist, da *Auriga* mit dem Sanskritwort *Arv* = Pferd (der Läufer) in Zusammenhang steht, zur Zeit Barnauds jedoch unleugbar und bedeutungsvoll erscheinen musste. Die vier Pferde verbildlichen die vier Elemente; die Wolken zeigen an, dass sich das Geschehen nicht auf der Erde, sondern im Himmel abspielt, oder in anderen Worten, dass man nicht den irdisch-materiellen Sinngehalt zu beachten hat, sondern den spirituellen.[1]

Auf der zweiten Seite des Büchleins ist ein bärtiger und halbnackter Mann mit einer Sense abgebildet, der auf einer Erderhöhung zu Füssen eines Baumes sitzt. Auf der Brust trägt er das Zeichen von Saturn, und am Fuss des Plättchens ist die Inschrift angegeben: *Hic est pater et mater eius, sive lapis noster et philosophorum* (Hier ist sein Vater und seine Mutter oder unser Stein und jener der Weisen). Dass es sich hier um Saturn handelt, wird durch die Sense bestätigt, denn Saturn, die italische Gottheit der Saatfelder [*ab satu dictus saturnus* (Saturn wird nach der Saat benannt), Varro] trägt die Sense für das Einbringen der Ernte. Dass wir gleich zu Beginn auf Saturn stossen, dürfte

[1] Das kann auch bedeuten, dass es hier um Operationen und Elemente geht, die sich auf die feinstoffliche Ebene beziehen. (*Anm. v.* Ur)

gewiss nicht verwundern, wenn man an die *Saturnia regna* (Reiche des Saturn) des *Goldenen Zeitalters* denkt.

Alchemistisch ist Saturn das Blei, also genau jenes Metall, aus dem unser Bleitafelkodex sowie jener andere, ebenfalls von uns erwähnte Kodex auch rein materiell bestehen. Von den alten ägyptischen Alchemisten wurde das Blei als Ursprung und Schöpfer der anderen Metalle angesehen. Sein Name wurde ebenso auf alle anderen weissen schmelzbaren Legierungen sowie Metalle angewendet, also auf das Zinn (weisses Blei) wie auch auf die Blei- und Zinnlegierungen, die ebenfalls mit dem Antimon und dem Zink verbunden waren. Unser Blei ist dasjenige, das Plinius und die Alten das schwarze nannten (das scheint ja auch das Wort Blei etymologisch zu bedeuten), im Gegensatz zum weissen Blei, das heisst dem Zinn. Bleierze sind häufig auch silberhaltig, und es schien, dass, wenn man mit ihnen arbeitete, nichts weiteres zu tun wäre, als die Natur bei ihrem Verwandlungswerk zu imitieren und zu unterstützen. Das hohe spezifische Gewicht dieses Metalls, die langsame Bewegung des Planeten Saturn, der am weitesten entfernt war (Uranus und Neptun waren noch nicht bekannt), machten das Blei zu einem natürlichen Symbol für das, was in uns dicht, langsam und schwer ist, das heisst eben für den gesamten menschlichen Organismus. Dass eine solche Entsprechung feststand, ist nicht nur eine Annahme unsererseits, sondern eine Tatsache, die sich zum Beispiel auch aus dem folgenden alten französischen Sechszeiler ergibt:

Il est une partie dans l'homme
Dont le nom six lettres consomme.
Si tu y vas un P adjoiutant
Puis l'S en M permutant
Tu trouveras sans nul ambages
Le vray nom du subjet des Sages.

(Es gibt einen Teil im Menschen,
dessen Name aus sechs Buchstaben besteht.
Wenn Du noch ein P hinzufügst
Und das S in M verwandelst,
Wirst Du ohne Umschweife
Den wahren Namen der Materie der Weisen finden.)

Die dritte Abbildung unseres hermetischen Büchleins zeigt den *Rebis* oder hermetischen Hermaphroditen.

Dieses Symbol – vielleicht das wichtigste in der Hermetik – geht von Alchemist zu Alchemist bis auf Zosimos von Panopolis zurück, der am Ende des III. oder anfangs des IV. nachchristlichen Jahrhunderts in die ägyptischen Mysterien eingeweiht worden war. «Das ist das grosse und göttliche Mysterium» – sagt Zosimos – «der Gegenstand, den man sucht. Das ist alles, aus ihm (kommt) alles, und durch ihn (existiert) alles. Zwei Naturen, eine einzige Essenz; denn die eine zieht die eine an, und die eine beherrscht die eine. Das ist das Silberwasser (ἀργύριον ὕδωρ), der Hermaphrodit (ἀρσενόθηλου, von ἄρρεν = männlich und θῆλυς = weiblich), der immer entflieht, der immer zu seinen eigenen Elementen hingezogen wird. Es ist das göttliche Wasser, der ganzen Welt unbekannt, dessen Natur schwer zu ergründen ist, da es weder ein Metall ist noch aus dem immer bewegten Wasser besteht, aber auch kein (metallischer) Körper ist; es unterliegt keiner Herrschaft» (*Collection des Anciens Alchimistes Grecs,* veröffentlicht von M. Berthelot, Paris 1888, Band III, S. 146; aus dem Ms. 299 der Bibliothek San Marco von Venedig aus dem XI. Jahrhundert). Bei Zosimos bezieht sich dieser androgyne Charakter, wie man sieht, auf den Merkur (Hydragyrum der Griechen).

Dieses Symbol taucht dann in den ältesten lateinischen Alchemietexten des Mittelalters, die nichts als Übersetzungen oder unmittelbare Bearbeitungen arabischer oder hebräisch-arabischer Texte sind, wiederum auf und erhält die verschiedensten Bezeichnungen: Magnesia, Lapis Diabessi und unter anderem die eigentümliche Bezeichnung *Rebis,* also *Res bis,* das zweifache Ding. So heisst es in Schriften, die einem gewissen Rosinos (vielleicht eine Verballhornung von Zosimos) zugeschrieben werden und die sicherlich vor 1330 zu datieren sind (da Rosinos von Petrus Bonus von Pola im Jahre 1330 zitiert wird): «Nimm daher von diesem Stein, den man überall findet und der *Rebis* heisst ..., was *binas res,* zwei Dinge bedeutet, also das Feuchte und das Kalte, das Trockene und das Heisse» (*Rosini ad Sarratantam episcopum in Auriferae Artis quam Chemiam vocant antiquissimi authores, sive Turba Philosophorum,* Basel 1572, S. 333–34). Und der Alchemist Richardus Angelicus, ein Zeitgenosse von Petrus Bonus schreibt: «Der Stein ist ein einziger, eine einzige die Medizin, die nach den Weisen *Rebis* heisst, also das zweifache Ding *(res bina),* das heisst aus dem Körper und aus dem weissen oder roten Geist» (Richardi Anglici, *Correctorium in Theat. Chemicum;* 1602, Bd. II, S. 453). Und Lorenzo Ventura aus Venedig sagt: «Das, woraus man den Stein macht, wird *Rebis* genannt, das heisst, aus zwei Sachen *(res bis)* zusammengesetzt ... es besteht tatsächlich aus zwei Sachen, nämlich dem männlichen Sperma und dem weiblichen Menstruum, es wird also aus dem Roten und dem Weissen geboren ...» (Laurentii Venturae Veneti, *Liber de conficiendi lapidis philosophicis ratione* in *Theat. Chemicum,* II, 286, erste Ausgabe 1602; die Schrift findet sich auch in der Sammlung von Gratarola, 1561) Diese Aufstellung von hermetischen Autoren, die über den Rebis berichten, könnte man auf leichte Weise ausweiten; wir möchten nur noch Gaston Claveus (*Apologia Chrysopeia* in *Theat. Chem.* II. 46, Ausgabe 1602) erwähnen und Eirenaeus Philaletha (im *Introitus apertus ...,* Amsterdam, 1667, S. 63, Kap. XXIV und nochmals in der *Enarratio methodica trium Gebri medicinarum ...,* Amsterdam, 1678, S. 13).

Seit dem Beginn der zweiten Hälfte des XVI. Jahrhunderts tauchen dann in den hermetischen Büchern und Manuskripten auch zahlreiche graphische Darstellungen des Rebis auf, die alle in Form eines Androgyns ausgestaltet sind und die wir kurz behandeln wollen, um die einzelnen Spielarten zu untersuchen und damit die Herkunft und den Zeitpunkt des Androgyns festlegen zu können, der in unserem hermetischen Büchlein abgebildet ist.

Die älteste dieser Darstellungen ist, soweit wir das ausmachen konnten, in der zweiten Auflage (1593) der *De Arte aurifera* enthalten und dann in der dritten Auflage (1610) nochmals wiederholt worden. Der zweite Band dieses Werkes enthält den Text des *Rosarium philosophorum,* der dort aber irrtümlicherweise Arnaldo de Villanova zugeschrieben wird und der auch in der *Biblioteca Chemica Curiosa* (II, 87) von Manget (aber ohne Abbildungen) abgedruckt wurde, wobei es hiess, dass der Autor unbekannt sei. Es handelt sich hierbei um ein alchemistisches Werk aus dem XIV. Jahrhundert, das eine Bearbeitung, wenn nicht Übersetzung von arabischen oder hebräisch-arabischen Texten darstellt. Die zehnte Figur (*Artis auriferae quam Chemiam vocant,* Basel, 1593, II, 291; und 1610, II, S. 190) zeigt (siehe unsere Abb. 1) den hermetischen Androgyn, der aufrecht auf einer Mondsichel steht; auf seinem Rücken sind Flügel, in der rechten Hand hält er einen Kelch, aus dem die Köpfe und Hälse dreier kleiner Schlangen herausragen, und die linke umgreift eine eingeringelte Schlange. Unten rechts sieht man einen Vogel und auf der linken Seite einen kleinen Baum mit sechs Paaren von Mondscheiben und einer Mondscheibe auf dem Wipfel. Die siebzehnte Figur (S. 359 der II. Ausgabe, S. 235 der III.) ist eine einfache Variante der zehnten: Der Androgyn ist jetzt bekleidet statt nackt und steht statt auf der Mondsichel auf einem kleinen Hügel, aus dem drei Schlangen herauskommen. Durch die Beine hindurch sieht man einen alten Löwen. Der Androgyn hat Fledermausflügel, und in seiner rechten Hand zeigen sich noch die drei Schlangenköpfe und in der linken die eingeringelte Schlange; rechts unten steht ein Schwan oder ein Pelikan mit einem Jungen und auf der linken Seite der vorhin erwähnte Baum. Oben befindet sich die Inschrift: *Perfectionis ostensio* (Offenbarung der Vollkommenheit).

Der höchsten Autorität von Michael Maier zufolge «bringt» diese Figur «mit Hilfe der Inschriften in deutscher Sprache und der zweiköpfigen Gestalt männlichen und weiblichen Aussehens, die in der rechten Hand drei Schlangen und in der linken eine Schlange hält, in allegorischer Beschreibung den Grundriss der gesamten Kunst zum Ausdruck» (*Symbola Aureae Mensae duodecim nationum authore Michaele Maiero,* Frankfurt, 1617, Lib. VI, S. 274). Man vergleiche auch, was dazu «Abraxas» im VI. Kapitel S. 171 ff. berichtet hat.

Drei Jahre nach der letzten Ausgabe der *Arte aurifera* finden wir in einem berühmten hermetischen Werk eine Abbildung des *Rebis* mit einer wichtigen Neuerung, die auch auf unseren Bleiplättchen erscheint. Genauerweise handelt es sich um das Auftreten der zwei wichtigsten Symbole der Maurerei, des Winkelmaßes und des Zirkels, die an die Stelle der hermetischen Symbole treten, die sich früher in den Händen des *Rebis* befanden. Die zweite Ausgabe des *Theatrum Chemicum* (Argentorati 1613) enthält (Bd. IV, S. 468) dieses Werk unter dem Titel: *Aurelia Occulta Philosophorum Partes duo,* wobei man aber leicht erkennen kann, dass es sich um den *Azoth* des Basilius Valentinus handelt, dessen Text auch bei Manget (1702) (*Bib. Chem. Cur.* II, 217) aufscheint, wo er dem Araber Zadith zugeschrieben wird. Diese *Aurelia Occulta Philosophorum* ist mit einem Dutzend Abbildungen geschmückt, wovon die fünfte, die auch wir hier wiedergeben (Abb. 2), den *Rebis* darstellt.

Oben steht *Materia Prima* geschrieben. Die ganze Figur ist in einem Ei eingeschlossen (das philosophische Ei der hermetischen Zeugung); in der Mitte, und zwar genau im Mittelpunkt steht der *Rebis*, bekleidet, mit den Füssen auf dem Rücken eines geschwänzten und geflügelten Drachens mit vier Beinen, dessen Maul Feuer speit. Der Drache wiederum steht auf einer geflügelten Kugel, in deren Kreis ein Kreuz, ein gleichseitiges Dreieck und ein Quadrat eingezeichnet sind. An der oberen und unteren Spitze des Kreuzes stehen die Ziffern 1 und 2 geschrieben und längs der Umfangslinie des Dreiecks und des Quadrates die Ziffern 3 bzw. 4.

Der *Rebis* des Basilius Valentinus hält in seiner Rechten einen Zirkel und in seiner Linken ein Winkelmass. Die rechte Seite entspricht dem männlichen Teil der Figur (ein Detail, das auf dem Plättchen des italienischen Alchemiebüchleins spiegelverkehrt erscheint). Auf der Brust des Androgyns steht *Rebis* geschrieben; interessant ist dabei, dass das Wort *Rebis*, von rechts nach links geschrieben, alle Buchstaben umgedreht hat und sich so zeigt, wie eine Schrift erscheinen würde, wenn man sie durch durchsichtiges Material von hinten oder in einem Spiegel betrachtet. Von der Mitte der Brust gehen Strahlen aus, die zu den astrologischen Symbolen der sieben Planeten oder zu den alchemistischen der sieben entsprechenden Metalle hin verlaufen, die ihrerseits rundherum im Kreise angeordnet sind, wobei sie von links (der weiblichen Seite) beginnend in aufsteigender und dann absteigender Reihe wie folgt auftreten: Saturn, Jupiter, Mond, Merkur, Sonne, Mars, Venus. Damit steht das Zeichen des Merkur am höchsten Punkt in der Mitte, zwischen dem weiblichen und dem männlichen Kopf. Gleich nach dieser Tafel folgt eine lange, aber sehr rätselhafte Erklärung, die wir aus Platzgründen nicht wiederholen möchten.

Der *Rebis* wurde in der Variante des Basilius Valentinus auf Grund seiner Wichtigkeit schnell ein vielgebrauchtes hermetisches Symbol. Ob er in der deutschen Ausgabe der *Occulta Philosophia* des Basilius Valentinus aus dem Jahre 1613 erscheint, wissen wir nicht. In der französischen Fassung des *Azoth*˙ (Paris 1624, zweite Ausgabe 1659) und in der dritten Ausgabe des *Theatrum Chemicum* (1659–61) ist er jedenfalls zu finden. Er taucht ebenso im CXL. Stich auf, der am Schluss des III. Bandes der *Basilica Philosophica* des Mylius (1620) enthalten ist und wurde daher auch gemeinsam mit den anderen Abbildungen der *Basilica* im *Hortulus hermeticus* des Daniel Stoltz (Frankfurt, 1627) neuerlich abgedruckt. Es wäre ein leichtes, die Aufzählung dieser Wiedergaben des *Rebis* von Basilius Valentinus zu vervollständigen und bis zu den neuesten Autoren fortzuführen (Silberer, Poisson und Wirth); aber es soll uns genügen festzustellen, dass dieses Symbol erst 1613 in Erscheinung trat und sich dann in der ersten Hälfte des XVII. Jahrhunderts rasch verbreitete.

Der auf dem Blatt des italienischen Hermetikbüchleins dargestellte Androgyn ist eine offensichtliche Ableitung davon, und nur die grobe Ausführung der Zeichnung kann Veranlassung gewesen sein, ihre Entste-

Der hermetische Androgyn aus dem *Rosarium Philosophorum.*
Wiedergabe aus dem II. Band, S. 291 der
Artis Auriferae quam Chemiam vocant, Basel 1593.

hungszeit vorzudatieren, wie es Marinelli und zum Teil Carbonelli gemacht haben.

Auch die am Ende stehende Inschrift ist ganz klar der Abbildung aus der *Aurelia Occulta Philosophorum* entnommen.

Der *Rebis* des Basilius Valentinus unterscheidet sich von den vorangegangenen Darstellungen des hermetischen Androgyns und besonders von denjenigen aus der *«Artis Auriferae»* durch die Symbole maurerischen und nicht alchemistischen Charakters, die die zusammengerollte Schlange und die drei Schlangenköpfe sowie bei anderen Varianten andere Symbole ersetzen. Eine weitere Neuheit – ohne dabei den Bereich der hermetischen Symbolik zu verlassen – besteht in den sieben den *Rebis* umgebenden Planeten sowie im Drachen und in der geflügelten Kugel unter dem *Rebis.*

Dieser Drache und diese Kugel finden sich in der Abbildung unseres Büchleins allerdings ebensowenig wie das Wort *Rebis* auf der Brust des Androgyns.

Statt dessen ist dieser *Rebis* mit einem Auge an jedem Ellbogen versehen, was offenbar ein Sehen versinnbildlichen soll, das nichts mit dem gewöhnlichen gemein hat; darüber hinaus findet man auf den beiden Oberschenkeln, entsprechend der männlichen bzw. der weiblichen Seite des Androgyns, grob gezeichnet die zwei Geschlechtsorgane, das männliche und das weibli-

Der *Rebis* des Basilius Valentinus: Wiedergabe aus der *Aurelia Occulta Philosophorum Theatrum Chemicum,* Argentorati, 1613, Bd. IV.

che. Oberhalb der Vulva ist eine von einem Kreuz gekrönte Kugel zu sehen und oberhalb des Penis eine Raute. Diese vom Kreuz gekrönte Kugel mit einer Raute daneben stellt ein Symbol des Antimon dar (vgl. *Theatro d'Arcani* des Arztes Lodovico Locatelli, Bergamo, 1644, S. 409); das heisst, das Antimon und nicht mehr das Blei wäre also im offensichtlichen Widerspruch die *prima materia sapientis* (die Ausgangsmaterie des Weisen). Dass es sich tatsächlich um das Antimon handelt, wird durch die erste Tafel des florentinischen Bleitafelkodex bestätigt, die ein gleichseitiges Dreieck mit der Spitze nach oben und längs den Seiten neun Buchstaben zeigt. Oberhalb steht geschrieben: *Benedicta* (sic) *lapidem Prima materia est* (fehlerhaft: Lobe den Stein, er ist die Anfangsmaterie).* Die neun Buchstaben (*neun* ebenso, wie auch *neun* die Bleitäfelchen dieses Kodex sind) bilden das Wort *Antimonio*; eigenartig ist, dass weder Guasti noch Carbonelli das bemerkt haben. Unter dem Dreieck steht dann geschrieben: *Ego sum Ambasagar, quo dabo a tibi veri secretum secretissimum noster*; es handelt sich hier um ein sehr fehlerhaftes Latein, das besagen will: Ich bin Ambasagar, und ich werde Dir unser wahrhaftiges allergeheimstes Geheimnis eröffnen.

* oder: *Benedicta lapidem* (sic): (da *lapis* richtig wäre) *Prima materia est* = Die Prima materia ist der gelobte Stein.

Der kleine florentinische Traktat schliesst mit der Bemerkung, dass die Materie, mit der man arbeiten soll, «geringen Preises ist und Saturn, Vater und Sohn, genannt wird» und fügt noch hinzu: «Siehe das Dreieck»; damit setzt er Blei (Saturn) und Antimon gleich. Dasselbe macht das Büchlein von Marinelli, das auf Seite VII sagt: «Diese Materie heisst auserwähltes und unreifes Erz, oder euer Saturn est hoc ♁ ◊ (est hoc: = ist dieses), das ist schwarze erzhaltige Erde.» Die Gleichsetzung von Saturn und Antimon geschieht übrigens dem Grunde nach schon im *Liber Secretus* des Artefius, der der erste (XI. Jahrhundert) ist, der das Wort *Antimon* verwendet, das vielleicht vom arabischen *athmond* oder von *ithmi* (στίμμι) unter Hinzufügung vom *al* abzuleiten ist. Auch diese Gleichsetzung bringt uns wiederum zu Basilius Valentinus, zu seiner Zeit, zu seinem *Wagen* und seinem *Regulus* (kleiner König) *des Antimon* zurück. Schmilzt man nämlich Golderz gemeinsam mit *schwarzem Schwefel*, das heisst mit Antimonerz ($Sb_2 S_3$, Grauspiessglanz, rohes Antimon), bildet der Schwefel Verbindungen mit allen fremden Metallen, wie auch das im Erz enthaltene Gold sich mit dem freigewordenen metallischen Antimon verbindet (*Regulus Antimonii* der Alten = der kleine König des Antimon. Regulus ist ein im Schmelztiegel zurückbleibender metallischer Rest, auch gereinigtes Metall, Anm. d. Übers.) und einen «kleinen König», das heisst einen kleinen Klumpen aus Antimon und Gold ergibt. Es genügt nun, diesen «kleinen König» in geeigneter Weise zu erhitzen und durch Ausnützung des niedrigeren Schmelzpunktes und der grösseren Flüchtigkeit des Antimon das Gold abzuscheiden. Dieser Schmelzvorgang mit (der Schwefelverbindung des) Antimon hiess das Königsbad oder Sonnenbad *(balneum solius regis)*; und das Antimon, mit dessen Hilfe sämtliche Metalle verschwanden und nur das Gold blieb, wurde der *Wolf* genannt, der alle Metalle verschlang.

Was Ambasagar betrifft, so hatte es sich Guasti in den Kopf gesetzt, dass er der Autor des Traktats zu sein habe, obwohl er eingestand, dass er weder den Autor noch sein Originalwerk zu finden vermocht hatte. Der Schlüssel zum Geheimnis wird vom IV. Blatt des Alchemiebüchleins von Marinelli gegeben, das wir hier nicht wiedergeben: «Auf der vierten Abbildung – sagt Marinelli – sieht man einen von einem flatternden Tuch nur dürftig bekleideten Mann, der in der rechten Hand eine mit einem Kreuz geschmückte Kugel und in der linken eine Uhr hält, wobei beide Ellbogen je ein Auge zeigen – eine offensichtliche, wenn auch eigenartige Versinnbildlichung der Zeit.»

Darunter trägt das Blatt die Inschrift: *Ego sum Tubalchaimo qui dabo tibi verissimum secretum secretissimum nostrum* (Ich bin Tubalkain, und ich werde Dir unser wahrhaftigstes geheimnisvollstes Geheimnis eröffnen). Es handelt sich also um denselben Wortlaut wie im florentinischen Kodex, dieses Mal allerdings ohne Fehler, und statt Ambasagar findet sich der Name Tubalkain. In der rechten Hand trägt diese Gestalt das erste Symbol des Antimon; in der linken eine am oberen Ende halbkreisförmig zugeschnittene Tafel, worauf ein Symbol steht, das Marinelli für eine Uhr gehalten hat, in dem Carbonelli aber die Zeichen des Feuers △ und des Goldes ☉ erkennt. Dessen Kreis ist jedoch einem Quadrat eingeschrieben, was das von einem Dreieck überhöhte Quadrat und somit ein weiteres, im XVII. Jahrhundert gebräuchliches Symbol des Antimon in Erinnerung ruft. Man kann dazu feststellen, dass sich diese vier Elemente: der Kreis, das Kreuz, das Dreieck und das Quadrat in einer anderen Anordnung ebenso innerhalb der geflügelten Kugel des *Rebis* von Basilius Valentinus abgebildet finden; und man kann im Kreise innerhalb des Quadrates vielleicht auch eine Versinnbildlichung der *Quadratur des Kreises* sehen als ein weiteres Symbol, das gerade in der ersten Hälfte des XVII. Jahrhunderts in einem hermetischen Sinn verwendet wurde (vgl. MICHAEL MAIER, *De circulo phisico quadrato, hoc est auro* ..., Oppenheimii, 1616). Man muss jedoch darauf hinweisen, dass auf dem Plättchen in Tat und Wahrheit nicht ein Kreis gezeichnet ist, sondern eine Spirale, und wenn das absichtlich geschehen ist und nicht aus blosser Unerfahrenheit des Künstlers, muss man sich einer ganz anderen Deutung zuwenden. Die Spirale ist nicht eines der gewöhnlichen Symbole der Alchemie oder Hermetik; sie kennzeichnet den *Wirbel* des Lebens; und in das Quadrat als Symbol der Form und unterhalb des Zeichens △ für das hermetische Feuer gestellt, symbolisiert sie den Wirbel des Lebens in der ununterbrochenen Schöpfung im Spiel der zwei gegensätzlichen Aspekte der Form, die durch die zwei Paare entgegengesetzter Seiten des Quadrates verbildlicht werden.

Was Tubalkain betrifft, ist er eben jener «Hämmerer und Schmied in allen Erz- und Eisenarbeiten», von dem die Bibel spricht (1 *Moses* 4, 19–22). Hier noch ein kurzer Abriss, in welcher Art und über welche Titel verfügend er seinen Platz auf dem alchemistischen Blatt überhaupt einnahm. Im XVI. und XVII. Jahrhundert versucht der grösste Teil der Gelehrten alle Sprachen durch Ableitung aus dem Hebräischen zu erklären, da dieses, wie bekannt, von Adam und Eva sowie dem Ewigen Vater zur Zeit des irdischen Paradieses verwendet wurde und somit der Ursprung aller anderen Sprachen sein musste. Diesen Vorstellungen zufolge wurde Tubalkain mit Vulkan gleichgesetzt, und zwar sowohl auf Grund der phonetischen Ähnlichkeit als auch deshalb, weil Vulkan ebenfalls der Schmied der Götter gewesen war. «Vulkan ist offensichtlich aus Tubalkain gebildet worden», schreibt Johann Funger in seinem *Etymologicum Trilingue,* Frankfurt, 1605 (siehe S. 859, 916, 917 der Ausgabe 1607). Und zwanzig Jahre danach findet sich wiederum diese Gleichsetzung in einem anderen, noch weiter verbreiteten Buch der Etymologie: «Tubalcain, Thybalkain, das heisst *terrenus possessor,* also Vulkan, Meister des Kupfers und der Metalle ...» (Christiani Becmani, *Manudutio ad latinam linguam,* fünfte Ausgabe 1672, S. 1124; erste Ausgabe 1626) und Samuel Bochart: «Vulkan ist Tubalkain, wie schon der Name selbst zum Ausdruck bringt» (S. BOCHART, *Opera Omnia,* 1712, Bd. I, S. 399; erste Ausgabe 1646). Diese Angleichung wird auch von Vossius (1662), von Stillingfleet (1662) usw. gemacht.

Während die Gelehrten Tubalkain mit Vulkan gleichsetzten, schrieben ihm die Alchemisten und Hermetiker einen alchemistischen und hermetischen Charakter zu. Gerhard Dorn (zweite Hälfte des XVI. Jahrhunderts) nennt «jenen dem Vulkan gleichen Abraham Tubalkain einen Alchimisten,

Astrologen und höchsten Arithmetiker, der ... die verschiedenen Künste und Wissenschaften aus Ägypten ins Gebiet von Kanaan brachte» (G. Dornei, *Congeries Paracelsicae* in *Theatr. Chem.,* 1613, II, 592 – Dorns Schriften erschienen 1567–69). Michael Maier berichtet (*Symbola Aureae Mensae,* 1617, S. 22), dass nicht ohne Grund «von vielen die erste Verwendung der Chemie Tubalkain zugeschrieben wird». Olaus Borrich, Historiker und Verteidiger der Alchemie, setzt Vulkan und Tubalkain ebenfalls gleich (*De Ortu et de progressu Chemiae,* Hafniae, 1668). Diese Gleichsetzung und dieser alchemistische Charakter Tubalkains blieb im gesamten XVIII. Jahrhundert ziemlich gebräuchlich. Darauf ist wahrscheinlich auch zu einem guten Teil die Einführung von Tubalkain als «Kennwort» maurerischer Logen Frankreichs und des Rheingebiets zwischen 1730 und 1742 zurückzuführen. Zuerst taucht es nämlich im *Ordre des Franc-Maçons trahi ...,* Genf, 1742 und in *Der Neu-aufgesteckte Brennende Leuchter ...,* Leipzig, 1746 auf, das heisst zu einem Zeitpunkt, an dem in der Maurerei, vor allem auf dem Kontinent, die ausgeprägt hermetischen Grade zu blühen begannen.

Der Tubalkain unseres Bleiplättchens ist also der Tubalkain, Erfinder der Kunst, die Metalle zu bearbeiten, und damit auch der Erfinder der Metallverwandlung, deren Geheimnis eröffnen zu können, er sich mit gutem Recht rühmen mag; aber auch diese Gleichsetzung führt mich mehr oder weniger zur ersten Hälfte des XVII. Jahrhunderts zurück, als eben Tubalkain am höchsten im Kurse stand; und damit passt alles zusammen, um eben jenen Zeitraum als Datum für die Herstellung unseres alchemistischen Büchleins anzunehmen.

Der Ambasagar des zweiten Bleitafelkodex könnte vielleicht *ambus agar* heissen = ich möge veranlasst werden beide (Operationen) – die *albedo* (Weissung) und die *rubedo* (Rötung) – durchzuführen; oder vielleicht sollte der Name auf Grund eines nicht ungewöhnlichen und allein dastehenden Fehlers auch *ambas agam* lauten = möge ich beide Operationen durchführen. Es kann aber schlussendlich auch so sein, dass die neun Buchstaben, wie beim ebenfalls neunfach gegliederten *vitriolum,* die Anfangsbuchstaben irgendeines hermetischen Leitsatzes darstellen. Es scheint uns beinahe sicher, dass diese Wörter: Tubalkain, Antimonio, Ambasagar, Vitriolum, absichtlich aus neun Buchstaben zusammengesetzt worden sind, und der Schluss unseres Büchleins lässt auch erahnen warum. Die Überlieferung, die dem Namen der «prima materia» neun Buchstaben zuschreibt, ist ziemlich alt; die griechischen Alchimisten wiesen so auf sie hin:

'Εννέα γράμματ'ἔχω, τετρασύλλαβος εἰμί, νòει με · Αἱ τρεῖζ μὲν πρῶται δύο γράμματ' ἔχουσιν ἑκάστη, Αἱ λοιπαὶ δὲ τὰ λοιπὰ · καί εἰσιν ἄφωνα τὰ πέντε · Οὐκ ἀμύητοζ ἔσῃ τῆζ παρ' εμοί σοφίας ·

(Ich habe neun Buchstaben, bin viersilbig und Du erkennst mich: während die ersten drei (Silben) aus je zwei Buchstaben bestehen, besteht die noch verbleibende aus dem Rest; fünf Konsonanten sind insgesamt. Du wirst in die Weisheit, die ich besitze, eingeweiht werden.)

Der Schlüssel dieses Rätsels ist das Wort ἀϱ-σε-νι-ϰόν = Arsenikon, das aus neun Buchstaben, vier Silben, vier Vokalen und fünf Konsonanten besteht. Arsenik war der alte Name des Auripigments (*auri pigmentum* = latein. Goldfarbe), der eine Arsenschwefelverbindung ist und auf Grund des gleichen Verhaltens als ein zweiter Merkur angesehen wurde. Es ist leicht zu erkennen, dass das Wort am-ba-sa-gar aus der gleichen Anzahl Buchstaben, Vokalen und Konsonanten besteht und silbenmässig mit ar-se-ni-kon ähnlich ist. Mit einigen Abweichungen unterliegen dem gleichen Aufbaugesetz auch die Wörter Tubalkain, Vitriolum, Antimonio und andere von geringerer Bedeutung in der hermetischen Literatur, wie zum Beispiel ἀμ-πε-λῖ-τις = *terra vinealis* (Erde des Weinstocks), was von den Hermetikern des XVIII. Jahrhunderts auch als wahre Lösung des oben wiedergegebenen Rätsels angesehen wurde. In den alchemistischen Manuskripten finden wir ebenfalls Spuren dieser Überlieferung, so zum Beispiel in einem Bild Gebers in einem alten Manuskript, das von Carbonelli (*a.a.O.* S. 57) wiedergegeben wird und das am unteren Ende das Wort: *Riovrabet* trägt.

* * *

Das fünfte Blatt des alchemistischen Büchleins enthält nur diese Worte: *Benedictam Lapidem LAPIS NOSTER* (fehlerhaftes Latein: Der gesegnete Stein ist unser Stein): *Benedictus qui venit in nomine Domini* (gesegnet sei, wer im Namen des Herrn kommt). Dann beginnt der Text, unterteilt in sieben kleine Kapitel, die wir hier wiedergeben, wobei wir immer wieder einige Anmerkungen hinzufügen wollen. Das erste Kapitel dient als Vorrede zu den fünf, die nachfolgen und die den einzelnen Operationen gewidmet sind. Das letzte macht den Abschluss, wenn es nicht gar eine spätere Hinzufügung ist. Das erste Kapitel erstreckt sich auf die Blätter VI–XII des Büchleins. Hier der Text:

Das Grosse Werk vollzieht man auf nasse oder auf trockene Art.[1] Die erste geschieht mit Hilfe von reinem Tau, Hagelwasser oder fior coclis.[2]

Die zweite Art erfolgt mit Hilfe von Materie, die von der Natur, was das metallische Werk betrifft, unvollkommen aufbereitet wurde:[3]

[1] Auch heute noch unterscheidet man in der Chemie die Analyse auf trockenem Weg von der Analyse auf nassem Weg. Zum nassen Weg und trockenen Weg im hermetischen Sinne vgl., was «Abraxas» im II. Kap. S. 67ff. geschrieben hat.

[2] Der Text sagt *«fior coclis»*, aber es handelt sich um einen offensichtlichen Irrtum. Richtigerweise sollte es *«fior coeli»* «Blume des Himmels» heissen. *Flos coeli* (*flos = lateinisch, fior = italienisch*) ist nämlich ein alchemistischer Begriff, der eine Art Manna bezeichnet. Hermetisch gesehen handelt es sich um die himmlische Gnade, die sich auf den Mystiker senkt, wie der Tau vom Himmel fällt, um die trockene Erde zu tränken. Bei den Mystikern spürt man tatsächlich etwas unbestimmt Tauhaftes und Nasses, das, um die Wahrheit zu sagen, für die Schüler des trockenen und königlichen Weges nicht gerade sehr sympathisch ist.

[3] Nach der Lehre der Alchemisten bilden sich die Metalle im Leib der Erde; die Natur will immer die Vollkommenheit, aber manchmal bleibt das metallische Werk unvollkommen, und

Diese Materie wird auserwähltes und unreifes Erz oder euer Saturn est hoc (ist das) ♁ ◇ genannt, das ist schwarze erzhaltige Erde[4], die grün schimmert, fest und schwer ist und Mafesia[5] oder saturnischer Markasit[6] genannt wird. Wenn diese Materie von der Natur des Leibes der Erde mehr zusammengekocht und nicht zufällig mit Unreinheit vermischt worden wäre, würde sie die heilige Sonne und der Mond sein: denn Saturn ist der erste Anfang der Metalle und wird deshalb aussätziges Gold ☉ genannt.[7]

Dieses muss man vor allem von besagtem Aussatz und von anderen Unreinheiten reinigen: das ist die einfachste und kürzeste Art und Weise. Und da man das Gold ins Werk setzen will, muss es wiederum zu Samen werden,[8] damit sich die Prima Materia so vermehrt, wie es für diese Erde eigentümlich ist; und daraus muss man den wahren Merkur oder das klare

der Alchemist muss dieses unreife Erz aufnehmen und umwandeln. Genau das gleiche geschieht in der Hermetik und muss mit unserem Saturn gemacht werden.

[4] Das Wörterbuch von G. Johnson (vgl. Mangeti, *Bibliot. Chem. Curiosa,* 1702) sagt: Das Antimon heisst Bleihefe sowie Merkur, Markasit, Bleierz, totes Blei, «Schwarze Erde». Diese ist nur grün, da sie unreif ist, ist fest, weil sie noch nicht gereinigt ist, und schwer, weil sie dem erdhaften Gesetz der Schwere unterliegt.

[5] Fehlerhaft statt Magnesia.

Das Wörterbuch des Johnson sagt nämlich (Mangeti, *Bibliot. C. C.,* I, 250): *«Magnesia communiter est marcasita»* (Magnesia ist im allgemeinen Markasit).

[6] Heute versteht man unter *Markasit* (weisser Pyrit) eine Schwefel-Eisen-Verbindung, die sich vom gewöhnlichen Pyrit unterscheidet, da sie nach einem anderen System kristallisiert. Aber früher bezeichnete dieses Wort mehrere Arten von Erzen, die Schwefelverbindungen verschiedener Metalle enthielten. «Markasit», sagt Johnson (Mangeti, I, 250) «ist eine unreife metallische Materie von vielerlei Art ...»; und eine anonyme Epistel, die in der dritten Ausgabe des *Theatrum Chemicum* (VI S. 475) zu finden ist, sagt: «Ausser dem gemeinen Blei gibt es noch ein anderes, mit dem sich die Philosophen beschäftigen, und das ist die Magnesia. Magnesia ist nämlich schwarze Erde mit weissen Augen. Diese schwarze Erde ist das Bleimarkasit oder das Antimon. Das Antimon ist nämlich das Blei, von dem die Philosophen sprechen und aus dem man das rotfarbige vegetabile Argentum vivum (lebendiges Silber) zieht, das die Geheimnisse der Geheimnisse in sich trägt.»

[7] Der Aussatz (Lepra) zernagt die Glieder und führt den Tod herbei.

[8] Das heisst, es muss die Fähigkeit sich zu vermehren erlangen. Nach der Lehre der alexandrinischen Alchemisten bestand der Vorgang des Goldmachens in einer *diplosis*, einer Verdoppelung. Tatsächlich genügt eine kleine Menge Antimondampf, die aus einem Bad geschmolzenen Antimons entweicht, um die Verformbarkeit des Goldes zu verändern, da sich das Antimon mit dem Gold sehr leicht verbindet; aufgrund der damaligen unvollkommenen Scheidemethoden konnte es so aussehen, als ob sich die Menge an Gold vergrössert hätte. Analog dazu vermehrt sich auch in der Hermetik das Gold durch das Bad in *unserem* Antimon.

«Das Gold» – sagt der Kosmopolit (*Novum Lumen Chemicum*, X, 1604) – «kann Frucht und Samen geben, womit es sich mit dem Fleiss des weisen Künstlers vermehrt, der es vermag, die Natur vorwärtszudrängen; aber damit das geschehen kann, wenn im erstarrten metallischen Körper der Geist nicht hervorkommt, muss man zuerst den Körper auflösen, damit sich seine Poren öffnen und die Natur wirken kann. Zwei Arten von Lösungen gibt es, eine natürliche und eine gewaltsame» (die alle anderen umfasst). «Die natürliche besteht darin zu veranlassen, dass sich die Poren des Körpers in unserem Wasser öffnen, so dass der digerierte Samen hervorkommt und seine Matrix formt. Unser Wasser ist himmlisches Wasser, das die Hände nicht nass macht, nicht gemeines Wasser ist es, sondern vom Regen stammendes (das heisst vom Himmel herabkommend). Der Körper ist das Gold, das den Samen hervorbringt.»

Vgl., was dazu «Luce» im Kap. I und «Abraxas» in den Kap. III und IV sagen.

Wasser im königlichen Bad gewinnen.[9] Diese Materie findet man an verschiedenen Orten, wo man nach Zinn und Blei gräbt, aber am vollkommensten vor allen anderen an einem Ort.

In Böhmen, nahe bei Prag, gibt es eine überaus gute Fundstätte von Blei, ähnlich wie Butter, aber schwarz und mit einem sehr sauren Geist.[10] Viele haben im unversehrten Behältnis des Saturn diese Materie gefunden, die jungfräuliches Blei ist und Saturno pater, et Saturno filii (Saturn Vater und Saturn Sohn) geheissen wird.

Die erste Operation wird auf den Blättchen XIII–XVII des Buches beschrieben.

Am Anfang des XIII. Blättchens steht: *Si volunt Procedere fiat totum in nomine Domini*. Erstes Werk; das heisst: Wenn sie weiter fortschreiten wollen, geschehe alles im Namen des Herrn. Und hier der Text:

I. Werk

R.^{e} ⌓[11] das Zentrum dieser Materie → ♁ ◇, arbeite, als ob es im Leib der Erde selbst wäre; nachdem Du sie Sorgfalt feinstens[12] pulverisiert und durch

[9] Chemisch gesehen muss man das Erz in Wasser umwandeln, das heisst, man muss es verflüssigen; und das geschieht mit dem Bad des Königs oder der Sonne, indem man das Erz gemeinsam mit schwarzem Schwefel (Grauspiessglanz) schmilzt. Die Erfahrung lehrte, dass die chemische Reaktion durch die Verflüssigung oder das Schmelzen erleichtert, wenn nicht überhaupt erst möglich wurde.

Zur Hermetik siehe, was «Abraxas» im III. Kap. S. 93ff. und über die «Erste Extraktion des Merkurs aus dem Erzlager» schreibt. Der wahre Merkur ist *unser Wasser*, das klare Wasser (griech. *Hydragyrum* oder Silberwasser) oder auch durchsichtiges Wasser. Vgl. mit dem oben wiedergegebenen Abschnitt des Kosmopoliten. Aus dieser *Lösung* besteht die *Lösung* des Problems. Einer der Leitsätze, die aus dem italienischen übersetzt und der lateinischen Ausgabe Lyon 1548 der zwei Dialoge von Giovanni Braccesco *(De Alchemia Dialogi duo)* vorangestellt wurden, besagt: «Aus der Lösung des Vitriolum ergibt sich ein zweifacher Dampf *(fumus)*, und diese beiden Dämpfe werden von den Philosophen Schwefel und Merkur genannt.»

[10] Hier soll ein Punkt gemacht werden, da der Einschub endet. Der folgende Satz hat einen deutlich hermetischen Charakter.

[11] R^{e} = für *recipe* = nimm. Man muss sich auf das Zentrum (Herz) unseres Saturn oder Antimon beziehen oder sich dahin versetzen, als ob man sich im Leib [die *interiora* (das Innere) des B. Valentinus] befände. Das Symbol dieser Erde besteht aus jenem der Erde ♁, das heisst aus der vom Kreuz gekrönten Kugel, dem Symbol der Weihe, des Ausgleichs und der Neutralität, die man schon vorgängig erlangt hat (indem man sich eben ins Zentrum versetzt und sich von der Empfindung des Umkreises abtrennt), und aus dem Symbol ◊, das vielleicht das Ergebnis des Nebeneinanderstellens der zwei Symbole △ und ▽ ist und damit in einem gewissen Sinne nochmals dieselbe Vorstellung wiederholt.

Zwischen den Wörtern *Sie* und *Sorgfalt* fehlt wahrscheinlich das Wort *mit*.

[12] Das ist die Umwandlung und Scheidung des Subtilen und Dünnen vom Groben und Dicken, wovon die *Smaragdene Tafel* spricht. Es ist der Übergang zum *fluidalen Zustand und Körper*, von denen «Abraxas» schreibt.

ein ganz engmaschiges Sieb aus Seide[13] passiert hast, gebe man sie in ⌒ und lege 🜂 [14] an, und indem man auf ganz starkes Feuer übergeht, destilliere man bei offenem Gefäss, wobei man um das Sieb herum nichts verkittet: Diese Operation nennt man die Extraktion der Elemente:[15] Die Retorten müssen, um dem Feuer widerstehen zu können, am Boden fest verkittet sein,[16] und das Feuer muss sechzehn Stunden dauern. Am Anfang muss es sich um leichtes Kohlenfeuer handeln, bis der Geist oder Merkur hervorkommt,[17] am Schluss muss das Feuer aus Holz sein und ganz stark brennen, damit sich der 🜍 in der Retorte festsetze:[18] der Geist muss im o=o [19] gut verschlossen bleiben, und den Schwefel kratze mit grösster Sorgfalt für das zweite Werk ab.

Das Kapitel schliesst mit einer Illustration: ein Stern mit sieben Zacken, und einer jeden Zacke entsprechend stehen die Symbole der sieben Planeten, und zwar in der gleichen Reihenfolge und Anordnung wie im Rebis des Basilius Valentinus. Alle Sternzacken sind zum Sternmittelpunkt hin in zwei Hälften geteilt, wobei die eine hell und die andere dunkel ist. Innerhalb des Sterns befindet sich ein Kreis, der ein in Windeln gehülltes Kind zeigt, dessen Kopf eine Krone trägt. Im Kreise steht dazu noch geschrieben: *Qui Rex natus a Philosophis is Lapis Noster,* das heisst: Dieser König geboren von den Philosophen ist unser Stein.[20]

Das XVIII. Plättchen trägt den Leitspruch: *Infantem natum debes alimentare usque ad aetatem perfectam,* das heisst: Das jetzt geborene Kind muss bis zum vollendeten Alter ernährt werden. Es folgt das zweite Werk auf den Plättchen XVIII–XX–XXI.

[13] Dieses ganz engmaschige Sieb scheint uns den *Poren* unseres metallischen Körpers zu entsprechen, die der Kosmopolit im oben wiedergegebenen Passus beschreibt, die Poren also, die sich öffnen müssen, um den Körper aufzulösen. Dazu kommt, dass unter *uns* mehr als nur einer auch die «sichtbare» Wahrnehmung dieses Siebes erlebt hat; selbst der Schreiber dieser Zeilen hat persönlich und wiederholt eine solche Wahrnehmung gehabt. Manch einer mag an einen Zusammenhang zwischen dem *Sieb* der Eleusinischen Mysterien und dieser *chymica vannus* (wörtlich: chemisches Sieb, gleichzeitig Titel eines der wesentlichsten alchemistischen Werke, Amsterdam 1666, Anm. d. Übers.) denken, aber wie einleuchtend dieser Zusammenhang auch wirken mag, erscheint er uns doch nicht wahrhaftig begründet zu sein.

[14] Man gebe sie in die Retorte und lege Feuer an; das ist der zweite Zustand oder die Entflammung, von der «Abraxas» im VI. Kap. S. 174 berichtet.

[15] Des Merkur ☿ oder des klaren Wassers und des inneren Feuers oder 🜍.

[16] Der hermetische Verschluss, der das Innere des Gefässes vom Äusseren isoliert.

[17] Anfangs muss das Feuer langsam und sanft sein (vgl. «Abraxas», Kap. III, S. 92ff.), denn *zuerst* muss der Geist oder Merkur hervorkommen bzw. extrahiert werden.

[18] In der zweiten Phase muss das *Feuer* sehr stark sein, damit der Schwefel 🜍 an die Retorte stösst und dort anhaftet.

[19] Man muss gut aufpassen, dass sich der Geist nicht über das Erdrohr verflüchtigt.

[20] Das ist das *infans secundae generationis* (das Kind der zweiten Geschlechterfolge des Kosmopoliten *Nov. Lumen Chemicum,* X); das ist der *Regulus* (der kleine König) des Antimons des Basilius (wörtlich = kleiner König) Valentinus. Das ist das göttliche Kind, von dem «Luce» im II. Kap. S. 65 schreibt.

II. Werk

Nimm Deinen 🜍 und reinige ihn, indem Du ihn drei Male übereinander sublimierst, wobei Du das, was am Boden ist, gemeinsam mit dem, was dann aufgestiegen ist, jedes Mal wiederzurückführst. R.e den Geist, der ☿ ist, und versetze ihn mit zehn Gran dieses Schwefels,[21] stelle ganz tief und dann vierzig[22] Tage lang in einen Alembicus mit blindem Helm: Sind die erwähnten vierzig Tage vorbei, grabe man es heraus, und an Stelle des Blinden Helmes setze man einen geschnäbelten auf, destilliere alles und entferne den Bodensatz. Man achte darauf, dass bei der Destillation der Behälter nicht verklebt, und auch im Alembicus verkitte man nicht: Ist das vollbracht, gebe man (alles) in ein gut verschlossenes Glas an einem kühlen versteckten Ort, damit die Geister nicht ausströmen und zirkulieren.

Das Kapitel endet mit der folgenden Zeile:
Hic est donus Dei optimum (Das ist das beste Geschenk Gottes).
Die Plättchen XXII, XXIII und XXIV enthalten das:

III. Werk

R.e so viel an Gewicht von Deinem 🜍, wie Du über Menge Deines ☿ verfügst, und gib es in einen Glaskolben oder eine Phiole, worauf Du zehnmal mehr von Deinem ☿ [23] darüber giesst, und dann gib noch eine andere Phiole darüber, stelle sie in den Sand und setze leichtes Feuer zu, bis der Schwefel schmilzt:[24] Dabei muss beachtet werden, dass die Phiole, in der sich die Materie befindet, einen langen Hals haben muss, während die zweite einen kurzen Hals aufweist, wobei der kurze in den langen gesteckt wird, damit sich die Geister, wenn sie hin- und herströmen, nicht verflüchtigen: Bewahre diese gute verschlossene Lösung für das nun folgende Werk.

Am Ende der Plättchen steht der Leitspruch: *Item, in rerum moltitudine ars nostra non consistit;* das heisst: Unsere Kunst besteht nicht in der Vielheit der Dinge.

Die Plättchen XXV–XXVI enthalten das:

[21] Bezüglich dieser Vereinigung des Merkurs mit dem Schwefel siehe, was «Abraxas» Kap. VI, S. 171 ff. dazu sagt.

[22] Über die Zahl Vierzig in der Alchemie und Esoterik vgl. den Artikel *«La quaresima iniziatica»* von A. Reghini in *«Ignis»*, Dez. 1925. Der 74ste der Leitsätze, die der Ausgabe 1548 des Werkes *«De Alchemia Dialogi duo»* vorangestellt sind, besagt, dass die alchemistische *«nigredo»* (Schwärzung) vierzig Tage dauert.

[23] Das Verhältnis der Dosierungen war von grösster Wichtigkeit. Vgl., was dazu «Abraxas» im III. Kap. S. 96 sagt.

[24] Ein leichtes, aber doch genügend starkes Feuer, um das Schmelzen des Schwefels zu erreichen, ohne das Verdampfen und Sieden des Merkurs und die Explosion des Glaskolbens herbeizuführen.

IV. Werk

R.^{e} diese Schwefellösung und gib sie in den Alembicus wie beim II. Werk mit dem Helm im Sand. Anfangs sei das Feuer sanft, damit der Geist aufsteige, der auf Grund seiner Reinheit Jungfrauenmilch[25] heisst, dann verstärke das Feuer, womit der 🜍 im Helm haftenbleiben wird, und das ist unser vollkommener Schwefel, den Du mit Fleiss einsammelst: und bewahre ihn verschlossen. Das gleiche gilt für den Geist oder ☿.

Es folgt am Schluss des Plättchens der Leitsatz: *Si fixum solvas facciasque volare solvitum,* et *solutum ridas, faciat te vivere lietum.*[26]

Die Plättchen XXVII–XXX enthalten das:

V. Werk

R.^{e} Deinen vollkommenen Schwefel und giesse zehn Teile Deines aufbereiteten Merkurs[27] darüber und gib es in ein Ei von ▷○ [28], das mit dem Siegel des Hermes versiegelt ist, bringe es zur Digestion über der Feuerquelle im Ofen und setze eine Hitze zu, die nicht grösser ist als diejenige, die einen Fieberkranken befällt; dann werden die Stoffe schwarz werden.

Am Fussende des XXVIII. Plättchens, unten rechts, ist an diesem Punkt des Textes ein Rabe abgebildet, der im Schnabel eine Art Tafel trägt, auf der geschrieben steht: *nigro nigrium,* was richtiger und vollständig: *nigrum nigri nigrius* (das Schwarze schwärzer als schwarz) heissen sollte und symbolisch auf die erste Phase der Operation, auf den *Stein im schwarzen Zustand* anspielt. Der Text beginnt wieder mit dem Plättchen XXIX und lautet:

Nach der Schwarzwerdung wird sie weiss werden.

[25] Jungfrauenmilch; vgl. «Abraxas» in Kap. VI, S. 174. Das philosophische Kind, der kleine König, wird mit «Jungfrauenmilch» genährt. *Lapis, ut infans, lacte nutriendum est verginali* (Der Stein wie das Kind müssen mit Jungfrauenmilch ernährt werden), sagt MICHAEL MAIER (*Symbola Aureae Mensae*, 1617, S. 509): das ist auch die Milch der Jungfrau Maria in der Rosenkreuzer-Allegorie. Vgl. den milchigen Ozean, von dem «Luce» im I. Kap. S. 47 schreibt.

[26] Oder richtiger: *Si fixum solvas, faciasque volare solutum, et solutum deddas, facit te vivere letum,* das heisst: Wenn Du das auflöst, was fest ist, und die Lösung verdampfen lässt, und wenn Du die Lösung (zur Festigkeit) zurückführst, wird Dich das glücklich leben lassen.

Das ist eine Variante des (praktisch gleichbedeutenden) Leitspruchs:

Si fixum solvas, faciasque volare solutum,
Et volucrem figas, facit te vivere tutum.

Chemisch gesehen wird die Operation in drei Phasen unterteilt: Schmelzen, Verdampfen, Reduktion (Abscheidung eines Metalles).

[27] Dieses Mal ist der Schwefel vollkommen und der Merkur aufbereitet. In der griechischen Sprache bedeutet das Wort θειον sowohl Schwefel als auch göttlich.

[28] Hermetisch verschlossenes Straussenei.

Und hier ist in den Text eine Abbildung eingeschoben, die eine Kutsche darstellt, die von zwei Tauben über die Wolken gezogen wird; in der Kutsche sitzt eine Frau, die einen Halbmond auf ihrem Haupt trägt und hinter dem Haupte einen Strahlenkranz zeigt. In der linken Hand hält sie einen blühenden Zweig, den «Baum der Diana».[29]

Nach dieser Abbildung läuft der Text weiter:

> Und das ist unsere Diana, und hier kannst Du, wenn Du willst, für das *opus ad album* (Werk der Weissung) innehalten,[30] und will man darüber hinausgehen, führe man das Feuer weiter, und der obere Teil wird rot werden wie Blut.[31]

Am unteren Rand der Tafel XXX ist ein Mann mit gekröntem Haupt abgebildet. In der Rechten trägt er eine Art Zepter und in der Linken einen elliptischen Kranz mit den Symbolen der sieben Planeten in folgender Anordnung: Mond, Jupiter, Saturn, Merkur, Venus, Mars, Sonne, so dass der Merkur wiederum genau in der Mitte steht wie beim *Rebis* des Basilius Valentinus, dieses Mal aber am tiefsten Punkt.

Und damit zum Nachwort.

Die Tafel XXXI zeigt oben links die Darstellung eines Kelches, dessen Deckel von einem Arm gehalten wird, der aus einer Wolke herausragt. Vielleicht ist das der Kelch des Grals. Danach der Satz: *Hic est lapis noster: fortuna medius granus huius est cura omnium morborum incurabilium,* das heisst: Das ist unser Stein, von dem ein

[29] Der Baum der Diana ist einer der sogenannten metallischen Bäume. Zum ersten Mal wird er in der *Clavis philosophorum* von Eck de Sultzbach am Ende des XI. Jahrhunderts erwähnt. Siehe *Theat. Chemicum* IV. Er wird gebildet, indem man auf den Merkur-Quecksilber eine konzentrierte Silbernitrat-Lösung schüttet; oder auch, indem man auf eine konzentrierte Silbernitratlösung Wasser so schüttet, dass es nicht zur Vermischung kommt, worauf man eine Silberfolie bis zum Boden eintaucht.

Hermetisch gesehen sind Silber, Mond, Tauben und Baum der Diana verschiedene Symbole des *Opus ad album* (Werk der Weissung).

[30] Diana oder der Mond, die von widergespiegeltem Licht strahlende *lu(c)na* oder das Silber. Silber *(argentum)* bedeutet vom etymologischen Standpunkt aus glänzend, weiss (vgl. Arjûna, Argo, Argonauten). Die zwei Tauben (*binae columbae*, zwei = Symbol der Dualität, Passivität, Weiblichkeit) werden der Diana aufgrund ihrer weissen Farbe zugeordnet; sie folgen auf den Raben; wie auch nach den vierzig Tagen der Sintflut, als die Arche auf Grund lief, zuerst der Rabe und dann die Taube hinausflog.

[31] Das ist das Werk der Rötung. Vgl. bezüglich der Werke der Weissung und Rötung den Artikel von «Abraxas» im VI. Kap. Den Anmerkungen zur Symbolik von S. 174 wäre noch hinzuzufügen, dass das Tierkreissymbol des Widders ♈, als männliches Symbol zur Zeit von Zosimos auch das Symbol des Schwefels war. Daraus folgt, dass, wenn man mittels der Entflammung oder *rubedo* (Rötung) den Schwefel 🜍 = ♈ in den passiven und weiblichen Merkur ☿ eintaucht und ihn in den aktiven und schöpferischen Merkur ☿ verwandelt, dieser ☿ symbolisch den Schwefel 🜍 und den Merkur ☿ vereinigt.

Zur Vervollständigung der Symbolik des Raben und der Tauben, die dem Schwarz (Saturn, Blei) und dem Weiss (Mond, Silber) entsprechen, möchten wir noch erwähnen, dass dem Rot der purpurne Phönix (Phönix *puniceus* = rot; *puniceus* leitet sich etymologisch von *phoinikeios* ab) zugeordnet ist, der in den Flammen wiederaufersteht.

halbes Gran genügt, um alle unheilbaren Krankheiten zu heilen. Auf dieser Tafel und auf der darauffolgenden geht der Text weiter:

R.e eine durch ♂ ◊ gereinigte Unze ☉, verflüssige sie, prüfe sie auf Reinheit, und wenn sie mit vollen Blasen kocht, schütte ein Quentchen Deiner Medizin darüber, und Du wirst sofort sehen, wie Dein ☉ stockt und nicht mehr Flüssigkeit ist, sondern ein rötlicher Stein wird, der leicht bricht, und das ist der Stein der Weisen.

Es folgt die Tafel XXXIII, die eine allegorische Figur zeigt. Im oberen Teil sieht man eine menschliche Gestalt, die gekrönt ist und in jeder Hand eine Krone trägt; etwas unterhalb schweben drei Kronen mitten in der Luft. Noch weiter unterhalb sieht man, zwar in menschlicher Gestalt abgebildet, aber durch ihre alchemistischen Symbole gekennzeichnet, den Mond, den Merkur und den Saturn, die ihre Hände nach den drei Kronen ausstrecken, und zur Rechten Jupiter, Mars und Venus, wobei diese letztere schon gekrönt ist. Rechts oben ist die Sonne; der Kopf der Gestalt im Mittelpunkt ist von einem Heiligenschein aus Strahlen umgeben. Und auch hier wie bei der Gestalt des hermetischen Wagenlenkers und wie bei Diana spielt sich das gesamte Geschehen nicht auf Erden, sondern über den Wolken ab.

Am unteren Ende der Satz: *Et hoc est donus Dei qui omnia imperfecta metalia in aurum aurum comutat,* das heisst: Und das ist das Geschenk Gottes, das alle unvollkommenen Metalle in (reines?) Gold umwandelt. Zum hermetischen Sinngehalt der *Metalle* vgl., was «Luce» im I. Kap. S. 44 und im II. S. 65 sagt.

Die Tafeln XXXIV bis XXXV enthalten die folgende Art Mahnruf:

Beachte, dass zu Beginn der Docht aus nicht mehr als vier oder fünf Fäden besteht, bis er schwarz wird, und das heisst *putrefactio* (Fäulung), danach sieben Fäden, bis er weiss geworden ist, und das ist die weisse Tochter der Philosophen, und dann neun Fäden, bis er rot geworden ist, und das Öl der Lampe muss ganz rein sein, und in die Mitte des kleinen Ofens gibt man ein Kupferplättchen, und darauf legt man die Asche aus Eichenholz mit Misteln, wobei das Salz der Asche entzogen ist, und dahinein stelle das philosophische Ei: Die Lampe darf nicht näher als vier Finger breit vom Plättchen, das heisst von ihrer Flamme entfernt sein, und so fahre fort bis zum

Finis (Ende) L. D. (d. h. *Laus Deo*) (= Gott sei Lob)
Non plus ultra (Nicht weiter)

Es folgt die letzte Tafel, die den Schlüssel für das geheime Alphabet enthält, in dem das Büchlein geschrieben ist. Vorgängig steht der Satz: *Hic est via veritatis* (Das ist der Weg der Wahrheit).

Auch in diesem Detail ähneln sich die zwei Bleitafelkodizes; denn auch der florentinische ist in Geheimschrift abgefasst, und bei der Zeichenerklärung auf S. 18 ist der Satz: *Hic est via veritatis* ebenfalls vorangestellt.

***

Die Tatsache, dass beide Bleitafelkodizes in Geheimschrift abgefasst sind, ist nicht unwesentlich. Offensichtlich schätzte derjenige, der dieses alchimistische Büchlein besass, es sehr hoch ein und wünschte jedenfalls, dass es nicht leicht sein sollte, seinen Inhalt zu erfassen, falls es in fremde Hände fallen würde. Die grosse Ähnlichkeit der zwei Kodizes lässt sie als Ableitung des einen aus dem anderen erscheinen oder als zwei Ableitungen eines einzigen geheimen Rituals, das dann ihre gemeinsame Quelle wäre. Dass im alchimistischen Büchlein Tubalkain und der Androgyn des Basilius Valentinus vorhanden sind, beweist, dass es nach 1615 verfasst sein muss und wahrscheinlich in den Zeitraum 1615–1650 gehört, also in die goldene Zeit der Hermetik und der Rosenkreuzer, nach dem Kosmopoliten und vor Philaletha, von welchem Zeitraum wir ja wissen, dass es in ihm geheime hermetische Gruppen gab. Die Hermetik drang in jener Zeit auch in die englische Maurerei ein, und ihren Einfluss auf die alte Maurerordnung kann man dann ca. zwei Jahrhunderte lang verfolgen. Haben wir also hier das Ritual irgendeiner dieser geheimen Bruderschaften in Händen? Oder darf man diesem Kodex nur einen rein alchemistischen Sinngehalt und Wert beimessen? Sind die grobe Ausführung der Zeichnung sowie die Fehler der Rechtschreibung und Grammatik in der lateinischen und italienischen Sprache bloss auf das ausführende Schreiborgan zurückzuführen oder sind sie ein Beweis für das niedrige Bildungsniveau des Eigentümers des Buches? Und genügen diese Mängel, um einen symbolischen, hermetischen Wert des Büchleins auszuschliessen und ganz sicher zu sein, dass man darin nichts anderes erblicken darf als Anweisungen für einen rein chemischen Vorgang zur Goldgewinnung?

Die heutigen Alchemieforscher nehmen im allgemeinen als gegeben an, dass es sich bei allen alchemistischen Schriften immer nur um chemische Operationen handelt, trotz der ausdrücklichen gegenteiligen Beteuerungen so vieler Autoren, wie zum Beispiel des Kosmopoliten und Philalethas. Man muss auch achtgeben, nicht in den entgegengesetzten Fehler zu verfallen und etwas symbolischen Wert beizumessen, was keinen hat. Dem Text dieses alchemistischen Büchleins folgend, haben wir versucht, soweit es unsere Fähigkeiten und der verfügbare Platz erlaubten, sowohl die wörtlich-alchemistische als auch die geistig-hermetische Bedeutung zu erhellen, indem wir uns der Kürze zuliebe und um nicht zu wiederholen, was schon andere vor uns in bester Weise erklärt haben, für gewöhnlich auf das stützten und verwiesen, was «Abraxas» und «Luce» auf diesen Seiten geschrieben hatten. Wir wollen keinesfalls behaupten, dass in diesem Text der einzig wahre symbolische Sinn derjenige der methodischen, traditionell von den Hermetikern festgelegten Entsprechungen zwischen den Phasen der chemischen Verwandlung und jenen der inneren Umwandlung ist. Aber ebensowenig wollen wir behaupten, dass der einzig wahre Sinn, den der Schreiber vor Augen hatte, derjenige der inneren Umwandlung gewesen sei und er sich nur bemüht hätte, *more philosophico* (nach der Art der Philosophen) diesen Sinn unter dem Kleid einer chemischen Verwandlung zu verbergen. Es kann natürlich auch sein, dass für den Schreiber alle beiden Umwandlungen möglich gewesen sind und er sich mit beiden beschäftigte und dass daher die hermetische Symbolik nur die einfache und natürliche Folge der Analogie der Vorgangsweise war. Der fachkundige Leser wird selbst entscheiden, ob es möglich ist, auf diese Fragen eine Antwort zu geben und welche Antwort die der Wahrheit am nächsten kommende ist.

X

Luce

Opus Magicum: Die magischen Ketten

Zweck der magischen Ketten ist es, eine kollektive Fluidalkraft zu formen, die potentiell grösser ist als jene, über die irgendein einzelnes der Mit-Glieder verfügen könnte, wenn es unabhängig und allein arbeitete, wobei diese Kraft so beschaffen ist, dass sie auch von jedem einzelnen Teilhabenden verwendet werden kann.

Eine Kette bildet sich durch «Gleichklang» der Elemente, aus denen sie besteht, sobald bei mehreren Personen eine Gleichheit oder Entsprechung nach den Gesetzen der Zahlen, der inneren Haltung oder des ausgeübten Ritus vorhanden ist, wobei diese Personen gemeinsam versammelt oder an verschiedenen Orten arbeiten können, aber auch gar nichts voneinander zu wissen brauchen, vorausgesetzt die Vorschriften von Zeiten und Riten werden streng eingehalten. Man kann eine Kette in voller Absicht oder zermoniell bilden, wenn eine oder mehrere Personen deren Ziel bestimmen sowie den Ritus in angemessener Weise und nach den traditionalen Formen festlegen; aber auch die spontane Bildung einer Kette ist möglich, wie es sogar möglich ist, dass eine Person de facto dazugehört und nichts davon weiss:[1] In solchen Fällen muss allerdings ein echter Zusammenklang feinstofflicher Schwingungen gegeben sein, der aber allein genügt, um die Verbindung herzustellen. Zeitliche und räumliche Entfernungen sind hier keine Hindernisse.

Die kollektive Kraft der Kette bildet eine tatsächliche und wirkliche Wesenheit, die im Dienste derjenigen steht, die sie geformt haben; sie ist eine Gerinnung von Astrallicht, die in eine «psychische» Gestalt projiziert werden kann und engstens mit den Symbolen und Formeln verbunden ist, die in einer bestimmten Gemeinschaft, Schule oder initiatischen Tradition dazu gedient haben, *sie zu fixieren*.

[1] Ebenso kann es sich ergeben, dass eine Person mit einer anderen zusammenarbeitet, die Mitglied einer Kette ist oder deren Riten folgt, ohne darüber hinaus eigentlich selbst daran teilzuhaben, mögen auch verschiedene Umstände sie das Gegenteil glauben lassen. Die Ursache solcher «Isolierungen» liegt fast immer in einem höheren und unverletzbaren Willen begründet, der den tatsächlichen Zustand nach dem rechtmässig eigentlich gebührenden Rang oder Würdeplatz festlegt, aber dabei doch das Mittel für eine weitere Erhöhung bereitstellt.

Deshalb kann es geschehen, dass das blosse Malen von irgendwelchen traditionalen Zeichen oder das einfache Aussprechen von Namen oder Invokationen – auch seitens eines Uneingeweihten – unter den geeigneten Umständen Erleuchtungen, Erscheinungen oder dem Ansehen nach unerklärbare Verwirklichungen hervorruft.

Bei einer bewusst eingesetzten und arbeitenden magischen Kette ist die kollektive Fluidalkraft der ☿ (oder ☿), der dem ☉ des Führers gegenübersteht. Unter den Mitgliedern ist die hierarchische Ordnung die natürliche der geistigen Ebene: Der Würdigste steht an der Spitze, der bloss Stärkste unten. Die «Würdestellung» der Person kann natürlich sein oder erworben oder auch mittels Weihe bzw. Investitur verliehen werden.

Die hierarchische Anerkennung ist ein Bewusstseinsakt in der einzelnen Person, der die auf geistigen Werten beruhenden Beziehungen unabhängig von dem bestimmt, was sonst allgemein die Grundlage für das Urteil der Menschen bildet: Wer dazu fähig ist, erkennt sofort, wer ihm überlegen ist, und unterwirft sich ihm, oder er erkennt *sich selbst* als den anderen überlegen und besitzt dann Autorität über sie. Falls Wertungselemente, die von Überlegungen einer niedrigeren Ebene beeinflusst sind, die erwähnte Selbsteinschätzung verhindern sollten, wird die hierarchische Ordnung formell vom Leiter festgelegt.

Der Leiter kann die eigene Würdestellung und mit ihr die eigenen Befugnisse und Kräfte weitergeben; er kann sie aber auch verlieren oder den Rang wechseln, wenn ein anderer, der über ihm steht oder stehen wird, in die Kette eintritt und effektiv an ihr teilhat. Und dazu: Der Leiter einer Kette und alle ihre Mitglieder stehen tatsächlich in Verbindung mit der höchsten geistigen Hierarchie.

Die Wesenheit einer Kette, die durch die Mitglieder einer initiatischen Gemeinschaft oder Schule über Generationen fortgeführt wird, umfasst in sich eine *Tradition*, deren Licht und Kraft sich wegen einer eventuellen Unterbrechung bei der Weitergabe auf der physischen Ebene keineswegs auflösen, sondern in einen virtuellen Zustand eintreten, aus dem sie zu jeder Zeit und an jedem Ort von jemand zurückgerufen werden können, der in der rechten *Absicht* wiederum nach den jeweiligen Riten zu arbeiten beginnt und dabei die Zeichen und Symbole dieser Tradition verwendet.

Wenn mehrere Personen gemeinsam arbeiten, wird die Kette folgendermassen gebildet:

Bei drei Personen, indem sie sich in Dreieckform mit der Spitze im Osten aufstellen. Dort steht die höchste unter ihnen, und alle schauen gegen Westen.

Mehr Personen sollen einen Kreis bilden, in dessen Mittelpunkt die höchste steht, oder wenn die Anzahl genügend gross ist, soll der Mittelpunkt von dieser und zwei weiteren, vorher ausgesuchten oder bezeichneten Personen eingenommen werden, wobei sie sich so aufstellen, wie wir vorhin erwähnt haben.

Die Gesamtzahl der Teilnehmer muss ohne Ausnahme *ungerade* sein; die Zahl derjenigen, die den Kreis bilden, der die Hauptakteure umschliesst, hingegen *gerade*.

Der Kreis kann auf verschiedene Weise, je nach Zweck oder Gestaltung der einzelnen Operationen gebildet werden. Diese sind es auch, die die genaue Art spezifizieren. Auf einige möchte ich hinweisen:

Gibt es weibliche Mitglieder, werden diese mit den männlichen abwechselnd aufgestellt.

Diejenigen, die die Kette zusammensetzen:

- vereinigen sich, indem sie sich bei den Händen halten,
- oder jeder einzelne bleibt frei und vermeidet jegliche Berührung mit den Nachbarn,

blicken alle in das Innere des Kreises
oder nach aussen
oder abwechselnd der eine nach innen und der andere nach aussen,

- bleiben unbeweglich während der ganzen Dauer der Operation
- oder bewegen sich im Kreis

im Uhrzeigersinn
oder gegen diesen,

- wechseln in der Geschwindigkeit, bleiben stehen und setzen wieder ein, wie der Operant es befiehlt.

Der Doppelkreis wird in analoger Weise gebildet. Hinzuzufügen wäre noch:

- Der äussere Kreis kann aus den männlichen Elementen bestehen, der innere aus den weiblichen oder auch umgekehrt;
- der äussere Kreis ist nach aussen hingekehrt, der innere nach innen oder umgekehrt;

die Glieder des einen Kreises stehen in bezug auf den Mittelpunkt den Gliedern des anderen Kreises gegenüber oder auch nicht;
die Bewegungsrichtung des Kreises ist
identisch
oder einander entgegengesetzt.

Der dreifache Kreis wird wiederum in analoger Weise gebildet, aber auch mit anderen Varianten, sowohl in der Anordnung als auch in den Bewegungsrichtungen.

* * *

Die Schwingung der Kette in den einzelnen Mitgliedern ist dreifach: im Physischen, im Astralen und im Geistigen und immer mit den jeweiligen Aktionen und Reaktionen, Ursachen, Mitteln, Wirkungen, Praktiken und Operationen für jede «Ebene» oder «Welt». Den Gleichklang der Schwingungen erreicht man durch das Führen desselben Lebenswandels, wie immer er auch rituell festgelegt sein mag, durch die Ausübung derselben Praktiken und durch das Fixieren eines und desselben Symbols im inneren Licht oder durch das äusserliche und innerliche Sprechen der rituellen Formeln, und zwar mit der Stimme, mit dem Willen und mit dem Geist, wobei man zeitweise auch einem bestimmten Rhythmus zu folgen oder Hymnen zu singen hat, die auf die jeweiligen Ziele von spezifischen Operationen abgestimmt sind. Jedermann muss dabei versuchen, in sich den Zustand der

Fluidalschwingung hervorzurufen, der dann durch «Sympathie» hochgepolt und verstärkt wird.

Das Ziel der zeremoniell zusammengerufenen magischen Ketten kann eine höhere Erleuchtung aller Mitglieder oder nur eines einzelnen sein, wie auch eine praktische und gerade anstehende Verwirklichung, aber ebenso die Einweihung eines Neophyten, dem das Haupt der Kette durch «Induktion» des Lichtes und der Kraft der gesamten Kette Bewusstseinszustände überträgt; oder noch etwas anderes.

Zur Entflammung des Astrallichtes (vgl. «Abraxas», Kap. VI, S. 174), das heisst für die Umwandlung des ☿ in ☿, gebrauchen einige magische Ketten Formen der Grausamkeit (Derwische, Flagellanten etc.), andere verwenden orgiastische Formen und wiederum andere eine Kombination von beiden.[2] Die Vorgangsweise ist der schon für das einzelne Individuum beschriebenen analog.

[2] Wie zum Beispiel die Verwendung von Frauen und die opfermässigen Schändungen bei den *«Çakra»* (Zirkeln, Ketten) des tantrischen Weges der linken Hand. In Arabien wird, um einen besonderen Grad an Hochpolung und *Fixierung* zu erlangen, im Mittelpunkt von Ketten, die durch eine wie besessene Wiederholung von Formeln und durch Bewegungen des Kopfes und Rumpfes erhöht werden, auf einmal der Fluidalwirbel vom vollkommenen Tat-Akt des Leiters aufgenommen und beherrscht, worauf sich dieser Leiter dann in einem Zustand völliger Klarheit von Seite zu Seite ein Schwert durch den Leib stösst, das ihn, in einem Zustand des magischen Gleichgewichts und eiskalt durch präzise Punkte geführt, unversehrt belässt, ohne die Spur einer Wunde und ohne einen Blutstropfen. (*Anm. v.* UR)

LEO

DIE GRUND-EINSTELLUNG ZUR ESOTERISCHEN LEHRE

Diese Bemerkungen richten sich an diejenigen, die das bis jetzt Dargebotene nicht nur *gelesen* haben, sondern angesichts der vermittelten Lehren auch *gefühlt* und *gewollt* haben.

Im Bereich der esoterischen Erkenntnis kann man gegenüber dem, was man empfängt, nicht passiv bleiben, da es nicht mit der Absicht gegeben wird, bloss zu «informieren», sondern um den Mitmenschen zu den gleichen inneren Errungenschaften zu führen. Das, was vermittelt wird, hat, wenn es in der rechten geistigen Ausrichtung aufgenommen wird, die Kraft, den innersten Wesenskern eines anderen zu verändern. Wer aber in diesem Bereich ein Hindernis überwindet, tut das nicht nur für sich allein: Es besteht ein verborgenes Band zwischen den Menschen, das auch die anderen an den geistigen Verwirklichungen teilhaben lässt, die der einzelne vollbracht hat, mag dieser auch abgesondert, unsichtbar, still sein. Aber wenn dann der durchlaufene Weg in Gedanken zum Ausdruck kommt, wird dieser verborgene und natürliche Vorgang der Teilhaftigkeit ans Licht des Bewusstseins und der freien Individualität gebracht. Daher muss man lernen, in der rechten Art zu empfangen.

Gegenüber dem Mitgeteilten darf man nicht nur mit dem «Hirn» reagieren und aufnehmen (das ist das erste Hindernis, auf das die esoterische Lehre trifft und das alles beenden und wirkungslos machen kann) – die Gedanken müssen vielmehr lebendige Bilder hervorrufen, und diese wiederum müssen *gefühlt* werden. Damit will ich sagen, dass der beschriebene Zustand so imaginiert werden muss, als ob er sich in uns selbst bildete – ja, als ob wir selbst ihn «erfänden» –, wobei wir gleichzeitig im *Herzen* einen entsprechenden Gefühlszustand empfinden und bewahren müssen.

Dabei handelt es sich aber nicht um dieses oder jenes klar umrissene Gefühl, wie es im täglichen Leben üblich ist, sondern um die reine, blosse Haltung eines *Spürens*, eines Horchens mit dem Ohr des Herzens in einer inneren Ruhe – was völlig verschieden ist von den instinktiven und unmittelbaren Emotionalreaktionen, die den Menschen Lust oder Leid bringen, da sie sich damit identifizieren und darin verlieren. Es ist eine ganz besondere Haltung, die man einüben muss. Als Vorbereitung versuche man, mittels der Vorstellung ein bestimmtes Gefühl, das unter bestimmten Umständen erwacht war, in die Erinnerung zurückzurufen und zu «reproduzieren». Dann versuche man, es von diesen Umständen sowie vom Gegenstand, der es hervorgebracht hat, wie auch von der dazugehörigen Färbung der Lust oder des Schmerzes, abzulösen. Man wird merken, dass etwas Besonderes bleibt – ein intensiver und doch ruhiger Gefühlszustand: gereinigt, gesammelt, fast eine innere «Wärme» im Herzen. Diese Übung ist von grosser Wichtigkeit und nicht so schwer zu verwirklichen, wie es vielleicht auf den ersten Blick erscheinen mag.

Dieses gereinigte Fühlen erhält nun dem einzelnen die Feiheit gegenüber dem Faktum und leitet doch seinen Inhalt vom Gehirn an die feinstofflichen Zentren weiter. Dort verinnerlicht sich die Lehre und wird ein Teil von uns, um dann wiederum in einer Form aufzutauchen, die der eines *Erinnerns* (*ri-cor-dare* = ins Herz zurückrufen) ähnlich ist.[1] Die Mitteilung scheint nicht mehr von draussen zu kommen, sondern aus unserem Inneren emporzusteigen und innere Erfahrungen ans Licht zu bringen und gleichzeitig aufzuwerten, Erfahrungen, deren Rang und Bedeutung uns entgangen waren.

Darüber hinaus ist es notwendig, in unserer Innerlichkeit gleichzeitig und deutlich eine *Willenshaltung* zu zeigen. Aber auch diese Willenshaltung muss einen besonderen Bedeutungsinhalt besitzen, denn sie hat von jedem äusseren Ansporn und jeder Zielgerichtetheit frei zu sein. Sie kann vielleicht dem ähneln, was man körperlich spürt, wenn man sich darauf einstellt, etwas Festes, Hartes zu zerbrechen, also der Muskelanspannung, die der tatsächlichen Bewegung vorausgeht. Hier können wir wiederum das Bild verwenden, das wir schon beim «Fühlen» besprochen haben und vom Sinngehalt eines «reproduzierten» Willensaktes sowohl die auslösende Ursache, die den Akt bestimmte, als auch die jeweilige Richtung, in die er geht, ablösen. Dann kann man nämlich die Erinnerung an den Energiezustand nutzen, der der Entladung vorausgeht, durch die er sich in Aktion und physische Bewegung verwandelt.

Das Wollen, das derart erfasst wird, spürt man als einen Zustand, der *die Arme und die untere Körperhälfte* mit Leben erfüllt. Durch die entsprechende Einstellung dazu wird dann der Inhalt einer Lehre von anderen feinstofflichen Zentren unseres Wesens aufgenommen. Auch die dazugehörige innere Erfahrung wird sich sehr von derjenigen unterscheiden, die ich vorher als ein «Erinnern» beschrieben habe. In diesem Fall scheint es vielmehr, als ob zu einer schon starken Strömung plötzlich eine weitere Kraftquelle hinzukäme, die die unsrige noch um ein Vielfaches verstärkt.

Das Empfangen als *Denken* wird also gleichzeitig durch ein Empfangen als *Fühlen* und durch ein Empfangen als *Wollen* vervollständigt, wobei Zentren mit Energie durchflutet werden, die im gewöhnlichen Fall schlafend bleiben.

[1] Diese Erfahrung des «Erinnerns», charakteristisch für eine ganz neue Art des Entstehens von Erkenntnis, kann auch in den tiefsten und *erfahrungsbegründeten* Sinn der platonischen Lehre von der Wahrheit als *Anamnese*, d. h. als Erinnerung einführen. Man kann übrigens das griechische Wort für Wahrheit – *aletheia* – ebenso als «Zerstörung des Vergessens» übersetzen. (*Anm. v.* UR)

Es handelt sich also dabei um zwar unterschiedliche, aber doch gleichzeitige Zustände.

Das mag schwierig erscheinen. Aber in Tat und Wahrheit können mit einiger Übung viele einen Zustand erlangen, in dem man erfasst, fühlt und will, und zwar in drei getrennten Bereichen, die alle vom eigenen Sein zu unterscheiden sind. Das ist dann die erste Freilösung von den Gesetzen der stofflichen Welt und eine erste Verwirklichung unserer Einheit mit dem feinstofflichen Körper im Wachzustand.

Alles das stellt einen Prozess innerer Entwicklung dar, der nach seiner Erlangung zu einer vollständigen Neubewertung der Lebenseinstellung und der Erfahrung der Sinneswelt im allgemeinen führt. Andere Klarheiten gehen auf, und andere Bezugssysteme entstehen. Automatisch ergibt sich eine Disziplin des eigenen Lebens sowie der Lebensführung, die auf völlig neuen Grundlagen aufbaut; und andererseits beginnt sich als Folge dazu das Denken auf Erkenntnis hin auszurichten, wobei diese Ausrichtung dann zum Fundament einer eigenen Doktrin wird.

Dieser Vorgang verhält sich genau umgekehrt zum alltäglichen Leben, wo gewöhnlich die Theorie der Praxis und der Erfahrung vorausgeht. Hier hingegen haben wir zuerst die innere Tat, das freie Wollen, das uns zu Dingen führt, die nicht gedacht, angenommen oder geglaubt, sondern *am eigenen Leib erfahren* werden; und erst danach kommt eine Lehre, eine Doktrin, die allein auf der Grundlage dieser tatsächlichen, inneren Erfahrung ihre Berechtigung und Einordnung erhält. Die Esoterik verlangt keinerlei Art von Glaubensakten. Sie verlangt vielmehr guten Willen und eine geistige Einstellung ohne vorgefasste Urteile und Meinungen – aber genau das ist das Schwierige. Über dieses oder jenes zu diskutieren ist dabei sinnlos, da die Grundlagen der Diskussion nie dieselben sein können, wozu noch kommt, dass auf diesem Gebiet eine nur auf logischer Argumentation beruhende Überzeugung gar nichts nützt. Man muss statt dessen versuchen, aufzunehmen sowie zu arbeiten, und dabei objektiv beobachten, welche Folgen dieses Aufnehmen und Arbeiten im Innersten unseres Wesens hat. Das Prüfen und die Erkenntnis sollen das Ergebnis sein und nicht der Anfang.

In der Folge wird es vielleicht nützlich sein zu sehen, wie beim einzelnen aus den bisher dargelegten Erfahrungsrichtlinien eine esoterische Doktrin ensteht, da diese ja nicht als intellektuelles Denksystem a priori zu verstehen ist, sondern als eine Organisierung der Erkenntnis a posteriori.

Hier muss man jedoch darauf achten, nicht auf streng in sich abgeschlossene Formeln zu verfallen. Man muss immer einen gewissen Randbereich des Unbestimmten offenlassen, so dass sich der Geist noch bewegen und eine in gewisser Art schöpferische und zusammenfassende Initiative entwickeln kann, damit Fähigkeiten zum Einsatz kommen können, die das auf bloss logische Schemata beruhende Verstehen ansonst untätig bleiben lässt. Die Wörter müssen etwas mehr enthalten, als sie üblicherweise ausdrücken, und die Aufmerksamkeit des Lesers oder Hörers muss verfeinert werden, damit gleichsam nicht so sehr der in ihnen enthaltene Sinngehalt «fixiert» wird als vielmehr das, was dieser Sinngehalt nach und nach als verborgener Widerhall in uns hervorruft. Alles, was klar und sauber in einer logischen Formel abgeschlossen ist, ist etwas Totes für das Leben des Geistes.

Ea

Freiheit, Prophezeiungen und Relativität der Zeit

Vir sapiens dominabitur astris
(Der Weise wird Herr über die Sterne sein)

Ist die Zeit eine dem Wesen der Dinge zugrundeliegende, substantielle Erscheinungsweise, ein dem Sein innewohnendes Gesetz, dem man nicht entkommen kann? Oder ist sie bloss eine akzidentielle, beigefügte Erscheinungsweise, die den Menschen zwingt, sich die Dinge und Ereignisse in ihrer Gewandung vorzustellen, wobei diese Dinge und Ereignisse an sich jedoch als eigenes und von diesem linearen und unumkehrbaren Gesetz der Zeit frei gedacht werden müssen?

Diese Frage stellen wir uns hier weder vom Standpunkt der Philosophie noch von demjenigen der heutigen Physik, sondern so, wie sie uns von einer bestimmten Art von Phänomenen auferlegt wird, die zwar wenig beobachtet werden und ziemlich selten sind, aber deshalb nicht weniger real sein müssen. Wir sprechen vom Phänomen der *Prophezeiung*.

Diese kann man in drei Gruppen unterteilen:

1. *Vor allen Dingen haben wir hier die mehr oder weniger dunklen Ahnungen* von unmittelbar bevorstehenden Geschehnissen, auf deren Eintreten an sich nichts schliessen ließe. Oft haben dabei diese ahnungsvollen Empfindungen einen *vorwarnenden* Charakter. Zum Beispiel ist es einem Freund von uns passiert, dass er eine Reise nach einer norditalienischen Stadt für einen bestimmten Tag festgelegt hatte, dann aber von einem unwiderstehlichen und unerklärlichen Drang befallen wurde, schon einen Tag früher abzufahren. Er gibt diesem Drang nach, verspürt aber während der Reise ein lebhaftes Gefühl der Angst, das sich erst nach Verlassen einer gewissen Stadt wiederum legt. *In der Nähe dieser Stadt hatte dann einen Tag später der Zug, mit dem er hätte fahren sollen, einen Zusammenstoss, bei dem es mehrere Tote und Verletzte gab.*

2. An zweiter Stelle haben wir das *Vorhersagen* oder *Weissagen*. Sogenannte «hellsichtige» Menschen künden völlig unwahrscheinliche oder beiläufige Ereignisse an, die dann tatsächlich eintreten. Zum Beispiel die absolut genaue Vorhersage, wer im Trubel der Menge, die in einen Kinosaal drängt, dann an einem bestimmten Platz zu sitzen kommt. Die auf derartige,

absichtlich herbeigeführte Vorhersagen streng angewandte Berechnung der statistischen Wahrscheinlichkeit hat sich als unfähig erwiesen, sie zu erklären, da ein unabänderlicher und unbestreitbarer Faktor der *Unwahrscheinlichkeit* festgestellt werden musste.

3. An dritter Stelle gibt es das *Vorhersehen,* die *Hellsichtigkeit* im eigentlichen Sinne. Es handelt sich dabei um ein und dasselbe Geschehen, das zweimal *gesehen wird,* und zwar erst in der Gegenwart und dann in der Zukunft und immer in der absolut gleichen Weise. Zum Beispiel träumte jemand von unserer Gruppe, der Offizier in der Kampfzone war (während des Ersten Weltkrieges), dass er mit einem seiner Brüder, der eine Kommandostelle in Vicenza innehatte, bei Tisch sass. Plötzlich erlosch das Licht dreimal – das vereinbarte Signal, *das aber dem Träumenden völlig unbekannt war,* für das Sich-Nähern feindlicher Flugzeuge. Alles stürmte ins Freie, um einen Schutzraum aufzusuchen. Sie überqueren einen Platz, *der dem Träumenden ebenfalls unbekannt war.* Jemand stösst gegen den Bruder, der zu Boden fällt. Diese Person hilft ihm aber im Dunkel wieder auf und läuft weiter. Sie erreichen den Schutzraum erst, als schon die ersten Detonationen erfolgen. Unser Freund, der von diesem Traum stärkstens beeindruckt war, teilt ihn seinen Kameraden mit und schrieb sogar einem Bekannten in Vicenza, um sicher zu gehen, dass nichts passiert war.

Nichts war passiert, aber als er sich Monate später eines Abends auf der Durchfahrt in Vicenza befand, um seinen Bruder aufzusuchen, *ereignete sich* mit einer absoluten Gleichheit der Details, also *mit derselben Gleichheit, die sich bei einer zweimaligen Projektion eines und desselben Filmes ergeben würde, genau das, was er schon vorher geträumt hatte.*

Bevor wir untersuchen, was solche Phänomene über die Natur der Zeit aussagen können, müssen wir drei verschiedene Zeitauffassungen unterscheiden. Man kann die Zeit auffassen:

a) Schöpferisch: Ein Werden, ein Strom erzeugt Geschehnisse, die vorher nicht existierten und die keinem wirklichen Gesetz der Notwendigkeit unterliegen; die Zeit ist ihre Ordnung.

b) Als ein Ablauf aufeinanderfolgender Ereignisse, die sich jedoch auf der Grundlage von notwendigen und hinreichenden Bedingungen bzw. Ursachenketten vollständig erklären lassen.

c) Als die einfache, unumkehrbare, lineare Anordnung der Inhalte der menschlichen Erfahrung.

Dass sich die obigen Phänomene nicht mit der ersten Zeitauffassung vereinbaren lassen, ist offensichtlich; ein Vorhersehen setzt eine Vorherbestimmung voraus, und die Vorherbestimmung schliesst wiederum die Zufälligkeit aus, die für ein freies Werden charakteristisch ist. Ob sie dann mit der zweiten Auffassung ebensowenig vereinbar sind, hängt von der entweder gegebenen oder auch nicht gegebenen Möglichkeit ab, das Vorhersehen auf ein *Wissen um die Ursachen* zurückführen zu können, in denen bereits das im Keime vorliegt, was sich später notwendigerweise daraus entwickeln muss.

Dabei ist allerdings zu bedenken, dass bei den Hellsehphänomenen keinerlei Kenntnis der Ursachen gegeben ist und daß das so Erfahrene auch nichts mit Schlussfolgerungen oder Intellektualität zu tun hat, wie das bei den wissenschaftlichen Vorhersagen der Fall ist; sie zeigen sich vielmehr in der Form einer mehr oder weniger unmittelbaren *Wahrnehmung* und in der dritten Gruppe der in Rede stehenden Erscheinungen sogar durch ein *Sehen* des zukünftigen Faktums. Diese Schwierigkeit könnte man jedoch überwinden, wenn man annimmt, dass das Ereignis genauso deutlich in den Ursachen vorhanden ist, wie die Idee von einem festgeplanten Gebäude im Geiste des Architekten vorliegt: Das Sehen in die Zukunft würde sich also als eine Art visueller Wahrnehmung dieser Idee erklären lassen, die durch Kontakt mit dem übersinnlichen Bereich erfolgt – ähnlich wie man im Kleinen auf der menschlichen Ebene durch Telepathie wahrnehmen kann, was eine andere Person plant und ausführen will.

Bei einer solchen Sicht der Dinge muss man sich allerdings klar darüber sein, dass man hier der Zeit zwar weiterhin einen gewissen Wirklichkeitscharakter zubilligen kann, aber nur unter der Voraussetzung, dass man nicht von allem Anfang an eine absolut deterministische Position einnimmt, in der man das Mögliche mit dem Wirklichen gleichsetzt. Eine Idee unterscheidet sich nämlich von der Wirklichkeit allein durch die Tatsache, dass sie eine «Möglichkeit» ist, das heisst etwas, was Wirklichkeit werden kann, aber nicht muss. Geschieht das nicht, wäre zwischen der Vision der Idee, die in den Ursachen wahrgenommen wird, und dem tatsächlichen Sehen des entsprechenden Faktums kein Unterschied mehr: Es wäre, als ob man die zukünftige Tatsache selbst sähe, als ob sie also gegenwärtig wäre. Die dazwischenliegende Zeit des «Werdens», die die Zukunft von der Gegenwart trennt, wäre damit eine reine Illusion, ein blosses menschliches Trugbild. Denn die Zukunft *wird* nicht *sein*: Sie ist bereits. Genau dieser und nicht geringerer Art sind die Folgen, wenn ein *absolutes* und unzweideutig beweisbares Sehen in die Zukunft in jedem Fall möglich wäre.

Der Mensch ist ein *erkennendes* Wesen, und als solches sollten ihm diese Dinge, auch wenn sie tatsächlich so stünden, keinerlei Kopfzerbrechen bereiten; im Gegenteil, sie sollten ihn freuen, denn daraus würde sich die Überwindbarkeit der Zeitgesetze ergeben, die doch seinen Blick auf den engen Raum der Gegenwart beschränken, wozu noch die Möglichkeit kommen könnte, in Vergangenheit und Zukunft ein Gleichgewicht zu finden und damit quasi an der Allwissenheit und Ausserzeitlichkeit teilzuhaben, wie man sie einem göttlichen Auge zuschreibt. Das wäre dann die Anziehungskraft der Gabe oder Macht der *prophetischen Erkenntnis* – denn so müsste die Bezeichnung für das lauten, was auf der initiatischen Ebene der sporadischen, aussernormalen Fähigkeit entspricht, die in den üblichen Erscheinungen des Zukunftssehens wirkt.

Aber der Mensch ist ausser einem Wesen, das erkennt, auch und im herausragenden Sinne ein Wesen, *das handelt*. Von daher komplizieren sich die Dinge. Die Realität der Zeit ist nämlich zu einem Gutteil mit der Realität der *Freiheit* und dem Wertrang des Handelns verbunden. Wenn jedes zukünftige

Geschehen erkannt, ja mehr noch *gesehen* werden kann, bedeutet das doch zumindest, dass es vorbestimmt ist, wohingegen bei Bestehen der Freiheit die Zukunft eine Unbestimmtheit aufweisen muss, die eben von der freien Möglichkeit herrührt, zu wählen und zu handeln, also etwas entstehen zu lassen, was ansonsten nicht entstünde, oder etwas nicht sein zu lassen, was ansonsten existieren würde. Fällt diese Voraussetzung hinweg, würde mit dem Schwinden der Realität der Zeit und des Werdens jedes Streben, das Tun, das Kämpfen, das scheinbare Schaffen und Umgestalten der Menschen zu blossen Wahnbildern, die an einen Rausch- und Täuschungszustand gekettet sind, angesichts einer Art *absoluten Raums* und angesichts einer Welt von Dingen und Ereignissen, die weder waren noch sein werden, noch je aufhören werden zu sein, sondern ganz einfach *sind,* unwandelbar.

Damit erkennt jedermann die Schwergewichtigkeit der Frage und die Notwendigkeit, alle Daten genau zu prüfen, die zu ihrer Beantwortung führen können. Und das ist nicht einfach. Die Menschen lieben es nicht, zu glauben, was ihnen nicht gefällt, und sind leicht geneigt, ihren Gefühlen und Vorurteilen einen natürlichen Vorrang vor den Fakten einzuräumen. Deshalb «argumentieren» auch im gegenständlichen Fall viele Menschen folgendermassen: «Wir besitzen die *Empfindung* der Freiheit, und *daher* ist es einfach nicht möglich, dass es tatsächlich ein Sehen in die Zukunft gibt.» «Der Mensch *muss* moralisch verantwortlich sein, und *daher* kann (sprich: darf) die Zukunft nicht vorherbestimmt sein.» Aber die Wirklichkeit kümmert sich nicht um die Gefühle und Wünsche der Menschen; und deshalb darf nicht von den eigenen Eindrücken und vom «so hat es zu sein» ausgegangen werden, sondern man muss aus den Ergebnissen der Erfahrung beurteilen, was tatsächlich ist. Erst nachdem man mit ruhigem Blick geprüft hat, was ist, kann man eine Handlung setzen, um zu ändern, was eventuell geändert werden kann.

Nachdem wir nun das alles vorausgeschickt haben, betrachten wir die drei Klassen, in die wir die zu behandelnden Phänomene eingeteilt haben, etwas näher. Dabei ist leicht festzustellen, dass die erste Gruppe, die die *Vorwarnungen* und *Vorahnungen* umfasst, der Freiheit noch einen breiten Spielraum gewährt. In vielen Fällen geben diese, dem Menschen auf aussernormalem Wege zugekommenen Warnungen die Möglichkeit, sich auf Ereignisse einzustellen, die ansonsten urplötzlich und fatal ihren Lauf nähmen – der erwähnte Fall der glücklicherweise vorgezogenen Reise auf Grund einer Vorahnung zeigt dies auch klar auf.

Wenn wir nun zu den beiden anderen Gruppen kommen, erweisen sich die Schwierigkeiten als grösser. Trotzdem können wir schon eine allgemeine Vorentscheidung treffen. Zweifelsohne gibt es genaue Vorhersagen; aber es gibt auch andere, und zwar zahlreiche, wo die Fakten dann nicht entsprochen haben. Soll man das als einen blossen Fehler einer unvollkommenen Erkenntnisfähigkeit der einzelnen Seher deuten und damit annehmen, dass das, was in falscher Art und Weise vorhergesehen wurde, grundsätzlich auch in richtiger Weise hätte vorhergesehen werden können? Das ist eine der möglichen Interpretationen; es gibt jedoch noch eine andere: Man kann nämlich der Meinung sein, dass viele der «falschen» Vorhersagen zuerst «richtig» waren, das heisst einen sehr wahrscheinlichen Zusammenklang von Ursachen (vielleicht mit der Möglichkeit des Vorhersehens ihrer Auswirkungen) entsprochen haben und im Normalfall ohne weiteres jene Fakten ergeben hätten; «falsch» sind sie erst zu einem späteren Zeitpunkt *geworden,* da unvorhersehbare andere Ursachen dazugekommen beziehungsweise entstanden sind.

Lässt man diese Ansicht zu, besitzen wir wiederum einen Spielraum für die Freiheit. Und ob es tatsächlich so ist, könnte man in gewissen Fällen sogar auf experimentellem Wege nachprüfen. Selbst im Grenzfall, dass es sich nicht um ein Vorhersagen, sondern um ein Vorhersehen handelt, dass also das zukünftige Ereignis nicht nur angekündigt, sondern vorgängig *gesehen* wird, wobei ich selbst in der einen oder anderen Weise handle, müsste ich entweder im Moment des tatsächlichen Eintreffens des Ereignisses von einer Art vollkommenen Gedächtnisschwundes erfasst werden, so dass ich dann automatisch dem Ablauf der Dinge folge, oder sonst mich doch erinnern und wissen: «Jetzt geschieht genau das, was ich vorhergesehen habe.» Damit könnte man aber in vielen Fällen auch *intervenieren* und versuchen, einen *anderen* Ablauf der Dinge zu erzielen. Und wenn das gelänge, wäre, wenn auch im Kleinen, durch den Beweis, dass Vorhergesehenes *«falsch» gemacht werden kann,* die These vom absoluten Fatalismus vermieden.[1]

Dann gibt es noch andere zu besprechende Fälle, jene nämlich, bei denen das Ereignis vorhergesehen werden konnte, nicht weil es notwendigerweise eintreten musste, sondern genau umgekehrt: Die Tatsache, dass man es vorhergesehen hat, bewirkt erst sein Eintreffen und lässt damit das Vorhergesehene wahr werden. In einem banalen Rahmen geschieht das gar nicht selten auf Grund einer blossen Suggestion. Wie viele Menschen sind schon durch ihren blinden Glauben an Personen, die für ihre Hellsichtigkeit berühmt waren, selbst daran gegangen, die vorhergesagten Dinge wahr werden zu lassen?

Aber das kann sich auch in einem viel weiteren und wichtigeren Rahmen zutragen. In gewissen Fällen ist damit das Weissagen statt eines Sehens ein wirklicher und eigentlicher Akt der Vorherbestimmung, ein tatsächliches Setzen der Ursachen für betreffende Geschehnisse. Das fällt natürlich aus dem Bereich des heutigen gewöhnlichen Lebens heraus und ist schon in die Sphäre einer gewissen Magie einzuordnen. Wir beschränken uns auf die Nennung eines einzigen Beispieles, nämlich jenes der *Auspizien* und *Auguren,* die im Leben des antiken Rom eine so gewaltige Rolle spielten. Aus verschiedensten Zeugnissen ist unzweifelhaft zu belegen, dass die Arbeitsweise der Auspizien und Auguren häufig die Bedeutung eines Ritus zur

[1] Man muss jedoch auch die Fälle in Betracht ziehen, bei denen das, was man macht, um eine bestimmte Prophezeiung zu vereiteln, genau dahin führt, dass sie eintritt; verschiedene antike Erzählungen und Legenden spielen darauf an, wobei die bekannteste diejenige von Ödipus ist. Der oben erwogene Fall hingegen, der die Erkenntnis *im Augenblick* des Eintreffens des vorhergesagten Geschehens voraussetzt, ist anders gelagert.

magischen Vorherbestimmung hatte: Es ging nicht darum, gewisse schicksalshafte Ereignisse vorherzusehen, sondern darum, *gewisse schicksalshafte Ereignisse im vorhinein festzulegen.*

Ebenso wahr ist es natürlich, dass es in vielen Fällen nicht darum ging; aber dabei darf man keinesfalls vergessen, was grundsätzlich überhaupt das Ziel der antiken römischen Augurenkunst war: nämlich sicherlich nicht das vorgängige Verkünden dessen, was dann so oder so eintreten würde, um damit quasi eine leere Neugier zu befriedigen, sondern vielmehr das Aufzeigen eines Zusammenspiels von Umständen und Möglichkeiten, so dass man sich darauf einstellen und in passender, wirksamer und *glückhafter* (lat. *felix:* ein spezifisch römischer Fachausdruck) Weise das *Tun* danach ausrichten konnte. Ein solches Tun hielt man also für möglich und real, und nur deshalb – für einen praktischen Zweck also – erachteten die Römer bis hinauf zu den Führern und Feldherren die Auspizien als so wichtig.[2]

Die Antworten zeigten, um ein modernes Bild zu gebrauchen, Situationen an, wie sie analog eine Wetterstation demjenigen übermitteln kann, der einen Berg erklettern will: Bestimmte atmosphärische Bedingungen werden vorausgesehen, die dann günstig oder ungünstig (nach der antiken lateinischen Terminologie: *faustae* oder *infaustae* = «glückbringend» oder «unglückbringend») sind und einen vom Alpinisten völlig unabhängigen objektiven Charakter aufweisen. Am Alpinisten liegt es nun, dem Rechnung zu tragen oder eben nicht.[3]

Diese Betrachtungen zeigen auch demjenigen, der das tatsächliche Vorhandensein der Freiheit behauptet, die Grenzen an, die ihr gezogen sind. Hier kann man auch geltend machen, was verschiedene moderne Wissenschaftler (z. B. Geley und Osty) eindeutig festgestellt haben, nämlich dass die Vorhersagen um so präziser zutreffen, je mehr sie Ereignisse zum Inhalt haben, die äusserlich oder kollektiv sind oder auch an Leidenschaften oder materielle Interessen gebunden sind oder schlussendlich, wenn sie, um einen Ausdruck zu verwenden, der zwar nicht viel aussagt, einen «zufälligen, nebensächlichen» Charakter aufweisen. Nun ist es klar, dass man – wenigstens solange man nur Mensch ist – die Freiheit nicht dort suchen darf, wo man sie nicht finden kann. Es gibt offensichtlich einen Bereich, der dem Schicksal oder dem Zufall, wie man es auch immer nennen mag, völlig unterworfen ist, einen Bereich, der von jedem in seiner Gesamtheit in dem

[2] Ganz deutlich geht das aus der mit dem I-Ging verbundenen chinesischen Orakelkunst hervor. Hier zeigt das Orakel nicht Fakten auf, sondern Situationen in Bewegung, Keime von Fakten, damit man sie in die Überlegung miteinbeziehen und sinnvoll danach handeln kann, bevor das, was möglich ist, real wird und eine einzige Richtung aufzwingt.

[3] Im Grunde genommen haben wir dieselbe Situation bei den Resultaten der *Astrologie,* die ja der gleichen Art von Wissenschaft zuzuordnen ist und in gleicher Weise das Problem des Ausmasses aufwirft, in dem die Zukunft vorherbestimmt ist. Tatsächlich gibt es einen wohlbekannten Grundsatz in der Astrologie, der da heisst: *astra inclinant non determinant* (die Sterne zwingen nicht, sie machen nur geneigt), was darauf hinausläuft, dass die Richtlinien des wahrscheinlichsten Geschehnisablaufes vorherbestimmt sind, ohne dass man aber grundsätzlich die Möglichkeit ausschliessen darf, dass ein «ablenkender» Einfluss hinzukommt.

Moment akzeptiert wird, in dem er das Menschenlos auf sich nimmt – genauso, wie man auch alle Risiken und Zufälle des Meeres akzeptiert, sobald man sich zur Seereise entschlossen hat und sich nunmehr auf einem Schiff befindet. So wird kein vernünftiger Mensch daran denken, die Freiheit und Macht zu verlangen, die Dinge zu ändern, die mit dem Sterben oder Nicht-Sterben und mit dem Krankwerden zusammenhängen oder die sich aus der Tatsache ergeben, dass man sich gerade an einem Ort aufhält, wo ein Blitz einschlägt, ein Erdbeben wütet oder ein Krieg ausbricht usw. Das alles ist ganz allgemein ein Teil des Menschen oder, wenn man will, ein Teil des irdischen Abenteuers. Und dass in diesem Bereich ein Sehen in die Zukunft möglich ist, hat eigentlich nichts Befremdendes an sich. Wenn überhaupt, verlagert sich hier die Frage nach der Freiheit auf die transzendentale Ebene, auf die wir weiter unten zu sprechen kommen werden.

Weiter bestehen die Menschen in ihrer übergrossen Mehrzahl so stark aus Gewohnheiten, Wünschen, Instinkten und festgelegten Reaktionen und sind so weitgehend Sklaven der Dinge sowie ihrer selbst, dass es überraschend wäre, nicht, dass ihre Zukunft vorhergesehen werden kann, sondern wenn es *keine* solche Vorhersehbarkeit gäbe. Kennt man einmal den sogenannten «Charakter» einer Person, weiss man auch schon ungefähr, was sie unter bestimmten Umständen tun wird. Und da ja die meisten Umstände nur wenig von ihrem Einfluss abhängen, sind praktisch alle Grundbestandteile für eine Vorbestimmung vorhanden. In der Tat beruht die Fähigkeit, in die Zukunft zu sehen, vielfach auf dem Vermögen, in der Seele eines anderen zu lesen, und zwar in ihrer tiefen und vergrabenen Zone, in der geheime und uneingestandene Begierden und Kräfte hausen, die dem eigenen Tagesbewusstsein auch völlig entschlüpfen können, aber im rechten Augenblick deutlich ihre Auswirkungen zeigen.[4] Hier kann eine seriöse Astrologie einen ihrer positiv zu wertenden Aspekte einsetzen und diesbezügliche Erkenntnisse ans Licht bringen.

In diesem Zusammenhang sieht man auch, dass man, bevor man sich fragen darf, ob man gegenüber zukünftig eintretenden oder auch nicht eintretenden Ereignissen frei ist, man sich zuerst fragen müsste, ob man gegenüber sich selbst frei ist und in welchem Ausmass. Auch hier sollte man abstrakte Problemstellungen in Form einfacher Alternativen vermeiden und das Problem der Freiheit nur in bezug auf einzelne Fälle und einzelne Ebenen stellen und darüber hinaus vom theoretischen Bereich zum praktischen übergehen und nicht fragen: «*Sind wir* frei oder nicht?», sondern vielmehr: «Können *wir* frei *werden,* in welchem Ausmass und wie?».

Das Problem der Freiheit gegenüber einem selbst und nicht gegenüber dem Reich des Natur-Notwendigen, das uns umgibt, ist vielschichtig. Hält

[4] So gibt es im Rahmen der modernen Untersuchungen Forscher, die die Phänomene der Hellsichtigkeit auf «psychoanalytischer» Basis erklären wollen und sich damit auf das Unterbewusstsein der jeweiligen Betroffenen stützen, auf die sich die Vorhersage bezieht. Das wäre in einigen Fällen sicherlich gerechtfertigt, wenn nur die Psychoanalyse wüsste, was das «Unterbewusstsein» tatsächlich ist.

man sich an die experimentellen Daten, die zu den Hellsehphänomenen vorhanden sind, erreichen wir nicht mehr als eine einfache Wahrscheinlichkeit, wenn die Vorhersagen eine tiefere Lebensebene berühren, einen Bereich ernster und schwerwiegender Entscheidungen also, in denen die gesamte Persönlichkeit engagiert ist. Vom menschlichen Standpunkt aus würde das einen gewissen Spielraum für eine Nicht-Vorherbestimmung bedeuten, der um so grösser wird, je eher solche Entscheidungen von einer Person getroffen werden, die sich selbst beherrscht.

Aber von einem höheren Standpunkt aus darf man hier nicht innehalten, da nun das metaphysische Problem der Vorherbestimmung der eigenen Person ansteht. Niemand wird nämlich ohne eine gewisse Vorgeformtheit geboren, und nach esoterischer Lehre ist diese nicht zufällig und auch nicht auf die blossen biologischen und erbmässigen Faktoren beschränkt; genausowenig ist es einem Zufall zuzuschreiben, dass man an einem bestimmten Ort, in einer bestimmten Rasse, zu einer bestimmten Zeit etc. geboren wird. Das alles hängt natürlich mit der Lehre von der Präexistenz der Seele zusammen (die nicht mit der Irrlehre der Wiedergeburt zu verwechseln ist). Diese Lehre, die initiatischen Charakter aufweist und sowohl im Osten als auch im antiken Abendland bekannt war, besagt nicht nur, dass das Ich schon vor der menschlich-irdischen Individualität existiert, sondern auch, dass es das Ich ist, das die Natur und den allgemeinen Sinngehalt seiner irdischen Erscheinungsform bestimmt, das heisst also, dass es das spezielle Leben, das es zu führen haben wird, selbst festlegt. Wie eine solche Festlegung erfolgt und in welchem Ausmass in ihr noch Freiheit im absoluten Sinne besteht, kann man dabei offenlassen, und zwar schon allein deswegen, weil das Problem wiederum von Fall zu Fall verschieden gelagert sein kann. Sicher ist, dass es einen Moment gibt, der ausserhalb der Zeit liegt, in dem das Ich *Herr der Geburt* ist; an jenem Punkt formt sich das, was in der indischen Tradition «Kausalkörper» genannt wird und was im antiken Abendland «Dämon» (in einer besonderen Bedeutung dieses Begriffs) hiess, der das «schicksalshafte» und vorgeburtliche Element, auf dessen Grundlage sich dann eine bestimmte sterbliche Existenz entfalten wird, sozusagen verdichtet. Von daher wird also neues Licht auf etwas geworfen, was dann in vielen Fällen ein Hellsehen möglich macht.

Wenn aber der Mensch das Leben lebt, das sich das Ich am massgeblichen Ort selbst auserwählt hat oder veranlasst wurde, für sich zu erwählen, dann erkennt man, dass die These von der Freiheit genauso richtig ist wie die These von der Vorbestimmtheit, je nach dem Gesichtspunkt. Hält man sich an den rein menschlichen Gesichtspunkt, den man denjenigen des «schon Individuum gewordenen Ichs (individualisiertes Ich)» im Gegensatz zu demjenigen des «das Indiviuum erst gestaltenden Ichs (individualisierendes Ich)» nennen kann, muss man bedenken, dass es beinahe immer die *Begierde* ist, die als sozusagen instrumentale Kraft die Geburt festlegt und als deren tiefste Grundlage auch im daraus entstehenden Leben weiterwirkt. Die Begierde ist das Gegenteil des «feststehenden» Zustands des *Seins* und der Erkenntnis (vgl. Kap. III, S. 88); sie ist ein Streben nach dem anderen, ein

Vom-anderen-Bewegtwerden, ein Schwanken von einem Gegenstand zum anderen und von einem Zustand zum anderen im Zeichen eines Angezogenwerdens (und eines Sich-Identifizierens) oder eines Abgestossenwerdens. Das ist auch der Urprung und der letzte Hintergrund der menschlichen *Zeit*erfahrung: Für ein Wesen, das nicht wollte, das nicht strebte, das nicht begehrte (nicht nur im gewöhnlichen subjektiven Sinn, sondern in der tiefsten metaphysischen Bedeutung), gäbe es keine Zeiterfahrung, oder zumindest wäre die Zeiterfahrung eine andere. Erst dadurch, dass die Dinge vom tiefsten Lebensdurst aufgesaugt werden, bekommen sie den Aspekt der Zeitlichkeit, werden zu in der Zeit befindlichen Dingen, ja die Welt selbst erscheint als ein Werden: genauso wie es einem Passagier in einer fahrenden Eisenbahn erscheint, als ob die Landschaft vorbeiliefe und sich nacheinander in verschiedene Örtlichkeiten verwandelte.

Daraus scheint hervorzugehen, dass die Zeit keine den Dingen innewohnende Seinsweise ist. Erst auf der Ebene einer bestimmten Erfahrungsform, die von der «Begierde» bestimmt ist, kommt sie notwendigerweise hinzu und zwingt ihr Gesetz auf. Und wenn die verschiedenen Entwicklungsmöglichkeiten des Lebens, das man gewählt hat, allein auf der Grundlage der «Begierde» zustande kommen, geht nicht nur der Sinn dieses Lebens verloren, sondern alles läuft tatsächlich wie in einem schlafwandlerischen oder Traumzustand ab. Nur ganz selten wird dieser Zustand dann durch Augenblicke einer *Vision* oder einer *Erinnerung* unterbrochen, und nur während dieser Zeit nimmt das Ich wiederum seine aktive Funktion als Zentrum auf, als dasjenige Sein, das *über* den «schicksalshaften» Elementen seines irdischen Daseins steht und sie lenkt. Für die Fähigkeit einiger aussergewöhnlicher Menschen, klar intuitiv zu erfassen, was geschehen wird, und genauestens die wirksamste Schlagrichtung zu wählen, die eine Gesamtheit von Gegebenheiten sozusagen in sich birgt, hat Mereschkowskij in seinem Napoleonbuch einen sehr glücklichen Ausdruck verwendet, auch wenn ihm sicher nicht der gesamte Bedeutungshintergrund bewusst war: Er hat nämlich von einem *Sich an die Zukunft Erinnern* gesprochen. Man könnte in keiner besseren Art und Weise den Sinngehalt jener Augenblicke des Erwachens ausdrücken, in denen im Ich wiederum der Status des «Herrn der Geburt», also des Subjektes und nicht Objektes der transzendentalen Freiheit, zum Durchbruch gelangt.

Die Aussicht darauf erhöht sich auf dem Wege der Initiation und hohen Askese, ist dieser doch nichts anderes als der Weg, auf dem gerade eine solche *Verewigung* des Bewusstseins erfolgt. Wo in geeigneter Weise der Grundzustand der «Begierde» überwunden wird und sich damit der Gegenstand von einem Gegenstand der Begierde zu einem Gegenstand der *Kontemplation* läutert, muss natürlich – wenigstens bis zu einem gewissen Grade – auch die Überwindung der Zeitunterworfenheit sowie *die eigene Befreiung und eine solche des Gegenstandes* folgen und damit auch die Möglichkeit gegeben sein, in einer Synthese des tiefsten Sinngehaltes zusammenwirkend und gesamthaft zu erfassen, was dem gewöhnlichen Bewusstsein längs Zeitabfolge gestaffelt erscheinen würde, und zwar als eine einfache Aufeinanderfolge von «Fakten» sowie mehr oder weniger «erlittenen» Geschehnissen und unklaren «Willens»-Akten.

Wenn sich die Horizonte so aufhellen und damit ein nicht mehr bloss menschliches Auge zu schauen beginnt, muß das nicht heissen, dass damit das Ende eines Lebens und das Ende des Tuns einsetzt. Das ist vielmehr der Moment, in dem man im höchsten Sinne aktiv sein kann und das menschliche Leben genau nach dem Ziel zu realisieren vermag, für das man es gewollt hat, ohne dass es zu einem Durcheinander zwischen der dargestellten Rolle und dem sie ausführenden Schauspieler, noch auch zwischen demjenigen, der handelt, und dem losgelösten Ich kommt, das ohne zu handeln doch die Handlung lenkt (der *purusha,* nach dem Fachausdruck des Samkhya).[5] Die Zeiterfahrung erwirbt dann ebenso eine andere Qualität, ja man könnte sogar sagen, sie bekommt eine andere Dimension. Sie ist nicht mehr eine «chronologische» Zeit noch ein «Werden» oder «Fliessen», sondern eine, sagen wir, *rhythmische* Zeit, die aber nicht unabhängig von dem ist, was in ihr abläuft, sondern es im Gefüge einer organischen Entwicklung so wiedergibt, dass ein inniger Sinnzusammenhang das Ich und seine Erfahrung verbindet, wobei deren einzelne Inhalte als integrierende Bestandteile eines Ganzen erscheinen, das dann den eigentlichen *Sinn* dieses Lebens ausmacht. Wie wenig man auch darüber nachdenken mag, ist es doch klar, wie in einem solchen Fall die Dinge im Zusammenhang mit der Vorhersehbarkeit zukünftiger Ereignisse stehen; es ist ebenso leicht einzusehen, dass hier die Vorhersehbarkeit nicht die Freiheit einschränkt, sondern eher das Gegenteil passiert,[6] das heisst, dass das Ich in bezug auf die Ursachen der Zukunft zentral wird.

Aber wenn wir das Problem zu Ende denken wollen, kann man sich fragen, ob hier schon die Kraft gegeben oder trotz allem doch noch nicht gegeben ist, die Zukunft eher in die eine Richtung statt in eine andere zu lenken. Absolut gesehen, muss man die Frage mit ja beantworten; das würde aber – das muss man gestehen – vom Standpunkt des irdischen Ichs bedeuten, dass man sich mehr oder weniger mit sich selbst in Widerspruch setzt, das heisst auf einmal etwas anderes will, als man ursprünglich gewollt hat: wie jemand, der begonnen hat, ein bestimmtes Gewebe zu weben, und auf einmal damit aufhörte oder mit einem ganz anderen Muster neu begänne. Aber, weiter noch im absoluten gesprochen, sieht man auch nicht ein, was ein «losgelöstes» Ich davon abhalten könnte, sich zu widersprechen, wenn es will. Aber

[5] Darauf bezieht sich auch der leicht zu verstehende initiatische Ausdruck: «derjenige, der keinen Dämon mehr hat».

[6] Wer alles nur äusserlich betrachtet, könnte manchmal das Gegenteil annehmen, da in einem vollkommenen Leben alles, was zufällig, beiläufig und willkürlich ist und als solches einen mehr oder weniger unbedeutenden und scheinbaren Freiheitsspielraum offenlassen könnte, allmählich eingeschränkt wird und jede Angelegenheit einer eigenen Logik zu folgen, einem bestimmten Gesetz zu gehorchen und einen speziellen Sinngehalt aufzuweisen scheint: wie beim Komponieren eines Musikstückes, wo jedes einzelne Element, eingeschlossen die scheinbaren Dissonanzen und Variationen, auf die eine oder andere Weise wiederum in die Gesamtentwicklung einfliesst.

das ist ein theoretischer Grenzpunkt, und es ist kaum sinnvoll, ihn in praktische Erwägungen miteinzubeziehen. Die echte Widerspüchlichkeit, die man finden kann – und hier findet man sie nur allzuoft –, betrifft eine sehr viel niedrigere Ebene; denn auf sie beschränkt sich nämlich im allgemeinen die «Freiheit» im gewöhnlichen Leben, die dann dazu verwendet wird, um es, innerhalb der Grenzen der Welt der Notwendigkeit und Schicksalshaftigkeit, zu zerstören und jedes tieferen Sinns zu berauben.[7]

Fassen wir zusammen: Was die Zeit betrifft, kann es in der höchsten Erkenntnis sicher keine herkömmliche Zeit mehr geben. Die Ereignisse in ihr «werden» nicht, sondern *sie sind*; das, weil sie Ereignisse im allgemeinen Sinne sind und nicht Ereignisse, die das Leben eines bestimmten handelnden Subjektes betreffen. Von diesem zweiten Standpunkt her sind sie blosse Möglichkeiten, von denen nur jene Wirklichkeit werden, die das Ich erwählt und will, indem es eine bestimmte Form und ein bestimmtes Schicksal annimmt. Die Ordnung dieses Wirklichkeitwerdens stellt dann eben eine zeitliche Abfolge dar, die je nachdem aktiv oder passiv erlebt wird. Im einen wie im anderen Falle wird die Zeit immer einen relativen Charakter haben. Daraus resultiert, dass von den drei am Anfang dieses Artikels angegebenen Zeitauffassungen, und zwar sowohl vom gewöhnlichen menschlichen Standpunkt als auch von jenem aussergewöhnlichen aus, den derjenige einnimmt, der sich zum aktiven Lenker des eigenen Schicksales entwickelt hat, die dritte Auffassung als die richtige erscheint: Die Zeit ist eine einfache Form der menschlichen Erfahrung und hat in der Welt DER Wirklichkeit keinerlei Grundlage.

[7] Man kann dazu anmerken, dass es auf diesem Wege auch zum Zustand des modernen Menschen gekommen ist, der im allgemeinen nicht mehr weiss, was er ist noch was er will, noch was der Sinn dessen ist, was er macht, da sich seine innere Einheit in gegensätzliche und widersprüchliche Kräfte aufgelöst hat, wie eng dabei auch deren Aktionskreis gegenüber den «schicksalshaften» Faktoren sein mag, die sich in diesem Fall ja rein deterministisch und zwangsweise auswirken.

Bemerkungen zum Opus Magicum

Wer auf die «Loslösung» abzielende Vorübungen praktiziert, muss sich klar darüber sein, dass er mit grösster Wahrscheinlichkeit negative Zwischenstadien zu erwarten hat, die durch ein Aufhören der «von innen kommenden» Aktivitäten charakterisiert sind. Das ist eine Teilerscheinung des Zustandes der hermetischen *Schwärze (nigredo)* und allgemein des «initiatischer Tod» genannten kritischen Punktes. Die Ebene, von der wir jetzt sprechen wollen, betrifft allerdings nur die einzelnen Fähigkeiten.

Nehmen wir zum Beispiel eine Person, die normalerweise Gedichte schreibt. Das Dichten nun ist in der Mehrzahl der Fälle keine allein von uns abhängende Tätigkeit. Wir alle wissen, wie viele Male wir die feste Absicht haben, etwas zu schreiben, aber überhaupt nichts hervorbringen, und wie viele Male wir uns hingegen mit leerem Kopf an den Schreibtisch setzen und auf einmal spüren, wie eine schöpferische Kraft zufliesst, die uns viel mehr tun lässt, als wir eigentlich wollten. Diesen Bereich der *Gnade* finden wir mehr oder weniger überall im täglichen Leben, in dem die Menschen weit mehr von *Gaben* leben, als sie sich vorstellen.

Gibt sich nun eine solche Person der Initiationspraxis hin, kann es ohne weiteres geschehen, dass ihre spontane Gabe zu dichten allmählich abnimmt oder aber stark behindert wird; es kann sogar ein Zustand innerer Erstarrung eintreten, der es beinahe völlig unmöglich macht, auch nur das Geringste niederzuschreiben. Das ist der tote Punkt. Aber wenn man nicht in Bestürzung gerät und ruhig Blut bewahrt, wird man ein langsames Wiederauftauchen der verlorenen oder eingeschränkten Fähigkeiten feststellen können. Sie wird dann jedoch einen anderen Sinngehalt aufweisen, und ihr Inhaber kann sie dann wirklich *sein eigen* nennen. Man wird sie nämlich beherrschen und willentlich zu jedem Zeitpunkt ausüben können im Gegensatz zu dem, was vorher der Fall war. Überdies wird das Dichten nicht mehr eine Art suchendes Warten auf Eingebung sein, worauf ein sich völliges Hineinfühlen und dann wieder ein Stillstand folgt sowie ein Versuchen in dieser oder jener Richtung notwenig machen, bis sich eine neue «Inspiration» zeigt und Gedankenverbindungen enstehen, von denen man anfangs gar nicht weiss, wohin sie überhaupt führen werden. Statt dessen wird eine aktive Klarsichtigkeit den gesamten Vorgang lenken.

Das gleiche gilt für andere Fähigkeiten; zuerst ein Unterbruch und dann ein Wiederaufleben, wirklich von innen, vom Urgrund des Ichs. Alles, was das Ich sozusagen als Gabe von der «Natur» in Form von spontaner Fähigkeit empfangen hatte, zieht sich zuerst vom Ich zurück, kehrt aber dann als etwas wieder, was nun tatsächlich an seinem Urgrund teilhat. Analoge Wandlungen können sich auch im Denken ganz allgemein einstellen. Einen besonderen Fall bildet dabei das *Gedächtnis*. Sehr oft durchläuft man dann einen Zeitraum, in dem das Sich-Erinnern beinahe unmöglich wird. Aber dann zeigt sich eine neue Form von Gedächtnis, das auf einmal nicht mehr nur mechanisch oder zufällig arbeitet wie das gewöhnliche. Ein weiterer, sehr charakteristischer Fall betrifft noch das Sprechen. Nicht dass man stumm wird, aber das Sich-Ausdrücken wird schwer, und das Sprechen wird von innen her behindert. Das Wort aber, das nach Überwindung des toten Punktes wieder emporsteigt, ist quasi ein anderes Wort, ein Wort, das schon etwas vom Glanz des *lebendigen* oder magischen *Wortes* erkennen lässt. Die Yogaschriften erwähnen dazu, dass sich auf Grund der durchgeführten Übungen die Stimme sogar rein körperlich klärt und einen anderen Tonfall und eine andere Kraft annimmt.

Dass das eben Gesagte äusserst wichtig ist, wird jedermann klar sein, vor allem, damit die erwähnten negativen Auswirkungen nicht falsch beurteilt werden, man also nicht in Bestürzung gerät und sich dann vom Wege abwendet.

Wir möchten noch hinzufügen, dass sich solche Erscheinungen besonders gerne dann zeigen, wenn man die Praktiken allein auf sich gestellt verfolgt, neben dem Alltagsleben und ohne die Hilfe eigentlich ritueller Verfahren.

XI

Iagla

Schlangenweisheit

Sie brennen mit dem Feuer und wir mit dem Wasser,
sie waschen mit dem Wasser und wir mit dem Feuer.
van Helmont

Der Okkultismus[1] hat eine sehr feine «Wirkkraft». «Schlangenhaft». Sehr vom innersten Wesen her kommend.

Die Menschen haben ihre Klischees, ihre ethischen, religiösen oder sozialen Ideale und haben ihre Meinungen über Die Kraft, Das Wissen und Die Grösse. Aber der *Okkultismus* ist in allem und durch alles davon verschieden. Er entwischt und lässt sich nicht wägen und messen. Er kommt von der genau entgegengesetzten Richtung und nicht von dort, wohin sich alle Blicke wenden. So erscheint er, ohne dass man ihn bemerkt, oder wenn man ihn bemerkt, macht er unruhig; er nimmt denen die Sicherheit, die sich sicher glaubten und mit beiden Füssen auf der festen Erde wähnten.

Der Okkultist ist ein Wesen, an das man keine Maßstäbe legen kann. Man weiss nie, was er zu tun imstande ist, noch was er tun wird, ja nicht einmal aus welcher Richtung sein Tun überhaupt kommt. Sein Weg ist undurchschaubar. Ihr könnt sein enger Freund, sein Gefährte sein, seine Geliebte: Ihr könnt glauben, sein ganzes Herz zu besitzen, alle seine Gefühle, seine Hingabe. Und doch ist er noch ein *anderer*, neben dem, den ihr kennt. Ihr werdet euch dieses «anderen» erst bewusst, wenn auch ihr sein Reich betretet. Dann werdet ihr vielleicht das Gefühl haben, dass ihr vorher gleichsam einem Abgrund entlanggegangen seid.

Dabei ist es unwesentlich, dass es heute im Westen nur so wimmelt von Leuten, die sich Okkultisten, Eingeweihte, Meister etc. nennen und die äusserst unglücklich wären, wüsste man nichts von dieser ihrer eingebildeten Eigenschaft. Ich hingegen betone, dass ausser, wenn präzise Absichten vorliegen, sich ein wirklich Eingeweihter nur ganz selten jemandem, der nicht zu seinesgleichen gehört, als Eingeweihter offenbaren wird. Bei ihm

[1] Wir lassen «Iagla» den Begriff «Okkultismus» verwenden, obwohl wir es vorgezogen hätten, dass er ihn vermeide, da wir nur zu gut wissen, was «Okkultismus» heutzutage alles bedeutet. Wir waren aber nicht imstande, einen besseren Begriff vorzuschlagen, da «Iagla» hier nicht vom reinen Typus des Adepten oder höchstens von speziellen Aspekten seines Tuns spricht, zu deren Grundlegung sich der Autor, wie wir sehen werden, vor allem auf die fernöstliche Tradition bezieht. (*Anm. v.* Ur)

stellt sich nämlich ein Geisteszustand ein, der jegliche Abhängigkeit gegenüber den Menschen durch und durch *zerstört*. Was diese über ihn sagen oder denken, ob ihr Urteil über ihn richtig oder falsch ist – hört ganz einfach auf, ihn zu interessieren. Aufgrund eines unwiderstehlichen Triebes wollen die Menschen, dass man «weiss», was sie sind (schlimmer noch: was sie zu sein *glauben*); dass man weiss, wenn sie handeln, dass *sie* es waren, die gehandelt haben, und dass man über ihre Eigenschaft als handelnde Personen voll des Lobes ist; das Nicht-Reagieren, die natürliche Gleichgültigkeit gegenüber einem ungerechten Wort oder einer ungerechten Tat ist nicht ihre Sache. Ein Okkultist hingegen findet das alles kindisch. *Er existiert ja gar nicht*. Mögen diejenigen, die ein Vergnügen daran haben, versuchen und auch glauben, sie könnten die Luft fassen. Er kann ihnen den Boden unter den Füssen wegziehen und wird es im gegebenen Fall auch tun, ohne dass sie merken, von wo aus die Tat gesetzt wurde, ja dass *überhaupt* eine Tat *gesetzt wurde*. Sie wollen ihm auf die Wange schlagen? Sollen sie es doch tun. Er ist bereit, auch die andere Wange hinzuhalten: Spielt er doch nur Spiele, wo er allein *alle* Spielregeln festlegt. Er ist niemandem und nichts unterworfen. Welche Reaktionen die Worte, die Taten oder die Eigenschaften der anderen in ihm hervorrufen sollen, entscheidet nur er. Ob man ihn einen Feigling oder einen Helden nennt, ist ihm gleichgültig; er beobachtet hingegen sehr wohl, welche Auswirkungen dieses Denken der anderen hat und welche Folgen sich daraus für sein Spiel ergeben. Er achtet nur darauf, dass einige Dinge in jedem Fall *geschehen*. Er stellt kühl die Mittel und Voraussetzungen bereit, handelt und ... aus. Er hängt auch nicht an der Handlung, als wäre sie *seine* Sache. Vor allem spricht er nicht davon noch misst er ihr innere Bedeutung zu. Sie ist rein instrumental. Die «Selbstbestätigung» ist eine Sucht, die er nicht kennt.

Je weiter der Okkultist fortschreitet, desto tiefer zieht sich sein Zentrum zurück, und diejenigen, auf die er einwirkt und unter denen er lebt, unterliegen einem vollkommenen Schein der Freiheit. Ich weiss nicht, inwieweit diese typische Eigenschaft des *Okkultismus* überhaupt bekannt ist. Es würde übrigens auch *nichts nützen*, wenn sie bekannt wäre; im Gegenteil, *es nützt*, dass sie nicht bekannt ist. Ich weiss jedoch, dass im Westen der Okkultismus nur zu häufig von eigenartigen Ansichten und laienhaften Vorurteilen entstellt wird. Man *weiss* wenig, aber man redet viel. Dadurch ist der Möglichkeit, Missverständnissen und Täuschungen zu unterliegen, Tür und Tor geöffnet. Denjenigen, die nicht einmal wissen, wo man überhaupt anfängt, und denen der Okkultismus nur dazu dient, die Spiele und Wahnideen weiterzuverfolgen, mit denen sich die Menschen so oder so schon vergnügen, sollte man ja auch keinen Hinweis geben. Auch in diesem Buch wird häufig von «Willen», «Tat» und «Ich» gesprochen. Die Autoren, glaube ich, wissen ganz genau, was sie ausdrücken wollen; aber ich weiss nicht, wie weit auch den Lesern bewusst ist, dass hier der Wille nicht der Wille ist, dass hier die Tat nicht die Tat ist und dass hier das Ich nicht das Ich ist.

Vor ungefähr zweitausendfünfhundert Jahren wurde im Fernen Osten ein kleines Buch geschrieben, in dem die Prinzipien der *feineren* und *hermetischen*

Wissenschaft in klarer, kühler und lichthafter Form, wie sonst nirgendwo, niedergelegt wurden. Es handelt sich um das *«Tao-te-king»* des Lao-tse. Es hilft sicherlich, wenn hier die hauptsächlichen Themen dieser Lebensweisheit, die weder einer bestimmten Zeit noch einem bestimmten Land zugehörig sind, wiederholt werden. Sie bilden einen Bezugspunkt ohne Zweideutigkeit. Sehr gefährlich, aber absolut. Ich kenne nichts Absoluteres. Eine wesenhafte Klarsichtigkeit. Kein Anflug von menschlichen Beschränkungen und Wahnbildern. Man atmet, man *steht in sich fest.*

Mag es auch eine Legende sein, so ist das Zusammentreffen des Konfuzius mit Lao-tse, wie es Co-hong im «Si-sien-ciuen» erzählt, doch äusserst bedeutungsvoll. Co-hong berichtet, dass Konfuzius, der versucht, Lao-tse in seine Besorgnisse hinsichtlich Sitte, Tradition, Moral usw. zu verstricken, Antworten einer solchen Art bekam, dass er, wenn er später von diesem Treffen sprach, nichts weiteres zu sagen wusste als: «Netze und Angelhaken fassen die flinkesten Fische in den dunklen Gewässern, und die Tiere des Waldes verfangen sich in den Schlingen; selbst die freien Vögel werden vom Pfeil des tüchtigen Jägers erreicht – aber womit werden wir jemals den Drachen fangen können, der im Äther über den Wolken schwebt?»

Und die Grundsätze des *«Tao-te-king»* meisseln Stück für Stück diese Natur des vollendeten Meisters heraus – des Nichtfassbaren, des Feinen, des Ungreifbaren.

Der Weg, der Der Weg ist, ist nicht der gewöhnliche Weg – so beginnt der Text. Der Name, der Der Name ist, ist nicht der gewöhnliche Name.[2] Sicherlich, die Menschen *stehlen* das Leben. Sie befinden sich ausserhalb des Zentrums und locken die Kräfte, die tief und unsichtbar bleiben sollten, ebenfalls aus dem Zentrum heraus. Sie erbauen sich das Scheingebilde der «Persönlichkeit», statt wirklich zu *sein*; und an diesem Scheingebilde klammern sie sich fest, krampfhaft, tierisch verbissen: Ich! Ich! Ich! Das häufen sie an, das saugen sie in sich auf, das umschlingen sie, das «betonen» sie bis in alle Ewigkeit. Die Maske, die Fratze wird alles. Sie bemerken nicht, dass dies alles Fieber, Irrtum, Wahn ist. Der *Tod* verbirgt sich im Inneren ihres Schalenbaues. Und der Tod würgt sie. Sie sind die Larven, die im Grossen Spiel ausgeschieden werden.

Und das sagt der Vollendete: Die wahre Selbstbehauptung, die absolute, eigene Persönlichkeit ist nicht die den Menschen bekannte Selbstbehauptung und eigene Persönlichkeit. Ein Weg der Verderbnis und der Täuschung sind sie vielmehr. Die Menschen sprechen von Besitz und wissen gar nicht, was besitzen bedeutet. Sie sprechen von «Kraft», meinen aber nur eine Märchenwelt. Er sagt: Nur wenn es sich verliert, kann das Ich zum wahren *Individuum* werden; mit der «Selbstbehauptung» muss man Schluss machen, um wirklich *Individuum* und *Herr* des Ichs zu sein. Man kann nicht haben, wenn

[2] Diese Version des *Tao-te-king* entnehme ich der von J. Evola betreuten Ausgabe (*Il Libro della Via e della Virtù*, 1922). [Inzwischen (Mailand 1960) hat Evola eine neue, vollkommen revidierte Übersetzung des Tao-te-king unter dem Titel *Il Libro del Principio e della sua azione* herausgebracht. (Anm. d. Übersetzers)]

man festhält, man kann nicht stark sein, wenn man nicht loslässt. Der Vollendete verschwindet – so lautet sein Wort: Er macht sich leer und gelangt damit zum absoluten Sein. Um sich an die Spitze zu setzen, verschleiert er sein Ich. Er verschwendet und damit bekommt er; er schenkt und damit ist er reich. Er zieht sich zurück, löst sich auf und steigt empor. Er verzichtet auf den Strahl des Erfolges, vernichtet den Glanz und *setzt sich* im unsichtbaren Ursprung *fest*. Konzentriert hat er Erfolg – zerstreut Misserfolg. Von der Fülle ist er zur «Leere» übergegangen: Hier liegt der innerste Kern der Fülle, wie auch in der Leere der Nabe die Festigkeit des Rades begründet liegt; von der Bewegung verlagert er sich in das, was als wahre Ursache der Bewegung bewegungslos ist. Vom Sein zu dem, was in seiner Unkörperlichkeit Nichtsein ist. «Ich», «Nicht-Ich», «Wille» – alles Wahnbilder! Der Gewinn wird zu Verlust. Sich anstrengen, um auf den Zehenspitzen zu stehen, ist noch kein Emporsteigen, und die Beine lächerlich zu verrenken, heisst noch nicht gehen. Wer sich ins Licht setzt, bleibt in der Dunkelheit, wer sich gerecht dünkt, wird wieder zurückgestossen: sich zeigen heisst abhängig sein, sich betrachten heisst fallen, sich anstrengen ist das Unnütze, das Ungesunde, das, was vom Ursprung immer weiter wegführt. Je mehr Du «durchsetzt», desto weiter gehst Du ins Abseits, desto mehr setzt Du das Nichts durch.

Wenn Du nicht das Spiel des Widerstandes, des Besitzes sowie *Deines* Willens beendest, wirst Du nicht aufhören, Opfer des Spieles zu sein. Der Weg ist ein anderer: wollen ohne wollen zu wollen, handeln ohne handeln zu wollen, fertigbringen ohne zu machen, verwirklichen ohne Handelnder zu bleiben, emporsteigen ohne zu herrschen. Gerade aber beweglich, hell aber nicht blendend – das ist es, was Lao-tse sagt. Wirklich sein heisst nicht sein *wollen*. Er wirft Dir alle Deine «Werte» über den Haufen. Über Dich, der Du forsch und finster in der Maske des «Übermenschen», des «Eroberers» und desjenigen, der «bricht, aber sich nicht beugt», einherschreitest, lächelt er fein wie über ein kleines Kind. Welche Einfalt! Und er erzählt Dir vom Wasser: Nichts auf der ganzen Welt kann so wie das Wasser sofort jedwede Form annehmen, aber gleichzeitig gibt es nichts, was das Harte und Starre besser zu überwinden vermöchte. Es ist unbezähmbar, weil es sich an alles anpasst: Da es keinen Widerstand leistet, ist es ungreifbar. Es ahmt die «Tugend», die «Kraft» des Himmels nach. Das Nachgebende triumphiert über das Starre, das Schwache über das Starke. Stark und hart sind die Seinsweisen des Todes, fein und nachgebend die Seinsweisen des Lebens; die ersteren sind unten, die letzteren sind oben: das Obere lenkt das Untere, das Unkörperliche durchdringt die Undurchdringbarkeit der Materie.

Wer sich hervortut, schafft damit die Möglichkeit, niedergeworfen zu werden. Der starke Baum wird gefällt ... der Fehlschlag wird möglich durch das «Wollen», die Niederlage möglich durch das Festklammern, und es gibt keine Aktion, auf die nicht eine Reaktion zurückfiele. Folglich: Ein guter Kämpfer braucht keine Gewalt, ein guter Sieger kämpft nicht, ein guter Führer lenkt nicht, ein guter Wanderer hinterlässt keine Spuren, ein guter Wächter braucht nichts zu verschliessen, ein guter Kerkermeister benützt keine Ketten. Das wahrlich siegreiche Heer darf nicht «kämpfen» – hat einen Kampf oder auch nur die *Möglichkeit* eines Kampfes überhaupt nie zugelassen. Merke auf, wie verwirrend all das ist: Du würdest keinen Angriffspunkt, keinen Widerstand vorfinden und würdest trotzdem eine Kraft spüren, gegen die Du nicht ankannst und die Dir als erstes sogar die blosse Möglichkeit zum Kampfe nimmt, denn ein Schwert kann die Luft nicht treffen und ein Netz das Wasser nicht fangen. Diese Kraft liegt allein bei denen, «die vom Drachen gebissen worden sind»: Mit ihr lenken sie, mit ihr arbeiten sie, unsichtbar und ohne Worte. Die Menschen sind nichts für sie – wie Menschen auch für die unpersönlichen Kräfte der Natur nichts sind; wie Werkzeuge verwenden sie sie – sagt Lao-tse – ohne Liebe oder Hass, Gut oder Böse zu kennen. Verhält sich der Baumeister mit den Steinen, die er verwendet, etwa anders? Das unendlich grosse Quadrat hat keine Ecken mehr, der unendlich grosse Behälter kein Fassungsvermögen mehr, der unendlich hohe Ton ist nicht mehr hörbar, das unendlich grosse Bild hat keine Form mehr – das ist es, was Lao-tse sagt. Die nicht vorhandene Spur ist die Spur der von ihm erwähnten Vollendeten. In der Weite seiner Geisteskraft scheint er gegenüber jener Beschränkung, die man das Bewusstsein von Euch Menschen heisst, kaum zu wissen, dass er existiert. In der Gestalt der Schwäche besitzt er die wahre Kraft: Er weiss sich mächtig und wirkt schwach; er weiss sich erleuchtet und wirkt dunkel; er weiss sich gross und zeigt sich klein und mittelmässig; er macht das Spitze stumpf, klärt das Verworrene, dämpft das Blendende und ist äusserlich mit der gewöhnlichen Umwelt eins. Er geht vorwärts, ohne einen Schritt zu tun, übernimmt, ohne zu erobern, und besitzt, ohne zu nehmen. Dadurch, dass er wird wie alle, unterscheidet er sich von allen. Und er geht: vorsichtig wie jemand, der einen eisigen Fluss durchwatet, wachsam wie jemand, der um sich Feinde weiss, kühl wie ein Fremder, verschwindend wie eine schmelzende Schneeflocke, rauh wie ein unbehauener Baumstamm, weit wie die grossen Täler, undurchdringbar wie das tiefe Wasser, verschlossen wie die einsamen Höhen. Er gelangt an das Ziel, ohne zu gehen, durchschaut, ohne zu blicken, vollbringt, ohne zu wollen, setzt Taten, ohne zu handeln, und entschwindet. Ohne dass er befiehlt, wird ihm gehorcht; ohne zu kämpfen, siegt er; ohne zu rufen, zieht er an sich. Wie bestürzend muss dieser, der der *wahre* Mann, der *absolute* Mann ist, auf all diejenigen wirken, die das Klischee der muskelschwirrenden Männlichkeit, der metallenen Männlichkeit in sich tragen! Er saugt wie eine Schlange die undurchschaubare Kraft des Weibes in sich auf. Lao-tse berichtet eben von der unsichtbaren Magie des Weiblichen, die katzenhaft den Akt des Männlichen an sich zieht und aufsaugt: und er verbindet sie mit dem Bild der dunklen, verborgenen Täler, die unwiderstehlich die Wasser der Bergeshöhen zu sich herabziehen.

«Der Weg, der Der Weg ist, ist nicht der gewöhnliche Weg», gewiss. Weisst Du aber, was dann z. B. Deine «Helden», Deine «Märtyrer» oder Deine «Männer mit Charakter» sind? Geschöpfe der *Eitelkeit* und nichts anderes. «Ich breche, aber ich beuge nicht» – damit sagst Du aber eigentlich: Für die «schöne Geste», für die stolze Befriedigung, die mein «Ich» vereinnahmen darf, opfere ich die *Wirklichkeit*. Welch ein Kind! Diese Seifenblasen des «Heldischen», des «Tragischen», die kennt Lao-tse nicht: Kühl und klarsichtig ist für ihn nur die vollendete Aktion wichtig. Du machst einen Schritt nach vorn? Er hingegen zieht sich zurück und kommt dann wieder wie eine Welle: «Lieber einen Schritt zurückgehen als einen Daumenbreit nach vorn – von zwei Kämpfern siegt derjenige, der nicht kämpft.» Du legst ein Hindernis in den Weg, Du willst «durchsetzen»? Er lässt Dich machen, umgeht Dich und vernichtet Dir die innerste Wurzel. Er verhindert das, was noch nicht offenbar ist, wirkt auf das ein, was noch schwach ist, löst die Krise, bevor sie ausbricht. Er entzieht sich, er will dort agieren, wo es keine Bedingungen und keine Verteidigungslinien gibt, dort, wo man keine «Ursachen» schafft, das heisst dort, wo man nichts schafft, auf das eine Wirkung zurückfallen kann.

Er wiederholt noch einmal für Dich: was *Aktion, Tat* ist, das wissen die Vollendeten überhaupt nicht. Heute herrscht die Religion des «Sich Bemühens», des «Werdens», des «Aktes». Nicht die Erreichung des Zieles ist das Wichtige, sondern das «unendliche Streben», der «Kampf», die «ewige Sehnsucht». Sie handeln, um *sich zu spüren*, nicht um zu *vollenden*. Je mehr sie gefangengenommen sind, je mehr sie erregt und mitgerissen sind – desto zufriedener sind sie. So *spüren sie sich* besser, da sie natürlich das *drängende Bedürfnis* haben, «sich zu spüren» ... welch ein Unglück der Tag, an dem sie keine *Widerstände* mehr vorfänden! Sie würden platzen wie die Luftblasen, die sie eigentlich sind. *Und genau das geschieht beim Sterben*, wenn die feste Hülle des pysischen Leibes zerfällt, die Hülle, die dazu diente, ihr Bewusstsein zu «reflektieren», und sich dann der Knoten löst und in den unendlichen Äther ausdehnt, wo es keinen Halt und keine Richtungen mehr gibt, wo das Reich des Drachen liegt.

Ausgleichen, schweigen, entschwinden; die Stimme, ohne Laut; das Sehen, ohne das Objekt; der Besitz, ohne die Berührung; der Akt, ohne die Bewegung. Das ist der Weg des *Tao*. Paradox? Un-Sinn? Alles Worte, kleine, ganz kleine Fliegen, die um den königlichen Elefanten herumschwirren. Achte vielmehr, wenn Du zum anderen Ufer gelangen möchtest, was er Dir sagt, er Lao-tse, *der Feine*: «Wie der Fisch nicht leben könnte, wenn er die dunklen Meeresgründe verliesse, so soll auch der gewöhnliche Mensch nicht die Waffe solcher Weisheit eines wahren Herrn kennenlernen.»

DIE INVOKATIONEN

(Ergänzung der Hinweise zur zeremoniellen Magie von Kapitel VII)

In der Gesamtheit der Riten und Praktiken, aus denen die Zeremonialmagie besteht, nehmen die Invokationen oder Gebete einen wesentlichen, wenn nicht gar hervorragenden Platz ein, da sie jede Handlung begleiten, die man vollzieht, und oft schon für sich allein echte Ritualformen darstellen.

Man erinnere sich deshalb an das, was auch schon anderenorts von einer ganzen Reihe von Autoren betont worden ist und worauf in diesem Buch ebenfalls hingewiesen wurde: dass das Gebet nicht daraus besteht, nur die Lippen nach vorbestimmten Worten zu bewegen, sondern einen Akt darstellt, der zwar manchmal bloss willensmässig und hirngebunden ist, wenn sich eben die Operation auf Aktionen beschränkt, die nur die physische oder astrale Ebene oder Wesen der unteren Hierarchien betreffen, aber häufiger ein im herausragenden Sinn spiritueller Akt ist, und zwar dann, wenn sich das Gebet an höhere Wesenheiten richtet, um von ihnen Hilfe, Erleuchtung oder höheren Rang zu erlangen.

Aufgrund des Zieles, das sich dieser Vorbereitungsritus gesetzt hat und das darin besteht, den Geist über die Grenzen und Fesseln der physischen Natur zu erheben, bis er in unmittelbaren Kontakt mit den Geistern kommt, deren Körper Licht und Glanz ist, muss der verbale Ausdruck auf höchste Wirksamkeit und Realisierungskraft gerichtet sein und mit «Feuer und Geist» lebendig gemacht werden. Das lässt sich nur mit beständigem Streben erarbeiten.

Diese Anrufung ist im allgemeinen nicht an einen bestimmten Ort oder eine bestimmte Zeit gebunden, und um sie vorzubringen, sind Werkzeuge oder Zeichen nicht unbedingt notwendig, wie es auch nicht erforderlich ist, immer die gleiche Formel zu verwenden, was ja zu einer mechanischen Gewohnheit führen könnte, obwohl diese Notwendigkeit für die Riten gesamthaft sowie die magischen Ketten – von wenigen bestimmten Fällen abgesehen – schon bestehen bleibt.

Die von uns vorgeschlagenen Invokationen können als Vorlage für andere dienen, die der Operant während des Ritus improvisieren kann. Er kann sie *auch* vollständig wiederholen, indem er sie vorliest oder besser noch, nachdem er sie auswendig gelernt hat, wobei aber die Aufmerksamket während des Lesens oder während des Aufsagens keinesfalls zulasten der spirituellen Intensität der Invokation selbst gehen darf.

Alle Invokationen werden im allgemeinen stehend mit dem Gesicht nach Osten vollzogen. In manchen Fällen fixiert man dabei die Augen auf den magischen Spiegel.

(für die Waschung)

Bevor Du mit der Waschung für den Ritus beginnst, sammle Dich im Geist, breite die Hände über das Wasser und sprich:

– Gottheit des tiefen Meeres, Gottheit, die Du mit Deiner Macht über alle Wasser dieser Erde herrschst, Gottheit, Dich rufe ich an, Dich heisse ich herbei, die Du die Unwetter entfachst und wieder besänftigst, Dich, Herrn der klaren Brunnen und der reinen Quellen, Dich, der Du die irdischen Wasser und die himmlischen Wasser regierst und überall das Element vergibst, das Leben ist für das Universum und die Geschöpfe, die es bevölkern. Ich rufe Dich und ich rufe Euch, Dämonen und Genien, die Ihr die Minister seiner Macht seid, auf dass Ihr diesem Wasser Kraft verleiht, damit es mich rein mache und ich würdig werde, den Ritus der Erhebung zu vollziehen.

(für die Nahrung)

Wenn Du das für Deine Mahlzeit Nötige vorbereitet und alles auf dem Tisch angerichtet hast, wo nur Du allein nach Osten gewendet sitzen wirst, zeichne, bevor Du mit dem Essen beginnst, im Stehen mit dem Daumen die Signatur des Vaters auf das weisse Leinen. Du findest sie zuoberst auf der schon früher (S. 201) gegebenen Abbildung. Sammle Dich im Geiste, breite Deine Hände über die Nahrungsmittel aus und sprich:

– Vater, erhabenster Bebauer der mystischen Felder, ich weihe Dir diese Speise, diese wunderbare Frucht der Erde, und rufe Deine Gegenwart herbei, auf dass sie in mir mein tiefstes Wesen in Reinheit nähre und in der Umwandlung meinem Sinn und meiner Seele neue Kraft und höheren Rang bringe, damit sich der Geist schnell zu erheben vermag und die vollkommene Gemeinschaft erlange.

(beim Ankleiden)

Während Du das Kleid aus Leinen anziehst, das Du für den Ritus tragen wirst, sammle Dich im Geiste und sprich:

– O Höchster, ich trage das unbefleckte Kleid, Symbol meiner Reinheit, und ich rufe Dich an, damit diese Reinheit in mir bleibe und die weisse Unschuld mit Deiner Hilfe zu strahlendem Licht werde.

(Weihe des Raumes)

Wenn Du in den Raum getreten bist, den Du für den Ritus ausgesucht hast und wo sich auch schon die nötigen Gegenstände befinden, wende Dich gegen Osten, sammle Dich im Geiste und sprich:

– Unbekannter, ich komme an diesen Ort, der vom Gelärme der Welt abgeschlossen ist, um Dein Geheimnis zu ergründen; und Dir weihe ich ihn mit allem, was in ihm enthalten ist. Ja, ich bin bereit, das ewige Licht anzuzünden und das Feuer anzufachen, Symbol meines brennenden Geistes, das seinen Duft zu Dir emporsteigen lässt, wie auch die Begierde nach Erkenntnis zum Geheimnis emporsteigt, auf dass Du mir offenbar wirst.

(Weihe des Feuers)

Bleibe im Geiste gesammelt, zünde zuerst die Lampe an und mit ihrer Flamme dann die Kohlen; daraufhin sprich:

– *Unendliche Macht, die Du das Universum und alle Wesen durchströmst, höchster Herr im Himmel, Herr des tiefen Abyssos, Seele der Welt, Seele des Seins, Genien der Flamme, Dämonen des Feuers, Wesenheiten, die Ihr den Raum durchstreift, Intelligenzen, die Ihr das Leben erweckt, ich rufe Euch an und heisse Euch herbei: Seid gegenwärtig, auf dass Eure Kraft auf das Feuer übergehe, das ich entfache und das ich rufe, damit es jetzt und immerdar in mir brenne. – Flamme, FLAMME brenne.*

(Weihe der Duftstoffe)

Nimm ein wenig Duftstoff, wirf ihn auf die glühenden Kohlen und befestige darüber in geziemender Höhe den Behälter, in dem sich die Duftstoffe befinden, und sprich:

– *O Erhabenster, Dir weihe ich diese Düfte, die sich durch das Feuer in die Luft erheben, wie auch mein Wesen, brennend von der heiligen Flamme des Geistes, gereinigt und in seinen Elementen vervollkommnet, zu Dir emporsteigt. O Mächtiger, ich rufe Dich an, auf dass Du Deine Kraft zu mir herniederschickst, auf dass überall, wo diese Flamme brennt und dieser Duft verglüht, die Kraft des geheiligten Geistes herrsche und feindliche Schatten es nicht wagen, an ihm zu rühren. Und Ihr, Geister der Elemente, Genien und Wesenheiten, ich rufe Euch, würdige Minister des höchsten Herrn, seid gegenwärtig und lasst diese Luft zum Stoff Eurer Wahrnehmbarkeit werden.*

Blase nach diesen Worten dreimal lang auf das Feuer.

(Weihe der Signaturen)

Ziehe dann die rituell vorgeschriebenen Signaturen. Wirf weiteren Duftstoff auf das Feuer und sprich:

– *Vater, nach Deinem Gesetz, das über das Universum und alle Wesen herrscht, habe ich diese Zeichen gezogen, im Namen des Unbekannten Geistes dieser Operation: In ihnen liegt mein Wille und mein Streben. Mögen sie mich mit Deiner Hilfe zu der Erkenntnis führen, die ich suche.*

(die Anrufung)

Wirf nochmals Räucherung auf das Feuer, bleibe weiterhin im Geiste gesammelt, wende Dich zuerst nach Osten, dann nach Süden, Westen und Norden, blase langsam und mit Kraft, so als ob Du zischen wolltest, je dreimal in jede dieser Richtungen und wiederhole das viermal. Atme vor jedem Mal so tief ein, wie Du nur kannst, und rufe immer, wenn Du bläst, im Geiste den Dir noch unbekannten Genius an, der über diese Weltgegend herrscht. Danach wende Dich nochmals nach Osten, und während Du

Deinen rechten Daumen gegen den Boden richtest, wobei die anderen Finger der Hand geschlossen bleiben, sprich:

– O Unbekannter, Erhabenster Meister, der Du in der mir noch unsichtbaren Welt die verborgenen Schicksale des Heiligen Tempels lenkst, Dich rufe ich an, damit Du mir wohl willst und Dein starker Arm mir verlässliche Stütze bilde, auf dass Du mich beschützt und gegen die Gefahren meiner niederen Natur und gegen alle Mächte verteidigst, die sich der Erfüllung meines Strebens entgegenstellen mögen.

O Unbegrenzter, der Du in Ewigkeit leuchtest, gekrönt von Flammen und lebendigen Harmonien, Geist des Lichtes und der Weisheit, der mit seinem Atem allen Dingen das Leben schenkt, Geist der Geister, ewige Seele aller Seelen, unwandelbarer Hauch des Lebens, der Du den gesamten goldenen Glanz und die silberne Weisse der höchsten Gegensätze umschliesst, Du, der Du der unsichtbare König bist, der die Abgründe mit seiner Allmacht ausfüllt, Du Unsterblicher und Ewiger, Unaussprechlicher, Unerschaffener, Vater aller Dinge, Herr der Unendlichkeit des Äthers, Herr der Erde und des Wassers, der Luft und des Feuers, Geist aus Feuer, der Du allen Dingen Leben einhauchst, Höchste Harmonie, alles übersteigende Zahl, die Du das Unbestimmte in Dir fasst und nach Deinem Gesetz formst, Dich Vater, rufe ich an.

Und Euch alle, strahlende Geister, die ihr das Siegel seines Willens in alle Welten tragt und Flamme seiner Flamme seid, Euch rufe ich zu Hilfe, damit ich von Euch unterstützt der höchsten Weisheit würdig werde.

Möge der Born meines Lebens gereinigt werden, möge sich die Last meiner Materie verringern, auf dass ich der getreue Spiegel des Lebendigen Gottes sein kann und vom heiligen Feuer brenne; möge der beseelende und lichthafte Äther mich durchströmen, möge ich wachen und ohne Rast arbeiten können, und vermöchte ich doch mit Ausdauer zu suchen und mit Sicherheit zu finden, damit der von Nacht umschlungene Tag auf immer erstrahle; möge ich sicher und nicht mehr verzweifelt sein, und möge der vollkommene Friede immer in mir wohnen; möge die Erde Früchte tragen, der Baum des Lebens spriessen und das fliessende Wasser zur Urquelle der lebendigen Wasser zurückkehren.

O Meister, mach meinen Willen stark und beharrlich, damit sich mein Geist zu Dir emporheben kann und würdig werde für das, was Du von Deiner Weisheit mitteilen willst.

Nach diesen Worten sammle Dich *lange* im Schweigen Deines Geistes, gespannt in der Bitte, dass er vom Licht, das vom Höchsten kommt, erleuchtet werde und dass dieser sich in sichtbarer Form oder durch eine spirituelle Botschaft offenbare.

Zu beachten:

Wie immer man auch den Ritus vollziehen mag, man muss jedenfalls darauf achten, dass wenigstens drei Stunden seit der letzten Mahlzeit verstrichen sind.

Da man barfuss arbeiten muss, besorge man sich für den Platz, wo man stehen wird, ein kleines, aus Pflanzenfasern gewebtes Tuch oder etwas ähnlich Geeignetes.

Auszüge aus dem Werk «Über die Geheimlehren» von Jamblichus

(Die hier verwendete Übersetzung stammt von der Ausgabe Leipzig 1922, die vom Ansata-Verlag, Schwarzenburg 1978 fotomechanisch nachgedruckt wurde. Die Einleitung und die Anmerkungen sind von Tikaipos)

Wir veröffentlichen diese Stellen aus dem περὶ μυρτηρίων λόγος, einer Jamblichus zugeschriebenen theurgischen Abhandlung der alexandrinischen Zeit, um den Leser einige Zustände, wie sie für die Operationen der Zeremonialmagie eigentümlich sind, vorfühlen zu lassen.

Es ist vielleicht wichtig, hervorzuheben, dass die in der Magie wirkenden Fähigkeiten über jene, die das menschliche Sein im engeren Sinne aufweist, hinausgehen; damit erscheinen, da im Bereich der Zeremonialmagie ein solches Sein ja einbezogen wird, in diesem und in anderen klassischen Texten Hinweise, die die absolute Passivität des Menschen und die Belanglosigkeit der menschlichen Tat und des menschlichen «Willens» bei den Operationen betonen. Aber andererseits wird auch gesagt, und zwar klar und deutlich, dass die bei den Operationen erscheinenden Götter gegenüber der tiefsten Natur des eigenen Geistes nicht etwas «anderes» sind: nur eine *einzige* Energie ist es – die aus dem Geiste und dem Gott ein einziges Ding macht – und die aus sich selbst heraus wirkt und «leuchtet und flammt und tatsächlich alles allein vollbringt». Dabei «tritt» der Geist nicht «heraus», noch fällt er in «Ekstase», sondern er folgt vielmehr ganz allein seiner eigenen Vollkommenheit, jenem *«Akt»* (im aristotelischen Sinn), von dem der menschliche Status nur die «Potenz» ist. Und dieser Akt ist identisch mit der strahlenden Substanz des Gottes, der den menschlichen Geist seines dunklen Kleides entledigt.

Die Invokationen, die Gebete und alles übrige dient nur dazu, durch feinstoffliche «Sympathie»-Wirkung diese absoluten Seinszustände herbeizuführen: Man darf also nicht denken, sie *ziehen* den Gott *an,* als ob dieser irgendeinem Einfluss unterworfen wäre. Aber auch in der Seele gibt es kein Unterworfensein unter die Wirkkraft des Gottes, da eine Aktion seitens des Gottes ja überhaupt nicht gegeben ist. Es handelt sich vielmehr um eine Identifizierung mit dem Gott und eine *Verwirklichung* des Gottes, weswegen seine Aktion und die Teilhaftigkeit der Seele am Zustand einer reinen Aktivität, die einer von aussen kommenden Aktion gar nicht unterliegen kann, ein und dasselbe sind.

Zuerst erklärst Du, *«zuzugeben, dass es Götter gibt».* – Das aber ist, so ausgedrückt, nicht richtig; denn die *Erkenntnis,* dass es Götter gibt, ist vielmehr unserem (innersten) Wesen selbst von Natur eingepflanzt, ist über alle Kritik und jedes Urteil erhaben und steht vor jedem Vernunftbeweis.

Denn sie ist von allem Anfang an eins mit dem ursächlichen (göttlichen) Ursprungsprinzip unserer Seele und existiert zusammen mit dem auf das Gute[1] gerichteten Streben, das unserer Seele wesenhaft zukommt.

Dabei aber ist doch, wenn man die Wahrheit sagen soll, die Verbindung unserer Seele (als Emanation des Göttlichen) mit dem Göttlichen der Gotteserkenntnis nicht gleich; denn davon ist diese durch ihre Verschiedenheit von dem Wesen dessen, womit unsere Seele wesenhaft verbunden ist, geschieden.[2] Bevor aber noch die Gotteserkenntnis als etwas vom Wesen der Gottheit Verschiedenes dieses von ihr selbst verschiedene Wesen (vernunftgemäss) begreift, existiert doch schon, von Natur aus selbst geworden und von ihr untrennbar, die Verbindung (unserer Seele) mit dem Göttlichen (im Gottesbewusstsein), da diese Verbindung von den Göttern selbst abhängt und in sich einheitlich ist (indem unsere Seele als Emanation aus dem Göttlichen mit diesem in einem einheitlichen Zusammenhang steht) ... denn jene Verbindung besteht immer einheitlich in ihrer Wirkung ... vielmehr werden wir selbst von jener Verbindung mit dem Göttlichen ganz umschlossen gehalten, von ihr erfüllt, und das Bewusstsein unserer eigenen Existenz besitzen wir nur im Gottesbewusstsein ...

Die menschliche Seele strebe aber nicht darnach, durch Mutmassung, gefasste Meinung oder Schluss – Dinge, die doch nur zeitlich sind – die Existenz ergründen zu wollen, die (als ungeworden und ewig) über all dem steht; das erstrebe unsere Seele vielmehr nur durch die reinen und untadeligen Bewusstseinsempfindungen allein, die sie aus der Ewigkeit von den Göttern empfing und durch die sie selbst mit jenen höheren Wesen verbunden ist (ἐμπαθεῖς).[3] (Teil I, 3)

«Aber die Anrufungen», besagt der Einwand, «erfolgen doch mit Rücksicht auf die Götter als beeinflussbare Wesen, so dass also nicht nur die Dämonen, sondern sogar auch die Götter beeinflussbar sein müssen!» – und doch verhält es sich keineswegs so, wie Du angenommen hast; denn die göttliche Erleuchtung (Inspiration, zu der es) infolge der Anrufungen (kommen kann) offenbart sich freiwillig und aus der eigenen Willensentschliessung (der Götter), ist aber weit davon entfernt, sich (durch solche Anrufungen) herabziehen zu lassen; infolge der göttlichen Energie und Selbstherrlichkeit nämlich dringt sie in die Region des Sichtbaren herab und steht so hoch über der (menschlichen) freien Bewegungsmöglichkeit, als der (absolute) göttliche Wille zum Guten über der Willensentschliessung des Lebewesens steht, die

[1] Im Rahmen der griechischen Auffassung hat die Idee des *Guten* einen seinsmässigen (ontologischen) Charakter und keinen moralischen oder in irgendeiner Weise tugendhaften Anstrich. Das Gute ist die *Vollkommenheit* eines Wesens, sein Zustand der *Vollständigkeit* im Gegensatz zum Zustand des Bedürfens und der «Entbehrung», d. h. eines Zustandes von ungenügender und gleichzeitig unfreier Tätigkeit. So ist bei Aristoteles das Gute der reine Akt, das natürliche Ziel, in dem sich die innere Kraft aller unvollkommenen Wesen zu vollenden trachtet.

[2] Denn beim normalen Bekenntnisbegriff ist das Erkannte oder der Gegenstand etwas anderes als das Erkennende oder das Subjekt.

[3] An anderer Stelle wird darauf hingewiesen, dass die *Symbole* dafür die Grundlage bilden.

in einem blossen Auswählen begründet ist. Wegen dieses so gearteten (a priori auf das Beste der Menschen gerichteten) Willens also lassen die Götter, wohlwollend und gnädig, den Theurgen das Licht (der Inspiration) leuchten, rufen ihre Seelen (in beseligenden Ekstasen) zu sich empor, gewähren ihnen (auf diese Weise) die Vereinigung mit sich selbst und gewöhnen sie, auch während sie sich noch im (irdischen) Leibe befinden, aus dem Leibe herauszutreten und sich zu ihrem ewigen und nur intelligiblen (d. h. nur durch die reine Vernunft erfassbaren, übersinnlichen) Ursprung zurückzuversetzen. Und schon aus dem Vorgange dabei selbst ist es klar, dass das, wovon wir jetzt sprechen, das Heil unserer Seele bedeutet (und nicht eine Schädigung derselben, wie sie die Erregung eines Affektes in ihr erzeugen müsste); denn wenn unsere Seele die beseligenden Gesichte schaut, tauscht sie ein anderes Leben (für das bisherige) ein, wirkt ein anderes Wirken und glaubt, überhaupt nicht mehr menschlich (sondern selbst göttlich) zu sein, und zwar mit vollem Rechte: denn schon oft hat die Seele (in solchen ekstatischen Visionen) ihr eigenes Leben aufgegeben und sich das überaus beseligende Wirken (ἐνέϱγειαν) der Götter eingetauscht. Wenn aber der durch die Anrufungen bewirkte Aufstieg (unserer Seele in dieser Weise) den Priestern eine Läuterung von den Leidenschaften gewährt, eine Befreiung von (den Mängeln) der Geburt (γένεσις)(im sterblichen Leibe) und eine Vereinigung mit dem göttlichen Ursprunge (unserer Seele), welchen Affekt kann man dann in diesen Aufstieg hineinlegen? Denn eine solche Anrufung zieht ja keineswegs die Unbeeinflussbaren und Reinen in die Sphäre der Affekte und Unreinheit herab, sondern macht vielmehr im Gegenteil uns Menschen, die wir durch die Geburt den Affekten unterworfen wurden, rein und über den Affekt erhaben.

Aber auch die Herbeirufungen (Zitierungen der höheren Wesen) stellen die Verbindung der Priester mit den Göttern nicht *durch einen Affekt* her, sondern gewähren den ersteren vielmehr das Anteilhaben an der unlösbaren Verbindung (aller höheren Wesen untereinander, zu denen aber auch die Seele des Priesters gehört) und nur infolge der göttlichen Liebe (Sympathia = φιλία), die das All umfasst und zusammenhält; denn sie beugen nicht etwa den Intellekt der Götter zu den Menschen herab, wie das Wort «Herbeirufungen» zu besagen scheint, sondern sie machen vielmehr, wie der wahre Sachverhalt lehren will, nur das Erkenntnisvermögen der Menschen fähig, an den Göttern Anteil zu gewinnen, führen es zu den Göttern empor und passen es ihnen durch eine angemessene Art der Überredung an. Deshalb vermögen auch heilig-ehrwürdige Namen der Götter und die übrigen Symbole (und symbolischen Formeln, die in diesen theurgischen Anrufungen abgebetet werden), uns mit den Göttern zu verknüpfen, da sie zu ihnen emporführen. (Teil I, 12)

Nachdem Du nämlich den Satz ausgesprochen hast, «die rein intellektualen Geister (d.h. nach obiger ‹Klassifikation› die Götter) seien unbeeinflussbar und unvermengbar mit dem, was sich durch die Sinne wahrnehmen lässt, bist Du darüber im Zweifel, ob man zu ihnen beten soll.» – Ich indess bin der

Meinung, dass man überhaupt zu keinem anderen Wesen beten darf; denn das Göttliche in uns, das Intellektuelle und Einheitliche, oder das Intellegible, wenn Du es lieber so nennen willst, wird in den Gebeten völlig wach, strebt, erwacht lebhaft nach dem, was ihm ähnlich ist (nämlich nach dem Intellektuell- oder Intellegibel-Göttlichen) und verknüpft sich (so durch das Gebet) mit dieser vollkommensten Stufe *seiner selbst*...

Denn das Bewusstsein unserer eigenen Nichtigkeit, wenn wir uns nämlich mit den Göttern vergleichen, bewirkt, dass wir uns naturgemäss dem Bittgebete zuwenden. In kurzer Zeit aber werden wir durch das Flehen zu dem, an das es sich wendet, emporgehoben, erwerben uns aus dem beständigen Verkehr mit ihm (im Gebet) *Ähnlichkeit* mit ihm und gewinnen so unvermerkt göttliche Vollkommenheit an Stelle unserer (sonstigen) Unvollkommenheit. (Teil I, 15)

Ich fordere, dass man die Anrufungen bei der Zitierung und auch die zur Erreichung der (theurgischen) Effekte (während der Operation selbst) mit grossem Nachdruck geäusserten Befehle nicht wie gegen Menschen gerichtet auffassen darf: Wenn nämlich tatsächlich das gemeinsame Band einträchtiger Liebe und eine unlösbare Vereinigung die heilige (theurgische) Handlung zusammenhält, damit sie in Wahrheit göttlich sei und jede gewöhnliche, den Menschen bekannte Handlung übertreffe, kann nichts Menschliches zu ihr passen, weder dass man die zu Zitierenden in der Weise herbeiruft, wie wir Entferntes durch Rufen zum Herbeikommen veranlassen, noch dass man ihnen (wenn sie bereits herbeigekommen sind) in der Weise Befehle erteilt, wie wir sie von uns Verschiedenem als etwas anderes aus etwas anderem erteilen. Es wirkt vielmehr dieselbe Energie in allem gemeinsam und in gleicher Weise, freiwillig und nicht von etwas anderem aufgerufen und aus eigenem Antriebe mit dem heiligen Feuer erleuchtend, indem die Kräfte, die an dieser Energie Anteil verleihen (also die Energien der zitierten Götter kraft ihrer Symbole) und die daran Anteil nehmen (also die Energien der zitierenden Menschen) zusammen diese Energie betätigen (die den theurgischen Effekt erzielt) ... (alles das) in Übereinstimmung, Einheit und Einverständnis (ταυτότητι δὲ χαὶ ἑνῷσι, χαὶ ὁμολογία). (Teil IV, 3)

Das weitaus Wichtigste aber ist der Umstand, dass der, der die Gottheit herabbannt, das herniedersteigende und (in den zu Inspirierenden) einfahrende geistige Wesen (Pneuma) sogar auch sieht, wie gross und von welcher Art (von höheren Wesen) es ist, und dass es ihm in mystisch-geheimnisvoller Weise Folge leistet und sich von ihm leiten lässt. Aber auch der, der die Spezies des (göttlichen) Feuers (das die Inspiration bewirkt) in sich aufnimmt, sieht sie vor der Aufnahme, und manchmal wird sie sogar allen, die dabei zusehen, ganz deutlich sichtbar, sei es beim Einfahren, sei es beim Ausfahren des Gottes (aus dem Inspirierten). Dadurch wird auch das wahrste (innerste) Wesen, die ganze Machtfülle und die Rangstellung des Göttlichen (das die Inspiration innerhalb der verschiedenen Klassen der höheren Wesen bewirkt) erkennbar ... Wenn nun also das (inspirierende) Feuer der Götter kommt und eine geheimnisvolle Spezies des Lichtes von aussen her auf den Besessenen niedersteigt, ihn erfüllt, vollständig von ihm Besitz ergreift und ihn ringsum und von allen Seiten in sich selbst eingeschlossen hält, so dass er ganz ausser Stande gesetzt ist, sich selbständig zu betätigen, wie kann dann dem, der das göttliche Feuer (in sich) aufnahm, noch eine Sinneswahrnehmung, ein Bewusstsein seiner selbst oder eine eigene Willensregung zukommen? Wie kann dann noch eine menschliche Bewegung erfolgen oder eine Besessenheit, für die der Mensch die Ursache sein soll, infolge von Krankheit (Epilepsie, Hysterie oder Melancholie), Verzückung, Verrückung des Vorstellungsvermögens oder irgend etwas dieser Art, was der grosse Haufen für Besessenheit nimmt?

Man muss auch wissen, was die göttliche Verzückung ihrem Wesen nach ist und auf welche Weise sie zustande kommt. Mit Unrecht wird sie für *einen (leidenschaftlichen) Überschwang des Verstandes und der dämonischen Begeisterung (Inspiration)* (ἐπίπνοια = Hauch von oben) gehalten. Denn weder der Verstand des Menschen gerät in Schwung, wenn es sich nämlich um die echte (göttliche) Besessenheit handelt, noch kommt es zu einer Inspiration von seiten der Dämonen, sondern vielmehr nur von seiten der *Götter. Auch ist die (echte) Verzückung keineswegs etwa einfach ein Überschwang* (Ekstase = ἔκστασις) schlechthin, sondern vielmehr eine Erhebung und ein Hinübergehen ins Vollkommenere, während die krankhafte Geistesverrückung und der (dämonische) Überschwang (παραφορά = *mitgerissen werden*) auch ein Umschlagen ins *Schlechtere* (Unvollkommenere) beobachten lässt. Ferner spricht der, der solches behauptet, nur von den Zufällen, die sich an den Inspirierten ereignen, belehrt aber nicht über das (ursächliche) Prinzip der Inspiration. Dieses aber besteht darin, dass die Inspirierten vollständig vom Göttlichen besessen sind. (Teil III, 6, 7)

Le message de l'Etoile polaire

Il est onze heures à la grande horloge de l'Univers, la Porte est ouverte, et les élus sont conviés.

Car l'épée a déchiré les entrailles de la Femme et dans la «profondeur du Sein» la Parole est prononcée.

Le péché n'est plus et dans la nouvelle cité brillante l'arbre de vie offre déjà aux baisers du soleil renové son premier fruit odorant.

Le Prince du Monde, le Grand Condamné de la premiere heure a expié sa faute et retrouve son épouse lavée de la tête aux pieds.

Bienheureux ceux dont la chandelle s'allume à la nouvelle aurore, bienheureux ceux qui ont ouvert leurs yeux à la lumière qui éclate triomphante au cœur de la Nuit, à l'heure promise du renouveau.

Le Fils se place sur son trône et envoie aux quatre coins du monde ses serviteurs fidèles chargés de cueillir la moisson.

Une heure encore est laissée à toute créature, un temps bref, mais décisif: celui qui a des oreilles pour entendre peut encore changer de direction et accourir à la Vie en abandonnant la Mort.

La Coupe est offerte à tous, mais le vin doit être bu volontairement, conformément à l'antique sagesse que le silence a conservée intacte jusqu'à ce jour.

Maintenant les lèvres sont deliées et il suffit d'écouter pour comprendre chaque chose.

C'était d'abord le *signe,* ensuite ce fut le *symbole,* aujourd'hui s'ouvre l'ère de la *réalité.*

Paix à tous et joie à chaque être juste.

Alexandrie d'Egypte, 1927

Es ist elf Uhr auf der grossen Uhr des Universums, das Tor ist geöffnet und die Erwählten sind geladen.

Denn das Schwert hat das Innerste Der Frau zerrissen, und in der «Tiefe der Brust» ist Das Wort gesprochen.

Die Sünde ist nicht mehr, und in der neuen glanzvollen Stadt bietet der Baum des Lebens schon seine erste duftende Frucht den Küssen der erneuerten Sonne dar.

Der Prinz der Welt, der grosse Verdammte der ersten Stunde, hat seine Schuld gebüsst und findet wiederum seine Gemahlin, gereinigt von Kopf bis Fuss.

Glücklich diejenigen, deren Flamme sich in der neuen Morgendämmerung entzündet, glücklich diejenigen, die ihre Augen dem Licht eröffnet haben, das triumphierend im Herzen der Nacht, zur verheissenen Stunde der Erneuerung, aufleuchtet.

Der Sohn nimmt Platz auf seinem Thron und sendet seine getreuen Diener mit dem Auftrag in alle Welt, die Ernte einzubringen.

Eine Stunde bleibt allen Geschöpfen noch, eine kurze, aber entscheidende Zeitspanne: Wer Ohren hat zu hören, kann noch die Richtung wechseln, Dem Leben zulaufen und Den Tod aufgeben.

Der Kelch ist allen angeboten, aber der Wein muss freiwillig getrunken werden, wie es die antike Weisheit vorschreibt, die das Schweigen bis heute heil gelassen hat.

Die Lippen sind jetzt gelöst, und es genügt zu hören, um alles zu verstehen.

Anfangs war es das *Zeichen,* dann das *Symbol,* und heute beginnt das Zeitalter der *Realität.*

Friede für alle und Freude allen gerechten Wesen.

Alexandria in Ägypten, 1927

SIRIUS

DER NEBEL UND DIE SYMBOLE

Die Natur spricht durch das Schweigen, und deshalb kann nur, wer dieses zu verstehen vermag, hoffen, etwas von den Geheimnissen zu erfahren, die es in seiner Brust bewahrt.

Ist man im Rahmen dieser Einsicht einmal so weit gekommen, dass das Schweigen der Natur durch seine Lautstärke gleichsam taub macht, während uns der Lärm der Menschen vollkommen gleichgültig lässt, erkennt man, dass nicht eines der unendlichen Scheinbilder, hinter denen sich das Universum verhüllt, ohne Bedeutung ist.

Der Mensch wandelt auf den irdischen Wegen wie ein Wesen, das zu einem gewissen Zeitpunkt seines Lebens zufällig blind geworden ist. Er sieht zwar nicht mehr, aber erinnert sich hin und wieder, dass er gesehen hat: Und je lebendiger in ihm die Erinnerung an die Vergangenheit ist, desto mehr gleicht sich seine Seele dem realen Urgrund dessen an, was ihm unsichtbar entgegentritt.

Es gibt keinen Menschen, der alles vergessen hat und überhaupt keinen Aspekt der Welt mehr «wiedererkennt». Aber in Wahrheit, statt sein Gedächtnis anzuregen und sich zu bemühen, wie immer nur möglich in das Herz der Dinge hinabzusteigen, versucht der Mensch zu vergessen und den hohen Grad an Wirklichkeit, deren Gegenwärtigkeit er ahnt, zu der er aber nur mit einer spirituellen Anstrengung gelangen kann, sofort in ein gewohntes Trugbild umzusetzen. Auf Grund dieser Tatsache verwundert es nicht, dass sich das Interesse des höheren Menschen – der ja eigentlich einfach *Mensch* heissen sollte – genau auf das richtet, worauf die übrigen Menschen überhaupt keinen Wert legen. Für den einen ist alles, was man berührt, Schatten; für den anderen ist es etwas Festes. Für den einen sind die sichtbaren Dinge nichts als Projektionen, d. h. Schatten von unsichtbaren Dingen; für den anderen sind diese Schatten Anfang und Ende, und im Höchstfall beschränkt er sich darauf, genau demselben Wesen eine Zukunft nach dem Leben zuzubilligen, dessen Prinzip vor dem Leben er aber leugnet.

Wenn es uns gelänge, die wirkliche Struktur einer Blume oder einer Pflanze zu erkennen, wären wir nahe daran, auch die wirkliche Struktur von uns selbst und unserem Schicksl zu erkennen. Wenn wir ganz genau um das Gesetz wüssten, dem die Blumenkrone einer Rose gehorcht, wenn sie ihre Blütenblätter im Kreise anordnet, müssten wir nicht mehr das Haupt nach oben richten, um nach den Sternen zu sehen, sondern es würde genügen, den Blick nach unten zu heften, um das Firmament wiederzufinden.

Wenn es uns gelänge, das Geheimnis der Jahreszeiten zu erkunden und so in die Erde hineinzusehen, wie wir über sie sehen, würden wir zur selben Zeit auch klar in uns hineinsehen, und wir würden zweifelsfrei feststellen, dass die Unruhe, die der Erde Urgrund verändert, mit der Unruhe gleichlaufend ist, die auch in uns den Urgrund verändert.

Da das Universum eins ist, einheitlich und geschlossen, gibt es in keinem Bereich ein Gesetz, das nicht eine Entsprechung in einem Gesetz eines anderen Bereiches aufweist. Physik, Geometrie und Algebra sind moralische Wissenschaften; und die Schwerkraft ist, bevor sie sich als Wirkkraft im materiellen Bereich zeigt, eine Wirkkraft im Bereich der Seele.

Wer die äusseren Erscheinungen erforscht und dem Mysterium keinen Zugang offenlässt, verschliesst der Wahrheit die Tür, da er als Stimme versteht, was nur Echo ist. Wer einen Sonnenstrahl zu erkennen sucht und nicht die Augen zu sehen vermag, deren Blick er ist, wird nie die Einheit der Erscheinungen wiederfinden, und statt vorwärts zu gehen, wie der Bildhauer, dessen Meissel mit jedem Schlag die Statue weiter hervorholt, wird er wie ein Polizist vorgehen, der bei der Verfolgung eines Verbrechers immer knapp vor der Verhaftung steht, ihn aber trotzdem nie zu fassen bekommt, weil er, statt an dessen Person Hand anzulegen, immer versucht, die Spur seiner Schritte festzunehmen.

Mitleidenswert und bedauerlich ist die Geisteshaltung eines Grossteils der Menschheit, die das Universum in zwei klare, streng voneinander abgegrenzte Bereiche einteilt: der eine, der aus den Erscheinungen besteht, deren Ursprung, Ursachen und Wirkungen sie kennen; der andere, von dem sie überhaupt nichts wissen. Auf der einen Seite eine blendende Sonne; auf der anderen ein undurchdringbarer Nebel. Der Mensch ist so davon überzeugt, die Inventarliste der erschaffenen Dinge und der möglichen Erscheinungen bis zum letzten Punkt erfasst und vervollständigt zu haben, dass jede Erscheinung, die nur ein wenig über den Rahmen dessen hinausgeht, was er kennt – oder besser gesagt, zu kennen glaubt –, von ihm in den Bereich des Wunders, Wahnsinns oder Schwindels abgeschoben wird. Da er selbst keine Flügel hat, fehlt nur wenig, dass er die Existenz der Vögel als eine herausfordernde Beleidigung ansieht. Seine Vorstellung von der Gottheit ist ebenso kindlich: auf der einen Seite die Erde, auf der anderen der Himmel; auf der einen Seite das Natürliche, auf der anderen das Übernatürliche; auf der einen Seite der Mensch, auf der anderen Gott. Keinerlei Berührungsmöglichkeit und keine Verbindung zwischen den beiden Welten und Wesenheiten.

Und deshalb besitzt der Mensch von der greifbaren Wirklichkeit, selbst wenn er glaubt, sie zu kennen, nur eine scheinbare Erkenntnis, die um so illusorischer ist, je mehr sie als vollständig betrachtet wird. In Tat und

Wahrheit benimmt sich der Mensch bei der Beurteilung der stofflichen Welt nicht anders als jemand, der, nur einer einzigen Sprache mächtig, die ganze Welt bereiste und verlangte, überall verstanden zu werden und die Menschen, die in einer anderen Sprache zu ihm redeten, mit dem Prädikat «stumm» bezeichnete. Und daher auch ist der Mensch, der eifrig glaubt, die Welt zu beherrschen, ununterbrochen dieser selben Welt preisgegeben, die einem Gesetz gehorcht, von dem er nichts weiss und das ohne Unterlass seine Theorien Lügen straft, seine Überzeugungen erschüttert und seine geistigen Konstrukte niederreisst.

Wäre dem nicht so, wüsste der Mensch allezeit, dass er von der Wirklichkeit so weit entfernt ist wie ein Spaziergänger, der am Abend bei der Beobachtung der Nebel, die vom Flusse aufsteigen, glaubt sie festhalten zu können und dann in der sicheren Überzeugung einschläft, sie am Morgen am selben Fleck wieder vorzufinden. Der Weise weiss im Gegensatz dazu sehr wohl, dass der Abendnebel nur die sichtbare Zusammenfassung des menschlichen Tages ist, der sich völlig inmitten von Wahngebilden abgespielt hat und nun mit dem Wahngebilde aller Wahngebilde, dem Nebel, abschliesst, der die Sicht verdunkelt und weder Gewicht noch Gesicht hat.

Ea

Allgemeines über die Mantras

Den Ausdruck Mantra haben wir in diesem Buch schon öfters verwendet. Zur Praxisseite hat «Luce» eigentlich auch schon einiges ausgesagt, als er über die «Namen der Kraft» und die «Signaturen» sprach (Kap. III, S. 100). Aber es ist sicher trotzdem von Vorteil, auch auf die den Mantras zugrunde liegende allgemeine Theorie hinzuweisen, die in ihrer vollständigsten Form vom traditionalen Hinduismus ausgearbeitet wurde, der sie dazu noch in einen ausgeprägt metaphysischen Rahmen einbettete.[1] Eine solche Abhandlung wäre natürlich ebensogut vom Standpunkt der kabbalistischen Tradition her denkbar und würde sicherlich interessante Vergleichsmöglichkeiten erlauben.

Um nun zu verstehen, was ein Mantra überhaupt ist, muss man auf eine Auffassung zurückgreifen, die alle Dinge unter dem Blickwinkel und in Begriffen von *Klang und Bewegung* erfasst. Alles im Universum ist demnach Schwingung, und diese Schwingung hat den lebendigen Sinngehalt eines *Sprechens* und eines die unsichtbare Welt zum Ausdruck Bringens: Sie ist Bewegung als klingendes Wort und offenbarender Logos.

In der Erfahrung des Wortes kann man drei Bestandteile unterscheiden: den einfachen Laut oder «Klang» (*vak çabda* = λόγος), dann die Apperzeption (das bewusste Erfassen) oder das Hören *(pratyaya)* und schliesslich den «Sinn», d.h. die Vorstellung *(artha),* die jeder sprachliche Ausdruck im Hörer hervorruft.

Indem sie analog die Erfahrung benützt und ausdehnt, die durch das den Menschen bekannte Wort gegeben ist, und indem sie dessen Elemente entsprechend deutet, versucht die Lehre der Mantras den Vorgang der kosmischen Manifestation klarzulegen. Daraus resultiert vor allem eine besondere Interpretation der traditionalen Theorie der *drei Welten* – oder, besser gesagt, der drei hauptsächlichen Seinszustände, denen ebensoviele Formen möglicher Erfahrung entsprechen. Man darf nämlich dabei nicht

[1] Die ausführlichste Arbeit auf diesem Gebiet ist: J. Woodroffe: *The Garland of Letters (Varnamâlâ)* Studies in the Mantra-Shâstra; Madras a. London, Verl. Luzac & Co., 1922. Aus diesem Werk stammen auch die hauptsächlichsten Unterlagen für die vorliegende Studie.

vergessen, dass es in der östlichen Metaphysik nie wie in der modernen Philosophie um «Begriffe» geht, sondern immer um *Erfahrungen,* die einfach auf der Grundlage der Autorität «derjenigen, die gesehen haben» *(rshi)* dargelegt werden.

Die Grunderfahrung, der höchste Bewusstseinszustand, ist die absolute und unbegrenzte Identität (Brahman). Sie *IST,* ewig, ohne mögliche Veränderung, ohne Namen und Form, ungreifbar – und doch «schreitet sie voran» *(prasarati),* bewirkt einen Logos, mehrere Logoi, Klang und Klänge, entwickelt sich in der Erfahrung einer Welt, die gekennzeichnet ist durch eine Dualität von Subjekt *(aham)* und Objekt *(idam),* durch verschiedene Abstufungen von Licht, durch verschiedene Wesenheiten, lichthafte und dunkle, schöne und nicht schöne, würdige und nicht würdige, die der Zeugung, dem Wechsel und dem Niedergang unterworfen sind. Als solches ist sie *çabdabrahman* (= *Brahman* in der Form des Logos).

An die oberste Stelle können wir also die Erfahrung dieser Zweiheit-Einheit setzen. Das Wort vor allen Dingen ist eine «Masse aus reinem Klang», aus strahlender Energie, die den sogenannten *vajra-âkâça* ausmacht, den Äther aus «Diamanten-Blitz». Der *Sinn,* das *artha* dieses Ur-«Wortes», dieses Strahlenglanzes bar jeder Form, ist der höchste und verborgene Brahman. Aber die zwei sind eins. Hier ist kein Raum für ein Erfassen, für *pratyaya:* Hier ist das Aussprechen gleichzeitig Offenbarung – ja Selbstoffenbarung – Geist, ewiger Sinn. *Artha* und *çabda* sind ein einziges. Die bekannte heilige Silbe Om würde analog diesem ursprünglichen Laut oder Hauch, diesem Klang der Klänge entsprechen, der das Gleichgewicht der schöpferischen Potenzen bricht.

Der Zustand, der hierarchisch auf den höchsten Klang *(paraçabda)* folgt, ist der *subtile Klang (sunkshma-çabda).* Hier «individualisiert» sich der Klangblock, äussert sich in «Buchstaben», erklingt in Logoi, meisselt Bewegungsfiguren in die homogene Masse des strahlenden Äthers, bestimmt «Zuteilungen» *(tanmâtra).* Eine Welt von «Göttern» *(devata)* ersteht: Potenzen der Dinge in noch nicht materialisierter Form, aus Akten noch bestehend, in Körpern, deren Urgrund Rhythmen sind; Rhythmen, die die *Klänge* einzelner schöpferischer Handlungen bilden, schwingend hineingesetzt in einen Raum, der noch nicht der stoffliche ist, und die widerhallen als Worte in einem Ohr, das noch nicht vergänglich, sondern ewig ist. Der *çabda-Brahman,* d. h. Brahman als Logos, offenbart sich also in diesen lebenden und nichtstofflichen Potenzen, die alle einzelne Seinsweisen dessen sind, was in ihm als *para-çabda* wie in einer «Ganzheit» *(purna)* enthalten war. Jede weist daher einen Grad, einen Aspekt, ein Siegel des höchsten «Sinnes» auf. Und diese «Teilsinne» in ihnen, wenn sie sich auch noch nicht lösen, unterscheiden sich doch schon in gewisser Weise von dem, was in ihnen Wort, Klang – *çabda* – im eigentlichen ist. Sie sind sozusagen die Seelen, die «Geister», die Ichs der Klangkörper oder Wörter, in denen sie sich äussern.

Wenn man von Mantras (im magischen Sinn) spricht, meint man eben diese «Körper»: Damit wären sie «Laute», deren korrelativer *Sinn* weder eine Sache ist noch das Bild eines Gottes, sondern der Gott selbst in seiner ihm eigentümlichen, aus Bewusstsein *(cid-rûpinî)* bestehenden Form. Dabei ist der Laut vom Gegenstand nicht getrennt, und dieser steht auch nicht ausserhalb des Lautes: Das Mantra ist der Gott, und die wahrnehmende oder sich äussernde Aktualisierung des Mantras stellt unmittelbar die Gegenwärtigkeit, das *Sein* seines Gottes *(artha)* dar. Trotzdem ist der Gott der unbewegliche Aspekt in Form eines reinen Aufleuchtens *(yjotirmayî)*, der sich befreit von jenem *Akt*, von jenem Knoten aus Rhythmus oder Bewegung, der sein Mantra bildet.

Diese Artikulationen des «Verborgenen Klanges» auf der feinstofflichen Ebene sind die Zweiten Mütter, die unvergänglichen und zeugenden «Buchstaben» (*matrka,* Matrizen). Aus ihren Verbindungen, Umformungen und Überlagerungen sollen nach der allgemeinen Doktrin alle Dinge und Wesenheiten des Universums gebildet worden sein, aber nicht so, wie sie in der wahrnehmbaren Erfahrung erscheinen, sondern wie sie in ihren Ursachen tatsächlich sind. Das sind dann ihre «Namen» oder in westlicher Terminologie: ihre Signaturen *(signaturae rerum).* Der Name ist somit der von der feinstofflichen Kraft hervorgebrachte Klang, der eine Sache oder Wesenheit schafft oder bildet, aber nicht wie er in der stofflichen Luft ertönt, sondern wie er in einem inneren Äther, frei von Zeit und Raum unmittelbar vom Geist erfasst wird, und zwar nicht in Form einer Abfolge von stofflichen Schwingungen, sondern als Bewegung-in-sich, als reiner, «stetiger», in sich gleicher Klang.

Die Namen oder Mantras werden radikal oder seminal *(bîjâ)* genannt, wenn sie ein gewisses Element als Synthese-Essenz, als «Ganzheit» darstellen; sekundär, wenn sie von ihm nur eine bestimmte Kraft fixieren. Das *bîjâmantra* des Feuers zum Beispiel ist RAM;[2] dem «Wirbel»-Aspekt des Feuers hingegen entspricht AG; dem Elementenaspekt, der reinigt bzw. verzehrt, entsprechen PÛ und HU bzw. ASH.

Vom höchsten Zustand des Klanges sind wir zum verursachenden und feinstofflichen Zustand übergegangen.[3] Von diesem kommen wir jetzt zum letzten Zustand, also zur stofflichen Form des Klanges *(sthûla-çabda).* Hier nimmt der Logos die Form des physisch hörbaren, gesprochenen Wortes

[2] Alle *bîjâ-mantra* enden mit dem Buchstaben M in der *candra-bindu* genannten Nasalform (M). Es handelt sich dabei um einen Ton, der, ohne dass die Lippen bewegt werden, die Nase hochgeführt wird, wobei er sozusagen innerlich den Klang des Anfangsbuchstabens oder der Anfangssilbe nachhallen lässt. Graphisch gesehen ist der *candra-bindu* ँ, wobei der Halbmond *nâda* – den Klang, die *çakti,* also das dynamische Element zum Ausdruck bringt – und der Punkt den *bindu* bezeichnet, d. h. die übergeordnete Einfachheit ohne Bewegung. Ausgehend von der stofflichen Form, die sich aus dem Aussprechen der ersten Buchstaben ergibt, zeigt der *candrabindu* also eine Verinnerlichung an, die darauf ausgerichtet ist, den Klang auf die anderen zwei Ebenen überzuleiten.

[3] Im Rahmen dieser Ausführung halten wir es für vorteilhaft, wenn wir die feinstoffliche und die verursachende Ebene in einer wechselseitig bedingten Einheit zusammenfassen. Strenggenommen müsste die Aufteilung vierfacher Natur sein: stofflicher, feinstofflicher, verursachender Zustand (unterschieden vom feinstofflichen und *çabda-brahman* miteinbeziehend) und schliesslich die absolute Transzendenz als höchster Zustand.

(vaikharî-çabda) an, und es tritt das Dualitätsgesetz in Kraft, wie es für die vollendete Manifestation charakteristisch ist. Die Namen und die feinstofflichen Klänge äussern sich und projizieren sich in Gegenstände und in lebendige Bewusstheiten *(jîva)*. Die drei Bestandteile des Wortes: Sinn, Klang, und Erfassen – werden getrennt und voneinander unabhängig. Das *artha* ist nicht mehr Sinn, nicht mehr «Licht», sondern bloss der Gegenstand, von dem das Wort aufgrund von vereinbarten Bestimmungsmerkmalen, geistigen Assoziationen und Erinnerungen nur noch das äussere Bild hervorzurufen vermag. Die dem *pratyaya,* dem Erfassen inneliegende Beziehung trifft nicht mehr den Wesenskern, noch ist sie schöpferisch: Sie ist nicht mehr der «Akt», der in einer intellektualen Klarheit den Gegenstand an sich erfasst; sie gründet sich auf Sinnesdaten *(âpta),* statt von einer aktiven und unmittelbaren Intuition des Geistes auszugehen *(sâkshâtkrta)*. Während die Namen vorher eine *Universalsprache* bildeten, die die Dinge in einem einzigen und absoluten «Wort» so zum Ausdruck brachten, wie sie tatsächlich und an sich sind, verfallen sie jetzt zu einer Vielheit von zufälligen und vergänglichen Ausdrücken, wie sie eben von den verschiedenen Sprachen für die einzelnen Dinge erfunden werden.

Das ist die materielle Form des Wortes und die dem gewöhnlichen Menschen einzig bekannte. In seiner Unwissenheit glaubt er noch, dass diese Form das Wort im gesamten ausmache, und er weiss nichts, weder von der feinstofflichen noch von der verursachenden, noch der höchsten Form, die innerhalb eben dieses Wortes – und auch in den materiellen Schwingungen – ruhen und ohne die das ihm bekannte Wort entweder überhaupt nicht oder nur als unzusammenhängender Laut existierte.

Nach der hier behandelten Lehre befindet sich selbst der Klang der Klänge, Om, da er überall ist, auch im Körper der Menschen, und zwar als letzte verborgene Tiefe derjenigen Kraft, die sie aufrechterhält, sie beseelt und ihnen Gestik, Wort, Gedankenhelle und Willenskraft verleiht. Hier zeichnet sich schon die magische Lehre *(mâyâ-vâda)* der Mantras im engeren und praktischen Sinn ab. In wenigen Worten ausgedrückt, zielt sie nämlich auf eine *Wiederauferstehung des lebendigen Wortes,* eine Wiedererweckung des Urklanges ab, so dass die der feinstofflichen Ebene entsprechenden, aus reinen Akten bestehenden «Figuren» ihrer wahrnehmbaren, vergänglichen, zerbrochenen und zufälligen Form entkleidet, wieder in Erscheinung treten. Nach einer symbolischen Etymologie ist der Begriff Mantra von *man (manana)* = denken und *tra (trâyate)* = bewahren herzuleiten. Damit will man sich auf einen Akt des Geistes beziehen, in dem das Wort in seinem Urzustand «bewahrt» oder aufrechterhalten wird.

Kein menschliches Wort kann als solches ein Mantra sein; trotzdem bewirken verborgene Gesetze der Harmonie, dass gewisse archaische und heilige Klänge eine Art Spur oder Nachhall der Mantras und ihrer *artha* sind. Und die Praxis des Mantra-Yoga zielt eben darauf ab, in der materiellen Gestalt *(sthûla-rûpa)* dieser Klänge ihre feinstoffliche Form, also die ihr entsprechenden «Licht»-Silben, zum Erwachen zu bringen.

Man darf sich aber keinen Illusionen hingeben. Die Schriften besagen eindeutig, dass man auch eine Million Mal *japa* machen kann (also ein Mantra wiederholen), aber solange es nicht «erkannt» ist, bleibt es bei einem wirkungslosen Hin- und Herbewegen der Lippen. Das Aussprechen eines Mantra ist im wesentlichen ein Akt des Geistes, bei dem jener Moment der Erleuchtung und inneren Klarheit, der sich immer dann zeigt, wenn man sagt: «Ich habe verstanden», auf ein höheres Niveau gehoben und von allen materiellen Schlacken gereinigt wird. Dann erst erwacht das Mantra und «wirkt». Und nur unter dieser Bedingung wird die physische Aussprache zum Träger einer magischen und evokatorischen Kraft. Daher wird auch gesagt, dass es so gut wie unmöglich ist, die Aussprache eines Mantra zu kennen, ausser man erfährt sie durch unmittelbare Übertragung von einem Meister.

Die oftmalige Wiederholung *(japa)* betrachtet man als «das wiederholte Rütteln eines Schlafenden, bis er aufwacht». In einigen Schulen wiederholt man siebenmal das Hilfsmantra Im vor und nach dem *japa*, um die Fluidalisierung des Hauptmantra zu erleichtern: In der Gesamtheit heisst das *nidrâbhanga* (Vernichtung des Schlafes). Genauere Anweisungen erhält man im Rahmen des *çakra-vâda*, d. h. der Lehre, die sich mit den «Kraftzentren» *(çakras)* des menschlichen Körpers beschäftigt. Der Körper umfasst grundsätzlich nach der esoterischen Lehre in seiner dunklen Tiefe, die ausserhalb des gewöhnlichen Wachbewusstseins liegt, alle Elemente. An der Wurzel seiner Lebenskraft überhaupt befindet sich dann in seiner feinstofflichen Form das Om, der Urgrund aller Mantras; die Mantras der verschiedenen Naturelemente klingen somit im Organismus als besondere Individualisierungen jener Kraft wider. Erde, Wasser, Feuer, Luft, Äther sind auf sympathische Weise mit Fluidalströmen *(nâdî)* verbunden, die von den fünf «Lebenspunkten» ausgehen und im einzelnen zum Sakral-, Prostata-, Solar-, Herz- und Kehlkopfplexus in gewisser Entsprechung stehen. Die dazugehörigen *bîjâ-mantras* sind Lam, Vam, Ram, Yam, Ham. Das Aussprechen eines dieser *bîjâ* «berührt» also das entsprechende Zentrum und dynamisiert auf sympathische Weise den dazugehörigen Fluidalstrom. Deshalb wird auch umgekehrt das Erwachen oder, wie man es ebenfalls nennt, das Öffnen *(sphota)* des Mantra erleichtert, wenn man das geistige Feuer in eines dieser Zentren verlegt und dort fixiert, während das Bewusstsein versucht, die Form des Mantra einzunehmen.

Das, was das Mantra unter Energie setzt, ist die geistige Kraft des Operanten *(sâdhaka-çakti)*. Aber die Kraft des Mantra beruht nicht nur auf dieser, denn es birgt auch ein eigenes Machtvermögen in sich, das in Verbindung mit der *sâdhaka-çakti* diese hochpolt, vervielfacht und einen «Niveausprung» tun lässt.

So verwendet ein Text das Bild einer Flüssigkeitsmenge, die man plötzlich zu einer anderen, schon in einem Gefäss enthaltenen dazuschüttet, was dann den Behälter zum Überlaufen bringt. In einem anderen wird die *sâdhaka-çakti* mit dem Feuer verglichen: Wie Windstösse, die eine lodernde Flamme treffen, sie doppelt so stark aufleuchten lassen, würde sich auch die Energie des Operanten raschest entfalten und ausserordentlich wirksam werden, wenn sie von der *çakti* des Mantra durchstoben wird. Grundsätzlich formt sich die

Wirkkraft eines Menschen im Augenblick der vollständigen Realisierung eines Mantra in die Wirkkraft des Gottes um, der dem Mantra vorsteht; damit hat man virtuell teil an dessen Machtvermögen.

Die Namen und die Mantras können einem doppelten experimentellen Nachweis unterzogen werden: a) Bei einer gegebenen Sache muss die übersinnliche Yogawahrnehmung ihres «Klanges», der Schwingung also, die diese Sache eigentlich ausmacht, ungefähr und analog dem Mantra entsprechen; b) Umgekehrt muss die richtige Aussprache eines vollständig verlebendigten Mantra die Erscheinung des entsprechenden Dinges oder Elementes hervorrufen.

Wenn uns also ein Mantra mit der feinstofflichen Ebene in Beziehung bringt und wenn dies die Ebene der Akte ist, die die sinnlich wahrnehmbaren und stofflichen Erscheinungen der Dinge beherrschen, jener Dinge also, die als «unbeseelt» gelten, wird, wenn man einen Befehl in einem Mantra schwingen lässt, dieses eine magische Verwirklichung zustande bringen. Das Risiko dabei ist natürlich ganz allein auf Seiten des Operanten – d. h., dieser muss wissen, ob er tatsächlich über die notwendige Kraft zu verfügen vermag, um den entsprechenden Fluidalwirbel zum *weiblichen Gegenstück* (☿) zu machen (was unter anderem auch auf die okkulten Lebensströme seines Organismus rückwirkt) und um gegenüber diesem und den mitlaufenden Reaktionen als ⊙ zu handeln; denn das ist die Voraussetzung für das Gelingen der Operation im magischen Sinne.

Im allgemeinen entfaltet sich im erweckten Mantra die Gegenwärtigkeit der sogenannten «Lichtform» *(jyotirmayî),* die als «Befreiung» gilt und die sich, wie wir gesehen haben, zum rhythmischen Körper des Mantra ebenso verhält wie der Sinn *(artha)* zum einfachen Buchstaben, Wort oder Klang *(çabda).* Diese Gegenwärtigkeiten erklingen selbst nicht. Sie sind das «Schweigen», das sich in kontrapunktischer Manier aus dem Zusammenspiel der feinstofflichen Klänge ergibt. Sie führen zu dem, was im Wort noch tiefer ruht als die Individualisierung. Erkennt man sie einmal so weit, vergehen alle Schatten, alle Wellen und alle Synkopen, und man mündet in die Erfahrung des *vajra-âkâça* ein, in den nackten, homogenen Äther eines Wortes, der Diamant-Blitz ist und dessen Zeichen sich als O darstellt. Die im Kreis beschlossene «Lehre» *(çunyatâ)* kündet von etwas, demgegenüber sich selbst dieser *vajra*-Zustand wie der Klang gegenüber dem Sinn oder Körperlichkeit gegenüber Unkörperlichkeit ausnimmt. Es ist Brahman, der höchste Zustand.

Vom Standpunkt des *mantra vâda,* der metaphysischen Mantra-Lehre der Hindus, kann man also festhalten: Das, was man an den Dingen üblicherweise die «Wirklichkeit» nennt, ist nur *Symbol.* Der Mensch bewegt sich zwischen Symbolen, und ein Symbol ist er selbst, wie auch seine Form, sein Wort und alles, was er tut.

In der sinnlich wahrnehmbaren Welt befindet sich der Mensch wie angesichts eines Alphabets, eines Zeichensystems, von dem er durch ein eigenartiges Vergessen weder die Aussprache noch den Sinngehalt mehr weiss, weswegen ihm auch sein symbolischer Wert ganz und gar entgeht. In der feinstofflichen Welt ist es der «Zustand der Aussprache», der im Bewusstsein erwacht: Das Zeichen erweckt die Erinnerung an das Wort, den Klang – nicht mehr Form und göttlicher Körper werden wahrgenommen, sondern Rhythmen und Handlungsfiguren. Schliesslich gibt es die Kausalwelt *(kârana)* – die «intelligible Welt», der κόσμος νοητός des Neuplatonismus, das *En-Sof* der Kabbala, der Klangzustand, der sich selbst transzendiert und unmittelbar als «Sinn» erfasst wird. Die *Drei Welten sind eine einzige Welt*: Sie sind «verschiedene Wahrnehmbarkeiten» des Einen und Desselben, Erleuchtungsstufen ein- und derselben Landschaft. Das Ich erkennt die eine oder die andere, je nachdem welche Stufe an Licht und innerem Erwachen es in sich hervorzurufen vermag.

Wem es gelingt, sich des «Sinnes» der Dinge zu *bemächtigen,* hat den Schlüssel zur hohen Magie in der Hand. Alles hängt vom Erreichen eines Zustandes der Einsicht und Sinnerkenntnis angesichts der Dinge ab. Wer ein solches Ding *verstanden* hat, der vermag es zu *sprechen*. Dieses Sprechen heisst aber, es als Ding «auflösen», und ist ein virtuelles Eingehen einer magischen Verbindung mit ihm. Das menschliche Wort ersteht dann neu als Logos, als *lebendiges Wort*. Damit ist das Wort *Kraft* und *Wahrheit*. Die Mantras sind also im Inneren einiger archaischer, hieratischer Urlaute geheimnisvoll gefangene und schlafende Lichtfunken einer solchen Wiederauferstehung.

XII

Alba

De Naturae Sensu

(Der Natursinn)

Lang ist der Weg, den man bis zum *Erwachen* durchlaufen muss, bis das Bewusstsein allmählich die mehr oder weniger häufigen Anstösse, die plötzlichen, unerwarteten Rufe aufgreift und sie durch die Erinnerung festhält, denn die Palette dieser Zeichen ist unerschöpflich und verschiedenartig, immer neu und wunderbar: Geschehnisse unseres täglichen Lebens, Dinge, die uns umgeben und die eine Fülle von Gedanken und inneren Erfahrungen nach sich ziehen, aber auch geheimnisvolle Klänge, die aus den Tiefen des Seins emporquellen und im Bewusstsein auftauchen, das dann eine Art Brausen von Flügeln verspürt, die den ungebremsten Flug dieser Klänge an das Licht erklären sollen.

Zwei riesige wohlbebaute Felder bieten ihre unerschöpfliche Fülle solcher Anstösse an, auf dass wir die Ernte einbringen: unsere Seele und die Natur.

Blicken wir um uns: Die Welt ist das Buch des Menschen, des Menschen jedoch, der die Äusserungen der Dinge zu hören und zu sehen vermag und der fähig ist, die Verbindung zwischen seinem Leben und ihrem Leben zu empfinden, denn Leben gibt es in den Pflanzen, im Wasser, im Wind, im Feuer, in den Sternen und in den Abertausenden sichtbaren und unsichtbaren Wesen, die überall sind. Leben, Geist ist auch in dem, was wir nicht sehen und was uns umgibt: im Hades, im unsichtbaren.

Betrachten wir die Erde: Die Natur ist eine fruchtbare, niemals erschöpfte Mutter, wo und wie immer, und sei es im Schlamm, auch nur die einfachste Lebensform existieren kann. Zwischen Dachziegel oder hoch hinauf mitten in die Überreste eines Turmes hat der Wind vielleicht Samenkörner getragen, die einem Erdklümpchen zwischen zwei Steinen den Lebensmodus entrissen haben; und siehe da, ein Grasbüschel wird geboren und lebt.

Die Erde, diese immense Menge an Materie, die sich verwandelt, umwälzt, zerfällt und wieder verbindet und dabei unzählige, nie aufhörende Formen der Wirklichkeit und nicht mehr zählbare Leben hervorbringt, ist nichts anderes als ein Symbol unseres Körpers, unseres Fleisches. Das erkennt man ganz leicht, wenn man die Analogie zwischen unserem physischen Leben und der Natur, so z. B. zwischen unserem Körper und dem Leben eines Baumes zu verstehen vermag.

Man beobachte bloss gewisse Bäume, die nur einen Teil ihrer Wurzeln in der Erde haben und den Rest, anscheinend ohne Nahrung, nackt in der Luft ausstrecken und trotzdem durch und durch leben, da sie von den tieferen Wurzeln den Lebenssaft empfangen, und man *spüre,* wie durch diese nackten Wülste und den rauhen Stamm des Baumes eine lebenbringende Lymphe fliesst, gleich derjenigen, die unseren Körper nährt. Von diesem Zeitpunkt an wird das pflanzliche Leben nicht mehr totes Wissen und ohne Bedeutung sein. Beugt Euch über ein zartes grünes Blatt, und fühlt in Euren Fingern gleichsam das Pulsieren seiner feinen Fasern; atmet den süssen Duft einer flammenden Rose, wohl wissend, dass vielleicht schon morgen nur ein nackter Stengel davon bleiben wird und verstreute Blütenblätter; aber ebenso wissend, dass für kurze Zeit die Natur gelächelt hat in der Blume, die glücklich war, sich der Sonne zu öffnen, und dass die Natur als fruchtbringende, grenzenlose, niemals müde Mutter ihre Freude darin gegossen hat. Des Abends strömen manche Bäume einen starken Duft aus: Man kann sie zwar nicht mehr sehen, aber ihr Duft ist wie eine Aufforderung, zu ihnen zu kommen; man erhöre diese leise Stimme, diese stumme Sprache freundschaftlich gesinnter *Wesenheiten*; man fühle sie nahe im Dunkel, diese grossen, verborgenen Schatten, wie sie in ihrer Nichtbeweglichkeit in viel unmittelbarer Verbundenheit mit der Erde leben. Und dann die von den Bäumen uns vermittelte Wahrnehmung dieser Verbundenheit mit der Erde, wie sie im Atmen der Blätter schwingt. Der Schnee, der alles weiss zudeckt, lässt uns ein Gefühl der Traurigkeit empfinden, ähnlich derjenigen, die die nackten und kahlen Bäume im Wind ausströmen, denn dann spürt man, dass sich die Natur in ihrem Winterschlaf verschlossen und zu innerer Sammlung abgesondert hat.

Man beobachte das unaufhörliche Fliessen eines Flusses, man *spüre,* wie das Wasser in der Erde strömt, gleich dem Blut in den Adern – gleich der Sonnenwärme, die Licht und Leben schenkt; gleich der Wärme im Körper. Oder am Ufer eines Sees, nach langem beharrendem Betrachten der Wasser, fühle man ein *Etwas,* das lebendig und wirklich ist, vom See her aufsteigt und näher kommt. Es ist nicht nötig, eine Vision zu haben oder den Genius weiter hervorzulocken; es genügt zu verstehen, wie die überall verteilten Wassermassen, die uns mehr oder weniger chemisch, wissenschaftlich etc. bewusst sind, Erscheinungen existierender, aber unsichtbarer, geistiger Intelligenzen sind.

Die Erde, das Wasser, die Luft, das Feuer, alle Elemente haben wir in ihren Erscheinungsweisen ständig vor Augen, aber wir sind viel zu nachlässig, um sie zu verstehen. Ganz selten schenken wir der Luft unsere Aufmerksamkeit, obwohl wir sie atmen. Wir denken auch nicht an sie und spüren ihr fluidales Wesen nicht, das doch alles umgibt und durchdringt.

Will man den tiefen Sinn der Luft erfassen, suche man sich einen Abend im Frühling und erlange die Erfahrung durch das Verspüren der Gegensätze. Man wandere inmitten des betäubenden Lärms einer zwischen hohen Häusern eingesperrten Strasse, spüre die vielgestaltige Menschenmasse, die eingekerkert in den Nebel der täglichen Lüste, zernagt vom schwarzen

Wurme körperlicher und moralischer Schlechtigkeit alles umwimmelt, während ganz langsam der Abend herabsinkt, die ersten Lichter entzündet werden und hoch oben der Himmel sanft erleuchtet, um noch eine Weile tiefblau zu bleiben. Unvermittelt trifft uns dann ein Gefühl, fast wie eine Übelkeit, begleitet von einer Sehnsucht nach Befreiung. Dann kann man tief drinnen das Gefühl der Erdschwere erfahren, das zur nicht greifbaren Luft so sehr im Gegensatz steht. Man führe schliesslich die Meditation weiter, bis zur Einsamkeit.

Eine Welle lebenspendender Reinheit durchfliesst die Seele angesichts des Lichtes und der Wärme einer Flamme; jedes Gebet wird inniger und hochstrebender, spricht man es vor entzündeten Kerzen. Heutzutage ist die Möglichkeit, dem Feuer nahe zu sein, beinahe völlig verlorengegangen: kaum gibt es noch von grossen brennenden Scheiten erleuchtete Kamine, überhaupt nicht mehr schwache Öllampen inmitten weiter Schattenzonen, sondern nur grelles elektrisches Licht, das ohne Übergang die zarten abendlichen Schatten vernichtet.

Man muss die Sonne spüren in einem glühenden Sommer, so als ob man selbst zu einer von zartem, rosafarbenem Licht durchströmten Lampe geworden wäre: – Die Sonne ist in mir, ihr Licht, ihre Wärme sind in mir – das denken und sich dem Gefühl der lichtvollen Freude hingeben, während der Körper leicht wird und nach oben getragen erscheint; man muss spüren, wie die Anbetung des leuchtenden Sternes, des Lichtes aus der Brust quillt und den antiken Kult der Feueranbeter wachruft.

Der durch und durch spirituelle Eindruck des Lichtes und der Sonne in uns erweckt den Wunsch, hoch emporzusteigen, während gleichzeitig das Gefühl des körperlichen Wohlbefindens, das die Sonnenwärme schenkt, eine Hochpolung und Ausweitung des physischen Lebens bedeutet.

Wir alle besitzen in mehr oder weniger verborgener oder entwickelter Form die Fähigkeit, solche *Stimmen* zu hören, die von den Dingen, von der Natur oder von uns selbst kommen und nicht über geschaffene oder von uns gewollte Wahrnehmungen und Empfindungen in uns gelangen, sondern dann, wenn man am wenigsten an sie denkt – in einem Augenblick gedanklichen Vergessens oder in einem Augenblick innerer Ruhe. Immer geht ihnen ein geheimnisvolles Gefühl von mit Erwartung durchdrungener Verwunderung voraus, während das Auge unbestimmt über eine Pflanze, eine Blume, eine Landschaft wandert. Der Wille wirkt nicht unmittelbar darauf ein; er, wie auch der Erkenntnisdrang, sollen nur die Erfahrungen planmässig ordnen, sie harmonisch zur Entfaltung bringen, um sie dann zu Ebenen der Verwirklichung und weiteren Angleichung hinzuführen.

Haben wir so gelernt, zu erkennen, welche Lebenskraft, der unseren ähnlich, in allem steckt, was uns umgibt, vom Grashalm bis zum unsichtbaren Atom, vom Tautropfen bis zur leuchtvollen Kraft des Feuers, ist es ein leichtes, zum Verständnis der tieferen Bedeutung aller Dinge zu gelangen: Was für uns wirklich und sichtbar ist, stellt nur den projizierten Schatten dessen dar, was in gleicher Weise unsichtbar existiert. Beide haben als Bindeglied das Symbol. Was ausserhalb von uns ist, findet sich in einem anderen Gewande in uns wieder; sich mit dem Leben der Dinge in Harmonie fühlen, ist die Verwirklichung dieses Gesetzes.

Die Erde ist unser Fleisch, das Wasser die reinigende Kraft, der sie bedarf, die Luft ist der Mittler zwischen der Erde und dem Himmel, zwischen dem Körper und dem Geist, der wiederum das Feuer darstellt, das alles belebt und erleuchtet, die Schatten der Materie flieht und mit seinem ständigen Aufflammen nach oben strebt.

In der Natur ist nicht nur unser körperliches Leben versinnbildlicht, sondern wir finden in ihren einzelnen Aspekten auch tiefe Analogien zu den Bewusstseinszuständen: Wir haben die Zornesausbrüche, die Ruhe, die Melancholie und die Grausamkeiten des Meeres; die Zartheit des Grases, das Ausgetrocknetsein und die Fruchtbarkeit des Landes; das fantastische Wirbeln des Windes. Im diamantenen Sternenglanz, so weit weg von der Erde, findet sich die Abgeschlossenheit wieder, die wir manchmal in uns im unzugänglichen und abyssalen Urgrund des Ichs verspüren.

In der Natur wird ohne Unterlass und offenkundig das Gesetz der Zweiheit und des Gleichgewichts zum Ausdruck gebracht, wie es durch die beständigen Gegensätze zwischen Kraft und Schwäche, zwischen + und − hervortritt: zwischen den Wirbelwinden, den Sturmböen und der unendlichen Anmut einer kleinen Blume; zarte Moose und Gräser wie auch felsige und unberührte Berge, Heim von Schmetterlingen und Adlern, Berge, die ihre schwere Masse in zäher Anstrengung in höhere Sphären zu recken scheinen.

Der Mann tritt als schöpferische, gewaltsame und absolute Kraft auf, die Frau als umschliessendes, empfangendes Vermögen, das diese Kraft weiterführt und widerspiegelt.

Die Sonne, der Wind: Macht und Gewalt.

Die Erde, das Grün: Aufnehmen und Fruchtbarkeit.

***

Für eine stufenweise Entwicklung des Natursinnes ist es von Vorteil, zuallererst zu versuchen, die verschiedenen Stimmen dieser Natur in uns widerklingen zu lassen, indem wir ihrem Ablauf im Atemzuge des Jahres folgen, beginnend beim Erblühen im Frühling, weitergehend zur Fülle und Reife, dann zum Schwächerwerden bis zu ihrem kurzzeitigen und scheinbar völligen Schlafzustand, der ein tiefes Sich-Sammeln und Vorbereiten ist. Dann wende man sich der Betrachtung der Umwelt zu, in der man lebt.

Jeder Gegenstand besitzt in seiner Form eine besondere Prägung, die seinen Sinngehalt zum Ausdruck bringt und eine nicht endende Abfolge von Gedanken, Empfindungen und inneren Erfahrungen hervorzurufen vermag, die wiederum bei jedem Menschen, je nach seiner Wesenshaltung, verschieden sind.

Man beachte z. B., dass es nicht die *Farbe* ist, die man wahrnimmt, sondern die Form einiger *mit Farbe bedeckter* Gegenstände: Eine erste Vorstellung von formloser Farbe kann durch das Schwenken von farbigen

Schleiern angedeutet werden, obgleich dieses Bild nur sehr schwach ihre transzendente Wirklichkeit wiedergibt.

Man sollte daran erinnern, wie stark die unterschiedliche Palette der Farben auf den Geist Einfluss nimmt: Das die Konzentration erleichternde Empfinden von Ruhe kann in den zarten Abstufungen von Blau und Grün vermittelt werden, nicht aber von Rot oder Weiss. Der Ausdruck der Landschaften ist ebenfalls je nach Jahreszeit und Region unterschiedlich: Eine eisige mondähnliche Landschaft, eine unendliche Heide, eine grenzenlose Wüste lassen nicht dieselben Empfindungen aufkommen wie eine im Frühjahrsgrün strahlende Talebene, erntereife, fruchtbare Felder oder sanfte ruhige Seen. Man erfasst auch intuitiv, wie das Gemüt der Bewohner in den verschiedenen Regionen wechselt: Dichter spüren oft Landschaften, die eigentlich Bewusstseinszustände sind, und übertragen sie in ihre Gedichte.

Es ist bekannt, dass die Körperform der Menschen, ihr Profil, ihr Lächeln uns ihre Natur, ihre Tugenden oder auch Laster verraten können. Wenn wir unsere eigene Körperform betrachten, werden wir mit grossem Erstaunen feststellen, dass wir uns bei langer Betrachtung im Spiegel gleichsam nur mit Mühe wiedererkennen und der Gedanke auftaucht: Durch diesen Körper, durch dieses Gesicht bin Ich für mich und die anderen offenbar. Die Hand besitzt beinahe eine so tiefe Ausdruckskraft wie das Auge, das kundtut, ob uns eine Person geistig mehr oder weniger nahesteht. Manche Menschen haben die Fähigkeit, schon nach wenigen Augenblicken oder wenigen Stunden des Gesprächs einen anderen bis auf den Grund zu kennen. Hin und wieder passiert dann etwas Einfaches und doch Wunderbares: Mitten in der Menge, an einem völlig beliebigen Ort, spürt man ganz plötzlich, wie sich einem der Wesenskern einer anderen Person auf einmal offenbart, wobei diese natürlich in dem Moment von alledem nicht das geringste ahnt; und der Eindruck, den man in solchen Fällen erfährt, ist genauso spontan wie *wahr*. Viel kann auch die menschliche Stimme verraten: Gern hört man einen schönen Gesang, in dem eine Stimme ihre verschiedenen Harmonien und Klangfarben zum Ausdruck bringt; wenn der Gesang oder die Stimme von uns selbst stammen, hat man die vollkommene Empfindung einer Verdoppelung, wobei eine Person spricht und handelt und eine andere beobachtet. Man ist sich dessen für gewöhnlich nicht gewahr, denn wenn man spricht, verfolgt man die eigenen Gedanken und hört nicht auf seine Stimme.

In besonderen spirituellen Augenblicken, in vollkommener Einsamkeit, zeigen sich unsichtbare Leben jenseits des Menschen; der Geist vermag sie wahrzunehmen, aber es gelingt nicht immer, noch ist jedermann dazu fähig. Manchmal sind wir allein in unserem Zimmer, lesen oder schreiben; urplötzlich kann es dann geschehen, dass wir uns nicht mehr *allein* fühlen; manchmal wird dabei die Gegenwart der sich nähernden Wesenheit so deutlich wahrgenommen, dass man fast gezwungen wird, in eine bestimmte Richtung zu blicken, wo man *jemanden* fühlt, der unsichtbar beobachtet; hin und wieder verspürt man sogar den Antrieb, sich niederzuknien, und man versteht dann, dass höhere Wesenheiten gegenwärtig sind. Auf das Staunen folgt dann ein Gefühl des Friedens, der inneren Ruhe sowie einer grösseren

Festigkeit. Der Geist scheint sich emporzuschwingen, angetrieben vom Schlag unsichtbarer Flügel. Man spürt diese Gegenwärtigkeiten unvermittelt, ohne sie zu wollen, aber fast immer geht ihnen eine Zeit grosser Reinheit des äusseren und inneren Lebens voran.

Es kann auch geschehen, dass man sich beim Namen gerufen hört, und zwar genauso im Wachzustand wie im Schlaf. Wer ruft?

Ebensogut kann man die Gegenwart von Wesen wahrnehmen, die wohl ganz anders sind als die eben erwähnten, aber sehr nahe am Menschen existieren, so, dass sie ihm überaus leicht plötzliche Angst oder andere, eigenartige und unerklärliche Empfindungen einzujagen vermögen; manchmal scheint man riesige grinsende Mäuler um sich herum zu spüren, die von einer schreckeneinflössenden Haltung des Hohnes dieser zwar nicht unsichtbaren, aber vom gewöhnlichen Auge nicht erfassten Wesen zeugen.

Von der unsichtbaren Welt können manchmal Wellen unvermittelter panischer Angst, wirbelnde Schwindel vor sich unter uns auftuenden Abgründen, eiskalte Schrecken der Dunkelheit oder der Einsamkeit an einem weitläufigen Ort, ja Terrorgefühle ungeahnter Angst und schweissaufpeitschende Visionen zu uns kommen: alles Erscheinungen der Welt des Schreckens, die jenseits der Grenzen des menschlichen Bewusstseins liegt; und dann ist der Geist entweder so stark, um fest und unerschütterlich zu bleiben und alle Schatten siegreich zu vertreiben, oder die Angst bricht wie ein von Wirbelwinden getriebenes Feuer mit den auf verschiedenste Art schwerwiegenden Folgen herein.

Der Schlaf ist nur eine Pause, ein Schatten zwischen dem Licht des Einschlafens und Wiederaufwachens. Man erwacht zwar körperlich ausgeruht, aber häufig hat man den Eindruck, für einige Stunden vom Leben losgelöst gewesen zu sein, und man erinnert sich an nichts ausser an einige chaotische Traumbilder. Ein weiteres Mal erwacht man hingegen in einem anderen, heiteren Gemütszustand, und wir könnten beinahe meinen, nicht geschlafen zu haben, denn in uns hat sich bei geschlossenen Augen ein *Leben* gezeigt. Zwei Wege führen uns aus dem täglichen Wachzustand: Beim einen ruht der Körper, und der in der Materie gefangene Geist versinkt in ihr, was beim Einschlafen das Gefühl des Sich-fallen-Lassens, des Abstiegs in das Nichts mit sich bringt; der zweite Weg hingegen führt, während der Körper wachend schläft, den Geist weiter durch unendliche Räume zu einem Licht, und der Körper bezieht daraus trotz aller physischen Müdigkeit ein Gefühl erholsamer Frische. Und genau in diesem Bewusstseinszustand, der weder ein Wachen noch ein Schlafen im gewöhnlichen Sinne ist, tauchen zahlreiche Visionen auf, luftige, lichthafte, voll Schönheit strahlende, aber auch unaussprechliche Monster zeigen sich oder ganz gewöhnliche menschliche Gestalten, die mit den verrücktesten Arbeiten beschäftigt sind, die sie auf einmal unterbrechen, um uns mit einem Blick zu fixieren, der einen eigenartigen Eindruck hinterlässt, so als müsste man darob *zusammenschrekken*. Bis man nicht durch den Rhythmus Des Ritus eine gewisse Harmonie erreicht hat, zeigen sich immer wieder zusammenhanglose und chaotische Visionen, die sich dann erst allmählich geregelt aneinanderfügen und zu sichtbaren Offenlegungen einer lebendigen und leuchtenden Symbolik formen, deren tiefer Sinngehalt in einem Aufblitzen so viele Warum und so viele für die menschliche Vernunft unerklärliche Geheimnisse entschlüsselt.

In solchen *Zonen* kämpft der nicht feste Geist, wechselt manchmal in schwindelerregender Weise von einem Zustand zu einem anderen, gleitet in ungeheuerliche finstere Abgründe hinab, um dann auf langen gewundenen Pfaden zum Licht emporzusteigen, das ihn durchflutet und in sich schliesst, während er sich zur Gänze in einen Lichtkörper verwandelt.

Manches seltene Mal können sich auch lebende, uns geistig nahestehende Personen zeigen, die aber ganz anders aussehen. Häufiger nimmt man eine Verdoppelung wahr: Sie erscheint wie ein in einem Spiegel oder einer dünnen Glasscheibe reflektiertes Bild von uns selbst; hin und wieder ist das Bild ganz klar, und die Form ist vollständig äusserlich geworden; einmal nimmt das Gesicht dabei einen im höchsten Maße spirituellen Ausdruck an, ein andermal fixiert uns das *Doppel* mit Augen, die sich ins Grenzenlose zu weiten scheinen: Die Tiefe unseres Seins zuckt dann wie unter einem eiskalten Schauer zusammen. Manchmal werden uns die Visionen und Symbole vom Unbekannten, der uns unsichtbar führt und zu uns spricht, erklärt. Bei weiterem Fortschreiten merkt man dann, dass die Visionen und Symbole in einem harmonischeren Ablauf in Erscheinung treten, vereint durch ein Band, das durch eine wunderbare wechselseitige Verknüpfung oft auch in Beziehung zu Geschehnissen unseres vergangenen oder zukünftigen Lebens steht. Häufig zeigen sich äussere oder innere Lichtwahrnehmungen: Unzählige Funken, rundum verschwommenes Licht, leuchtende Kugeln, ja sogar die Schau des riesigen, flammend roten *Astral*-Auges ist möglich. Blickt man es unverwandt an, fühlt man sich nicht mehr als einzelnes, unterschiedliches Wesen und gelangt dahin, das Universum in sich selbst zu sehen und zu spüren, jenseits der Grenzen der Zeit, des Raumes und der Dinge.

Zu den bemerkenswertesten Zeichen gehören die geheimnisvollen Stimmen, die vielleicht in Augenblicken geistiger Abwesenheit von innen aufsteigen oder zu Zeitpunkten, wenn man sie am wenigsten erwartet, wie inmitten eines Gespräches oder während der Arbeit. Aus den tiefsten Tiefen des Seins tauchen dann plötzlich Lichtschimmer empor und erhellen eine Welt, die einst gut bekannt war, aber dann in der Erinnerung verlorenging; sie erscheinen als Stimmen oder Wörter, deren Sinngehalt man zwar nicht versteht, deren Klang uns aber glücklicher und besser zu machen scheint: Die Seele lauscht dieser fernen Musik und wird trunken davon, während sich das Denken in sinnloser Weise hinter den vielen Warum ohne Antwort verliert und innerhalb der unüberschreitbaren Grenzen bleibt, die nur der hohe Geist zu transzendieren vermag.

Lauscht man diesen Stimmen, hat man manchmal den Wunsch, eine absolute Stille um sich zu schaffen und sogar den Herzschlag zum Schweigen zu bringen, um die flüchtigen Harmonien der kosmischen Sphären vernehmen zu können. Man kann dabei den *Klang* des eigenen Herzens hören.

Wenn nicht einmal mehr das leiseste Geräusch da ist, kann es auch geschehen, dass man in dieser Stille eine Andere Stille *fühlt,* und dann erbebt das Herz, als ob es auf Grund der Klänge der Luft schlüge. Momente: die aus der Tiefe emporgekommene Stille hat uns einen Moment lang beinahe vom Leben losgelöst. Sind jeglicher äussere Laut und jeder Gedanke verstummt, empfindet man die Einsamkeit, die Freiheit im Mittelpunkt des Universums. Kehren wir dann wieder in uns zurück, zucken wir zusammen, da wir uns des *Verrinnens* der Zeit, des Fliessens der Welle des Lebens gewahr werden: Ein Herzschlag des ewigen Lebens war es, den wir spürten zum Unterschied vom Leben der Sterblichen, das wir besitzen.

Dann wieder scheinen wir uns fliessend wie eine Welle wahrzunehmen: Inmitten von Gedanken*fixierungen* steigt etwas Leichtes, Schwaches, Zartes aus der Tiefe hoch, um an den Grenzen unserer Wahrnehmungsmöglichkeiten aufzutauchen; was man dabei empfindet, gleicht dem Gefühl, das sich zeigt, wenn man sich auf dem Rücken liegend völlig frei im Wasser treiben lässt und dessen Frische angenehm einherfliessen spürt.

Manchmal ist dieses Gefühl der Loslösung deutlicher: Man scheint durch unermessliche Räume zu fliegen, ohne weitere Wahrnehmung als die des nach oben Getragenwerdens, der Leichtigkeit des in der Luft Schwebens, völlig frei von allen körperlichen Banden – ein Augenblick des Aufatmens, wie ein tiefer Seufzer nach einer Zeit der Unterdrückung – und das Sein hat die Fesseln, die es an die Erde ketten, abgestreift und ist in seinem Reich, im Reich des Geistes, frei. Unaussprechlich ist dann die lichtvolle Freude, die das Gemüt erfasst.

– *Haec ad magicam Mysterii portam aperiendam claves* – (das sind die Schlüssel, die das Magische Tor zum Mysterium öffnen).

Ebenso mag es scheinen, dass wir nicht wirklich leben, sondern träumen, als wäre der innerste Wesenskern des Lebens in uns zerstört, während der ferne Gedanke uns beim Leben zuhört und uns beobachtet, als ob es sich um jemand anders handelte. Das passiert häufig dann, wenn man sich auf einmal ganz heftig nach Befreiung sehnt, die eintritt, wenn man sich innerlich isoliert. Aber man muss zu diesem inneren Akt fähig sein, sonst schafft man auf Grund der aufreibenden Gegensätze zwischen dem realen Leben und diesem Traumempfinden einen Zustand der Spannung und des heftigen Leides. Erinnern wir uns an die tiefen, unerklärlichen Trauerphasen der Pubertätszeit, als nach kaum erfolgter körperlicher Entwicklung der Geist zu erwachen schien, als Krisen des Skeptizismus, des Mystizismus usw. aufeinanderfolgten. Alles echte Prüfungen, die aber zum Sieg des Geistes führen, wenn dieser nur den Glauben an ein Licht ohne Antlitz und Namen zu behalten vermag und diesen Glauben in sich festigt.

Im allgemeinen wissen wir sehr wohl, dass wir leben, dass wir existieren, aber nicht, dass wir *sind*: Das können wir erst behaupten, wenn wir in uns tatsächlich eine Flamme des Heiligen Feuers, das den Kosmos beseelt, auflodern spüren; Dann erfahren wir uns als lichthafter, lebendiger Punkt im Universum. Und erst dann kann man quasi sicher die geistigen Krisen überwinden, die unvermeidlich in uns aufsteigen werden, Wogen ähnlich, die auf andere Wogen folgen und dabei immer massiger und höher werden, so daß eine immer grössere, aktivere Widerstandskraft entgegengesetzt werden muss, will man nicht untergehen. Die Phantasmen der dunklen Verirrung, der lautlosen Leere, der eisigen Einsamkeit, des völligen Unwertes werden uns den Weg versperren und uns um so furchtbarer dünken, je unerwarteter sie eintreffen und je plötzlicher sie vor uns stehen, ohne den geringsten logischen Zusammenhang mit den Ereignissen des täglichen Lebens aufzuweisen, da sie ohne Unterschied inmitten von Freude wie auch Leid auftreten. Wir müssen dann in uns eine auf sich selbst gestellte, unbesiegbare Kraft aufbauen können, und alle Phantasmen werden verschwinden, kaum dass sie entstanden sind.

Diese Kraft besteht aus dem standhaften Willen, ruhig und fest zu sein und jeglichen Schatten trauriger oder böser Gedanken, wie sie das dichteste Element nach aussen projiziert, vertreiben zu können; dazu noch aus dem Herrwerden über unsere eigenen Nervenregungen wie auch von anderen sowie aus dem Umstand, dass wir in uns eine heitere Ausgeglichenheit geschaffen haben, die sich vielleicht aus der Einsamkeit, aus dem Landleben oder aus unserer Innenwelt ergeben haben mag – und tief darin verbunden blieb. Jenseits von Freude und Schmerz, jenseits des Wechsels von Gut und Böse muss unbesiegt funkelnd der Geist schwingen, wie auch die Menschengeschlechter immer unter dem gleichen und kalten Sternenglanz aufeinanderfolgen.

In diesem Zustand spiritueller Ruhe werden aus der Natur und unserer Innenwelt unzählige Anstösse an uns gelangen: Stimmen, Eindrücke, Gegenwärtigkeiten, Visionen, Gemütszustände, die sich bei den einzelnen Menschen in unterschiedlicher Klarheit sowie in den verschiedensten Lebensabschnitten zeigen und unabhängig von irgendwelchen Lebensregeln oder Riten auftreten können; diese zuerst dunklen Botschaften, die später vom Geist entschlüsselt werden, offenbaren uns eine neue, reale Welt, die in uns und um uns existiert; und dieses Wissen wird uns schliesslich ein zweifaches Leben schenken, dessen ununterbrochenes und wunderbares Werden uns mit anderen Existenzebenen in Berührung bringt.

Diese fast immer wieder unterbrochenen und chaotischen Anstösse und Zeichen, die erst Der Ritus durch seinen Rhythmus harmonisieren wird, kommen zu uns, damit wir, nicht mehr Sklaven, sondern Herren des Fleisches, geistig erwachen; damit wir uns voll bewusst werden, dass der uns beseelende Geist ein Funke des Grossen Feuers ist, das im Universum lebt, und dass seine feurige Natur ohne Unterlass nach oben strebt.

Leo

Aphorismen

Die hier folgenden Aphorismen sind mit dem gleichen Vorsatz zusammengestellt, wie ich ihn schon in meinem vorhergehenden Aufsatz zum Ausdruck brachte, und stellen jeweils verschiedene Meditationsthemen dar. Vertieft man sich in diese Meditationen, können sie zu Ergebnissen in Form von *Bewusstsein* führen. Die Aphorismen sind meinen hier niedergelegten Arbeiten entnommen und sollen gleichzeitig einem innigeren Verständnis und einer tieferen Durchdringung ihres Inhalts dienen.

Das unumstößliche Wissen um die *Unwirklichkeit* der Grenzen unseres Körpers und unserer inneren Handlungskraft ist der erste Schritt zur Erweiterung des Bewusstseins.

*

Das Empfinden für die äussere Realität bis zu den feinsten Veränderungen des Bewusstseins auszuweiten, schärft die innere Handlungskraft.

*

Das Machtempfinden muss in Bewegungsrichtung Zukunft projiziert werden. Es in der Gegenwart zu spüren ist ein Stehenbleiben.

*

Der Mensch setzt sich im Kosmos fort und der Kosmos im Menschen. Man kann sich nicht wirklich als sich selbst fühlen, wenn man sich nicht nach aussen hin erweitert fühlt; man kann die Welt nicht geistig durchdringen, ohne vom Mittelpunkt unseres Seins wegzugehen und sich in Richtung Welt fortzusetzen.

*

Der Mensch fasst in sich in einer höheren Einheit zusammen, was sich in der Welt in einem Zeitablauf abgespielt hat. Die Synthese der Geschehnisse findet in ihm einen Sammelpunkt und wird in seinem Bewusstsein zu einem gegenwärtigen Ereignis – so überwindet er die Beschränkung der Zeit.

*

Der Mensch steht in ununterbrochenen Verbindungslinien mit der Welt: In der Tiefe seines eigenen Seins kann er die Fäden wiederfinden, die ihm die Beständigkeit dieser Verbindungen und die geistige Wirklichkeit von allem, was ihn umgibt, beweisen.

*

Die menschliche Wesenheit ist auch eine kosmische Wesenheit – durch Ablösung von der Sinneswelt bei Aufrechterhaltung des vollen Bewusstseins kann sie über die Stille zur Erkenntnis der kosmischen Uressenz kommen.

*

Eine kosmische Erfahrung ist das Verwirklichen der Wahrnehmung von der Beständigkeit des eigenen Wesens bei einem Teilhaben *sub specie aeternitatis* am kosmischen Werden.

*

In allem, was sich bewegt, keimt, wächst, sich ändert und stirbt, muss man eine unsichtbare Kraft spüren. Kein Naturereignis beginnt oder endet infolge von Ursachen, die in der Natur selbst liegen.

*

Bei der Naturbeobachtung ist die Empfindung der Schönheit eine Vorahnung, die noch mit Verwunderung und Unwissenheit verbunden ist: Später wird sie durch die Erkenntnis vervollständigt.

*

Der Rhythmus ist ein allumfassendes Gesetz. Das Spüren der Rhythmen im Menschen wie in der Welt und ihr Harmonisieren führt zu einem Erwachen des Bewusstseins und offenbart das Verborgene des Lebens.

*

Dem Verborgenen kann man sich nicht mit Kälte nähern – die Seele muss in ihrer Gesamtheit bereit sein zu beben, zu bewundern, sich zu freuen – nur in der Fülle kann die Erkenntnis blühen.

*

Das Unendliche und das Empfinden der Entwicklung müssen zu unserem Bewusstsein inneliegenden Eigenschaften werden: Man kann keinen Zugang zur Welt finden, ohne dass dieses Gefühl in uns lebt. Ohne dieses Gefühl des Wachsens, des Aufsteigens, des Rhythmus bleiben wir hinter unserer Problemstellung zurück. Die Offenbarung des Unsichtbaren kann nur ewigen Wesen geschenkt werden: Wer sich selbst durch einen Anfang und ein Ende begrenzt fühlt, wird niemals *erkennen* können.

Unser Körper und unser Gehirn sind «schlechte Leiter» für spirituelle Erfahrungen. Wir müssen uns völlig klar darüber sein, dass sie als Hindernisse fungieren, und müssen diese Eigenschaft in einem inneren Akt überwinden. Wenn das Gehirn versteht, packt es zu und fängt das sich ihm Darbietende ab, womit es aber verhindert, daß es mit den feinstofflichen Zentren in Kontakt kommt: Nur das, was wiederholt und rhythmisiert wird, kann zu dem über dem Gehirn liegenden spirituellen Bewusstsein durchdringen.

*

Das Gefühl der Freiheit im Körper ist relativ und eine Illusion: Man kann die Freiheit nur in einem Bewusstsein erfahren, das den Körper vergisst und ihn nicht fühlt.

*

Die Imagination ist – auf unserem Gebiet – keine Autosuggestion: Imaginieren heisst erschaffen. Wenn man es fertigbringt, einen Bewusstseinszustand vorherzuahnen oder zu erfassen und ihn in der Imagination zu fixieren, hat man den ersten Schritt zur Verwirklichung getan – Imagination und Realität treffen sich dann und werden in den Zentren der okkulten Erkenntnis eins.

*

Die Organe des stofflichen Körpers erfüllen eine physiologische Funktion, die zum Teil einer wissenschaftlichen Untersuchung zugänglich ist – doch darüber hinaus auch eine Verbindungsfunktion zu einem feinstofflichen Körper, der Lebensträger ist, und durch diesen noch einmal eine andere Verbindungsfunktion zu einem dritten Körper, der dann höherer Natur ist. Diese Wege werden von der sinnlichen Wahrnehmung und der motorischen Äusserung der Impulse begangen. Das normale Bewusstsein empfängt und gibt allein das wieder, was das Gehirn als solches zu übermitteln vermag; die spirituelle Aktivität vermeidet hingegen das Gehirn und durchläuft andere Organe, in denen sich das Bewusstsein des normalen Menschen noch nicht festzuhalten imstande ist.

*

Wenn beim Durchschnittsmenschen das Bewusstsein vom müden Gehirn auf andere Organe übergeht, verdunkelt es sich, und man schläft ein.[1] Gleichzeitig wechselt die Polarität des Lebenskörpers (feinstofflicher Körper) und des spirituellen Körpers.

*

[1] Deshalb verfallen viele, die mit den ersten initiatischen Übungen beginnen, in einen Quasi-Zustand der Schläfrigkeit und Gedankenflucht. Das ist eben auf ihr Bewusstsein zurückzuführen, das ganz einfach hinter dem sich schon abzeichnenden Ebenenwechsel zurückbleibt. Und dann passiert es, dass manche auf Grund ihrer falschen Deutung dieses Phänomens auch nicht mehr weitermachen wollen. (*Anm. v.* UR)

Der Eingeweihte kann das Bewusstsein auch dann aufrechterhalten, wenn es vom Gehirn auf ein anderes Organ übergeht; dabei werden ihm übersinnliche Welten bewusst, die der gewöhnliche Mensch mit Träumen überzieht. Wenn es ihm dazu noch gelingt, auch die Polarität der Körper beizubehalten und die Ablösung zu verhindern, kann er diese Welten im Wachzustand schauen.

*

Die Erholung der Kräfte durch den Schlaf ist nicht nur auf die «Ruhe» zurückzuführen – sondern auch auf zwei andere Faktoren: Der eine ist das Aufhören des Spannungszustandes des Wachbewusstseins gegenüber der stofflichen Welt; der andere ist die Kontaktaufnahme mit verborgenen schöpferischen Kräften, zu denen wir während des Schlafes in Beziehung treten. Es sind die Kräfte, die unseren stofflichen Körper organisiert haben und die allein fähig sind, ihn zusammenzuhalten und seine Schwächungen auszugleichen.

*

Auf dem Initiationsweg gibt es neben den grossen Mysterien auch die kleinen Wahrheiten sowie einfache Methoden innerer Läuterung, die uns sehr weit bringen können.

Viele könnten spirituelle Erkenntnisse erwerben, werden sich aber dessen nicht gewahr, weil sie sensationelle und von ihrer Alltagstätigkeit zu weit entfernte Wege suchen. Mit dem bis jetzt Mitgeteilten kann man schon ein gutes Stück auf dem Weg der esoterischen Verwirklichung vorankommen. Man muss nur Geduld und Ausdauer haben und scharf beobachten. Viele gehen sehr knapp an Offenbarungen vorbei, die sie ganz tief verwandeln könnten, merken es aber nicht, da sie auf der Suche nach sensationellen Phantasmen zu weit abseits blicken.

*

Das spirituelle Bewusstsein ist ewig, ohne Unterbruch und immer tätig – die Verdunkelung durch den Schlaf muss man als Unterbrechung erkennen, die auf einer vorübergehenden Einschränkung beruht.

*

Jede menschliche Tätigkeit soll eine Vorbereitung oder Einführung zu einem höheren Bewusstsein sein; das ist die Grundlage, von der aus der Mensch sein Alltagsleben zu organisieren hat.

*

Der Mensch besteht aus: einem stofflichen Körper, den er sieht, spürt, wahrnimmt; einem Lebenskörper, der ihn zusammenhält; einem feinstofflichen Körper, *mit* dem er sieht, spürt, wahrnimmt; einem spirituellen Wesenskern, der das Zentrum seines gesamten Seins ist. An diese Zusammensetzung muss er denken, wenn er «Ich» sagt.

*

Jedes Mal, wenn der Mensch «Ich» sagt und dabei nur das unbewusste Bild des stofflichen Körpers allein vor Augen hat, begibt er sich freiwillig in einen Kerker und verdunkelt die äussere Welt.

Pietro Negri

Magische Geschicke und Missgeschicke

Sowohl die antike als auch moderne magische Literatur bieten uns, sofern man sich die Mühe macht, sie auf ihren anekdotischen Anteil hin durchzusehen, eine ausgedehnte Sammlung von Erfahrungen und Unternehmungen, die von glänzendsten Erfolgen gekrönt waren, während wir an Niederlagen, Misserfolgen und Reinfällen nur eine magere Ernte einbringen können. Wollte man sie auf Grund ihrer Erlebnisberichte beurteilen, könnte man beinahe sagen, dass die Magier enge Verwandte der Jäger und Bergsteiger sind, die, wie überall bekannt, in ihren Erzählungen immer über jedes Tier und jeden Gipfel und jede Wand triumphieren. Natürlich vergisst der Berichtende dabei nicht, auf die Aufzählung und entsprechende Vergrösserung der Hindernisse, die sich entgegenstellen, sowie gebührend auf die Gefahren aufmerksam zu machen, die dem wagemutigen Forscher und Experimentator dräuen, aber das alles wird fast immer als heilbringende Warnung und Belehrung zu Nutz und Fromm des unschuldigen, erkenntnishungrigen Lesers dargestellt. – Wenn sich auch der Autor dessen nicht bewusst zu sein scheint oder dies wenigstens vorgibt, ist das schlussendliche Ergebnis immer eine Selbstpreisung seiner grossen Fähigkeit und Meisterschaft als erfahrener Magier, der, *mirabile visu* (wie wunderbar anzusehen), mitten im Dschungel der Schwierigkeiten sicher und triumphierend einherschreitet, wie der Salamander *per ignes* (durch das Feuer).

So werden die Leser vielleicht auch einmal zur Abwechslung den folgenden wahren, ehrlichen und bescheidenen Bericht einer Niederlage entgegennehmen wollen, wie sie ein Freund von uns erlitten hat. Hier also der Bericht, dem wir weder etwas hinzufügen noch wegnehmen:

Wahre Geschichte einer magischen Invokation, geschehen in Rom am Tage der Frühjahrs-Tagundnachtgleiche 1927

In jener Nacht schlief ich zum Unterschied vom Prinzen von Condé vor der Schlacht von Rocroy beinahe überhaupt nicht. Obwohl ich den Wecker auf drei Uhr morgens gestellt hatte, empfand ich kein übermässiges Vertrauen zu diesem unsympathischen Wirrwarr von Federn und Rädern, da ich aus Erfahrung wusste, wie einfach der Wecker imstande war, sich über die vorgegebene Stunde hinwegzusetzen, um dann zwölf Stunden später auf einem nicht endenwollenden, unzeitigen Schrillen zu bestehen. Nach zwei

Stunden mehrmals durch einen Blick auf die Uhr unterbrochenen Schlaf erwachte ich durch eigenen inneren Antrieb noch vor dem Wecker, der, das muss man gerechterweise anerkennen, zu meiner entsprechenden Zufriedenheit und zweifellos zur höchsten Wonne meiner Zimmernachbarn, pünktlich seine Pflicht tat. Die Zimmernachbarn verdienten aber so oder so keine überaus grosse Rücksichtnahme. Ich hatte nämlich schon beim letzten Vollmond mit vorbereitenden Operationen begonnen. Und obgleich ich sicherlich kein Wort davon verlauten liess, hatten meine Nachbarn etwas Eigenartiges gewittert und sich in ihrem Unverständnis dann natürlich redlich bemüht, mir möglichst viele Knüppel vor die Beine zu werfen. Um die Wahrheit zu sagen, sie hatten nicht nur etwas gewittert, sondern sie mussten geradezu gerochen haben, was trotz all meiner Sorgsamkeit von den für die rituellen Operationen nötigen Räucherungen aus meinem Zimmer entwichen war; und dann bei den Schwefelräucherungen hatte dieses profane Volk sogar gewagt zu protestieren. Dazu kam, dass man eines Abends durch das Schlüsselloch, das ich vergessen hatte zuzustopfen, inmitten von dichten Rauch- und Duftschwaden einen Irren oder Verrücktgewordenen beobachten konnte, der, in eine weisse Kutte gehüllt, unverständliche Dinge tat und sprach. Der Alarmpegel stieg schliesslich noch höher, als dieser Verrückte dann die Gewohnheit annahm, jede Nacht gegen drei Uhr das Haus zu verlassen, um gegen sechs oder sieben Uhr zum Schlafen zurückzukehren ...

Als das höllische Wüten des Weckers schliesslich zur Ruhe kam, vertiefte ich mich in die gewohnten Operationen des Ritus, deren Aufzählung hier aber nicht wesentlich ist; nach deren Beendigung und der rituellen Waschung schlürfte ich in aller Eile einen «doppeltgebrannten» Kaffee und zog mich schnell an, um an den Ort zu gelangen, den ich für die Invokation ausersehen und vorbereitet hatte. Bei einem solchen Gezücht von Nachbarn war ja nicht mehr daran zu denken, mit den rituellen Operationen in meinem Zimmer fortzufahren. Wie hätte ich denn die eventuellen, keineswegs zu verbergenden Phänomene, das Herumschwirren von Gegenständen, die Geräusche, Stimmen, ja *Gespräche* erklären und rechtfertigen können? Und wie hätte ich erst mit dem Unternehmen in den folgenden Tagen und Wochen fortzufahren vermocht? Besser, viel besser war es da, während der Nacht einen zwanzigminütigen Spaziergang auf sich zu nehmen und zu unserem unterirdischen Raum zu wandern, wo ich wenigstens sicher sein konnte, dass mich niemand sehen, hören oder stören würde.

In Tat und Wahrheit war der Eingang zu meinem unterirdischen Raum nicht gerade der bequemste, man musste nämlich in ein Untergeschoss hinabsteigen und sich dann ganz zu Boden bücken, um auf allen vieren durch einen engen Gang hindurchzuschlüpfen, der eigens dafür in eine uralte, drei Meter dicke Mauer hineinpraktiziert worden war; aber hatte man ihn einmal durchquert und dabei den Bauch auf der Erde und den Rücken an der Mauer geschliffen, tat sich der enge Gang zu einer Reihe riesiger, hoher und verlassener unterirdischer Säle auf. Auch tagsüber herrschte dort unten eine tiefe Dunkelheit und feierliche Stille. Ganz hinten und inmitten eines äusserst weitläufigen Saales trat man nach einem mehrere Meter langen abschüssigen Stück in ein geräumiges Grabgewölbe, das ungefähr fünfzehn Meter lang und mehr als zwei Meter hoch war. Von aussen doppelt abgeschirmt, lag es in vollkommener Dunkelheit und Stille und wies ausser dem Eingang keine weitere Öffnung auf.

Am hinteren Ende des Grabgewölbes hatte ich schon am Vorabend alles Nötige bereitgemacht: die Lampe, die, mit reinem Olivenöl vollgefüllt, schon von der Decke hing; das Kohlenbecken, das bereits an seinem Platz stand; die nach Bestimmung der Himmelsrichtungen auf dem Boden markierten Punkte, wo die magischen Zeichen gezogen werden sollten; die Kohle für das Räucherbecken und zum Zeichnen der Charaktere und das an seinem Ort liegende Schwert. Das Grabgewölbe hatte zwar keine Tür, aber das bedeutete wenig, da so oder so niemand in diese unterirdischen Hallen gelangen konnte. Und wenn auch: Sollte nämlich tatsächlich ein hypothetischer und unwillkommener Besucher durch den Gang und das unterirdische Labyrinth bis zum weitläufigen Saal, der das Grabgewölbe enthielt, vorstossen können, wäre er mit Sicherheit stehengeblieben, wenn er plötzlich den Widerschein des geheimnisvollen Lichtschimmers gesehen hätte, den die magische Lampe durch den Gewölbeeingang in das Dunkel des Saales warf; denn dieser Schimmer war so gespensterhaft, dass auch derjenige beeindruckt worden wäre, der wusste, woher er kam. Und wer hätte wohl gewagt weiterzugehen, wenn er dann hinten im Grabgewölbe ein weisses, mit einem Schwert bewaffnetes Phantom erblickt hätte, das sich in einem Rauchschleier hin- und herbewegte?

Schon am Vorabend hatte ich, um ja nichts zu vergessen, alles vorbereitet, was ich mitnehmen musste: den Schlüssel zum Untergeschoss, eine elektrische Taschenlampe, die Zündhölzer, das Kleid aus reinem Leinen, die Duftstoffe für den Ritus usw. Ich steckte in die Taschen, was hineinging, schnürte den Rest zu einem Bündel zusammen und verliess das Haus. Die Nacht war frisch und sternenklar; dann und wann blickte der Mond, der noch hoch stand, durch die verlassenen Strassen. Durch einen eigentümlichen, seltenen und günstigen Zufall war genau drei Tage vorher Vollmond gewesen, was eben die drei Tage ergab, die für die vorbereitenden Operationen nötig waren, so dass ich mit der Invokation exakt zu dem Zeitpunkt beginnen konnte, an dem die Sonne in den ersten Grad Widder eintrat, um dann die gesamte Operation zum ersten Vollmond im Frühling abzuschliessen, was wiederum genau mit dem Ostertag zusammenfiel.

Ich schritt recht kräftig voran, erstens um gegen die kühle Nacht anzukämpfen und zweitens um keine Zeit zu verlieren, musste die Operation doch vor dem Morgengrauen stattfinden. Rom war weit und breit ruhig, nur einige wenige Automobile und seltener der Lärm der nächtlichen Strassenbahn brachen das hohe Schweigen, das über den einsamen Strassen, dem Forum und den wuchtigen Ruinen Roms lag. Je weniger Leute ich übrigens traf, desto weniger Unannehmlichkeiten waren auch möglich. Bei solchem Mondlicht um drei Uhr morgens in den Strassen Roms herumzulaufen und noch dazu mit einem verdächtigen Bündel unter dem Arm, konnte auch sehr auffällig sein. Die Aussicht, an eine nächtliche Polizeistreife zu geraten, machte mir ein wenig Angst, um so mehr als ich keinen Identitätsausweis bei mir trug. Man stelle sich das vor! Wie hätte ich je erklären können, wohin ich ging, was ich machte und warum ich wohl zu so unmöglicher Stunde dieses Paket mit dem komischen Zeugs herumtrug?! Auch deshalb beschleunigte ich meine Schritte: Ein Platz war noch zu überqueren, dann nahm ich jene kleine Strasse, bog um die Ecke und ... und laufe zwei Polizisten und einem Kommissar direkt in die Arme. Genau jetzt! Aber zum Glück funktionierte die tiefverwurzelte Angewohnheit, mich immer zu beherrschen und immer Herrschaft auszuüben, automatisch, und ich zuckte nicht im geringsten zusammen, erregte keine Aufmerksamkeit und war mir sicher, dass der Gedanke, mich anzuhalten und zu befragen, ihnen nicht einmal im entferntesten durch den Kopf gegangen war; so dachte ich, so wollte ich, und so geschah es.

Zwei Minuten später betrat ich das Untergeschoss; die dummen Hindernisse waren damit überwunden; das dachte ich wenigstens.

Die Lampe, das Kohlenbecken, das Schwert, die Kohle, alles stand in schönster Ordnung an seinem Platz. Es war zwar nicht kalt hier unten, aber die Feuchtigkeit stieg bis in die Knochen. Die Zündhölzer, die ich am Tage vorher dortgelassen hatte, waren damit unbrauchbar geworden; zum guten Glück war ich jedoch so vernünftig gewesen, noch eine Schachtel mitzubringen. Die Brenndochte der magischen Lampe hatten ebenfalls unter der Feuchtigkeit gelitten und entzündeten sich nur schwer, aber dann, einmal angebrannt, funktionierten die drei kleinen Lichter aufs beste; es gab nicht und konnte auch nicht den geringsten Luftzug geben, der sie zum Flackern gebracht hätte, und so verstrahlten sie rundherum ein warmes, ruhiges und für den Zweck ausreichendes Licht.

Nachdem ich die Lampen angezündet habe, wende ich mich dem Kohlenbecken zu. Ich nehme es und trage es aus der Krypta heraus an einen geeigneten Ort, wo ich mich im Licht zweier Kerzen daran mache, die Kohle anzuzünden. Die Angelegenheit erweist sich als eher schwierig; die Kohle hatte in wenigen Stunden soviel Feuchtigkeit aufgesaugt, dass sie vom Brennen partout nichts wissen will; die Feuerfächer haben ebenfalls unter der Feuchtigkeit gelitten und sind ganz schlapp; aber mit Blasen und Windmachen und nochmaligem Blasen und Windmachen, mit den Lungen und dem Fächer, entschliesst sich dieses Miststück von Kohle endlich dazu, Feuer zu fangen; nun heisst es nur noch, die Kohle am Brennen zu erhalten. Aber dummerweise ist in der Zwischenzeit viel mehr Zeit verstrichen, als ich eigentlich berechnet hatte.

Rasch ziehe ich mich aus, streife das Kleid über und gehe wieder in das Grabgewölbe hinunter, wobei ich das Kohlenbecken mitnehme und immer wieder darauf achte, es neu anzufachen. Ich greife nach den Duftstoffen für den Ritus und werfe eine kleine Handvoll auf die glühenden Kohlen; vom Räucherbecken steigt sofort ein dichter und duftender Rauch auf, aber nicht so stark, dass er den Schein der drei Lichter, die friedvoll weiterbrennen, nennenswert beeinträchtigt hätte. Und während sich der Duft des Räucherwerks ringsum ausbreitet, nehme ich eine Kohle und ziehe mit ihr auf der Erde, und zwar genau an den Punkten der vier Himmelsrichtungen, die magischen Charaktere des Ritus, worauf ich – immer noch mit der Kohle – in der Mitte das Zeichen der Operation setze. Auf dieses Zeichen stelle ich dann das Kohlebecken, aus dem noch einige Rauchspiralen emporsteigen. Endlich bin ich so weit. Nun muss ich nur noch etwas mehr Duftstoff auf das Feuer werfen, und dann kann ich mit der Invokation beginnen.

Ich konzentriere mich wiederum etwas, und sogleich tritt der Gedanke an das, was ich anzustreben suche, neuerlich ganz klar vor meinen Geist, der bis jetzt von all den verschiedenen, eben erwähnten materiellen Angelegenheiten und Schwierigkeiten gefangengehalten war. Ich zittere zwar nicht und zögere auch nicht, aber ist es vielleicht nicht doch übertriebene Kühnheit, meinen noch erdverhafteten Blick so weit in die Höhe zu richten, zu einer so erhabenen Kraft der Sonnenhierarchie? Ja sicher, die Kühnheit ist gross, aber das ist nur noch ein Grund mehr, stark und entschlossen zu handeln. Und zwar sofort, hat sich doch jetzt diese verfluchte Kohle darauf verschworen, mich alle Qualen leiden zu lassen. Wenn sie verlischt, dann adieu Räucherungen und adieu Invokation; mir würde ganz einfach die Zeit fehlen, um sie wieder anzuzünden, noch kann ich natürlich die Reihenfolge der Operationen so willkürlich abändern. Ich bücke mich, greife nach dem Fächer und blase mit der vollen Kraft der Lungen: Da, Gott sei Lob und Dank, das Feuer flammt wieder auf und verstrahlt Licht und Wärme.

Ich leere noch eine Handvoll Räucherstoff auf das Feuer, packe das Schwert in der rituell vorgeschriebenen Weise, setze die Augengläser auf, nehme mit der Linken eine Papierrolle, die ich eigens so vorbereitet habe, dass ich sie mit einer einzigen Hand aufrollen kann, um die darauf geschriebene lange Invokation abzulesen, wende mich nach Osten, richte das Schwert auf das Zeichen der Operation hin aus, und voll meines Tuns bewusst, beginne ich langsam und laut zu sprechen: «Höchste Kraft aller Kräfte ...» Ich stelle mit Erleichterung fest, dass das Licht der Lampe ausreichend ist, um dem Texte der Invokation bequem folgen zu können, und dass alles wie vorgesehen abläuft. Aber was passiert jetzt? Was soll dieser Wind? Genau jetzt erhebt er sich, um die Lichter unruhig werden zu lassen und mir das Lesen zu erschweren!? Und was geschieht denn nun? Ich sehe nichts mehr! Bei allen Göttern des Olympus, die Augengläser haben sich beschlagen! Schon verständlich, habe ich doch wegen dieser verfluchten Sache mit der Kohle geschwitzt, so daß sich jetzt bei dieser Feuchtigkeit und durch das Transpirieren der Wasserdampf niederschlägt und die kleinen Tröpfchen dank der Adhäsionskraft an den Brillengläsern haften. Die physikalische Erklärung dieser Erscheinung ist ja hieb- und stichfest, aber indessen ... sehe ich nichts mehr. Man müsste die Gläser abnehmen, um sie zu putzen, aber dazu müsste ich die Operation unterbrechen; und dann habe ich nur zwei Hände: Das Schwert in der rechten, Gott bewahre, darf ich ja nicht einmal aus seiner Richtung schwenken, geschweige denn loslassen; und es mit der linken Hand versuchen, die kaum mit der Papierrolle und den anderen Dingen fertig wird? Unmöglich! Ja, kann man denn überhaupt bei all diesen entfesselten Kräften das Ganze mitten drinnen liegen- und stehenlassen? Und wie der Wind die Rauchschwaden hochjagt und die Lichter hin- und herschwanken lässt! Bei allen lebendigen Göttern, hoffentlich erlischt nicht auch gleich noch die Lampe!

In wenigen Augenblicken hatte die Angelegenheit wegen eines einzigen dummen kleinen Hindernisses eine ziemlich beunruhigende Wendung genommen. Und der gute Sokrates hatte da allen Ernstes behauptet, dass die Augen der Seele erst dann klar zu sehen beginnen, wenn die Augen des Körpers unklar zu sehen anfangen. Ein schöner Trost, das muss man ja zugeben; aber trotzdem wäre es besser gewesen, hätten sich die Gläser nicht beschlagen. Langsam wird die Angelegenheit brenzlig. Und jetzt dieser plötzliche Schwindel? Dieses tiefe Unwohlsein? Vorsicht, Vorsicht! Ruhe und Vorsicht! Und dieses Zittern? Wie? Sind das Angstschauer?! Die Nerven, das Fleisch, sie haben Angst! Auf einmal hatte ich Angst vor der Angst, Angst nicht fähig zu sein, die Angst zu beherrschen; ich sah schon die Folgen, sah mich leblos auf dem Boden liegen, tot hingestreckt ... und reagiere sofort. Mit einem schnellen, gebieterischen Akt fasse ich mich wieder, entschlossen, um jeden Preis und auf alle Fälle bis zum Ende durchzuhalten. Inzwischen war der Dunstbeschlag der Gläser zum Teil verschwunden, und da ich bloss einige Worte der Invokation erfassen musste, um meinem Gedächtnis wieder auf die Sprünge zu helfen, konnte ich mit etwas Anstrengung bis zum Ende fortfahren. Aber im Kampf mit diesen kläglichen, unvorhersehbaren materiellen Schwierigkeiten und im Gefolge der daraus entstandenen Komplikationen war ich nicht imstande, meine spirituellen Energien in der notwendigen Weise zu sammeln, und die Invokation zeigte vielleicht deshalb nicht die gesamte Wirkung, die ich erhofft hatte.

Als ich um sechs Uhr früh wieder nach Hause kam, konnte ich mich vor Schlaf und Müdigkeit kaum noch auf den Beinen halten. Und ich schlief ... schlief wie der Prinz von Condé.

Am darauffolgenden Morgen war vom Missgeschick mit den Augengläsern nichts mehr zu merken.

Verschiedene Randbemerkungen

«Erinnerungen» und «Klänge»

Im X. Kapitel hat «Leo» von einer Form übersinnlichen Wissens berichtet, die Analogien zu einem *«Erinnern»* aufweist. Das Wissen verwandelt sich dabei und zeigt sich nicht mehr als eine gedankliche Darstellung oder in Begriffen gebunden, sondern quasi als Erinnerung, also wie etwas, das aus dem Inneren emporsteigt und zu uns gehört. Die entsprechende spirituelle Einstellung kann man mit Hilfe der folgenden Übung heranbilden: Am Abend versuche man den Inhalt dessen, was man während des Tages oder eines Teiles des Tages erlebt hat, *in umgekehrter Reihenfolge* wieder abzurufen. Dabei kommt es aber nicht so sehr darauf an, sich Punkt für Punkt die einzelnen separaten Geschehnisse «vorzustellen», als vielmehr einen *Rhythmus nach rückwärts zu schaffen,* also die aktive Wahrnehmung einer rückwärtslaufenden *Kontinuität,* und sich mehr auf den Akt zu konzentrieren, den der Geist damit gezwungen wird auszuführen (bis man ihn auch *ohne* Inhalt hervorbringen kann), als auf das, was man an Geschehnissen zurückruft.

Was die Mantras und das innere Ohr anbelangt, das fähig ist, vom materiellen Klang zu abstrahieren und den feinstofflichen Klang der Dinge und Wörter zu erfassen, müsste man mit einer Übungsreihe beginnen, die mittels einer *aktiven Aufmerksamkeit* die jeweilige Botschaft herauszufiltern hätte, die an die einzelnen Klangqualitäten gebunden ist. Der Durchschnittsmensch ist in dieser Beziehung äusserst unaufmerksam: Passiv und hastig empfängt er die auf seine Sinnesorgane treffenden stofflichen Schwingungen und übersetzt sie automatisch in Bilder und Vorstellungen oder identifiziert sich mit den daraus folgenden Gefühlsregungen oder Reaktionen. Seine Einstellung beim Hören einer menschlichen Stimme, eines Tierlautes oder eines blossen und einfachen Geräusches ist praktisch immer dieselbe. Stumpf wandelt er inmitten der Welt der Klänge. Statt dessen wäre es nötig, sich zu schulen, im Klang die verschiedenen Qualitäten zu *erfühlen* und auf subtile Weise wahrzunehmen, was in ihm aus seiner Herkunft von einem lebendigen Wesen, sei es Mensch oder Tier, stammt und was nur von einem Aneinanderstossen bloßer Dinge herrührt. Und dann muss man die Aufmerksamkeit auf dieses zusätzliche Element richten, damit verschmelzen und es *durch* den einfachen Klang sprechen lassen, wobei alles auszuschliessen ist, was von uns selbst kommen kann. Das bedeutet natürlich schon, dass man das Ohr bis zu einem gewissen Grade *erwecken* muss und sich über den Zustand der Taubheit klar wird, in dem es sich vorher befand.

Zur praktischen Seite der indischen Mantra-Lehre kann man bemerken, dass sie zu einem wesentlichen Teil dem Gebrauch der *dhikr* in der islamischen Esoterik entspricht. Darüber lassen sich Einzelheiten in den Schriften von Al-Ghazzali finden. Das *dhikr* kann einfach aus einem «göttlichen Namen» bestehen, ja selbst aus *Allah* oder aus der noch abstrakteren Form *hu* («Er»). Für die individuelle Praxis wird dabei die rituelle Isolierung empfohlen und sogar angeraten, sich symbolisch das Haupt zu verhüllen (vgl. die Kapuze im christlichen Mönchstum). Das *dhikr* wird ununterbrochen wiederholt (= *japa*), wobei das Denken ganz fest darauf fixiert ist, bis ein Zustand eintritt, in dem die Lippen und die Zunge unbeweglich bleiben und die Wiederholung nur noch «im Herzen» geschieht. Aber auch dieser in das Herz überführte «Klang» hat eine ihm eigene Form, die es zu überwinden gilt, indem man immer weiter übt, ja sogar noch den Rhythmus verstärkt, bis auch das Widerklingen des *dhikr* im Herzen ebenso selbständig aufhört, wie sein stoffliches Aussprechen von selbst aufgehört hat; an diesem Punkt nun offenbart sich der «Geist» des *dhikr*, sein immaterieller Wesenskern (das *artha* der indischen Lehre), der dann als innerster Seinsbestandteil des Übenden selbst erkannt wird.

Im Islam hat die Praktik der *dhikr* in vielen Fällen beträchtlich von der Reinheit eines rein persönlichen innerlichen und geistigen Verfahrens verloren und die Form eines kollektiven Vorgehens angenommen. Die rhythmische und ununterbrochene Wiederholung von gewissen Formeln erfährt dabei eine mehr oder weniger hypnotische Ausrichtung, um die gewöhnlichen mentalen Fähigkeiten zu neutralisieren und aussernormale Bewusstseinszustände herbeizuführen, deren Qualität jedoch zweifelhaft sein kann, wenn nicht das gesamte kollektive Vorgehen unter der Kontrolle eines dazu befähigten Meisters oder *Sheiks* steht.

Man muss des weiteren betonen, dass der Einsatz oder besser der Missbrauch der Liturgie bei einigen christlichen Orden, die sich selbst beschaulich nennen (z. B. die Karthäuser und die Karmeliter) im grossen und ganzen in gleicher Weise zu bewerten ist.

Es ist schon deswegen kein mantrisches Vorgehen im Reinzustand, da es praktisch unmöglich ist, die liturgischen Formeln in ihrer wechselnden, ununterbrochenen und Stunden um Stunden füllenden Abfolge tatsächlich nach ihrer eventuellen inneren Dimension hin zu *verwirklichen*. Das alles zielt vielmehr oder sogar genau auf das, was man in der indischen Begriffswelt als «Abtötung des Mentalen» («Abtötung des *manas*») bezeichnet, d. h. auf das Neutralisieren des hirngebundenen Denkens, wobei man annimmt, dass – ist dieser erstrebte Zustand einmal erreicht – die Gnade sich offenbaren und im Sinne einer spirituellen Erleuchtung in Erscheinung treten kann. Die Praxis der Wiederholung von göttlichen Namen in einem dem aktiven, von Al

Ghazzali angegebenen Vorgehen ähnlichen Sinne, wurde mehr von der Ostkirche geübt; sie schien dort ein wesentlicher Bestandteil des sogenannten Hesychasmus gewesen zu sein, bei dem sie unter anderem auch (wie das übrigens in einigen islamischen Schulen und in Indien ebenfalls der Fall ist) mit Atempraktiken verbunden war. Noch klarer ausgestaltet und mit einer viel deutlicheren magisch-initiatischen Zielsetzung findet sich die angeführte Praxis schliesslich in der Kabbalistik.

Verfall des Wortes

Immer noch in Beziehung zu den Mantras, jetzt aber unter ihrem Aspekt als *Universal-* und *Essential-Sprache,* könnten verschiedene Überlegungen hinsichtlich des Ursprunges der Sprachen im allgemeinen angestellt werden, da dieser Ursprung doch nur *sakralen* Charakter haben und von oben erfolgt sein kann. In den *«Abendstunden zu St. Petersburg»* von Joseph de Maistre kann man hiezu interessante Betrachtungen lesen. Wenn die weltliche Sprachwissenschaft nicht einem sakralen Wissen um die Sprache Platz macht, werden viele Türen verschlossen bleiben, die den Weg freimachen könnten zu dem, was das Wort bei den Ursprungskulturen bedeutete und was davon in der Folgezeit in Form von mit Schutt jeglicher Art vermischten Fragmenten doch noch erhalten blieb. Der Verfallsprozess des Wortes ist dabei nicht nur auf den Übergang zu dem Zustand beschränkt, bei dem vom Wort einzig und allein seine stoffliche, eng begrenzte und geistig leere Gestalt verstanden wird, sondern man kann ihn sogar im Bereich dieses verfallenen Wortes selbst verfolgen. Wäre doch, brauchte man noch einen weiteren Beweis dafür, dass die Menschheitsentwicklung nicht eine «Evolution», eine Höherentwicklung, sondern vielmehr das Gegenteil war, dieser Beweis durch die offensichtliche Armseligkeit, Zusammenhangslosigkeit und Oberflächlichkeit der modernen Sprachen im Vergleich zu den alten gegeben, bei denen wenigstens noch eine gewisse Verbindung zu den sakralen Sprachen bestand. Der extremste Endpunkt einer völlig zweidimensionalen, nur praktisch ausgerichteten und eher stenographischen als tatsächlich artikulierten Sprache ist vielleicht das moderne Englisch, wie es auch keinen Zweifel darüber gibt, dass die angelsächsische Zivilisation im allgemeinen, die ja in Amerika ihren Abschluss fand, in gleicher Weise den Endpunkt des gesamten abendländischen «Fortschritts» darstellt. Die deutsche Sprache hingegen scheint unter den lebenden westlichen Sprachen diejenige zu sein, die am ehesten einen gewissen vormodernen und in ihrer Struktur rhythmisch organischen Charakter bewahrt hat, wodurch sie sich eigenartigerweise von den anderen Sprachen desselben nordischen Stammes abhebt. Das sind allerdings Betrachtungen, die wir hier nicht weiter ausführen wollen.

Nochmals zur initiatischen Lehre der Unsterblichkeit

Es gibt Leser, die meinen, dass wir bei der Behandlung der *initiatischen Lehre der Unsterblichkeit* «über das Ziel hinausgeschossen hätten», indem wir das leugnen, was in der christlichen Religion der «unsterblichen Seele» entspricht, wie sie jedem Menschen zukommt. Selbst mit dem Eingeständnis, dass die Unsterblichkeit als tatsächliche Erfahrung für den Menschen nicht etwas fest Vorgegebenes, sondern eine Möglichkeit und eine Aufgabe ist, bliebe doch nicht ausgeschlossen – so wurde uns gesagt –, dass im Menschen ewige Prinzipien bestehen, die immer in ihm existiert und gewirkt haben, auch wenn sie nicht vom Licht seines Bewusstseins erfasst worden sind.

Darauf muss geantwortet werden, dass, selbst wenn solche ewigen Prinzipien tatsächlich bestünden, das Ich sie aber nicht bemerkte und damit viel weniger noch die Möglichkeit hätte, sich darin zu verwirklichen und sie in sich aufzunehmen, es im Hinblick auf *seine* Unsterblichkeit vom *positiven und experimentellen* Standpunkt des initiatischen Weges das gleiche wäre, als ob sie überhaupt nicht bestünden. Der Trost wäre ungefähr gleich demjenigen, den ein Materialist geben könnte, der sagte, dass die «Seele» zwar beim Tode erlösche, *aber* die Materie natürlich, aus der der Mensch besteht, unzerstörbar weiterexistierte.

Ein Tisch z. B. kann existieren und ich um sein Dasein wissen oder auch nicht. Aber für das Ich gilt das nicht: Es existiert eben nicht auf der einen Seite das Ich und auf der anderen Seite das Bewusstsein von ihm, sondern das Bewusstsein macht überhaupt die Substanz des Ichs aus; sein Sein ist sein Bewusst-Sein. Deshalb kann man auch nicht annehmen, dass vom Ich etwas weiterexistiert, wenn sein Bewusstsein erlischt, etwa in der Art wie der Tisch weiterexistiert, ganz unabhängig davon, ob ich dastehe und ihn beobachte oder nicht. Wenn das Bewusstsein und die Wahrnehmung der Selbstidentität einmal erlöschen, erlischt auch das Ich, und all das, was dann noch weiterexistieren kann, sei es ewig oder nicht, stofflich oder geistig, ist einfach kein wirkliches Ich mehr.

Ein Ich, von dem das menschliche Ich nur eine Widerspiegelung ist und das dem *âtmâ* der Upanischaden und dem *purusha* des *Sâmkhya* entspricht, haben wir für den Bereich der theoretischen Grunddoktrin sehr wohl akzeptiert. Aber das, was der Mensch tatsächlich als sein «Ich» empfindet, ist nicht ein solches Ich, sondern eben nur jene Widerspiegelung. Wenn man also will, sprechen wir nicht mehr länger von einem Auflösen der Seele im Tode, sondern von einer Rückführung der Widerspiegelung in das transzendente Prinzip, das sie ursprünglich hervorgerufen hat, was unter Benutzung religiöser oder pantheistischer Begriffe als ein Wiederaufgehen der Seele in Gott bezeichnet werden könnte. Aber man müsste sich dabei klar darüber sein, dass wir hier genau dasselbe sagen, nur mit anderen Worten. Denn zwischen dem widergespiegelten Ich und dem absoluten Ich gibt es keinerlei Kontinuität, und die Rückführung des ersteren in das letztere kommt vom Standpunkt des letzteren ganz und gar seiner Auflösung gleich. Die Dinge könnten nur dann einen anderen Verlauf nehmen, wenn die aktive und bewusste Integration des Bildes, d. h. der Widerspiegelung in ihren Ursprung schon (zu Lebzeiten) stattgefunden hätte, was natürlich nichts anderes ist als das Ziel der Initiation in ihren verschiedenen Abstufungen.

Was die übrigen weiterlebenden Bestandteile angeht – lässt man einmal die psychischen Überreste und das psychische Abbild, dessen Absterben ja ebenso gewiss ist, beiseite –, bleibt nur das, was die indische Tradition das Karma nennt und das die Theosophen so zu zerreden wussten. Aber auch das, was mit dem Karma verbunden ist, hat nichts mit wahrer Unsterblichkeit zu tun, da es sich hiebei ausschliesslich um ein Spiel unpersönlicher Kräfte in der begrenzten Sphäre der bedingten (samsârischen) Existenz handelt. Die entsprechende Lehre besagt nur, dass, wie der Mensch durch körperlich-tierhafte Zeugung einem anderen, von ihm unterschiedenen Individuum das Leben schenken kann, wobei er sein abstammungsmässig-biologisches Erbe weitervermittelt, ebenso seine Taten eine Kraft zu bestimmen vermögen, die gleichfalls Ursache für ein anderes Wesen ist, dessen Merkmale dann eine gewisse Beziehung zu eben diesen Taten aufweisen. So wirkt das Karma, und deshalb ist auch gelehrt worden, dass dasjenige, was verbleibt, wenn sich der Mensch in seine einzelnen Bestandteile auflöst, von denen dann jeder für sich zu seinem Ursprung zurückkehrt, das Karma ist.[1] Aber wie wir schon früher betont haben, gibt es in diesem gesamten Ablauf, der irrtümlicherweise als Wiedergeburt der «unsterblichen Seele» gedeutet wird, überhaupt keine Grundlage für das Fortbestehen einer Selbstidentität, d. h. eines Ichs, da auf einer solchen, ganz anderen Ebene ein Fortbestehen, eine Bewusstseinskontinuität schlicht und einfach unmöglich ist. Höchstenfalls bleibt das bestehen, was das bekannte Gleichnis von der Flamme andeutet, die eine andere entzündet hat: Das Feuer ist dasselbe, da ja die eine Flamme die andere entfacht hat, aber trotzdem wird es sich bei der zweiten immer um eine *andere,* von der ersteren verschiedenen Flamme handeln. Im karmischen Bereich ist damit wirklich alles gesagt, handelt es sich doch dabei um einen Bereich von Dingen, der auf seine Art eben auch «stofflich» ist und in keiner Weise das Schicksal der *geistigen* Persönlichkeit berührt.

Sehr viel interessanter sind in diesem Zusammenhang vielleicht die Überlegungen, die man für den Fall anstellen könnte, in dem eine ganze Gruppe von Existenzen, also von «Ichs», als einzelne Erscheinungsformen oder Inkarnationen (aber nicht *Re*inkarnationen) ein- und desselben Prinzips einer höheren Ordnung angesehen wird, das, nachdem es sich in den «Strom» eingereiht hat, im Herrschaftsbereich der bedingten und zufallsunterworfenen Wirklichkeit nach Vollendung strebt. Jede dieser Existenzen oder «Ichs» bedeutet in einem solchen Fall einen Einzelversuch, der mehr oder weniger weit führt. Bildhaft ausgedrückt wären das praktisch mehrere Angriffswellen einer einzigen Truppe: Die eine bresche vor, erreicht einen bestimmten Punkt, wird niedergemetzelt oder zersplittert, worauf noch eine folgt und

[1] Vgl. Brhadâranyaka-Upanishad, III, III, 13.

dann immer weitere, die je nachdem weiter oder weniger weit kommen als die vorangegangenen, also entweder an Boden verlieren oder gewinnen, bis es vielleicht schliesslich einer dieser Angriffswellen gelingen *kann,* das ursprüngliche und allen gemeinsame Ziel zu verwirklichen, worauf dann der Prozess sein Ende findet. Betrachtet man also diese einzelnen Kampfverbände als Bilder für die verschiedenen «Ichs» oder Existenzen, besteht natürlich auch hier kein Grund, von Wiedergeburt zu sprechen, denn es ist ja nicht so, dass die eine Welle in der anderen fortbesteht, sondern, hat sie das Ziel nicht erreicht, dass sie sich zersplittert und auflöst. Die Einheit ist, wenn überhaupt, anderswo gegeben, in der Armee z. B. als der Einheit, der alle angehören, sowie auch in der Einheit der Zielsetzung, die die einzelnen Aktionen beflügelt hat. Ibsens Symbol vom «Knopfgiesser», der die nicht wohlgelungenen Knöpfe wiederum einschmilzt, um daraus bessere zu giessen, könnte diesem Gedankengang vielleicht angemessen sein. Dieser Knopfgiesser taucht deswegen auch, und zwar ganz deutlich mit initiatischen Gesichtspunkten verknüpft, immer wieder in den Büchern Meyrinks auf. Der wohlgelungene Knopf und die Angriffswelle, die schlussendlich das Ziel erreicht, nachdem alle anderen hingemetzelt worden waren, würden ihre Entsprechung in dem Wesen finden, das die vorhin erwähnte initiatische Reintegration und Vollendung verwirklicht hat und somit nichts anderes ist als der Typus des Erwachten.

Immanenz und Transzendenz

Häufig kommen von Leuten, die sich mit echtem Interesse den esoterischen Wissenschaften zuzuwenden begonnen haben, Fragen folgender Art auf uns zu: «In allem, was Praxis ist, folgen wir Euch. Aber Euren schlussendlichen Standpunkt in bezug auf die höchsten Probleme des Geistes verstehen wir eigentlich nicht. Verkündet Eure Lehre nun eine *Transzendenz* oder eine *Immanenz*? Und anerkennt sie einen *persönlichen Gott* oder nicht? Das solltet ihr einmal ganz deutlich aussprechen.»

Ganz offensichtlich gehen solche Fragen auf den starken Einfluss der Philosophie und damit auf die durch und durch abstrakte Art zurück, in der heutzutage spirituelle Probleme normalerweise behandelt werden. Wie auch immer, eine grundsätzliche Orientierung kann wie folgt geboten werden:

Vom experimentell-initiatischen Standpunkt stellt sich das Dilemma Immanenz oder Transzendenz deswegen nicht, weil sich hier nicht zwei philosophische Systeme gegenüberstehen, zwischen denen man je nach Lust und Liebe oder auf Grund von verschiedenen spekulativen Überlegungen wählen kann, sondern einfach zwei unterschiedliche Standpunkte vorliegen, die beide genau gleich real sind. Was für den einen als immanent gilt, kann für den anderen transzendent sein und umgekehrt, je nachdem welchen Blickwinkel man einnimmt.

Auf der kosmologischen und theologischen Ebene kann sich jedes wahre initiatische Lehrgut nur in einer Doktrin der Transzendenz niederschlagen, denn in der einen oder anderen Form wird es immer ein Prinzip anerkennen, das von der Schöpfung oder «Manifestation» nicht völlig ausgefüllt ist, sondern über alle Existenszformen, und zwar nicht nur natürliche, sondern auch himmlische und göttliche, hinausgeht. Auf der praktischen Ebene hingegen, also in bezug auf den Menschen und seine Möglichkeiten, ist, wie gesagt, der Blickwinkel ein doppelter.

Solange der Mensch Mensch bleibt, ist, sofern sich seine Weltsicht nicht als vollkommen verstümmelt und abgerissen dartut, klarerweise die Transzendenz wahr: Die wahre Geistigkeit muss notwendigerweise als ein «anderes» erscheinen, mit denselben Merkmalen einer lichthaften, unzugänglichen und unwirtlichen Ferne, wie sie Gipfel von Gletschergebirgen für denjenigen aufweisen, der im Tal bleibt. Aber der Adept hat einen genau umgekehrten Blickwinkel, denn sein Standpunkt ist nunmehr derjenige des Gipfels: Er hat jetzt seinen Sitz im zentralen, metaphysischen Element, und wenn ihm daher irgend etwas als fremdartig und weit entfernt dünkt, wird das eben die menschliche und sinnenhafte Welt sein.

Es handelt sich also nicht um ein «philosophisches» Problem, ob nun Immanenz oder Transzendenz wahr ist, sondern es muss gefragt werden, *in bezug auf wen* man Immanenz sagt und *in bezug auf wen* transzendent. Es muss also das Bezugssystem klargestellt werden. Damit wird die Tatsache, dass in den initiatischen Lehren und selbst in diesem Buch gewisse Grundprinzipien einmal als immanent und ein andermal als transzendent betrachtet werden, zu einer einfachen Terminologiefrage, die für den Wissenden am eigentlichen Wesenskern rein gar nichts ändert.

Gehen wir nun weiter zur Frage des «persönlichen», d.h. «theistischen Gottes». Anerkennt ihn die Esoterik? Sicher: man muss bloss achtgeben als was. In einigen Religionen, eingeschlossen das Christentum, gilt er als letzter und höchster Bezugspunkt. Das gilt aber nicht für die initiatische Lehre. Der «persönliche Gott» – der *îçvara* der Hindus – gehört selbst zur universalen Erscheinungswelt und darf daher keineswegs mit dem Unbedingten und Transzendenten gleichgesetzt werden, das gar nicht anders als frei von jeglicher Form oder Person sein kann, auch wenn es die Grundlage aller Formen und Personen darstellt, angefangen von den göttlichen (die Heilige Dreifaltigkeit, die zwölf olympischen Götter, die Trimûrti etc.). Verschiedene Mystiker haben in ihren Gefühlsaufschwüngen denselben Bezugspunkt aufgezeigt, aber in einer eher verschwommenen und aufgeregten Weise. Die Esoterik hingegen besitzt ihn in einer klaren und präzisen Art. Damit gibt es nicht einmal in dieser Beziehung Gegensätze oder Wahlmöglichkeiten. Der persönliche Gott existiert und ist wahr, aber nur von einem bestimmten Gesichtspunkt her, der dann in der Stufenleiter allerdings unter demjenigen steht, den die vollständigen initiatischen und metaphysischen Lehren einnehmen.

Das Gegensatzdenken kann in diesem Fall also nicht von den Verteidigern des initiatischen Standpunktes herrühren; es kann nur bei den Leuten entstehen, die einen niedrigeren Standpunkt – und das ist der theistische Standpunkt nun einmal – verabsolutieren wollen und nicht die zufälligen und praktischen Gründe mit bedenken, die bei gewissen traditionalen Formen eine solche Erkenntnisbeschränkung als zweckmässig erscheinen liessen. Solches aus Unwissenheit geborene Gegensatzdenken kann im höheren initiatischen Bereich klarerweise niemals Geltung erlangen. Und wenn trotzdem jemand einseitig und parteiisch darauf besteht, kann das eventuell sogar verdächtige, mit der «Gegeninitiation» zusammenhängende Einflüsse andeuten. Dass damit aber einige religiöse und im herkömmlichen Sinne «traditionelle» Formen in ihrer militanten, apologetischen und ausschliesslichen Haltung gerade jene Kräfte des Widerstandes und der Wertumkehrung, die sie selbst «teuflisch» nennen, spüren lassen, mag für viele äusserst widersprüchlich scheinen: Aber das ändert nichts daran, dass die Dinge eben doch so liegen, besonders in unserer Zeit und in vielen Fällen ...

Unwirklichkeit der schweren Körper

Aber wie können die Körper in ihrem Wesen nichtseiend sein und was ist dann ihre Materie? Und die Berge und Felsen der ganzen Erde als fester Körper, alles, was Widerstand bietet und durch seine Erschütterungen das Betroffene zwingt, das Sein dieser Dinge zuzugestehen? Mag einer sagen: Wieso soll das, was keinen Druck und Zwang und keinen Widerstand bietet, ja überhaupt nicht zu sehen ist, Seele und Geist, gerade das Seiende, ja das wahrhaft Seiende sein? und dann bei den Elementen das stärker Bewegte und weniger Schwere mehr seiend als die ruhende Erde, und mehr dies wieder als das Obere? und schliesslich das Feuer, das noch die Körperhaftigkeit schon ganz verflüchtigt hat? Indessen, meine ich, das, was mehr sich selbst genug ist, macht den andern Dingen weniger Last und weniger Schmerz, das Schwerere hingegen und Erdhaftere, im Maße es unvollkommen ist und *herabfällt,* unfähig, sich selber zu erheben, das teilt, indem es infolge seiner Schwäche herabfällt, durch sein Niederstürzen und seine Plumpheit Stösse aus; ist doch ein Zusammenstossen mit toten Körpern das Unangenehmere, es bringt stärkeren Stoss und bringt Schaden mit sich, während die beseelten Körper, die am Seienden teilhaben, ihrer Umgebung eben um so viel angenehmer sind, als sie am Sein teilhaben. Und die Bewegung, welche gleichsam eine Art Leben in den Körpern darstellt und ein Stück Abbild des Lebens bedeutet, ist in höherem Maße denen zu eigen, die weniger vom Körper an sich haben; es ist, als mache ein Ablassen vom Sein das Verlassene in höherem Grade zum Körper. Noch eher ersieht man das aus den sogenannten Affektionen: je mehr etwas Körper ist, um so mehr unterliegt es den Affektionen; z. B. Erde mehr als die übrigen Stoffe, und die andern Elemente entsprechend. Die andern Stoffe schliessen sich, wenn sie getrennt wurden, wieder zu einer Einheit zusammen, wenn kein Hemmnis im Wege steht; bei allen erdartigen Körpern aber, die zerschnitten werden, bleiben die Stücke immer für sich. Denn wie die Dinge, deren natürliche Kraft am Versagen ist, wenn sie auch nur einen kleinen Stoss erhalten, so bleiben, wie sie durch den Stoss zerrüttet sind, so ist auch das, was am meisten Körper geworden ist, weil es damit am meisten in das Nichtseiende vorgedrungen ist, zu schwach, um sich selber in seine Einheit wiederherzustellen. Vernichtung nun sind die gewichtigen, heftigen Stösse, denn sie wirken aufeinander; dabei ist ein Schwaches, das auf ein Schwaches auftrifft, ihm gegenüber stark, Nichtseiendes gegenüber einem Nichtseienden.

Dies also sei bemerkt gegen diejenigen, welche die Körper als das Seiende ansetzen und auf das Zeugnis von Druck und Stoss und die durch die Wahrnehmung vermittelten Bilder die Bürgschaft der Wahrheit gründen: Sie handeln ähnlich den Träumenden, die das für wirksam halten, was sie als seiend sehen, und das sind doch nur Träume. Geschieht doch die Wahrnehmung, während die Seele schläft; denn soviel von der Seele im Leibe ist, das schläft; und das wahre Aufwachen ist ein Auferstehen vom Leibe, nicht mit dem Leibe.

PLOTIN, Enneaden, III, vi, 6.

Falscher Weg

So ist also der Eros (die Seele, die ihre Vernunft – λόγος – ausserhalb ihrer selbst hat) gleichsam ein immer neues Stacheln und seinem eigensten Wesen nach unbefriedigt; daher er auch, wenn er zum Ziel gelangte, alsbald wieder unbefriedigt ist; er kann nicht zur Erfüllung kommen, weil die Mischung nicht zur Erfüllung gelangen kann; denn wahrhaft zur Erfüllung kommt ausschliesslich dasjenige, welches schon in seinem eignen Wesen erfüllt ist; der Eros aber muss wegen des innewohnenden Mangels immer trachten, und wenn er auch für den Augenblick Erfüllung findet, er hält nichts fest. Auch die Ratlosigkeit des Eros kommt aus diesem Mangel, während seine Findigkeit auf das Stück Vernunft (Logos) in ihm zurückgeht.

PLOTIN, ENNEADEN, III, v, 7. (Deutsche Übersetzung von Richard Harder, Felix Meiner Verlag, Hamburg)

Julius Evola (1898-1974) möchte in diesem Werk Zeugnis ablegen für eine weitestgehend verschüttete Überlieferung transzendenten Ursprungs, und für einen Menschen, dessen Heimat weder die Gegenwart noch die Zukunft ist, sondern die Ewigkeit.

Für Evola gibt es Zeitalter, in denen sich das, was überzeitlich ist und immer gilt, deutlicher widerspiegelt als in anderen; und als solche haben sie einen höheren Rang, weil sie der Wirklichkeit des Ewigen näher stehen, weil sie „heiliger", reicher an metaphysischer Substanz sind als Perioden des Verfalls, der Auflösung und der Gleichmacherei – kurz: als in unserer heutigen modernen Welt. Der Doktrin vom Fortschritt setzt Evola die uralte Lehre von den absteigenden Zyklen entgegen, wie sie sich in verschiedener Ausprägung in den Lehren von den vier Weltzeitaltern bei den Hindus, Germanen und Griechen findet.

Das letzte Vermächtnis aus einer versunkenen Epoche

Im ersten Teil des Buches finden wir Evolas „Metaphysik der Geschichte und der Kulturen". Im Zentrum seiner faszinierenden Darlegungen steht die traditionale Welt, die ihren Ursprung in den solaren und hyperboräischen Überlieferungen hat. Einige Kapitel befassen sich mit den grundlegendsten Ausdrucksformen des vor-antiken Geisteslebens wie Initiation, Ritus, Askese, Treue, Kontemplation und Mystik, aber auch mit so kontroversen Themen wie Priesterkönigtum, Hierarchie, Monarchie, Aristokratie – in einer Welt von „vorgeschichtlicher Reinheit", in der die Ausrichtung nach oben noch die erste, sakrale Bedeutung besaß.

Der im zweiten Teil des Buches kristallklar und aufrüttelnd geschilderte Niedergang, dessen Beginn Evola schon einige Jahrhunderte vor unserer Zeitrechnung ansetzt, ist heute dem tiefsten Punkt, der „Verdunkelung der Götter" (kali-yuga), schon sehr nah, wo uns in der schwärzesten Zeit der Menschheitsgeschichte ein entseelter Kollektivismus droht, wie er sich im Bolschewismus *und* Amerikanismus ausdrückt.

Den Abschluß dieses kühnen Vermächtnisses aus einer (fast) versunkenen Epoche bilden die kaum bekannten, aber doch zutreffenden Prophezeiungen des altindischen Vishnu-Purana zur Jetztzeit. Sie werden jeden Leser nachdenklich stimmen.

Julius Evola
REVOLTE
GEGEN DIE MODERNE WELT
424 Seiten, gebunden 49.80
ISBN 3-7157-0056-4 Best.Nr. 5556